Matthias Drilling

Young urban poor

Matthias Drilling

Young urban poor

Abstiegsprozesse in den Zentren der Sozialstaaten

VS VERLAG FÜR SOZIALWISSENSCHAFTEN

VS Verlag für Sozialwissenschaften
Entstanden mit Beginn des Jahres 2004 aus den beiden Häusern
Leske+Budrich und Westdeutscher Verlag.
Die breite Basis für sozialwissenschaftliches Publizieren

Bibliografische Information Der Deutschen Bibliothek
Die Deutsche Bibliothek verzeichnet diese Publikation in der Deutschen Nationalbibliografie;
detaillierte bibliografische Daten sind im Internet über <http://dnb.ddb.de> abrufbar.

Zugl.: Freiburg (Breisgau), Univ., Diss. 2004

1. Auflage September 2004

Alle Rechte vorbehalten
© VS Verlag für Sozialwissenschaften/GWV Fachverlage GmbH, Wiesbaden 2004

Lektorat: Frank Engelhardt / Tanja Köhler / Georg Schlegel

Der VS Verlag für Sozialwissenschaften ist ein Unternehmen von Springer Science+Business Media.
www.vs-verlag.de

Das Werk einschließlich aller seiner Teile ist urheberrechtlich geschützt. Jede Verwertung außerhalb der engen Grenzen des Urheberrechtsgesetzes ist ohne Zustimmung des Verlags unzulässig und strafbar. Das gilt insbesondere für Vervielfältigungen, Übersetzungen, Mikroverfilmungen und die Einspeicherung und Verarbeitung in elektronischen Systemen.

Die Wiedergabe von Gebrauchsnamen, Handelsnamen, Warenbezeichnungen usw. in diesem Werk berechtigt auch ohne besondere Kennzeichnung nicht zu der Annahme, dass solche Namen im Sinne der Warenzeichen- und Markenschutz-Gesetzgebung als frei zu betrachten wären und daher von jedermann benutzt werden durften.

Umschlaggestaltung: KünkelLopka Medienentwicklung, Heidelberg
Druck und buchbinderische Verarbeitung: Rosch-Buch, Scheßlitz
Gedruckt auf säurefreiem und chlorfrei gebleichtem Papier
Printed in Germany

ISBN 3-531-14258-5

Vorwort

Die Zahl der jungen Menschen, die in den europäischen Städten auf Sozialhilfe angewiesen sind, ist in den letzten Jahren markant gestiegen. Die Institutionen der sozialen Sicherheit stellt dies vor die Herausforderung, neue und angepasste Strategien zu entwerfen. Dies ist keineswegs leicht in einer Zeit, die sich durch eine eher getrübte wirtschaftliche Lage auszeichnet und von einer politischen Haltung beeinflusst wird, die die Ursache von Armut und Sozialhilfeabhängigkeit gerne im individuellen Versagen der jungen Menschen sucht.

Der Wissenschaft kommt die Aufgabe zu, theoretische Konzepte bereitzustellen. Sie ist gefordert, gängige Wege der Armutsforschung zu verbreitern und stärker auf die Frage der Spezifika von Armut bei Kindern und Jugendlichen einzugehen. Viele Wissenschaftlerinnen und Wissenschaftler weisen an dieser Stelle auf einen „weissen Fleck" oder ein „Forschungsdefizit" hin. Und in der Tat sind es nur wenige Studien, die sich mit der Frage von Armut junger Menschen beschäftigt.

Die vorliegende Arbeit versucht, an dieser Forschungsherausforderung anzusetzen. Ich gehe dabei von der These aus - und werde diese im Verlauf der Studie zu belegen versuchen - dass sich die Armut (nicht die Sozialhilfeabhängigkeit) bei den jungen Städterinnen und Städtern eher verfestigt, als dass ein normalisierender Verlauf sichtbar wird. Diese Annahme führt mich dazu, von den *young urban poor* zu sprechen.

Die vorliegende Studie wurde durch den *Schweizerischen Nationalfonds* (Aktion DoRe) finanziell unterstützt. Sie wurde möglich, weil *Rolf Maegli*, Vorsteher der Sozialhilfe der Stadt Basel, *Alfred Trechslin*, Leiter der Abteilung Sozialhilfe, *Christoph Marbach*, Leiter des Amtes für Berufsbildung und Berufsberatung Kanton Basel-Stadt und *Agathe Mai*, Leiterin der Abteilung Lehraufsicht mir jede denkbare Möglichkeit eröffneten, mit den oft zurückhaltenden jungen Menschen in Kontakt zu treten. Dieses Engagement von Seiten der Verwaltung ist m.E. für die anwendungsorientierte Forschung wegweisend. Ganz besonders danken möchte ich den *jungen Erwachsenen* für die Teilnahme an den Leitfadengesprächen. Ihre Offenheit hat mich sehr beeindruckt.

Es waren *Prof. Dr. Thomas Krings* und *Prof. Dr. Paul Messerli*, die meine Dissertation betreut und begutachtet haben und mit zahlreichen Anmerkungen zur Verdichtung der Arbeit und zur Präzisierung der Aussagen beitrugen. Weitere Fachpersonen haben mich in Sachfragen sehr kompetent unterstützt: *Michael Wiedenbeck* und *Cornelia Züll* vom Zentrum für Umfragen, Methoden und Analysen (Mannheim) sowie *Heinrich Bösch* von der Hochschule für Soziale Arbeit Zürich bei der Datenauswertung und -interpretation auf Grundlage der Statistikprogramme SPSS und Clustan Graphics; *Michael Claussen*, Stellenleiter Plusminus, Budget- und Schuldenberatung Basel, bei Fragen der Verschuldung; *Hans Georg Heimann* und *Claudia Studer*, Geschäftsleitung der Kontaktstelle für Arbeitslose Basel, bei arbeitsmarktrechtlichen Fragen. Der Geographin *Nina Cavigelli* danke ich für das Kartenmaterial, das ich für die vorliegende Fragestellung weiterbearbeiten konnte und der Bibliothekarin *Brigitte Forster*, dass ich jede Quelle im Original lesen und jede Unklarheit auf ihre Ursprünge zurückverfolgen konnte. Mit meiner Kollegin, der Erziehungswissenschaftlerin *Dorothee Schaffner* konnte ich die Transkripte diskutieren. Mit Unterstützung all dieser Personen entstand ein Rohtext, den *Georg Schlegel* durch seine ausgezeichneten Fähigkeiten als Lektor in die vorliegende lesbare Form brachte.

Für die Zeit und die Ruhe die mir während des Niederschreibens, Nachdenkens, Entwerfens und Theoretisierens gewährt wurde, danke ich meiner Frau *Claudine Stäger* und meinen beiden Kindern *Tobias* und *Noah*. Ohne ihre Rücksicht wäre diese Arbeit nie möglich geworden.

Basel, im Juni 2004   Matthias Drilling

Inhalt

1	**Einleitung**	**15**
1.1	Wohlfahrt und Sozialstaatlichkeit	15
1.2	Städte als empirische Orte und soziale Landschaften	16

2	**„Young urban poor": (noch) kein Thema**	**21**

3	**Theoretische Erklärungen des Modernisierungsrisikos Armut: Der „Capability-Ansatz" von Amartya Sen und die Erweiterungen**	**31**
3.1	Ausgangslage: Von den Klassen- und Schichtmodellen zur Individualisierungsthese von Beck	31
3.1.1	Soziale Ungleichheit und Armut aus der Sicht der Klassen- und Schichtmodelle	31
3.1.2	Das Konzept der „neuen Armut" von Beck	35
3.2	Der „Capability-Ansatz" von Sen	41
3.2.1	Armut aus der Perspektive der Handlungsfreiheit	41
3.2.2	Fähigkeiten zu handeln („capabilities"), tatsächliche Möglichkeiten („functionings") und erreichte Ziele („achievements")	45
3.2.3	Messbarkeit von „capabilities"	50
3.2.4	Das „Entitlement-Konzept"	53
3.2.5	„Extended entitlements"	57
3.3	Die Erweiterung des „Capability-Ansatzes": Bourdieus Lebensstilforschung	58
3.3.1	Kulturelles Kapital	58
3.3.2	Soziales Kapital	61
3.3.3	Positionierung im sozialen Raum	66
3.4	Fazit: Armut als Verlust von Handlungsfähigkeiten („capability deprivation")	68

4	**„Young urban poor" - Verarmungsprozesse („capability deprivation") in städtischen Räumen**	**73**
4.1	Folgen der Individualisierung bei Jugendlichen und jungen Erwachsenen: Destabilisierung, Risiko und Armut	73
4.1.1	Beziehungskapital im Zeichen familialer Entwicklungspfade	73
4.1.2	Kulturelles und soziales Kapital in der Jugendkultur	76
4.1.3	Risikoverhaltensweisen und Jugendliche „at risk"	81
4.1.4	Armut von Kindern, Jugendlichen und jungen Erwachsenen sowie die Bedeutung krisenhafter Übergänge	84
4.1.5	Fazit: Die Bedeutung des sozialen und kulturellen Kapitals bei der Analyse von „capabilities" bei jungen Menschen	87

4.2	Folgen der Modernisierung für den städtischen Raum: Fragmentierung, Segmentierung und Milieus der Armut	90
4.2.1	Prozesse der Segregation und Spaltung	90
4.2.2	Soziale Schliessung und „gentrification"	96
4.2.3	Exklusion	100
4.2.4	Benachteiligte Wohngebiete, Wohnumfeldeffekte und Milieu der Armut	102
4.2.5	Fazit: Soziale Positionen im städtischen Raum und ihre spezifische Reproduktion	108

5	**Herleitung des Analyserahmens**	**111**
5.1	Vorschläge zur Messung von Armut bei Jugendlichen	111
5.2	Vorschläge für die Typisierung von Sozialhilfe beziehenden Personen	113
5.3	Fazit: Analyserahmen zur Messung der Handlungsfähigkeit der „young urban poor"	119

6	**Die 18- bis 25-jährigen Sozialhilfe beziehenden jungen Erwachsenen in Basel**	**125**
6.1	Differenzierungsprozesse in der Stadt Basel: Ausgangslage	125
6.2	Forschungsdesign der empirischen Studie	132
6.2.1	Untersuchungspopulation	132
6.2.2	Datengrundlage	133
6.2.3	Untersuchungsdesign: Quantitativer und qualitativer Studienteil	135
6.3	Bedingungsfaktoren bei Eintritt in die Sozialhilfe	138
6.3.1	Sozialhilfedichte	138
6.3.2	Unterstützungsgründe	140
6.3.3	Verweildauer in der Sozialhilfe	143
6.3.4	Migrationsverhalten	145
6.3.5	Zivilstand und Haushaltssituation	147
6.3.6	Zahl der Kinder und Haushaltsmitglieder	148
6.3.7	Einkommen und Verschuldung	149
6.3.8	Schulische Bildung	151
6.3.9	Berufsabschluss	152
6.3.10	Aktuelle Tätigkeit	153
6.3.11	Aufenthaltsstatus	154
6.3.12	Herkunftsfamilie	157
6.4	Fazit: Zur Handlungs(un)fähigkeit junger Erwachsener in der Stadt	163

7	**Handlungsfähigkeit junger Erwachsener bei Eintritt in die Sozialhilfe: Die Typologie**	**169**
7.1	Methodische Überlegungen	169
7.2	Dimensionsreduktion mittels Faktorenanalyse	171
7.3	Typenbildung mittels Clusteranalyse	174
7.4	Die 5-Cluster-Lösung	175
7.5	Fazit: Junge Erwachsene beim Eintritt in die Sozialhilfe zwischen Mangel-, Armuts- und Exklusionslage	178
8	**Wege in und durch die Sozialhilfe und die Bedeutung der Stadt**	**183**
8.1	Typ 1: „Pioniere der Post-Individualisierung": Institutionell gerahmte Integrationsprozesse in Mangellagen in der bedeutungslosen Stadt	183
8.1.1	Situation bei Eintritt in die Sozialhilfe: Pioniere der Post-Individualisierung (Eintrittstyp 1)	183
8.1.2	Idealtypische Fälle: Übersicht	184
8.1.3	Wege in die Sozialhilfe: Subjektive Erklärungen	186
8.1.4	Wege durch die Sozialhilfe: Institutionell gerahmte Integrationsprozesse in Mangellagen (Verlaufstyp 1)	189
8.1.5	Die bedeutungslose Stadt	200
8.2	Typ 2: „Anpassungsorientierte junge Erwachsene": Unsichere und diskontinuierliche Assimilationsprozesse in der geteilten Stadt	203
8.2.1	Situation bei Eintritt in die Sozialhilfe: Anpassungsorientierte junge Erwachsene (Eintrittstyp 2)	203
8.2.2	Idealtypische Fälle: Übersicht	204
8.2.3	Wege in die Sozialhilfe: Subjektive Erklärungen	205
8.2.4	Wege durch und aus der Sozialhilfe: Unsichere und diskontinuierliche Assimilationsprozesse (Verlaufstyp 2)	209
8.2.5	Die geteilte Stadt	220
8.3	Typ 3: „Junge Erwachsene im Moratorium": Psychosoziale Krisen und Chronifizierung psychischer Erkrankungen in der sozialpädagogischen Stadt	224
8.3.1	Situation bei Eintritt in die Sozialhilfe: Junge Erwachsene im Moratorium (Eintrittstyp 3)	224
8.3.2	Idealtypische Fälle: Übersicht	225
8.3.3	Wege in die Sozialhilfe: Subjektive Erklärungen	227
8.3.4	Wege durch und aus der Sozialhilfe: Psychosoziale Krisen und Chronifizierung psychischer Erkrankungen (Verlaufstyp 3)	233
8.3.5	Die sozialpädagogische Stadt	244

8.4	Typ 4: „Geduldete Ausländer/innen": Rechtlich legitimierte Exklusionsprozesse in der segregierten Stadt	250
8.4.1	Situation bei Eintritt in die Sozialhilfe: Geduldete Ausländer/innen (Eintrittstyp 4)	250
8.4.2	Idealtypische Fälle: Überblick	251
8.4.3	Wege in die Sozialhilfe: Subjektive Erklärungen	253
8.4.4	Wege durch und aus der Sozialhilfe: Rechtlich legitimierte Exklusionsprozesse (Verlaufstyp 4)	259
8.4.5	Die segregierte Stadt	270
8.5	Typ 5: „Autonomiebestrebte zugezogene Schweizer/innen": Kontingente Prozesse (Stabilisierung oder gesundheitliche Deprivation) in der Stadt als zentraler Ort	276
8.5.1	Situation bei Eintritt in die Sozialhilfe: Autonomiebestrebte zugezogene Schweizerinnen und Schweizer (Eintrittstyp 5)	276
8.5.2	Idealtypische Fälle: Überblick	277
8.5.3	Wege in die Sozialhilfe: Subjektive Erklärungen	278
8.5.4	Wege durch und aus der Sozialhilfe: Kontingente Prozesse (Stabilisierung oder gesundheitliche Deprivation) (Verlaufstyp 5)	285
8.5.5	Die Stadt als zentraler Ort	296
9	**Fazit: „Young urban poor" - Abstiegsprozesse in den Zentren der Sozialstaaten**	**303**
10	**Literaturverzeichnis**	**319**

Tabellenverzeichnis

Tabelle 1: Bisherige Armutsstudien im Überblick 21
Tabelle 2: Von Armut überdurchschnittlich betroffene Bevölkerungsgruppen 23
Tabelle 3: Risikogruppen auf dem Arbeitsmarkt 23
Tabelle 4: Risikofaktoren nach Ulrich und Binder 28
Tabelle 5: Ranking schweizerischer Städte nach verfügbarem Einkommen 30
Tabelle 6: Der „Capability-Ansatz" und vergleichbare Konzepte 52
Tabelle 7: UNO-Pakt 1 - Kommentare schweizerischer Nichtregierungsorganisationen .. 56
Tabelle 8: Soziale Rechte und berufliche Möglichkeiten nach Aufenthaltskategorien 57
Tabelle 9: Formen des kulturellen Kapitals 60
Tabelle 10: Indikatoren für eine Untersuchung der Wohlfahrt von Kindern 112
Tabelle 11: Dimensionen der Kinderarmut 112
Tabelle 12: Verlaufstypen des Sozialhilfebezugs nach Buhr 114
Tabelle 13: Lebensverlaufstypen nach Ludwig 115
Tabelle 14: Sozialhilfekarrieretypen nach Ludwig 117
Tabelle 15: Übergangstypen nach Hagen und Niemann 118
Tabelle 16: Fallzahlen der Sozialhilfe Basel-Stadt nach Altersklassen 2001 und 2002 .. 126
Tabelle 17: Variablenplan 137
Tabelle 18: Wohnbevölkerung in Basel der Altersklasse 18-25 Jahre am 31.12.1999 138
Tabelle 19: Sozialhilfeempfänger/innen der Jahrgänge 1974-1981 139
Tabelle 20: Unterstützungsgründe und Zusammenhang mit Nationalität 142
Tabelle 21: Zivilstand und Haushaltssituation beim Eintritt in die Sozialhilfe 147
Tabelle 22: Zusammenhang Haushaltsstruktur und sozioökonomische Merkmale 149
Tabelle 23: Finanzielle Ausstattung zum Zeitpunkt des Eintritts in die Sozialhilfe 150
Tabelle 24: Zusammenhang Finanzen und sozioökonomische Merkmale 151
Tabelle 25: Schulische Startkonstellationen nach Nationalität 151
Tabelle 26: Struktur der Berufsabschlüsse (n=1109) 152
Tabelle 27: Berufsgruppen des Abschlusses und des Lehrabbruchs 152
Tabelle 28: Tätigkeit der ausgebildeten Personen im Jahr des Sozialhilfebezugs 153
Tabelle 29: Abschluss nach Nationalität und Geschlecht 154
Tabelle 30: Zusammenhang Berufsbildung und sozioökonomische Merkmale 154
Tabelle 31: Aufenthaltsstatus nach Nationalität 155
Tabelle 32: Aufenthaltsstatus, Nationalität und Zuzugszeitpunkt 156
Tabelle 33: Zusammenhang Aufenthaltsstatus und sozioökonomische Merkmale 156
Tabelle 34: Erreichbarkeit der Eltern 157
Tabelle 35: Zusammenhang Herkunftsfamilie und sozioökonomische Merkmale 157
Tabelle 36: Wohnstandorte der Eltern 158
Tabelle 37: Kontakte zu den Eltern 158
Tabelle 38: Sozialpädagogische Massnahmen oder Betreuung 159
Tabelle 39: Berufspositionen der Eltern 159
Tabelle 40: Zusammenhang Berufsposition Eltern und sozioökonomische Merkmale 160
Tabelle 41: Berufliche Stellung des Vaters 160
Tabelle 42: Berufliche Stellung der Mutter 161
Tabelle 43: Zusammenhang beruflich Stellung des Vaters und der Mutter 162
Tabelle 44: Herkunft - arme Familie 162
Tabelle 45: Ausgewählte Kennzahlen des Modells 173
Tabelle 46: Cluster-Lösung 176
Tabelle 47: Stipendienberechtigung in Abhängigkeit vom Aufenthaltsstatus 199
Tabelle 48: Ablösegründe Typ 1 aus der Sozialhilfe (1. Austritt) 199

Tabelle 49: Ablösegründe Typ 2 aus der Sozialhilfe (1. Austritt) 220
Tabelle 50: Wohnstandorte der jungen Erwachsenen bei Eintritt in die Sozialhilfe 222
Tabelle 51: Personen (Typ 2) im Mietzinsgrenzwert 223
Tabelle 52: Unterstützungsansätze für junge Erwachsene in / ohne Ausbildung 236
Tabelle 53: Klientinnen- und Klientengruppe in der Sozialhilfe seit dem 1.1.2003 237
Tabelle 54: Ablösegründe Typ 3 aus der Sozialhilfe (1. Austritt) 244
Tabelle 55: Ablösegründe Typ 4 aus der Sozialhilfe (1. Austritt) 269
Tabelle 56: Ablösegründe Typ 5 aus der Sozialhilfe (1. Austritt) 294
Tabelle 57: Erfolgreiche Ablösungen: Binnen 12 Monaten in Arbeit abgelöst 313

Abbildungsverzeichnis

Abbildung 1: Handlungsfähigkeiten in Abhängigkeit von Raum und Zeit 50
Abbildung 2: „Capabilities", „functionings", „achievements" und „entitlements" 53
Abbildung 3: Handlungsfähigkeiten der „young urban poor" - Analyserahmen 123
Abbildung 4: „Capability deprivation" - Definitionen und Verlauf 124
Abbildung 5: Entwicklung der Fallzahlen in der Sozialhilfe Basel-Stadt 1987-2002 126
Abbildung 6: In der Studie erfasste Population 133
Abbildung 7: Ausstattung beim Eintritt in die Sozialhilfe - Datenerhebungsdesign 134
Abbildung 8: Studienplan 135
Abbildung 9: Unterstützungsgründe - die Systematik der Sozialhilfe 141
Abbildung 10: Verweildauer in der Sozialhilfe (Zeitraum 1.1.1999 - 31.3.2002) 144
Abbildung 11: Vorgehensweise und Fragestellung der Faktoren- und Clusteranalyse 170
Abbildung 12: Dimensionen der Handlungsfähigkeit 173
Abbildung 13: Handlungsspielräume in Abhängigkeit von
  Kapitalausstattung und -struktur 181
Abbildung 14: Ausdünnung und Fragmentierung institutioneller Rahmung: Herr B. 194
Abbildung 15: Kurzdarstellungen der Fälle im Typ 1 195
Abbildung 16: Kritische und förderliche Ereignisse seit Eintritt in Sozialhilfe (Typ 1) .. 196
Abbildung 17: Prozesse der „capability deprivation" im Bereich von Bildungskapital .. 215
Abbildung 18: Kurzdarstellungen der Fälle im Typ 2 217
Abbildung 19: Kritische und förderliche Ereignisse seit Eintritt in Sozialhilfe (Typ 2) .. 218
Abbildung 20: Kurzdarstellungen der Fälle im Typ 3 238
Abbildung 21: Kritische und förderliche Ereignisse seit Eintritt in Sozialhilfe (Typ 3) .. 240
Abbildung 22: Jahresaufenthaltsbewilligung und Sozialhilfebezug 258
Abbildung 23: Kurzdarstellungen der Fälle im Typ 4 264
Abbildung 24: Kritische und förderliche Ereignisse seit Eintritt in Sozialhilfe (Typ 4) .. 266
Abbildung 25: Entschuldung durch Verschuldung: Der Privatkonkurs 288
Abbildung 26: Kurzdarstellungen der Fälle im Typ 5 289
Abbildung 27: Kritische und förderliche Ereignisse seit Eintritt in Sozialhilfe (Typ 5) .. 291
Abbildung 28: Individualisierte Aufstiege in Prozessen kollektiven Abstiegs 307

Dokumentenverzeichnis

Dokument 1: Stipendien Basel-Stadt und Basel-Landschaft: Antragsvoraussetzungen .. 198
Dokument 2: Formen von Arbeitsverträgen 210
Dokument 3: Verwarnung durch die Abteilung Internationale Kundschaft 260

Kartenverzeichnis

Karte 1: Typisierung der Wohnviertel und Gemeinden des Kantons Basel-Stadt 128
Karte 2: Sozialhilfedichte der Quartiere im September 2000 130
Karte 3: Sozialhilfedichte in absoluten
Fallzahlen auf Blockebene im September 2000 131
Karte 4: Migrationswege der im Ausland geborenen jungen Erwachsenen 146
Karte 5: Wohnstandorte der „Pioniere der Post-Individualisierung" 201
Karte 6: Die sozialpädagogische Stadt - Orte und Plätze zur Gestaltung
von Alltagskultur der „jungen Erwachsenen im Moratorium" 249
Karte 7: Die segregierte Stadt - Wohnstandorte der „geduldeten Ausländer/innen" 273
Karte 8: Konzentration auf Wohnquartiere mit hoher Sozialhilfedichte 275
Karte 9: Die Stadt als zentraler Ort - Herkunftskantone
der „autonomieorientierten zugezogenen Schweizer/innen" 301
Karte 10: Residentielle Segregationsprozesse - Wohnstandorte
vor Eintritt in die Sozialhilfe und am Ende des Betrachtungszeitraums 310

1 Einleitung

1.1 Wohlfahrt und Sozialstaatlichkeit

Seit dem Ende des Zweiten Weltkrieges haben sich die europäischen Staaten in beeindruckender Weise von „einer Mangel- hin zu einer Reichtumsgesellschaft" (Döring, Hanesch et al. 1990b, 7) entwickelt. Phasen der Rezession (1975/1976, 1982/1983 und 1991/1992) hatten beim Aufbau der Wohlfahrtsstaaten lediglich aufschiebende Wirkung.[1] Bis zum Beginn der 1990er Jahre kann die Entwicklung anhand der klassischen Stabilitätsindikatoren Bruttoinlandsprodukt, Preisniveau und Beschäftigung nachvollzogen werden. Investitionen in das Bildungssystem und in die Institutionen der sozialen Sicherheit wurden in grösserem Umfang in den „goldenen Achtzigern" realisiert. Diese Diffusion des Wohlstandes in alle Bereiche des Wohlfahrtsstaats bestätigt der Human Development Index, der neben ökonomischen auch Indikatorensysteme in den Dimensionen Lebensstandard, Bildung und Gesundheit berücksichtigt. Seit Beginn der Berichtsreihe finden sich die europäischen Staaten auf den vorderen Plätzen der Rangliste (UNDP 1990).

In der Folge erweiterten sich „kollektive und individuelle Handlungsmöglichkeiten" (Berger 1996, 11). Die „Multioptionsgesellschaft" (Gross 1994) war gekennzeichnet von einem Mehr an Chancen zur Realisierung formaler Freiheiten. Das Ausmass des „persönlichen Möglichkeitsraumes" (Schulze 1990) nahm zu. Die Menschen machten die Erfahrung, dass ihre Leistungen und Fähigkeiten wertvoll für die Gesellschaft waren. Solchermassen „symmetrische Wertschätzung" (Honneth 2000, 331) erfolgte weitgehend ohne Abstufung. Ein „kollektives Mehr an Einkommen, Bildung, Mobilität, Recht, Wissenschaft, Massenkonsum" (Beck 1986, 122) jenseits von Klasse und Schicht kennzeichnete diesen „Fahrstuhl-Effekt": Durch das „Höherfahren" der Klassengesellschaft insgesamt änderten sich zwar nicht die Verhältnisse zwischen Arm und Reich, den Einflussreichen und den Ohnmächtigen, doch profitierten vertikal alle Bevölkerungsgruppen von dieser Entwicklung. Der „soziale Klassencharakter der Lebensbedingungen und Lebensformen" ging verloren (ebd., 122). Armut schien definitiv bewältigt zu sein.

Mit den Phasen von Rezession und Stagnation, unterbrochen von nur kurzen konjunkturellen Aufschwüngen, hat sich diese Entwicklung seit den 1990er Jahren geändert. Im Jahr 2001 stand die Weltwirtschaft erneut in einer Rezession (Benner, Borbély et al. 2002). Die „World Economy in crisis" wird ambivalent beurteilt: Benner et al. gehen davon aus, dass die Rezession des Jahres 2001 „als eine der kürzesten und mildesten in die Geschichte eingehen" wird (ebd., 7); anderen Fachpersonen wie Krugman (2001) erscheint die These des „soft landing" trotz historischem Zinstiefstand in den USA nicht realistisch. In der „Fear Economy", wie Krugman (ebd., 5) die Weltökonomie nach den Anschlägen des 11.9.2001 bezeichnet, befürchten sie eher das Szenario des „double dip", also einer zweimal kurz hintereinander erfolgenden starken Schrumpfung des Bruttoinlandsproduktes mit einer „kleinen" Zuwachsrate dazwischen.

Dieser ökonomische Wandel, der seit den 1990er Jahren an Dynamik gewonnen hat, eigentlich aber bereits in der Ölkrise begann, hat für das Thema Armut sensibilisiert. Bedürf-

---

[1] Unter *Wohlfahrt* (welfare) wird der Grad der Befriedigung von Bedürfnissen auf wirtschaftlichem, politischem, sozialem oder kulturellem Gebiet verstanden. Wohlfahrt ist abhängig von physischen und psychischen Grössen und kann auf ein Individuum, eine soziale Gruppe oder eine ganze Gesellschaft bezogen werden. (Pigou, zitiert nach Ernst 1983, 281). Mit dem Begriff *Wohlstand* wird versucht, durch die objektiven Indikatoren Einkommen, Vermögen und nicht monetäre öffentliche Leistungen (Realtransfers) die materielle Versorgungslage zu beschreiben. Wohlstand misst also den faktischen Verfügungsspielraum über Güter und Leistungen, die zur Bedürfnisbefriedigung zur Verfügung stehen, unabhängig davon, ob sie gehandelt werden. Nicht der Nutzen als Ausdruck der individuellen Wertschätzung einer gegebenen Versorgungslage, sondern die Versorgungslage selbst ist die relevante Bezugsgrösse (Pigou, zitiert nach Leu, Buhmann et al. 1986, 114).

tigkeit wurde zu einem „grundlegenden gesellschaftlichen Problem, das alle angeht" (Fluder, Nolde et al. 1999), zu einem wohlfahrtsstaatlichen „Widerspruch in sich" (Zapfl-Helbling 1999, 7) und zu einem der „sozialpolitisch brennendsten Probleme" (Leu 1999, 39). Denn die durch die wirtschaftlichen Veränderungen bedingten sozialen Risiken konnten nur bedingt durch die staatlichen (insbes. Arbeitslosenversicherung und Sozialhilfe) und privaten Sicherungsnetze (Familie, Bekanntenkreis) aufgefangen werden. In der Folge wuchs die Zahl der Armen, es wurden Formen „neuer Armut" (Lompe 1987) thematisiert und neue Armutsgruppen definiert (z.B. „working poor").[2]

An dieses wissenschaftliche Entdeckungsverfahren knüpft die vorliegende Arbeit an, wenn sie die jungen Erwachsenen in den Städten als eine speziell zu thematisierende Gruppierung unter den Armen hervorhebt. Die Beschränkung auf die Städte (und genauer sogar die Kernstädte) hat ihren Grund darin, dass sich das soziale Gefälle dort besonders deutlich ausdrückt. Städte sind die Zentren der wirtschaftlichen Entwicklung und zugleich die Brennpunkte sozioökonomischer und soziokultureller Polarisierung. Eisner (1997) analysiert das Konfliktverhalten in Städten und spricht vom „Ende der zivilisierten Stadt", Heitmeyer (1998) diskutiert die ethnische Segregation und fragt, ob die „Integrationsmaschine" Stadt versagt hat. Im Gegenzug entwirft die Stadtgeographie und -soziologie die Strategie der „sozialen Stadt" (z.B. Alisch & Dangschat 1998; Walther 2002) und die soziale Arbeit eine handlungstheoretisch orientierte Quartierentwicklung (z.B. Hohm 2003).

1.2 Städte als empirische Orte und soziale Landschaften

Aus dieser „Dreifaltigkeit von Gesellschaft, Handlung und Raum" resultiert ein neues Verständnis vom Raum als soziales Konstrukt, wie es z.B. Werlen (1987) für die Geographie und Löw (2001) für die Soziologie entwickelt haben. Städte sind in diesen Analysen empirische Orte *und* Verflechtungsorte. Die Sozialwissenschaften verlassen damit ihr traditionelles Konzept eines „Container-Raumes" oder „Behälter-Raumes", in dem - weitgehend unabhängig von seinem Umland und seiner spezifischen Ausgestaltung - Menschen leben, Betriebsstätten gegründet oder Wohnstätten gebaut werden. Räume (und damit auch Städte) werden - wie Werlen seine Sicht unter Rückgriff auf die Arbeiten Giddens' (siehe z.B. Giddens 1997) darlegt - gesellschaftlich produziert und reproduziert, das Leben in einzelnen Räumen (und damit auch der Stadt) hat symbolische Bedeutung und wirkt auf Handlungsentscheidungen zurück.

Den Ausgangspunkt für diesen Paradigmenwechsel ortet Werlen in den spätmodernen Gesellschaften, denen er zuschreibt, dass ihre Handlungsweisen „nicht mehr durchgehend von Traditionen" bestimmt sind und die ihre sozialen Beziehungen „kaum mehr generationenübergreifend durch Verwandschaftssysteme", sondern vielmehr über die wirtschaftlichen bzw. beruflichen Aktivitäten regeln (Werlen 1993, 248). Damit ist die „Aufhebung der

---

[2] Dabei ist keineswegs geklärt, wer als „arm" bezeichnet werden kann. Der Armutsbegriff ist „vieldeutig" und „vielschichtig" (Hartmann 1992, 452) und entzieht sich einer allgemeingültigen Definition, weshalb der Wissenschaft die Aufgabe zukommt, das Phänomen der Armut theoretisch hinreichend präzise zu bestimmen und empirisch zu fassen (Hanesch, Adamy et al. 1994). Die Antwort auf die Frage, wer arm ist, hängt entscheidend davon ab, „welchen Grad an Ungleichheit von Lebenschancen und Lebensbedingungen wir in dieser reichen Gesellschaft als gegeben hinzunehmen bereit sind und ab welchem Grad an Ungleichheit wir einen sozialpolitischen Korrektur- und Handlungsbedarf einfordern" (Hanesch, Adamy et al. 1994, 23). Gerade weil aber die Aufgabe, Armut zu messen bzw. messbar zu machen, „im streng wissenschaftlichen Sinn nicht lösbar" scheint (Bundesministerium für Arbeit und Sozialordnung 2001a, 6), „kann das Problem nur dadurch entschärft werden, dass die der Armutsmessung zugrunde liegenden Konzepte offengelegt und - soweit möglich - Alternativberechnungen durchgeführt werden, um ein breiteres Spektrum von Wertvorstellungen abzudecken" (Hauser 1997, 71). Heute präsentieren sich Armutsstudien, die sich insbesondere in Bezug auf das Armutskonzept, den Erklärungsansatz und die Armutsgrenze unterscheiden.

häufig reifizierten, fixen (normativen) Bedeutungszuweisung zu Orten und Zeitpunkten" verbunden. Lebenskontexte werden rationalisiert und von räumlichen und zeitlichen Dimensionen abgekoppelt bzw. „entankert" (ebd., 250).

> „Sozial-kulturelle Bedeutungen, räumliche und zeitliche Komponenten des Handelns sind nicht mehr auf festgefügte Weise verkoppelt. *Sie werden vielmehr über einzelne Handlungen der Subjekte auf je spezifische und vielfältige Weise immer wieder neu kombiniert.* Räumlich lokalisierbare Gegebenheiten können nicht zuletzt immer wieder je spezifische Bedeutungen annehmen, weil sie nicht mehr generationenübergreifend über Traditionen fixiert sind." (Werlen 1993, 250, Hervorhebung im Original)

Der Raum wird in diesem handlungszentrierten Ansatz also nicht mehr als Gegenstand aufgefasst, in dem „etwas passiert", auf den sich alle Dinge beziehen oder der einen Gegenstand an sich darstellt. Der Raum wird klassifikatorisch, er erlaubt die Beschreibung von Ordnungen von Subjekten, er ist ein „sprachliches Kürzel" für Funktionszusammenhänge, er bezieht sich auf Situationen sozialer Kommunikation.

In spätmodernen Gesellschaften entwerfen nach Werlen Handlungssubjekte regelmässig (eigentlich täglich) ihre eigene Geographie (im Sinne des „Geographie-machens" nach Hartke 1962, 115). Und es ist die Handlung (das „Atom des sozialen Universums"), über die sich die Gesellschaft „sinnhafte Wirklichkeit konstruiert" (Werlen 1986, 71).

Handlungsorientierte (Stadt-)Forschung hat die „Analyse menschlicher Handlungen in ihren räumlichen Bezügen" zum Ziel (Werlen 1999, 225). Zwei Aspekte sind dabei besonders hervorzuheben: zum einen die Frage, *was* hergestellt, konsumiert und reproduziert wird und zum anderen die Frage nach den unterschiedlichen *Verfügungsgewalten* der Handelnden über personelle und materielle Ressourcen und damit die Klärung, „welche Handlungen wo und zu welchen Zeitpunkten durchgeführt werden dürfen" (Werlen 1993, 253; siehe auch Werlen 2000, 342)[3].

> „Denn wer sich wo treffen kann, hängt zunächst einmal von den Zugangsmöglichkeiten zu Orten ab. Die entsprechenden Regelungen werden über die Definitionen von öffentlichen, halböffentlichen und privaten räumlichen Handlungskontexten vollzogen. Der öffentliche Raum ist als Ort der Möglichkeit der Face-to-Face-Begegnung die Grundvoraussetzung einer urbanen Kultur." (Werlen 2000, 342)

Somit ist der Rahmen der vorliegenden Arbeit grob skizziert: Aus der Analyse von Handlungsfähigkeiten und realen Handlungen ergibt sich eine beschreibbare Struktur „menschlicher Handlungen in ihren räumlichen Bezügen", hier der sozialhilfeabhängigen jungen Erwachsenen in der Stadt. Damit orientiert sich die vorliegende Studie an der Tradition von Armutsstudien, die die Situation städtischer Gruppen handlungstheoretisch analysieren und dabei Städte als empirische Orte *und* „Sozial-Landschaften" (Bobek 1948) bzw. „soziale Landschaften" (Albrow 1998) auffassen. Zu dieser Tradition gehören Arbeiten von Wilson, der in den 1960er Jahren Familien und Einzelhaushalte, die durch die ökonomische Krise verarmten und in die Innenstädte amerikanischer Metropolen zogen, als „urban underclass" (Wilson 1987) und „new urban poor" (Wilson 1997) thematisierte. Hierzu gehören auch Studien, die die Schwierigkeiten untersuchten, die mit der Schaffung von Niedriglohnbeschäftigungen und „McJobs" in amerikanischen Städten zusammenhingen und zu einer Verarmung von *erwerbstätigen* Personen beitrugen (so die Studie der Anthropologin Katherine S. Newman über die „working poor in the inner city" [in Harlem], siehe Newman 1999).[4]

---

[3] Selbstverständlich haben die Thesen von Werlen die geographische Fachgemeinschaft nicht undiskutiert durchdrungen. Darauf soll an dieser Stelle allerdings nicht weiter eingegangen werden, sondern es wird auf die Auseinandersetzung z.B. bei Meusburger (1999) sowie die Replik Werlens in diesem Band verwiesen.

[4] Die europäische Forschung nahm die Diskussion auf und adaptierte sowohl die „Underclass-Problematik" als auch die „working-poor-Problematik" (siehe z.B. die Beiträge in Cunha, Leresche et al. 1998; Heitmeyer, Dollase et al. 1998; Mingione 1999).

Doch die sozialen Landschaften werden nicht durch die erwerbsfähige Bevölkerung alleine strukturiert; es nehmen auch nicht mehr oder noch nicht im erwerbsfähigen Alter stehende Menschen daran teil (Kinder, Jugendliche, junge Erwachsene, alte Menschen). Diesen Gruppen widmen sich weit weniger Studien, insbesondere, wenn sie zur armen Bevölkerung zählen (Ausnahmen sind z.B. Bruhns & Mack 2001; Fine & Weis 1998). Dieses Forschungsdefizit ist umso gravierender, als in der Armutsforschung seit geraumer Zeit von einer „Infantilisierung der Armut" gesprochen wird, in Anbetracht der vorliegenden Forschungen derzeit die Grundlagen für eine differenzierte Betrachtung der spezifischen Problemlagen allerdings weitgehend fehlen.

Die Forderung nach einer Armutsforschung, die auch auf *Kinder, Jugendliche und junge Erwachsene als handelnde Subjekte* fokussiert, lässt sich insbesondere aus den Gedanken, die von Beck und seinen Kolleginnen und Kollegen der „Münchner Schule" entwickelt wurden, ableiten. Denn wenn die Wohlfahrtsentwicklung neue Formen von Armut mit sich brachte und wenn eine wirtschaftliche Rezession in Sozialstaaten zu einer weitgehenden Labilisierung *aller* Bevölkerungsgruppen führt, dann ist es berechtigt, die Frage nach den Auswirkungen von Modernisierung und Individualisierung auf junge Menschen zu diskutieren. Und wenn der mit der Wohlstandsentwicklung einhergehende Wandel der Familie zu einer Prekarisierung der Bedingungen kindlichen Aufwachsens führt, dann wird die Analyse von Sozialisationsverläufen mit ihren Übergängen zwischen den Statuspassagen relevant. Gerade die Übergänge von der Schule in die Ausbildungsinstitution (1. Schwelle) und von dort in den Arbeitsmarkt (2. Schwelle) zeichneten sich bei den jungen Erwachsenen immer schon durch ihren Charakter als „Eintrittsfenster" (Fend 2000, 438) in sozialisationsrelevante Problemlagen und Risikoverhalten aus. Und weil die Moderne schliesslich alles in „riskante Freiheiten" verwandelt (Beck & Beck-Gernsheim 1994b, 11) und sich dieses Risiko, aber auch die Vielfalt von Bewältigungshandeln in Städten sehr deutlich zeigt, wird begründbar, die Städte als Untersuchungsgebiete auszuwählen.

Junge Erwachsene, die in *Städten* auf *Sozialhilfe* angewiesen sind - es sind diese drei z.T. aus unterschiedlichen Disziplinen stammenden Forschungsgegenstände, die in der vorliegenden Studie als *young urban poor* eine theoretische Einheit bilden.[5]

Zur Analyse der Handlungsspielräume der „young urban poor" wird auf ein Konzept zurückgegriffen, dass zwischen der Fähigkeit zu handeln (*„capability"*), den tatsächlichen Handlungsmöglichkeiten (*„functioning"*) und den messbaren Ergebnissen von Handlungen (*„achievements"*) unterscheidet. Es war Amartya Sen, der diese Differenzierung in die Armutsforschung eingebracht hat, um damit zu zeigen, dass soziale Landschaften nur solche Handlungen widerspiegeln, die unter den gegebenen politischen, sozialen und ökonomischen Rahmenbedingungen möglich sind, nicht aber solche Handlungen, die aufgrund der Fähigkeiten einer Person hätten vollzogen werden können. Den Unterschied zu thematisieren, bedeutet insbesondere Aspekte der Macht zu berücksichtigen: Zwischen „capability" (Handlungsfähigkeit) und „achievements" (Erreichtem) stehen nach Sen die Zugänge, Berechtigungen/Handlungsrechte und Chancen (*„entitlements"*). Über sie zu verfügen, sichert den *Vollzug* einer Handlung und damit die soziale Position einer Person in der Gesellschaft (damit ist der „Capability-Ansatz" ein relatives Armutskonzept), wobei „entitlements" durchaus Veränderungen unterliegen, denn sie sind „sozial konstruiert" und drücken den aktuellen Stand einer Person innerhalb einer Gesellschaft aus (Watts 2002, 12). Sen selbst hat nachgewiesen, dass es in Südindien zu Hungernöten kam, *obwohl* ausreichend Nahrung vorhanden war, die Bevölkerung allerdings keinen Zugang und keine Berechtigungen („entitlements") dazu hatte. Übertragen auf die „young urban poor" zeigt sich, dass die jungen

---

[5] Es ist natürlich nachvollziehbar, dass in einem weiteren Schritt auch andere unter dieser Bezeichnung Platz finden müssen, wie z.B. sozialhilfeabhängige Kinder und Jugendliche.

Erwachsenen nicht zwangsläufig auf Sozialhilfe angewiesen wären, wenn es nicht zu einer regelrechten Entwertung ihrer Bildungstitel durch den gegenwärtigen Arbeitsmarkt käme, wenn ihre Aussteuerung nicht auch mit einem Verlust an Unterstützungsleistungen der Arbeitslosenkasse einhergehen würde, wenn die Sozialhilfepraxis nicht auch eine Destabilisierung vorhandener sozialer Netzwerke zur Folge hätte. Andererseits kommt es auch zur Sozialhilfeabhängigkeit, weil die jungen Erwachsenen vorhandene Zugänge und Berechtigungen nicht nutzen, ihre Handlungsfähigkeit aufgrund ihres Risikoverhaltens nicht ausschöpfen oder ihre Bedürftigkeit „kultivieren" und als urbanen Lebensstil pflegen.

Wie diese Beispiele zeigen, sind Handlungsfähigkeiten keineswegs nur monetär determiniert. Darauf macht Sen aufmerksam, bietet allerdings kein über die ökonomische Dimension hinausgehendes Modell. Perspektiven zeigt hier die Kapitaltheorie, wie sie Bourdieu im Rahmen seiner Lebensstilforschung entwickelt hat. Die Handlungsfähigkeit einer Person kann auf deren Ausstattung mit ökonomischem, kulturellem und sozialem Kapital zurückgeführt werden sowie aus den Zugängen und Berechtigungen, diese Ausstattung auf den verschiedenen Märkten in der Stadt, in Wohngebieten, dem Wohnviertel oder der Nachbarschaft zum Tausch zu bieten. Aus dieser Ausstattungs-Tausch-Beziehung resultieren analysierbare Verflechtungsräume.

Die theoretische Herleitung eines Analyserahmens zur Beschreibung und Erklärung der Handlungsfähigkeiten von jungen Erwachsenen in der städtischen Sozialhilfe ergibt sich demnach aus Erkenntnissen der Forschung über soziale Ungleichheit und Armut (insbes. die Arbeiten von Beck, Sen und Bourdieu), der Forschung über Armut bei Kindern, Jugendlichen und jungen Erwachsenen sowie der Forschung über Differenzierungsprozesse der Stadt. Erst die Zusammenschau dieser Forschungsgegenstände ermöglicht, eine Gruppierung wie die der „young urban poor" zu konstruieren.[6]

In diesem Sinne ist die vorliegende Arbeit auch aufgebaut: Ein erstes Kapitel fasst Bemerkungen zum Stand der Forschung über soziale Ungleichheit und Armut mit Blick auf die jungen Erwachsenen zusammen. Diese Ausführungen basieren auf dem Fazit einer ausführlicheren Recherche zum Thema, die an dieser Stelle nicht abgedruckt werden soll, da sie vor allem auf den schweizerischen Kontext Bezug nimmt (die vollständige Version der Recherche steht unter www.jugendarmut.ch zum Download bereit). Grundsätzlich wird darauf verwiesen, dass es im deutschsprachigen Raum trotz auffallend hohen städtischen Armutsquoten von jungen Erwachsenen kaum empirische Untersuchungen dazu gibt. Im darauf folgenden Kapitel wird der Versuch unternommen, ausgehend von den Arbeiten der „Münchner Schule" einen handlungstheoretischen Analyserahmen zu entwickeln und zu begründen. Hierbei geht es insbesondere um die Verknüpfung des „Capability-Ansatzes" von Amartya Sen mit der Lebensstilforschung von Bourdieu sowie den Studien zum Sozialkapital von Putnam, Coleman sowie Esser. Das Kapitel schliesst mit der These, dass Armut als ein Prozess des Verlustes von Handlungsfähigkeiten (*„capability deprivation"*) aufgefasst werden kann. Dieses Verständnis wird im vierten Kapitel einerseits mit den Erkenntnissen über die Folgen der Individualisierung bei Kindern, Jugendlichen und jungen Erwachsenen, und andererseits mit dem Wissensstand über die Folgen der Modernisierung für den städtischen Raum angereichert. Mit diesen beiden Perspektiven wird im fünften Kapitel die Formulierung des Analyserahmens möglich, mit dem die Handlungsfähigkeit der „young urban poor" beschrieben und erklärt werden kann.

---

[6] Dass an dieser Stelle von „Gruppierung" und „Konstruktion" gesprochen wird, ist durchaus beabsichtigt, denn die weitere Forschung müsste erst noch zeigen, ob es sich bei den „young urban poor" um eine soziale Gruppe oder eher um eine analytische Kategorie handelt. Damit hat diese Bezeichnung ähnliche Legitimationsprobleme, wie die der „working poor" oder der „urban underclass".

Die „young urban poor" sind junge Menschen, die auf unterschiedliche Weise bedürftig geworden sind und auch verschiedene Sichtweisen auf die Stadt haben. Insbesondere unterscheidet sich ihre Ausstattung mit ökonomischem, kulturellem und sozialem Kapital und daraus abgeleitet auch ihr Weg durch die und aus der Sozialhilfe. Diesen Unterschiedlichkeiten widmet sich das Kapitel 6. Nach der Darstellung der Variablen, mit denen die jungen Erwachsenen insgesamt beschrieben werden können, folgt die faktoranalytische Aufbereitung der Daten für die Typisierung (auch hier wird auf den Abdruck eines Teils der methodischen Herleitung verzichtet und auf das Download unter www.jugendarmut.ch verwiesen). Aus der clusteranalytischen Interpretation der Ausstattung mit den verschiedenen Kapitalien ergeben sich fünf Eintrittstypen in die Sozialhilfe, aus den Dossieranalysen über die realisierten Handlungen seit dem Eintritt in die Sozialhilfe leiten sich entsprechende Verlaufstypen ab und aus den Interviews mit den jungen Erwachsenen resultieren sinnhafte Konstruktionen über die Funktionen der Stadt. Dabei lassen sich unterscheiden:

Pioniere der Post-Individualisierung (Eintrittstyp) mit institutionell gerahmten Integrationsprozessen in Mangellagen (Verlaufstyp) in einer bedeutungslosen Stadt (Funktion der Stadt),

anpassungsorientierte junge Erwachsene mit unsicheren und diskontinuierlichen Assimilationsprozessen in der geteilten Stadt,

junge Erwachsene im Moratorium mit psychosozialen Krisen und der Chronifizierung psychischer Erkrankungen in der sozialpädagogischen Stadt,

geduldete Ausländer/innen mit rechtlich legitimierten Exklusionsprozessen in der segregierten Stadt sowie

autonomiebestrebte zugezogene Schweizer/innen mit kontingenten Prozessen (Stabilisierung oder gesundheitliche Deprivation) in der Stadt als zentralem Ort.

Doch bei aller Differenzierung von Eintritts- und Verlaufstypen weisen die „young urban poor" Gemeinsamkeiten auf, die ihre explizite Thematisierung notwendig macht: Erstens weisen die Ergebnisse der Studie trotz aller institutioneller Rahmung auf einen sozialen Abstieg hin, der kollektiven Charakter hat, weil die jungen Menschen gleichermassen, also über alle Typen hinweg, bedroht sind. Zweitens zeigt sich, dass Erfolge oder die sozialen Aufstiege unabhängig von den jeweiligen Typen eher durch individuelle Bewältigungsstrategien „erarbeitet" werden müssen, nicht auf staatlicher oder privater Unterstützung basieren. Drittens hängen die Abstiegsprozesse eng mit den städtischen Strukturen zusammen, und zwar einerseits mit der Differenzierung der Stadt bezüglich des ökonomischen, kulturellen und sozialen Kapitals (siehe Häussermann & Siebel 1987), und anderseits mit der Konzentration von jungen Erwachsenen in benachteiligten Wohngebieten, in denen die jungen Erwachsenen zahlreiche Personen in vergleichbarer Lage finden, mit denen sie gemeinsam Armut und Prekarität als ein urbanes Lebensgefühl definieren, das sich zu reproduzieren lohnen scheint. Gerade diese Kultivierung macht es den jungen Menschen schwer, das eigentlich prekäre Gleichgewicht zu verlassen, um ein neues Gleichgewicht auf einem höheren sozialen Niveau zu suchen. Hier befinden sich die sozialstaatlichen Institutionen, namentlich die Sozialhilfe, an ihrer Grenze, Veränderungsprozesse initiieren zu können.

Ob die „young urban poor" mit der einer „urban underclass" (Wilson 1987) gleichzusetzen sind oder ein „Milieu der Verlierer" (Kapphan 2002, 136) darstellen, kann die vorliegende Studie nicht abschliessend beantworten. Hierzu wären weitere Untersuchungen zu Handlungsmöglichkeiten der jungen Erwachsenen in der städtischen Sozialhilfe notwendig. Um diese möglich zu machen, werden in einem abschliessenden Kapitel die Ergebnisse zusammengefasst und wird mit Hilfe eines Analyseschemas ein Vorschlag skizziert, Prozesse der „capability deprivation" bei jungen Erwachsenen in der städtischen Sozialhilfe zu systematisieren.

2 „Young urban poor": (noch) kein Thema

Die Armutsforschung in der Schweiz verfügt heute über drei nationale und zahlreiche kantonale Armutsstudien, verschiedene vertiefende Analysen sowie eine Reihe von Untersuchungen zu armutsgefährdeten Gruppen (vgl. Tabelle 1).[7] In zwei nationalen Forschungsprogrammen sind Aspekte der Armut vertieft behandelt worden, ein drittes („Zukunft des Sozialstaats Schweiz") hat weitere Studien ermöglicht, die vor dem Abschluss stehen. Knapp ein Vierteljahrhundert nach der ersten Messung der Einkommens- und Vermögensverteilung ist das Thema Armut in der Schweiz gut dokumentiert. Es gibt einen bestimmbaren Teil der Bevölkerung, der als arm bezeichnet werden kann, die Schätzungen variieren je nach verwendeten Armutsgrenzen und Armutskonzepten zwischen 5 und 30% der Wohnbevölkerung. Alles deutet darauf hin, dass dieser Teil der Bevölkerung eher grösser als kleiner wird und dass ein gewisser Teil auch in wirtschaftlich guten Phasen arm sein wird, also von einer Sockelarmut gesprochen werden kann.

Tabelle 1: Bisherige Armutsstudien im Überblick

Studie und verwendete Armutsgrenze	Armutsgrenze in Franken[a]	Erhebungsjahr	Armutsquote Steuereinheiten	Armutsquote Personen
Schweiz (Enderle 1987)		1976		
EL- Einkommensgrenze[a]	7800			2.5
50% Durchschnittseinkommen[a]	10150			4.7
60% Durchschnittseinkommen[a]	12180			6.6
Schweiz (Buhmann 1988)		1982		
SKOS-Grenze	8936			2.7
50% Medianeinkommen[c]	11954			6.2
EL-Einkommensgrenze (inkl. Mietkostenzuschlag)[c]	13900			9.3
Leyden Poverty Line[a]	14242			10.3
Tessin (Marazzi 1986)		1982		
50% Durchschnittseinkommen[a]	9450		15.7	14.4
60% Durchschnittseinkommen[a]	11335		26.3	26.8
Neuenburg (Hainard, Nolde et al. 1990)		1987		
50% Durchschnittseinkommen[a]	11669		14.2	
66,6% Durchschnittseinkommen[a]	15543		30.1	
Wallis (Perruchoud-Massy 1991)		1989/90		
50% Durchschnittseinkommen[b]	12825		14.9	
66,6% Durchschnittseinkommen[b]	16930		25.4	
Jura (Joliat 1991)		1989		
50% Durchschnittseinkommen[a]	11053		15.0	10.8
66,6% Durchschnittseinkommen[a]	14737		27.5	23.3
Basel-Stadt (Mäder, Biedermann et al. 1991)		1989		
Bezüger von Prämienbeiträgen				15.0
St. Gallen (Füglistaler & Hohl 1992)		1987		
EL-Einkommensgrenze (1987)[b]	12000		5.6	4.4
Bezugsberechtigungsgrenze kantonaler ausserord. EL[b]	15000		9.6	8.3
Bern (Ulrich & Binder 1998)		1987		
EL-Einkommensgrenze	16000		16.8	16.2
(inkl. Mietkostenzuschlag)[b]	19800		19.8	17.9

---

[7] Anmerkung: Die folgenden Ausführungen sind Teile des Fazit einer umfangreicheren Recherche zum Stand der Armutsforschung über junge Erwachsene in den Städten der Schweiz. Der ausführliche Text steht unter www.jugendarmut.ch zum Download bereit.

Fortsetzung Tabelle 1:

Studie und verwendete Armutsgrenze	Armutsgrenze in Franken[a)]	Erhebungsjahr	Armutsquote	
			Steuereinheiten	Personen
Zürich (Farago & Füglistaler 1992)		1988		
EL-Einkommensgrenze (1988)[b)]	12800		6.0	5.5
Bezugsberechtigungsgrenze von Gemeindezuschüssen[b)]	17430		10.6	9.7
Graubünden (Höpflinger & Hafner 1996)		1990		
Haushalte mit tiefen Einkommen				12
Schweiz (Leu, Burri et al. 1997)		1992		
SKOS-Grenze (1992)	11760			5.6
Berechtigungsgrenze für Ergänzungsleistungen	15420			9.8
50% Medianeinkommen	20280			6.6
50% Durchschnittseinkommen	22920			10.3
Leiden Poverty Line	27360			10.1
Luzern (Sommer, Bürgi et al. 1997)		1992		
SKOS-Grenze	11760			6.8
Berechtigungsgrenze für Ergänzungsleistungen	15420			11.9
50% Medianeinkommen	20280			8.1
50% Durchschnittseinkommen	22920			12.1
Zürich (Rey 2001)		1991 95, 99		
SKOS-Grenze (1999)[c)]	11856			5.1
SKOS-Grenze (1991)[c)]	11760			4.6
Bezugsberechtigung für Ergänzungsleistungen[c)]	15084			12.4
Einkommensgrenze 3000.- brutto[c)]	36000			1.1
50% Durchschnittseinkommen[c)]	22715			4.5
Zürich (Dupuis & Rey 2002)		1991, 96, 2001		
SKOS-Grenze 2001	12492			5.7

Quellen: Eigene Fortschreibung, aufbauend auf Farago (1995, 18), Leu et al. (1997, 158) sowie Ulrich & Binder (1998, 160). Anmerkungen: a) Äquivalenzeinkommen nach Steuern und Sozialversicherungsbeiträgen. b) Mit Berücksichtigung eines Vermögensanteils. c) Ohne Personen, die älter sind als 60 Jahre; alle Angaben laut telefonischer Bestätigung U. Rey.

Bei der Beschreibung der Bevölkerung, die überdurchschnittlich von Armut betroffen ist, zeigen sich folgende Gruppen: allein Stehende (insbes. Frauen), Ledige, Geschiedene, Verwitwete, allein Erziehende, 20-30-Jährige, Altersrentner, Invalidenrentner, kinderreiche Familien, Erwerbslose, Personen mit niedrigem Bildungsabschluss, Personen ohne berufliche Ausbildung (Tabelle 2).

Niklowitz und Suter (Niklowitz & Suter 2002) weisen nach, dass die Kumulation von Problemen nicht ausschliesslich auf die Bezieherinnen und Bezieher von Niedrigeinkommen konzentriert ist. Episoden von gesundheitlichen Problemen und psychosozialen Belastungen lassen sich quer durch alle Einkommensklassen nachweisen und zeigen sich gerade auch in Übergangssituationen, so z.B. der Familiengründung.

Salzgeber und Suter definieren in ihrer Studie über Sozialhilfeklientinnen und -klienten in Zürich fünf Risikobereiche: Langzeitarbeitslosigkeit, Einkommensschwäche trotz Erwerbstätigkeit, allein leben in sozialer Isolation, allein erziehen bzw. Alimentpflichtigkeit, schlechte bzw. ungenügende Bildung (Salzgeber & Suter 1998, 18). Damit sind die Risikogruppen, wie sie die Armutsstudien diskutieren, in weiten Teilen mit jenen Risikogruppen identisch, wie sie in den Studien ermittelt werden, die sich auf den Arbeitsmarkt bzw. die Erwerbslosigkeit beziehen (Tabelle 3).

Tabelle 2: Von Armut überdurchschnittlich betroffene Bevölkerungsgruppen[a]

	Bevölkerungsanteil in %[b]	Armutsintensität (obere Armutsgrenze)
20-29-Jährige	18	1.66
30-39-Jährige	28	1.29
Selbständige (ohne Landwirte)	7	4.05
Landwirte	2	1.82
Nichterwerbstätige (20-62/65 Jahre)	3	4.68
Personen in Ausbildung	2	8.83
Geschiedene Frauen	5	1.82
Allein lebende Männer	5	2.35
Alleinerziehende [c]	4	2.18
Elternteil mit erwachsenen Kindern	1	1.63
Ausländer	19	1.31
Romands	24	1.46
Tessiner	4	1.92
Bewohner agrarisch-peripherer Gemeinden	2	3.25

Quelle: Leu et al. (1997, 424) a) Die Gruppen schliessen sich nicht aus. Berücksichtigt sind alle Gruppen mit einem Indexwert von mindestens 1.20. b) Bezogen auf das Jahr 1992; Haushaltsgewicht multipliziert mit der Anzahl der Personen im Haushalt. c) Zum grössten Teil auch bei den geschiedenen Frauen enthalten.

Tabelle 3: Risikogruppen auf dem Arbeitsmarkt

	Arbeitslosigkeit	Langzeitarbeitslosigkeit	Aussteuerung	„working poor"
Alter	15-24-Jährige 25-34-Jährige Ältere Personen	Ältere Personen	bis 29-Jährige über 50-Jährige	
Nationalität	Ausländer/innen	Ausländer/innen	Ausländer/innen	Ausländer/innen
Geschlecht	Frauen		Frauen	Frauen, insb. in Teilzeitanstellung
Ausbildungsstand	Fehlende Berufsausbildung Berufsanfänger Ehemalige Hilfsarbeiter	Lehrabsolventen Neueinsteiger ohne Berufsausbildung Angelernte Ungelernte Hilfsarbeiter	Ungelernte	Gering Ausgebildete Berufsneulinge Personen mit Erwerbsunterbrüchen
Haushaltstyp	Allein Erziehende			Allein Erziehende Paarhaushalte mit mind. 3 Kindern
Erwerbsumfang	Beschäftigte in Teilzeit Personen in atypischen Beschäftigungsverhältnissen	Beschäftigte in Teilzeit Teilzeitstellensuchende	Beschäftigte in Teilzeit Ehemalige Teilzeitangestellte	Beschäftigte in Teilzeit
Branche	Gastgewerbe Hauswirtschaftliche Berufe Ehemalige Arbeitslose, die keine Kaderfunktion hatten Solo-Selbständige	Textilverarbeitung Unterricht, Seelsorge, Fürsorge		Gastgewerbe Hauswirtschaft Detailhandel Solo-Selbständige Im Niedriglohnbereich Beschäftigte Beschäftigte in flexibilisierten Anstellungsverhältnissen

Quellen: Spalte Arbeitslosigkeit: (Birchmeier 2002; Sheldon 1989); Spalte Langzeitarbeitslosigkeit: (Sheldon 1999); Spalte Ausgesteuerte: (Aeppli 2000; Aeppli 1998; Aeppli 1996); Spalte „working poor": (Streuli & Bauer 2001; Streuli & Bauer 2002).

Mit den hohen Arbeitslosenraten, wie sie sich seit den 1990er Jahren in der Schweiz - aber auch in Deutschland präsentieren, stiegen auch die Fallzahlen in der Sozialhilfe. Noch Anfang der 1980er Jahre spielte die Sozialhilfe als Unterstützungsangebot der armen Bevölkerung eine untergeordnete Rolle. Bluntschi et al. konstatieren, dass die „Bekämpfung der materiellen Armut mit Sicherheit keine vorrangige sozialpolitische Aufgabe" in der Schweiz sei und die Aufgaben der Sozialhilfe die Beratung einzelner Personen sowie Überbrückungshilfe oder Erleichterung bei relativer Bedürftigkeit umfassten (Bluntschli, Höhn et al. 1980, 9). Wurden beispielsweise im Kanton Zürich im Jahre 1972 von 1000 Einwohnerinnen und Einwohnern fünf unterstützt, so wuchs diese Zahl bis 1998 auf 69 Personen (Höpflinger & Wyss 1994; Rey 2001). Der wirtschaftliche und soziale Wandel belastete das System der Sozialen Sicherheit und insbesondere die Sozialhilfe in starkem Masse, was wiederum zu einer Diskussion über eine Reform der Sozialhilfe führte. Verstand diese sich bisher als subsidiär und temporär unterstützende Institution, so erfolgt Sozialhilfe heute „verstärkt komplementär zu anderen Leistungsträgern, sie ist dauerhaft ausgerichtet, weil sie die fehlenden Integrationsmöglichkeiten auffangen muss. Dementsprechend hat Sozialhilfe heute grossen Anteil an der Bewältigung struktureller Notlagen" (Locher & Knöpfel 2000, 7), sie gilt als „eigenständige" (Fluder, Nolde et al. 1999, 320) oder gar „tragende" (Wyss 1999) Säule im System der Sozialen Sicherheit. Im Gesamtsystem der sozialen Sicherung hat die Sozialhilfe damit im Bereich der bedarfsabhängigen Sozialleistungen heute als quasi letzte Instanz die allgemeine Sicherung der materiellen und sozialen Existenz zum Ziel und soll Prozessen sozialer Desintegration vorbeugen.[8]

Mit dieser Entwicklung einher ging eine zunehmende Forschungsaktivität im Sozialhilfesegment, und zwar zur Frage nach der Situierung der Sozialhilfe im System der Sozialen Sicherheit (z.B. Bauer & Wyss 1997), nach der Wirksamkeit von Programmen und Projekten, die eine Integration der unterstützten Personen in den Arbeitsmarkt beabsichtigen (z.B. Wyss 2000) sowie nach möglichen Typisierungen der Klientinnen und Klienten (z.B. Fragnière, Hutmacher et al. 2001). Zwei Studien widmen sich aktuell den jungen Erwachsenen:

Fragnière et al. (2001) legen eine Studie über die jungen Erwachsenen in schwierigen Lebensumständen (jeunes adultes en difficulté) im Bezirk Broye des Kantons Waadt vor. Am Beispiel von 18 biographischen Interviews entwickeln sie eine Typologie ihrer Soziabilität. „L'hypothèse est que non seulement la sociabilité participe à la contruction de la réalité d'un individu, mais qu'elle représente également un levier d'action primordial dans les stratégies de soutien." (Fragnière, Hutmacher et al. 2001, 11) Demnach zeigen sich fünf Gruppen von jungen Erwachsenen: Eine erste Gruppe lebt in den Vorstädten und zeichnet sich durch ihre schlechte Bildung, ihre Arbeitslosigkeit und einen schlechten Gesundheitszustand, oftmals sogar Drogen- oder Alkoholabhängigkeit aus („les zonards"). Sie identifizieren sich als Vorstadtbewohnerinnen und -bewohner und grenzen sich zu der Stadt aktiv ab. Eine zweite Gruppe („les soumis") vereint junge Erwachsene, die sich angepasst haben; sie nehmen, was sie erhalten, sind eher konformistisch. Damit verbunden ist die Schwierigkeit, sich in die Gesellschaft zu integrieren; viel wichtigere Bezugspunkte bieten die Familie und die Bekannten in der Umgebung. In einer dritten Gruppe („les parachuté(e)s") finden sich junge Immigrantinnen, deren rechtliche und arbeitsmarktliche Position zwar Möglichkeiten der Selbständigkeit eröffnet, die dafür aber „einen hohen Preis" bezahlen. Sie sind aus eigener Entscheidung in die Städte gekommen, um den Problemen im Heimatland zu entrinnen. „Les

---

[8] Höpflinger und Wyss charakterisieren die Sozialhilfe deshalb als „reintegrative Sicherung", während die Familie, aber auch die Alters- und Hinterbliebenenversicherung, Arbeitslosenversicherung etc. durch ihre Stellung im Zentrum der Gesellschaft als „integrative Sicherungsinstanz" bezeichnet werden (Höpflinger & Wyss 1994, 6).

candidats" zeigen Probleme im Bildungssegment und bei der Berufseinmündung. Dennoch sind sie auf einem Weg, der ihnen eine Integration in die Gesellschaft eröffnen könnte. Sie nutzen die Unterstützung, die sie erhalten (auch von Seiten der Sozialhilfe) und versuchen, entsprechende Veränderungsprozesse zu gestalten. Die fünfte Gruppe dagegen hat bereits viel weniger Handlungsspielraum: „Les assisté(e)s", das sind bereits ältere - durchschnittlich 30-Jährige - junge Erwachsene, die schon seit längerer Zeit von der Sozialhilfe unterstützt werden. Ihre Optionen auf Verbesserungen sind gering, wären viele Jahre zuvor vielleicht noch möglich gewesen, wenn sie entsprechend begleitet worden wären. Letztlich werden aus dieser Gruppe die Langzeitsozialhilfefälle rekrutiert. Die meisten der 18 interviewten jungen Erwachsenen wanderten in den vergangenen Jahren in die Städte, insbesondere nach Lausanne ab, weshalb Fragnière et al. von einer „sociabilité urbaine" (ebd., 23) sprechen. Deren zentrales Merkmal ist die Verdichtung des Differenzierungsprozesses: in der Stadt ist dieser noch diversifizierter, selektiver und disperser. Oftmals finden die jungen Erwachsenen dort Verhältnisse vor, die sich wiederum negativ auf ihre Lage auswirken und damit eher zur weiteren Prekarisierung beitragen als zur Stabilisierung.

Die gleiche Zielgruppe der jungen Erwachsenen in schwierigen Lebensumständen (jeunes adultes en difficulté) im Kanton Waadt untersucht Regamey (2001). Ihre quantitative Studie liefert für die vorliegende Fragestellung wichtige Hinweise. Im Stadt-Land-Vergleich zeigt sich, dass die jungen Erwachsenen (18-25 Jahre) in der städtischen Sozialhilfe (l'aide sociale vaudoise) überrepräsentiert sind: Sie stellen 696 der insgesamt 3963 städtischen Dossierträger/innen im Jahre 2000, im Gegensatz zu 883 der 6705 Dossierträger/innen im Kanton (ohne Lausanne). Damit beträgt der Anteil der jungen Erwachsenen in Lausanne an allen Sozialhilfebezüger/innen 17,6% im Gegensatz zu 13,2% im übrigen Kanton. Das Verhältnis zwischen jungen Schweizer/innen und jungen Ausländer/innen in der Sozialhilfe entspricht weitgehend den jeweiligen Gesamtbevölkerungszahlen in der Stadt und auf dem Land. Die ausländischen Bezieher/innen dagegen werden dominiert von Personen aus den neuen Herkunftsländern. Die Arbeitslosigkeit ist in knapp der Hälfte aller Fälle der wichtigste Grund des Sozialhilfebezugs (ebd., 48ff.). Eine ähnliche Tendenz gibt es auch bei der Gruppe der jungen Erwachsenen, die im Programm des „Revenue minimum de réinsertion" teilnehmen. Die „jeunes Lausannois" sind leicht überrepräsentiert, wobei diese sich wiederum überproportional aus Ausländerinnen und Ausländern (insbes. den Staaten des frankophonen Afrika) zusammensetzen. Regamey stellt bei ihrer qualitativen Analyse zudem eine Diskrepanz zwischen den Erwartungen der Sozialhilfe und denen der jungen Erwachsenen fest:

> „Les jeunes adultes bénéficaires des prestations financiéres de l'ASV [Aide Sociale Vaudoise, Anm. M.D.] ont l'assurance de la couverture de leurs besoins essentiels, mais leur problème d'absence d'accès à la formation ne trouve aucune solution." (Regamey 2001, 76)

Bei der Frage, welche Probleme für die jungen Erwachsenen in der Sozialhilfe am drängendsten sind, zeigen sich in der Untersuchung interessante Unterschiede zwischen den Geschlechtern (ebd., 114). So haben mehr Frauen als Männer als Problem angegeben: „Tristesse, déprime" (55,5%/35,1%), „problèmes, diffucultés de sommeil" (44,4/-35,1), „tentations suicidaires" (15,6/10,8). Dagegen haben Männer häufiger als Frauen folgende Probleme angegeben: „Problèmes liés à l'école ou a travail" (43,2%/26,7%), „problèmes d'aggressivité, de violence" (18,9/15,6), „problèmes liés à l'usage du tabac" (29,7/8,9), „problèmes avec la justice ou la police" (16,2/2.2), „problèmes liés à l'usage du drogues" (10,8/2.2), „problèmes liés à l'usage d'alcool" (10,8/0,0). Die jungen Erwachsenen in der Sozialhilfe zeichnen sich insgesamt durch eine multifaktorielle

Belastung aus, 74,2% der Personen müssen bis zu drei Problemlagen bewältigen, wobei die Finanzen und die Wohnfrage die am häufigsten genannten sind (ebd., 118). Auch Regamey stellt eine Verschärfung der Situation in der Stadt Lausanne fest und macht zudem auf einen Nachteil aufmerksam, der aus der Dichte der in Lausanne vorhandenen sozialen Institutionen resultiert: In vielen Fällen würden die jungen Erwachsenen von einer Institution zur anderen gereicht („ping-pong entre les services"), ohne dass es dabei zu raschen und konkreten Veränderungsprozessen komme (ebd., 151).

Die beiden Studien stellen für die schweizerische Armutsforschung eine Ausnahme dar, denn die heutige Armutsforschung ist noch immer eng mit dem ressourcenorientierten Ansatz verbunden, der versucht, anhand von einkommensbezogenen Daten - zumeist Steuerdaten - das tatsächlich zur Verfügung stehende Einkommen von Personen und/oder Haushalten zu berechnen und mit festgelegten Grenzen (i.d.R. Berechtigungsgrenzen, Betreibungsminima, Durchschnitts- oder Medianeinkommen) zu vergleichen. Die Annahme, Einkommensarmut könne mit Armut generell gleichgesetzt werden, wurde in den letzten Jahren zunehmend problematisiert (vgl. z.B. Chassé 1991; Döring, Hanesch et al. 1990a; Hanesch, Adamy et al. 1994; Hauser & Neumann 1992; Weiss 2000). Quasi als Gegenposition versteht sich der lebenslagenorientierte Ansatz als Versuch, der Komplexität des Armutsproblems durch die Berücksichtigung weiterer „Lebensbereiche" (Döring, Hanesch et al. 1990a, 11), „Versorgungslagen" (Hanesch, Adamy et al. 1994, 25) oder „Unterversorgungsbereiche" (Bundesministerium für Arbeit und Sozialordnung 2001a, 7) anzunähern. „Gefragt wird in diesem Konzept nicht nach den verfügbaren Ressourcen, die ein bestimmtes Versorgungsniveau ermöglichen, sondern nach der tatsächlichen Versorgungslage von Personen, Haushalten oder Gruppen in zentralen Lebensbereichen." (Döring, Hanesch et al. 1990a, 11). Zwar fehlt bisher eine einheitliche Systematik dieser Lebensbereiche, doch werden dazu zumeist die Felder Arbeit, Bildung, Wohnen, Gesundheit, soziale Integration/soziale Netzwerke gezählt.[9] Eine Kumulation von Problemlagen in mehreren Lebensbereichen wird dann als Armut bezeichnet.

Aufgrund der hohen Priorität einkommensorientierter Studien ist derzeit ein umfangreiches Wissen über Armut und Armutsgefährdung der erwerbstätigen, arbeitslosen und ausgesteuerten Bevölkerung vorhanden. Die heutige Armutsforschung ist fast ausschliesslich eine Forschung über erwerbsfähige und (ehemals) erwerbstätige Arme. Hier sind auch zahlreiche Hinweise auf Übergangsproblematiken vorhanden (z.B. beim Berufswechsel, Wiedereinstieg in den Beruf, Ablösung von Arbeitslosigkeit, Wirkung von Integrationsprogrammen). Dagegen ist das Wissen über Personen, die ausserhalb der entlohnten Erwerbstätigkeit stehen (z.B. weil sie gar nicht daran teilnehmen oder noch in Ausbildung sind) gering. Wenn Kinder, Jugendliche und junge Erwachsene in diesen Berichten berücksichtigt werden, dann nur funktional: als zukünftige Erwachsene oder als Element der Lebensqualität ihrer Eltern (vgl. Nauck 1997). Von solchen erwachsenenzentrierten Perspektiven, in denen Kinder vornehmlich als ein Wert für andere erscheinen, wäre eine kindzentrierte Sicht zu unterscheiden, die beispielsweise das Lebenslagenkonzept auf die Situation von Kindern adaptiert. Derzeit orientiert sich die schweizerische Armutsforschung allerdings noch am Grundsatz, dass „Einkommensschwäche bei Kindern nicht grundsätzlich ein Problem der Kinder dar[stellt], sondern in erster Linie ein Problem des Haushaltsvorstandes" (Füglistaler & Hohl 1992, 72).

---

[9] Krieger und Schläfke (1987, 98) greifen auf eine andere Lebenslagendefinition zurück, die folgende „Spielräume" umfasst: 1) Versorgungs- und Einkommensspielraum, 2) Kontakt- und Kooperationsspielraum, 3) Lern- und Erfahrungsspielraum, 4) Musse- und Regenerationsspielraum, 5) Dispositions- und Partizipationsspielraum.

Ähnlich wenig zufriedenstellend ist das spezifische Wissen über Jugendliche und junge Erwachsene in Armut. Die verwendeten Datenquellen wie die der Schweizerischen Arbeitskräfteerhebung SAKE oder Steuerstatistiken erfassen diese Personen nur als „Beteiligte" oder „Mitbetroffene" oder sie werden aus den Datenquellen herausgenommen, weil ein biographischer Verlauf unterstellt wird, der sich an einer „Normalbiographie" (vgl. Ley 1984) orientiert.

Zu erkennen, dass Armut nicht mit der Aufnahme und dem anschliessenden Verlust einer einkommenswirksamen Tätigkeit verbunden ist, sondern sich bereits in der Kindheit zeigen kann (z.B. Spycher, Nadai et al. 1997), dass es unterschiedliche Verweildauern in der Armut gibt (z.B. Sheldon 1991) und dass eine Person auch mehrfach mit Armutssituationen konfrontiert sein kann (z.B. Leibfried, Leisering et al. 1995), legt nahe, Armut nicht nur als einen Zustand zu sehen, sondern seine Prozesshaftigkeit zu erforschen. Die Zeitlichkeit von Armut war lange kein Thema in der Armutsforschung. Begriffe wie „Langzeit- und „Kurzzeitarmut", wie sie in der Arbeitslosendebatte lange schon verwendet werden, oder die Forschung über „Armutskarrieren" (Ludwig 1996) haben erst jüngst in der Forschung Berücksichtigung gefunden. Zumeist wurden zwar dynamische Bilder wie die vom „Armutszirkel" oder „Teufelskreis der Armut" (Stucken 1966) verwendet, aber eher um auf die Dauerhaftigkeit, Verfestigung und Auswegslosigkeit und damit eine „Subkultur der Armut" (Lewis 1966) aufmerksam zu machen. Das Prozesshafte, mit der begleitenden Fragestellung des „Einmal arm - immer arm?" (Zwick 1994b), geriet in den Hintergrund. Erst die dynamische Armutsforschung seit Ende der 1980er Jahre hat Armutsverläufe zum Untersuchungsgegenstand bestimmt und Verlaufsmuster herausgearbeitet (zum Stand der Forschung siehe z.B. Buhr 1995; Leibfried, Leisering et al. 1995; Ludwig 1996). „Armut ist (...) ‚verzeitlicht', individualisiert, aber auch in erheblichem Masse sozial entgrenzt", schreiben Leibfried et al. (1995, 9). Dies klingt zunächst wie eine Entwarnung. „In der Tat werden pauschalisierende Negativannahmen über die Zwangsläufigkeit von Abstiegsspiralen relativiert." (Ebd., 10). Doch macht die Forschung auch deutlich, dass Armut zeitweise sehr viel mehr Menschen in mittleren Schichten betrifft als in den Armutsstudien üblicherweise angegeben: „(...) all das verweist darauf, dass Armut komplexer, verwickelter, bedrohlicher geworden ist." (Ebd., 10)[10] Mit dem Perspektivwechsel hin zu Armuts*verläufen* wird die Frage wichtig, welche kritischen Ereignisse oder Bedingungen in die Armut geführt haben, ob und wie der Austritt aus einer aktuellen Mangellage gelang und wie sicher oder unsicher die anschliessende Episode gestaltet wird.[11] Bei dieser Analyse ist zu unterscheiden, ob Kinder und Jugendliche, junge Erwachsene oder Erwachsene betrachtet werden. Insbesondere im Hinblick auf die Frage nach der Strukturierung des Lebenslaufs durch die Bildungseinrichtungen (Schule, Ausbildungsplatz, Arbeitsstelle) ergibt sich eine grund-

---

[10] Allerdings wird auch die dynamische Armutsforschung kritisch gesehen. Dabei richtet sich die Kritik in erster Linie auf folgende Punkte: 1) Da die Daten zumeist aus kleinen Stichproben oder qualitativen Untersuchungen stammen, sind sie nicht verallgemeinerbar, 2) Längsschnittanalysen unterschätzen Langzeitbezug, weil auch ehemals Arme erfasst und über die Jahre hinweg aufgeschichtet werden (Kumulationseffekt und Bugwelleneffekt), 3) Armut wird auf Sozialhilfebezug eingeschränkt, 4) Armut ist kein - wie von der dynamischen Armutsforschung interpretiert - individuell-biographisches, sondern ein gesellschaftliches Problem, 5) gerade deshalb ist die dynamische Armutsforschung politisch gefährlich (zu Nutzen und Nachteilen siehe Butterwegge 1996; Ludwig, Leisering et al. 1995; Völker 1995). Ludwig-Maerhofer geht sogar noch einen Schritt weiter, wenn er behauptet, dass bei der Frage der Reproduktion sozialer Ungleichheit in der Generationenfolge „die neue [die dynamische Armutsforschung, Anm. M.D.] hinter der alten, statischen Ungleichheitsforschung zurückbleibt" (Ludwig-Mayerhofer 1995, 161).

[11] An dieser Stelle muss verdeutlicht werden, dass zwar das Bewusstsein für die Thematik gewachsen ist, es allerdings noch weitgehend an Begrifflichkeiten fehlt, diese Fragen befriedigend auszudrücken. Hierzu gehört die Präzisierung von Begriffen wie z.B. „Armutskarriere" oder „Episode", die anderen theoretischen Kontexten entstammen und weiterer Fundierung bedürfen.

legende Unterscheidung. Kinder, Jugendliche und junge Erwachsene haben die wichtige „Statuspassage" (vgl. Heinz 2000), den Übergang von der Schule ins Berufsleben zum Teil noch nicht kennengelernt. „Identitätskrisen" (Erikson 1988) und kritische Übergänge wie die Ablösung von der Familie, der Aufbau eines stabilen Selbstkonzeptes oder die Suche nach Bestätigung in der Gleichaltrigengruppe, die sich im Zusammenhang mit der Bewältigung von „Entwicklungsaufgaben" (Havighurst 1950) stellen, sind in der gleiche Zeitspanne beobachtbar. Das Anliegen, die jugendspezifische Problematik als eine über die Einkommenssituation hinausgehende Aufgabe anzugehen, äusserte jüngst auch der Präsident der Schweizerischen Konferenz für Öffentliche Sozialhilfe, als er darauf hinwies, dass die Sozialhilfe „den jungen Menschen und ihren Familien helfen [will], die Übergänge erfolgreich zu bestehen. Übergänge aus einer Zeit der Abhängigkeit in eine neue Zeit der Unabhängigkeit, und zwar als eine Unabhängigkeit sowohl als eigenständige Persönlichkeit als auch als wirtschaftlich überlebensfähiger Mensch." (Schmid 2002, 148). Von der Armutsforschung wird erwartet, die dazu notwenigen Grundlagen zu erforschen.

Erst zu Beginn der 1990er Jahre werden Jugendliche, die „zweite Ausgeschlossenengeneration" (Tschümperlin 1996, 23), explizit als Zielgruppe genannt, so z.B. in der Untersuchung für St. Gallen: „Für allein Erziehende, Ausgesteuerte, einzelne Kategorien Jugendlicher und Verschuldete, für die mit Ausnahme der öffentlichen Fürsorge ein soziales Netz weitgehend fehlt, sind unserer Meinung nach neue Unterstützungsmassnahmen zu prüfen" (Füglistaler & Hohl 1992, VIII), allerdings sind hier in erster Linie drogenabhängige Jugendliche gemeint (ebd., 247).

Ulrich und Binder stellen in ihrer Untersuchung des Kantons Bern eine Systematik zur Verfügung, nach der sie die Lage von Jugendlichen, aber auch aller weiteren Personen in der Sozialhilfe untersucht haben. Darauf aufbauend entwickeln sie eine Liste von Risikofaktoren und stellen damit die Verbindung zum Lebenslagenkonzept her. Unter Risikofaktoren verstehen sie „Lebenslagenmerkmale, die eine wesentliche Rolle bei der Entstehung von Bedürftigkeit spielen können und die auch mit einem höheren statistischen Risiko der Bedürftigkeit einhergehen" (Ulrich & Binder 1998, 308). Nach Ulrich und Binder umfassen Risikofaktoren die sechs Lebensbereiche Wohnen, Gesundheit, Arbeit, Familie, Finanzen und soziale Integration (Tabelle 4).

Tabelle 4: Risikofaktoren nach Ulrich und Binder

Risikofaktor	Indikator
Lebensbereich Wohnen	Teure Wohnung
Lebensbereich Gesundheit	Körperliche Krankheit/Behinderung
	Psychische Krankheit
Lebensbereich Arbeit	Nur obligatorische Schulbildung
	Keine oder abgebrochene Berufsausbildung
	Arbeitslosigkeit/Arbeitslosigkeit des Hauptverdieners
Lebensbereich Familie	Allein erziehend
	Allein lebend, mit Unterhaltspflichten
Lebensbereich Finanzen	Schulden
Lebensbereich soziale Integration	Alkoholprobleme/Medikamentenabhängigkeit
	Drogenprobleme

Quelle: Ulrich und Binder (1998, 308).

In Bezug auf die regionale Verteilung der Armut sind die Aussagen der Forschung aufgrund methodisch unterschiedlicher Untersuchungsanlagen ambivalent. So weist ein Teil der kantonalen Studien (vgl. Tabelle 1) auf eine deutliche Konzentration von Armut in Agglomerationen und Zentren hin (z.B. Zürich), in anderen Studien ist diese Konzentration keineswegs eindeutig oder findet keine Erwähnung (z.B. Neuenburg, Wallis, Bern, Graubünden). Die Ergebnisse der aktuellen nationalen Armutsstudie zeigen auf, dass die Armutsquoten in den agrarisch-peripheren Gemeinden signifikant höher sind als in allen anderen Gemeindetypen. Lediglich periurbane und reiche Gemeinden wiesen bezüglich der oberen Armutsgrenze eine signifikant niedrigere Armutsquote auf. In Bezug auf die Stadt-Land Verteilung konstatierten Leu et al. lediglich hinsichtlich der oberen Armutsschwelle signifikante Unterschiede, allerdings mit unterdurchschnittlichen Armutsquoten in der Stadt gegenüber überdurchschnittlichen Armutsquoten auf dem Land (Leu, Burri et al. 1997, 138). Nach diesen Ergebnissen scheint die Schweiz nicht jenem Stadt-Land-Verteilungsmuster der Armut zu folgen, wie sie nicht nur aus den anderen deutschsprachigen Ländern, sondern aus den Ländern der OECD insgesamt bekannt ist (vgl. Dangschat 1999a; Europäische Kommission 2002; Farwick 1999; Friedrichs & Blasius 2000; Häussermann 1997). Präzisierung erhielt die Studie von Leu et al. durch die Zusatzauswertung von Suter und Mathey (2000), deren Augenmerk auf der Unterscheidung von Vortransfer- und Nachtransfer-Armut lag. Während die Studie von Leu et al. durchgängig mit dem Indikator der Nachtransfer-Armut operiert hatte, unterschieden Suter und Mathey in Einkommen ohne Ergänzungsleistungen, Sozialhilfe, Krankenversicherungsverbilligungen, Arbeitslosenhilfe etc. (Vortransfer-Armut) und Einkommen mit den entsprechenden Sozialleistungen (Nachtransfer-Armut). Für die Frage nach der Verörtlichung von Armut ist diese Differenzierung von entscheidender Bedeutung. Denn aus den Berechnungen der Zusatzauswertung Suter und Mathey ergeben sich durchweg deutlich höhere Vortransfer-Armutsquoten für die Grosszentren der Deutschschweiz (Zürich, Basel, Bern). Aus weiteren Berechnungen schliessen die Autoren, dass die niedrigen Quoten der nationalen Armutsstudie deswegen entstehen, weil die Grosszentren in höherem Masse fähig sind, die Armutsquoten durch Transferleistungen zu senken, als die restlichen Gemeinden (ebd., 38). Mit dieser Präzisierung kann die Armutsdiskussion der Schweiz wieder mit dem internationalen Diskurs über städtische Armut verbunden werden. Zumal auch Ergebnisse der nationalen Armutsstudie denjenigen Untersuchungen diametral entgegenstehen, die mit Daten aus den Sozialhilfestatistiken arbeiten. Städte mit Zentrumsfunktionen - so die Feststellung - haben vermehrt die Lasten bei der Bekämpfung der Armut zu tragen (z.B. Consens 2000; Consens 2001; Consens 2002; Fluder, Nolde et al. 1999).

Nach Fluder und Salzgeber sind die „sozialen Lasten der Zentren" (Fluder & Salzgeber 2001, 337) eine Folge des sozialen und wirtschaftlichen Wandels, aus dem heraus ein neues Segment von bedürftigen Personen entstanden ist. Hierzu zählen sie Erwerbslose, allein Erziehende, Einpersonenhaushalte, Ausländerinnen und Ausländer insbesondere aus den neuen Herkunftsländern, Asylsuchende und Drogenabhängige. Hinzu kämen bereits bekannte Gruppen von Bedürftigen wie Hochbetagte und grosse Familien (ebd. 338).

Für Fluder und Stremlow, die eine gesamtschweizerische Gemeindebefragung zur Thematik der Bedürftigkeit durchführten, zeigt sich sowohl eine Vorreiterrolle der Städte als auch die „nachholende Entwicklung" der Gemeinden. (Fluder & Stremlow 1999) Generell wuchsen die Unterstützungsquoten im Untersuchungszeitraum 1984 bis 1993 im Landesdurchschnitt um 158%, allerdings mit Unterschieden in Abhängigkeit von der Gemeindegrösse: Während die Sozialhilfefälle in Gemeinden ab 10000 Einwohnerinnen und Einwohnern um durchschnittlich 84% stieg, nahm sie in den mittleren Gemeinden (2000 - 10000 Einwohnerinnen und Einwohner) um 282% zu (ebd., 161). Weiter zeigen Fluder und Stremlow, dass die Fallzahlen - ähnlich wie die der Arbeitslosen - in wirtschaftlich stabileren Zeiten sich durchaus nicht wieder auf den jeweils vorherigen Stand zurückführen liessen („Sockelsozialhilfeabhängigkeit"). Nicht nur bei den Unterstützungsquoten tragen die Zentrumsgemeinden die grössten Anteile. Auch nach den Indikatoren „Belastungsintensität", „Leistungsgrenzen", „Problemdruck" sowie „Wandel der Aufgabenbelastung" kommen die Autoren zu dem Ergebnis, dass „mit der Zentralität einer Gemeinde (...) die Probleme im Sozialwesen erheblich zunehmen" (ebd., 276). Bedingt ist dieser Problemdruck auch durch die - sozialpolitisch durchaus erfreulich - hohe „Ausschöpfungsquote" bei den Berechtigten. Mit rund 50% ist sie in Städten wesentlich grösser als in den übrigen Gemeinden, d.h. in städtischen Zentren ist die Dunkelziffer der bekämpften Armut weit geringer als im Schweizer Durchschnitt (ebd., 281), der „Bittgang" (Mäder, 1990) zum Sozialamt wird in städtischem Umfeld als weniger belastend empfunden.[12]

Dabei haben die Städte und Kantone durchaus einen Einfluss auf die „Attraktivität" der Sozialhilfeleistungen, wie Wyss und Knupfer (2003) in ihrer Studie zur Existenzsicherung im Föderalismus der Schweiz aufzeigen (Tabele 5). Anhand dreier Fallbeispiele zeigen sie auf, wie unterschiedlich sich die finanziellen Handlungsspielräume in den 26 Kantonshauptstädten der Schweiz gestalten. Wyss und Knupfer berechnen unter Berücksichtigung aller Kosten wie Steuer, Miete, Krankenversicherung, Kinderkrippe etc., dass z.B. die allein erziehende Frau im besten Fall ein verfügbares Jahreseinkommen von 36290 Franken erreichen kann, im schlechtesten Fall sich ein Betrag von 14531 Franken ergibt (ebd., 148). „Im besten Fall verbleiben der Frau 90,1% des Ausgangseinkommens, im schlechtesten Fall 36,1%." (Knöpfel 2003, 16). Das heisst, dass in der Schweiz der Wohnort mitentscheidet über die Frage, ob eine Person unter die finanzielle Armutsgrenze gerät.

Tabelle 5: Ranking schweizerischer Städte nach verfügbarem Einkommen

	Fall 1: Allein erziehende Frau mit einem Kind Nettolohn: 40300 Fr./Jahr		Fall 2: Familie mit 2 Kindern, ohne Zusatzverdienst der Frau Nettolohn: Fr. 46800 /Jahr		Fall 3: Alleinstehender Mann mit Alimentenverpflichtungen Nettolohn: Fr. 45500 /Jahr	
	Fr./Jahr	Rang	Fr./Jahr	Rang	Fr./Jahr	Rang
Sitten (VS)	36290	1	35367	3	12706	6
Zug (ZG)	33544	2	30558	13	12848	25
Bellinzona (TI)	30094	3	38241	1	14986	16
Genf (GE)	29959	4	36729	2	17126	4
Appenzell (AI)	27561	5	31840	9	18751	1
Delsberg (JU)	27170	7	32073	7	17938	3
Zürich (ZH)	24986	14	23658	26	12422	26
Neuenburg (NE)	23408	15	32953	4	18652	2
Fribourg (FR)	23388	16	27919	23	14153	23
Basel (BS)	20514	20	25797	25	13776	24
Stans (NW)	14531	25	28820	20	15666	9

Quelle: Wyss und Knupfer (2003, 145ff.).

Zusammenfassend kann festgehalten werden, dass die Armutsforschung heute trotz einzelner Widersprüchlichkeiten, die aus den einzelnen Forschungsdesigns resultieren, sowohl das Ausmass an Armut und Bedürftigkeit als auch die Erfassung einzelner Problemgruppen sehr gut dokumentiert hat. An offenen Fragen, wie sie oben beschrieben wurden, sowie an der Fortschreibung der Erkenntnisse könnte eine vertiefte Analyse ansetzen und zur weiteren Fundierung der Armutsdiskussion beitragen. Insbesondere der Armut jungen Menschen sollte dabei vermehrt Aufmerksamkeit zukommen. Die Frage nach der Verzeitlichung der Armut (bspw. durch eine Analyse von Verläufen) im Kontext der Verörtlichung der Armut (bspw. durch städtische Fallstudien) könnte weiterführende Impulse für die Armutsforschung (aber auch für die in die Bekämpfung von Armut involvierten Stellen) geben.

---

[12] Die Berechnung der Dunkelziffer unterscheidet sich je nach verwendeter Armutsgrenze sowie dem, was als bedarfsgerechte Unterstützungsleistung definiert wird. Rechsteiner (1998, 51) z.B. geht von einer Dunkelziffer in Höhe von 66% aus. Höpflinger und Wyss (1994, 183) berechnen z.B. für die Stadt Zürich eine Dunkelziffer von 70% (gegenüber 80% in den übrigen Gemeinden). Ulrich und Binder (1998, 357) berechnen für den Kanton Bern eine Dunkelziffer von mindestens 75%.

3 Theoretische Erklärungen des Modernisierungsrisikos Armut: Der „Capability-Ansatz" von A. Sen und die Erweiterungen

3.1 Ausgangslage: Von den Klassen- und Schichtmodellen zur Individualisierungsthese von Beck

3.1.1 Soziale Ungleichheit und Armut aus der Sicht der Klassen- und Schichtmodelle

Dass Privateigentum Ursache von Ungleichheit sei, findet sich in theoretischen Überlegungen wieder, die im Zuge der Industrialisierung entstanden, und insbesondere in der marxistischen Klassentheorie ihren Ausgangspunkt fanden. Zentral bei der Marxschen Gesellschaftsanalyse ist die Annahme der Abhängigkeit aller Lebensbedingungen von den jeweils herrschenden ökonomischen Besitz- und Produktionsverhältnissen. „Die Produktionsweise des materiellen Lebens bedingt den sozialen, politischen und geistigen Lebensprozess überhaupt." (Dietz 1997, 64) Es ist nicht das Bewusstsein der Menschen, das ihr Sein bestimmt, sondern umgekehrt: Ihr gesellschaftliches Sein bestimmt ihr Bewusstsein.

Nach Rothenbacher (1989, 38) ist der historische Materialismus im Kern zwar eine „evolutionär-revolutionäre Theorie der Klassenbildung (...) und weniger eine Theorie der historischen Entwicklung sozialer Ungleichheit", doch könne gefolgert werden, dass es zu einer Zunahme der Ungleichheit insbesondere aufgrund der Konzentration des Besitzes an Produktivmitteln in den Händen weniger komme. Diese Ungleichheitsentwicklung ist keineswegs auf ein Land beschränkt. Durch seinen imperialistischen Charakter breitet sich der Kapitalismus weltweit aus, ohne gleichzeitig Entwicklungschancen zu diffundieren.

> „Die gegenwärtige Spaltung der Welt in industrialisierte und in unterentwickelte Länder ist nicht das Ergebnis einer fatalen Laune der Natur, einer ungleichen Verteilung der natürlichen Hilfsquellen oder einer relativ grossen oder kleinen Bevölkerungsdichte. (...) In Wirklichkeit lässt sich die Aufspaltung der Welt in ‚reiche' und ‚arme' Nationen nur durch historische und soziale Gründe erklären, vor allem jedoch durch die Geschichte des Kapitalismus selbst." (Mandel 1979, 549f.)

Zur Erklärung des Entstehens sozialer Ungleichheiten trägt die Marxsche Theorie nach Hradil folgende Argumentation bei (Hradil 1999, 102f.): Die Lebenschancen, die ein Mensch im Vergleich zu anderen in der Gesellschaft hat, hängen von seiner Stellung im gesellschaftlichen Produktions- und Reproduktionsprozess ab. Diese Stellung ist durch Besitz oder Nichtbesitz von Produktionsmitteln bestimmt. Die Nichtbesitzenden geraten in wirtschaftliche Abhängigkeit von den Besitzenden, weil sie ihre Arbeitskraft verkaufen müssen. Innerhalb des liberalistisch-kapitalistischen Wirtschaftssystems wirken Mechanismen, die zur Zentralisierung der Verfügungsmacht über Produktionsmittel, zur Konzentration der Unternehmen sowie zur Freisetzung von Arbeitskräften und zum Lohndruck führen. Dies bedeutet zunehmende Macht und Reichtum der Kapitalisten und zunehmende Verelendung der Lohnarbeiterinnen und -arbeiter. Die Zusammenballung wirtschaftlicher und politischer Macht bei den Produktionsmittelbesitzenden führt dazu, dass sich die Gesellschaftsordnung allmählich so entwickelt, dass primär die Interessen dieser Gruppe gesichert werden und ihre Ideologie Verbreitung findet.

Nach Dietz entwickelt Marx in seiner Akkumulationstheorie des Kapitals einen „überraschend differenzierten, aber auch weitgehend ideologischen Armutsbegriff":

> „Zu der kapitalistischen, materiellen Unterdrückung der Lohnarbeitenden stehen drei Typen in Beziehung: die ‚virtuellen Lohnarbeiter' als eigentlicher klassenkampftheoretischer Hoffnungsträger (...), diejenigen Teile der Arbeiterbevölkerung, die die industrielle Reservearmee bilden (arbeitsfähige Pauper, Waisen- und Pauperkinder als ‚Niederschlag der relativen Überbevölkerung' ...) und schliesslich die Alten und die ‚Opfer der Industrie'." (Dietz 1997, 66)

Hier setzt auch Dahrendorfs Kritik und Erweiterung an, die in einer „Theorie der Freiheit" endet und die Dimension der Herrschaft heraushebt:

> „Marx überwinden, das bedeutet im Hinblick auf die Klassentheorie in knappster Formulierung Folgendes: Das Interesse an der durch soziale Konflikte geprägten Dynamik des sozialen Wandels bleibt erkenntnisleitend. Doch es wird herausgelöst aus allen dogmatischen Annahmen über den Gang der Geschichte. (...) Damit stellt sich erstens die Frage, welches Sozialverhältnis es ist, das vor allem zu Konflikten Anlass gibt. Hier ist Marx zu verallgemeinern; es ist nicht etwa nur das Eigentumsverhältnis, sondern das der Herrschaft. Wo es Herrschaft gibt, gibt es auch Konflikte zwischen Interessenten am status quo und Interessenten an seiner Veränderung." (Dahrendorf 1987, 21)

Damit knüpft Dahrendorf an Arbeiten von Max Weber an. Anstelle der Dichotomie Arbeiterklasse - besitzende Klasse, die ihre Gemeinsamkeit durch Produktionsmittelbesitz, Lebensweise, Bewusstsein und politische Aktion finden, differenziert Weber in seiner Analyse zwischen Klassen, Ständen und Parteien (Weber 1956, 223f.). Weber definiert Klassen als eine Gruppe von Menschen, die aufgrund ihres Besitzes, ihrer Stellung und/oder ihrer spezifischen Leistungen ungefähr die gleichen „Chancen" besitzen. Neben der Erwerbs- und der Besitzklasse führt Weber die „soziale Klasse" ein, „zwischen denen ein Wechsel a) persönlich, b) in der Generationenfolge leicht möglich ist und typisch stattzufinden pflegt". Durch seine Offenheit, Übergänge von der einen zur anderen Klasse, aber auch innerhalb einer Klasse durch „Subklassen" in Betracht zu ziehen, stellt im Grunde bereits Weber eine Analysestruktur zur Verfügung, in der die vertikale sowie horizontale Mobilität betrachtet werden kann.[13]

Weitgehend vom Klassenbegriff gelöst haben sich die zu Beginn des 20. Jahrhunderts entwickelten Schichtmodelle. Soziale Ungleichheit und damit implizit auch Armut, wird hier vor dem Hintergrund einer Stratifikation der Gesellschaft nach den Merkmalen Bildung, Beruf und Einkommen erklärt (z.B. das Schichtmodell Schmollers aus dem Jahr 1895 oder das Geigers von 1932). „Dem Schichtungsbegriff ist seitdem das Bild eines hierarchisch oder vertikal angeordneten Sozialgefüges eigen." (Dietz 1997, 68) Ungleichheit wird somit nicht allein mit dem Faktor Besitz erklärt, sondern ausserdem mit der relativen Position einer Person in der vertikalen Arbeits- und Erwerbsstruktur.[14] Mit den Klassen- und Schichttheorien stehen sich weitere grundsätzliche Dimensionen gegenüber: auf der einen Seite integrative, subjektive, abstufende, attributive Schichtkonzepte, auf der anderen Seite konfliktorientierte, objektive, dichotomische und relationale Klassentheorien (vgl. Berger & Hradil 1990, 5). Für die Entwicklung der Armutsdiskussion brachte die Schichtungstheorie einen „erheblichen" Fortschritt: Armut wird nun mehrdimensional und nicht mehr nur als Extremform von Einkommensungleichheiten verstanden (Dietz 1997, 67).

Zu Beginn der 1980er Jahre sah sich die empirische Ungleichheitsforschung einer zunehmenden Zahl von Personen in prekären Lebensverhältnissen gegenüber, die keineswegs immer in einem marxistischen oder weberianischen Analyseraster erklärt werden konnten.

---

[13] Was die Bedeutung der Weberschen Analyse für die Ungleichheitsforschung angeht, ist sich die Forschung uneinig. Für die einen (z.B. Dietz 1997, 67; Hradil 1999, 108) verfeinert Weber zwar den Marxschen Klassenbegriff und stellen seine Ausführungen die Grundlage für handlungstheoretisch angeleitete Beschreibungen von Gefügen sozialer Ungleichheiten zur Verfügung (der im weiteren Verlauf der vorliegenden Arbeit wieder aufgegriffen werden wird), dennoch widerlege Weber die Marxsche Theorie auch nicht und vermöge Ungleichheiten nicht zu erklären. Für andere ist der Einfluss von Marx und Weber „so überragend, dass sie als konkurrierende Hauptlieferanten für Generationen von Ungleichheitsforschern in Erscheinung getreten sind" (z.B. Strasser 1987, 50).

[14] Umfassender unterscheidet Strasser die Begriffe Schicht und Klasse: „Die Mitglieder einer sozialen Schicht zeichnen sich durch einen ähnlichen Lebensstil aus; sie sind Lebensstilgemeinschaften. Soziale Schichten bilden sich in der Sphäre der gesellschaftlichen Reproduktion; ihr Medium der Ungleichheit ist vor allem Berufsprestige und soziale Wertschätzung. Im Gegensatz dazu formieren sich soziale Klassen als Folge der Gegensätzlichkeit von Gruppeninteressen, die von Autoritätsbeziehungen aufgrund unterschiedlicher Machtbefugnisse oder von assymetrischen Austauschrelationen aufgrund von Unterschieden im Eigentum herrühren." (Strasser 1987, 78)

Alte Menschen, kinderreiche Familien, allein stehende Frauen oder pflegebedürftige Kranke standen stellvertretend für die „neue soziale Frage" (Geissler 1976).[15] Mit der Ausdifferenzierung der Ungleichheit einher ging die Unzufriedenheit mit den „klassischen" Modellen. Eine Vielzahl neuer Ansätze in der Forschung zur sozialen Ungleichheit entstand.[16]

Entsprechend differenziert wurde auch die Begrifflichkeit. Rothenbacher (1989, 24) beispielsweise grenzt soziale Ungleichheit als Ressourcenungleichheit gegen Chancenungleichheit und Rechtsungleichheit ab, „d.h. soziale Ungleichheit soll (...) die ungleiche Verteilung von Ressourcen auf soziale Positionen, Familien oder andere soziale Einheiten [bedeuten]". Für Bolte und Hradil (1988) bezeichnet soziale Ungleichheit, „dass einige Menschen gegenüber anderen nicht einfach als in bestimmter Hinsicht verschieden erscheinen, sondern dadurch gleichzeitig auch als besser- oder schlechter-, höher- oder tiefergestellt, bevorrechtigt oder benachteiligt. Die Frage nach sozialer Ungleichheit zielt darauf ab festzustellen, ob es solche Unterschiede der Lebenslage gibt, wie sie im einzelnen aussehen, wodurch sie verursacht werden, was sie bewirken und wie sie sich verändern." (Ebd., 11)

Mit der Neuorientierung der Ungleichheitsforschung verbunden ist die Einsicht in die Beschränktheit bisheriger Klassen- und Schichtmodelle, die sich schwerpunktmässig mit vertikaler Ungleichheit in industrialisierten Ländern beschäftigten.[17] Obschon sich Grundgedanken von Marx und Weber auch in einer Vielzahl neuerer theoretischer Konzepte wiederfinden, stellt Kreckel fest, dass der „Hintergrundkonsensus aufgrund historischer Wandlungen seine Selbstverständlichkeit zu verlieren beginnt" (Kreckel 1983, 3). Kreckel führt vier Gründe an:[18]

1. Bisherige Ungleichheitstheorien ging von „Arbeitsgesellschaften" aus, verwendeten also die Stellung im Arbeits- und Produktionsprozess für die Bestimmung der Klassen- und Schichtzugehörigkeit. Inaktive Personen wie Kinder und Jugendliche, Rentnerinnen und Rentner, Studierende oder Lehrlinge, die nicht oder nicht mehr über einen Erwerbsstatus verfügen, wurden dementsprechend denjenigen zugerechnet, von denen sie ökonomisch abhängig waren. „Die Arbeitsgesellschaft wurde auf eine ‚Bezahlte-Arbeits-Gesellschaft' eingeengt."

2. Ungleichheitsforschung ging bisher von weitgehend autarken und isolierten Binnengesellschaften aus. Vertikale Mobilität wurde zumeist innerhalb der Struktur einer Gesellschaft analysiert. Trotz der Marxschen Vision „Proletarier aller Länder, vereinigt euch" wurden zwischenstaatliche Beziehungen, z.B. internationale Migrationsströme und die Folgen auf dem Arbeitsmarkt nur unzureichend berücksichtigt.

3. Die Gleichsetzung von „vertikal" mit „sozial höher bzw. tiefer" basierte auf der Annahme hauptsächlich geschichteter Verteilungskonflikte. Wenig bis gar keine Berücksichtigung fanden in dieser „Metapher von der vertikalen Gesellschaft" hingegen Disparitäten innerhalb einzelner sozialer Schichten. Damit wurde die Analyse von im Alltag erfahrbaren Differenzen weitgehend ausgeblendet.

4. Marxistische Analysen haben die Klassenzugehörigkeit vom Merkmal der Verfügung über Produktionsmittel abhängig gemacht. Dagegen treten heute weitere Di-

---

[15] Dabei ist keineswegs unumstritten, ob die „neue soziale Frage" nicht doch auch die „alte soziale Frage" ist (siehe hierzu z.B. Hines 1999).
[16] Verschiedene Autoren bieten eine übersichtsartige Systematik, z.B. Dahrendorf (1961), Rothenbacher (1989, 27ff.), Strasser (1987), Dietz (1997, 61) oder Hradil (1999, 95f.).
[17] Berger (1986, 1) zeigt diesen Abschied von der Klassentheorie anhand verschiedener Publikationstitel zu Beginn der 1980er Jahre: „Gibt es noch ein Proletariat?", „Das Ende der Arbeiterschaft?" , „Whatever happened to the Proletariat?", „Jenseits der Klassen?", „Abschied vom Proletariat" (siehe auch Berger & Hradil 1990, 3).
[18] Diese Kritik ist keineswegs auf die Erforschung sozialer Ungleichheiten beschränkt, sie hat z.B. sehr grosse Affinität zur Kritik an der gängigen Armutsforschung.

mensionen von sozialer Ungleichheit, wie insbesondere die Ausstattung mit Bildungsgütern und Wissen. Solchermassen erweiterte Analyseinstrumente erklären deutlicher als bisher die Zusammenhänge zwischen Ungleichheit und Arbeitsmarktsegmentierung (siehe auch Giddens 1983; Hradil 1987a; Kreckel 1987).

Mit der Auflösung des Hintergrundkonsens einer geht eine weitgehende Ratlosigkeit, wie die komplexe soziale Wirklichkeit erfasst werden kann. Für Strasser wurde die Ungleichheitsforschung „zu einem Brei spekulativer und widersprüchlicher Ergebnisse, die häufig auf einem bunten Mischmasch von Tatsachen basieren" (Strasser 1987, 50). Polemisch fragen Bolte und Hradil, ob die Bundesrepublik Deutschland der 1980er Jahre weder eine Klassen- noch eine Ständegesellschaft, weder eine eindeutig geschichtete noch eine nivellierte Mittelstandsgesellschaft, sondern „eine durch mehrdimensionale Statusabstufungen, milieuspezifische Lebensstile, individualisierte Lebenskarrieren sowie durch spezifische Randgruppenerscheinungen differenzierte mittelschichtdominierte Mittelschichtgesellschaft" sei? (Bolte & Hradil 1988, 359) Berger erkennt im Deutschland der 1980er Jahre ein „historisches Zwischenstadium", das „neo-feudalistische wie neo-kapitalistische Entwicklungen gleichermassen möglich macht" und so den Charakter einer „entstrukturierten Klassenstruktur" annimmt (Berger 1986, 254f.).[19]

Für Kreckel folgt aus der „neuen Unübersichtlichkeit" (Habermas 1985), dass „alte und neue, nationale und internationale, vertikale und nicht-vertikale Ungleichheiten alle ein gemeinsames begriffliches und damit theoretisches Dach benötigen, weil es sich dabei heute um ein zusammenhängendes Problem handelt" (Kreckel 1983, 9). Für Hradil stehen sich dabei insbesondere zwei Forschungsrichtungen gegenüber: „Eine favorisiert die Konzentration auf Klassen- und Schichtkonzepte (...); die andere fordert die Diversifikation von Erklärungen und Beschreibungsmustern ein." (Hradil 1987a, 122)

Innerhalb der Theoriediskussion gewannen als alternative Konzepte zu den Klassen- und Schichtmodellen Konzepte der sozialen Lage, der Lebensverläufe und des Lebensstils an Forschungsrelevanz. Berger und Hradil fassen deren zentrale Fragen zusammen:

> „1) Welche Kraft zur Strukturierung von *Lebenslagen* haben ökonomische Faktoren und die Stellung im Erwerbsleben, verglichen mit anderen Bestimmungsgründen wie etwa dem Wohlfahrtsstaat als Ursachenfeld oder dem Geschlecht als Zuteilungsinstanz? 2) Welche sozialen Ungleichheiten ergeben sich in *Lebensverläufen* von Gesellschaftsmitgliedern? 3) Was bedeutet die Erosion klassen- und schichtspezifischer Lebensformen, die Individualisierung und Identitätssuche von einzelnen, die Pluralisierung und Neubildung von Milieus und *Lebensstilen* - für die Vergemeinschaftung und Vergesellschaftung von Menschen, für die Struktur sozialer Ungleichheiten (...)?" (Berger & Hradil 1990, 3, Hervorhebungen im Original)

Diese Fragen und die daraus abgeleiteten neueren Konzepte der Ungleichheits- und Armutsforschung setzen eine zentrale Annahme voraus: Dass im modernen Wohlfahrtsstaat infolge seiner Ausdifferenzierung ein hoher Grad an *Individualisierung* entsteht und damit Fragen nach Integration und Ausschluss nicht mehr in Begriffen wie Klasse oder Stand beantwortbar sind.[20]

---

[19] Die Diskussion um neuere Ansätze zur Ungleichheitsforschung fand einen ersten publizistischen Meilenstein in dem von Kreckel herausgegebenen Sonderband 2 der Zeitschrift *Soziale Welt* (Kreckel, 1983). In der Folge kam es zu teils inhaltlichen, teils persönlichen Auseinandersetzungen über den Nutzen von Lebensstil, Lebenslagen und Lebensläufen als Analyseeinheiten der Ungleichheitsforschung sowie zur Beurteilung der „Kritikresistenz" der Vertreter vertikaler Deutungsmuster. Die kontroversen Argumentationen finden sich in den Beiträgen des von Giesen und Haferkamp herausgegebenen Bandes „Soziologie der sozialen Ungleichheit" (Giesen, 1987).

[20] Dies impliziert keinesfalls, dass mit der Individualisierungsthese bisherige klassen- und schichttheoretische Arbeiten bedeutungslos geworden wären. Die Diskussion über „den richtigen Weg" zur Beschreibung sozialer Ungleichheiten und in einem weiteren Sinne der Sozialstruktur in modernen Gesellschaften ist kontrovers (vgl. z.B. die Aufsätze in Bornschier 1991). Folgende drei Hauptthemen strukturieren m.E. diesen Disput: 1) Die Debatte,

3.1.2   Das Konzept der „neuen Armut" von Beck

Auch wenn Vertreterinnen und Vertreter der Individualisierungsthese im Zuge der Sozialstruktur- sowie Ungleichheitsforschung sich häufig auf die Arbeiten von Ulrich Beck und anderen Vertreterinnen und Vertretern der „Münchner Schule" (z.B. Gross, Berger, Hradil, Bolte) berufen, so fand die These als Beschreibung der Art des Eingebundenseins des einzelnen Menschen in seine Umwelt bereits bei verschiedenen Klassikern der Sozialforschung wie Marx, Tönnies oder Durkheim Beachtung.[21]

Ulrich Beck nimmt mehrfach - allerdings nur kurz - auf diese „Vorarbeiten" Bezug, grenzt sich in verschiedener Weise davon ab, beispielsweise wenn er feststellt, dass das, was sich seit den 1970er Jahren in den Industriestaaten abzeichnet, „nicht mehr im Rahmen der bisherigen Begrifflichkeiten immanent als eine Veränderung von Bewusstsein und Lage der Menschen zu begreifen [ist], sondern (...) als Anfang eines *neuen Modus der Vergesellschaftung* gedacht werden [muss], als eine Art ‚Gestaltwandel' oder ‚kategorialer Wandel' im Verhältnis von Individuum und Gesellschaft" (Beck 1986, 205).[22]

Beck argumentiert, dass die Verbesserung des Lebensstandards allen Bevölkerungsgruppen zugute gekommen sei und weist dies an Zeitvergleichen der Konsumausgabenmus-

---

ob moderne Gesellschaften nicht doch Klassen- bzw. geschichtete Gesellschaften sind (vgl. hierzu Berger & Vester 1998; Kreckel 1998; Otte 1996), 2) die Debatte, welche Erklärungsreichweite die neueren Ansätze der Ungleichheitsforschung generell haben (vgl. hierzu z.B. Dangschat 1994b; Joas 1988) und 3) ob die Individualisierungsthese die Diskussion um soziale Ungleichheit nicht weitgehend entpolitisiert, ja sogar Einschnitte in sozialpolitische Errungenschaften hoffähig gemacht hat (vgl. hierzu Dangschat 1998a, 53).
[21] Vgl. hierzu Arbeiten, die dem Begriff der Individualisierung bei soziologischen Klassikern nachgehen (z.B. Ebers 1995; Kippele 1998; Schroer 2000; Schroer 2001). Für Schroer (2001, 11ff.) bspw. gibt es drei Traditionslinien in der Individualisierungsdebatte: Eine erste Traditionslinie („negative Individualisierung", „gefährdetes Individuum"), die von Weber über Adorno zu Foucault führt und argumentiert, dass das Individuum bedroht ist und seine Freiheit verliert. „Das Individuum erscheint als manipulierbares Rädchen im Getriebe, kaum zu eigenständigen Handlungen und Entscheidungen in der Lage, weil es unter die Räder der Bürokratie gerät, von der verwalteten Welt auf eine Nummer reduziert oder durch immer präzisere Disziplinierungs- und Überwachungsmethoden zu einem Disziplinarindividuum geformt wird" (ebd., 11). Eine zweite Traditionslinie („positive Individualisierung", „gefährliches Individuum") führt von Durkheim über Parsons zu Luhmann; nach Schroer ist diesen gemeinsam, dass sie zwar auch die Freisetzung des Individuums aus traditionellen Bindungsstrukturen betonen, gleichzeitig lockert sich aber die Bindung an die sozialen Systeme, weshalb die Gesellschaft stärkere Anstrengungen unternimmt, das Individuum zu erreichen und Verhalten zu motivieren. Die Gefahr besteht in einer „überzogenen Freisetzung der Individuen, die zu anomischen Krisenzuständen führt und eine Bedrohung der sozialen Ordnung darstellt". Eine dritte Traditionslinie („ambivalente Individualisierung", „Risiko-Individuum") verbindet sich mit Simmel, Elias und Beck. Sie stellt den Individualisierungsprozess als ambivalente und widersprüchliche Entwicklung dar. Weder die Einschränkung der Entscheidungsfreiheit noch die Hyperindividualisierung überwiegen, vielmehr gilt ein „Weder-noch" oder „Sowohl-als-auch": Individualisierung kann zur Gefährdung eines Individuums beitragen, etwa durch Standardisierungsprozesse, es kann aber auch zu Atomisierungsprozessen kommen und damit zur Gefährdung der sozialen Ordnung.
[22] Diese Begrenzung auf einen kurzen zeitlichen Betrachtungshorizont hat zu Kritik an den zeitdiagnostischen Ansätzen geführt. Joas beispielsweise hält die Becksche Gegenwartsanalyse zwar für eine Arbeit mit „Mut zur subjektiven Synthese einer Vielzahl empirischer Arbeiten auf heterogenen Problemfeldern", doch „der Preis dafür ist historische Flächigkeit", weswegen die Probleme dort beginnen, „wo diese [die Beschreibungen und Analysen, M.D.] geschichtlich eingeordnet und gedeutet werden". Joas (1988) konzentriert seine Kritik auf drei Bereiche: 1) Die widersprüchliche Verwendung des Individualisierungsbegriffs, das damit verbundene „Auseinanderreissen" von objektiven und subjektiven Prozessen und die Unmöglichkeit, die dadurch entstehe, dass eigentlich keine Antworten mehr möglich seien auf die Frage, wie Identitätsbildungsprozesse unter den verschiedenen Bedingungen stattfänden. 2) Die Uneindeutigkeit Becks in Bezug auf die Frage, ob die Risikogesellschaft die Klassengesellschaft ersetze oder überlagere, „ob die Bundesrepublik Deutschland heute noch nicht ganz Risikogesellschaft sei und ob sie es jemals ganz werde." 3) Die „sträfliche oberflächliche" Argumentation einer reflexiven Modernisierung (diese Kritik führt Joas nicht weiter aus). 4) Die nur „sehr lockere und kurze" Verbindung der drei Teile „Individualisierung", „Risikogesellschaft" und „reflexive Modernisierung". Siehe zur Kritik der Zeitdiagnose auch Lau (1988), sowie neuere Sammelbände, die sich kritisch mit dem Beckschen Verständnis von Individualisierung befassen (insbesondere Friedrichs 1998a; Kron 2000).

ter von Haushalten nach (siehe Beck 1986, 121; siehe auch Berger 1986). Durch dieses kollektive Mehr, das insbesondere durch die Faktoren Einkommen, Bildung, Mobilität, Rechte, sozialstaatliche Absicherung, Wissenschaft und Konsummöglichkeiten ermöglicht wurde (ebd., 122), sind die Klassenbindungen ausgedünnt oder aufgelöst.[23] Es entstehen „neue" Sozialbindungen und Lebensformen, die mit bisherigen Analysekategorien nicht hinreichend verstanden und erklärt werden können.

> „Gleichzeitig wird ein Prozess der Individualisierung und Diversifizierung von Lebenslagen und Lebensstilen in Gang gesetzt, der das Hierarchiemodell sozialer Klassen und Schichten unterläuft und in seinem Wirklichkeitsgehalt in Frage stellt." (Beck 1986, 122)[24]

In dieser Akzentverschiebung sozialer Ungleichheitsforschung auf *Prozesse der Individualisierung und Diversifizierung von Lebenslagen und Lebensstilen* begründet sich der zentrale Unterschied.[25]

Beck stellt der „im Wesentlichen auf Kapitalbesitz" beruhenden „bürgerlichen Individualisierung" (ebd., 131) eine „Arbeitsmarkt-Individualisierung" (Beck 1983, 45) gegenüber. Während bei Marx die Verelendung des Individuums durch seine Freisetzung aus dem System des Industriekapitalismus begründet ist, argumentiert Beck genau entgegengesetzt: Erst durch die breitenwirksame *Überwindung* der Verelendung treten Individualisierungstendenzen überhaupt auf. Erst wenn wirtschaftlicher Aufschwung, Bildungschancen, sozialstaatliche Leistungen etc. auf einem hohen Niveau allen Mitgliedern der Gesellschaft zur Verfügung stehen, ergeben sich individuelle Wahlmöglichkeiten zwischen Handlungsalternativen. Nach Beck berücksichtigt der Webersche Ansatz der „sozialen Klassen" zwar in seiner Anlage bereits sehr viel stärker als Marx die Differenzierung von Lebenslagen, doch habe sich in der Folge des Kriegs in Deutschland die sozialen Lagen bereits sehr viel weiter differenziert.

---

[23] Obschon Beck die Faktoren Einkommen, Bildung etc. in verschiedenen Publikationen gleichwertig benennt, scheint doch die Bildungsexpansion eine besondere Rolle zu spielen; mit ihr begründet er zumindest den zentralen Unterschied zur Individualisierung des 19. Jahrhunderts (Beck & Willms 2000, 88). Ob die Klassenstrukturierung tatsächlich durch ein Lebensstilregime abgelöst wird, ist umstritten. Otte (siehe für die Schweiz auch Lamprecht & Stamm 2000; Levy & Suter 2002) beispielsweise zeigt anhand seiner empirischen Untersuchung zwar, dass die Lebensstilthematik für historisch neuere Phänomene (z.B. das Wahlverhalten) eine wichtige Strukturdimension ist. „Ob damit aber eine historische *Ablösung* einer dominanten Klassen- durch eine Lebensstilstrukturierung der sozialen Welt einhergeht, ist in Frage zu stellen. Klasseneffekte finden sich noch immer sehr deutlich im beruflich-wirtschaftlichen und politischen Handlungsfeld." (Otte 1996, 213, Hervorhebung im Original)

[24] Mehrfach weist Beck auf die Ablösung der Klassen- und Schichtmodelle durch Lebensstile hin, allerdings ohne letztere aus der Individualisierungsthese abzuleiten. Otte hat sich auf diesen Zusammenhang konzentriert. Für ihn sorgen folgende Eigenschaften von Lebensstilkonzepten für eine Kompatibilität mit der Individualisierungsthese: 1) Lebensstile sind eine historisch variable gesellschaftliche Strukturierungsdimension, anhand derer sozialer Wandel erfassbar ist; sie sind in diesem Sinne nicht „neu", sind aber womöglich strukturdominant geworden. 2) Lebensstile entsprechen einem subjektiven und aktiven Handlungsmodell von Akteuren; sie sind Produkte individueller Entscheidungen unter Vorgaben. 3) Lebensstile werden nicht aus beruflichen Positionen, sondern (mehrdimensional konzipierter) alltäglicher Lebensführung abgeleitet. 4) Lebensstile ermöglichen soziale Orientierung und Identität (auch) unter den Bedingungen reflexiver Modernisierung (Otte 1998, 185f.).

[25] Beck selbst spricht an dieser Stelle zwar von Prozessen, doch sind sich die Kritiker seiner These weitgehend einig, dass Beck selbst die Prozesse gar nicht untersucht, sondern eher die *Produkte*, die aus Individualisierungsprozessen entstehen (siehe z.B. Friedrichs 1998b, 46). Widerspruch zur Diversifizierungsthese kommt u.a. von Huinink und Wagner, die den Zusammenhang von Individualisierung und Pluralisierung von Lebensformen in einer Längsschnittanalyse untersuchen. Anhand von Daten seit dem Ende des 19. Jahrhunderts über Familienformen arbeiten sie heraus, dass Individualisierung, verstanden als ein „Abbau traditioneller normativer Verbindlichkeiten, nicht *per se* eine Erweiterung der Optionsvielfalt bei der Wahl der Lebensformen [bedeutet]." (Huinink & Wagner 1998, 103) Insbesondere das Alter, die Zugehörigkeit zu einer gesellschaftlichen Gruppe und der Wohnort (Stadt oder Land) spielten eine zentrale Rolle. „[Es ist weder zutreffend] pauschal von einer deutschen Gegenwartsgesellschaft zu sprechen, in der eine hohe Pluralisierung der Lebensformen herrscht, noch erscheint es angemessen, den langfristigen historischen Wandel der Lebensformen als einen Prozess zu betrachten, der sich kontinuierlich von einem homogenen zu einem heterogenen Zustand entwickelt." (Ebd., 104)

> „Ihre verschiedenen Elemente: die über spezifische Marktchancen vermittelte materielle Lage, die Wirksamkeit von Traditionen und ‚spätständischen' Lebensstilen und das gelebte Bewusstsein dieser Einheit in gemeinschaftlichen Bindungen und Kontaktnetzen werden durch wachsende Bildungsabhängigkeit, Zwänge und Chancen zur Mobilität, Ausdehnung von Konkurrenzbeziehungen, Verrechtlichungen usw. aufgelöst oder bis zur Unkenntlichkeit verändert." (Ebd., 49)

Keineswegs will Beck mit der Abgrenzung seines Ansatzes zu den Ausführungen von Marx und Weber die Aufhebung sozialer Ungleichheiten diagnostizieren.[26] Ganz im Gegenteil:

> „Relativ konstant geblieben sind in der Entwicklung der Bundesrepublik die Verteilungsrelationen sozialer Ungleichheit, geändert haben sich gleichzeitig, und zwar ziemlich drastisch, die Lebensbedingungen der Menschen." (Beck 1983, 36)[27]

Was versteht Beck nun unter Individualisierung? In einem frühen Aufsatz aus dem Jahre 1983 definiert er in Abgrenzung einer subjektiv-biographischen Betrachtung des Zivilisationsprozesses Individualisierung als historisch spezifischen, widersprüchlichen „Prozess der Vergesellschaftung" (Beck 1983, 42). In seinem Buch „Risikogesellschaft" verdeutlicht er, wie die individualisierten Existenzlagen kollektiv erfahren und standardisiert werden können, wie aus dieser Widersprüchlichkeit heraus neue „soziokulturelle Gemeinsamkeiten" (z.B. Bürgerinitiativen, soziale Bewegungen) entstehen und zu einer neuen „sozialen Identitätsbildung" beitragen können (Beck 1986, 121f.) Für Beck besteht der Individualisierungsprozess aus einer dreifachen Individualisierung (ebd., 206):

1. Herauslösung aus historisch vorgegebenen Sozialformen und -bindungen im Sinne traditioneller Herrschafts- und Versorgungszusammenhänge („Freisetzungsdimension"),
2. Verlust von traditionellen Sicherheiten im Hinblick auf Handlungswissen, Glauben und leitende Normen („Entzauberungsdimension") und
3. eine neue Art sozialer Einbindung („Kontroll- bzw. Reintegrationsdimension").

Aus diesem Wechsel von Herauslösung, Stabilitätsverlust und Wiedereinbindung resultiert die Ausdifferenzierung von Individuallagen, die primär durch den Arbeitsmarkt (der bei Beck die zentrale unabhängige Variable ist) erfolgt.[28] Der Arbeitsmarkt allerdings - dies ist eine der von Beck genannten Widersprüchlichkeiten im Individualisierungsprozess - wirkt auf eine Institutionalisierung von Biographiemustern hin, die schliesslich in der Standardisierung mündet (z.B. bildungsbiographische Standardisierung durch Abschlüsse etc.).

In seinem Gespräch mit Willms präzisiert Beck den Begriff des „institutionalisierten Individualismus"[29]: Dieser besage, „dass es sich dabei nicht nur um eine Wahrnehmungsform der Einzelnen handelt, sondern es werden damit zentrale Institutionen der modernen Gesellschaft bezeichnet, wie beispielsweise die Notwendigkeit, sich eine eigene Biographie zu entwickeln, sich aus kollektiven Vorgaben herauszulösen." (Beck & Willms 2000, 85)

---

[26] Die Abgrenzung zu Marx und Weber diskutiert Beck am ausführlichsten. In weiteren Publikationen deutet er auch Unterschiede zum Verständnis von Smith und Durkheim sowie Parsons an (z.B. Beck 1998), ohne diese jedoch in annähernd gleichem Masse darzustellen. Womöglich hat Beck dies den Vorwurf eingehandelt, er bemühe sich kaum um eine theoretische Einordnung seines Ansatzes und trage „ganz entscheidend zur Begriffsverwirrung bei" (Kippele 1998, 13 sowie FN 13).

[27] An anderer Stelle stellt Beck sogar fest, dass die soziale Ungleichheit erneut und in „erschreckendem Masse" zugenommen habe (Beck 1986, 143).

[28] Dieses „ahistorische Modell der Individualisierung" (Beck 1986, 206) - die Kernthese von Beck - ist umstritten. Friedrichs beispielsweise findet es „methodisch nicht haltbar" (Friedrichs 1998b, 34) und es stellen sich Fragen bezüglich 1) des historischen Zeitraums der Gültigkeit der Beckschen Aussagen, 2) des Verhältnisses zwischen der objektiven Sicht der Individualisierung und deren subjektiver Wahrnehmung durch die Individuen, 3) des Problems, welches die alten und welches die neuen Institutionen der Re-Integration sind und 4) der Darstellung in einem formalen Modell.

[29] Der Begriff des „institutionalisierten Individualismus" stammt ursprünglich von Talcott Parsons (1978, 321).

Institutionelle Rahmenbedingungen dieses *Biographie-Machens* sind Bildung, Arbeitsmarkt und Mobilität, „die nicht Kollektive zum Orientierungspunkt haben, sondern auf den Einzelnen zielen" (ebd., 86).

Dass Beck unter Individualisierung nicht den neoliberalen Egoismus, nicht eine wachsende (Wahl-)Freiheit von Individuen, nicht Autonomie und Autarkie versteht, klärt er mit einer weiteren begrifflichen Differenzierung zwischen „einer Individualisierung, die sich auf der Basis relativer sozialer Sicherheiten vollzogen hat, wie wir sie seit den sechziger, siebziger Jahren in Deutschland erlebt haben, und einer Individualisierung, in der Sicherheiten immer weniger gegeben sind, da die kollektiven Sicherungssysteme abgebaut werden" (Beck & Willms 2000, 102). Letzteren Fall bezeichnet Beck als *Atomisierung* greift auf die Ausführungen von Hannah Arendt über den Faschismus zurück: Sie meine mit Individualisierung Menschen, die entwurzelt, aus ihren Traditionen freigesetzt wurden, die keine Basis eines privaten Eigentums, die den Boden unter den Füssen verloren haben.

Mit dieser neuen Begrifflichkeit versucht Beck zwar zu verdeutlichen, dass seine Individualisierungsthese ausschliesslich vor dem Hintergrund moderner Sozialstaatserrungenschaften angewendet werden kann. Doch mit dem zunehmenden Abbau von Sicherungssystemen in den europäischen Ländern kann sich seine Unterscheidung wohl nur analytisch behaupten. Beck selbst fragt dann auch, wie der Abbau von Sicherungssystemen vollzogen werden kann, ohne den Menschen zu atomisieren, stellt aber eben an anderer Stelle fest, dass sich „Atomisierungsprozesse inzwischen selbst in den Zentren des reichen Westens bis in die Mitte der Gesellschaft vollzogen haben" (Beck & Willms 2000, 104).[30]

Individualisierung von Lebensformen meint das Auflösen vorgegebener sozialer Lebensformen, das Brüchigwerden lebensweltlicher Kategorien wie Geschlechterrollen, Familienformen, Nachbarschaft, aber auch das gleichzeitige Eingebundensein in „neue institutionelle Anforderungen, Kontrollen und Zwänge" wie Rentenrecht, Versicherungsschutz, Erziehungsgeld oder Steuertarife (Beck & Beck-Gernsheim 1994b, 12). Wurde man in der traditionellen Gesellschaft in Vorgaben quasi „hineingeboren", muss in der modernen Gesellschaft das Individuum etwas tun, sich aktiv bemühen.

> „Hier muss man erobern, in der Konkurrenz um begrenzte Ressourcen sich durchzusetzen verstehen - und dies nicht nur einmal, sondern tagtäglich" (ebd., 12).

Die Normalbiographie wird damit zur „Wahlbiographie" (Ley 1984), zur „Bastelexistenz" (Hitzler & Honer 1994), bei einzelnen Gruppen erhebt sie sich sogar zur „Bastelkultur" (Beck-Gernsheim 2001). „Gebastelt" wird das eigene Leben:

> „Sich sein Leben zusammenstückeln aus dem, was einem dafür gerade zuhanden ist; aber auch: sich in seinem Leben eben eher wie auf einer Dauerbaustelle einzurichten als wie in einem fertigen ‚Gehäuse der Geborgenheit'." (Hitzler 2001, 189)

„Gebastelt" wird auch an den Netzwerken (Beck & Willms 2000, 94), faktisch in allen Bereichen des Lebens, denn „die Moderne verwandelt alles in ‚riskante Freiheiten'" (Beck & Beck-Gernsheim 1994b, 11).

---

[30] Damit wird die Frage wichtig, ob Individualisierungs- und Atomisierungsprozesse über das wissenschaftliche Nachdenken hinaus überhaupt noch voneinander unterschieden werden können. Ist beispielsweise ein Kriegsflüchtling aus dem ehemaligen Jugoslawien, der ohne Familie und auch ohne privates Eigentum in die Schweiz kommt, nun aus seinen Traditionen freigesetzt, quasi entwurzelt und damit „atomisiert"? Wäre der gleiche Flüchtling als in zweiter Generation in der Schweiz geborener „individualisiert"? Beck selbst bleibt die Antwort schuldig, skizziert kurz, dass von Individualisierung „nur unter ganz bestimmten Bedingungen" die Rede sein kann, merkt aber selbst an: „Es ist nicht ganz klar, welches diese Bedingungen sind, aber aus unserer historischen Erfahrung kann man sagen, dass die Menschen zumindest bestimmte Basissicherungen brauchen, auch solche langfristiger Art, um derartige Experimente vollziehen zu können." (Beck & Willms 2000, 103)

Angetrieben von der Abhängigkeit des Bildungs- und des Arbeitsmarktes („Arbeitsmarkttauglichkeit erzwingt Bildung"), wächst die Krisenanfälligkeit der Individuallagen (Beck 1986, 214). In diesem Zustand riskanter Freiheiten ist es folgerichtig, dass nicht alle Vorhaben, alle Ziele gelingen. Die Freisetzung aus sozialen Lebensformen führt zur Abwälzung von Chancen, Gefahren und Unsicherheiten auf die Einzelnen. Traditionelle Sicherungssysteme wie die Familie oder die dörfliche Gemeinschaft finden neue Bedeutungen. Biographien werden zu Risikobiographien bzw. einem Zustand der Dauergefährdung (Beck & Beck-Gernsheim 1994a, 13).[31]

Kaum noch eine gesellschaftliche Gruppe wird in der modernen Gesellschaft vor den Folgen zunehmend entscheidungsoffener biographischer Anteile verschont bleiben. „Biographien werden ‚selbstreflexiv': sozial vorgegebene werden in selbst hergestellte und herzustellende Biographien transformiert." (Beck 1986, 216) Dies gilt allerdings nicht für alle Personen zur gleichen Zeit. Denn wenn Beck den wachsenden Teil der Bevölkerung, der mit neuen Lebensformen und -orientierungen konfrontiert ist, anspricht, dann meint er damit insbesondere die städtische Bevölkerung. Bei allen Indikatoren, die Individualisierung anzeigen (Scheidungsrate, Einfamilienhaushalte, allein Erziehende etc.), sind es die Städte, in denen der gesellschaftliche Wandel zuerst und am deutlichsten nachweisbar ist. „Individualisierung meint, beinhaltet Urbanisierung." (Beck & Beck-Gernsheim 1994a, 16)[32]

Auch wenn die Armutsdiskussion bei Beck keinen zentralen Stellenwert einnimmt, so markiert sein Ansatz für sie doch einen entscheidenden Wendepunkt. Denn durch die Konzentration der Klassen- und Schichttheorien auf die Arbeitsgesellschaft und damit auf die gesellschaftlichen Mittellagen gerieten die Inaktiven, die Nichterwerbstätigen (also auch die Kinder) und die Randgruppen und damit diejenigen, die auch von Armut betroffen sind, aus dem Blickfeld der Untersuchungen. Bei Jugendlichen und jungen Erwachsenen wurde eine lineare und bruchlose Bildungsbiographie unterstellt: Man ging davon aus, dass sie bis zum 20. Lebensjahr entweder in der schulischen oder beruflichen Aus- oder Weiterbildung seien und innerhalb familiärer (oder familienersetzender) Versorgungsnetze aufwüchsen.

Aus dem Blickwinkel der Individualisierungsthese wird es möglich, „Armut, die sich aus den sozialstrukturellen Auffangbecken der Klassen und ihren politischen Organisationen herausentwickelt" (Beck 1986, 152), in den Fokus zu stellen. Armut wird so verstanden zum Ausdruck einer „massenhaften Labilisierung der Existenzbedingungen im wohlfahrtsstaatlichen Kapitalismus" (ebd., 153). Dies kann generell alle Personen in der Gesellschaft treffen, also auch die jungen Menschen.

---

[31] Wann eine Risikobiographie beginnt, ist unterschiedlich. Beck (1986, 214) stellt die These auf, dass schon das Bereitstellen und Vorenthalten von Lehrstellen über die Frage „des Einstiegs oder Ausstiegs in die oder aus der Gesellschaft" entscheidet. Zeiher (1994) verdeutlicht in verschiedenen Bereichen des Aufwachsens von Kindern deren Verinselung und stellt ein Weitergeben von sozialen Ungleichheiten in der milieugerechten Ausrichtung von Spiel- und Freizeitangeboten fest. Riedmüller (1994, 83) zeigt am Beispiel zweier Berliner Bezirke, dass nach der Wiedervereinigung im ehemals Ostberliner Bezirk die Zahl der Sozialhilfeempfänger insbesondere unter den „Normalarbeitnehmern" durch Arbeitslosigkeit zugenommen hat, während sich die Armut im Westberliner Bezirk auf alte Frauen, Alleinerziehende und soziale Randgruppen konzentriert. Wallerstein und Blakeslee (1994) weisen auf Risiken hin, die sich im Zusammenhang mit einer Scheidung ergeben. Beck-Gernsheim (1989) zeigt auf, welche Ambivalenzen neue Lebensgemeinschaften auszuhalten haben, wenn nicht mehr „die gemeinsame Sache" sondern die „persönliche Glückserwartung" Grund des Zusammenlebens ist. Leibfried et al. (1995) zeigen, wie durch die Erosion der materiellen Sicherheit und den Verlust der sozialen Identität aus Wohlstandsbiographien Risikobiographien werden.

[32] Hier ist sicherlich die Kritik von Bertram und Dannenbeck überlegenswert, die Analysen von Beck seien zwar „eine sehr genaue Beschreibung bestimmter Entwicklungen in grossen, fortgeschrittenen und urbanen Dienstleistungszentren der Bundesrepublik und möglicherweise auch jener strukturell vergleichbaren Zentren ausserhalb der Bundesrepublik wie etwa in Norditalien und Teilen Frankreichs. Dagegen mögen seine Überlegungen und Analysen für viele andere Bereiche und Regionen der Bundesrepublik überhaupt nicht zutreffen." (Bertram & Dannenbeck 1990, 228)

Doch auch wenn Beck diese Erweiterung des Blicks auf alle (und nicht nur die erwerbstätigen) Personen vornimmt, so bleibt er in seiner Ableitung der Armutsproblematik diesen Perspektivwechsel weitgehend schuldig, denn die Armut erklärt Beck insbesondere als Folge der in breitem Masse die Gesellschaft durchdringenden Massenarbeitslosigkeit. Damit ist das Neue an der „neuen Armut" benannt: Sie wird - so Beck - vor dem Hintergrund von Individualisierung und Arbeitslosigkeit „den Menschen als persönliches Schicksal aufgebürdet." (Beck 1986, 144)

> „Die Bezugseinheit, in die der Blitz (der Arbeitslosigkeit und Armut) einschlägt, ist nicht mehr die Gruppe, die Klasse, die Schicht, sondern das *Markt-Individuum* in seinen besonderen Umständen." (Ebd., 144, Hervorhebung im Original)

Doch Beck vermeidet es, sich gänzlich von den Klassen- und Schichtmodellen zu distanzieren. Er hält an gleicher Stelle fest, dass es wiederum die bezüglich ihrer beruflichen Stellung benachteiligten Gruppen sind, auf die sich das Risiko der Arbeitslosigkeit konzentriert, z.B. Ungelernte (ebd., 46). Insofern ist Dietz nur bedingt zuzustimmen, wenn er behauptet, dass Beck die Armut „praktisch entkausalisiert", so dass sie ihre strukturelle Dimension verliere, womit letztlich die Diskussion über die Eigenschuld an Armut Unterstützung erhalte (Dietz 1997, 81). Anderseits führt Beck aber auch aus, dass die Streuung der Arbeitslosigkeit sehr breit ist („Jede dritte Erwerbsperson hat in diesem Zeitraum [1974-1983, M.D.] mindestens einmal persönliche Erfahrung mit Arbeitslosigkeit gemacht." Beck 1986, 145), was wiederum den Vorwurf der Entstrukturierung von Dietz erhärtet. Das Faktum, dass Arbeitslosigkeit und damit das Risiko der Armut keine Berufs- und Qualifikationsgruppe verschont und dass die ohnehin benachteiligten Gruppen auf dem Arbeitsmarkt besonders gefährdet sind, nennt Beck „Doppeldeutigkeit der Arbeitslosigkeit" (ebd., 146).

„Neue Armut" ist durch ihre lebensphasenspezifische Verteilung gekennzeichnet, erscheint als ein vorübergehendes Ereignis; Armut wird nicht mehr als kollektive Erfahrung wahrgenommen, sondern wird ins Private genommen, bleibt verborgen, „verkriecht sich hinter den eigenen vier Wänden" (ebd., 148). An die Stelle der vertikalen Verteilung der Armut tritt bei Beck die horizontale: Soziale Ungleichheiten tauchen als Gegensätze „zwischen Lebensabschnitten *innerhalb* einer Biographie" auf (ebd., 149, Hervorhebung im Original), denn es besteht die Tendenz, dass „Lebensläufe mit der Individualisierung vielfältiger, gegensätzlicher, brüchiger, unsicherer, auch für katastrophale Einbrüche anfälliger, aber auch bunter, umfassender, widersprüchlicher werden (...)" (ebd., 149).

Welchen Erklärungsbeitrag für die Entstehung von Armut liefern die Thesen von Beck? Tatsächlich zielen die Arbeiten von Beck nicht auf die *Prozesse* ab, die zur Individualisierung geführt haben bzw. noch heute stattfinden. Im Mittelpunkt steht vielmehr die Beschreibung der *Folgen* der Individualisierung. Doch das Herauslösen aus traditionellen Versorgungsstrukturen ist nicht mit Scheidungszahlen erklärbar. Damit bleibt der Ansatz letztlich eine *Erklärung* der diagnostizierten Zeiterscheinungen schuldig. Dies betrifft insbesondere auch eine Erklärung der Kontexte, in denen Kinder und Jugendliche heute aufwachsen und junge Erwachsene ihre Statuspassage von der Schule in den Beruf erleben. Stabilisierungs- und Destabilisierungsprozesse werden nur im Rahmen der Familie oder des Umfeldes der Familie thematisiert. Armutsproblematiken und Handlungsstrategien von Jugendlichen und jungen Erwachsenen werden zwar abgehandelt, allerdings immer im Rahmen der Armutsproblematik der Erwachsenen, nie aus Sicht der Kinder und Jugendlichen betrachtet. Insofern leistet die Individualisierungsthese als „neueres Konzept zur Erklärung von sozialer Ungleichheit und Armut" in Bezug auf die Lage von Kindern, Jugendlichen und jungen Erwachsenen nicht wesentlich mehr als die Klassen- und Schichtmodelle.

Es bleibt die Erkenntnis, dass mit der - durchaus realistischen - Beschreibung eines Zeitphänomens die Frage nach der Strukturierung der Gesellschaft und dem Zusammenhang mit der Armutsproblematik theoriebedürftiger wird. Ist nun Armut ein Risiko (Beck 1986, 46) des Modernisierungsprozesses oder eher eine Gefahr (Dangschat 1999a, 18), weil der Begriff des Risikos eine eigene Steuerbarkeit impliziert? Inwiefern ist also Armut Ausdruck der Sozialstruktur einer wie auch immer vertikal und/oder horizontal strukturierten Gesellschaft? Wen trifft Armut am ehesten, wer stellt die Risikogruppen? Und kann die Frage, wer arm ist, reduziert werden auf die Frage nach der Ausstattung mit Einkommen und/oder Vermögen?

Handlungstheoretische Ansätze und die Lebensstiltheorie haben sich im Zusammenhang mit der Diskussion um die Nachteile der Erklärungsreichweite der Klassen- und Schichtmodelle und vor dem Hintergrund von Individualisierung und Pluralisierung als alternativer Analyserahmen verstärkt angeboten. Sie versuchen aus einer akteurorientierten Sicht eine Antwort auf die Frage, welcher *Art* die vermehrten Handlungsspielräume sind und welche neuen Beziehungsmuster sich unter den veränderten Bedingungen ergeben.[33] Individuelles Handeln wird dabei als sozial verursacht betrachtet und ihm zugleich eine erklärende Funktion für soziale Prozesse zugeschrieben. Es war Amartya Sen, der diesen Perspektivwechsel in die Armutsforschung eingebracht und massgeblich gestaltet hat.

3.2 Der „Capability-Ansatz" von Sen

3.2.1 Armut aus der Perspektive der Handlungsfreiheit

Wie bei Ulrich Beck spielt auch bei Sen der Zusammenhang zwischen wirtschaftlicher Entwicklung, Wohlstand und Freiheit eine zentrale Rolle. Moderne Gesellschaften, deren Bevölkerung über ein höheres Durchschnittseinkommen verfügt, haben letztlich nicht nur den Wohlstand vermehrt, sondern auch ein Mehr an Freiheiten ermöglicht. Die Beurteilung jedes Fortschritts hat daher vor allem bezüglich der Antwort auf die Frage nach der Zunahme der Freiheit in Form von Handlungschancen, und zwar für alle Bevölkerungskreise (und nicht nur für eine Minderheit), zu erfolgen:[34]

> „Development, in this view, is the process of expanding human freedoms, and the assessment of development has to be informed by this consideration." (Sen 1999b, 36)

Freiheit ist in Sens Verständnis der zentrale Grundwert demokratischer Gesellschaften. Damit knüpft er an die Tradition der schottischen Moralphilosophen, insbesondere von Adam Smith und David Hume an. Sen vertritt die These, dass es Menschen, wenn sie frei

---

[33] Bereits an dieser Stelle sei darauf verwiesen, dass die Begriffe „Sozialstruktur" und „Lebensstil" ein durchaus „schwieriges" (Hradil 1996) Verhältnis zueinander haben. Hradil (1996, 13f.) macht darauf aufmerksam, indem er zeigt, dass sich die Kontexte, in denen beide Begriffe verwendet werden, zum Teil erheblich voneinander unterscheiden. So sei die Sozialstrukturforschung auf „objektive" - und in erster Linie ökonomische - Gegebenheiten (z.B. Berufsstellung, finanzielle Ressourcen) beschränkt, umfasse soziokulturelle Tatbestände also nur, wenn sie von „objektiven" Strukturen abhingen. Der Lebensstilbegriff - und das gelte in weiten Teilen auch für den Milieubegriff - stamme dagegen aus der Kultursoziologie, stelle also soziokulturelle Bedingungen ins Zentrum der Analyse. Ob eine konzeptionelle Erweiterung („Sozialstruktur *der* Lebensstile" oder „kulturelle Strukturierung der Sozialstruktur") oder eine Neuorientierung (Titel wäre noch zu formulieren) oder aber eine Ausgliederung („Sozialstruktur *und* Lebensstile") vor den verschiedenen Hintergründen möglich ist, hält Hradil für offen.
[34] Wollte man das über 20-jährige Werk Amartya Sens auf einen Beginn zurückzuführen versuchen, so steht vor der Ausarbeitung des „Capability-Ansatzes", des „Entitlement-Konzeptes" oder des Plädoyers für die Social Choice-Theorie ein Aufsatz aus dem Jahre 1979 mit dem Titel „Equality of what" (abgedruckt in Sen 1982b). Hier beginnt Sen seine grundlegende Kritik am utilitaristischen Konzept und vertritt gleichzeitig die These, dass es bei der Entwicklung einer Gesellschaft nicht um die Gleichheit in Bezug auf die Einkommen, bestimmte Güter, Lustgewinn oder Nutzen geht, sondern um die Freiheit, die Handeln möglich macht.

entscheiden können, möglich wird, einen optimalen Zustand an Lebenszufriedenheit zu erreichen.[35] Diese Freiheit zu handeln („positive Freiheit") gilt es zu sichern und zu schützen. Sen unterstellt dabei, dass Handelnde die Fähigkeit besitzen, Vorstellungen von einem Leben in Würde, einem Leben ausserhalb von Armut zu entwickeln. Und schliesslich nimmt Sen an, dass Individuen, wenn sie Handlungsfreiheit besitzen, den Anspruch anderer Individuen auf diese respektieren und darauf verzichten werden, von ihrer Handlungsfreiheit derart Gebrauch zu machen, dass sie anderen schaden („negative Freiheit").[36]

Im Gegensatz zu klassisch liberalistischen Auffassungen, die letztlich darauf abstellen, dass Individuen nur ihren individuellen Vorteil zu realisieren versuchen, fliessen nach Sen in das individuelle Entscheidungskalkül auch moralische Überlegungen, Verantwortungsbewusstsein für die Gesellschaft, Sympathie, Mitgefühl und Pflichtbewusstsein für andere Individuen ein (Sen 1993b, 533; sowie Sen 1999b, 270).

Mit dieser Distanzierung von einem ausschliesslich durch Eigennutz motivierten Verhalten widerspricht Sen dem insbesondere von der ökonomischen Theorie des „Rational-Choice" entwickelten Ansatz, der im individuellen Streben nach Nutzenmaximierung das Entstehen von sozialen Strukturen sieht. Bei klassischen Vertretern des Utilitarismus (z.B. Bentham, Mill oder Marshall) bedeutet der Nutzen eines Individuums das Mass an Lust, Glück oder Wunscherfüllung. Über die Summierung aller Nutzen wird eine Art gesellschaftliches Nutzenoptimum („optimum optimorum") definiert. Entsprechend resultiert Ungleichheit aus der Abnahme des Gesamtnutzens im Vergleich zu dem, was hätte erreicht werden können.[37]

Zwar steht aus der Perspektive Sens die Freiheit zu handeln im Vordergrund, diese ist aber nicht direkt messbar. Deshalb schlägt Sen vor, in einem ersten Schritt das, was eine Person erreicht hat („achievement"), z.B. über die Indikatoren des Lebensstandards festzuhalten, um die Ergebnisse anschliessend mit den Fähigkeiten und Möglichkeiten, die die Person selbst sieht (z.B. in Form eines subjektiven Konzeptes), zu vergleichen (Sen 1985, 203ff.; Sen 1992a, 56ff.). Aus der Differenz beider Befunde ergibt sich die Antwort auf die Frage nach sozialer Ungleichheit:

> „A person's position in a social arrangement can be judged in two different perspectives, viz. (1) the actual achievement, and (2) the freedom to achieve. Achievement is concerned with what we manage to accomplish, and freedom with the real opportunity that we have to accomplish what we value. [...] Inequality can be viewed in terms of achievements and freedoms, and they need not coincide. [...] Thus, the distinction between achievement and freedom is quite central to social evaluation." (Sen 1992a, 31)

So verstanden ist Freiheit *Ziel* einer Armutspolitik („substantielle Freiheit" hat einen intrinsischen Wert) und *Instrument* zugleich.[38] Instrumentelle Freiheit ermöglicht Berechtigun-

---

[35] Ausführlicheres zum Begriff der Freiheit bei Sen, Hume und Smith findet sich insbes. bei Sen (1993, 46ff.); zudem greift Sen verschiedentlich auf die Diskussion von Freiheit bei Aristoteles zurück; siehe hierzu Sen (1993c, 209ff.).

[36] Die Unterscheidung zwischen positiver und negativer Freiheit geht auf Berlin (1969) zurück. Sen hat sich zu Formen der Freiheit in verschiedener Hinsicht geäussert: zu den Konsequenzen für die Wohlfahrtstheorie siehe Sen (1985; 1991; 1992b), zum Zusammenhang mit Entscheidungsprozessen Sen (1982d; 1983b), zur Bedeutung von Märkten als Garanten individueller Freiheit Sen (1993b). Kritisch zu Sens Interpretation der Freiheit siehe insbes. die Diskussion in der Zeitschrift *notizie di politeia* (Balestrino 1996; Carter 1996; Granaglia 1996) sowie die Antwort von Sen (1996a).

[37] Sen widerspricht also nicht der handlungstheoretischen Ausrichtung des utilitaristischen Ansatzes, sondern (1) seiner Indifferenz gegenüber Verteilungsfragen, (2) seiner Grundannahme eines rational entscheidenden Individuums, das ausschliesslich auf die eigene Nutzenoptimierung abzielt sowie (3) der Vernachlässigung des intrinsischen Wertes von Rechten und Freiheiten (Sen 1999b, 80). Zur ausführlichen Kritik am Utilitarismus siehe insbes. Sen (1982a; 1999c) sowie Sen & Williams (1982).

[38] Sen spricht von „real poverty" (Sen 1999b, 88), wenn er von Armut als einem Mangel an Handlungsfreiheit spricht.

gen/Rechte, Zugänge und Chancen zu Handlungen auf zwei Weisen: Einerseits durch eine ordnungspolitische Konzeption (Sen nennt dies den *Verfahrensaspekt von Freiheit*, „process aspect of freedom"), die mit Regeln und Gesetzen autonome Entscheidungen garantiert sowie gesellschaftlich akzeptierte Handlungen ermöglicht und rechtlich absichert. Andererseits durch den *Chancenaspekt von Freiheit* („opportunity aspect of freedom"): Menschen, die systematisch unter einem Mangel an Handlungschancen leiden, werden beispielsweise durch Programme der Sozialhilfe gezielt dabei unterstützt, Handlungschancen wahrzunehmen (Sen 1999b, 17).[39] Mit der Betonung letzterer Aufgabe entfernt sich Sen stark von der egalitären liberalistischen Tradition, sucht Gemeinsames bei Karl Marx und Adam Smith, zwei scheinbar diametral entgegengesetzten Positionen. Einig ist Sen mit Marx darin, dass „the good life is *inter alia* also a life of freedom" (Sen 1993b, 202): Marx sprach von Unfreiheit als einem Ergebnis fehlender Handlungs- und Entfaltungsmöglichkeiten, die durch soziale Verhältnisse und strukturelle Zwänge bedingt sind. Smith betonte, dass Gesellschaften sicherstellen müssen, dass Menschen sich in der Gesellschaft ohne Scham zeigen können oder dass sie am Leben in der Gemeinschaft teilnehmen können. Wo dies nicht realisiert ist, liegt das Problem nicht primär in der Höhe des Realeinkommens oder des verfügbaren Güterbündels, sondern in den fehlenden Handlungsspielräumen, die es diesen Menschen verunmöglichen, zu dem Einkommen oder dem Güterbündel zu gelangen (vgl. Smith 1978 [1789], 747).[40]

> „Expanding the freedoms that we have reason to value not only makes our lives richer and more unfettered, but also allows us to be fuller social persons, exercising our own volitions and interacting with - and influencing - the world in which we live." (Sen 1999b, 15)

Armutsbekämpfung wird in dieser Sicht nicht auf ein Einkommensproblem reduziert (dieses ist zwar ein wichtiger Indikator für den Stand der Freiheit einer Gesellschaft, aber bei weitem nicht der einzige, s.u.). Armut folgt aus einem *Mangel an Freiheit*, der durch die Verletzung negativer Freiheitsrechte oder einen Mangel an positiver Freiheit begründet ist.

Keineswegs beschränkt Sen seine Theorie - auch wenn er sie aus der Entwicklungsländerforschung entwickelt hat - auf die Dichotomie „entwickelte Länder mit hohem Grad an Freiheit vs. unterentwickelte Länder mit hohem Grad an Unfreiheit". Auch in den Industrieländern werden nach Sen Freiheitsrechte verletzt (in der Schweiz beispielsweise beim Recht der Sprachgemeinschaften auf Selbstbestimmung, bei der Gleichberechtigung der Frau, bei Fragen der Arbeitsbedingungen etc., siehe hierzu Schweiz. Evangelischer Kirchenbund u.a. 1998), zeichnen sich Mitglieder der Gesellschaft durch einen schlechten Gesundheitszustand, fehlende Berufsausbildung, prekäre Arbeitsverträge, unzureichende soziale Absicherung, Analphabetismus, psychosoziale Belastungen aus und ziehen sich in der

---

[39] Verfahrensaspekte der Freiheit stehen bereits seit Hayek im Zentrum der Ordnungstheorie und begründen die ordoliberale Position (siehe dazu ausführlich z.B. Streit 1991, 206ff.), der Chancenaspekt dagegen ist - weil er eine hohe normative Entscheidung voraussetzt - erst mit der Umsetzung des Sozialstaatsgedankens berücksichtigt worden (Sen 1993b, 522).

[40] Ausführlicher über die Gemeinsamkeiten mit Marx und Smith siehe insbes. Sen (1985). Fragen wir nach dem Endzustand einer „optimalen Gesellschaft", dann würde Sen allerdings nicht mehr mit Marx einhergehen. Im Kommunismus wäre alles Privateigentum abgeschafft, die Produktionsmittel in Gemeineigentum übergegangen und die materiellen und kulturellen Bedürfnisse aller Menschen gleichmässig befriedigt. Die Gesellschaftsordnung nach Sen hätte eher den Charakter einer „Handelns-Gesellschaft" demokratischer Verfassung: Jedem Individuum würden Möglichkeiten geboten, die Vorstellungen über das eigene Leben zu realisieren, staatliche Fürsorge und intermediäre Institutionen würden durch Aushandlungen immer wieder aufs Neue die optimalen Rahmenbedingungen fern jeden Zwangs und andere schädigenden Eigennutzens entwickeln (vgl. Sen 1999a). Märkte hätten nicht die Funktion, die individuelle Wohlfahrt zu mehren, sondern sicherzustellen, dass alle Marktteilnehmenden ihre individuellen Fähigkeiten anbieten resp. tauschen können; die Marktverfassung würde ausgleichend wirken zwischen den scheinbar widersprüchlichen Verfahrens- und Chancenaspekten von Freiheit (siehe hierzu insbes. Sen 1993b).

Konsequenz aus dem gesellschaftlichen Leben zurück (Sen 1999b, 15ff.). Insofern greift Sen auf die These zurück, dass sich Armut zunehmend auch in wohlhabenden Staaten zeigt („Armut durch Wohlstand").

Welche Freiheiten sind es, die in einer Gesellschaft Berücksichtigung finden müssen? Sen legt den normativen Rahmen seiner Theorie fest, indem er fünf zentrale Dimensionen heraushebt. Diese *„types of instrumental freedom"* repräsentieren den Grad an Freiheit in einer Gesellschaft und symbolisieren den Spielraum, innerhalb dessen Handlungsmöglichkeiten von Individuen überhaupt erst stattfinden können (Sen 1999b, 38ff.). Damit haben sie auch eine stabilisierende Funktion für die Handelnden (da sich diese beim Verfolgen der eigenen Handlungsstrategie darauf verlassen können):

1. *Politische Freiheiten* („political freedom") schliessen z.B. das Recht ein, über Regierungen, über regionale und lokale Entwicklungen sowie über deren Kontrolle mitzuentscheiden; des Weiteren zählen hinzu das Recht auf freie Meinungsäusserung, die Pressefreiheit, die Wahl zwischen verschiedenen Parteien. In weiten Teilen finden sich hierunter die bürgerlichen Rechte.
2. *Ökonomische Institutionen* („economic facilities") sichern ökonomische Handlungen, ermöglichen Transaktionen und helfen Ressourcen zu erschliessen. Die Funktionsfähigkeit der Märkte wie auch der Zugang zu diesen - gleich welcher Ressourcenausstattung, welchen Geschlechts, welcher Nationalität oder welchen Alters die einzelnen Personen sind - sind hierbei zentral.
3. *Soziale Infrastruktur* („social opportunities") beinhaltet insbesondere die Bildungs- und Gesundheitseinrichtungen. Das Vorhandensein und die Nutzung dieser Infrastruktur wiederum ermöglicht es, an ökonomischen, politischen oder kulturellen Aktivitäten teilzunehmen und sich so aktiv einen Platz in der Gesellschaft zu definieren.
4. *Transparenz* („transparency guarantees") sichert die Gewissheit, dass Aktivitäten nicht zum Schaden anderer erfolgen. Auf Transparenz kann im ökonomischen Sinn durch das Vertragsrecht hingewirkt werden, im politischen Sinn durch das Wahlrecht, im kulturellen Sinn durch die Sicherung der Chancengleichheit z.B. beim Erwerb des Bildungsguts.[41]
5. *Soziale Sicherheit* („protective security") drückt die Fähigkeit und Bereitschaft eines Gemeinwesens aus, das Verteilungsziel neben das Ziel der Gerechtigkeit zu stellen. Arbeitslosenunterstützung, Prämienverbilligung bei Krankenkassen, Sozialhilfe sind Beispiele.

Zwar beeindrucken die von Sen entwickelten Dimensionen insbesondere in Ländern mit einer demokratischen Wirtschafts- und Gesellschaftsordnung. Es ist aber nicht unbedingt nachvollziehbar, nach welcher Systematisierung Sen hierbei vorgegangen ist.[42] Auch Alkires Kritik setzt hier an, wenn sie feststellt, dass die Typen instrumenteller Freiheit relativ unkommentiert und zusammenhanglos im bisherigen Werk Sens stehen (Alkire 2002, 33).

Sen versucht, über die Typen instrumenteller Freiheit diejenigen Bereiche herauszuarbeiten, mit Hilfe derer die Handlungsmöglichkeiten eines Individuums in der Gesellschaft bestimmt und gestaltet werden können. Freiheit ist nach Sen ein soziales Produkt. Sen geht

---

[41] In seinem Vortrag bei der DG Bank in Frankfurt bezeichnete Sen die fehlenden Transparenzgarantien, insbes. in Form mangelhafter Offenlegungspflichten von finanziellen Vereinbarungen und Geschäftsvereinbarungen des Bankensystems sowie einer mangelhaften Kontrolle durch staatliche Organe als grundlegend für die Finanzkrise in Asien im Jahre 1997 (Sen 2000b, 110).
[42] Im Gegensatz zu seinen Ausführungen zum „Capability-Ansatz" (s.u.), die auf einer rund 20-jährigen Forschungs- und Publikationstätigkeit aufbauten, findet sich die Operationalisierung von Typen der Freiheit erstmals in seiner letzten Monographie (Sen 1999b), was weitere Präzisierungen in den nächsten Jahren erwarten lässt.

davon aus, dass die soziale Position eines Individuums in der Gesellschaft anhand seiner Ausstattung mit spezifischen Fähigkeiten zu handeln definiert werden kann. Politische, ökonomische sowie soziale Rahmenbedingungen in einer Gesellschaft flankieren diejenigen Möglichkeiten, aus denen Rechte und Chancen von Personen erwachsen. *Wie* eine Person innerhalb dieser Vorgaben ihre Handlungsoptionen realisiert, kann nicht *per se* beantwortet werden. Zwar weist Sen auf Hindernisse von Realisierungschancen, z.B. in Abhängigkeit vom Geschlecht, hin und spricht von charakteristischen Hemmnissen („failures", „deprivations"), vermeidet aber, diese Hindernisse als klassen- oder schichtentypisch zu bezeichnen.

Durchaus ist Marti zuzustimmen, dass die Vorstellungen von Sen über eine gerechte Gestaltung der Weltordnung dort an Grenzen stösst, wo „die gewählte Konzeption des Guten, sei es eine intolerante Religion, sei es eine als Lebensstil verstandene Art des Ressourcenverbrauchs, unzumutbare Auswirkungen auf die Freiheit des anderen hat" (Marti 2002, 13). Mit der Benennung staatlicher Aufgaben bei der Sicherstellung der Handlungsfreiheit macht zuletzt auch Sen darauf aufmerksam und kalkuliert durchaus ein, dass es in der heutigen Welt angesichts von sich verschärfenden Konflikten zwischen einflussreichen und ohnmächtigen Akteuren in der Weltbevölkerung zu Neudefinitionen von Verfügungsmacht über Produktionsmittel kommen müsste (womit die Argumentation wieder zu Marx und den neomarxistischen Ansätzen führt und ungeahnte Gemeinsamkeiten zwischen liberalistischen und marxistischen Positionen eröffnet).

3.2.2 Fähigkeiten zu handeln („capabilities"), tatsächliche Möglichkeiten („functionings") und erreichte Ziele („achievements")

Was also letztlich für Sen im Zentrum der Analyse stehen muss, ist das Leben, das wir führen: dass, was wir fähig sind zu tun oder nicht tun können, das was wir fähig sind zu sein oder nicht sein können (Sen 1987c, 16). Individuen müssen „frei" sein, sie müssen „fähig" sein (und das politische System muss diese Freiheit sicherstellen), sich z.B. *für* ein Leben in der Gemeinschaft oder *für* ein gesundes Leben entscheiden zu können. Die Fähigkeit und Möglichkeit zum aktiven Handeln bezeichnet Sen als „*capability*":

> „Capabilities (...) are notions of freedom, in the positive sense: what real opportunities you have regarding the life you may lead." (Sen 1987c, 36)

In der deutschsprachigen Rezeption ist der Ansatz von Sen als „Fähigkeitenansatz" bezeichnet und mit dem Konzept eines absoluten Armutsverständnisses gleichgesetzt worden (z.B. Leu 1999, 10ff.). In den Übersetzungen ins Deutsche werden die Begrifflichkeiten allerdings nicht gleich verwendet, so wird „capabilities" in der deutschen Ausgabe von „The Standard of Living" (Sen 2000a) übersetzt mit „Fähigkeiten", in der Übersetzung von „Development as freedom" (Sen 2000c) mit „Verwirklichungschancen", in „Ausgrenzung und politische Ökonomie" (Sen 1998a) mit „Fähig- und Fertigkeiten". Aus dem bisher Ausgeführten sollte deutlich werden: Sen versteht unter „capabilities" die Fähigkeit (und die Freiheit) zu handeln bzw. zu entscheiden und nicht die Fähigkeit, sich zu ernähren, zu kleiden etc.[43] Letztere würde Sen eher als *Funktionsfähigkeit* oder „tatsächliche Möglichkeiten" („valued elementary functionings") bezeichnen (Sen 1999b, 75), um zu verdeutlichen, dass es sich hier um die Gütersphäre handelt, die mehr funktionalen als intrinsischen Charakter hat.

---

[43] Diese Interpretation des Begriffs scheint durch die neueren Veröffentlichungen von Sen (insbesondere Sen 1999b; Sen 2000c) aber auch Studien, die mit dem „Capability-Ansatz" arbeiten (z.B. Drilling 1993).

> „It is sometimes asserted that poverty in rich countries must be seen in purely relative terms, to wit, that the poor in rich countries may well be much better off than people in the poor countries, but in terms of acceptable standards in the rich countries in which they live, they are really poor ('relatively speaking'). There is something in this line of analysis but it must also be noted that in terms of some basic capabilities the poor in the rich countries often are 'absolutely' as poor - or even poorer - than many people in countries with much lower income. For example, in terms of the democratic variables of life and death, the African Americans as a group are absolutely worse off, in some significant respects, than the average Chinese or Keralan who has only a tiny fraction of the income that the African Americans enjoy. In seeking an explanation, we get some help from Adam Smith's pointer to the fact that the ability to achieve the same absolute functionings (such as 'appearing in public without shame') may require a more expensive bundle of commodities in the rich countries (where others use such commodities as a standard part of normal living), so that relative deprivation in the income space may go with an absolute deprivation in terms of the ability to function." (Sen 1995, 11ff.)[44]

Die unterschiedlichen Übersetzungen des Begriffs „capability" weisen auf die zwei Aspekte hin, die das Fähigkeitenkonzept beinhaltet: Ein Mensch kann nur eine Alternative realisieren, wenn er die dazu notwendigen Fähigkeiten (im Sinne von Fertigkeiten) besitzt. So muss ein Mensch z.B. frei sein, darüber zu entscheiden, ob er eine Universität besucht oder eine Lehre macht, er muss aber auch die Fähigkeit (Fertigkeit) besitzen, dem Studium inhaltlich zu folgen (z.B. kann er davon ausgehen, wenn er die Maturität besitzt). Das heisst, der „Capability-Ansatz" beinhaltet einen *„Umfeldaspekt"* (es müssen Alternativen zur Wahl bereitgestellt werden) und einen *„Persönlichkeitsaspekt"* (aufgrund der persönlichen Fähigkeiten müssen die Alternativen auch wahrgenommen werden können). Es sei an dieser Stelle angemerkt, dass Sen den Persönlichkeitsaspekt weit seltener thematisiert, und stattdessen die polit-ökonomische Analyse in den Vordergrund stellt.

Sen „zerlegt" die Analyse der Handlungsfähigkeit in insgesamt drei Dimensionen: *„Capability"* ist die Fähigkeit (und die Freiheit) zu handeln und unter Alternativen wählen zu können (ganz gleich, ob diese Möglichkeiten für die Person auch in Betracht kommen), *„functionings"* ist der reale Ausdruck dessen, was tatsächlich für diese eine Person auch möglich ist bzw. was eine Person mit ihren Fähigkeiten konkret realisieren kann (the various things a person may value doing or being). *„Achievements"* sind die messbaren Ergebnisse der Handlungen (realized or achieved functionings), also das, was eine Person erreicht hat[45]:

> „Living may be seen as consisting of a set of interrelated 'functionings', consisting of beings and doings. A person's achievement in this respect can be seen as the vector of his or her functionings. (...) The claim is that functionings are constitutive of a person's being, and an evaluation of well-being has to take the form of an assessment of these constitutive elements. Closely related to the notion of functionings is that of the capability to function. It represents the various combinations of functionings (beings and doings) that a person can achieve. Capability is, thus, a set of vectors of functionings, reflecting the person's freedom to lead one type of life or another. Just as the so called 'budget set' in the commodity space represents a person's freedom to buy commodity bundles, the 'capability set' in the functioning space reflects a person's freedom to choose from possible livings." (Sen 1992a, 39f.)

Was wir also letztlich bei einer Person messen (z.B. durch das Ressourcen- oder Lebenslagenkonzept) - ob sie reich oder arm ist, ob sie eine Ausbildung hat oder ohne Ausbildung ist, ob sie krank ist oder gesund - ist nach Sen nur der aktuelle Ausdruck dessen, was eine Person in einer Gesellschaft zu einer gegebenen Zeit an einem definierten Ort erreicht hat („achievements"); nicht aber das, was sie *ceteris paribus* könnte oder können dürfte. Genau

---

[44] Siehe auch Sugden (1993, 1954), der das relative Armutsverständnis von Sen am Beispiel der Einkommensverteilung innerhalb der Familie nachvollzieht.
[45] In seinen frühen Veröffentlichungen (z.B. Sen 1987a) hat Sen zudem auch noch von Vorteilen („advantages") gesprochen. Diese bildeten eine Teilmenge der erreichten Ziele („achievements") und drückten die Vorteile des individuellen Nutzens aus (im Gegensatz zu den „agency-goals"). Auf diese Unterteilung hat er später weitgehend wieder verzichtet.

das sollte allerdings Gegenstand von Forschung und Politik sein.[46] Denn nach Sen sind phänomenologische Tatbestände nicht identisch mit den Handlungsfähigkeiten einer Person. Ein aus Albanien geflüchteter Schreiner wäre durchaus in der Lage, seinen Beruf in der Schweiz auszuüben, wenn er als Asylsuchender nicht mit einem Arbeitsverbot belegt wäre. Eine allein erziehende Mutter könnte ihre Arbeit wieder aufnehmen, wenn sie einen Anspruch auf einen Tagesbetreuungsplatz für ihre Kinder hätte. Solche Personen können binnen Kürze sozialhilfebedürftig sein, verfügen aber über Fertigkeiten, die es ihnen ermöglichen würden, ein Leben ausserhalb finanzieller Armut zu führen. Armutspolitik muss die Spielräume vergrössern, die zu neuen Handlungsoptionen führen, z.B. durch eine Arbeitserlaubnis für Asylsuchende, den Anspruch auf Kinderbetreuungsplätze oder eine Beschäftigungsgarantie für Berufseinsteigerinnen und -einsteiger.

> „The resources a person has, or the primary goods that somebody holds, may be very imperfect indicators of the freedom that a person really enjoys to do this or be that." (Sen 1982b)

Während also „primary goods" (Rawls 2000) oder Realeinkommen das weitere Feld der Freiheit begründen, „hat die Gesamtfähigkeit nach Sen konstitutiven Einfluss auf das Wohlbefinden, da Entscheidungsfähigkeit und freie Wahl wesentliche Bestandteile des menschlichen Lebens seien" (Eichler 2001, 120).

Mit diesem streng akteurorientierten Vorgehen sind verschiedene Schwierigkeiten verbunden. So ist es z.B. nicht leicht, eine Definition des Lebensstandards zu geben, wenn jedes Individuum selbst entscheidet, was es realisieren will und was nicht (zur Messproblematik s.u.). Aber durch die Erweiterung der Armutsfrage um die Freiheitsperspektive und die Dimensionen von Handlungsmöglichkeiten versucht Sen zu verdeutlichen, dass Armutspolitik nicht ausschliesslich auf die finanzielle Ausstattung einer Person ausgerichtet sein darf, sondern dass Armut als ein (keineswegs immer von „den Betroffenen" selbst verschuldetes) Unvermögen zu verstehen ist, „capabilities" in „achievements" zu transformieren.

Sen macht an mehreren Stellen deutlich, dass es sich beim „Capability-Ansatz" um eine Analyse handelt, die die *tatsächlichen* Handlungsfähigkeiten („actual capabilities") betrachtet, nicht die Handlungsfähigkeit, die eine Person sich vorstellt zu haben oder beabsichtigt, in naher oder ferner Zukunft zu besitzen (siehe Sen 1993a, 30 sowie 38). Diese tatsächlichen Handlungsfähigkeiten sind von verschiedenen Kontexten abhängig. Die folgende Systematisierung ist der analytische Versuch, die zahlreichen Hinweise in den Veröffentlichungen von Sen zusammenzuführen. (Abbildung 1):

Kontext Persönlichkeit und Geschlecht (Sen 1993a, 33): Es geht Sen darum zu betrachten, in welchem Umfang eine Person in der Lage ist, das Leben zu führen, das sie möchte. Diese Lage ist abhängig von Eigenschaften der Persönlichkeit wie der psychischen Verfassung, der physischen Konstitution oder dem Geschlecht (Sen 1997a, 385). Insbesondere der Bedeutung des Geschlechts widmet Sen besondere Aufmerksamkeit (z.B. Forster & Sen 1997, 211; Sen 1987a, 52). Nach Sen haben *Frauen* generell geringere Chancen als Männer, ihre Fähigkeiten umzusetzen und zwischen Handlungsalternativen zu wählen. Am Beispiel von Indien zeigt Sen die überdurchschnittlich hohe Unterernährung, Krankheitsrate und Sterblichkeit von Frauen auf (Sen 1987c, 35). Doch auch in reichen Volkswirtschaften gibt es zahlreiche Nachteile für Frauen, die

---

[46] Hier setzt die Kritik aus ökonomischer Sicht an. Basu (1987) beispielsweise findet bei aller Befürwortung, sich auf „functionings" statt „achievements" zu richten, dass Sen bezüglich der Operationalisierung von „capabilities" keine hinreichenden Hinweise auf deren Messbarkeit gibt: „In fact one of my complaints is that Sen himself treats these concepts as simpler and more measurable than they actually are." (ebd., 71) Basu plädiert im Folgenden dafür, „[to] evaluate well-being on the basis of functionings but be content with achievements, instead of capabilities." (ebd., 75)

sich z.B. im schlechteren Zugang zu Arbeit und Bildung oder in den im Vergleich zu Männern geringeren Verdienstmöglichkeiten ausdrücken. Damit haben Frauen - selbst bei gleichen Fertigkeiten - weniger Möglichkeiten als Männer, diese in Güter zu tauschen (Sen 1992a, 122ff.).

Kontext Alter: In Geldwirtschaften ist die Erwerbstätigkeit zentral. Eigene Fähigkeiten werden am Arbeitsmarkt gegen ein Einkommen getauscht. Die Höhe des Einkommens entscheidet über die Frage, wie viele Güter erworben und ob damit die Grundbedürfnisse befriedigt werden können. Hier spielt das Alter eine wichtige Rolle. *Jugendliche und junge Erwachsene* - das hat bereits die Humankapitaltheorie gezeigt - verfügen als Berufseinsteigende über wenig Berufserfahrung oder sie stehen noch in Ausbildung mit einer niedrigen Entlohnung. Dies gilt aber auch für *ältere Menschen*, die bereits aus dem Arbeitsleben ausgeschieden sind („Entlohnung" in Form von Renten). Beide Gruppen sind nicht (noch nicht oder nicht mehr) in der gleichen Position, ihre Fertigkeiten „zu vermarkten" wie Erwerbstätige mittleren Alters. Dies verschärft - sofern sie nicht auf andere Unterstützungssysteme zurückgreifen können - die Anfälligkeit für Armutslagen (Forster & Sen 1997, 211). Für *Kinder* gilt zudem, dass sie entsprechend ihrem Entwicklungsstand noch gar nicht über Handlungsfähigkeiten, die sie für ein Leben ausserhalb der Armut einsetzen könnten, verfügen. Daher gehören Kinder aus Sicht des „Capability-Ansatzes" per se zu den Gefährdeten, insbesondere auch, wenn sie in Familien aufwachsen, die von finanzieller Armut betroffen sind (Sen 1983a, 19).

Kontext Familie und Stellung im Haushalt: Die Situation der Frauen sowie der Kinder, Jugendlichen und jungen Erwachsenen kann nicht losgelöst von einer Betrachtung des gesamten Haushaltes analysiert werden. Forster und Sen (1997, 212) machen auf Haushalte aufmerksam, die durch eine „systematic boy preference" charakterisiert sind. Am Beispiel der vielen Mädchen, die - teils auf unnatürliche Art - gleich nach ihrer Geburt sterben, zeigt Sen (1987a) deren krasse Benachteiligung auf. Aber auch Jungen können zu den Benachteiligten gehören, etwa in sog. „despotic families" (Sen 1983a, 19), wo Jungen arbeiten müssen, statt zur Schule zu gehen. Welche Entwicklungsmöglichkeiten Mitglieder einer Familie haben und welche Fähigkeiten sie aufbauen können, um zwischen Handlungsalternativen zu wählen, ist nach Sen von der *relativen Stellung* der Person in der Familie bzw. im Haushalt abhängig (Sen 1983a, 19; Sen 1997a, 386).

Kontext Raum und Wohnen: Zum einen spielen die *physisch-geographischen Bedingungen* des Raumes eine Rolle: Wo Überschwemmungen, Fluten oder Erdbeben periodisch die Ernten vernichten oder das Eigentum zerstören, ist auch die Freiheit, über die Art der Lebensführung zu entscheiden, beeinflusst (Sen 1997a, 386). Zum anderen spielt hier der *Staat* eine wichtige Rolle: Wenn die Verwaltung darauf verzichtet, Slumgebiete mit sauberem Trinkwasser zu versorgen, dann trägt sie massgeblich dazu bei, dass Bewohnerinnen und Bewohner eines Wohngebiets mit mangelhafter Infrastruktur nicht über die Freiheit verfügen wird, sich für ein Leben ohne Parasiten oder andere Krankheiten zu entscheiden (Forster & Sen 1997, 211; Sen 1987a, 56ff.). Am Beispiel des Bundesstaates Kerala zeigt Sen auf, wie Staaten die Handlungsfähigkeit der Bürgerinnen und Bürger erweitern können: Mit seinem Versorgungsgrad an Bildungseinrichtungen und Gesundheitsdiensten weist Kerala im Gegensatz zu Indien insgesamt staatliche Leistungen auf, die sich mit denjenigen europäischer Länder vergleichen lassen. Hier hat ein Staat durch Sozialprogramme und Investitionen in Bildung und Gesundheit ermöglicht, dass die Bewohnerinnen und Bewohner das Leben, das sie sich vorstellen (z.B. ausreichend ernährt, gesund, alphabetisiert zu sein) in grundlegenden Bereichen auch realisieren können (Sen 1992a, 126). Solche Einflüsse können bis auf die *Stadtteilebene* verfolgt werden. An der „Goldküste" am Zürichsee beispielsweise (einem Stadtteil mit sozioökonomisch hohem Status der Bewohnerinnen und Bewohner) werden mehr Güter benötigt, um am Leben in der Gemeinschaft teilzunehmen als etwa im Kreis 4 (einem Quartier mit sozioökonomisch niedrigem Status). Menschen mit geringeren Einkommen als im Quartier massgeblich, ziehen sich aus der Quartiergemeinschaft zurück. Wer arbeitslos wird, könnte gezwungen sein, das Quartier zu verlassen (Sen 1992a, 115).[47] Auf ähnliche Effekte weisen Forster und Sen hin, wenn sie von Innenstädten oder Quartieren mit hoher Gewalttätigkeit berichten, deren Bevölkerung keine Alternativen zur Wahl des Wohnstandortes hat. Diese Menschen sind nicht nur in Bezug auf ihre Freiheit eingeschränkt, ein Leben ohne Gewalt zu leben, sondern leiden u.U. auch unter Angstzuständen oder anderen psychosozialen Belastungen, was sich auf ihren Gesundheitszustand auswirken kann (Forster & Sen 1997, 211).

Kontext Gesellschaftssystem und Rechtsverfassung (Sen 1993a, 33): Für Sen ist die Handlungsfreiheit in *demokratischen und rechtsstaatlichen Gesellschaften* besonders gross. „The capabilities that can be achieved will, of course, vary with economic prosperity and the extent of economic development." (Sen 1983a, 19) Doch es besteht kein Automatismus zwischen *wirtschaftlicher Entwicklung und Handlungsfreiheit*, insbesondere dann nicht, wenn wirtschaftliche Prosperität mit Korruption verbunden ist, wenn Staatseinnahmen in andere Bereiche investiert werden (z.B. Prunkbauten, konsumptiver Bereich) als solche, die dazu dienen die Handlungsfreiheit der Menschen zu erweitern (z.B. Bildung, Gesundheit, Sozialversicherungen). Ein Land beispielsweise, das regelmässig Malariabekämpfungen durchführt oder das kostenlose Impfaktionen durchführt, wirkt aktiv auf die Erweiterung der Handlungsfähigkeit seiner Bürgerinnen und Bürger hin, denn: „A public policy that eliminates epidemics is enhancing our freedom to lead a life - unbattered by epidemics - that we would choose to lead." (Sen 1992a, 65) Die Sicherstellung der Gesundheit durch staatliche Leistungen ist für Sen ein zentrales Faktum bei der Frage, wie gross die Handlungsfreiheiten einer Bevölkerung sind. Hohe *Sterblichkeitsrate* und niedrige *Lebenserwartung* sind für Sen dabei empirisch nachweisbare Variablen für Versäumnisse des Staates. An dieser Stelle weist er darauf hin, dass es durchaus Länder gibt (z.B. Sri Lanka, Costa Rica oder China), die zwar ein niedriges Pro-Kopf-Einkommen, aber dennoch eine niedrige Sterblichkeitsrate haben (Sen 1998b). Trotz niedriger Einkommen lasse sich also Lebensqualität mit Hilfe geeigneter Sozialprogramme gewährleisten. Neben dem Recht auf Gesundheit diskutiert Sen das Recht auf Arbeit. Ihm geht es darum, die Vorteile von Anspruchsrechten für individuelle Handlungen aufzuzeigen (Sen 1982c; Sen 1996b; Sen 1997c). Je klarer dabei die Definition von *Rechten, Berechtigungen und Ansprüchen* ist, umso besser können die Gesellschaftsmitglieder ihrer Handlungs- und Wahlmöglichkeiten gewahr werden. So zeigt Sen am Beispiel der bengalischen Hungersnot von 1974, dass die Menschen nicht wegen fehlender Nahrungsmittel hungerten, sondern wegen fehlender Rechte, auf diese Nahrungsmittel zuzugreifen (Sen 1981).

Kontext Zeit: Adam Smith bezeichnete es als ein Beispiel für Freiheit, darüber zu entscheiden, ob man am gesellschaftlichen Leben teilhaben möchte oder nicht. Der Besitz eines Leinenhemdes war für ihn die Voraussetzung, diese Teilhabe ohne Scham wahrzunehmen. Vor 20 Jahren wäre dieses Leinenhemd z.B. ein Fernseher gewesen, heute ist es bei Jugendlichen ein Handy, in 20 Jahren ist es vielleicht ein eigener Neuwagen (statt das von der Mutter oder vom Vater geliehene Auto). Das bedeutet, dass im Zeitverlauf „more income is needed to buy enough commodities to achieve the same social function" (Forster & Sen 1997, 213). Die Vorstellung eines lebenswerten Lebens ist *zeitlich gebunden*, ebenso wie das erreichbare Güterbündel, dessen es für dieses Leben bedarf, nur für einen Zeitpunkt x gilt.

---

[47] In diesem Sinne kann Segregation durchaus als das Ergebnis von „capability deprivations" interpretiert werden.

In Sens empirischen Studien kommt er immer wieder zu ähnlichen Ergebnissen, die auf sich verschärfende Gegensätze hinweisen: Auf der einen Seite stehen Menschen, die weitgehend frei darüber entscheiden können, was für ein Leben sie führen wollen, u.a. weil sie ausreichend Einkommen erwirtschaften, aber auch weil sie über ein entsprechendes kulturelles und soziales Kapital verfügen und dies in Form der Güterakkumulation umsetzen. In räumlicher Nähe, teilweise in der Nachbarschaft kann es dann durchaus vorkommen, dass Menschen leben, die sich durch genau die entgegengesetzten Handlungsoptionen charakterisieren. Im heutigen Europa ist diese Diskrepanz nicht mehr nur eine Frage der sozialen Herkunft, des Geschlechts oder der Nationalität. Handlungsoptionen zu realisieren ist weitgehend zu einer Frage der Verfügung über Einkommen generell geworden. Diese mitunter dann auch kurzfristigen Veränderungen in den Handlungsfähigkeiten von Menschen haben *„Inseln von relativer Freiheit im Handeln"* und *„Inseln von relativer Alternativlosigkeit im Handeln"* entstehen lassen. Das macht die sozialen Unterschiede krasser, verstärkt in reichen Volkswirtschaften wie der Schweiz die Differenzierung der Gesellschaft.

Abbildung 1: Handlungsfähigkeiten in Abhängigkeit von Raum und Zeit

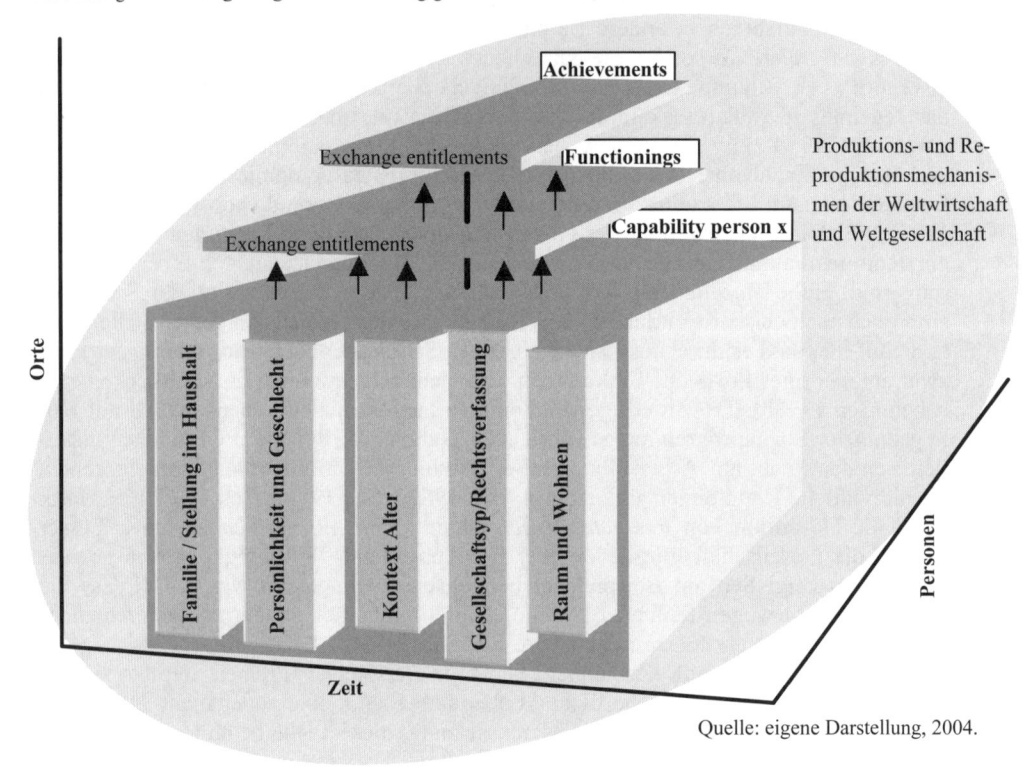

Quelle: eigene Darstellung, 2004.

3.2.3 Messbarkeit von „capabilities"

Bisher wurde die Frage, ob es eine bestimmte Anzahl von Fähigkeiten („capabilities") gibt oder diese hierarchisch, z.B. nach ihrer Bedeutung geordnet werden können, nur angedeutet. Sen selbst zählt an verschiedenen Stellen „capabilities" auf, ohne allerdings eine vollständige Übersicht zu geben. Ganz im Gegenteil macht er darauf aufmerksam, dass es das Konzept charakterisiert, weder einen Anspruch auf Vollständigkeit noch auf eine Hierarchisierung zu erheben:

> „The varying importance of different capabilities is as much a part of the capability framework as the varying value of different commodities is a part of the real income framework. [...] The capability approach begins with identifying a relevant space for evaluation, rather than arguing that everything that can be put into the format of that space must, for that reason, be important - not to mention, equally significant." (Sen 1992a, 46)

Damit steht fest: es gibt so viele „capabilities" wie es „functionings" und „achievements" gibt (pro Person aber nicht so viele „functionings" und „achievements" wie „capabilities").

Individuen müssen sich Ziele setzen können und müssen dann in der Lage sein, aus einer Anzahl von Handlungsoptionen diejenigen wählen zu können, die die Zielerreichung wahrscheinlich machen. Daher wäre es unsinnig, alle Fähigkeiten erfassen zu wollen, könnte sogar falsche Schlüsse zur Folge haben:

> „The question is not so much about 'the identification of what a capability is', but more about the valuation of different capabilities. Many capabilities may be trivial and valueless, while others are substantial and important. The advantage that is achieved by concentrating on the space of functionings and capabilities does not eliminate the necessity of these valuations in the context of judging living standards of individuals, households and nations." (Sen 1987b, 108)

Welche Fähigkeiten sind es, die Sen in seinen Publikationen erwähnt? In „Freedom as Development" nennt er die Fähigkeit, Hunger, Unterernährung, heilbare Krankheiten, vorzeitigen Tod zu vermeiden; lesen und schreiben zu können, am politischen Geschehen zu partizipieren, seine Meinung unzensiert zu äussern (Sen 1999b, 36). In seinen Ausführungen zur Armut in Ländern mit einer kapitalistischen Produktionsweise, stellt Sen den Zugang zur Lohnarbeit als zentrales Element der Fähigkeit zu handeln heraus (ebd., 90).[48]

Die Anwendung des „Capability-Ansatzes" erfordert somit nicht eine Neuentwicklung von bereits bestehenden Indikatorensystemen zur Messung von Ungleichheit, menschlicher Entwicklung oder des Lebensstandards (siehe dazu auch Sen 1982b, 368). Dennoch bleibt die Frage, die Basu (1987, 72) wie folgt ausdrückt: „(...) what constitutes a complete list of capabilities and (...) how can we be sure that items in the list do not overlap?"

Alkire hat unter dem Titel „lists of dimensions of human development from different disciplines" 39 Konzepte zusammengetragen (2002, 78ff.).[49] Generell kann aus einer solchen Gegenüberstellung (siehe Tabelle 6) der Schluss gezogen werden, dass es keine objektive Antwort auf die Frage von Basu gibt. Cohen's Aufsatztitel „Equality of what" (Cohen 1990) problematisiert dies treffend. Es gibt konkurrierende Konzepte, zwischen denen man sich entscheiden muss (ausführlicher dazu z.B. Dworkin 1981). Diese Entscheidung ist immer eine politische und sie muss sich orientieren an dem, was zu einem gegebenen Zeitpunkt in einem bestimmten Land als notwendig erachtet wird.[50] Diesbezügliche Entscheidungen sind immer normativ. Und nur weil das Lebenslagenkonzept derzeit wissenschaft-

---

[48] Sen hält die Terminologie nicht konsequent durch. So spricht er von „capabilities" und „basic capabilities" (Sen 1993a, 40), die nach seiner Meinung eine enge Verbindung zu den Grundbedürfnisssen haben; dann wieder verwendet er den Begriff der „minimal capabilities" (z.B. Forster & Sen 1997, 210), definiert aber an keiner Stelle die Unterschiede. Cohen (1990) problematisiert diese Mehrdeutigkeit der Verwendung der zentralen Begriffe „capabilities", „functionings" und „freedom".

[49] Ähnlich hatte bereits Crocker (1992) die Gemeinsamkeiten der Operationalisierung von Freiheit bei Sen und Nussbaum diskutiert. Die Vorschläge von Sen und Nussbaum haben in der Folge die „traditionelle" Ökonomie zu zahlreichen Antworten provoziert; eine der deutlichsten Absagen an Sen und Nussbaum formuliert Qizilbash (1996). Sein grundsätzlicher Vorwurf ist, dass sich die beiden Autoren auf Personen in Armut beziehen, dann aber, wenn ein Leben ausserhalb der Armut betrachtet wird, die „capabilities" nicht mehr als Zielorientierung verwendet werden können. Qizilbash legt eine eigene „list of prudential values" vor, von der er ausgeht, dass sie generell (also unabhängig vom ökonomischen Status einer Person) Gültigkeit hat (ebd., 156, siehe auch Qizilbash 1998). Diese Liste greift aber letztlich auch auf Begriffe wie „certain basic intellectual and physical capacities" oder „self respect and aspiration" zurück, was die gleiche Frage nach der Operationalisierbarkeit gestattet.

[50] So spricht Daniels (1990, 295) in seiner Kritik an Sens Theorie davon, dass es eine politische Konzeption von Gerechtigkeit geben muss, ohne die zwischen verschiedenen Konzepten nicht entschieden werden kann.

lich akzeptiert ist, ist es nicht zwangsläufig das richtige Konzept. So hat Sen seine Argumentation auch aufgebaut: Gerade weil es keinen objektiven Standort und auch wenig Übereinstimmung auf politischer Ebene gibt (selbst das Grundbedürfniskonzept ist ausserhalb der OECD kaum konsensfähig), von dem aus die Handlungsfähigkeit einer Person definiert werden kann, ist der einzelne Mensch mit seinen Vorstellungen über ein Leben, das er zu führen beabsichtigt, ins Zentrum zu stellen (vgl. Forster & Sen 1997, 197).[51]

Tabelle 6: Der „Capability-Ansatz" und vergleichbare Konzepte

Sen: Capabilities Ability to ...	Nussbaum (2000): Central human functional capabilities	Rawls (2000): Primary goods	UNDP (2002): Human Poverty Index
...be well nourished ...be well sheltered ...escape avoidable morbidity and premature mortality ...be socially integrated ...be in good health ...achieve self-respect (alle aus: Sen 1993a, 31) ...live a long life ...have basic education ...survive ...be literate (alle aus: Sen 1987a, 46) ...go to school (Sen 1983a, 24) ...move about ...meet one's nutritional requirements ...participate in the social life (alle aus: Sen 1982a, 367) ...to be employed (Sen 1999b, 98)	Life Body health Bodily integrity Senses Emotions Affiliation Other species Play Control over one's environment	Rights Liberties Opportunities Income and wealth Freedom of movement Freedom of choice of occupation Social basis of self-respect Powers and prerogative of offices and positions of responsibility	Für die Länder der „Dritten Welt": Prozentsatz der Menschen, die in Einkommensarmut leben Prozentsatz der Gesamtbevölkerung, die wahrscheinlich nicht älter als 40 Jahre wird Prozentsatz der Kinder unter fünf Jahren, die als unterernährt eingestuft werden Prozentsatz erwachsener Analphabeten Prozentsatz der Menschen ohne sauberes Trinkwasser Prozentsatz der Menschen ohne Zugang zu Gesundheitsdiensten Für die Länder der „Ersten Welt": Prozentsatz der Menschen, die in Einkommensarmut leben Prozentsatz der Gesamtbevölkerung, die wahrscheinlich nicht älter als 40 Jahre wird Prozentsatz der arbeitsfähigen Bevölkerung, die arbeitslos ist Prozentsatz junger Menschen im höheren Schulbildungsalter, die nicht auf eine weiterführende Schule gehen

Quelle: Alkire (2002).

Dennoch kann aus den Fähigkeiten, die Sen nennt, eine grobe Systematik herausgearbeitet werden: Die Fähigkeit, sich zu ernähren, zu kleiden oder zu wohnen findet sich in der Diskussion um die Grundbedürfnisse wieder. Auf der anderen Seite spricht Sen von Fähigkeiten, wie der, am politischen Leben teilzunehmen, zur Schule zu gehen oder eine Arbeitsstelle zu haben. Diese Handlungsfähigkeiten gehen über die Grundbedürfnisse hinaus und stehen eher im Zusammenhang mit bürgerlichen und sozialen Rechten, wie sie in den UNO-Pakten 1 und 2 formuliert sind (Bundesamt für Industrie - Gewerbe und Arbeit 1996; Bundesamt für Industrie - Gewerbe und Arbeit 1998). Denn wenn sich eine Gesellschaft darauf einigt, dass es ein Recht auf einen Schulbesuch gibt, dann kann vorausgesetzt werden, dass in dieser Gesellschaft auch die Fähigkeit gefördert wird, eine Schule zu besuchen (z.B. indem kein Schulgeld erhoben wird).

---

[51] Aus diesem Grund, wird der Ansatz von Sen auch als „Moralökonomie" oder „normative economics" bezeichnet (z.B. Sugden 1993).

Sen selbst deutet diese Ableitung von Handlungsfähigkeiten aus Handlungsrechten auch an, wenn er elementare politische Rechte und die Bürgerrechte nennt (siehe dazu genauer das nächste Kapitel):

> „I shall also examine the consequential connections in the context of two specific contemporary debates in which the idea of moral rights has been forcefully invoked, viz: (1) elementary political and civil rights, and (2) reproductive rights of women." (Sen 1996b, 154)

Die Vereinten Nationen haben den „Capability-Ansatz" im Human Dimension Index zu operationalisieren versucht und Indikatoren herausgearbeitet, die dem Anspruch Sens auf eine länderspezifische Herangehensweisen nahe kommt (siehe Tabelle 6, letzte Spalte). Danach kann Armut und Handlungsfähigkeit in „entwickelten" Länder an den Indikatoren Einkommensarmut, Lebenserwartung, Arbeitslosigkeit und Schulbesuch (weiterbildende Schulen) gemessen werden.

Auch wenn die Operationalisierung des „Capability-Ansatzes" erst wenige Beispiele vorweisen kann, so wird dabei doch sein *Doppelcharakter* deutlich: Auf *strukturgebender Ebene* unterscheidet Sen Fähigkeiten nach dem „Umfeldaspekt" (es müssen Alternativen zur Wahl bereitgestellt werden, um fähig bzw. frei zu sein, zwischen Alternativen wählen zu können) und dem „Persönlichkeitsaspekt" (aufgrund der persönlichen Fähigkeiten/Fertigkeiten müssen Alternativen wahrgenommen werden können). Auf *operationaler Ebene* wird in Fähigkeiten unterschieden, die den Charakter haben, Grundbedürfnisse zu sichern („basic capabilities") und solche, die sich auf einen erweiterten Bereich beziehen (hierzu verwendet Sen keine spezifische Terminologie).

3.2.4 Das „Entitlement-Konzept"

Mit der analytischen Teilung in „capabilities" (die Fähigkeit zu handeln und unter Alternativen wählen zu können, ganz gleich, ob diese Möglichkeiten für die Person auch in Betracht kommen), „functionings" (der Ausdruck dessen, was tatsächlich für diese eine Person auch möglich ist bzw. was eine Person mit ihren Fähigkeiten konkret realisieren kann) und „achievements" (die messbaren Ergebnisse der Handlungen, also das, was eine Person erreicht hat), wird noch nichts darüber ausgesagt, wie die Transformation der einzelnen Dimensionen vollzogen wird. Diese Frage erörtert Sen im „Entitlement-Konzept".[52]

Nach Sen entscheidet die *Ausstattung* („endowment") einer Person mit *Berechtigungen/Handlungsrechten, Chancen und Zugängen* („entitlements"), inwieweit Fähigkeiten in Güter getauscht werden können (Sen 1999b, 74). Wer z.B. eine Berufslehre absolviert hat, ist fähig, sich für eine qualifizierte Beschäftigung oder eine Hilfsarbeiterstelle zu bewerben; die Person muss aber auch Zugang zum Arbeitsmarkt haben. Mit der Wahrnehmung der „entitlements" verbunden ist die Stellung der Person in der Gesellschaft; es wird entschieden, in welchen Produktions- und Reproduktionskreisläufen eine Person gestellt wird, was sie besitzt und anbieten kann. „Entitlements" fungieren also wie *Scharnierstellen* zwischen den Vorstellungen, die eine Person über ihr Leben hat, und den tatsächlichen Möglichkeiten, die ihr zur Auswahl stehen sowie den dann realisierten Zielen:

Abbildung 2: „Capabilities", „functionings", „achievements" und „entitlements"

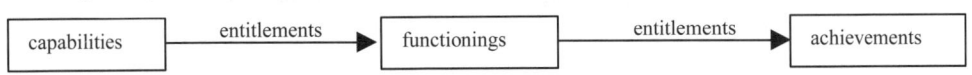

| capabilities | → entitlements → | functionings | → entitlements → | achievements |

---

[52] Zur kritischen Diskussion des „Entitlement-Konzeptes", die auch einen ausführlichen Überblick über die Verwendung des Begriffs in den Publikationen von Sen gibt, siehe Gore (1993).

In welchen Formen und Gefässen drücken sich „entitlements" aus? Nach Sen hängt die Ausstattung mit „entitlements" in Marktwirtschaften eng mit der *Nutzung von Eigentum/-Eigentumsrechten* zusammen („ownership rights")[53], die durch formale Gesetze abgesichert sind. Der Eigentümer muss aber nicht im Besitz des Gutes (materiell oder immateriell) sein; entscheidend ist das Recht, darüber zu verfügen (*„exchange entitlements"*). Der Sozialhilfe beziehende junge Erwachsene mit einer Ausbildung als Automechaniker wird beispielsweise von der Sozialhilfebetreuerin einem Programm zugewiesen, das die Selbständigkeit vorbereiten soll (z.B. in Deutschland das Modell der „Ich-AG"). Der junge Mann verfügt dabei über seine Arbeitskraft, sein Fachwissen sowie bestimmte Ressourcen (z.B. Werkzeug, Erspartes). Das Förderungsprogramm unterstützt ihn mit einem zinsfreien Darlehen, um eine Garage anzumieten, in der er arbeiten kann. Mithilfe dieser Ausstattung ist er in der Lage, verschiedene Handlungen vorzunehmen: Er kann Produkte herstellen und sie anschliessend verkaufen (z.B. Unfallautos ankaufen, reparieren und verkaufen); er kann seine Arbeitskraft gegen Lohn verkaufen; er kann einen Teil seiner Garage als Werkstatt untervermieten. Das heisst, seine Ausstattung mit Berechtigungen/Handlungsrechten und (durch das Förderprogramm entstandenen) Zugängen erlaubt ihm die Wahl zwischen verschiedenen Handlungsmöglichkeiten:

> „The 'entitlement' of a person stands for the set of alternative commodity bundles that can be acquired through the use of the various legal channels of acquirement open to that person. In a private ownership market economy, the entitlement set of a person is determined by his original ownership bundle (what is called 'endowment') and the various alternative bundles that a person can acquire (...) through the use of trade and production (what is called 'exchange entitlement')." (Drèze & Sen 1989, 23)

Solange das Bündel an Berechtigungen/Handlungsrechten, Chancen und Zugängen („entitlement set") sowie die Verfügungsrelationen sich nicht ändern, wird der junge Selbständige Bedingungen vorfinden, die es ihm erlauben, ein mehr oder weniger kontinuierliches Einkommen zu erwirtschaften. Veränderungen sind möglich durch:
1. Veränderung der relativen Verhältnisse: *„ownership relations"* und *„exchange relations"* (Sen 1981, 2). Der Automechaniker wird dann Veränderungen feststellen, wenn z.B. andere Individuen nicht das von ihm erwartete Interesse an seinen Reparaturdienstleistungen zeigen, also die Nachfrage zu gering ist, oder wenn Neuwagen teurer werden und vermehrt Gebrauchtwagen nachgefragt werden.
2. Veränderung der absoluten Verhältnisse: Das Bündel an Berechtigungen/Handlungsrechten, Chancen und Zugängen ist *abhängig von den Rahmenbedingungen des Gesamtsystems*. Wenn beispielsweise die Regierung eine Verordnung erlässt, die bestimmt, dass PKWs ohne Katalysator nicht mehr neu zugelassen werden dürfen oder eine deutlich höhere Steuer zu zahlen haben, dann wird es dazu kommen, dass Gebrauchtwagen nachgerüstet werden müssen oder gar nicht mehr verkauft werden können. Der junge Automechaniker wird solche Veränderungen der Rahmenbedingungen in seiner Auftragslage zu spüren bekommen.

Nach Sen kommt es in folgenden Fällen zu *„entitlement failures"* mit negativen Folgen für die Handlungsfähigkeit einer Person:[54]
3. *„endowment loss"* (Verlust der Ausstattung) aufgrund einer *unzureichenden Ausstattung* mit Berechtigungen/Handlungsrechten, Chancen und Zugängen. Diese kann verursacht sein

---

[53] Siehe Sen (1981, 2 und 45) sowie Drèze und Sen (1989, 9). Drèze und Sen (1989, 9) sprechen zwar auch Handlungsrechte an, die sich aus sozial akzeptierten Verhaltensweisen ableiten („social relations", „extended entitlements"), führen diese aber im Weiteren nicht genauer aus (s.u.). Zur Kritik am „Entitlement-Konzept" siehe Osmani (1995, 270ff.), der den Stand der Einwände zusammenfasst.
[54] Siehe insbesondere die Ausführungen zu Hungersnöten (Drèze & Sen 1989, 23) sowie die Ausführungen zum „Entitlement-Konzept" (Sen 1981, 45f.).

durch den Status, den eine Person hat: Zum Beispiel darf eine Asyl suchende Person in der Schweiz keiner Arbeit nachgehen, auch wenn sie eine Ausbildung hat;

infolge einer Änderung in der Ausstattung *(„fall in endowment")*: Zum Beispiel muss man einen Meisterbrief haben, um Lehrlinge einzustellen;

durch eine ungünstige Veränderung der Möglichkeiten, über die eigene Ausstattung zu verfügen *(„unfavourable shift in exchange entitlements")*: Zum Beispiel ist die Aufenthaltserlaubnis eines Jahresaufenthalters abgelaufen und wird nicht verlängert;

4. *„endowment loss"* aufgrund einer *verhinderten Inanspruchnahme* von Berechtigungen/Handlungsrechten, Chancen und Zugängen: Zum Beispiel trennt sich eine Mutter vom Kindsvater und muss auf einen Tagesbetreuungsplatz warten, bevor sie wieder arbeiten kann;

5. *„production failure"* durch eine Veränderung im Umfang dessen, was produziert oder erwirtschaftet wurde. Zum Beispiel sinkt die Nachfrage nach Gebrauchtwagen, weshalb einer Person nicht mehr ausreichend Geldmittel zur Verfügung stehen, um den bisherigen Lebensstandard zu realisieren;

6. *„exchange failure"* durch eine Veränderung im Verhältnis von dem, was produziert oder erwirtschaftet wird, gegenüber dem, was eingetauscht werden muss; Zum Beispiel wachsen die Löhne nicht in dem Masse wie die Teuerung ansteigt. Das kann dazu führen, dass der individuelle Warenkorb angepasst werden muss, da die Kaufkraft nicht ausreicht.

Eigentumsrechte sind allerdings nur *eine* Form, in denen sich „entitlements" ausdrücken. Sen spricht mehrfach von „allen relevanten Rechten":

> „It is usual to characterize rights as relationships that hold between distinct agents e.g. between one person and another, or between one person and the state. In contrast, a person's entitlements are the totality of things he can have by virtue of his rights. [...] In the social context, a person's entitlement would depend, among other things, on all the rights he has *vis-à-vis* others and others have *vis-à-vis* him. If a right is best thought of as a relationship of one agent to another, entitlements represent a relationship between an agent and things - based on the set of *all* rights relevant to him." (Sen 1982c, 347f., Hervorhebungen im Original)

In der UNO-Systematik von Rechten sind demnach Handlungsfähigkeiten gemeint, die aus bürgerlichen, sozialen und kulturellen Rechten erwachsen. Das heisst die Transformation von dem, zu dem eine Person fähig ist, in das, was sie tatsächlich auch tun kann, erfolgt ausser durch Eigentumsrechte auch durch soziale, kulturelle und bürgerliche Rechte. Durch die im Rahmen der Internationalen Pakte der UNO genannten wirtschaftlichen, sozialen und kulturellen Rechte (Pakt 1) sowie die bürgerlichen Rechte (Pakt 2) könnte also eine Annäherung an den „Pool" von Handlungsrechten, von denen Sen spricht, gelingen. Für die Schweiz ist die Ratifizierung des UNO-Paktes 1 über die wirtschaftlichen, sozialen und kulturellen Rechte im Jahr 1992 erfolgt. An dieser Stelle zeigen sich bereits Hinweise auf die ungleiche Ausstattung mit Berechtigungen/Handlungsrechten, Chancen und Zugängen, wie die Vernehmlassung bei Nichtregierungsorganisationen zur Frage der Erfolge der Umsetzung des Paktes zeigt (Akademie für Menschenrechte, Bewegung für eine offene demokratische und solidarische Schweiz et al. 1998, 6) Der Bericht trägt zu 12 Artikeln Kommentare zusammen, die aus Sicht der Nichtregierungsorganisationen aufzeigen, dass in zahlreichen Bereichen die wirtschaftlichen, sozialen und kulturellen Rechte insbesondere von Frauen und Ausländern noch nicht genügend realisiert wurden (siehe dazu Tabelle 7).

Tabelle 7: UNO-Pakt 1: Kommentare schweizerischer Nichtregierungsorganisationen

Artikel UNO-Pakt 1	Beispiele von kritischen Ansatzpunkten der Nichtregierungsorganisationen: Ungleichheit der Personen in der Schweiz
Art. 1 Recht der Völker auf Selbstbestimmung	Nichtgewährung des Schutzes der Minderheiten in der Schweiz (ILO-Konvention 169)
Art. 2 Ausübung anerkannter Rechte	Undefinierter Stellenwert der Sozialrechte bei den eidgenössichen Behörden (Ausgestaltung wird Kantonen überlassen)
Art. 3 Gleichberechtigung von Frau und Mann	Weiterhin direkte und indirekte Diskriminierung (Gleichstellung der Familienarbeit, allein erziehende Mütter, Migrantinnen)
Art. 6 Recht auf Arbeit	Unzureichende Massnahmen zur Wiedereingliederung für Langzeitarbeitslose (Revision des Arbeitslosenversicherungsgesetzes); working-poor-Problematik; Problematische Arbeitsmarktsituation von Migrantinnen und Migranten; Keine generelle Anerkennung der im Ausland erworbenen Diplomabschlüsse
Art. 7 Recht auf gerechte und günstige Arbeitsbedingungen	Problem der ungeschützten Arbeitsverhältnisse
Art. 9 Recht auf soziale Sicherheit, inkl. Sozialhilfe	Ausweisung von ausländischen Staatsangehörigen wegen Bezug von Sozialhilfe; Rückerstattungszwang von Sozialleistungen bei Asylsuchenden und vorläufig Aufgenommenen
Art. 10 Schutz der Familie, der Mutter und des Kindes	Ungenügende Existenzsicherung von Kindern, für die ein Elternteil finanziell nicht aufkommt (Alimentenbevorschussung); Uneinheitliches System der Familienzulagen; Nichtzahlung von Kinderzulagen für Asylsuchende; Fehlende Sondermassnahmen zugunsten unbegleiteter minderjähriger Asylsuchender; Unzureichende Verfügbarkeit von Kinderhütediensten
Art. 11 Recht auf angemessenen Lebensstandard	Armut bei Einelternfamilien; Niedriger Lebensstandard von Asylsuchenden; Diskriminierung der Frau bei der Festsetzung des Scheidungsunterhaltes bei fehlenden Mitteln; Unzureichende Durchsetzung des Rechts auf angemessenen Wohnraum
Art. 12 Recht auf Gesundheit	Beschränkung der Rechte dementer Personen; Entzug von Freiheit und Zwangsbehandlung in psychiatrischen Kliniken; Abweisung von Asylsuchenden mit einer tödlichen Krankheit oder Infektion, die in einer Behandlung stehen
Art. 13 und 14 Recht auf Bildung	Ungleichheit im Zugang zum höheren Schulwesen; Studiengebühren an Hochschulen; Benachteiligung ausländischer Kinder (bes. neu zugewanderter Kinder), fehlender Integrationsauftrag

Quelle: Akademie für Menschenrechte et al. (1998).

Durch diese Ungleichbehandlung entsteht in der Schweiz aus Perspektive des „Capability-Ansatzes" eine Situation, in der Personen z.T. per Gesetz über unterschiedliche Ausstattungen mit Rechten verfügen - obwohl sie nach der Auffassung der UNO ein Recht auf Gleichbehandlung hätten. Diese Ungleichbehandlung hat zum Ergebnis, dass Personen, die gleiche Fertigkeiten besitzen und die gleichen Ziele damit realisieren wollen, diese Realisierung aufgrund unterschiedlicher Ausstattung mit Rechten in unterschiedlichem Mass (oder gar nicht) gelingt. Deutlichster Ausdruck dieser Ungleichbehandlung sind die Möglichkeiten, die sich aufgrund des Aufenthaltsstatus ergeben (Tabelle 8).

Tabelle 8: Soziale Rechte und berufliche Möglichkeiten nach Aufenthaltskategorien

Aufenthaltskategorien*	C	B	A	L	G	N
Selbständiger Erwerb	Ja	Nein	Nein	Nein	Ja, bew.	Nein
Branchenwechsel	Ja	Ja, bew.	Nein	Nein	Ja, bew.	Ja, bew.
Berufswechsel	Ja	Ja, bew.	Nein	Nein	Ja, bew.	Ja, bew.
Wohnsitzwechsel	Ja	Ja, bew.	Nein	Nein	-	Nein
Familiennachzug	Ja, bew.	Ja, bew.	Nein	Nein	-	Nein
Anspruch auf ALV**	Ja	Ja	Teilweise	Nein	Teilweise	Teilweise
Anspruch auf Sozialhilfe	Ja	Ja	Nein	Nein	Nein	Nein***

* Diese beziehen sich auf Bewilligungen mit dem Zweck der Beschäftigung auf dem schweizerischen Arbeitsmarkt. ** Wird ein Saisonnier (A) während der Dauer seiner Aufenthaltsbewilligung arbeitslos, besteht ein Anspruch auf Leistungen der Arbeitslosenversicherung längstens bis zu dem Zeitpunkt, an dem er spätestens die Schweiz verlassen muss. Die Grenzgänger/innen (G) haben bei teilweiser Arbeitslosigkeit Anspruch auf Leistungen der ALV, bei Ganzarbeitslosigkeit unterstehen sie den Rechtsvorschriften ihres Wohnsitzstaates. Hingegen können Personen mit Ausweis G zu Lasten der ALV an Massnahmen teilnehmen, die zum Beispiel bei bevorstehender Massenentlassung oder Betriebsschliessung die von Arbeitslosigkeit bedrohten Personen umschulen oder weiterbilden. Bei Asylsuchenden (N) besteht nur dann ein Anspruch auf Leistungen der ALV, wenn die Person als vermittlungsfähig anerkannt wurde und über die entsprechende Dauer von Beitragzahlungen in die Arbeitslosenkasse verfügt. *** Mit Ausnahme der Leistungen, die während des Asylverfahrens ausgerichtet werden. C = Niederlassungsbewilligung, B = Jahresaufenthaltsbewilligung, A = Saisonbewilligung für die Dauer einer Saison, aber längstens neun Monate, L = Kurzaufenthaltsbewilligung von 4 bis 12 Monaten pro Jahr, G = Grenzgängerbewilligung, N = Ausweis für Asylsuchende. Asylsuchende dürfen während der ersten drei bis sechs Monate nicht arbeiten. Für bestimmte Arbeiten in bestimmten Branchen können sie nach dieser Periode eine Arbeitsbewilligung erhalten, wenn es der Arbeitsmarkt erlaubt. bew. = bewilligungspflichtig. Quelle: Caritas Schweiz (1999, 191).

Freiheitsrechte unterliegen eben auch in demokratischen und rechtsstaatlichen Länder wie der Schweiz der politischen Macht, und dies durchaus systematisch:

„Moving to other deprivations of freedom, a great many people in different countries of the world are systematically denied political liberty and basic civil rights." (Sen 1999b, 15)

Für Müller (1998) stellt sich damit die Frage nach dem Grundrecht auf staatliche Integration. Für ihn erscheint der Staat legitim, soweit es ihm gelingt,

„menschliche Existenzmöglichkeiten zu gewährleisten, den Menschen in seinem Dasein zu umhegen, sein Leben und seine persönliche Freiheit durch Gestaltung der Daseinsbedingungen im Äussern sicherzustellen; der Staat kann und soll nicht Glück, Heil, Sinnstiftung vermitteln, sondern Chancen zu solcher menschlichen Entfaltung möglichst allen gleichmässig gewährleisten." (Müller zit. nach Kälin 2003, 143)

Damit wird aus rechtlicher Sicht ein Zusammenhang zwischen Integration und den „Chancen" auf Handlungsfreiheit konstruiert. Integration habe zum Ziel, Zusammenhalt und Übereinstimmung herzustellen. „Negativ bildet sie [die Integration, M.D.] das Gegenteil von Segregation, Ausgrenzung und Ausschluss." (Kälin 2003, 144)[55]

3.2.5 „Extended entitlements"

Bis zu seinen Studien über die Hungersnot in Bengalen konzentrierte sich Sens „Entitlement-Konzept" vor allem auf formale ökonomische Rechte, die sich auf ökonomische Transaktionen beziehen. In „Poverty and famines" macht er eine zentrale Feststellung: „The law stands between food availability and food entitlement. Starvation deaths can reflect legality with a vengeance." (Sen 1981, 166). Sen erweiterte daraufhin sein „entitlement-Konzept" um kulturelle und soziale (formelle wie informelle) Rechte.

---

[55] Dennoch geht Kälin nicht so weit, ein generelles Recht auf Integration abzuleiten, sondern plädiert dafür, zwischen „dem Mass an Einheitlichkeit und dem Mass an Vielfalt" abzuwägen. Zur Diskussion über kulturelle Rechte siehe auch Sutter (2000) sowie Tobler (2000).

Für die Ausstattung mit Berechtigungen/Handlungsrechten, Chancen und Zugängen sind demnach neben den formellen Rechten („*state-enforced legal rules*") auch moralische oder informelle kulturelle und soziale Rechte („socially enforced moral rules", siehe hierzu Gore 1993, 454), über die eine Person verfügt, wichtig: der junge Filipino, der nach Zürich kommt, weil dort sein Verwandter einen Lebensmittelladen unterhält und er eine Anstellung in Aussicht hat; die allein erziehende Mutter, die nach St. Gallen zieht, weil dort ihre Eltern während des Tages auf das Kind aufpassen; der junge arbeitslose Künstler, der in Basel mit Hilfe von Stiftungen sein Netzwerk ausbauen will.

> „While the concept of entitlement focuses on a person's legal rights of ownership, there are some social relations that take the broader form of accepted *legitimacy* rather than legal rights enfourcable in a court. (...) 'Extended entitlements' is the concept of entitlements extended to include the results of more informal types of rights sanctioned by accepted notions of legitimacy." (Drèze & Sen 1989, 10, Hervorhebung im Original)

Auch wenn Sen selbst kaum empirische Beispiele eines solchen erweiterten Ansatzes *(„exchange entitlement approach")* gibt, kann aus seinen theoretischen Ausführungen doch geschlossen werden, dass es sich bei den „more informal types of rights sanctioned by accepted notions of legitimacy" keineswegs nur um die verbrieften kulturellen oder sozialen Rechte (wie sie z.B. in den UNO-Pakten 1 und 2 genannt und in Kap. 3.2.4 dargestellt wurden) handelt, sondern vielmehr auch um informelle *kulturelle und soziale Handlungschancen,* z.B. aufgrund der Einbettung in Netzwerke. Diese Aspekte wurden im Rahmen der Lebensstilforschung insbesondere von Bourdieu unter den Begriffen des kulturellen Kapitals und des sozialen Kapitals untersucht, worauf im Folgenden eingegangen werden soll.

3.3 Die Erweiterung des „Capability-Ansatzes": Bourdieus Lebensstilforschung

3.3.1 Kulturelles Kapital

In Bourdieus Verständnis von Lebensstil ist - und hier greift Bourdieu auf Marx zurück - der Kapitalbegriff zentral.[56] Kapital ist „akkumulierte Arbeit, entweder in Form von Materie oder in verinnerlichter, ‚inkorporierter' Form" (Bourdieu 1983, 183). Für Bourdieu ist die Welt keineswegs ein Casino, in dem die Regeln des Glücksspiels gelten und wo alle zwar unterschiedlich hohe Einsätze, aber bei jedem Spiel die gleichen Chancen auf Gewinn oder Verlust haben. Die soziale Welt ist nicht - hier distanziert sich Bourdieu von neoliberalistischen Konzepten - das Abbild vollkommener Chancengleichheit und Konkurrenz, „eine Welt ohne Trägheit, ohne Akkumulation und ohne Vererbung von erworbenen Besitztümern und Eigenschaften" (ebd., 183). Es ist das Kapital, das die Gesellschaft strukturiert und diese Struktur auch fortschreibt.

> „Dem Kapital wohnt eine Überlebenstendenz inne; es kann ebenso Profite produzieren wie sich selbst reproduzieren oder auch wachsen." (Ebd., 183).

Entgegen Sen, der zwar verschiedentlich auf die Bedeutung sozialer und kultureller Ressourcen hinweist, sich aber letztlich auf die Bedeutung des ökonomischen Kapitals konzentriert, erweitert Bourdieu bereits zu Beginn den von ihm verwendeten Kapitalbegriff

---

[56] Bourdieus Arbeiten sind keineswegs unumstritten. Kritik wird insbesondere aus drei Perspektiven angeführt: 1) Unpräzise Herleitung der Theorie und Definition der Begrifflichkeiten; hierzu insbesondere Schulze (1992, 16), Michailow (1996, 92), Schwengel (1992, 92). 2) Methodische Probleme in den empirischen Analysen; siehe hierzu insbesondere Miller (1989, 196), Hartmann (1999, 36ff. sowie 90ff.). 3) Die in Untersuchungen in Frankreich und Nordafrika gewonnenen Ergebnisse können nicht auf andere Länder übertragen werden; siehe hierzu insbesondere Blasius und Winkler (1989). Eine kritische Würdigung von Bourdieus Kulturtheorie sind die Sammelbände von Eder (1989), von Mörth und Fröhlich (1994) sowie die Monographie von Müller (1993).

und differenziert in ökonomisches, kulturelles und soziales Kapital.[57] Neben dem ökonomischen Kapital (ist direkt in Geld konvertierbar und besonders zur Institutionalisierung in Form der Eigentumsrechte geeignet) und dem sozialen Kapital (s.u.) hat sich Bourdieu insbesondere mit der Bedeutung des kulturellen Kapitals beschäftigt. Das *kulturelle Kapital* kann in drei Formen existieren (vgl. Tabelle 9):

1. *Kulturelles Kapital in inkorporiertem, verinnerlichtem Zustand, in Form von dauerhaften Dispositionen des Organismus:* Der junge Sozialhilfeempfänger, der sich mit Hilfe des staatlichen Förderprogramms selbständig gemacht hat, lernte beispielsweise bereits als Kind die Sprache mit „typischen" Besonderheiten (z.B. Dialekt, Ausdrucksformen) zu sprechen, übernahm bereits früh Gewohnheiten im Benehmen; das alles gereicht ihm beim persönlichen Gespräch mit der Auswahlkommission des Förderprogramms zum Vorteil. Es ist die Untrennbarkeit mit der Person, die Bourdieu beim inkorporierten kulturellen Kapital hervorhebt, sowie die Langfristigkeit des Erwerbs (zumeist im Laufe der Sozialisation). Diese Form des Kapitals nennt Bourdieu „Bildung" (französisch „culture" bzw. englisch „culture"). „Aus ‚Haben' ist ‚Sein' geworden" (ebd., 187), ein Mensch „lebt" dieses Kapital und gibt es auf dem Weg der „sozialen" Vererbung weiter (ebd., 187). Es ist unmöglich, inkorporiertes kulturelles Kapital durch Schenkung, Tausch oder Kauf kurzfristig zu erwerben. Zeit (in Form von Unterrichts- und Lernzeit) ist die zentrale Ressource, die verfügbar und von der Investorin bzw. vom Investor persönlich erbracht werden muss, um dieses Kapital zu erhalten.

2. *Kulturelles Kapital in objektivierter Form:* Aus der Verfügung über und Nutzung von inkorporiertem kulturellen Kapital können Produkte entstehen; der junge Sozialhilfeempfänger beispielsweise schweisst die alten Fahrzeuge zu einer „neuen Marke" zusammen, ein junger Schüler hat eine sprachliche Ausdrucksform erworben, die sein Tagebuch zum Besteller macht, ein Rap-Musiker fasziniert durch seine Texte und erhält die Möglichkeit der Schallplattenaufnahme. Das Auto, das Buch und die Schallplatte sind objektiviertes Kulturkapital; es lässt sich in Form von Eigentumstiteln (nicht in Form des verinnerlichten, inkorporierten Kapitals, das ja eigentlich die Quelle ist) übertragen, kann also materiell (z.B. durch den käuflichen Erwerb) oder auch symbolisch angeeignet werden (indem eine Person sich bewusst entscheidet, über den Einsatz von Unterrichts- und Lernzeit dieses objektivierte Kapital in inkorporiertes Kapital zu transformieren).

3. *Kulturelles Kapital in institutionalisierter Form* sind schulisch sanktionierte und rechtlich gesicherte Titel oder Abschlüsse. Diese Kapitalsorte ist (formell) unabhängig von ihrem Träger. „Der schulische Titel ist ein Zeugnis für kulturelle Kompetenz, das seinem Inhaber einen dauerhaften und rechtlich garantierten konventionellen Wert überträgt." (Ebd., 190) Ihrem Besitzer wird eine gesellschaftliche Anerkennung zugesprochen; der Titel lässt sich in Geldwert ausdrücken (z.B. der Geldwert, der für die Erlangung des Titels notwendig ist; der Geldwert, der auf dem Arbeitsmarkt für die Person mit dem Titel geboten wird), womit das kulturelle institutionalisierte Kapital direkt in ökonomisches Kapital umrechenbar und konvertibel wird. Ist der Zeitpunkt des Erwerbs des kulturellen Kapitals in inkorporierter Form insbesondere das Kindesalter, so wird die institutionalisierte Form des kulturellen Kapitals im späteren Jugendalter erworben.

---

[57] Zwar spricht Bourdieu in späteren Aufsätzen dem ökonomischen Kapital eine gewisse Basisfunktion zu (er spricht an anderen Stellen auch noch von anderen Kapitalformen: z.B. sprachliches Kapital (Bourdieu 1971, 136), symbolisches Kapital (Bourdieu 1983) oder politisches Kapital (Bourdieu 1998). Erst in „Praktische Vernunft" (Bourdieu 1998) fokussiert er auf das ökonomische und das kulturelle Kapital), doch ist in seinem Ansatz ursprünglich keine Hierarchisierung der Kapitalarten vorgesehen.

Tabelle 9: Formen des kulturellen Kapitals

Formen	Inkorporiertes kulturelles Kapital	Objektiviertes kulturelles Kapital	Institutionalisiertes kulturelles Kapital
Substrat	Kognitiv: Kompetenz Ästhetisch: Geschmack	Wissen	Bildung
Modalität	Kulturpräferenzen	Kulturgüter	Kulturinstitutionen
Eigenart	Körpergebundenheit	Materielle Übertragbarkeit von Kulturgütern, aber kein symbolischer Transfer von Genussfähigkeit	Regelgebundene Kompetenzallokation: Titelvergabe
Prozess	Verinnerlichung	Veräusserlichung bzw. Vergegenständlichung	Verrechtlichung
Konvertibilität bzw. Flexibilität	Keine Delegation	Offenheit/Geschlossenheit des Zugangs	Titel als Garant von ökonomischem Kapital
Schwundrisiko	Veralten des erworbenen Kapitals		Inflation, Bedeutungsverlust
Wertmassstab	Distinktion	Kulturelle Legitimation	Knappheit

Quelle: Müller (1993, 282), eigene Ergänzung.

Für Bourdieu stehen die drei Kapitalsorten (ökonomisches, kulturelles, soziales) in einem engen Zusammenhang. So liegt einerseits zwar das ökonomische Kapital allen anderen Kapitalarten zugrunde, andererseits kann dieses die anderen Kapitalarten nie vollständig substituieren und die verschiedenen Erscheinungsformen des ökonomischen Kapitals können niemals ganz auf diese zurückgeführt werden. Daraus ergibt sich die *Kapitalstruktur*.

Individuen stehen nach Bourdieu im einem ständigen Austausch von und Wettbewerb um Kapital: sei es in Form der Übertragung von Eigentumsrechten, sei es durch den Erwerb von sozialisationsbedingten Bildungsgütern oder durch den Tausch von Zeit, Aufmerksamkeit oder Mühe im Freundeskreis. Der Erwerb, Tausch oder die Nutzung von Kapital ist ein weitgehend unkontrollierter und nicht öffentlicher Vorgang, er vollzieht sich „in grösserer Heimlichkeit" (ebd., 198). Hier führt Bourdieu Aspekte der Macht und des Machterhalts in seine Argumentation ein.

> „Die Tatsache der gegenseitigen Konvertierbarkeit der verschiedenen Kapitalarten ist der Ausgangspunkt für Strategien, die die Reproduktion des Kapitals (und der Stellung im sozialen Raum) mit Hilfe möglichst geringer Kapitalumwandlungskosten (Umwandlungsarbeit und inhärente Umwandlungsverluste) erreichen möchten." (Ebd., 197)[58]

Der Charakter der Kapitalaneignung ist arbiträr und jede Reproduktionsstrategie zielt darauf ab, „sowohl die exklusive Aneignung wie auch ihre Reproduktion sakrosankt zu machen" (ebd., 198). Bourdieu präzisiert und politisiert so das „Entitlement-Konzept" von Sen. Die herrschende Klasse verfügt über weitaus mehr institutionalisierte Mechanismen (z.B. die Anerkennung von Titeln, das Erlassen und Verändern von Eigentumsrechten), um den Reproduktionsprozess zu gestalten. Und je mehr die offizielle Übertragung von ökonomischem Kapital verhindert wird, desto stärker bestimmt „die geheime Zirkulation von Kapital in Gestalt der verschiedenen Formen des Kulturkapitals die Reproduktion der gesellschaftlichen Struktur" (ebd., 198).

Mit den Ausführungen zum kulturellen Kapital leistet Bourdieu einen wichtigen Beitrag zu einem erweiterten „Entitlement-Konzept". Neben die Zugangsrechte, die sich aufgrund der Ausstattung einer Person mit ökonomischem Kapital ergeben, treten solche Zugangsrechte, die sich durch die Ausstattung mit kulturellem Kapital ergeben. Auch Zugangsbar-

---

[58] An anderer Stelle bezeichnet Bourdieu soziales, kulturelles und ökonomisches Kapital in seiner Gesamtheit als „Machtpotential" (Bourdieu 1987, 196).

rieren werden erklärbar, etwa wenn ein sozialhilfeempfangender Migrant wegen seines gebrochenen Deutsches sich nicht traut, telefonisch auf eine Stellenausschreibung zu reagieren; wenn eine junge sozialhilfeabhängige Schweizerin keine schriftliche Bewerbung verfasst, weil sie kein klares Schriftbild hat oder wenn ein Schüler die Schule vor Ende der obligatorischen Schulzeit abbricht.

3.3.2 Soziales Kapital

Bei Bourdieu ist das *Sozialkapital* „die Gesamtheit der aktuellen und potentiellen Ressourcen, die mit dem Besitz eines dauerhaften Netzes von mehr oder weniger institutionalisierten Beziehungen gegenseitigen Kennens und Anerkennens verbunden sind; oder anders ausgedrückt, es handelt sich dabei um Ressourcen, die auf der Zugehörigkeit zu einer Gruppe beruhen" (Bourdieu 1983, 190).[59] Bourdieu versteht hierunter nicht nur die Zugehörigkeit zu relativ losen und jederzeit kündbaren Zusammenschlüssen wie Gruppen, Vereinen, einer Schule, einer Partei etc. Auch die Familie oder die Ethnie im Sinne von unkündbaren Beziehungen stellen Sozialkapital dar.[60]

Bei der Ausstattung mit Sozialkapital gilt, dass der Umfang des Sozialkapitals des Einzelnen von der Ausdehnung des Netzes von Beziehungen, der Möglichkeit der Mobilisierung dieses Beziehungsnetzes und auch dem Umfang des ökonomischen, kulturellen und sozialen Kapitals derjenigen Person, die mobilisiert wird, abhängt. Nach Bourdieu kann das Sozialkapital genealogisch erworben und fortlaufend erweitert werden. Für die Reproduktion ist diese Investition in immer neue und die Aufrechterhaltung bestehender Beziehungen unabdingbar.

Für Braun (2001) ist das Bourdieusche Verständnis von Sozialkapital grundlegend für den Diskurs über Macht und Einfluss und die Frage ihrer Reproduktion:

> „Soziales Kapital bezeichnet (...) das Netz von Beziehungen, die zur Produktion und Reproduktion sozialer Ungleichheiten beitragen und dafür sorgen, dass Karrierechancen und Machtressourcen nicht nur auf Leistung und Qualifikationen basieren, sondern auch auf herkunftsbedingten Gruppenzugehörigkeiten und anderen vorteilhaften Verbindungen im Sinne des ‚Vitamin B'." (ebd., 338)

Im Verständnis von Bourdieu erhält das Sozialkapital den Charakter einer individuellen Ressource und bezieht sich auf Handlungschancen, die an Gruppenzugehörigkeiten und (soziale) Beziehungen, und nicht in erster Linie an individuelle Kompetenzen und Leistungen gebunden sind.[61] Hierin liegt der handlungstheoretisch nutzbare Bereich dieses Ansat-

---

[59] Nach Esser (2000, 237) wurde der Begriff Sozialkapital erstmals von Loury im Jahr 1977 benutzt. Loury allerdings verwendet den Begriff, um auf die Unterschiede im Erwerb des Bildungsgutes hinzuweisen (die jeweilige Höhe des Bildungsgutes von Personen hänge von deren unterschiedlichen sozialen Umständen, dem Sozialkapital, ab). Damit bezeichnet Loury letztlich das, was Bourdieu als kulturelles Kapital titulierte, als soziales Kapital; eine Unklarheit in der Verwendung, die teilweise bis heute in den verschiedenen Ansätzen wiedererkennbar ist.

[60] Zwar erwähnt Bourdieu das soziale Kapital verschiedentlich (Sen dagegen kaum) und baut es in seine analytischen Überlegungen ein, doch bleibt er letztlich die Tiefe schuldig, die er in seinen Ausführungen zu den kulturellen Aspekten von Armut vorweisen kann. Da der Diskurs über das Sozialkapital aber erst seit wenigen Jahren geführt wird, ist Bourdieus Verständnis des sozialen Kapitals für viele Wissenschaftler, wie z.B. Portes, dennoch „the most theoretically refined among those that introduced the term in contemporary sociological discourse" (Portes 1998, 3).

[61] Freitag (2000) baut auf diesen Überlegungen auf und erklärt die unterschiedlichen kantonalen Arbeitslosenquoten in der Schweiz der Jahre 1992 bis 1997 auf Basis des Sozialkapitals (als Indikatoren benutzt er die Kontakthäufigkeit ausserhalb des Haushaltes, den Kontakt zu Nachbarn, die Teilnahme an Veranstaltungen, den Besuch von Verwandten und Freunden sowie die Anzahl von Personen ausserhalb des Haushaltes, zu denen die befragte Person eine sehr enge Freundschaft pflegt. Für Freitag besteht ein sehr enger Zusammenhang zwischen Arbeitslosigkeit und Beziehungsnetzwerken: „Das zentrale Ergebnis der Arbeit ist, dass der Grad des sozialen Kapitals - gemessen im Jahr 1992 - die Varianz kantonaler Arbeitslosenquoten zwischen 1992 und 1997 zu einem erheblichen Teil zu erklären vermag: Je ausgeprägter das soziale Kapital in einem jeweiligen Kanton vorhanden ist, desto

zes.[62] Esser weist allerdings darauf hin, dass Bourdieu von „Beziehungen" und nicht von „*sozialen* Beziehungen" spricht. Erstere seien allgemeiner, denn die Verbindung zweier oder mehrerer Akteure erfolge „über *irgendeine* Relation, wie etwa das gegenseitige Kennen oder Anerkennen, auch ohne dass dies von einer besonderen Einstellung begleitet wäre, mit der die Akteure ihre Beziehung belegen" (Esser 2000, 236, Hervorhebung im Original).[63]

Eine weitere Perspektive eröffnet Putnam. Dieser geht der Frage nach, warum es die norditalienischen Provinzregierungen 20 Jahre nach der Verfassungsreform geschafft haben, zufriedenstellender und effizienter zu arbeiten als die süditalienischen Provinzregierungen (Putnam 2000, 77). Putnam sieht die Gründe dafür im höheren sozialen Kapital, ausgedrückt in den „features of social organization, such as trust, norms and networks" (Putnam 1995, 67) und weist dies durch die Wahlbeteiligung, die Quote der Zeitungsleser, aber auch die Mitgliedszahlen von Gesangsvereinen und Literaturzirkeln nach (vgl. Putnam 1993).

> „An solchen Gruppen und Netzwerken kann man gut zeigen, dass es in ganz verschiedenen Gemeinden ein sehr starkes persönliches Engagement, eine Vernetzung der Bürger gab, die sich für Politik interessierten, aber auch für das Gemeinschaftsleben. Und in Gegenden, Gemeinden und Städten, wo wir ein solches Netzwerk fanden, zum Beispiel Gesangsvereine, Fussballvereine, Sportinitiativen und dergleichen, hatten wir ganz einfach schon eine Kultur von Gegenseitigkeit. In dem Sinne, dass einer sagt ‚Ich tue dies jetzt für dich. Ich erwarte nicht, dass du jetzt sofort im Gegenzug etwas für mich tust, sondern im Laufe der Zeit wird sich das schon ergeben.' Diese Art des ‚man kennt sich und man hilft sich' macht das Leben einfacher." (Putnam 2000, 79)[64]

Für die Schweiz hat Bornschier (2001) eine vergleichbare Fragestellung entwickelt. Er spricht dabei von „generalisiertem Vertrauen" als einem Teilbereich des sozialen Kapitals (generalisiertes Vertrauen ist intersubjektiv erfahrbar) und stellt einen Zusammenhang zur wirtschaftlichen Entwicklung in marktwirtschaftlichen Ländern mit Demokratien her.

> „Generell können wir formulieren, dass gesellschaftliche Merkmale, die eine ‚gute' soziale Ordnung ausmachen: Bändigung des politischen Streits, sozialer Zusammenhalt, Mobilitätsmöglichkeiten, Ausgleich und nichtdiskriminatorische Zugangschancen für Bürgerinnen und Bürger, deutlich mit generalisiertem Vertrauen in Zusammenhang stehen." (Bornschier 2001, 470)

Es ist das Szenario einer individualisierten Gesellschaft, die ihre Werte und Normen verliert und damit einen „Gemeinschaftsverlust" (Braun 2001, 340) riskiert. Putnams Antwort darauf liegt in der Forderung nach „social support" (Putnam 2000, 92) - eine Forderung, die für die kommunitaristische Schule - und für zahlreiche Entwicklungsstrategien in benachteiligten Wohngebieten (vgl. Kap. 4.2.4) - zentral wird. Soziales Kapital aktiv zu fördern bedeutet nach Putnam eine Strategie auf zwei Ebenen:

> „Eine wichtige Unterscheidung, die wir vornehmen müssen, ist die Unterscheidung zwischen ‚*verbindendem*' und ‚*überbrückendem*' Kapital. Einmal braucht man Sozialkapital, um Leute überhaupt in Verbin-

---

niedriger ist dort die Arbeitslosigkeit." (Ebd., 198)

[62] Neben Bourdieu, Loury und Putnam gibt es noch eine Reihe weiterer Autorinnen und Autoren, die mit dem Begriff des Sozialkapitals arbeiten und diesen zu operationalisieren versuchen; siehe dazu die Übersichtsarbeit von Haug (1997).

[63] An dieser Stelle wird dann auch nachvollziehbar, wieso der Begriff „social capital" nicht unbedingt gleichbedeutend ist mit „Sozialkapital", denn er geht nicht mit den Funktionen und Bedeutungen eines Kapitalbegriffs einher; siehe dazu die Kritik z.B. bei Offe (1999).

[64] Für Putnam ist das soziale Kapital also die *Vernetzung und die kulturelle Reziprozität* und es steht neben dem Humankapital, das sich auf die Erziehung und Ausbildung bezieht. Trotz dieser Ähnlichkeiten zum Verständnis von Bourdieu gehen die Ausführungen Putnams in eine andere Richtung: Putnam zeigt anhand eines historischen Abrisses den Niedergang bzw. die *Erosion des Sozialkapitals* in der amerikanischen Gesellschaft seit den 1960er Jahren auf. Indikatoren sind für ihn die verschiedenen formalen und informellen Beteiligungsgefässe der Bürgerinnen und Bürger: Mitgliedschaft im Verein, Wahlbeteiligung bzw. Dinnerparties, Freunde nach Hause einladen.

dung miteinander zu bringen, und zwar *verschiedene* Leute, *heterogene* Gruppen. Das ‚verbindende' Sozialkapital braucht man, um Leute in *homogenen* Gruppen zusammenzubringen. Das ‚überbrückende' Sozialkapital hilft uns, unterschiedliche ethnische, soziale und andere Gruppen der Gesellschaft miteinander in Verbindung zu bringen." (Ebd., 98, Hervorhebungen im Original)

Auch wenn Braun diese Strategie des verbindenden („bonding social capital") und überbrückenden sozialen Kapitals („bridging social capital") kaum überzeugend findet und andeutet, dass „Putnam seine theoretische Differenzierung in zwei Extrempole von sozialem Kapital bislang nur unzureichend ausgearbeitet hat" (Braun 2001, 344)[65], so weisen die Ausführungen doch auf den *Doppelcharakter des Sozialkapitals* hin: Sozialkapital umfasst einerseits das, was ein einzelner Akteur an seinen Bekannten oder Freunden hat, und andererseits auch das, was das gesamte Netzwerk für alle in ihm eingeschlossenen Akteure bereitstellt. Diese beiden Aspekte des Sozialkapitals - als individuelle und als kollektive Ressource - bezeichnet Esser als *Beziehungskapital* und *Systemkapital* (vgl. Esser 2000, 240f.).[66]

Gabriel et al. nehmen die Unterscheidung auf und differenzieren sie: Sozialkapital im Sinne von Beziehungskapital erleichtert es der einzelnen Person „*innerhalb bestimmter Strukturen* ihre Ziele zu erreichen" (Gabriel, Kunz et al. 2002, 26, Hervorhebung im Original) und es gilt, dass je mehr Beziehungskapital einem Akteur zur Verfügung steht, desto niedriger seine „Kosten" ausfallen dürften, die ihm beim Verfolgen seiner Ziele entstehen. Vertrauen spielt im Beziehungskapital eine grosse Rolle, weshalb der strukturelle Aspekt des Beziehungskapitals durch einen kulturellen Aspekt der *Werte und Normen* zu ergänzen ist.

Für Coleman stellt Beziehungskapital „kein Einzelgebilde" dar, sondern ist „aus einer Vielzahl verschiedener Gebilde zusammengesetzt, die zwei Merkmale gemeinsam haben. Sie alle bestehen aus irgendeinem Aspekt der Sozialstruktur, und sie begünstigen Handlungen von Individuen, die sich innerhalb der Struktur befinden." (Coleman 1991, 392)

Colemans Ausführungen zeigen deutliche Parallelen zu dem Verständnis von „capabilities" bei Sen, wenn er davon spricht, dass das Sozialkapital nur über seine Funktionen definiert werden kann, denn „es ermöglicht die Verwirklichung bestimmter Ziele, die ohne es nicht zu verwirklichen wären" (Coleman 1991, 392). Damit erhält das Sozialkapital, wie auch die Freiheit im Verständnis von Sen, einen intrinsischen Wert; es muss vom Individuum nutzbar gemacht werden und wird erst dann relevant:

„Eine bestimmte Form von sozialem Kapital, die bestimmte Handlungen begünstigt, kann für andere Handlungen nutzlos oder sogar schädlich sein. Anders als andere Kapitalformen wohnt soziales Kapital den Beziehungsstrukturen zwischen zwei und mehr Personen inne. Es ist weder Individuen noch materiellen Produktionsgeräten eigen." (Coleman 1991, 392)[67]

---

[65] Braun sieht in der Verwendung des Sozialkapitalbegriffs von Putnam gegenüber dem von Bourdieu drei Schwachpunkte: 1) Die Vermischung von Ursachen und Wirkungen sozialen Kapitals: Putnam benenne zunächst mehr oder weniger prosperierende Regionen (z.B. Nord- und Süditalien), um dann anhand von Indikatoren retrospektiv Unterschiede zu analysieren, die er wiederum auf die einzige Ursache (Ausstattung mit Sozialkapital) zurückführt. Damit entfalle jede andere Erklärungsalternative und letztlich werde zweimal das gleiche gesagt. 2) Die theoretisch nicht überzeugende Ausdehnung des Begriffs „soziales Kapital" auf Regionen und Staaten. 3) Die Idealisierung der positiven und die weitgehende Ignorierung der negativen Effekte sozialen Kapitals (Braun 2001, 349).

[66] Esser (2000, 240) unterscheidet sechs Arten von Ressourcen und Leistungen. Für individuelle Akteure: 1) Zugang zu Informationen; 2) Bereitschaft anderer, sich vertrauensvoll auf vielleicht riskante Unternehmungen einzulassen; 3) Erbringung von Hilfeleistungen und Gewährung von Solidarität. Für das Netzwerk und alle seine Akteure: 1) Vorhandensein von sozialer Kontrolle und einer gewissen Aufmerksamkeit; 2) Existenz eines Klimas des Vertrauens; 3) Geltung von Normen, Werten und Moral.

[67] Ähnlich argumentierte Sen zur Frage, welche „capabilities" grundlegend und operationalisierbar seien: „The question is not so much about 'the identification of what a capability is', but more about the valuation of different capabilities. Many capabilities may be trivial and valueless, while others are substantial and important. The advantage that is achieved by concentrating on the space of functionings and capabilities does not eliminate the necessity

Im Gegensatz zum Beziehungskapital erfasst *Systemkapital* „die Eigenschaft des sozialen Kapitals als ein Kollektivgut" (Gabriel, Kunz et al. 2002, 27). Der „Besitz" des sozialen Kapitals ist unabhängig von den einzelnen Akteuren auf das System, in dem die Individuen leben, übergegangen und so entsteht Systemkapital auch nicht unmittelbar durch individuelle Bemühungen. Vom Systemkapital profitieren alle Akteure eines Netzwerkes, auch diejenigen, die in das Kapital nicht investiert haben (vgl. Esser 2000, 256).

Ähnlich wie beim Beziehungskapital differenzieren Gabriel et al. auch beim Systemkapital zwischen einer strukturellen und einer kulturellen Ebene:

> „Die Verteilung von Netzwerkstrukturen definiert den strukturellen Aspekt sozialen Systemkapitals und die Verteilung sozialen Vertrauens und die gesellschaftliche Geltung gemeinschaftsbezogener Normen und Werte erfassen die kulturellen Aspekte." (Gabriel, Kunz et al. 2002, 28)

Esser wie auch Gabriel bemerken allerdings, dass die Operationalisierung des Systemkapitals vor grossen Schwierigkeiten steht, gerade weil es nicht fassbar ist, mehr ein „Klima" repräsentiert und erst durch die Adaption in Beziehungskapital überhaupt relevant wird.[68]

Liegt das Verdienst von Putnam und Coleman insbesondere darin, dass sie die Bourdieusche Sozialkapitaltheorie um die Dimension des Systemkapitals erweitern, kommt eine weitere wichtige Differenzierung von Müller. Mit Bezug auf Bourdieu, der im Rahmen seiner Ungleichheitstheorie zeigt, dass die Kapitalausstattung einer Person unmittelbare Auswirkungen auf die Verteilung sozialer Positionen in der Gesellschaft hat, vertieft Müller den Aspekt, dass das Sozialkapital (und insbesondere das Beziehungskapital) auch negative Auswirkungen auf eine Person haben kann. Dazu entwickelt Müller drei Typen von „Fallen" (siehe Müller 1993, 268ff.):

1. *Beziehungsfalle*: In sozialen Beziehungen, die nicht formalisiert sind, kann es durchaus vorkommen, dass erbrachte Leistungen von einem Partner nicht erwidert werden („Schwundrisiko"). Das Nicht-Einhalten des Versprechens einer Anstellung nach erfolgten Gefälligkeitsdiensten, die Zurückweisung eines Migranten durch dessen Freund nach der Ankunft in der Zielstadt, die Nichtrückzahlung eines informellen Kredits unter Bekannten: „In die Beziehungsfalle kann jeder hineingeraten, der auf einen unzuverlässigen Partner stösst." (Ebd., 271)
2. *Statusfalle*: Beziehungen können von Personen mit gleichem Status oder auch unterschiedlichem Status gestaltet werden. In letzterem Fall trägt die Beziehung immer das Risiko einer asymmetrischen Reziprozität, d.h. die Leistungen der statusniedrigeren Person werden den daraus gewonnenen Ertrag immer übersteigen (z.B. „Man kann den Erwartungen einer Person nie gerecht werden").
3. *Freundschaftsfalle*: In Fällen, in denen soziale Beziehungen Bedeutung z.B. auch für ökonomische Belange haben, kann es dazu kommen, dass eine Freundschaftsbeziehung dazu ausgenutzt wird, etwas zu verlangen, was sonst nicht verlangt werden würde. Einen informellen Kredit zu erwarten, obwohl der mögliche Kreditgeber über wenig Eigenkapital verfügt und damit seine Existenz auf dem Spiel steht; eine von der Sozialhilfeunterstützung lebende Freundin anfragen, ob sie „aus Freundschaft" die Tagesbetreuung der Kinder übernehmen kann; einen Jugendlichen in der Gruppe dazu auffordern, ein Delikt zu begehen, um „dazuzugehören" - immer ist das Risiko der Unzumutbarkeit enthalten. „Das ist dann, wie es umgangssprachlich heisst, einfach zu viel verlangt." (Ebd., 272)

---

of these valuations in the context of judging living standards of individuals, households and nations." (Sen 1987b, 108)

[68] Einen Vorschlag für die Indikatorenwahl zur Messung sozialen Kapitals machen Gabriel et al. Sie entwerfen auf der Grundlage der „World Value Surveys" einen vorläufigen Analysarahmen, der Indikatoren vom Wahlverhalten bis zur Lebensqualität umfasst (Gabriel, Kunz et al. 2002).

Für Müller drückt sich in diesen Typen, ihrem Verhältnis zueinander und der konkreten Gestaltung zu einem bestimmten Zeitpunkt die Prozesshaftigkeit des Beziehungskapitals aus.

> „Wenn die Vermutung zutrifft, dass es auch ein Zuviel des Guten bei der intensiven Beziehungsarbeit gibt, hat das Konsequenzen für unser Bild vom Sozialkapital: Soziales Beziehungskapital muss man sich dann als Kontinuum vorstellen, an dessen einem Pol flüchtige Bekanntschaft, am anderen Pol hingegen intrinsische Freundschaft steht." (ebd., 273)

Gabriel et al. vergleichen Beziehungs- und Systemkapital in verschiedenen Ländern und stossen auf methodische Probleme: Sie können „keine völlig überzeugenden Nachweise dafür vorlegen, dass die Ausstattung einer Gesellschaft mit sozialem Kapital dazu beiträgt, die Probleme des gesellschaftlichen und politischen Zusammenlebens zu bewältigen" (Gabriel, Kunz et al. 2002, 262). Zudem stellen sie Schwierigkeiten dabei fest, Aussagen zu generalisieren, denn die „im Gesellschaftsvergleich relativ stabilen Muster" haben in der innergesellschaftlichen Analyse „keinen Bestand".

> „Als Fazit bleibt: Neben vielen anderen Faktoren steht das Vorhandensein von Sozialkapital in einem Zusammenhang mit der politischen Kultur der Demokratie, der aktiven Teilnahme der Bevölkerung am politischen Leben und der systemischen Performanz von Staaten. Ein konsistentes Beziehungsmuster zwischen einzelnen Sozialkapitalvariablen, den ihnen zugeschriebenen Wirkungen und den für die Produktion von Sozialkapital massgeblichen Faktoren existiert aber nicht. Insbesondere auf Mikroebene verlieren Sozialkapitalfaktoren als Determinanten politischer Involvierung und Unterstützung erheblich an Relevanz, sobald man die Einflüsse Drittvariabler berücksichtigt." (Gabriel, Kunz et al. 2002, 264)

Sterbling (1998) hält deshalb die Bourdieusche Sicht des Sozialkapitals am ehesten für geeignet, gesellschaftsrelevante Erkenntnisse zu gewinnen. Dabei bezieht er sich auf Bourdieus Hervorhebung, dass die Bedeutung des Sozialkapitals weniger in seiner direkten Wirkung, als vielmehr in seinem *Multiplikatoreffekt*, „in seiner ‚Hebelwirkung' im Zusammenspiel mit ohnehin bestehenden Ungleichheitsverteilungen anderer Kapitalarten" liegt (ebd., 192). Diese eher „unsichtbare" Wirkung des Sozialkapitals ist für Sterbling zentral, denn nach Sterbling kommt der Betrachtung *alleine* der Ausstattung mit Sozialkapital einer Gesellschaft oder ihrer Individuen bei der Erklärung von Ungleichheit und Armut „sicherlich *keine* strukturdominante Bedeutung zu" (ebd., 206, Hervorhebung im Original) - wohl aber in der Verbindung mit anderen Variablen.

So bleibt die Frage nach Indikatoren des Sozialkapitals, ihrer Messbarkeit und Validität weitgehend offen. Letztlich scheint das Konzept einen ähnlichen zeitdiagnostischen Wert zu haben, wie ihn die Individualisierungsthese hat: Sie lässt sich kaum empirisch bestätigen, aber dennoch haben wir das Gefühl, dass sie den derzeitigen Zustand der Gesellschaft weitgehend treffend beschreibt:

> „Die Grundidee des Sozialkapitals besteht darin, dass Familie, Freunde und Bekannte einer Person einen wichtigen Wert darstellen, auf den man in Krisensituationen zurückgreifen kann, den man um seiner selbst willen geniessen und zum materiellen Vorteil nutzen kann. Was für den Einzelnen gilt, gilt umso mehr auch für Gruppen. Mit einem vielschichtigen sozialen Netzwerk ausgestattete Gemeinschaften und bürgergesellschaftliche Vereinigungen haben Vorteile, wenn es darum geht, Armut und Verwundbarkeit zu begegnen, Konflikte zu lösen und Vorteile aus neuen Möglichkeiten zu ziehen." (Putnam & Goss 2001, 19)

3.3.3 Positionierung im sozialen Raum

Sen wie auch Bourdieu gehen davon aus, dass ökonomisches, kulturelles und soziales Kapital in einer Person „verschmelzen", ihre Handlungsfähigkeit bestimmen und sie damit befähigen, Tauschbeziehungen einzugehen. Aus diesen Beziehungen leiten Sen wie auch Bourdieu die Sozialordnung in einer Gesellschaft ab, die sich in *vertikaler* Ebene durch den „sozialen Raum" (wie es Bourdieu nennt) beschreiben lässt.

Der soziale Raum besteht für Bourdieu aus zahlreichen Teilräumen, die er „soziale Felder" nennt („*le champ social*"). Die sozialen Felder widerspiegeln das *horizontal* differenzierte Gefüge - in Abgrenzung beispielsweise zum sozialen System oder Milieu.[69] Damit fokussiert Bourdieu auf die Ausdifferenzierung eines „spezifischen, teilautonomen sozialen Bereichs mit eigenen Ressourcen und Spielregeln" (Müller 1993, 264).

Für Müller sind die sozialen Felder vergleichbar mit Märkten. Nach Fröhlich sind die sozialen Felder nicht nur „Kraft- und Gravitationsfelder", sondern auch „Kampffelder, auf denen um Wahrung oder Veränderung der Kräfteverhältnisse gerungen wird" (Fröhlich 1994, 41). Dabei bezieht er sich auf Bourdieu, der die Struktur des Feldes als die Spiegelung der „Machtverhältnisse zwischen den am Kampf beteiligten Akteuren oder Institutionen" bezeichnet (Bourdieu 1993, 108).

Bourdieu selbst arbeitet in seinen Studien zahlreiche soziale Felder heraus (so z.B. ökonomische, religiöse, kulturelle, intellektuelle, künstlerische, das Feld des Sports, der Mode, des Geschmacks, der symbolischen Güter, des Rechts, der Politik), weshalb Müller von einer „fast inflationären Verwendung" spricht (Müller, 1993, 267).[70] Dass es trotz der Vielzahl von sozialen Feldern dennoch zu einheitlichen Lebensstilen kommen kann, liegt daran, dass jedes Feld eine transformierte Gestalt aller anderen Felder darstellt (vgl. Georg 1998, 69). Das Kapital in seinen verschiedenen Formen macht die Felder konvertierbar.

Soziales Feld und Kapitalsorten hängen zusammen wie „Trümpfe in einem Kartenspiel" (Bourdieu, zitiert nach Müller 1993, 268). Denn die Struktur eines Feldes spiegelt nicht nur den Stand der Machtverhältnisse (s.o.), sondern damit gleichzeitig auch den „Stand der Verteilung des spezifischen Kapitals, das im Verlauf früherer Kämpfe akkumuliert wurde und den Verlauf späterer Kämpfe bestimmt" (Bourdieu 1993, 108). Eine bestimmte Kapitalsorte determiniert die Profitchancen im entsprechenden Feld. So spricht Bourdieu davon, dass Unternehmer grosses ökonomisches Kapital besitzen, während Intellektuelle eher über ein grosses kulturelles Kapital verfügen.[71]

Die soziale Stellung eines Akteurs im sozialen *Raum* könnte aus seiner Stellung in den einzelnen sozialen *Feldern* resultieren. Das Medium, das die Transponierung von sozialen Feldern in den sozialen Raum ermöglicht, ist das Kapital: Bei der Konstruktion des sozialen Raums entlang den beiden Achsen „kulturelles Kapital" und „ökonomisches Kapital" entsteht eine Verteilung der Akteure in erster Linie nach dem Gesamtvolumen allen Kapitals und in zweiter Linie nach der Struktur des Kapitals.

---

[69] Wie genau der Zusammenhang zwischen sozialem Feld und sozialem Raum ist, klärt Bourdieu nicht hinlänglich; möglich wäre auch, dass nur einige Felder den sozialen Raum bilden, Blasius und Winkler fragen sogar, ob sozialer Raum und Feld nicht Synonyme sind (Blasius & Winkler 1989, 73).

[70] Hier macht Krais allerdings darauf aufmerksam, dass der Begriff „champ" bei Bourdieu zwei Bedeutungen hat. Zum einen ist damit eine systematisch-theoretische Verwendung in Abgrenzung zum Begriff „sozialer Raum" gemeint, zum anderen wird im Französischen „champ" aber auch für Begriffe wie „Bereich" oder „Gebiet" verwendet, ist also umgangssprachlich. „Für den Übersetzer Bourdieus bedeutet das, dass er jedes Mal zu entscheiden hätte, ob der Autor den Begriff ‚champ' systematisch-theoretisch oder alltagssprachlich gebraucht." (Krais 1989, 55) Letztlich könnte also das inflationäre Auftreten von Feldern in den deutschen Übersetzungen also mit Übersetzungsproblemen zusammenhängen.

[71] Bourdieu verkürzt seine Strukturierung der Gesellschaft im Weiteren um das soziale Kapital. Eine Begründung dafür gibt er m.W. nicht. So spricht er beispielsweise nur davon, dass sich kulturelles und ökonomisches Kapital „invers und symmetrisch" zueinander verhalten (Bourdieu 1987, 202).

Es entsteht der „Raum der sozialen Positionen und Raum der Lebensstile" (Bourdieu 1998, 19).[72] Keineswegs ist eine Position, die ein Individuum im sozialen Raum innehat, unveränderbar. Positionen können im Lebenslauf, aber auch im Laufe der Generationen verändert werden. Dies drückt Bourdieu aus, wenn er von „absteigendem Kleinbürgertum" (Bourdieu 1987, 541ff.), dem „neuen Kleinbürgertum" (ebd., 561ff.) oder generell von auf- oder absteigenden „Laufbahnklassen" (ebd., 537ff.) spricht. Veränderungen der Position im sozialen Raum sind immer interessengeleitet; wer seine Position positiv verändern kann, hat sich gegen die den Raum strukturierenden Kräfte durchgesetzt (vgl. Bourdieu 1987, 188). Damit wird die Positionsänderung immer zu einer bewussten, aktiven Handlung gegen herrschende Machtverhältnisse (die Mächtigen sind am *status quo* der Positionsverteilung im sozialen Raum interessiert). Positionsänderungen werden möglich entweder durch das Nutzen von individuellen persönlichen Beziehungen oder durch das Aufgreifen von Handlungsspielräumen, die sich infolge kollektiver Ereignisse wie Kriegen oder Krisen bieten (Bourdieu 1987, 188).[73]

Ecarius erweitert das Spektrum von Möglichkeiten der Positionsänderungen, indem er von „altersspezifischen Sozialräumen" spricht (Ecarius 1996, 194). Dem „kindlichen Sozialraum", der in erster Linie von der elterlichen Positionierung bestimmt wird, folgt der „jugendliche Sozialraum" (der Raum der schulischen Aus- und Weiterbildung, der ersten Arbeit) und der „postadoleszente Sozialraum" (Raum der beruflichen Um- und Weiterbildung). Erst an diese „Vorstufen" (ebd., 196) schliesst sich der „erwachsene Sozialraum", der Raum der sozialen Positionen an, der auch bei Bourdieu im Zentrum steht. Ecarius kommt es mit dieser Konstruktion darauf an zu zeigen, dass bereits in den kindlichen, jugendlichen und postadoleszenten Sozialräumen wichtige Entscheidungen zu treffen sind, mit denen sich die Kinder, Jugendlichen und jungen Erwachsenen gesellschaftlich positionieren. Die Übergänge zwischen diesen Räumen sind offen und können durchaus sozialisationsrelevante Krisen auslösen. Der „erwachsene Sozialraum" wird in diesem Verständnis nicht erstmals besetzt, sondern ist selbst wiederum ein Produkt bzw. eine Reproduktion von Positionierungen im Kindes- und Jugendalter.

---

[72] Die aus der relativ unkonventionellen Art der Indikatorenauswahl Bourdieus entstandenen „Unzulänglichkeiten" (Koenen 1994, 95) zeigen, wie gross die Herausforderung ist, die Bourdieusche Theorie zu operationalisieren, um sie messbar zu machen. Bourdieu selbst spricht davon, dass „Individuen nicht vollständig durch ihre Merkmale zu definieren [sind], die sie zu einem bestimmten Zeitpunkt besitzen (...)" (Bourdieu 1987, 187), versucht also, dem Vorwurf der Willkürlichkeit vorzubeugen. Dementsprechend viele Vorschläge von Indikatorensystemen gibt es bei Lebensstiluntersuchungen auch, wobei gilt, dass die jeweilige Forschungsfrage die Indikatorenauswahl bestimmt. Zu verschiedenen Indikatorensystemen in Lebensstiluntersuchungen siehe Georg (1998, 102-139); siehe auch die Übersichten zur Häufigkeit der Itemanwendungen in verschiedenen Lebensstiluntersuchungen bei Hartmann (1999, 241f.).

[73] Mit der Habitustheorie sowie der Distinktionstheorie geht Bourdieu noch einen Schritt weiter als Sen, weil er damit Individuen enger auf eine bestimmte Handlungsweise festlegt. Danach definieren sich die Gruppen im sozialen Raum neben dem bereits erwähnten Kapitalvolumen und der Kapitalstruktur über Habitusformen. Der Habitus wird im Laufe der Sozialisation erlernt, ist Bestandteil der Persönlichkeit und kennzeichnet eine soziale Klasse über eine zeitlich lange Periode. Dennoch haben die Akteure Möglichkeiten zur Veränderung und Gestaltung. Der Habitus bewirkt, „dass Akteure in einer bestimmten Art und Weise handeln, die sie von anderen deutlich unterscheiden" (Richter 1994, 169). Durchaus liesse sich für junge Erwachsene eine solche „Habitualisierung von Lebensmustern" (Klocke 1996, 407) nachzeichnen. Jugendliche beispielsweise, die die Erfahrung von Armut in der Kindheit sozialisiert; Jugendliche, bei denen die Jugendkultur zur „Leitkultur" ihres Aufwachsens wurde: Der entsprechende Habitus ist für sie etwas Natürliches und Selbstverständliches. Er wird praktiziert und dringt erst ins Bewusstsein durch das Erkennen der Unterschiedlichkeit zu einem anderen Habitus resp. einer Person mit einer anderen Positionierung im sozialen Raum. Deshalb ist der Habitus neben den Merkmalen Kapitalvolumen (über wieviel Kapital verfügt eine Person insgesamt?) und Kapitalstruktur (wie differenziert sich dieses Kapital in ökonomisches, kulturelles und soziales Kapital?) ebenfalls strukturierendes Prinzip des sozialen Raums (Bourdieu 1998, 21).

Für Bourdieu sind die Unterschiede, die sich aus der Existenz des sozialen Raums ergeben also in erster Linie solche, die individuell wahrgenommen werden und die aufgrund der Positionierung in den einzelnen sozialen *Feldern* in ihrer Gesamtheit durchaus unterschiedlichen Handlungsdruck zur Folge haben können, auch wenn Individuen im sozialen Raum annähernd gleiche Positionen innehaben.

> „Die Position, die jemand im sozialen Raum einnimmt, das heisst in der Distributionsstruktur der verschiedenen Kapitalsorten, die auch Waffen sind, bestimmt auch seine Vorstellungen von diesem Raum und die Positionen, die er in den Kämpfen um dessen Erhalt oder Veränderung bezieht." (Ebd., 26)

Über die Position im sozialen Raum und damit die Frage, ob der Unterschied sozial relevant ist (und damit zur Ungleichheit führt) entscheiden letztlich die Antworten auf die Fragen a) nach der Kapitalausstattung, der Kapitalstruktur, dem Habitus eines Akteurs, b) nach dem wahrgenommenen Unterschied gegenüber Positionen anderer Akteure im sozialen Raum, wobei sich die Unterschiede aus den Möglichkeiten, sich in den einzelnen sozialen Feldern zu positionieren, ergeben und c) nach der „Erwirtschaftung" von Distinktionsgewinnen aus dieser Positionierung.[74] In einem solchen Verständnis werden Lebensstile mehr als blosse Erlebniswelten (wie z.B. bei Schulze 1992); sie sind Reproduktionsmedien sozialer Ungleichheit, die unterschiedliche Mengen und Formen symbolischen Kapitals repräsentieren (Anerkennung, Ehre, Reputation, Prestige) und in den verschiedensten sozialen und kulturellen Kontexten Distinktionsgewinne in unterschiedlicher Höhe abwerfen (Fröhlich & Mörth 1994, 24).

3.4 Fazit: Armut als Verlust von Handlungsfähigkeit („capability deprivation")

Aus handlungstheoretischer Sicht steht im Zentrum der Armutsforschung das handelnde Individuum. Sen schlägt ein Analyseinstrument vor, das an der Handlungsfähigkeit („capability") einer Person ansetzt und die Freiheit des Handelns zum Analyseobjekt hat.

---

[74] Bourdieu geht es in erster Linie nicht um die Beschreibung des Habitus einer einzelnen Person, sondern darum zu zeigen, dass es Individuen gibt, deren Habitus dem anderer Personen sehr ähnlich ist. Hier liegt ein zentraler Unterschied zu Sen, der sich auf die individuellen Handlungsfähigkeiten einer Person konzentriert. Bourdieu führt den Begriff des Klassenhabitus ein; dieser hat die Funktion, einerseits Handlungsspielräume zu begrenzen, andererseits aber Handlungsformen zu generieren. Handlungsformen, die dann wiederum „automatisch" von Personen dieser Klasse internalisiert und an die nächste Generation weitergegeben werden (im Vorwort zur deutschsprachigen Ausgabe seiner 1977 veröffentlichten Untersuchung über Algerien zeigt Bourdieu, wie es in einer vorkapitalistischen Ökonomie durch den Einfluss der Kolonialmacht zur „Erzeugung des ökonomischen Habitus" kam, siehe Bourdieu 2000). Die Gesellschaft ist also zu jedem Zeitpunkt ihrer Geschichte ein „Ensemble von sozialen Positionen, das über eine Relation (...) verbunden ist" (Bourdieu 1998, 17), und der Habitus wird erst dann zum *sozial* relevanten Unterschied, wenn er von jemandem wahrgenommen wird, der in der Lage ist, einen Unterschied zu machen. Damit zeigt Bourdieu, dass alle Positionen im sozialen Raum erst durch die *Relation zu anderen Positionen* gesellschaftspolitisch relevant werden. „*La distinction*" nannte Bourdieu sein Hauptwerk und weist darauf hin, dass es die „(feinen) Unterschiede" sind, die über Positionen im sozialen Raum und damit die Frage des „oben oder unten", „drinnen oder draussen", „mächtig oder ohnmächtig", „arm oder reich" entscheiden. Distinktionsbildend sind allerdings selten die Armen in der Gesellschaft (Koenen 1994, 97). Damit ist letztlich nur die Bourgeoisie gesellschaftsgestaltend, während die unteren Klassen im „Reich der Notwendigkeit" leben und ihr Habitus dafür sorgt, dass die Not der Existenzsicherung übersetzt wird in die Tugend eines Lebensstils, das Kleinbürgertum wiederum angestrengt und verbissen um die Erfüllung der vorgegebenen Normen sowie den schulischen Erfolg und Aufstieg kämpft (vgl. Bauer 2002b; Hradil 1989). In seiner Distinktionstheorie weist Bourdieu also auf Unterschiede im sozialen Raum hin. Unterschiede, die mit sozialen Distanzen zusammenhängen und eine Annäherung solcher Menschen prädisponiert, die einem ähnlichen Sektor des Raumes angehören. Dies sind für Bourdieu mit den „herrschenden Klassen" (distinguierter Luxusgeschmack), den „mittleren Klassen" (Bildungsbeflissenheit) und „Arbeiterklassen" (Notwendigkeitsgeschmack) drei vertikal geordnete Klassen. Auch wenn Bourdieu in diesem Zusammenhang den Klassenbegriff verwendet, bedeutet dies nicht, „dass sie eine Klasse im Sinne von Marx bilden, das heisst eine für gemeinsame Ziele und vor allem gegen eine andere Klasse mobilisierte Gruppe" (Bourdieu 1998, 24). Die Nähe im sozialen Raum schafft nicht „automatisch" eine Einheit; es handelt sich nur um ein „objektives Potential an Einheit".

Was für die Bewertung einer Situation nach Sen letztlich entscheidend ist, ist die Antwort auf die Frage nach dem Leben, das ein Mensch führt: das, was er fähig ist zu tun oder nicht tun kann, das was er fähig ist zu sein oder nicht sein kann (Sen 1987c, 16). Individuen müssen „frei" sein, sie müssen „fähig" sein (und das politische System muss diese Freiheit sicherstellen), sich für oder gegen etwas zu entscheiden.

Sen selbst gibt keine vollständige Liste von „capabilities" an. Ähnlichkeiten bestehen aber mit den Grundbedürfnissen, wie sie in der Entwicklungsländerforschung diskutiert werden: Ein Mensch muss fähig sein, sich zu ernähren, sich zu kleiden etc. Für moderne Gesellschaften reichen diese Fähigkeiten aber keineswegs aus, um ausserhalb von Armut zu leben. Vorschläge über weitere „capabilities" kommen insbesondere von den Vereinten Nationen: Nach dem Human Development Report sowie dem UNO-Pakt 2 über wirtschaftliche, soziale und kulturelle Rechte müssen Menschen auch in der Lage sein, ein Einkommen zu erwirtschaften, eine hohe Lebenserwartung zu haben, weiterführende Schulen zu besuchen, mitbestimmen zu können, gleichgestellt zu sein, gerechte Arbeitsbedingungen vorzufinden, ihre Familie zu schützen, ein gesundes Leben zu führen.

Es ist Bourdieu, der im Rahmen seiner kultursoziologischen Studien eine Analyse nach ökonomischem, kulturellem und sozialem Kapital vorschlägt und damit einen wesentlichen Beitrag zur Systematisierung des erweiterten „Entitlement-Konzeptes" leistet. Die Handlungsfähigkeit eines Menschen wird demnach von seiner Ausstattung mit diesen Kapitalien und ihrem „Mischungsverhältnis" (der Kapitalstruktur) bestimmt. Die Kapitalausstattung und die Kapitalstruktur ermöglicht es einer Person, über Güter zu verfügen, für bestimmte Ansprüche berechtigt zu sein oder Zugänge zu erhalten. Diese Partition bestimmt dann auch die Position eines Individuums in der Gesellschaft und führt dazu, dass sich Menschen gegenüberstehen, von denen die einen weitgehend frei darüber entscheiden können, was für ein Leben sie führen wollen, u.a. weil sie ausreichend Einkommen erwirtschaften, aber auch weil sie über ein entsprechendes kulturelles und soziales Kapital verfügen und dies in Güter umsetzen (und zum Teil sogar akkumulieren). Und auf der andern Seite stehen diejenigen, die aus einer deutlich geringeren Zahl von Alternativen (auf einem niedrigeren Niveau) wählen können, um ihre selbst gewählten Ziele zu erreichen. Nach Bourdieu sind diese Personen zum Lebensstil „der Notwendigkeit" gezwungen, haben einen entsprechenden Habitus bereits als Kinder erlernt und reproduzieren diesen - und damit auch die Armut. Die am anderen Ende eines solchen Kontinuums stehenden, an ökonomischem, sozialem und kulturellem Kapital Reichen, vertreten jene Gruppen, die den sozialen Raum nach ihren Vorstellungen zu gestalten vermögen. Nur sie sind in der Lage, auch Distinktionsgewinne zu erwirtschaften.

Vertikale Mobilität ist durchaus möglich, wenn auch eher langfristig realistisch. Insbesondere die Ausstattung mit kulturellem Kapital (vor allem Bildung) ist hierbei entscheidend, weshalb Bourdieu den Lebensstil der nach Mobilität Strebenden den der „Bildungsbeflissenheit" nennt. Für Sen hängt die Mobilität insbesondere vom Zugang zu formalen und nichtformalen Berechtigungen ab. Zugänge sind für ihn in verschiedener Hinsicht ungleich gestaltet, z.B. in Bezug auf das Geschlecht, das Alter, die Nationalität oder die soziale Herkunft.

Bei Sen wie auch Bourdieu ist der Faktor Macht entscheidend bei der Frage, wie stabil dieses Ungleichheitsmodell ist. Sen weist mehrfach darauf hin, dass Armen Zugänge zu Berechtigungen vorenthalten werden. Bourdieu zeigt, dass es nicht nur die ökonomische Macht ist, die hier eine Rolle spielt, sondern auch die Distinktionsmacht: Menschen können Zugänge zu Handlungsoptionen eben auch durch Prozesse der sozialen Schliessung „künstlich" verknappen. In Fällen, in denen Ungleichheiten zu Lasten der ohnehin bereits statusniedrigeren Personen realisiert werden, spricht Sen von Armut als Folge von „capability deprivation".

Der Deprivationsprozess wird durch folgende Faktoren beschleunigt:
  ökonomisch, z.B. durch prekäre Anstellungsbedingungen, niedrige Löhne, Anstellung ohne Vertrag;
  kulturell, z.B. durch Zugangsvoraussetzungen für die Aufnahme einer Tätigkeit, Nichtanerkennung von Abschlüssen oder Bildungstiteln;
  sozial, z.B. durch die Beziehungsfalle, Statusfalle, Freundschaftsfalle.

In diesem Verständnis würde am Ende eine (wohl nur hypothetische) Position stehen, in der ein Mensch über keine Handlungsfähigkeiten mehr verfügt. Anzumerken ist, dass sowohl Sen als auch Bourdieu solche Deprivationsprozesse zunehmend in modernen Gesellschaften beobachten. Verarmungsprozesse sind also keineswegs nur „pockets of deprivation in a small number of places" (Sen 1992a, 114).

Wo solche Prozesse nicht mit adäquaten Bewältigungsstrategien beantwortet werden können, werden sie mit dem gesellschaftlichen Ausschluss (auf ökonomischen, kulturellen und sozialen Feldern) einer Person einhergehen. Im Gegensatz zu Bourdieu, der diesen Prozess ab einer bestimmten Partition als quasi selbstverstärkend und kaum reversibel sieht, weist Sen auf die Bedeutung legaler Rechte hin: Wo individuelle Bewältigungsstrategien begleitet werden durch die Möglichkeit, rechtliche Bestimmungen in Anspruch zu nehmen (z.B. das Recht auf Arbeitslosengeld, Sozialhilfe, Stipendien), kann sich eine Situation auch auf niedrigem Niveau stabilisieren, ist soziale Exklusion keineswegs zwangsläufig.

Bourdieu wie auch Sen billigen dem ökonomischen Kapital eine entscheidende Rolle bei der Frage der Handlungsfähigkeit eines Menschen zu. Gerade weil in den heutigen Volkswirtschaften die Verfügung über Geldmittel eine zentrale Rolle für den Erwerb und die Erweiterung von Handlungsfähigkeiten einer Person sowie die Möglichkeiten ihrer gesellschaftlichen Integration widerspiegelt, ist der Faktor Arbeit von hoher Wichtigkeit (vgl. dazu Sen 1997b; Sen 1997c).

Weil aber im handlungstheoretischen Verständnis von Sen der Verlust ökonomischen Kapitals als Prozess verstanden wird, bedarf es einer entsprechenden Differenzierung. Sen spricht von *Verwundbarkeit* (Sen 1980, 80). Chambers (1988, 103ff.; 1989) verwendet dieses Konzept und meint mit Verwundbarkeit das *Ausgesetztsein* („exposure") gegen äussere Einflüsse und die *Schwäche der Abwehrmechanismen*, gegenüber diesen Einflüssen zu reagieren („defenselessness"):

> „The exposure to contingencies and stress, and difficulty coping with them. Vulnerability has two sides: an external side of risks, shocks to which an individual or household is subject, and an internal side which is defenselessness, meaning a lack of means to cope without damaging loss." (Chambers 1989, 1)

Wenn Chambers von *Risiken („an external side of risks"*, s.o.) spricht, dann meint er damit verschiedene Risikobereiche, wie Bohle et al. herausarbeiten:

> „The first is the risk of exposure to crisis, stress and shocks. The second is the risk of inadequate capacity to cope with crisis, stress and shocks. The third is the risk of severe consequences and the attendant risks of slow limited recovery from crisis, stress and shocks." (Bohle, Downing et al. 1993, 9)

Die am ehesten von „vulnerability" betroffenen Gruppen sind solche, die am stärksten von den Risikobereichen betroffen sind. Für das „Entitlement-Konzept" gilt dann:

> „In a narrow sense this [= a theory of vulnerability] is about individual command over basic necessities; in a wider sense it should identify the totality of individual rights and social entitlements. And in a still broader sense it should also speak to the structural properties of the political economy itself." (Watts & Bohle 1993, 46)

Watts und Bohle (ebd., 44) definieren drei Dimensionen, in denen sich die Verwundbarkeit einer Person ausdrückt resp. durch die ihre Verwundbarkeit verursacht sein kann:
1. Die Verteilung der Berechtigungen/Handlungsrechte, Zugänge und Chancen und ihre spezifische Reproduktion in der Gesellschaft,
2. der rechtliche Rahmen, in dem soziale, kulturelle, wirtschaftliche und bürgerliche Rechte definiert werden können,
3. die strukturellen Vorkehrungen einer Gesellschaft, die bei krisenhaften Verläufen in Gang gesetzt werden (Präventions- und Interventionsinstrumente).

Aus dieser Dreiheit ergibt sich der analytische Raum - „a social map of vulnerability" (ebd., 44) - der drei Ansatzpunkte bietet bei der Frage, wie sich Handlungsmöglichkeiten von Individuen entwickeln.

> „In shorthand form, we identify this tripartite structure - the three sides of our analytical triangle - as entitlement, empowerment and political economy." (Watts & Bohle 1993, 52)

Bezogen auf die Alterklasse der „young urban poor" stellt sich die Frage, ob sich bei den jungen Erwachsenen Prozesse der Verwundbarkeit zeigen, die sich von den jenen anderer gesellschaftlicher Gruppen unterscheiden. Die Europäische Union hat das Konzept der Verwundbarkeit auf die Altersklasse der Jugendlichen angewendet und spricht davon, dass die Jugendphase *generell* „can be regarded as a period of vulnerability" (Furlong, Stalder et al. 2000, 9):

> „Young people attempt to enhance their educational and vocational credentials and gain a foothold in the labour market, develop adult identities and create new life styles, from new friendships and sexual and collegial relationships, establish a degree of financial independence and perhaps move away from the familiy home." (Ebd., 9)

Wenn Jugendliche demnach *per se* „verwundbar" sind, nicht alle Jugendlichen aber unter Einkommensarmut leiden, dann muss es - nach Furlong et al. Jugendliche geben, die „extreme vulnerable" sind. Diese zeigen „severely restricted opportunities for secure employment, social and economic advancement and personal fulfilment". Armut wird in diesem Konzept zu einer Stufe der Verwundbarkeit. Begegnet werden könnte dieser durch den Aufbau von Handlungsfähigkeiten:

> „Lack of resources, especially poverty, is one of the most important factors influencing the quality of life and the possibilities individuals and groups have to develop adequate competencies, skills and instruments necessary to confront change." (Ebd., 10)

Auch das Konzept der EU unterscheidet in objektive und subjektive Bedingungen - ganz analog zum Persönlichkeits- und zum Umfeldaspekt bei Sen. Objektive Faktoren beziehen insbesondere die ökonomischen Rahmenbedingungen und sozialen Sicherungssysteme ein, die in einer Gesellschaft zur Verfügung stehen. In dieser Hinsicht kann Verwundbarkeit definiert werden als „the scarce response capacity of certain persons and groups inside society to confront, adapt or cope with specific economic, social, cultural and political challenges to which they are permanently exposed" (ebd., 9). Die subjektiven Bedingungen hängen mit dem Geschlecht, der Nationalität und Ethnie sowie der Hautfarbe zusammen: „The most affected are girls and young women of low social origin, members of ethnic minorities, migrants." (Ebd., 10)

Jugendliche generell verfügen aber bei weitem nicht über derart viele Handlungsfähigkeiten, wie sie Personen des mittleren Alters, die im Erwerbsleben stehen, zeigen. Das hat die Jugendforschung gezeigt (siehe nächstes Kapitel). Damit wird die Jugendphase *per se* zur Phase des Risikos. Gleichzeitig gibt es Jugendliche, die besonders anfällig sind, die ein besonders hohes Risiko tragen, in einen Prozess der „capability deprivation" einzutreten. Nach Beck, Sen und Bourdieu sind diese „extreme vulnerable" jungen Menschen nicht gleichmässig in einer Gesellschaft verteilt. Sie finden sich in bestimmten Feldern des sozialen Raums konzentriert (z.B. ökonomisch mit wenig Ressourcen, sozial mit geringer Vernetzung, belasteten Familienbeziehungen, schulisch schlecht gerüstet). Dabei können die jungen Erwachsenen nicht auf ihre ökonomischen Handlungsfähigkeiten reduziert werden, denn sie stehen ja gerade erst an der Schwelle zum Berufsleben und damit zur ökonomischen Unabhängigkeit von ihren Eltern. In dieser Übergangsphase ist die Ausstattung mit sozialem und kulturellem Kapital weit bedeutender: Die jungen Erwachsenen müssen Wege in den Arbeitsmarkt finden, müssen sich dort positionieren, müssen Fragen der Ausbildung und Weiterbildung klären und ihren Wohn- und Arbeitssitz definieren (oftmals haben junge Erwachsene erstmals mit dem Berufseintritt die Chance, auch residentiell von ihren Eltern unabhängig zu sein). Die folgenden Ausführungen verstehen sich also als Explikation der These, dass die Handlungsfähigkeiten der „young urban poor" aus der Ausstattung mit kulturellem, sozialem *und* ökonomischem Kapital resultieren und dass letzteres keineswegs - wie etwa bei Personen mittleren Alters - die zentrale Determinante ist, sondern im Gegensatz zu den beiden anderen Kapitalien eher indirekt (über die Ausstattung der Eltern) wirkt und damit auch andere Bewältigungsstrategien bei Unterausstattung zur Folge hat.

Im physischen Raum finden diese sozialen Positionen ihre Übersetzung, Verstärkung und Verdichtung insbesondere in den Agglomerationsräumen. Zugänge und Berechtigungen konzentrieren sich stärker, sind exklusiver, werden durch soziale Schliessungsstrategien zu bewahren versucht. Nicht das Vorhandensein solcher Strategien unterscheidet Stadt und Land voneinander, sondern die Dynamik, die sich daraus ergibt. Städte werden zu Vorreiterinnen von Individualisierung und Pluralisierung (Beck & Beck-Gernsheim 1994b, 16), zu Orten, an denen krisenhafte Verläufe zuerst und besonders deutlich sichtbar werden (z.B. Heitmeyer, Dollase et al. 1998; Lefèbvre 1976), zu Orten höchster Polarisierung, wo die Frage nach dem Zusammenhalt der Gesellschaft auftaucht (Heitmeyer 1997). Es ist die Dialektik der *Folgen der Individualisierung bei jungen Erwachsenen* und der *Folgen der Modernisierung im städtischen Raum*, die die „young urban poor" charakterisiert, wie im Folgenden gezeigt werden soll.

4 „Young urban poor" - Verarmungsprozesse („capability deprivation") in städtischen Räumen

4.1 Folgen der Individualisierung bei Jugendlichen und jungen Erwachsenen: Destabilisierung, Risiko und Armut

4.1.1 Beziehungskapital im Zeichen familialer Entwicklungspfade

„Die gesellschaftliche Krise hat die Jugend erreicht" lautete einer der zentralen Sätze der 12. Shell-Studie (Deutsche Shell 1997, 13). Drei Jahre später plädierte die Folgestudie für eine optimistischere Zukunftssicht. Die Hälfte aller Jugendlichen beurteilten ihre persönliche Zukunft eher zuversichtlich. „Dennoch lässt sich nicht von einer jungen Generation ‚unbekümmerter Optimisten' sprechen." (Deutsche Shell 2000, 13) Vielmehr entscheide sich Zuversicht oder Zukunftsangst in Abhängigkeit von der individuellen Ausstattung eines jungen Menschen mit Bildung (kulturellem Kapital), Unterstützung durch die Eltern (sozialem Kapital) und Selbstvertrauen.

Der soziale Nahraum, also „das Gefüge mehr oder minder dauerhafter sozialer Beziehungen" (Bundesministerium für Familie - Senioren - Frauen und Jugend 2002, 122), spielt für junge Menschen eine zentrale Rolle. Insbesondere die Familie ist der Ort des Lernens und Erfahrens. Das Zusammenleben der unterschiedlichen Generationen und Geschlechter, die Phasen der Zustimmung und des Konflikts beeinflussen die Entwicklung des Kindes und Jugendlichen zu einer eigenständigen Persönlichkeit. Zwar gibt es nach Vaskovics nach wie vor einen „Hauptstrom" bei der Gestaltung familialer Entwicklungsverläufe:

> „Kurzes Single-Dasein (meist durch Studium oder den Arbeitsplatz bedingt), nicht eheliche Lebensgemeinschaft (durchschnittliche Dauer von vier bis fünf Jahren), Elternschaft (meist nach der Eheschliessung oder kurz davor)." (Vaskovics 2001, 241)

Doch neben diesem typischen Entwicklungspfad gibt es eine Reihe von „schwach besetzten Nebenströmen": Wir können heute zwischen Ein-Kind-Familien, allein Erziehenden, Patchworkfamilien (Eltern gehen neue Beziehungen und neue Elternschaften ein), homosexuellen Ehen etc. unterscheiden. Die gesellschaftliche Ausdifferenzierung hat auch in der Schweiz bei den Familienformen keineswegs zu einem Versiegen des Hauptstromes geführt, wohl aber zu Veränderungen seiner Konturen. Insbesondere ergeben sich daraus Folgen für die Ausstattung eines jungen Menschen mit sozialem Kapital:[75]
Paarbeziehungen sind wesentlich zerbrechlicher geworden. Innerhalb von 20 Jahren (1970 bis 1990) stieg der Anteil der Auflösungen von Paarhaushalten (verheiratet und unverheiratet) auf heute über 30% (diese und alle weiteren statistischen Angaben zur Familie in der Schweiz aus Bundesamt für Statistik in: Haug 2002).

---

[75] Höpflinger hat in einem empirischen Vergleich den Wandel der familialen Lebensformen in 17 europäischen Ländern skizziert und kommt dabei zum Ergebnis, dass eher von einer Koexistenz denn einer Auflösung traditioneller und moderner Lebens- und Familienformen gesprochen werden sollte. So genannte „postmoderne" Lebensformen stellt er in den skandinavischen Ländern fest, wobei die „enormen Differenzen in Sozial- und Familienpolitik zwischen den europäischen Ländern (...) solche Unterschiede zukünftig noch verstärken [können]" (Höpflinger 1997, 128). Auf der anderen Seite stellt Höpflinger aber eine allgemeine Entwicklung hin zu kleinen Haushalten und kleinen Familien, Verbreitung vorfamilialer Lebensformen und verzögerte Familiengründung, Entinstitutionalisierung und Entstabilisierung der Ehe sowie einen steigenden Anteil erwerbstätiger Mütter fest. Dennoch: „Die These, dass Modernisierung zwangsläufig zur Auflösung verwandtschaftlicher Beziehungen führt, lässt sich in dieser Form kaum bestätigen. Trotz veränderter familialer Strukturen findet die oft geäusserte Vermutung, familial-verwandtschaftliche Beziehungen hätten in den letzten Jahrzehnten an Intensität eingebüsst, keine klare empirische Unterstützung." (Ebd., 125)

Die Zahl der Kinder, deren Eltern an ihrem 20. Geburtstag nicht mehr zusammenleben, hat sich in den Jahren von 1970 bis 1990 verdoppelt. Heute lebt in der Schweiz ungefähr jedes siebte Kind in einem Einelternhaushalt. Bei mehr als 20% aller Kinder haben sich die Eltern vor dem 15. Lebensjahr getrennt (Verdreifachung gegenüber 1970). Ungefähr 40% der Mütter in Paarhaushalten mit Kindern arbeiten nicht mehr oder nur sehr wenige Stunden ausser Haus. 70 Prozent aller Frauen mit einem Kind unter einem Jahr sind nicht erwerbstätig. Noch fünf Jahre nach der Geburt des ersten Kindes beklagt jede dritte nicht erwerbstätige Mutter ihre soziale Isolation. Nur knapp zehn Prozent sind im fünften Jahr nach der Geburt ihres Kindes mit ihrer Situation zufrieden (Raulf 1998, 77).

Allein erziehende Mütter können sich weit weniger vom Erwerbsleben zurückziehen. Fast 30% aller Einelternhaushalte gehören heute zu den „working poor". Leu et al. errechnen in ihrer schweizerischen Studie für allein Erziehende einen Armutsfaktor von 2,18 (Leu, Burri et al. 1997, 155). Das heisst, allein Erziehende haben ein 2,18-mal grösseres Risiko, unter die Armutsgrenze zu fallen als der Durchschnitt der Bevölkerung. Suter kommt zu dem Ergebnis, dass allein erziehende Mütter mit mehr Mangellagen als nur den finanziellen umgehen lernen müssen. Eingeschränkte Bildungsperspektiven, unzureichende Wohnsituation, soziale Isolation, gesundheitliche Probleme und fehlende Betreuungseinrichtungen führen bei ihnen und ihren Kindern zu schwerwiegenden Einschränkungen der Lebensqualität (Suter, Budowski et al. 1996, 26).

Einelternfamilien und Familien mit drei und mehr Kindern (18% aller Familien) befinden sich wirtschaftlich am häufigsten in Armutssituationen (Haug 2002). Eine Studie von Bauer (1998) hat die direkten Kinderkosten (bis ein Kind das 20. Lebensalter erreicht hat) eines einkommensdurchschnittlichen Mittelstandshaushaltes auf rund 340000 Franken für das erste Kind und auf 150000 bis 180000 Fr. für jedes weitere Kind geschätzt. Familiengründung hat damit gravierende Mehrausgaben zur Folge. Aber auch Mindereinnahmen: Die Opportunitätskosten werden insgesamt auf 460000 Fr. geschätzt. Auf die Jahresausgaben der Schweiz gerechnet, bedeutet das eine Summe von 22 Milliarden Franken direkter Kinderkosten (gegenüber 4,8 Milliarden Fr. ausgezahltem Kindergeld z.B. im Jahr 1998). Während also auf der einen Seite Familien mit der Zahl ihrer Kinder in zunehmend prekäre Lebenslagen geraten, stehen am anderen Ende des Kontinuums die „Dinks" (double income, no kids) und die „Yuppies" (young urban professionals), die Lebensstile realisieren können, die ohne familiären Kompromiss auf Basis selbstgesetzter Zielfunktionen und weitgehender finanzieller Freiheiten definiert sind.

Wenn Erwerbs- und Hausarbeit kumuliert werden, arbeiten allein erziehende Frauen rund 70 Stunden pro Woche, Eltern mit Kindern je ca. 60 Stunden, Partner in Haushalten ohne Kinder je 40-45 Stunden (Haug 2002). Auch bei „klassischen" Familien stellt sich die Notwendigkeit, dass beide Elternteile arbeiten müssen. „Spagat-Ehen" oder „InterCity-Familien", wie sie für Deutschland nachgewiesen werden, finden sich in Form der „Türklinkenfamilien" (Vater und Mutter geben sich die Türklinke in die Hand, wechseln sich „nahtlos" in der Kinderbetreuung ab) auch in der Schweiz. In der Folge nimmt die in Kinder investierte soziale Zeit ab, viele Kinder wachsen sprachlich unterversorgt auf.

Die Verwandten und insbesondere die Grosseltern sind die wichtigste Ressource für externe Kinderbetreuung in der Schweiz, wenn es um zeitlich begrenzte Hilfen geht (maximal einmal pro Woche). Erst dann wird auf externe professionelle Unterstützungsangebote zurückgegriffen. Dies heisst aber auch, dass die vermehrte Erwerbstätigkeit beider Elternteile zwingend mit dem Ausbau externer Kinderbetreuungsangebote einhergehen muss (Haug 2002).

Familien in der Schweiz verfügen heute über unterschiedliche kulturelle Erfahrungshorizonte. Im Jahr 2000 hatte jedes vierte Kind eine ausländische Nationalität. 15 Prozent aller Neugeborenen hatten entweder eine Mutter oder einen Vater mit nichtschweizerischer Nationalität. Rund ein Viertel aller in der Schweiz lebenden Ausländerinnen und Ausländer sind in diesem Land geboren. Bei den Migrationskindern unter 15 Jahren sind sogar 60% in der Schweiz geboren (vgl. Lanfranchi 2002, 43).

Nach Lanfranchi ist die Situation von Kindern und Jugendlichen aus eingewanderten Familien alles andere als einheitlich, oft reichen die Erfahrungen von Migrations- über Flucht- bis zur Kriegserfahrung (siehe zum Stand der Diskussion Reinhardt 2002). Ein Teil von ihnen wächst in psychosozial belasteten Verhältnissen auf, die Mehrheit lebt jedoch „wohlbehütet" ohne übermässige Risiken; ein Teil von ihnen hat besondere, unter anderem sonderpädagogisch relevante Bedürfnisse und steckt in so genannten „Kulturkonflikten", die Mehrheit jedoch verfügt über „Konfliktkultur", baut ohne grössere Anstrengungen eine multikulturelle Identität auf und ist in die Gesellschaft integriert (Lanfranchi 2002, 44). Studien aus Deutschland führen an, dass die objektiv schlechteren Lebensumstände sich nicht auf das subjektive Wohlbefinden auswirken, weil die Bezugsgruppen entscheidend für die Beurteilung sind und Immigranten ihre „im Gastland erfahrenen Lebensumstände und Prestigepositionen in Relation zum Lebensstandard und zu Normen und Wertschätzungen in ihrem Herkunftsland bewerten" (Klocke & Mansel 1996, 207).

Der bisherige Forschungsstand zeigt, dass die Veränderungen in Familienformen und ihren Kontexten dazu führen, dass Kinder und Jugendliche vor einem sehr disparaten Hintergrund und mit einer sehr unterschiedlichen Ausstattung an Beziehungskapital und kulturellem Kapital (vor allem in inkorporierter Form) in Schule, Freizeit und Arbeits-/Ausbildungsplatz zusammentreffen. Es kann keineswegs mehr davon gesprochen werden, dass „klassische" Formen von Familie und Elternschaft für die Jugendlichen selbstverständlich bzw. identitätsprägend sind. Es gilt aber auch nicht, dass Defizite dort in erster Linie vorhanden sind, wo Familien unvollständig, wo Elternteile arbeitslos oder wo Migrationserfahrungen vorhanden sind. Vielmehr zeichnet es den gesellschaftlichen Ausdifferenzierungs-, Pluralisierungs- und Individualisierungsprozess aus, dass die Risiken des Aufwachsens in modernen Gesellschaften durchaus quer zu den gängigen Kategorien von Nationalität, Geschlecht, Wohnort oder Familienformen verlaufen. Diese transkategoriale Eigenschaft bestätigt auch der UNICEF-Bericht über die Lage von Kindern und Jugendlichen in der Schweiz, wenn er davon spricht, dass Kinder *generell* vermehrt unter den gleichen Krankheiten wie Erwachsene, d.h. Stress, Leistungsdruck, Angst vor familiären Spannungen leiden und dass wichtige Aspekte für eine gesunde Entwicklung, wie etwa stabile, tragfähige Beziehungen und Strukturen, überlastet sind oder gänzlich entfallen.

> „Vor ähnliche Probleme wie ihre Eltern gestellt, reagieren sie trotz ihrer jungen Jahre bereits wie Erwachsene mit Schlaflosigkeit, Erschöpfungszuständen, Allergien, Essstörungen, Depressionen, Medikamentenmissbrauch und Drogen." (UNICEF Schweiz 1999)

Brinkhoff (1996, 27) hält zudem fest, dass es sich weniger um eine Auflösung oder einen Verlust der Bezugssysteme als eher um ihren Wandel handelt. Dieser Wandel ist nach Mansel durch zwei parallele Verläufe gekennzeichnet: Einerseits erleichtern die veränderten Bedingungen des Aufwachsens die Bewältigung von Entwicklungsaufgaben und „fördern in diesem Sinne die produktive Auseinandersetzung des Subjektes mit den Umweltbedingungen" (Mansel 1996, 10). Andererseits sind die Veränderungen aber auch gleichzusetzen mit zunehmend schwerer einzulösenden Anforderungen und damit höheren Belastungen. In jedem Fall hinterlassen die veränderten Rahmenbedingungen „deutliche Spuren im Prozess der Entfaltung der Subjekte und deren Wahrnehmungs-, Aneignungs- und Verarbeitungsmodalitäten der biographischen Erlebnisse" (ebd., 10).[76]

Der elfte Kinder- und Jugendbericht Deutschlands fasst die Forschungsergebnisse zur familialen Sozialisation zusammen und stellt eine ambivalente Situation fest:

> „Sie [die Familie, M.D.] wird für eine gelingende Biographie von Kindern und Jugendlichen (...) wichtig und unwichtig zugleich. Sie wird unwichtig, insofern die empirisch zu beobachtende Heterogenisierung der Bedingungen des Aufwachsens zu einem allmählichen Bedeutungsverlust der familiären Herkunft als soziale Zuschreibung und als Moment subjektiver Identitätsfindung führen kann. Gleichzeitig aber steigt die Bedeutung familiär vermittelter kognitiver, emotionaler, materieller und kultureller Ressourcen für die Gestaltung der eigenen Biographie." (Bundesministerium für Familie - Senioren - Frauen und Jugend 2002, 126)

4.1.2 Kulturelles und soziales Kapital in der Jugendkultur

Der Wandel in den familiären Konturen findet seine Fortsetzung im Sozialisationsverlauf Jugendlicher. Die Sozialisationsforschung der 1980er Jahre führte Begriffe ein wie den der „doppelten Individualisierung" (Baethge 1985, 102), um darauf hinzuweisen, dass in der Sozialisation zunehmend Formen individueller Identitätsbildung Platz finden und Prozesse kollektiver Identitätsbildung an Bedeutung verlieren. Am Ende missglückter Identitätsbildung steht der gesellschaftliche Ausschluss:

> „Wie der Verlust an kollektiver Identitätsbildung, der in den Sozialisationsprozess vorgreift, wettgemacht werden kann und nicht zu existenzbedrohender Desintegration führt, ist vielleicht das entscheidende ungelöste Problem der bürgerlichen Gesellschaft." (Ebd., 112)

Die neuere Sozialisationsforschung vermeidet diese Linearität, konzentriert sich eher auf Verläufe. Nach Brater (1998) beispielsweise hatten „frühere Jugendgenerationen ‚nur' das Problem, ab der Pubertät individuell und bewusst den Anschluss an die Aussenwelt zu finden und die in der individuellen Biographie als privates Erlebnis aufgetretene Kluft zwischen Innen und Aussen, Ich und Welt zu überwinden" (ebd., 149). Im Jugendalter besteht die Notwendigkeit, Fragen wie „Wie gehe ich mit dem anderen Geschlecht um?", „Wie finde ich meinen Beruf?", „Soll ich eine Familie gründen?", „Welchen Lebensweg will ich gehen?", „Welchem Menschenbild will ich folgen?" für sich zu beantworten. Heute fehlen allerdings die gesellschaftlichen Normen, die Jugendlichen werden in der Beantwortung weitgehend sich selbst überlassen. Die Jugendphase ist somit kein transitorischer Abschnitt mehr zwischen „den relativ klaren und festen Werten der Kindheit und des Erwachsenenalters", sondern ein „entwicklungsoffener Prozess", in dem zahlreiche „Einzelindividuen" ihre soziale Wirklichkeit individuell zu konstruieren haben (ebd., 150). Wie in einem Brennglas sich die Energie der Sonne bündelt, so bündeln sich im Jugendalter Risiken und Überforderungen des Individualisierungsprozesses. Gleichzeitig ist aber in diesem Lebensalter noch kein stabiles Selbstkonzept ausgebildet. Damit wird von den Jugendlichen etwas verlangt, wofür die persönlichen Voraussetzungen noch gar nicht gegeben sein können.

Auch Keupp et al. (2002) entfernen sich von der weitgehend statischen Identitätsvorstellung bei Erikson, gehen sogar noch einen Schritt weiter:

---

[76] Es sei an dieser Stelle angemerkt, dass auch die These von der Herauslösung der Kinder und Jugendlichen aus stabilen Familienbeziehungen und der negativen Folgen für ihren Sozialisationsprozess keineswegs unumstritten ist. Bertram und Kreher beispielsweise haben anhand von empirischen Daten aus den Jahren seit 1913 nachzeichnen können, dass die Chance von Kindern, gemeinsam mit beiden leiblichen Eltern aufwachsen zu können, im 20. Jahrhundert weitaus grösser war als in der Zeit zuvor. „Daher ist nur schwer nachzuvollziehen, dass Wissenschaftler die Krisenhaftigkeit von Eltern-Kind-Beziehungen und die Gefahr, dass Kinder nicht in stabilen Verhältnissen aufwachsen, beklagen. (...) Wenn man (...) berücksichtigt, dass der Anteil der Kinder, die in Heimen und anderen Einrichtungen fremduntergebracht sind, deutlich zurückgegangen ist (...), lässt sich sogar von einer Familiierung des kindlichen Aufwachsens in unserer Gesellschaft sprechen." (Bertram & Kreher 1996, 21)

> „Mit unserem Projekt verfolgen wir das Ziel, Identitätsarbeit als aktive Passungsleistung des Subjekts unter den Bedingungen einer individualisierten Gesellschaft zu begreifen (...). Identität verstehen wir als das individuelle Rahmenkonzept einer Person, innerhalb dessen sie ihre Erfahrungen interpretiert und das ihr als Basis für alltägliche Identitätsarbeit dient." (Keupp, Ahbe et al. 2002, 60)

Damit erhält die Identitätsbildung den Rang einer alltäglichen Aufgabe; stabile Identitäten (nach Erikson braucht Identität Kohärenz und Kontinuität) zeichnen sich dann nicht mehr dadurch aus, dass sie - einmal gebildet - einen Menschen durch eine Lebensphase leiten. Ganz im Gegenteil ist dieses „Inventar kopierbarer Identitätsmuster ausgezehrt" (ebd., 60). Der Prozess der Identitätsbildung wird vielmehr zum täglichen „Balance-Akt" (Beck-Gernsheim 1994, 123). Es ist ein Such- und Entwicklungsprozess des „Sich-selber-Findens". Damit wird die Identität selbstreflexiv und „janusköpfig", denn sie beinhaltet „sowohl Befreiung als auch Entwurzelung, und für die Subjekte ist sie Chance und Bürde in einem" (Keupp, Ahbe et al. 2002, 71).

In den letzten Jahren sind von Seiten der Forschung, aber auch der Praxis verschiedene Begrifflichkeiten für diese Janusköpfigkeit und ihre Folgen für das Aufwachsen junger Menschen vorgeschlagen worden, die von der „Generation X" (Coupland 1992), über die „Generation N" bzw. ihre Varianten der „Net Kids" (Tapscott 1998) und „Generation@" (Opaschowski 1999) bis hin zur „Generation der HandyKids" (Freesemann & Breithecker 2003) reichen (siehe zusammenfassend zum Wandel der Vermittlungskulturen bei Jugendlichen z.B. Höflich & Gebhardt 2003). Diese Konzepte suchen im Leben Jugendlicher und junger Erwachsener nach *der* Konstanten, anhand derer sich die Generation typischerweise beschreiben lässt und von der aus Massnahmen ihrer Integration abgeleitet werden können.

Diesen generalisierenden Ansätzen stehen solche Konzepte gegenüber, die Prozesse der Identitätskonstruktion nicht per se als problematisch ansehen. So ist aus der Kritik an Couplands Versuch, die heutige Jugendgeneration als „Generation X", also als eine Art Platzhalter zu bezeichnen, deren einzige Konstante im Leben der Bruch mit dem Karrieredenken ihrer Eltern ist, der Begriff der „Tugend der Orientierungslosigkeit" (Goebel & Clermont 1999) entstanden. Goebel und Clermont zufolge stimmt die These des gesellschaftlichen Wertezerfalls keinesfalls, vielmehr handelt es sich um eine Werteverschiebung (ebd., 11). Das Wertevakuum ist nicht nur negativ zu beurteilen. Im Gegenteil bilden gerade die Vielfalt und Widersprüchlichkeit von Einstellungen und Selbstbezügen das Fundament, das das Gebäude der Zivilgesellschaft dauerhaft stabilisiert. Und die Orientierungslosigkeit bietet die Chance, das eigene Tun nicht mehr permanent rechtfertigen zu müssen. Der Lebensästhet - der Prototyp der von Goebel und Clermont konstruierten Jugendgeneration - lässt sich durch keine gängigen Dimensionen erfassen. Genauso wie er permanent beschäftigt ist, ist er permanent arbeitslos. Ein lebenslanges Vollarbeitsverhältnis vermag er nur unter der Voraussetzung zu ertragen, jederzeit wieder eigene Wege gehen zu können (ebd., 139).

> „Dennoch, und nichts anderes beschreibt die Tugend der Orientierungslosigkeit, thront der Lebensästhet als kleiner Herrscher in einem Königreich bestimmter Patchworkmoral und determinierter Wertezusammenhänge. Und wie alle autonomen Regierungen erlauben diese „kleinen Nationen" auch nur bedingt das Eindringen fremder Ansichten und Wertekonstruktionen in den eigenen Staatsraum." (Ebd., 91)

Thalmann-Herreth (2001) spricht von der „sophisticated generation" und meint damit, dass sich die Jugendlichen und jungen Erwachsenen seit den 1990er Jahren in einem „Schwebezustand" befinden, der faktisch ihr ganzes Dasein bestimmt. Als Kehrseite dieser Haltung können nach Thalmann-Herreth depressive Verstimmungen und Gefühle der Selbstentfremdung entstehen:

> „Wenn man sich entscheiden muss, scheint etwas verloren zu gehen von diesem prallen Leben, das überall so greifbar scheint. Viele verschiedene Dinge sind erstrebenswert - oder eben alle gleich unwichtig. Wenn die Bedeutungshierarchie von Dingen für das persönliche Leben nicht klar ist, verwischen sich Figur und Hintergrund vom Lebenspanorama." (Thalmann-Hereth 2001, 26)

Die „Entthronung der Familie" und das entstehende Orientierungsvakuum wurde jüngst von einem Zweig der Sozialisationsforschung aufgegriffen und hat zur Renaissance des Konzeptes der „Selbstsozialisation" geführt (aktuell z.B. die Beiträge in der Zeitschrift für Soziologie der Erziehung und Sozialisation 2002). Unter Selbstsozialisation wird verstanden, dass der teilweise Rückzug der Eltern und Verwandten, aber auch der Schulpädagoginnen und Schulpädagogen aus dem Prozess des Aufwachsens von den Jugendlichen selbst kompensiert wird resp. diese aktiv eigene Zielsetzungen und eine Handlungslogik für den Umgang mit der Umwelt entwickeln (vgl. Zinnecker 2000). Jugendliche sind damit zu reflexiver Selbstkontrolle gefordert - aber auch gezwungen - weil „ein schneller gesellschaftlicher Wandel in den Ausbildungs-, Arbeits- und Wertsystemen eine immer neue subjektive Standortbestimmung verlangt, die gerade im Jugendalter als der formativsten Phase im menschlichen Lebenslauf überzeugend geleistet werden muss" (Hurrelmann 2002, 156).

Verstärkend und unterstützend im Prozess der Selbstsozialisation wirkt die Gleichaltrigengruppe. Sie gilt als „Interaktionsfeld, in dem Jugendliche ihre Selbstbilder entwerfen und ausprobieren und wo sie entsprechende Anerkennung finden können" (Wetzstein & Würtz 2001, 350). Hier erfahren Jugendliche Rückhalt in einer Phase, in der sich ein kritisches Potenzial herausbilden kann, das auch auf eine humane Weiterentwicklung der Gesellschaft ausgerichtet ist. Aufbauend auf der sozialisationstheoretischen Erklärung von Döbert, Habermas und Nunner-Winkler werden Jugendkulturen heute angesehen als problemlösendes Angebot, da die gesellschaftlichen Vorkehrungen und Einrichtungen (Schulsystem, Familie etc.) keinen hinreichenden Orientierungs- und Sozialisationsbeitrag in der modernen Welt mehr zu leisten vermögen (siehe Döbert, Habermas et al. 1980). Aus der Zugehörigkeit zu Jugendgruppen leiten junge Menschen also einen (grösser werdenden) Teil ihrer Identität und ihrer Ausstattung mit kulturellem Kapital ab, wobei dort nicht nur über Fragen von Konsum und Freizeitgestaltung debattiert wird, sondern durchaus auch brisante Themen wie Umweltverschmutzung oder Krieg besprochen werden (vgl. z.B. Baacke 1999).[77]

HipHop, TriHop, Rap oder Acid-Jazz; Skater, Boarder oder Bahn-Surfer; Skins, Punks oder Autonome; Girlies und Babes; Cyberpunks, Star-Trecker oder LAN-Partyfans: Längst schon identifizieren sich die Gleichaltrigengruppen nicht mehr alleine mit ihren eigenen Mitgliedern, sondern richten ihre Sozialisationsziele auf die Idole und Symbole einer übergeordneten Jugendkultur aus. Dabei hat die Pluralität der Jugendkulturen dazu geführt, dass für nahezu jeden jungen Menschen „etwas Passendes" dabei ist. Es wird bisweilen sogar von einem „Rückzug in die Jugendkultur" gesprochen (Röthlisberger 1997): Nach der starken emotionalen Bindung an die Eltern orientieren sich die Jugendlichen zunehmend an der Gleichaltrigengruppe, mit der sie die Ich-Akzentuierung verstärken. Jugendkulturen werden so aus dem Rang einer biologischen Kategorie gehoben und werden zur sozialen Gegebenheit, zur gesellschaftlichen Tatsache, zur Vermittlungsagentur des Erwerbs von kulturellem Kapital und damit von Handlungsfähigkeiten:

---

[77] Darauf, dass Jugendkulturen durchaus nicht nur Risikoverhaltensweisen oder konsumistisches Verhalten produzieren, wurde bereits in den 1960er Jahren hingewiesen (z.B. Bell 1965; Eisenstadt 1966). Habermas verband dabei makro-soziologische und entwicklungspsychologische Thesen und konstruierte eine sozialisationstheoretische Erklärung (Habermas 1976). Demnach führen die sich verschärfenden Legitimationsprobleme im Spätkapitalismus dazu, dass die Adoleszenz zunehmend heftiger verläuft - eine günstige Voraussetzung für die Überwindung einer konventionellen Rollenidentität, in deren Folge sich im Jugendalter „Ich-Identität" (Erikson 1988) entwickelt, die zugleich ein systemkritisches Potenzial darstellt. Während in den Folgejahren die makro-soziologische Teilthese der sich verschärfenden Legitimationsprobleme des Kapitalismus zunehmend empirisch widerlegt wurde, stützen Studien über Jugendliche beispielsweise aus der Friedens- und Ökologiebewegung die Annahme, dass während der Adoleszenz die Ich-Identität gefördert wird (vgl. dazu Tillmann 1997).

> „Die Jugend hat sich in der modernen Gesellschaft gewandelt. Pluralisierung und Individualisierung, Merkmale einer modernen Gesellschaft, sind damit auch in den Lebenswelten der Jugendlichen zentral geworden. Individuelle Autonomie, die Offenheit der Option für Lebensformen und Lebensgestaltung ist bestimmend. Der oder die Einzelne muss heute immer offen sein für Neues, den Trend der Zeit erfassen. Jugendliche sind ständig in Bewegung, permanent auf der Suche nach Selbstverwirklichung. Ein Erstarren verhindert ihnen die Durchgangsmöglichkeit durch die verschiedenen sozialen Welten und reduziert ihre Erlebnismöglichkeiten." (Isler 1997, 9)

Die Medien nutzen diese psychosoziale Lage junger Menschen und versuchen den Übergang vom abhängigen Kind zum stärker eigenverantwortlichen Erwachsenen, wo Rollenklärung notwendig und Rollenunsicherheit zu überwinden ist, zu beeinflussen und damit vorzugeben, welches jugendkulturelle Kapital sinnvollerweise zu erwerben sei. Mit Hilfe von Symbolen wie Alexander Klaws und Daniel Kübelböck (aus: „Deutschland sucht den Superstar"), Slatko (aus: „Big Brother") oder den Bro'Sis (aus: „Popstars") versuchen sie, Jugendliche in eine Scheinwelt von Heldinnen und Helden zu entführen, obschon diese aus einer Bewerberzahl von über 100000 Personen herausgefiltert wurden. Gewinner dieses Spektakels (zumindest einmal dazuzugehören zu den scheinbar „ganz Grossen dieser Welt"), sind die Konsumgüterindustrie, die Werbeindustrie und die Sendeanstalten: Sie machen es sich zu Nutze, dass - wie Ecarius (1996, 200) gezeigt hat - das Tragen jugendlicher Embleme (z.B. solche, für die die Gewinnerinnen und Gewinner anschliessend in den Medien werben) zur Erhöhung des kulturellen Status beiträgt.[78]

Nach Joos (2001, 181) trägt der Bedeutungszuwachs der Freizeitaktivitäten bereits im Kindesalter dazu bei, dass die soziale Reproduktion nicht mehr der unmittelbaren Kontrolle der Familie unterliegt. Dadurch werden die „spezifischen Märkte" (oder mit Bourdieus Begriff: Felder), an denen kulturelle Statussymbole gehandelt werden, immer bedeutsamer und Kinder bereits früh an diesem „Wettbewerb um kulturelle Karrieren und Titel" beteiligt (Sportkarrieren, Trendsportarten, „fashion leaders"). Insbesondere aber dort, wo sich junge Menschen diese Konsumbedürfnisse eigentlich nicht leisten können, resultieren sozialisationsrelevante Probleme: Junge Mädchen verschulden sich, weil die Handy-Rechnungen die Summe des Taschengeldes übersteigt; ein junger Mann trennt sich von seiner Freundin, weil die nicht seinen „Idealvorstellungen" entspricht; eine junge Frau hungert sich mager, um das Körpergewicht und den -Umfang ihres Idols zu erreichen (siehe dazu ausführlicher Ferchhoff 1997).

Ecarius (1996, 201) stellt die These auf, dass gerade in den ersten zwei bis drei Lebensjahrzehnten die soziale Laufbahn dem Aufbau von kulturellem Kapital dient, vor allem in Form des inkorporierten Kapitals. Bereits in der Kindheit geht es um das Erlernen von sozialen Umgangsformen, durch Schreiben und Lesen werden Kinder und Jugendliche auf die Kultur, in der sie einen Grossteil ihrer Lebenszeit verbringen werden, vorbereitet.

> „Beim Erwerb von kulturellem Kapital geht es darum, die jeweiligen Angebote der altersspezifischen Sozialräume nutzbringend auszuschöpfen und in die soziale Laufbahn als körpergebundenes Kapital einzubauen." (Ecarius 1996, 201)

Jugendforschung ist derzeit noch nicht in der Lage, eine umfassende Interpretation des Zusammenspiels zwischen Gleichaltrigen, Jugendkulturen und Subkulturen im Prozess des Erwachsenwerdens und dem Erwerb von sozialem und kulturellem Kapital zu liefern (siehe

---

[78] Selbstverständlich übernehmen die Medien mit diesen Serien auch einen integrierenden Auftrag. Gewinner/in ist ja eben nie der revoltierende Jugendliche, sondern der sympathische Schönling oder der liebenswerte Sonderling, der sich von der erwachsenen Jury mit allen Insignien der Leistungsgesellschaft und einer erwünschten Elternhaftigkeit bewerten lässt und diese Bewertung dann auch anerkennt. Dies wirkt auf Affirmation und Anpassung hin, Fernsehen übernimmt die im Alltag fehlende Vorbildfunktion, transportiert gesellschaftliche Anforderungen („streng dich an", „sei selbstbewusst", „bleib bescheiden" etc.) und wirkt so der Pluralisierung entgegen.

dazu ausführlicher die Beiträge in Furlong & Guidikova 2001). Die These von der positiven Bedeutung der Selbstsozialisation muss deshalb durchaus ambivalent interpretiert werden.

Aus Sicht der Ungleichheits- und Armutsforschung stellt Geulen fest, dass Individuen ungleiche Chancen haben, sich zu gesellschaftlich handlungsfähigen Subjekten zu bilden, der Selbstsozialisationsbegriff also die real existierenden Mobilitätsbarrieren verschleiert (Geulen 2002). Dass bei der Bewältigung von Entwicklungsaufgaben und damit beim eigenen Gestaltungsspielraum in der Selbstsozialisation gravierende Unterschiede nach Geschlecht, Nationalität oder sozialer Herkunft bestehen, darauf macht auch Bauer aufmerksam. Dass die gegenwärtige individualisierungstheoretisch geprägte Sozialisationsforschung diese Unterschiede weitgehend ausblendet, führt Bauer dazu, von einem „strukturlosen Subjektzentrismus" zu sprechen (Bauer 2002a, 130).[79] Die Vorstellung einer entstrukturierten Gesellschaft übersieht schlicht die stabilen Muster der Ungleichheitsreproduktion, die sich im Bildungsbereich besonderes herauslesen lässt. Insofern ist die Individualisierungsthese das „struktur- und handlungstheoretische Äquivalent zum Konzept der Selbstsozialisation" (ebd., 132). Bauer plädiert für eine erweiterte Sicht, die sowohl Aspekte der Selbstsozialisation als auch die Analyse der Struktur, unter der Sozialisation stattfindet, berücksichtigt. Kernstück seines Modells, das sich an die Theorie Bourdieus anlehnt, sind die Dispositionen und die an die soziale Herkunft angepassten Wahrnehmungs-, Denk- und Handlungsschemata, die sich zum „Habitus" verdichten. „Der Habitus ist das Scharnier zwischen der Integration in objektive soziale Strukturen und der dennoch nicht vollständig vorhersagbaren subjektiven Handlungspraxis" (ebd., 135). Das heisst, Jugendliche sind aktiv und immer wieder neu an der Konstruktion der sozialen Realität beteiligt. Der Habitus trägt dabei immer wieder zur Modifikation der sozialen Beziehungen bei. Es ist die Dialektik von Vergesellschaftung und Individuation, die für Bauer diese Prozesse am genauesten zu analysieren ermöglicht.

Dass die Gleichaltrigengruppe und der Rückzug in die Jugendkultur bei schwierigen Situationen des Aufwachsens Jugendlichen nur wenig substantielle Hilfe bietet, das zeigen auch Untersuchungen, die sich mit der Übergangssituation Schule - Beruf und dem Zusammenhang zwischen dem Erwerb von objektivierbarem kulturellem Kapital und sozialem Beziehungskapital beschäftigen (z.B. Drilling & Gautschin 2001; Drilling & Stäger 2000). In der Stadt Basel beispielsweise nahmen in den Jahren 1999 und 2000 rund ein Drittel aller 2500 nicht-gymnasialen Schülerinnen und Schüler innerhalb ihrer Schulzeit (9. und 10. Schuljahr) professionelle Begleitungs- und Beratungsangebote von Sozialarbeiterinnen und Sozialarbeitern in Anspruch. Bei den Themen dominierten solche, die in die Familie reichen (Ärger mit den Eltern, Gewalt im Elternhaus), aber auch solche, die sich auf die einzelne Person beziehen (Essstörungen, Suizidversuche). Für einen beachtlichen Teil der Jugendlichen sind Jugendkulturen dabei ein Artefakt. Antworten auf reale Problemlagen geben sie kaum und liefern auch nur teilweise Hilfestellungen bei der Bewältigung jugendspezifischer Entwicklungsaufgaben. Der Aufbau einer kritischen Ich-Identität ist damit nicht gewährleistet. „Für manche Jugendliche resultieren daraus Krisenerscheinungen, die sich geschlechtsspezifisch in unterschiedlichen Formen und Bereichen zeigen." (Drilling &

---

[79] Bauer zählt zur Sozialisationsforschung, die sich von schicht- und klassentheoretischen Vorstellungen abgewandt hat, insbesondere Arbeiten von Heitmeyer, Baacke, Mansel und Olk. Prominent hat Heitmeyer die Individualisierungsthese konsequent in verschiedenen Kontexten angewendet, zuerst im Zusammenhang mit dem Rechtsextremismus (Heitmeyer 1987). Dabei stellt er insbesondere auf die subjektive Seite des Individualisierungsprozesses mit ihren Schattenseiten der Vereinzelung ab. Diese enthält für Heitmeyer grosse soziale Desintegrationspotenziale, deren markanteste Kennzeichen in der Auflösung von Beziehungen zu anderen Personen, Institutionen und gesellschaftlichen Werten bestehen. Rechtsextreme Orientierungen resultieren dann aus der Vereinzelung, der Handlungsunsicherheit sowie Ohnmachtserfahrungen (zur Kritik an dieser Weiterentwicklung der Beckschen Thesen in der Jugendforschung siehe z.B. Tonn 1998).

Gautschin 2001, 305) Zudem zeigt die Feingliedrigkeit der Problembereiche, dass Übergänge in einer offenen Gesellschaft oftmals Überforderung bedeuten können. So können sich Krisen auf die gesamte Persönlichkeit auswirken und perspektivisch nicht nur gegenwarts-, sondern auch zukunftsgerichtet interpretiert werden. Dabei müssen Ambivalenzen ausgehalten werden, gerade in einer Zeit, „wo grosse Wahlmöglichkeiten bezüglich Werten, Normen und Lebensgestaltung bestehen, doch noch wenig griffige Vorbilder vorhanden sind" (ebd., 308).

Der Aufbau von Bewältigungsstrategien beim Lösen von Entwicklungsaufgaben (Havighurst 1950) und damit der Aufbau von kulturellem und sozialem Kapital wird so zu einer zentralen Aufgabe auch der sozialarbeiterischen Tätigkeit. Damit kommt neben der Familie, der Schule und den Gleichaltrigen insbesondere der Jugendhilfe sozialisationsrelevante Bedeutung zu (vgl. hierzu z.B. Drilling 2001).

4.1.3 Risikoverhaltensweisen und Jugendliche „at risk"

Biographien resultieren also aus dem mehr oder weniger intensiv begleiteten Such- und Erfahrungsprozess, an dessen Ende sich der junge Mensch in seinem physischen (z.B. Geschlecht, Hautfarbe), psychologischen (z.B. Persönlichkeitsmerkmale, Kompetenzen) und sozialen Kontext (z.B. soziale Rolle) positionieren und definieren muss (vgl. Nunner-Winkler 2000). Sich zu positionieren bedeutet, sich in einer aktiven Auseinandersetzung auf seine sozialen und kulturellen Fähigkeiten zu besinnen und diese in den verschiedenen Feldern einzusetzen. Wo Individuen auf anstehende Aufgaben und zu lösende Probleme keine adäquaten Bewältigungsstrategien entwickeln können, zeigen sie Risikoverhaltensweisen. Risiko wird dabei definiert als ein „Signal für eine objektiv problematische Ausgangskonstellation bei der Bewältigung von Entwicklungsaufgaben, ein Anzeichen für Schwierigkeiten in der normalen Entwicklung im Jugendalter" (Hurrelmann 2001, 115).

Die amerikanische Risikoforschung (z.B. Cairns 1996; Furstenberg, Cook et al. 1999; Jessor 1998) unterscheidet in Risikofaktoren, die auf einer individuellen Ebene (Selbstwertgefühl), der familialen Ebene (sozioökonomischer Status), der Ebene des sozialen Nahraums (Freunde, Gleichaltrigengruppe) und der mikro-gesellschaftlichen Ebene (Nachbarschaft) angesiedelt sind. In diesem Verständnis fliessen ökonomische, soziale und kulturelle Kapitalien zusammen und bündeln sich auf der Ebene von Individuen. Grundsätzlich kommt allen Risikofaktoren eine eigenständige Kraft zu. Alle Institutionen und Personen des umgebenden Systems (Familie, Freunde, Gleichaltrige, Nachbarschaft) können risikosteigernden aber auch risikominimierenden Einfluss ausüben. Raithel (2002, 381) macht zudem darauf aufmerksam, dass Risiken subjektbedingt sind und deshalb (im Gegensatz zu subjektunabhängigen Gefahren) „nicht nur Bedrohung, sondern auch Chance bedeuten und daher positiv oder negativ bewertet werden." Risikoverhalten zeigt sich in vielerlei Erscheinungsformen (zum aktuellen Stand der Forschung siehe z.B. Hurrelmann 2001; Merten 2003; Raithel 2001). Raithel (2002) unterscheidet in:

Gesundheitliches Risikoverhalten (z.B. Ernährung, Strassenverkehr, Lärm, ungeschützter Geschlechtsverkehr / Aids, Gewalt, Drogen, Sport, Hygiene, Alkohol, Tabak, Suizidalität, Mutproben);

delinquentes/kriminelles Risikoverhalten (z.B. illegale Drogen, (sexuelle) Gewalt, Sachbeschädigung, Diebstahl, Einbruch, „Hacken", Betrug, Vandalismus);

finanzielles Risikoverhalten (z.B. Konsum, Glücksspiel, Videospiele);

ökologisches Risikoverhalten (z.B. wilde, spontane Müllentsorgung).

Von den genannten Risikoverhaltensweisen sind das Gewaltverhalten (z.B. Gewalt an Schulen, siehe Drilling, Friedrich et al. 2002) und der Drogenkonsum (siehe Bundesamt für

Gesundheit 2003; Schmid, Delgrande Jordan et al. 2003) derzeit am besten dokumentiert und untersucht. Wissenschaftliche Studien weisen dabei darauf hin, dass illegaler und legaler Drogenkonsum sowie Delinquenz zu einem grossen Teil einerseits mit dem Beziehungskapital und seiner Qualität vor allem zu den Eltern und zu Gleichaltrigen, der Qualität und Anzahl von Freundschaften (insbesondere zu männlichen Freunden) und andererseits mit sozioökonomischen Merkmalen der Familie (Erziehungsstil, Einkommenshöhe) zusammenhängen (für die Gewaltdiskussion z.B. Kassis 2002; für Risikoverhalten z.B. Raithel 2001). Nach Angaben der Europäischen Union sind eine Reihe von Faktoren für delinquentes und Drogen konsumierendes Verhalten verantwortlich: benachteiligter Familienhintergrund (arbeitslose Eltern, fehlende Unterstützungsbereitschaft), Konzentration von Armut in städtischen Gegenden (sinkende Löhne und wachsende Arbeitslosigkeit von Abgängerinnen und Abgängern aus allgemeinbildenden Schulen), fehlende Zukunftsaussichten, eine Jugendkultur in Innenstädten, die auf kurzfristige Belohnung setzt (Council of Europe 1998).[80]

Andere Untersuchungen stellen mehr die Dysfunktionalität von Rollen und Regeln, die Jugendliche mit Sucht- und Gewaltproblemen und ihre Familien kennzeichnen, in den Vordergrund. Die psychologische Forschung nennt folgende Beeinträchtigungen solcher Jugendlicher: Mangel an Selbstwertgefühl; fehlende Ich-Fähigkeit; Mühe, Affekte wahrzunehmen und zu verbalisieren; diffuse Angst-, Ohnmachts-, Schuldgefühle; negatives Selbstbild (Burian 1995).[81] Petermann (1998) weist auf Entwicklungsverläufe und -ausgänge dissozialen Verhaltens im Jugendalter hin. Ein möglicher Verlauf beginnt mit der Entwicklung eines aggressiven Verhaltensspektrums und führt über dissoziales Verhalten zum Drogenmissbrauch.[82] Es gibt aber andererseits auch Hinweise, dass „risk-taker" in einem Bereich auch „risk-taker" in anderen Bereichen sind (z.B. bei Alkohol, Tabak, illegalen Drogen und in ihrem sexuellen Risikoverhalten, vgl. Miller, Plant et al. 1999). Es scheint, dass es eine Kumulation von Risikoverhalten gibt (zu den Risikogruppen siehe Fabian & Guggenbühl 2000). Auch hier wird dem Einfluss der Gleichaltrigengruppe besondere Bedeutung zugesprochen. „Sie [die Gleichaltrigen] stellen den Weg dar, von der jeweiligen Bezugsgruppe akzeptiert zu werden und eine Identität innerhalb der jugendlichen Subkultur zu erreichen." (Limbourg & Reiter 2003, 17)

Wie viele Kinder und Jugendliche zeigen Risikoverhaltensweisen? Da es keine Längsschnittuntersuchungen gibt, versuchen verschiedene Autoren eine Schätzung auf Basis ihrer eigenen Forschungstätigkeiten: Für Engel und Hurrelmann, die Forschungen zur psychosozialen Belastung bei schulpflichtigen Jugendlichen durchführten, zeigen bis zu 25 Prozent eines Altersjahrgangs sozial abweichendes Verhalten (Absenzen, Regelverletzungen, Ag-

---

[80] Braun et al. (1995) haben diese Zusammenhänge am Beispiel der Berner Drogenszene untersucht. Dazu haben sie Angaben von 271 Drogenkonsumenten (71% der Befragten waren männlich) gesammelt und festgestellt, dass das Beziehungskapital eine zentrale Bedeutung hat. 31% der Befragten wuchs nicht bei den Eltern auf, aber auch der Teil, der zu Hause wohnte, kann nicht auf tragfähige Beziehungen zurückgreifen: „Eine vollständige Familie ist somit keineswegs eine Garantie dafür, dass die Kinder unempfindlicher gegenüber harten Drogen werden." (Ebd., 98) Immerhin ein Sechstel der Befragten gibt an, keinerlei Freundschaften zu unterhalten, weshalb die Autoren von „Vereinsamung" sprechen (ebd., 34). Zudem weisen die Autoren auch darauf hin, dass eine enge Verbindung zwischen Drogenkonsum und Sozialhilfe besteht: Immerhin 36,5% der Befragten gab an, dauerhaft oder gelegentlich von der Sozialhilfe unterstützt zu werden (ebd., 33).

[81] Allerdings gibt es gegenüber diesen Täter-/Opfer-Typologien auch Vorbehalte, denn es könnte durchaus sein, dass die Ergebnisse auf Studien beruhen, die solche Generalisierungen nicht zulassen. So basieren die Ergebnisse zur Delinquenz zumeist auf der Polizeistatistik (die aber ist eine Anzeigenstatistik, was bedeutet bzw. bedeuten könnte, dass einzelne Taten aufgrund des Anzeigeverhaltens in der Bevölkerung bewertet, nicht aber aufgrund ihrer tatsächlichen Verbreitung) oder beruhen auf einer Selbsteinschätzung (hier steht die Validität der Antworten in der Kritik); zu den unterschiedlichen Positionen siehe die Publikation des Schweizerischen Nationalfonds im Nationalen Forschungsprogramm NFP 40 (insbes. Eisner 2000; Sack 2000).

[82] Siehe hierzu auch weitere Ergebnisse der Resilienzforschung (z.B. Opp et al., 1999).

gressivität, Gewalt etc.), konsumieren Drogen, leiden unter psychosomatischen (Kopfschmerzen, Nervosität, Schwindelgefühl, Schlaflosigkeit, Magenbeschwerden etc.) oder emotionalen (Wut, Zorn, Erschöpfung, Trauer, Überforderung, Anspannung, Unzufriedenheit oder Einsamkeit) Stress-Symptomen (Engel & Hurrelmann 1989; siehe auch Palentien & Hurrelmann 2000). Zu ähnlichen Ergebnissen kommt auch Fend (2000, 438), für den die Jugendphase das wichtigste Eintrittsfenster in Problemverhalten ist.

Weiss (2003) legt eine Untersuchung vor, die den Zusammenhang zwischen psychosozialen Belastungen von Migrantinnen und Migranten und deren Gesundheitszustand thematisiert. Auch wenn grundsätzlich keine Unterschiede zwischen den Zugewandten und der Schweizer Bevölkerung in Bezug auf Morbidität und Mortalität besteht, zeigt sie doch auf, dass „wie gut die Migration auch geplant wird, der soziokulturelle Übergang (...) mit somatischen und psychosozialen Stressfaktoren verbunden [ist]" (ebd., 13). Für Kinder und Jugendliche stehen Studien, die vermehrte Verhaltensauffälligkeiten bei Vorschulkindern zeigen, schlechtere Startchancen beim Erwerb von Bildungsgütern und eine vielmals höhere Aussonderungsquote aus den Regelklassen feststellen, solchen Studien gegenüber, die auf die „coping"-Fähigkeiten und die Resilienz (Widerstandsfähigkeit) von jungen Migrantinnen und Migranten verweisen (ausführlicher siehe Weiss 2003, 215-222).[83] So ambivalent der Forschungsstand derzeit auch ist, so hält Weiss für das Risikoverhalten junger Migrantinnen und Migranten zusammenfassend fest:

> „In der Migration ist die Zugehörigkeit zu einer benachteiligten sozialen Schicht für Adoleszente besonders belastend. Vor allem mehrfache Marginalisierung auf Grund der sozialen und der ethnischen Zugehörigkeit ist für Jugendliche potentiell pathogen. Zur Ausbildung einer gefestigten Identität im adoleszenten Prozess ist es notwendig, dass Jugendliche die eigene ethnische Identität nicht als entwertet erleben. Der Rückgriff auf eine stabile, positiv besetzte ethnische Identität ist aber bei MigrantInnen oft erschwert. Fremdenfeindliche und rassistische Erfahrungen behindern die Identitätsentwicklung und notwenige Autonomieschritte. Sie fördern narzisstische und depressive Störungen und autodestruktives Verhalten (...)."
> (Weiss 2003, 224)

Doch nicht alle Kinder und Jugendlichen, die unter schwierigen Sozialisationsbedingungen aufwachsen, zeigen - wie bereits angedeutet - riskante Verhaltensweisen. Viele meistern aktiv ihre Lebenssituation, finden Antworten auf die sie fordernden Umstände und wachsen „unbeeindruckt" von der objektiven Lage auf. Das Selbstkonzept spielt hierbei eine ambivalente Rolle: Reitzle (2002) legt eine Untersuchung vor, in der er herausarbeitet, dass zwar ein konsistent niedriger Selbstwert im Jugendalter tatsächlich mit weniger erfolgreicher Anpassung im Erwachsenenalter korrespondiert, ein konsistent hohes Selbstwertgefühl indessen noch keine gelungene Anpassung garantiert.

Auf die Frage, ob es eine Gruppe gibt, die ein besonders hohes Risiko einer misslingenden Sozialisation hat, antwortet die Forschung mit dem Hinweis auf Kinder und Jugendliche, die in Armut leben (z.B. Klocke 1996; Klocke & Hurrelmann 2001; Mansel 1996). Und diese Gruppe wird zunehmend grösser - ganz im Sinne der These Becks vom Modernisierungsrisiko Armut. Auch deshalb sprechen Amato und Booth (1997) von einer „generation at risk". Für Deutschland lässt sich diese Diffusion des Armutsrisikos und damit das Risiko einer misslingenden Sozialisation nachweisen. So zählt heute zur Gruppe der Niedrigeinkommensbezieher (weniger als 60% des Durchschnittseinkommens) etwa jeder fünfte Bundesbürger; weitere 20 Millionen Bundesbürgerinnen und -bürger leben in prekärem Wohlstand (50-75% des Durchschnittseinkommens). „Insgesamt steht somit jeder dritte Bundesbürger in unsicheren finanziellen Verhältnissen." (Klocke & Hurrelmann 2001, 11)

---

[83] Ebenfalls zum Zusammenhang zwischen Gesundheit und Migration siehe Künzler (2003); zur aktuellen Lage der Migrantinnen und Migranten in der Schweiz generell siehe Eidgenössische Ausländerkommission (1999).

"Von daher sind auch immer mehr Kinder von Armut und Sozialhilfebezug betroffen, häufig in Verbindung mit Arbeitslosigkeit der Eltern. So bezog am Jahresende 1997 fast jedes 14. Kind unter 15 Jahren Hilfe zum Lebensunterhalt ausserhalb von Einrichtungen. Das Sozialhilferisiko der Kinder lag damit mehr als doppelt so hoch wie das der Bevölkerung im erwerbsfähigen Alter und mehr als fünfmal so hoch wie bei den über 65-Jährigen! Und auch bei der relativen Einkommensarmut zeigt sich: Die Armutsbetroffenheit von Kindern ist angestiegen, und Kinder fallen deutlich häufiger unter die Armutsgrenze als andere Altersgruppen." (Buhr 2001, 78; siehe auch Bundesministerium für Arbeit und Sozialordnung 2001b)[84]

4.1.4 Armut von Kindern, Jugendlichen und jungen Erwachsenen sowie die Bedeutung krisenhafter Übergänge

Den Zusammenhang von Sozialisationsbedingungen und Risikolagen bei Kindern und Jugendlichen, die in finanziell armen Familien aufwachsen, hat insbesondere die dynamische Armutsforschung thematisiert.[85] Für die Frage nach den Handlungsmöglichkeiten der „young urban poor" sind diese Ergebnisse zentral, denn sie bauen auf der These auf, dass Armut in der Kindheit und im Jugendalter Auswirkungen auf die gesundheitliche, kognitive und soziale Entwicklung auch nach einer überwundenen Armutsphase haben kann. Das heisst, ab einem Zeitpunkt wirken sich Armutslagen bei Kindern und Jugendlichen auf deren spätere Lebensphasen und den Entwicklungsprozess aus, auch wenn der Mangelzustand beseitigt werden kann („sleeper effects") (Walper 1999, 302).[86]

Folgende langfristige Wirkungen von Armutslagen werden thematisiert (zum Stand der interdisziplinären Forschung siehe ausführlich z.B. bei Hofmann, Nadai et al. 2001; Walper 1999):

Körperliche Entwicklung: Nach Walper schränken sich arme Familien insbesondere bei den Ausgaben für Kleidung und Nahrungsmittel ein (Walper 1997, 274). Mit letzterer Einschränkung geht ein erhöhtes Risiko für Fehlernährungen, Krankheiten des Kreislaufs und der Atemwege sowie der Zähne für ihre Kinder einher (Walper 1999, 307). Die medizinische Forschung vertritt die These, dass eine solche Bewältigungsstrategie zudem irreversibel werden kann. Es kommt zur Verzögerung des Wachstums und zu Störungen der motorischen, perzeptiven, kognitiven und emotionalen Entwicklung, die auch durch therapeutische Massnahmen und fördernde Bemühungen nicht beseitigt werden können (siehe Neuhäuser 2000). Neurologische Veränderungen wirken auf eine verminderte Kapazität und Funktionsweise des Gehirns hin. Hinzu kommt, dass die Vermutung besteht, dass armutsbetroffene Kinder und ihre Eltern nur schwer für therapeutische Unterstützung zu gewinnen sind (Kögler 2001).

Emotionale Belastung: „Arme sterben früher", so die Caritas-Schweiz, die darauf hinweist, dass Personen in Mangellagen sich durch eine höhere Morbidität und Mortalität auszeichnen (Künzler 2003). Diese Entwicklung kann durchaus bereits im Kindes- und Jugendalter ihre Anfänge haben. Nach einer Studie von Mielck (2001) leiden Kinder und Jugendliche aus armen Familien häufiger unter psychosozialen Beschwerden. In armutsbetroffenen Familien wächst die psychosoziale Belastung insgesamt, was auch

---

[84] Für die Schweiz stehen die Zahlen für die Zeit nach dem Jahr 1992 noch aus. Die Dimensionen lassen sich aufgrund von Armutsstudien und der Hinweise der Städteinitiative „Ja zur sozialen Sicherheit" auf die steigende Zahl junger Menschen in der Sozialhilfe sowie aufgrund der bisherigen Ausführungen zur massiven Zunahme der Risikogruppen (vor allem der Einkommensschwachen) nur erahnen.
[85] Für die Schweiz haben Spycher, Nadai et al. (1997) den Forschungsstand skizzenhaft festgehalten.
[86] Kritisch zu dieser „Vererbungsthese" steht z.B. Buhr (2001, 87; siehe auch Klocke 1996), u.a. deshalb, weil noch nicht ausreichend genug Längsschnittstudien vorliegen, die sie bestätigen; weil damit ein Teufelskreis angenommen wird, der Bewältigungsstrategien zu wenig beachtet; und weil Buhrs eigene Studien auch zeigen, dass die objektive Benachteiligung durch subjektive biographische Aspekte überlagert werden und damit in ihrer Bedeutung in den Hintergrund treten kann.

das Risiko für Konflikte in der Familie erhöht und Beeinträchtigungen der Eltern-Kind-Interaktion, aber auch der Eltern-Eltern-Interaktion zur Folge hat (vgl. Andrä 2000).
Schulische Leistungen und Bildungserfolg: Nach einer Studie von Grundmann (Grundmann 2001) hat eine deprivierte Lage Wirkungen auf die kognitive und intellektuelle Entwicklung eines Kindes. Insbesondere zeigen sich auch schwächere Leseleistungen in der Schule (siehe auch Walper 1999). Einflüsse der Familie (unterstützende Haltung) haben nach Grundmann eher Einflüsse in oberen sozialen Lagen (weniger in Armutslagen) auf eine positive kindliche Entwicklung. Eine Studie von Mansel und Palentien (1998) zeigt, dass die soziale Lage eines Kindes und seiner Familie eine enge Beziehung zu dem Verhalten von Lehrerinnen und Lehrern gegenüber den Kindern hat und damit den Schulerfolg entscheidend beeinflusst.
Werteorientierungen: Eine Studie von Hefler et al. (2001) zeigt, dass Jugendliche aus armen Familien eine deutlich höhere Akzeptanz gegenüber rücksichtslosen Durchsetzungsstrategien und fremdenfeindlichen Einstellungen haben. Sie fühlen sich eher zu devianten Peergruppen hingezogen, was u.a. ein guter Prädiktor für späteren Rechtsextremismus ist. Jugendliche aus einkommensarmen Haushalten haben eine pessimistischere Zukunftseinschätzung und zeigen vermehrt Gefühle der Anomie (vgl. Grundmann, Binder et al. 1998).
Berufslaufbahn: In seiner Studie zum Schulerfolg von Kindern zeigt Mansel (1993), dass Kinder sozial „in die Fussstapfen ihrer Eltern treten". Schlemmer (1998, 146) zeigt, dass bei der Entscheidung des Übertritts ins Gymnasium die Erwerbstätigkeit der Eltern signifikant ist und im Fall eines arbeitslosen Vaters oft dagegen entschieden wird. In der Berufsposition erreichen Kinder aus armen Familien dann meist eine ähnliche Stellung wie ihre Eltern. Für Kinder, die in finanzieller Armut aufwachsen, weil die Eltern keine Ausbildung haben oder nur unzureichend qualifiziert sind, trägt dieses Faktum zur intergenerationalen Reproduktion sozialer Ungleichheit und Armut bei (Klocke 1998). Zudem wird die Entscheidung nach der „richtigen Schulrichtung" (Sekundarstufe, Gymnasium/Staatsschule, Privatschule) und weiterbildenden Angeboten vor dem Hintergrund der vorhandenen finanziellen Möglichkeiten beurteilt. Dann kommt es häufig vor, dass für eine kurze Bildungslaufbahn entschieden wird, obwohl weitere Bildungsinvestitionen durchaus sinnvoll wären. Niedrige Bildungsabschlüsse aber vermindern die Chancen eines gesicherten Lebens „deutlich" (Arbeiterwohlfahrt Bundesverband 2000, 61).
Beziehungen zu Gleichaltrigen und soziale Integration: Kinder armer Eltern haben infolge des internalisierten und externalisierten Problemverhaltens Schwierigkeiten bei der Integration in die Gleichaltrigengruppe (Walper, Gerhard et al. 2001), sie sind seltener Mitglieder in Vereinen, und schränken von sich aus Sozialkontakte ein (Klocke 1996). Jugendliche werden aus der Gleichaltrigenkultur ausgeschlossen, insbesondere dann, wenn die notwendigen finanziellen Mittel zur Aneignung entsprechender Symbole (Markenkleidung, Handy etc.) nicht vorhanden sind. Enge Wohnverhältnisse tragen dazu bei, dass Kinder und Jugendliche weniger Freunde nach Hause einladen. Ihre Aktivitäten verlagern sich eher nach aussen, womit die Eltern weniger Einblick in ihre Freizeitbeschäftigung haben. Ecarius (1998) präzisiert die These der sozialen Isolation. In einem Vergleich ost- und westdeutscher Kinder zeigt er auf, dass Heranwachsende zwar in ihrer Peergruppe und Familie eine Ich-Stärke sowie eine soziale Identität aufbauen können, „dies verhindert jeoch nicht unbedingt den Ausschluss aus erfolgreichen beruflichen Lebenswegen". Auch deshalb wäre eine soziale Integration von Kindern indirekt über die Eltern (Hofmann, Nadai et al. 2001) oder im Falle einer Konzentration der armen Bevölkerung in benachteiligten Wohngebieten über die Stadtentwicklungspolitik erstrebenswert (siehe hierzu das folgende Kapitel).

Die Familie (in ihren verschiedenen Formen) als zentrale Bezugsgrösse von Kindern und Jugendlichen spielt in allen Risikokonstellationen eine grosse Rolle. Die aktuellen Armutsberichte aus der Schweiz und Deutschland zeigen folgende Zusammenhänge auf (vgl. Arbeiterwohlfahrt Bundesverband 2000; Bundesministerium für Arbeit und Sozialordnung 2001a; Hanesch, Krause et al. 2000; Leu, Burri et al. 1997):
1. Arme Kinder und Jugendliche leben überwiegend in vollständigen Familien, mit beiden Elternteilen (es sind also nicht in erster Linie Kinder und Jugendliche in Einelternfamilien betroffen).
2. Zwar steigt das Armutsrisiko mit der Anzahl von Kindern in einer Familie, aber auch viele Einkindfamilien finden sich in finanzieller Mangellage.
3. Von Armut gefährdet sind Kinder und Jugendliche, die keinen Schweizer / keinen deutschen Pass haben. Die Mehrheit der armen Bevölkerung stellen aber noch immer die Schweizer / die Deutschen.
4. Arme Kinder und Jugendliche gibt es in allen Regionen, aber in den städtischen Ballungsgebieten ist eine deutliche Häufung festzustellen, die sich z.T. in benachteiligten Wohngebieten ausdrückt.

Damit besteht ein enger Zusammenhang zwischen Familienarmut und der Befindlichkeit und Kompetenzentwicklung der Kinder. Der Prozess des Erwerbs von sozialem Kapitel (nicht nur des elterlichen Beziehungskapitals) sowie von kulturellem Kapital (und zwar sowohl des inkorporierten als auch des objektivierten und institutionalisierten Kapitals) scheint eng mit den inner- und ausserfamiliären Belastungen, denen Kinder und Jugendliche ausgesetzt sind, zusammenzuhängen. Damit steigt die Wahrscheinlichkeit, dass eine mangelhafte Ausstattung mit sozialem und kulturellem Kapital im Jugendalter eine spätere finanzielle Armut begründet. Die Frage nach der Handlungsfähigkeit von jungen Erwachsenen hängt also entscheidend von der Antwort auf die Frage nach den Bedingungen kindlichen Aufwachsens ab. Hierin unterscheidet sich die Analyse der „capability deprivation" von einer solchen bei Erwachsenen.

Eine weitere Präzisierung, die bei der Analyse von Handlungsfähigkeiten junger Erwachsener wichtig wird, kommt von Seiten der Übergangs- und Sequenzanalysenforschung (z.B. Leisering, Müller et al. 2001; Sackmann & Wingens 2001). Diese macht darauf aufmerksam, dass eine Kumulierung von objektiven und subjektiven Risiken in zwei Konstellationen „hoch dosiert" auftritt (der Prozess der „capability deprivation" also verschiedene Abschnitte aufweist): Erstens bei kritischen Ereignissen zu einem bestimmten Zeitpunkt (*critical life-events*). Silbereisen et al. (1997) beispielsweise arbeiten in ihren empirischen Studien folgende kritische Ereignisse heraus: Umzug an einen anderen Ort, Verlust mindestes eines Elternteils durch Scheidung oder Tod, eigene Krankheit oder Krankheit naher Angehöriger, Sitzenbleiben in der Schule, Arbeitsplatzverlust eines Elternteils). Zweitens an *standardisierten Übergängen im Lebenslauf*, z.B. beim Eintritt in den Kindergarten, die Schule oder am Ende der obligatorischen Schulzeit beim Übertritt in das Erwerbsleben.[87] Teilweise hat die Armutsforschung bereits auf diese krisenhaften Übergänge Bezug genommen. So weisen Lauterbach und Lange (1998) auf die Belastungssituation von Jugendlichen aus armen Familien am Übergang in die Sekundarstufe 1 hin. Buhr (1995, 33) spricht davon, dass soziale Sicherungssysteme kritische Übergänge von Armutsbetroffenen durch „eine Vielfalt zeitbezogener Massnahmen" flankieren. Ludwig (1996, 269) zeigt auf,

---

[87] Es sei angemerkt, dass sowohl die dynamische Armutsforschung als auch die hier zitierte Übergangs- und Sequenzforschung aus dem gleichen Sonderforschungsbereich „Statuspassagen und Risikolagen im Lebensverlauf" hervorgegangen sind, sich deshalb idealerweise ergänzen, auch wenn letztere sich nicht mehr hauptsächlich mit Personen in Armutslagen beschäftigt.

dass Sozialhilfeempfänger den Bezug gerade in kritischen Phasen ihres Lebens selbst herbeiführen (quasi als Copingstrategie).

In modernen Gesellschaften ist das Leben im Modus von Übergängen fast schon ein Charakteristikum ihrer selbst. Deshalb ist der Beitrag der Übergangsforschung in Bezug auf mögliche Krisen beim standardisierten Übergang von der Schule ins Erwerbsleben für die vorliegende Thematik der „young urban poor" wichtig. Eigentlich könnten diese Übergänge von jungen Erwachsenen als selbstverständliches Durchschreiten einer Statuspassage im Rahmen der Institutionalisierung des Lebenslaufs (Kohli 1978) oder als Ausdruck der individuellen Lebensplanung, der Konstruktion der eigenen Biographie verstanden werden. Tatsächlich werden sie als problematische Auseinandersetzung mit einer Aufgabe, deren Bewältigung notwendig, aber kaum machbar erscheint, interpretiert.

Die Berufswahl ist der Vermittlungsprozess zwischen Biographie und Chancenstruktur und sie markiert „den Beginn einer ‚Statuspassage', die von der abhängigen Position des jugendlichen Schülers hin zum unabhängigen Status des Erwachsenen führt, der seine ökonomische Existenz selbst bestreitet und damit ein wesentliches soziales Merkmal der modernen Persönlichkeit erworben hat" (Wahler & Witzel 1996, 11). Nach heutigen Erkenntnissen sind viele junge Menschen, aber auch ihre Familien mit den in dieser Statuspassage anfallenden Entscheidungssituationen überfordert. Dies gilt unabhängig von der Frage, ob der Jugendliche aus einer Familie mit finanziellen Mangellagen kommt oder nicht. Aus dem Bisherigen können wir aber schliessen, dass hier aufgrund der ohnehin in armen Familien bestehenden Risikokonstellationen krisenhafte Verläufe wahrscheinlich sind. Weil zudem der Arbeitsmarkt insbesondere in Agglomerationen und Kernstädten hoch selektiv ist, weil sich in den Städten die höchsten Dichten von armutsbetroffenen jungen Menschen zeigen, weil also die Statuspassage auf einem „Nährboden potentieller Krisen" stattfindet, werden sich Krisen bei jungen Erwachsenen im urbanen Raum am deutlichsten zeigen.

Dies bestätigt der Sozialbericht der Arbeitwohlfahrt, die die Armut von Kindern und Jugendlichen untersucht hat (Arbeiterwohlfahrt Bundesverband 2000): Demnach gilt, dass in Gemeinden mit einer Einwohnerzahl von weniger als 20000 die Armutsquote bei etwa 18 Prozent liegt, bei Kommunen mit zwischen 20000 und 100000 Einwohnerinnen und Einwohnern bei etwa 27 Prozent und in Städten mit einer Einwohnerzahl von mehr als 100000 erreicht die Armutsbetroffenheit „schon fast ein Drittel" (ebd., 48). Nach Angaben des Armuts- und Reichtumsbericht der Bundesrepublik Deutschland sind es neben den Kindern auch die jungen Erwachsenen, die im Rahmen der bekämpften Armut auf Sozialhilfeunterstützung angewiesen sind (Bundesministerium für Arbeit und Sozialordnung 2001a, 85). Vor allem allein lebende junge Erwachsende zwischen 18 und 24 Jahren haben ein hohes Sozialhilferisiko. Sie sind in Relation zu allen Ein-Personen-Haushalten dieser Altersgruppe überrepräsentiert. Dabei spielt die „2. Schwelle" (Übergang Ausbildung in Beruf) eine wichtige Rolle, denn die Unterstützung wird insbesondere durch Arbeitslosigkeit verursacht. Davon betroffen sind nahezu gleich viele Deutsche wie Ausländer (13% zu 18%), die keinen Schulabschluss bzw. keine Berufsausbildung (73% zu 78%) haben.

4.1.5 Fazit: Die Bedeutung des sozialen und kulturellen Kapitals bei der Analyse von „capabilities" bei jungen Menschen

Die durch Modernisierung veränderten Lebensverhältnisse und die sie begleitenden beschleunigten Wandlungen und Strukturbrüche sind heute „in den Rang 'alltäglicher' Erlebnisse aufgerückt" (Berger 1996: 12). Aus dem Wechsel von Herauslösung, Stabilitätsverlust und Wiedereinbindung von Individuen aus bzw. in gesellschaftliche Institutionen resultiert die Ausdifferenzierung von Individuallagen, die im Rahmen relativer sozialstaatlicher Sicherheiten primär entlang der Institution Arbeitsmarkt erfolgt.

Dies gilt für junge Erwachsene in besonderem Masse. Zwar resultierte aus der enormen gesellschaftlichen Wohlfahrtssteigerung der letzten Jahrzehnte ein Mehr an Freiheiten und Handlungsoptionen. Dieses Mehr an Freiheiten ging allerdings mit einem Weniger an sinnstiftenden Bindungen einher. Insbesondere die „Entthronung der Familie" bedeutet ein (mindestens temporäres) Unterstützungsvakuum im Prozess des Aufwachsens.

Für die Schweiz kann durchaus eine Labilisierung familiärer Handlungsoptionen festgestellt werden. Durch die Ausdifferenzierung der Familienformen stehen Eltern-Kind-Beziehungen insbesondere dann unter Druck, wenn sie auf die Härten ökonomischer Notwendigkeiten treffen: Einelternfamilien, in denen der Haushaltsvorstand einer Teilzeitbeschäftigung nachgehen muss; Zweielternfamilien, bei denen die Eltern beide erwerbstätig sein müssen, wenn sie nur über geringe Berufsqualifikationen verfügen und deshalb im Niedriglohnbereich tätig sind; Familien generell, wenn der Hauptenäher oder die Hauptenährerin arbeitslos ist. In all diesen Fällen wirken sich die Selektionsmechanismen des Arbeitsmarktes auf die psychosoziale Lage des Haushaltes aus. Neben Familien, die über ausreichend ökonomische Handlungsoptionen und damit soziales Bewältigungsrepertoire verfügen, stehen zunehmend solche, bei denen ein strukturelles Erziehungsdefizit entsteht.

Chancen, Gefahren, Unsicherheiten der Biographie, die früher in der Familie und im Rückgriff auf bestehende Regeln und Normen beantwortet wurden, müssen nun von den Einzelnen selbst wahrgenommen, interpretiert, entschieden und bearbeitet werden. Es obliegt den jungen Erwachsenen, Entwicklungsaufgaben selbst oder im Kreis der Gleichaltrigen anzugehen. Die Gesellschaft hat ihre Verantwortung den jungen Menschen übergeben, erwartet aber zu bestimmten Zeiten im „institutionalisierten Lebenslauf" klare Ergebnisse (nach 10 Schuljahren muss man über die schulischen Grundqualifikationen verfügen; zwischen dem 17. und 20. Lebensjahr hat man eine Ausbildung abzuschliessen).

Aus dieser Diskrepanz zwischen erlebter Anspruchserwartung und erfahrenem Verlust kollektiv erfahrbarer „Ligaturen" (Dahrendorf 1979) resultieren Belastungssituationen und Belastungspassagen; insbesondere die „innere und äussere soziale Integration ist in der bisher bestehenden Form nicht mehr gewährleistet" (Münch 1998, 16). Junge Menschen sind gefordert, eigene, aktive Handlungsmodelle des Alltags zu entwerfen, „die ihr Ich im Zentrum haben, Handlungschancen zuweisen und sinnvolle Gestaltungs- und Entscheidungsspielräume eröffnen" (Beck 1986, 217).

Viele Jugendliche ziehen sich in die Gleichaltrigengruppe zurück. Doch so sehr die Gleichaltrigen für die Identitätsbildung wertvoll sind, so wenig können sie doch familienersetzende Funktionen übernehmen. Zumal sich der kommerzielle Teil der Gesellschaft über die Medien auf die Zielgruppe der Jugendlichen und jungen Erwachsenen konzentriert hat. Unter dem Deckmantel, Jugendliche an der symbolischen Aneignung kollektiver Identitäten teilhaben zu lassen, geht es letztlich doch nur um die Sicherstellung des Zugangs zu potentiellen Konsumentinnen und Konsumenten. So sind junge Menschen heute - ganz im Sinn des Fahrstuhleffektes - von einem Wohlstands- und Versorgungsniveau umgeben, „welches in der Entwicklungsgeschichte des Menschen noch nie erreicht worden war" (Mansel 1996, 7) und das Bedürfnisse nach Konsum zur Folge hat. Das subjektive Wohlbefinden kann dadurch geschmälert werden, dass die Nichterfüllung selbst von Nichtigkeiten „subjektiv als gravierende Ärgernisse oder sogar Lebenskatastrophen interpretiert werden."

Die Folge der Modernisierung ist also nicht eine Risikojugend, sondern sind Jugendliche, die den Risiken der modernen Gesellschaften ausgeliefert sind. Und Risikoverhalten ist kein Ausdruck von Langeweile, sondern Ergebnis inadäquater Bewältigungsstrategien aufgrund unzureichender Ausstattung mit sozialem, kulturellem und ökonomischem Kapital in einer zunehmend dynamischeren, aber kaum anspruchsloseren Gesellschaft, die gleichzeitig im Begriff ist, kollektive Sicherungssysteme abzubauen (z.B. Dauer der Arbeitslosenunterstützung, Höhe der Sozialhilfe etc.).

Bei bis zu 25 Prozent eines Altersjahrgangs könnten Coping-Strategien nicht problemadäquat sein. Das ist jeder vierte junge Mensch. Aber selbst dieses Risiko ist nicht gleichmässig verteilt. Junge Menschen, die in armen Familien aufwachsen, werden mit grösserer Wahrscheinlichkeit vor gesundheitliche, emotionale und psychische Herausforderungen gestellt, ihre soziale Integration und die Beziehung zu den Gleichaltrigen steht zur Disposition, es stellt sich praktisch immer die Frage nach einem Ausgleich zwischen Wunsch und Möglichkeiten bei der Bildungs- und Berufswahl und oftmals werden Entscheidungen gegen die vorhandenen Fähigkeiten getroffen.

Doch „young urban poor" sind nicht nur junge Erwachsene, die in armen Familien aufwuchsen. Auch wer z.B. nach seiner Ausbildung keine Anstellung findet, nur schlecht die Amtssprache des Landes spricht und auf keine finanzielle Unterstützung durch Verwandte zurückgreifen kann, steht vor dem Bittgang zur Sozialhilfe. Die dynamische Armutsforschung liefert hier den Hinweis, dass dieses „plötzliche" Abdriften in die Armut oft mit einem kritischen Lebensereignis oder einem kritischen Übergang verbunden ist. Wo junge Erwachsene beim Tod einer nahestehenden Person oder beim Wechsel von der Schule in das Berufsleben nicht auf unterstützende Ressourcen (kulturelle wie soziale) zurückgreifen können, sind Krisen wahrscheinlich. Hier entscheidet das Bewältigungsrepertoire, ob die Krise überwunden werden kann oder sich die Problemlage manifestiert.

Damit ist auch nachvollziehbar, dass sich Armut bei jungen Erwachsenen nicht nur unter dem Aspekt der Einkommensarmut abhandeln lässt. Finanzielle Ressourcen sichern die Handlungsfreiheit nur insofern die Gütersphäre betroffen ist. Die Familie, die Gleichaltrigengruppe, die Zugehörigkeit zu einer Jugendkultur sind in diesem Altersegment mindestens ebenso wichtige Ressourcen, auf die zurückgegriffen werden kann:

> „Risiken für eine gelingende Biographie resultieren deshalb nicht allein aus dem Fehlen ökonomischen Kapitals - und somit aus materiellen Mangellagen - sondern auch aus der mangelnden Präsenz sozialen und kulturellen Kapitals" (Bundesministerium für Familie - Senioren - Frauen und Jugend 2002, 127)

Risikolagen von Kindern, Jugendlichen und jungen Erwachsenen verteilen sich allerdings nicht nur entlang den Achsen sozialen, kulturellen und ökonomischen Kapitals ungleich im sozialen Raum, sondern auch im physischen Raum. Insbesondere die Städte sind Vorreiter der Individualisierung, hier finden sich die weitaus differenziertesten Familienformen, diversifizierte Jugendkulturen und eine grosse Heterogenität individueller Erfahrungshintergründe (z.B. Migrations-, Fluchterfahrung). Städtische Strukturen und ihre Entwicklungsdynamik tragen demnach nicht nur zur Aufrechterhaltung, sondern auch zur Reproduktion von Risikolagen bei. Auch durch diesen *Selbstverstärkungseffekt der Städte* ist erklärbar, warum arme Kinder signifikant häufiger in Städten leben, warum für Deutschland gilt, dass in Städten mit über 100000 Einwohnerinnen und Einwohnern die Armutsbetroffenheit fast ein Drittel beträgt (Arbeiterwohlfahrt Bundesverband 2000, 48). Dies ist keineswegs als Abgesang auf individuelle Handlungsspielräume zu verstehen. Ganz im Gegenteil: Städte bieten immer auch Möglichkeiten kurzfristiger Arbeitsverhältnisse und temporärer Integration in soziale Netze. Dieses „Kommen und Gehen", das Unverbindliche im eigentlich doch standardisierten Lebenslauf entspricht durchaus dem Lebensrhythmus junger Erwachsener und hat weniger zum Fortzug aus der Stadt als zu einem Abtauchen in die Anonymität der Stadt, in der die Sozialhilfe durchaus zu einem akzeptierten (und nicht kompromittierenden) Element des Lebensstils wird, geführt.

4.2 Folgen der Modernisierung für den städtischen Raum: Fragmentierung, Segmentierung und Milieus der Armut

4.2.1 Prozesse der Segregation und Spaltung

Risikoverläufe und Armutsprozesse auf individueller Ebene finden ihre Entsprechung auf räumlicher Ebene. Darauf hat auch Bourdieu in „Das Elend der Welt" (Bourdieu 1997, 159ff.) hingewiesen, wo er das Verhältnis von sozialem und physischem Raum, der zumeist der städtische Raum ist, skizziert. Dass sich Menschen an einem bestimmten physischen Ort befinden (z.B. in einem Ghetto, einer Banlieue) ist kein Zufall, sondern physisch-räumlicher Ausdruck ihrer Position im sozialen Raum.

> „Tatsächlich bringt sich der Sozialraum im physischen Raum zur Geltung, jedoch immer mehr oder weniger auf verwischte Art und Weise: Die Macht über den Raum, die Kapitalbesitz in seinen verschiedenen Varianten vermittelt, äussert sich im angeeigneten Raum in Gestalt einer spezifischen Beziehung zwischen der räumlichen Struktur der Verteilung der Akteure auf der einen und der Verteilung von Gütern und Dienstleistungen privater oder öffentlicher Herkunft auf der anderen Seite." (Bourdieu 1997, 160)

Durch die räumliche Überlagerung der verschiedenen sozialen Felder entstehen Orte „hoher positiver oder negativer (stigmatisierender) Eigenschaften": die Bahnhofsstrasse in Zürich, die Fifth Avenue in New York, die rue de Faubourg Saint-Honoré in Paris auf der einen Seite oder der Stadtteil Lichtenhagen in Rostock, die Blöcke des sozialen Wohnungsbaus „verlängerte Ahornstrasse" im Vorort Griesheim der Mainmetropole Frankfurt auf der anderen Seite. Physische Räume sind aber nicht von vornherein Orte einer Konzentration von Eigenschaften. Die Konzentration entsteht im Rahmen einer Auseinandersetzung um die Aneignung des Raumes. Eine Analyse, welchen Profit sich die um den zu besetzenden Raum rivalisierenden Gruppen versprechen, gibt Antwort auf die Frage nach den Merkmalen der konkurrierenden Gruppen. So können sich beispielsweise um das Stadtzentrum Unternehmen und an zentraler Wohnlage interessierte Privathaushalte streiten, um städtische Randlagen können Landwirte und Gewerbetreibende konkurrieren. Räumliche Profite können auftreten in Form von:

> *Lokalisierungs-Profiten*: entweder als *Erträge*, die daraus resultieren, dass man ein knappes Gut in Form des Standortes erworben hat (z.B. eine Zahnarztpraxis in der Innenstadt) oder als *positions- oder rangspezifische Profite*, etwa weil die Adresse eine prestigeträchtige ist
>
> *Besetzungsprofiten*, die daraus entstehen, dass sich dort keine andere Gruppe niederlassen oder keine andere Nutzung stattfinden kann. (Bourdieu 1997, 163f.)

Wer sich in diesem Verteilungskampf durchsetzen kann, hängt - ganz im Sinne von Bourdieus Kapitaltheorie - vom Kapitalbesitz ab. Ist eine Gruppe gleichen Lebensstils in einem physischen Raum gross genug, dann ergeben sich weitere Profite: Beispielsweise entstehen Nachbarschaften, Freundschaften etc., die zur Vermehrung des sozialen Kapitals führen. Ein solchermassen „schickes" oder sozialkapitalreiches Wohnviertel lädt wiederum andere Personen mit dem gleichen Habitus zum Zuzug ein (siehe die These der „gentrification" in Kap. 4.2.2). Kapitalarme Gruppen haben nach Bourdieu keine aktive Gestaltungsaufgabe, sie sind bei der Besetzung des physischen Raums - wie bereits bei der Besetzung des sozialen Raums - die Kontrastfolie:

> „Umgekehrt werden aber die Kapitallosen gegenüber den gesellschaftlich begehrtesten Gütern, sei es physisch, sei es symbolisch, auf Distanz gehalten. Sie sind dazu verdammt, mit den am wenigsten begehrten Menschen und Gütern Tür an Tür zu leben. Der Mangel an Kapital verstärkt die Erfahrung an Begrenztheit: er kettet an einen Ort." (Ebd., 164)

Mit seinen Thesen der Raumaneignung greift Bourdieu Ergebnisse der Sozialökologie auf, die zu Beginn des 20. Jahrhunderts am Beispiel der Stadt Chicago städtisches Wachstum als Prozess zielgerichteter Inbesitznahme von Stadträumen darstellte (Park, Burgess et al. 1967).[88] Die Struktur einer Stadt ergibt sich danach aus der Relation zwischen Konkurrenz und sozialer Kontrolle: Individuen verfolgen ihre Ziele und Interessen in der Absicht, Vorteile in ihrer sozialen Positionierung zu erwirken. Die Raumnutzung und -besetzung ist ein solcher Vorteil. Andererseits ist die Konkurrenz an Traditionen und Gesetz gebunden, d.h. in der sozialdarwinistischen Interpretation der Chicagoer Schule drückt sich der Kampf ums Dasein nach aussen durch einen Kampf um Lebensunterhalt und Status aus (vgl. McKenzie 1974). Die Aneignung der Räume erfolgt entsprechend der Verfügung über Kapital, zunächst des ökonomischen Kapitals. Die Mobilität des Kapitals im Raum gestaltet die räumliche Struktur, bspw. die Herausbildung eines „central business district". Die Träger des Kapitals können aber auch an die Randlagen wandern und die Stadtzentren anderen Nutzungsgruppen „überlassen": eine Erklärung für das Entstehen von Armutsquartieren inmitten von Städten. Das Erreichen eines stabilen „sozialökologischen Gleichgewichtes" wird insbesondere durch das Bevölkerungswachstum verhindert. Stattdessen kommt es zu immer neuen Verdrängungsprozessen. In Anlehnung an die ökologische Kreislauftheorie definiert Park mit den Begriffen „Segregation", „Invasion" und „Sukzession" Prozesse, die für die Dynamik der Strukturveränderung einer Stadt verantwortlich sind. „Segregation" bezeichnet dabei das Ausmass der disproportionalen Verteilung von Gruppen der Bevölkerung im Raum. Segregation ist das Ergebnis von Selektionskräften, insbesondere der ökonomischen Kräfte. Andere Segregationskräfte sind die Hautfarbe oder die Sprache. „Invasion" bezeichnet den Prozess der Dislokation einer Gruppe in ein Gebiet, das bisher keinen oder einen geringen Anteil von dieser Gruppe aufwies. „Häufig vertreibt dabei eine ökonomisch stärkere Gruppe die Einwohner mit kleincrcm Einkommen und setzt damit einen neuen Zyklus der Sukzession in Gang." „Sukzession" bezeichnet den Wandel der Nutzung von Gebieten. „Eine Sukzession wird charakterisiert durch einen vollständigen Wandel im Typus der Bevölkerung zwischen den ersten Stadien und letzten Stadien oder durch einen vollständigen Wandel des Gebrauchszwecks." (McKenzie 1974, 110f.)

Die Stadtstrukturforschung fand insbesondere in der Segregationsforschung ihre Verbindung zur Armutsthematik, letztere entfernte sich aber in der Folgezeit weitgehend vom stadtökologischen Verständnis.[89] Dangschat begründet dies damit, dass in der Stadtökologie als Ursachen der Segregation traditionellerweise entweder die empirische Regelhaftigkeit von Standort-Präferenzen der Haushalte, tektonische Merkmale der Stadt oder der Anteil

---

[88] Zur detaillierten Darstellung und Kritik der sozialökologischen Stadtforschung siehe z.B. Dangschat (1997) oder Friedrichs (1983).
[89] Insbesondere in den wachstumsstarken Städten Amerikas fand die Segregationsforschung schon Anfang des letzten Jahrhunderts eine empirische Basis (vgl. auch Lichtenberger 1998, 239ff.). Im Deutschland der Nachkriegszeit hatten die Segregationsforschung allgemein, aber auch Fragen nach der räumlichen Dimension sozialer Ungleichheiten und Armut kaum Bedeutung (Vaskovic 1976, 9-18). Erst mit der Polarisierung sozialer Ungleichheiten in und zwischen Grossstädten seit den 1970er Jahren und den steigenden Zahlen von Arbeitslosen (und damit einkommensschwachen und unterstützungsbedürftigen Personen) wurde eine entsprechende Forschungstätigkeit aufgenommen: Heute kann durchaus von einer diversifizierten Segregationsforschung gesprochen werden, die sich nach ihrer Reichweite grob unterscheiden lässt: 1) Stadtteilbezogene Segregationsforschung untersucht (oftmals sozial benachteiligte) Gruppen innerhalb einer Stadt, z.B. in Bezug auf ihre Wohnverhältnisse (z.B. Herlyn, Lakemann et al. 1991; Spellerberg 1996) oder ihre Lebenstile (Blasius 1993). 2) Intrastädtische Segregationsforschung betrachtet die gesamte Stadt, untersucht Prozesse innerhalb der Stadt auf ihre Gesamtwirkung und versucht herauszuarbeiten, was zu einer „dual city" (Mollenkopf & Castells 1992), der „dreigeteilten Stadt" (Häussermann & Siebel 1987) oder „viergeteilten Stadt" (Krätke 1991, 72ff.), aber auch einer „sozialen Stadt" (Alisch 1998; Alisch & Dangschat 1998) führt. 3) Interstädtische Segregationsforschung thematisiert die Beziehungen zwischen Städten aus nationaler oder internationaler Perspektive, um beispielsweise zu Hierarchiesystemen zu gelangen (z.B. Borst & Krätke 1993; Sassen 1997).

von verschiedenen Gruppen in der Stadt identifiziert wurde. Diese Zugangsweise „hat zur Folge, dass die ökonomischen und politischen Einflussfaktoren auf Sozialstrukturen und Hierarchisierungen (städtischer) Teilräume ausgeblendet werden", d.h. die Makro-Ebene nahezu unberücksichtigt bleibt (Dangschat 1998b, 210). Zudem sind die Armen in der stadtökologischen Forschung - weitgehend aber lange Zeit auch in der Segregationsforschung insgesamt - immer nur eine Art Restkategorie gewesen, d.h. ihr Beitrag zur Gestaltung des Raumverteilungs- und Raumnutzungsmusters der Gesellschaft ist eher ein passiver („erzwungene Segregation"). Aktiv gestaltet hingegen wird der („freiwillige") Segregationsprozess, der zumeist auf den residentiellen Segregationsprozess eingeengt wurde (vgl. Vaskovics 1982, 201), durch diejenigen, die über Kapital, Macht oder Prestige verfügen resp. sich an der Bodenspekulation beteiligen können.[90] Aber auch staatliche Institutionen, etwa die Träger des sozialen Wohnungsbaus oder die Sozialhilfe durch ihre Richtlinien der Wohnbeihilfe, wirken auf die Verteilung der Bevölkerung in einem Raum - ein Aspekt, den Bourdieu übrigens in seinen Überlegungen zum Zusammenhang von sozialem und physischem Raum nie beachtet hat.

Und schliesslich haben die Segregationsprozesse selbst einen sich verstärkenden Prozess zur Folge, der auf Statusdistanz zu anderen sozialen Gruppen ausgerichtet ist. Damit sind Segregationsprozesse multifaktoriell verursacht, keinesfalls nur auf den ökonomischen Wettbewerb beschränkbar, und in erster Linie von statushöheren Gruppen initiiert und reproduziert (wobei der Status auf monetären, symbolischen, sozialen oder kulturellen Faktoren beruhen kann):

> „Einmal besetzte Territorien werden gegenüber statusniedrigen Personen verteidigt; gelingt dies nicht, wird die räumliche Distanz durch Migration (wieder-) hergestellt. Die Diskriminierung ist daher ein Verhalten, um die soziale und räumliche Distanz zwischen Gruppen zu erhalten." (Friedrichs 1983, 274)

Aus der Kritik an der Sozialökologie entstand mit dem polit-ökonomischen Ansatz der „new urban sociology" eine Forschungsrichtung, die sich insbesondere auf die sozial benachteiligte Bevölkerung konzentrierte.[91] Für die europäischen Stadtverhältnisse haben insbesondere Häussermann und Siebel diesen Diskurs aufgegriffen und weiterentwickelt (Häussermann & Siebel 1987, 138ff.). Grundlegend ist dabei die Annahme, dass es durch

---

[90] Dass die Segregationsforschung die arme Bevölkerung nahezu ausschliesslich als Objekte und kaum als handelnde Subjekte gesehen hat, wird an den Obdachlosenstudien der 1970er Jahre deutlich. So bauen Vaskovics und Weins eine Art Teufelskreis der Obdachlosen auf, indem sie die Folgen erzwungener Segregation in mehreren Bereichen als Deprivation zusammenfassen, z.B. Zunahme von Anomie, Abnahme der siedlungsübergreifenden Sozialbeziehungen, Sozialisationsdefizite und Fehlsozialisation, Zunahme von Krankheitsanfälligkeit, Entwicklung eines negativen Selbstbildes, Zunahme der Apathie, Resignation und Hoffnungslosigkeit (Vaskovics & Wein, zitiert aus Vaskovics 1982, 209). Es ist bemerkenswert, dass faktisch kein Bereich zu existieren scheint, der sich auf Handlungs- oder Bewältigungsstrategien bezieht. Auch Häussermann definiert sozialräumliche Strukturen als „Ergebnis eines komplexen Zusammenspiels von Faktoren, die aus gesamtgesellschaftlichen bzw. makroökonomischen Entwicklungen, aus lokalen Planungsentscheidungen und Standortmerkmalen sowie aus *Reaktionen der Bewohner* resultieren" (Häussermann 2002b, 273, Hervorhebung M.D.). Seine Studien widmen sich allerdings kaum der genauen Untersuchung der Reaktionen oder Handlungsszenarien, die Bewohner/innen zeigen. Gleiches gilt für die Arbeiten von Dangschat, Alisch sowie denjenigen im von Dangschat herausgegebenen Sammelband (Alisch & Dangschat 1998; Dangschat 1999b; Dangschat & Blasius 1994).

[91] Neben dem sozialökologischen und dem polit-ökonomischen Ansatz lassen sich in der Segregationsforschung noch weitere Ansätze unterscheiden. Farwick beispielsweise zählt fünf Ansätze mit jeweils unterschiedlichen Untersuchungsfeldern auf (Farwick 2001, 30): 1) Klassische Sozialökologie (Grundlage: Humanökologie, Untersuchungsfelder: räumliche Strukturen der Wohnstandorte), 2) Neo-klassische Ansätze (Grundlage: neo-klassische Ökonomie, Untersuchungsfelder: Nutzenmaximierung und Konsumpräferenzen), 3) Verhaltenstheoretische Ansätze (Grundlage: k.A., Untersuchungsfelder: Wohnstandortentscheidungen und -präferenzen), 4) Institutionelle Ansätze (Grundlage: Weberianische Soziologie, Untersuchungsfelder: Macht und Konflikte, Zugangsbeschränkungen zum Wohnungsmarkt), 5) Polit-ökonomische Ansätze (Grundlage: Historischer Materialismus, Untersuchungsfelder: Wohnung als Ware, Reproduktion der Arbeitskraft).

die Stagnation der Arbeitsmärkte zu einer wachsenden Arbeitslosigkeit in der Stadt kommt, die sich wiederum in zunehmenden Ungleichheiten ausdrückt und ihre Fortsetzung in räumlichen Ungleichheiten findet. Während Städte sich bisher dadurch auszeichneten, wirtschaftliche, soziale *und* kulturelle Entwicklungen möglich zu machen, sehen Häussermann und Siebel diese Ausgewogenheit gefährdet, weil die Wirtschaftsförderung unter dem Standort- und Wettbewerbsdruck zwischen Städten ihre nunmehr begrenzten finanziellen Mittel zugunsten der ökonomischen Wettbewerbsfähigkeit verwendet. Das bedeutet „unter heutigen Bedingungen faktisch, die Spaltung der Stadt zu betreiben", die sozialen Differenzierungen zu verstärken, Ausgrenzungen und Armut in Kauf zu nehmen (ebd., 138).[92] In wie viele Teile sich eine Stadt durch das Wachstum der sozialen und räumlichen Ungleichheiten spaltet, dazu liegen unterschiedliche Vorstellungen vor, die von der „dual" über die „divided" zur „quartered city" reichen.[93] Nach Häussermann und Siebel zeichnet sich für deutsche Grossstädte eine Entwicklung zur dreigeteilten Stadt mit drei sich parallel entwickelnden Strukturen ab:

Die international wettbewerbsfähige Stadt (erste Struktur) mit überregionalen Funktionen (Flughafen, Messezentren, aufwendige Kultureinrichtungen, international tätige Unternehmen, Inseln luxuriösen Wohnens etc.).

Die normale Arbeits-, Versorgungs- und Wohnstadt für die deutsche Mittelschicht (zweite Struktur) mit den Funktionen eines regionalen Oberzentrums.

Die marginalisierte Stadt der Randgruppen, der Ausgegrenzten, der dauerhaft Arbeitslosen, der Ausländer, der Drogenabhängigen und der Armen (dritte Struktur).

Die drei Teile einer Stadt stehen in einem Konkurrenzkampf, wobei sich die Stadt, sofern sie am internationalen Wettbewerb teilnimmt, immer auf Kosten der Stadt der Armen entwickelt, unabhängig davon, ob die Stadt prosperiert oder schrumpft.[94]

Page wendet das Teilungsmodell auf Zürich an (Page 2002, 63). Mit Bezug auf die Arbeiten von Sassen (z.B. 1997) ordnet er Zürich in der internationalen Städtehierarchie als „Globalstadt" ein, die sich in Richtung „bipolarer Struktur" entwickelt hat (luxuriöse Innenstadt mit repräsentativen Geschäftslagen versus fragmentierter und zersplitterter City-Gürtel Zürich Nord). Als Indikatoren des einen Pols verwendet Page die Zahl der Stellensuchenden, sowie der Bezieherinnen und Bezieher von Sozialhilfe bzw. Niedrigeinkommen, woraus sich eine Segregation von sozial benachteiligten Gruppen auf vier der 12 Stadtkreise ergibt (Kreise 3, 4, 5 und 12; siehe Page, 2002, 70).[95] Zudem besteht auf Quar-

---

[92] Für Borst und Krätke sind folgende fünf Faktoren massgeblich für die Ausdifferenzierung der Stadt: 1) die zunehmende Internationalisierung von Produktion und Kapitalverwertung, 2) die Flexibilisierung von Produktion und Arbeitsmarkt, 3) die Veränderung politisch-institutioneller Regulationsformen, 4) die Polarisierung des Arbeitsmarktes, der Beschäftigten- und Sozialstruktur, 5) die Entwicklung neuer Haushaltsstrukturen, neuer „Lebensstile" und Konsummuster in Richtung auf eine verstärkte Individualisierung der Lebensführung (Borst & Krätke 1993).

[93] Die Gemeinsamkeit dieser Spaltungsmodelle liegt in der Annahme, dass das Wachstum neuer Dienstleistungs- und Informationstechnologieunternehmen, bei gleichzeitigem Niedergang alter Beschäftigungsindustrien, zu einer Freisetzung von Arbeitskräften und dem Entstehen von Armutsgruppen, insbesondere in den Kernstädten führt (vgl. Keller 1999, 32).

[94] Bei prosperierenden Städten kommt es zu einer verstärkten Investition in solche Bereiche, die das Wachstum aufrechterhalten, bei schrumpfenden Städten werden die knappen Haushaltmittel für die Bereiche reserviert, von denen man eine zukünftige Prosperität erwartet. Allerdings interpretiert Häussermann diesen Zusammenhang und die daraus entstehenden Folgen nicht immer als unausweichlich. So spricht er in jüngeren Veröffentlichungen von der „Unteilbarkeit der Stadt" (Häussermann 2002a)

[95] Zu ähnlichen Ergebnissen bezüglich räumlicher Segregation kommen auch die Zürcher Behörden in einzelnen sozioökonomischen Bereichen, etwa der beruflichen Stellung (z.B. Amt für Raumplanung des Kantons Zürich 1997). Hier gilt, „dass mit zunehmender Qualifikation einer Berufsgruppe deren Segregation zunimmt", wobei die stärkste Konzentration bei den freien Berufen und dem obersten Management festgestellt werden kann (ebd., 21).

tiersebene „in der Regel ein Zusammenhang zwischen Bebauungsstruktur, Wohn- und Wohnfeldqualität und Einkommen der BewohnerInnen" (ebd., 74), woraus Page folgert, dass Zürich „offensichtlich eine ‚geteilte Stadt' [ist] (...): Auf der einen Seite die mit einer hohen Konzentration sozial Benachteiligter ‚belasteten' Cityrandquartiere" und auf der anderen Seite die „guten" Kreise am Citygürtel und vereinzelt in Citynähe. Wehrli-Schindler fasst Ergebnisse des Nationalen Forschungsprojektes „Habitants and quartiers, citoyens de la ville?" zusammen und hält fest, dass in den Schweizer Städten Bern, Genf, Lausanne, Winterthur, Neuchâtel und La Chaux-de-Fonds die *demographische Segregation* ringförmig verläuft, die *soziostrukturelle Segregation* hingegen eher axial entlang bestimmter Sektoren. Für die *ethnische Segregation* (...) lassen sich keine klaren Regeln ablesen, wenn sie auch teilweise dem Muster der soziostrukturellen Segregation folgt." (Wehrli-Schindler 1995, 43, Hervorhebung im Original)

Es ist der weitgehende Verzicht auf die analytische und definitorische Trennung von Segregation, Marginalisierung und sozialer Benachteiligung, die zur Kritik am politökonomischen Modell Anlass gibt. Für Dangschat folgt aus der Vorstellung der Stadtspaltung mit der Konzentration der Forschung auf die sozial Benachteiligten und die Marginalisierten sowie deren Wohnstandorte (statt einer Berücksichtigung des ganzen Stadtgebietes), dass es „bei der Beschreibung daher weniger um Segregation, sondern um die räumliche Konzentration sozial Benachteiligter in benachteiligten Wohn- und Wohnumfeldbedingungen [geht]" (Dangschat 1997, 632).[96] Und es ist mit dem Modell einer dreigeteilten Stadt, die eigentlich auch eine zweigeteilte, dichotome Stadt sein könnte (denn Häussermann und Siebel stellen fest, dass gegenüber der internationalen Stadt die beiden anderen „ins Hintertreffen oder gar ins Abseits" geraten), immer auch die Gefahr verbunden, die Scharniere und Verbindungsstellen zwischen den einzelnen Teilen nicht zu thematisieren. Das hat bereits die Kritik an dichotomen Modellen, insbesondere der Dependencia-Theorie der 1970er Jahre, gezeigt.[97] Santos hat von zwei Kreisläufen („upper circuit" und „lower circuit") gesprochen und darunter eine sich in den Städten ausdrückende Spaltung der Gesellschaft verstanden. Danach repräsentiert der obere Kreislauf die technologische Entwicklung im Land, die Vernetzung mit dem nationalen und internationalen Kapital, die Konzentration der Entscheidungsmacht auf wenige Bürokraten. Der untere Kreislauf dagegen wird getragen vom „einfachen Volk", den Ungelernten, den auf lokale Nischenproduktionen eingeschränkten Gelegenheitsselbständigen. Zwischen beiden Kreisläufen gibt es durchaus Verbindungen, allerdings bedeutet die Expansion des oberen Kreislaufs immer eine Kontraktion des unteren (Santos 1977).[98] Im Rahmen der Diskussion um den städtischen Arbeitmarkt

---

[96] Ein Vorwurf, den Häussermann und Siebel bereits einräumen: „Verlässliche empirische Untersuchungen darüber, wie sich die soziale Segregation unter dem Einfluss der Arbeitsmarktkrise und Finanznot der Städte entwickelt hat, liegen bisher nicht vor." (Häussermann & Siebel 1987, 147) Allerdings wurden in den letzten Jahren Segregationsanalysen in Städten durchgeführt, z.B. in Frankfurt a.M. für den Zeitraum von 1987 bis 1993 (Freyberg 1996). Erste Ergebnisse zeigen dabei durchaus Stadtbezirke mit einer Risikoverdichtung, Risikobelastung oder Risikoentwicklung (insbes. Einkommensarmut, Arbeitsmarktrisiko, Wohnraumunterversorgung), daneben aber auch Stadtbezirke mit einer Risikoentlastung oder keiner auffälligen Risikoentwicklung (ebd., 106). Zusammenfassend: „Es wäre ein grobes Missverständnis, diese Befunde als Widerlegung der stadtsoziologischen Prognosen zur Segregation oder kommunalpolitisch als ‚Entwarnung' zu behandeln. Sie besagen lediglich, dass die sozialräumliche Gestalt der Frankfurter Stadtgesellschaft angesichts absehbarer wachsender sozialer Risiken offener (und damit möglicherweise gestaltbarer) ist, als es der Diskurs der ‚gespaltenen Stadt' erwarten lässt." (Ebd., 107)

[97] Zur Diskussion der sich diametral gegenüberstehenden Theorie der Modernisierung (grundlegend: Rostow [1956] 1971) sowie der Dependencia bzw. des Zentrum-Peripherie-Modells (das übrigens Kreckel in seinem Modell der sozialen Ungleichheit strukturell wieder aufgreift) sei auf Senghaas (1974), Menzel (1992), Córdova (1973) sowie die einleitenden Aufsätze in Nohlen & Nuscheler (1993) verwiesen.

[98] Zur Theorie einer dualen Gesellschaft, die insbes. in der Entwicklungspolitik diskutiert wurde, z.B. Boeke ([1966] 1980).

in Entwicklungsländern (neuerdings aber auch in den Industrieländern) fand diese Vorstellung der gesellschafts- aber auch ordnungspolitischen Unterordnung („subordination") eines Teils der Bevölkerung unter einen anderen im Begriffspaar des informellen und formellen Sektors Verbreitung. Hier standen die Beschäftigten des informellen Sektors stellvertretend für die Unterbeschäftigten, die Slumbewohnerinnen und -bewohner, die Unqualifizierten, ja sogar für die „Reservearmee" (Quijano 1974) der wohlhabenden und einflussreichen Arbeitgeber des formellen Sektors (siehe hierzu ausführlicher Drilling 1993; Senghaas-Knobloch 1979). Kritisiert wurden diese Ansätze u.a. weil sie die realen Verhältnisse zugunsten einer ideologischen (und auch teleologischen) Fixiertheit verzerrt darzustellen drohten und die Verbindungen zwischen den Teilen (informelle und formelle Ökonomie, upper circuit und lower circuit, internationale Stadt und Stadt der Marginalisierten) nicht ausreichend zu analysieren vermochten bzw. von einer einseitigen Verbindung zu Lasten der ökonomisch Schwächeren ausgingen, um letztlich in einem „Circulus vitiosus" (Krätke 1999, 186) oder einer „Abwärtsspirale" (Keller 1999, 106f.) zu enden bzw. eine Kategorie der „Überflüssigen" oder „urban underclass" (Bremer & Gestring 1997; kritisch dazu Bude 1998; Dangschat 1994a) zu konstruieren.[99] Auch wenn in europäischen Städten die „Hyperghettos" noch fehlten, so heisse dies keinesfalls, dass es keine Armut und Ausgrenzung gebe (ebd., 21). Gerade in Städten, die sich auf dem Höhepunkt der Reichtumsentwicklung befinden, ist das Entstehen dieser „neuen Armut" auffallend.[100]

Die These, dass es die prosperierenden Städte sind, in denen Armut erzeugt und verstärkt wird und in eine räumliche Konzentration mündet, vereint die verschiedenen Strömungen der Segregationsforschung wieder. Auch Dangschat beispielsweise, stimmt trotz Kritik am polit-ökonomischen Modell letztlich der These von der „Armut *durch* Wohlstand" (statt „Armut *im* Wohlstand") zu (siehe z.B. Dangschat 1995, 37ff.).

Keim versucht das polit-ökonomische Modell zu erweitern (Keim 1999, 21). Danach vollziehen sich räumliche und soziale Ungleichheiten auf unterschiedlichen Ebenen: auf der Ebene der Restrukturierungsprozesse (internationale Arbeitsteilung), auf der Ebene kommunaler und staatlicher Regulierung städtischer Reproduktionsbedingungen (Wohnungspolitik, Infrastrukturplanung, Standortpolitik) und auf der Ebene sozialer und individueller Anpassung an Veränderungen von städtischen Räumen (Milieus, Lebensstile). Damit verknüpft Keim die Frage nach Prozessen in einer bestimmten Lokalität die zu Armut führen immer mit der Frage nach den gesellschaftlichen Entwicklungen. Bei Keim stehen der Wohnungsmarkt bzw. die Wohnungsteilmärkte (weil kein vollständiger Wettbewerb und auch keine vollständige Transparenz des Marktes angenommen werden kann) im theoretischen Modell („Teilmarkttheorie") als Indikator zur Messung der Ungleichheiten. Keim geht davon aus, dass Haushalte sich auf verschiedene Weise den Wohnungsteilmärkten anpassen (z.B. durch Wegzug im Falle von Qualitätsverlusten der Wohnungen, Zuzug an Standorte mit erwünschtem Wohnumfeld etc.).

---

[99] Marcuse fasst die Kritik am „Teilungskonzept" in sieben Punkten zusammen: „It is a vague and shapeless metaphor; it suggests a continuum along a single axis (consumption) with a quantitative rather than a qualitative division between the parts; it is ahistorical, obscuring what is constant and what is new; it ignores or mischaracterizes the position of the majority of the population; it plays into the underclass fallacy and obscures the role of racism; it supports the conclusion that redistribution, rather than changes in the causes of the undesired distribution, is the appropriate solution; and it distorts the perception of the coalition that might be formed to deal with those causes." (Marcuse 1989, 698)

[100] Wobei darauf hinzuweisen bleibt, dass die empirische Prüfung der dreigeteilten Stadt zeigt, dass die Ober- und Unterschicht am stärksten segregieren, während die Mittelschicht sich gleichmässiger über die Stadt verteilt, also durchaus von einer verstärkenden Segregationswirkung der Armut gesprochen werden kann. Diese empirische Feststellung hatten bereits Duncun und Duncan in ihrer „U-Verteilung der Segregation" festgehalten (siehe Keller 1999, 38).

> „Diese als Handlungspotential bezeichneten Anpassungskapazitäten der Haushalte sind aufgrund sozialer, ökonomischer oder auch ethnischer Ungleichheiten sehr unterschiedlich. Es kommt so zu zirkulären Wanderungen zwischen und innerhalb qualitativ gleichartiger städtischer Quartiere, deren Ausdruck sozialstrukturell geformte räumliche Ungleichheiten (Wohnungsteilmärkte) sind." (Ebd., 30)

Aus diesem Wanderungsprozess resultieren schliesslich drei Wohnungsteilmärkte: Ein erster, in dem vornehmlich untere Schichten wohnen (mit einer hohen Mobilitätsrate und einem hohen Preis für Wohnraum); ein zweiter, der vornehmlich von Personen der mittleren Schichten bewohnt wird (hohe Mobilität und hohe Miete); und ein dritter Wohnungsteilmarkt, den die Mittelschicht dominiert (geringe Mobilitätsrate und geringe Mieten). Segregation versteht sich dann als „ungleiche Verteilung sozialer Gruppen in definierten, durch Mobilitätsbarrieren voneinander abgegrenzten Raumeinheiten. Der sozial gegliederte Stadtraum ist das Ergebnis von Mobilitätsbarrieren zwischen den Teilmärkten und von zirkulären Wanderungen." (Ebd., 33)

Ebenfalls am Wohnungsmarkt setzt Kapphan (2002) in seiner Untersuchung über das „arme Berlin" an. Dabei stellen für ihn die Prozesse der „Entdichtung der Innenstadt" (selektive Abwanderung der Familien mit höherem Einkommen in die Randbezirke oder in das Umland) und der selektiven Zuwanderung von Personen in „risikobehafteten und marginalisierten Lebenslagen" ein „neues Muster" sozialer Segregation dar (ebd., 135f.).

> „Die Suburbanisierung führt zu einer Ausdifferenzierung von suburbanen und städtischen Milieus: Im Umland sammeln sich die Haushalte, die aufgrund freiwilliger Entscheidungen die ungeliebten städtischen Quartiere verlassen und sich in den homogenen sozialen Milieus im Umland niederlassen. Für viele in der Stadt zurückgebliebene Haushalte gilt, dass sie sich aufgrund der erzwungenen Segregation in der Nachbarschaft von Haushalten in ähnlicher sozialer Lage finden, häufig in Quartieren mit hohem Anteil an Zuwanderern, die noch keine Möglichkeit zur ökonomischen Integration hatten." (Ebd., 136)

Die Verbindung zum Wohnungsmarkt stellt Kapphan insofern her, als er die Bauaktivitäten in Berlin seit der Wiedervereinigung untersucht und feststellt, dass „der Hintergrund für den (...) Entmischungsprozess (...) ein seit Mitte der 1990er Jahre feststellbarer Wohnungsüberhang im mittleren Marktsegment [war], der zu einer Senkung der Wohnungsmarktbarrieren, und in Folge dessen zu steigender Fluktuation führte" (ebd., 141) Die innerstädtischen Wohngebiete erleben dann einen Prozess des „Downgradings" (ähnlich wie ihn Park et al. bereits für Chicago beschrieben hatten, und was zu einer hohen Konzentration von Personen in armen Lebenslagen führt (in den innerstädtischen Quartieren Berlins beispielsweise bezieht jede dritte Person einmal im Laufe des Jahres Sozialhilfe, ebd., 180).

4.2.2 Soziale Schliessung und „gentrification"

Welches sind die Faktoren, die zur Spaltung einer Stadt führen und letztlich für das Entstehen von „Inseln der Armut" (Krätke 1999, 163), aber auch „Inseln des Wohlstandes" im städtischen Raum führen? Häussermann und Siebel benennen in ihrer Untersuchung über Berlin drei Dimensionen, die zu einer Ausdifferenzierung der Stadtgesellschaft führen (Häussermann & Siebel, zitiert nach Alisch & Dangschat 1998, 88):

ökonomische Spaltung (Eigentum, Einkommen und Position auf dem Arbeitsmarkt),
soziale Spaltung (Bildung, sozialer Integration und Position auf dem Wohnungsmarkt),
kulturelle Spaltung (ethnischer Zugehörigkeit, Religion und normativer Orientierung).

Alisch und Dangschat machen darauf aufmerksam, dass diese Dimensionen den Kapitalsorten (ökonomisches, soziales und kulturelles Kapital) entsprechen, anhand derer Bourdieu soziale Ungleichheiten analysiert. Und es sind diejenigen Kategorien, die Sen bei seinem erweiterten „Entitlement-Konzept" nennt und die Handlungsfähigkeit einer Person determiniert. Die Spaltungsprozesse entlang der Ausstattung mit Kapitalsorten verlaufen keineswegs unsystematisch sondern vielmehr schichtspezifisch. Häussermann stellt eine „stärkere Aussonderung von ‚sozialen Problemgruppen' aus den Quartieren der Mittel- und Oberschicht" fest, die durch zwei Prozesse gesteuert werden. Einerseits kommt es zur Abwanderung der Mittelschicht aus sozioökonomisch und soziokulturell heterogen zusammengesetzten Quartieren und andererseits zur „sozialen Schliessung von Wohngebieten, in denen die soziale Homogenität insofern ein ökonomisches Gut darstellt, weil sie das Mietniveau für ‚störungsfreies' Wohnen hoch zu halten garantiert." (Häussermann 2002b, 279) Damit übersetzt Häussermann die von Max Weber eingeführte Terminologie der *Schliessung* auf den physischen Raum. Nach Weber kommt es in Wirtschaftsbeziehungen mit wachsender Konkurrenz zu einem Interesse, den Ausschluss von Mitbewerbern anzustreben. So entstehen Interessengemeinschaften und wenn sich diese eine Ordnung geben, die Rechtsgemeinschaften.

> „Dieser Prozess der ‚Schliessung' einer Gemeinschaft, wie wir ihn nennen wollen, ist ein typisch sich wiederholender Vorgang, die Quelle des ‚Eigentums' am Boden ebenso wie aller zünftigen und anderen Gruppenmonopole." (Weber 1956, 260)

Stets ist die ökonomische Zielsetzung die treibende Kraft, und das Ziel ist „in irgendeinem Umfang stets *Schliessung* der betreffenden (sozialen und ökonomischen) Chancen gegen Aussenstehende" (ebd., 261). Und gleichzeitig eröffnen sich für diejenigen innerhalb des Kreises neue Chancen und Vorteile. Welches im Einzelfall das Merkmal der Schliessung ist, bleibt gleichgültig, „es wird jeweils an das nächste sich darbietende geknüpft" (ebd., 260). Was für Weber die Zünfte oder Titel waren, sind heute Lebensstilgruppen und Abschlusszertifikate. Und immer gilt, dass die Chance auf Mehrung des sozialen, ökonomischen und kulturellen Kapitals und damit - in Sens Worten - die Handlungsfähigkeit einer Person dort am grössten ist, wo die Beziehungen am exklusivsten gestaltet werden können und sich am ehesten mit den persönlichen Zielsetzungen decken.

Parkin (1983, 124) differenziert die Webersche Terminologie der sozialen Schliessung und spricht von zwei unterschiedlichen Handlungstypen bzw. Grundformen: *Ausschliessungsstrategien* und *solidaristische Schliessungsstrategien* (zum aktuellen Stand der Schliessungstheorie siehe z.B. Mackert 2003).[101]

Bei den *Ausschliessungsstrategien* unternimmt eine soziale Gruppe den Versuch, ihre Vorteile durch die Unterordnung einer anderen Gruppe zu erhalten bzw. zu vermehren. Es geht darum, die eigene Position auf Kosten anderer Gruppen zu sichern. Das indische Kastensystem ist ein Beispiel, das Parkin hier anführt.[102] Bourdieu, der ebenfalls auf Weber zurückgreift, generalisiert und hält fest, dass es in einer hierarchisierten Gesellschaft keinen Raum gibt, der nicht hierarchisiert ist. Deshalb ist der soziale Raum durch Ausschliessung (oder Distinktion) gekennzeichnet und damit auch der physische Raum (Bourdieu 1991, 26). Dabei spielt das Kapital in seinen unterschiedlichen Formen die entscheidende Rolle, denn die Ausstattung mit diesem beantwortet die Frage, wer sich die „unerwünschten Per-

---

[101] Parkin hat das Konzept der sozialen Schliessung sogar als alternativen Ansatz zu den Klassenanalysen gewürdigt. Im Gegensatz zur dualen und sich ausschliessenden Logik der klassentheoretischen Kategorien könne das Konzept der sozialen Schliessung „die traditionelle und notwendige Betonung der Dichotomie beibehalten, ohne jedoch ihre einengenden Null-Summen-Implikationen mitzuübernehmen" (Parkin 1983, 123). Unter Null-Summen-Implikation versteht Parkin die Ausschliesslichkeit, die mit dem Klassenbegriff verbunden ist: Entweder man gehört zu den Einflussreichen, Produktionsmittelbesitzern etc. oder nicht (und dann hat man auch in keinem anderen gesellschaftlichen Bereich eine andere Position). Jeder Einfluss auf der einen Seite kann durch eine entsprechende Ohnmächtigkeit auf der anderen Seite aufgerechnet werden. Würde man die Vorteile der einen gegen die Nachteile der anderen aufrechnen, ergäbe sich eine hypothetische Summe von Null; zur Kritik an der Parkinschen Schliessungstheorie siehe z.B. Giddens in Müller (1989, 224ff.).
[102] Sozialgeographische Studien haben diesen Zusammenhang in Indien untersucht. So stellt beispielsweise Bohle den Zusammenhang zwischen Kastenzugehörigkeit und Wasserverteilung her (Bohle 1981).

sonen vom Leib" halten und sich „den begehrten Personen und Dingen" nähern kann (ebd., 30). Vester et al. verbinden und vertiefen das Konzept der sozialen Schliessung mit der Bourdieuschen Kapitaltheorie und arbeiten sechs Strukturprinzipien heraus, die zur Ausschliessung führen und damit bestimmten sozialen Gruppen den Zugang zu den Ressourcen ökonomisches, soziales und kulturelles Kapital versperren (Vester, Oerten et al. 1993, 299ff.).[103] Während sich - zeitlich betrachtet - der soziale Raum eigentlich zu öffnen begann (durch Bildungsmöglichkeiten, Verlängerung der Schulpflicht etc.), stiess ein Teil der Bevölkerung (nach Vesters Berechnung immerhin 27% der Westdeutschen in den Jahren 1988 bis 1991) auf soziale Schliessungstendenzen, gerade auch junge Menschen:

> „Ein grosser Teil der jüngeren Generation erreichte eine horizontale Mobilität aus den Bereichen traditioneller körperlicher Arbeit in Bereiche moderner nichtkörperlicher Arbeit und relativ sicherer Berufspositionen. Ein anderer Teil jedoch wurde in prekäre Positionen abgedrängt, die eine in sich recht heterogene soziale Unterschichtung und Deklassierung darstellen." (Ebd., 303)

Vester et al. identifizieren hier „Jugendmilieus, die sich schon in der Schule verweigern" (ebd., 302), und insbesondere Gruppen von Jugendlichen, „die ihrem Alter oder Habitus nach den herrschenden oder ‚legitimen' Werten eines etablierten Erwerbs- und Bildungsstatus besonders fern stehen".

Eine extreme Form der Ausschliessung wird unter dem Begriff „gentrification" diskutiert. In Anlehnung an amerikanische Forschungen definiert Friedrichs:

> „Gentrification ist der Austausch einer statusniedrigeren Bevölkerung durch eine statushöhere Bevölkerung in einem Wohngebiet." (Friedrichs 1996, 14)

Kecskes fügt dieser Definition noch eine örtliche Spezifizierung bei, indem er von der „Aufwertung innenstadtnaher Wohngebiete" spricht (Kecskes 1996). Friedrichs wie auch Kecskes machen auf Begleitprozesse der Gentrifizierung aufmerksam, die letztlich das „Eindringen" der statushöheren Gruppe forcieren. Dazu zählen die Modernisierung der Wohngebäude, die Veränderungen der Wohngebäude, die Erhöhung der Mietpreise, die Umwandlung von Miet- in Eigentumswohnungen oder von Wohn- in Geschäftsgebäude. Der phasenhafte Prozess der „gentrification" (die „Gentrifizierung") erreicht seinen kritischen Punkt in dem Moment, in dem die einstige Minorität zahlenmässig den anderen Bewohnerinnen und Bewohnern überlegen ist. Dann folgt dem kollektiven Eindringen auch eine kollektive „Flucht" der bisherigen Nutzerinnen und Nutzer (dazu genauer z.B. in Friedrichs & Kecskes 1996). Ab diesem Zeitpunkt ändert sich der Charakter der Schliessung: aus einem anfänglichen *Prozess* (der eher selektiv als kollektiv durchgeführt wurde) ist eine Ausschliessungs*strategie* geworden, weil sich die Neuzuziehenden Distinktionsgewinne und damit eine Erweiterung ihrer Handlungsfähigkeit versprechen. Bei der Gentrifizierung hat der Wandel der Nachbarschaft eine zentrale Bedeutung. Denn es ist der Verlust des sozialen Kapitals in Form der nachbarschaftlichen Beziehung, der die Wegziehenden massgeblich motiviert und es ist das Gefühl eines sozialkapitalreichen Wohngebietes, das die Gentrifier anzieht.[104] Friedrichs sieht dann auch, dass „Gentrification als eine Phase in

---

[103] Die Strukturprinzipien sind (siehe ausführlich Vester, Oerten et al. 1993, 304): 1) Meritokratie (betroffene Sozialgruppen: Bildungsmilieus), 2) Kapitalhegemonie (betroffene Sozialgruppen: Gesellschafts- und Regionalklassen), 3) Patriarchat (betroffene Sozialgruppen: Frauen), 4) Ethnozentrismus (betroffene Sozialgruppen: Fremde), 5) Lebens-/Familienzyklus (betroffene Sozialgruppen: Soziale Altersklassen), 6) Elite-Masse-Schema (betroffene Sozialgruppen: Milieus der körperlichen Arbeit).
[104] Bourdieu spricht hier vom Klub-Effekt und vom Ghetto-Effekt: Ersterer bezieht sich auf die Anreicherung des sozialen und symbolischen Kapitals, die sich ergibt aus der „dauerhaften Zusammenfassung innerhalb desselben Raumes (dem schicker Viertel oder Luxuswohngebiete) von Personen und Dingen, die sich darin ähneln, dass sie sich von der grossen Masse unterscheiden" und die all jene ausschliessen, die nicht alle erwünschten Eigenschaften haben oder unerwünschte Eigenschaften aufweisen. Dagegen ist der Ghetto-Effekt genau das Gegenteil des Klub-Effektes: Das Ghetto sammelt alle Akteure in einer Art „Reservat, das aller Trümpfe ledig [ist], deren es be-

dem Prozess des Nachbarschaftswandels" angesehen werden kann (Friedrichs 1996, 20). Nach Alisch und Dangschat sind es junge Menschen, die zu den Gentrifiern gehören (dazu und zu den Typen von Gentrifiern sowie Pionieren siehe Alisch & Dangschat 1996, 98), Häussermann und Siebel machen auf die „young urban professional people" als tragende Kraft aufmerksam (Häussermann & Siebel 1987, 14ff.). Für Friedrichs sind es insbesondere Ausländerinnen und Ausländer, die von der Verdrängung betroffen sind, weshalb er davon spricht, dass die Veränderung des Ausländeranteils in einem Wohngebiet „ein Indikator der Gentrification in einem Wohnviertel [ist]" (Friedrichs 1998c, 66). Dies stellt auch Blasius in seiner Untersuchung über den Kölner Stadtteil Nippes fest (Blasius 1993). Zwar nahm der Anteil der Ausländerinnen und Ausländer an der Wohnbevölkerung im beobachteten Zeitraum insgesamt nicht zu, doch ergab sich eine Verschiebung zwischen den Wohnblöcken, wobei dort mehr Ausländerinnen und Ausländer zuzogen, wo bereits andere wohnten, sich also „Nischen" (ebd., 231) bildeten. Blasius erklärt den insgesamt überdurchschnittlich hohen Anteil von Ausländerinnen und Ausländern an allen Verdrängten mit zwei Ursachen:

> „Zum einen dürften relativ viele Ausländer zusätzlich zu einem niedrigen ökonomischen Kapital auch ein niedriges kulturelles Kapital haben, sie kennen sich am wenigsten im Mietrecht aus. (...) Zum anderen sind die Ausländer bezüglich des Wohnstandortes hoch segregiert. Kam es in einem Gebäude, in dem sehr viele Angehörige ethnischer Minoritäten wohnten, zu (Luxus-)Modernisierungen bzw. zu Umwandlungen in Eigentumswohnungen, so waren gleich mehrere Haushalte ethnischer Minderheiten betroffen." (ebd., 217)

Neben Ausschliessungsstrategien gibt es nach Parkin noch Ausschliessungs*prozesse*, denen keine Strategien zugrunde liegen, weil sie selektiv erfolgen und nur durch die Betrachtung „von aussen" den Eindruck kollektiven Handelns erwecken. Häussermann deutet diese Prozesse an, wenn er am Beispiel heterogener Wohnquartiere von „Status-Panik" spricht (Häussermann 2002b, 280). Zu diesen selektiven (statt kollektiven) Abwanderungsprozessen kommt es, „wenn ein erheblicher Teil der Bevölkerung in einem sozial gemischten Quartier mit grossen sozialen Problemen belastet ist." Vermüllung, eine Verwahrlosungsatmosphäre und aggressive Verhaltensweisen von Jugendlichen im öffentlichen Raum sind für Häussermann ebenso Anlässe selektiver Abwanderung wie die Bedingungen der schulischen Bildung, wenn beispielsweise viele fremdsprachige Grundschülerinnen und -schüler den inländischen Eltern den Eindruck vermitteln, ihre Kinder könnten bei der Schulbildung benachteiligt sein. Parkin stellt generell fest, dass es mit dem Auflösen des kollektiven Selbstverständnisses (z.B. als Arbeiter/in) zu einem „allmählichen Übergang von kollektivistischen zu individualistischen Ausschliessungsformen" gekommen ist (Parkin 1983, 127). Im Ausschliessungsprozess wird neuerdings auch die Rolle der Institutionen thematisiert. Farwick weist in seiner Untersuchung über Sozialhilfe empfangende Personen in Bremen und Bielefeld nach, dass die kommunale Zuweisung von Aus- und Übersiedlerinnen und -siedlern sowie Asylbewerberinnen und -bewerbern für die überproportionale Zunahme der Sozialhilfedichte in den Armutsgebieten verantwortlich ist. Hier sind also Quartiere mit hoher Armutsbevölkerung entstanden, nicht weil es zu einer kollektiven Abwanderung armer Bevölkerungsgruppen infolge der Ausschliessung durch eine statushöhere Gruppe kam, sondern wegen der Zuweisungspraxis der Sozialhilfe (Farwick 2001, 114).

Solidaristische Schliessungsstrategien schliesslich sind für Parkin die „kollektive Antwort ausgegrenzter Gruppen" (Parkin 1983, 125). Sie resultieren aus dem Unvermögen der Gruppe, Ressourcen durch Ausschliessungsstrategien für sich in Anspruch zu nehmen. „Strategien des Solidarismus (...) richten politischen Druck nach oben; denn mit ihren Ansprüchen bedrohen sie den Ressourcenanteil der privilegierten Schichten." Solidaristische

---

darf, um bei den diversen sozialen Spielen mitmachen zu können". Damit degradiert das Ghetto seine Bewohnerinnen und Bewohner symbolisch (Bourdieu 1991, 32).

Schliessungsstrategien hängen immer von der Fähigkeit einer Gruppe ab, sich selbst zu organisieren und gegen die mächtigere Gruppe durchzusetzen. Es ist der Machtfaktor, den Parkin thematisiert, denn ob sich Schliessungsstrategien von solidaristischen Gruppen behaupten, ist immer eine Frage der Macht, über die die jeweiligen Gruppen verfügen oder die sie mobilisieren können, um ihre Ressourcen zu sichern.

Die Entwicklung hin zum langfristigen und verfestigten *Ausschluss* städtischer Gruppen ist für Häussermann „das eigentliche Drama" der modernen Armutsentwicklung:

> „Jene Gruppen, die heute in Armut leben, können nicht mehr als ‚Nachzügler' betrachtet werden, zu denen sich der allgemein wachsende Reichtum *noch nicht* hinentwickelt hat, vielmehr haben sie gar keinen Anschluss mehr, verlieren schon erreichte gesellschaftliche Positionen oder leben bereits als Jugendliche ohne Hoffnung, je den Grad an gesellschaftlicher Integration zu erreichen, wie er für ihre Eltern noch selbstverständlich erschien." (Häussermann 1997, 13, Hervorhebung im Original)

4.2.3 Exklusion

Diese Argumentation hat die Exklusionsforschung aufgegriffen und darauf aufmerksam gemacht, dass sich „in den hochentwickelten kapitalistischen Gesellschaften der historische Kontext von Arbeitslosigkeit und Armut, damit aber auch deren soziale Realität und die Erfahrungen mit ihnen in wichtigen Aspekten verändert" (Kronauer 2002b, 11). Die soziale Frage stelle sich in zugespitzter Weise „als Problem der Teilhabe an (bzw. des Ausschlusses von) den gesellschaftlich realisierten Möglichkeiten des Lebensstandards, der politischen Einflussnahme und der sozialen Anerkennung". Diese Differenzierungsprozesse lassen sich nicht mehr in Begrifflichkeiten wie arm und reich fassen, sie sind „zu einem zentralen Epochenthema" (Giegel 1996) geworden. Stichweh sieht in der Verwendung des Begriffs Exklusion einen Paradigmenwechsel in der Armutsforschung, und verweist auf Amartya Sen. Der habe bereits in seinem Ansatz der „entitlements" auf die Pluralität von Notlagen hingewiesen und das ökonomisch bestimmte Armutskonzept damit zur Disposition gestellt (Stichweh 1996, 603).[105] Für Paugam sind die Ausgeschlossenen nicht mehr in der Lage, solidaristische Bewegungen und Schliessungsstrategien zu entwickeln; sie sind quasi handlungsunfähig und nehmen nicht mehr teil an Ökonomie, Politik und Gesellschaft. Exklusion steht für einen neuen Sinn, „der sich nicht mehr vorrangig auf der Interessenopposition zwischen sozialen Gruppen und dem Kampf um soziale Anerkennung begründet, sondern vielmehr auf der Schwäche, dem Fehlen von organisierten Forderungen und sozialen Bewegungen, die in der Lage wären, in benachteiligten Gruppen den Zusammenhalt zu stärken und eine Gruppenidentität zu schaffen" (Paugam 1998, 134).

Insofern knüpft die Exklusionsdebatte an diejenige der „new urban underclass" (Wilson 1987; Wilson 1997) an: „Der Fluchtpunkt sozialer Ausschliessungsprozesse ist die Nutzlosigkeit - als soziale Zuschreibung und Lebensgefühl zugleich." (Kronauer 2002b, 51)[106] Entwickelt sich Armut in modernen Gesellschaften tatsächlich „jenseits von Klasse und Stand", wie Beck behauptet, oder nicht doch klassentypisch (under*class*). Doch auch mit dem klassentypischen Verständnis geht das Exklusionskonzept nicht bedingungslos einher. Ausgrenzung bedeutet nicht zwangsläufig, dass Gesellschaften eine vertikale Stratifikation

---

[105] Insbesondere die Forschungen über die Lage von Kindern und Jugendlichen haben die Exklusionsdebatte zum Anlass genommen, den „weissen Fleck" der praktisch nicht existenten Thematisierung von jungen Menschen zu bearbeiten. So entstanden im Rahmen der Exklusionsforschung Arbeiten über die Lage von Kindern und Jugendlichen in Städten bzw. in benachteiligten Wohngebieten (jüngst z.B. Bruhns & Mack 2001; Dangschat 1996; Hohm 2003).

[106] Der Exklusionsbegriff hat Ende der 1980er Jahre Eingang in die internationalen Organisationen gefunden. Von Seiten der OECD wurden u.a. Länderberichte verfasst, die zentrale Handlungsfelder insbes. den Arbeitsmarkt (Arbeits- und Langzeitarbeitslosigkeit) identifizierten (OECD 1998; OECD 1999, Bd. 3 der Berichte vergleicht die Sozialhilfe der Schweiz mit der Kanadas).

aufweisen. Eher handelt es sich um eine Ausdifferenzierung der Gesellschaft in verschiedene *Systeme* und aus diesen sind Personen ausgeschlossen. Es geht also weniger um ein „oben" und „unten" sondern eher um ein „drinnen" und „draussen" einer funktional differenzierten (oder eher gespaltenen) Gesellschaft.[107] Welche wären die massgeblichen Systeme, aus denen ein Ausschluss drohen kann? Mit Bezug auf die jugend- und familienpsychologische Forschung (vgl. Kap. 4.1) nennt Siebel drei Systeme:
1. das System informeller sozialer Beziehungen (Primärbeziehungen, Familie),
2. das ökonomische System (Arbeit),
3. das politische System (Rechtsverhältnisse, Staat) (Siebel 1997, 69).

Kronauer unterscheidet einen Ausschluss von *Interdependenzbeziehungen* und einen Ausschluss von *Teilhabemöglichkeiten*. Von den Interdependenzbeziehungen kann man auf unterschiedliche Weise ausgeschlossen sein: Ausschluss aus der gesellschaftlichen Arbeitsteilung (z.B. weil man keinen anerkannten Ort in der Gesellschaft hat) oder Ausschluss aus sozialen Netzen (z.B. infolge von Vereinzelung oder durch die Konzentration sozialer Beziehungen auf Menschen in der gleichen sozialen Lage). Von Teilhabemöglichkeiten kann man ausgeschlossen werden durch den Ausschluss von materieller Teilhabe (z.B. weil man infolge finanzieller Armut „nicht mithalten kann"), durch den Ausschluss von politisch-institutioneller Teilhabe (z.B. weil man zu den Machtlosen gehört, etwa als nicht Stimmberechtigte) oder durch den Ausschluss von kultureller Teilhabe (Kronauer 2002b, 156ff.). An anderer Stelle differenziert Kronauer in drei Bereiche, in denen über Nutzlosigkeit und Machtlosigkeit entschieden wird: Erwerbsarbeit, soziale Beziehungen, sozialstaatliche Rechte (Kronauer 2002a, 49).[108] Kronauer verweist auch darauf, dass es unterschiedliche Stadien im Prozess der Ausgrenzung gibt. Dazu führt er eine Systematik von Castels ein, die zwischen Integration, Gefährdung (vulnerabilité) und Ausgliederung (exclusion) unterscheidet. De Haan macht darauf aufmerksam, dass das Konzept der Exklusion falsch verstanden sei, wenn es nur zur Charakterisierung von bestimmten ausgeschlossenen Gruppen oder Personen angewendet würde, und hebt „its multi-dimensionality (exclusion from what?), and its focus on institutions and processes (exclusion by whom?)" hervor (de Haan 1998, 11). Silver arbeitet drei Paradigmen des Exklusionsdiskurses heraus. Das Paradigma, dass sie „monopoly" nennt, verknüpft sie mit den theoretischen Arbeiten von Bourdieu, Marx und Weber. Exklusion wird hier gesehen „as a consequence of the formation of group *monopoly*", hat also direkten Bezug zu den Weberschen Ausschliessungsstrategien und -prozessen (Silver 1995, 68). Verantwortlich für die Lage der Ausgeschlossenen ist vor allem die Politik, die den Mächtigen dient und Zugangsbarrieren definiert (z.B. Bildungszu-

---

[107] Ganz ähnlich hatte ja bereits Kreckel sein politisches Modell der Ungleichheit aufgebaut, indem er vom Zentrum und der Peripherie sprach (Kreckel 1992). Zur Diskussion des Zusammenhangs von Armut, „underclass" und Ausgrenzung siehe z.B. Kronauer (1997) sowie Siebel (1997).

[108] An dieser umfassenden Ausschlusslogik setzt dann auch die Kritik an. Leisering, der „Ausgrenzung" als einen „sozialpolitischen Modebegriff" bezeichnet (Leisering 1996, 1039) kritisiert die damit verbundene Unumkehrbarkeit und Ausschliesslichkeit. Der Ausschliessungsdiskurs gehe zu sehr davon aus, dass einmal Ausgeschlossene keine Option auf Reintegration hätten. „Echte Ausgrenzung im Sinne eines diskontinuierlichen Teilhabeausschlusses scheint in der heutigen Gesellschaft eher selten anzutreffen zu sein, am ehesten bei bestimmten Gruppen Einwanderern oder bei einer begrenzten Teilgruppe Langzeitarbeitsloser." (Ebd., 1050) Zudem werde die Frage des „sozialen Copings", also die Frage, über welche Bewältigungsstrategien arme Menschen verfügen, in der Exklusionsthese viel zu wenig berücksichtigt. Nach Leisering haben gerade lebenslaufbezogene Untersuchungen darauf hingewiesen, dass der Eintritt in die Sozialhilfeabhängigkeit a) nicht zwangsläufig auch einen Ausschluss aus dem sozialen, kulturellen oder politischen Bereich bedeutet und b) dass Sozialhilfeempfängerinnen und -empfänger durchaus Inklusions- und Exklusionsphasen kennen. Leisering (ebd., 1049) unterscheidet aufgrund eigener Untersuchungen in Sozialhilfeempfängerinnen und -empfänger mit „verfestigtem Bezug" (Exklusion), „normalisiertem Bezug" (sekundäre Inklusion durch den Sozialstaat) und „überwundenem Bezug" (erfolgte Inklusion).

gänge), wodurch sich Statusgruppen verfestigen, die am Erhalt ihrer Monopolstellung interessiert sind.

Studien, die versuchen, den Exklusionsbegriff zu operationalisieren sind noch wenige vorhanden. Meist bedienen sie sich den gängigen Systematiken und Indikatorensystemen zur Messung von Ungleichheit oder Armut (z.B. Bremer & Gestring 1997; Figueiredo & de Haan 1998; Kuhle 2001; OECD 1998). Für de Haan ist diese grosse Offenheit gegenüber subjektiven Kriterien und den physisch-räumlichen Bedingungen des Modells ein zentraler Vorteil (de Haan 1998, 12).[109] Damit verbunden ist aber auch eine grosse Bandbreite von ausgeschlossenen oder von Ausschluss bedrohten Gruppen. Silver listet Untersuchungsergebnisse auf und kommt zu 23 (!) verschiedenen Gruppen, die in unterschiedlichen Studien als „ausgeschlossen" oder „in Gefahr, ausgeschlossen zu werden", bezeichnet werden. Dazu zählen Niedriglohnbezieherinnen und -bezieher ebenso wie Ungelernte, allein Erziehende, junge Menschen, Frauen oder behinderte Menschen, was den Eindruck erweckt, dass kaum eine Gruppe in der Gesellschaft nicht vom Risiko des Ausschlusses betroffen ist.

4.2.4   Benachteiligte Wohngebiete, Wohnumfeldeffekte und Milieus der Armut

Das Ausgrenzungskonzept findet vor allem in den Wohnquartieren mit einem hohen Anteil von Armen und Arbeitslosen seinen physisch-räumlichen Bezug. Nach Häussermann findet die Spaltung der Stadt ihren räumlichen Ausdruck im Entstehen von benachteiligten Wohnquartieren (Häussermann & Siebel 1987). Welche selbstverstärkende Effekte haben Quartiere der „dritten Struktur" auf die Handlungsfähigkeiten ihrer Bewohnerinnen und Bewohner? Farwick kommt zum Schluss, dass das Wohnen in Armenquartieren folgende negative Auswirkungen haben kann (Farwick 2001, 156ff.):

Das Wohngebiet als Ort mangelnder Ressourcen: Soziale Beziehungen zu Nachbarn, das soziale Netz der Verwandten und Freunde und die Nutzung der sozialen Infrastruktur sind wichtige Ressourcen zur Bewältigung von Mangelsituationen oder kritischen Lebensphasen. Menschen in Armutsgebieten haben „kleinere Netzwerke, die auch weniger Unterstützungsleistungen erbringen als Netzwerke statushöherer Bevölkerungsgruppen". Arme Menschen ziehen sich stärker zurück, um ihre finanzielle Situation gegenüber Aussenstehenden zu verbergen und weil sie selbst anderen kaum Hilfsangebote machen zu können glauben. Daneben weisen Armutsgebiete eine defizitäre Ausstattung mit vorschulischen Kinderbetreuungseinrichtungen, Grün- und Erholungsflächen auf.

Das Armutsgebiet als Ort des Lernens „falscher" Handlungsmuster: Mit der erhöhten räumlichen Konzentration von Armut in Wohnquartieren und der innerquartierlichen Kontaktdichte wird die Wahrscheinlichkeit erhöht, dass Kontakte zu Personen entstehen, bei denen es zum Erlernen von „destruktiven Verhaltensmustern" kommt und in der Folge zu einer Verfestigung der Armutslage sowie des Sozialhilfebezugs. Hier schlägt Farwick den Bogen zu amerikanischen Untersuchungen, die von einer Dauerhaftigkeit der Armut oder einer intergenerationellen Form der „Subkultur der Armut" (Lewis 1966) sprechen.[110]

---

[109] Am Beispiel einer Untersuchung in Indien operationalisiert de Haan (1998, 15) diejenigen Dimensionen, die Ausgrenzung anzeigen: 1) physical location and infrastructure, 2) economic income, labour market and assets (land or capital ownership), 3) human capital (health, education), 4) social capital (social background, e.g. gender, religion, caste, ethnicity and civil engagement, e.g. membership organizations or contact to societies), 5) political rights and citizenship.
[110] Es ist allerdings nicht klar, was Farwick unter „destruktiven Handlungsmustern" versteht. An einer Stelle führt er aus: „Insbesondere wenn die Kontakte sich auf Personen in gleicher schlechter Lage beschränken, besteht die Gefahr, dass abweichende Normen und Handlungsmuster übernommen werden, die dazu führen, dass sich die von Armut betroffenen Bevölkerungsgruppen immer mehr von der ‚Normalbevölkerung' entfernen." (Farwick 2001, 164) An anderer Stelle schreibt er von „kollektiv erfahrenen Randsituationen (ebd., 167). An keiner Stelle benennt er allerdings konkrete Handlungsmuster. Dadurch entsteht der - m.E. falsche - Eindruck, Armut an sich habe be-

Das Armutsquartier als Ort der Stigmatisierung und Diskriminierung: Einkommensschwache Bevölkerungsgruppen gelten in der Gesellschaft als deviant und sind von Stigmatisierungen betroffen. Der symbolische Gehalt eines Wohnquartiers wird über die Stigmatisierung einer Person hinaus durch objektbezogene Merkmale wie schlechte Wohnverhältnisse, verwahrloste öffentliche Plätze verstärkt. Diese Stigmatisierung führt bei der dort wohnenden Bevölkerung zu Handlungsprozessen, die von Korrektur, Neudefinition bis zum Anpassungsverhalten reichen. In jedem Fall werden der Bevölkerung von der übrigen Wohnbevölkerung negative Eigenschaften zugeschrieben.[111]

In ihrer Untersuchung über benachteiligte Wohngebiete in Köln kommen Friedrichs und Blasius zum Schluss, dass

    das Wohnviertel eine Gelegenheitsstruktur bietet, also Kontakte zu Mitbewohnerinnen und -bewohnern ermöglicht und die räumliche Nähe die Kontaktaufnahme fördert (aber nicht erzwingt),

    die im Wohnviertel verfügbaren Verhaltensmodelle die Einstellungen und Verhaltensweisen der Bewohnerinnen und Bewohner bestimmen, wobei die Ausbreitung des Verhaltens durch den Prozess sozialen Lernens stattfindet,

    die vermuteten Effekte des Wohnviertels umso stärker gelten, je länger eine Person in diesem Wohnviertel lebt und je enger seine sozialen Kontakte auf andere Personen im Wohnviertel (statt ausserhalb) bezogen sind (Friedrichs & Blasius 2000, 24f.).

Damit beurteilen sie die Wohnumfeldeffekte sehr viel ambivalenter als Farwick:

> „Die Bewohner sind sowohl auf die Ausstattung des Wohngebietes mit Gelegenheiten (privaten und öffentlichen Einrichtungen) als auch auf die dort wohnenden Personen angewiesen. (...) Dadurch tritt die von Wilson behauptete ‚soziale Isolation' von dem ‚mainstream' der Gesellschaft ein. Die Normen des Wohngebietes werden schliesslich zu den dominanten Normen solcher isolierter Personen. Die Bewohner werden Gefangene des Gebietes, ohne dass es eine sichtbare Mauer hätte." (Ebd., 180)[112]

---

reits destruktive Handlungsmuster zur Folge (zum Verständnis, wie unterschiedlich Armut ist und auch empfunden wird, siehe z.B. die Sammelbände Blum 1996; Knecht 1999). Ähnlich formulieren auch Friedrichs und Blasius, dass nicht behauptet werden könne, es gebe dominante abweichende Normen in einem benachteiligten Wohngebiet, die sich leicht ausbreiteten (Friedrichs & Blasius 2000, 28).

[111] Siehe auch die bei Farwick angeführten Studien, die seine Thesen stützen. Farwick selbst führt auch andere Studien an, die seine Position nicht unbedingt zu belegen vermögen, jedoch auch keine Gegenposition entwickeln. Letztendlich entsteht der Eindruck, dass Farwick diese Thesen nicht „in aller Härte" vertritt, sondern mit einer abgeschwächten Variante sympathisiert. Diese Annahme wird dadurch gestützt, dass er die gleichen Faktoren auch in seiner Publikation anlässlich des 53. Deutschen Geographentages aufführt, allerdings nicht ohne im Fazit anzumerken: „Als mögliche Faktoren des Einflusses von Armutsgebieten kommen eine mangelhafte Ressourcenausstattung des Wohnquartiers, Prozesse des sozialen Lernens und schliesslich Stigmatisierungs- und Diskriminierungsakte in Frage. Untersuchungen (...) lassen aber vermuten, dass in Armutsquartieren weniger von einer unterdurchschnittlichen Ressourcenausstattung im Hinblick auf soziale Kontakte und daraus resultierenden Unterstützungsleistungen sowie von einem Mangel an Einrichtungen der sozialen Infrastruktur auszugehen ist. Die Hypothese einer Übernahme ‚destruktiver' Handlungsmuster durch Prozesse sozialen Lernens in Wohnquartieren ist aufgrund der hohen Kontaktdichte plausibel, muss aber aufgrund von Kontakten der Bewohner auch ausserhalb der Quartiere und der Wirkung von Medien relativiert werden. (...) Auch wenn bisher nicht sicher gesagt werden kann, auf welche Weise negative Wohnumfeldeffekte von Armutsquartieren vermittelt werden, unterstreichen die vorliegenden Ergebnisse, dass der sozialräumliche Aspekt bei der Bekämpfung insbesondere langfristiger Armut nicht zu vernachlässigen ist." (Farwick 2001, 304) Sicherlich trägt zu Farwicks m.E. widersprüchlichen Ausführungen auch sein Wissen um die zahlreichen städtischen Armutsberichte bei, in denen die in sozialen Institutionen Tätigen die (aus ihrer Sicht zumeist defizitären und negativ wirkenden) Wohnumfeldbedingungen einschätzen (siehe zu den städtischen Armutsberichterstattungen z.B. BAGS Hamburg 1996; BAGS Hamburg 1998; Burkart 1998).

[112] Bei den einzelnen Ergebnissen unterscheiden Friedrichs und Blasius die „isolierten Personen" je nach Fragestellung und kommen beispielsweise zu dem Ergebnis, dass nur diejenigen, die stärker auf das Wohngebiet bezogen leben, auch in stärkerem Masse deviante Verhaltensweisen vertreten (bzw. billigen, aber nicht zwangsläufig auch selbst anwenden); zu den Ergebnissen im Einzelnen siehe Friedrichs & Blasius (2000, 179-196).

Von diesen Zusammenhängen aus entwickeln Friedrichs und Blasius ihre theoretische Argumentation der sozialen Benachteiligung:

> „Sie [die soziale Benachteiligung, Anm. M.D.] ist definiert als Restriktion des Verhaltens auf Ressourcen des Gebiets, gemessen über die Indikatoren: a) kleine Aktionsräume, b) kleine Netzwerke, c) einen hohen Zeitanteil im Wohngebiet." (Ebd., 180)

Gebietseffekte (das Wohngebiet hat Einfluss auf das Verhalten der Bewohnerinnen und Bewohner) und Individualeffekte (die Bewohnerinnen und Bewohner benachteiligter Gebiete haben Wahrnehmungs- und Verhaltensweisen, die sie auch in anderen Wohngebieten zeigen würden) zeigen folgende Zusammenhänge:

1. Je grösser die Benachteiligung einer Bewohnerin / eines Bewohners, desto stärker beschränken sich deren / dessen Aktivitäten auf das Wohngebiet.
2. Je stärker das Wohngebiet benachteiligt ist, desto kleiner sind die Netzwerke der Bewohnerinnen und Bewohner (abhängig vom Alter und der Schulbildung; die Netzwerke der türkischen Personen sind kleiner als diejenigen der deutschen Personen).
3. Je stärker das Gebiet benachteiligt ist, desto grösser ist die Billigung abweichender Verhaltensweisen, insbesondere solcher, die eine Aggression gegen Personen aufweisen (wobei die türkische Bevölkerung als stabilisierender Faktor gilt, denn sie lehnt abweichendes Verhalten deutlich stärker ab als die deutsche Bevölkerung).
4. Die Bevölkerung in einem benachteiligten Wohngebiet hat durchaus einen einheitlichen Lebensstil, der sich, anlehnend an Bourdieu, als „Lebensstil der Notwendigkeit" bezeichnen lässt (Friedrichs & Blasius 2000, 194f.).

Herlyn et al. (1999) untersuchen am Beispiel Hannovers die sozialen Verhältnisse von benachteiligten Gruppen. Dabei greifen sie auf das Milieukonzept (insbes. Hradil 1983) zurück, das ihnen erlaubt, neben subjektiven Faktoren auch objektive Bedingungen einzubeziehen.[113] Adaptiert auf die Gruppen der sozialen Unterschichten, also „immobilen Gruppen ohne ausgeprägte überlokale Beziehungen" (Herlyn, Lakemann et al. 1991, 29), wird das Milieu zentral, einerseits bei der Gestaltung der Lebenswelt und andererseits bei der Bewältigung und Abfederung von strukturellen Benachteiligungen.

> „Versteht man so das ganze Wohnmilieu als eine Ressource zur Lebensbewältigung, so können analytisch verschiedene Teilressourcen unterschieden werden: 1) Stadtteil als Chance der Existenzsicherung durch Arbeit, 2) Stadtteil als Ort des Wohnens, 3) Stadtteil als Ort sozialen Austausches, 4) Stadtteil als Ort der Teilhabe an gesellschaftlichen Einrichtungen." (Ebd., 29)

Bei der Arbeitsmarktintegration kann allerdings kaum auf das Wohnmilieu als Ressource zurückgegriffen werden, wie Herlyn et al. nachweisen: Knapp die Hälfte der Personen war zum Zeitpunkt der Befragung arbeitslos, allerdings nutzen die Bewohnerinnen und Bewohner Möglichkeiten „informeller" Arbeitstätigkeiten (oder „Schwarzarbeit"). Ob der Stadtteil

---

[113] Nach Schacht ist die Studie von Herlyn et al. die bisher einzige bundesdeutsche empirische Studie über Armut, die raumbezogene Milieuannahmen aufgreift (Schacht 1999, 300). Der von Herlyn et al. gewählte Milieuansatz erhält von Seiten der Sozialstrukturforschung Unterstützung. Bereits Hradil hatte auf die „Ungleichheit der sozialen Lage" (Hradil 1983) aufmerksam gemacht und für die Analyse von Handlungs*situationen* (statt Handlungs*kontexten*) das Milieukonzept präferiert (Hradil 1987b). Für Schacht bietet die Verwendung des Milieukonzeptes im Rahmen von Armutsstudien drei Vorteile (Schacht 1999, 290): Es können alltagsweltliche Zusammenhänge aufgezeigt werden und insbesondere Fragen nach der Erfahrung und Verarbeitung von Armutssituationen berücksichtigt werden; es kann eine Integration der Milieustudien in den Kontext der sozialen Ungleichheitsforschung erfolgen, da Letztere einen theoretischen Bezug zur Ungleichheitsdebatte hat; der Milieubegriff hat *per se* einen Ortsbezug, benachteiligte Wohngebiete können beispielsweise als Orte der Vergemeinschaftung in sozialräumlichen Wohnmilieus der Armut verstanden werden. Demnach wirken soziale Milieus auf Handlungschancen direkt ein - und zwar erweiternd wie auch einschränkend.

als Ort des Wohnens zur Ressource wird, hängt insbesondere davon ab, ob die armen Bevölkerungsgruppen in gesonderten Siedlungen leben oder derart subventioniert werden, dass sie in grösseren Wohngebieten integriert sind. In letzterem Fall ergeben sich positive Effekte für die Integration ins Quartier, aber auch negative Effekte, etwa durch den unfreiwilligen Einzug in die zugewiesene Wohnung (etwa jede vierte von Herlyn et al. befragte Person beabsichtigte, den Stadtteil wieder zu verlassen). Welche Zusammenhänge zwischen Marginalisierungs- und Wohnkarrieren können Herlyn et al. nachweisen? Die Antwort ist ambivalent: Zum einen zeigt sich, dass ein Teil der Bewohnerinnen und Bewohner der vier ausgewählten Quartiere bereits in der Herkunftsfamilie mit ökonomischen und familialen Problemen konfrontiert war, die einen Wohnungswechsel blockierten oder gar zu einer Fremdunterbringung der interviewten Person infolge eines Auseinanderbrechens der Familie führte. Der Zuzug ins benachteiligte Quartier wirkt also wie die physisch-räumliche Übersetzung der schon seit längerer Zeit besetzten sozialen Position. Dagegen gibt es aber auch Gruppen, die in die benachteiligten Quartiere gezogen sind, weil sie dort die Unterstützung von Bekannten und Verwandten erwarten konnten.

> „Hier scheinen die milieuspezifischen Ressourcen einen so hohen Einfluss auf die Lebensbewältigung auszuüben, dass ein Verbleib im Quartier aus der subjektiven Perspektive unmittelbar wichtig ist und ein Umzug in ein anderes Quartier oder gar eine andere Stadt mit einem Verlust an Lebensqualität verbunden wäre." (Ebd., 108)

Deutlicher sind die Aussagen zum Stadtteil als Ort der Teilhabe an sozialen Einrichtungen: Hier zeigen sich ähnliche Knappheiten wie in den städtischen Quartieren insgesamt, insbesondere die Unterausstattung mit Betreuungsplätzen für Kinder in Vorschule und Schule, aber auch in der Jugendarbeit. Insgesamt - zu diesem Schluss kommen Herlyn et al. - „ist die Einstellung zu dem jeweiligen Wohngebiet zwar nicht so positiv wie bei repräsentativen Bevölkerungsquerschnitten anderer Wohngebiete, aber im ganzen doch positiver als erwartet" (ebd., 246). Die Bindung an den jeweiligen Stadtteil (die ja wegen der Zuweisungspraxis grundsätzlich Zwangscharakter hat) wird dabei erheblich beeinflusst durch die Einbindung in die jeweiligen Wohnmilieus und durch informelle Beziehungsnetze.

Schnur (2002) hat die Sozialkapitalansätze von Bourdieu, Coleman, Putnam und anderen miteinander verbunden und auf die Frage nach den Entwicklungsmöglichkeiten marginalisierter Stadtquartiere angewendet. Am Beispiel Berlin-Moabits entwickelt er auf Basis der verschiedenen Ansätze Indikatoren *lokalen* Sozialkapitals und stellt die Verteilung von Beziehungs- und Systemkapital in verschiedenen Wohnquartieren Berlin-Moabits fest. Weil die im Durchschnitt sozioökonomisch besser gestellte Wohnbevölkerung auch die weiter gestreuten, translokalen Netzwerke und auch Primärgruppen-Netzwerke (Freunde, Verwandte) aufweist, empfiehlt Schnur zwei grundlegende Strategien der Quartiersentwicklung: „Zum einen die Akkumulation von Sozialkapital und zum anderen dessen Stabilisierung und Diffusion." (Ebd., 316) Konkret versteht Schnur darunter einen Mix von kommunikativen Projekten wie Innenhofaktionen oder „moderierten" Nachbarschaften. Solche Aktivitäten sollen mittelfristig „horizontale Verbindungen zwischen Gruppen" aufbauen helfen und auf Ebene der Stadtentwicklung dazu führen, „ein dreidimensionales Koordinatensystem sozialer Stadtentwicklung" (ökonomisches Kapital, Humankapital, Sozialkapital) anzuerkennen.

Braun (2001) hält die Übertragung des Sozialkapitalansatzes auf Regionen und Quartiere für theoretisch nicht fundiert. Sozialkapital ist - ganz in der Tradition Bourdieus - immer nur *eine* Form menschlicher Handlungen und deshalb nicht ohne weiteres isolierbar von den Umständen, in denen es zum Ausdruck kommt. Nachbarschaften aufzubauen und durch Quartiermoderationen das Leben in benachteiligten Wohngebieten erträglicher zu machen, habe immer auch einen legitimierenden Charakter. Braun verweist hier auf die These von

Brumlik, dass ein solches Verständnis „den Vorwurf in Kauf nehmen [müsse], erhebliche Ungerechtigkeiten fahrlässig optimistisch zu interpretieren" (Brumlik, zitiert nach Braun, 350). Auch Immerfall (1999) sieht Probleme beim Versuch, Sozialkapital direkt herbeizuführen, es kann sogar kontraproduktiv sein. Man könne eine Quartiergemeinschaft nicht einfach bilden, ebenso wenig die gesellschaftspolitisch aktive Bürgerin fordern. Als geeignete Massnahmen, die die Bildung von Sozialkapital begünstigen, nennt Immerfall u.a.:

Interventionen vor Ort als Kristallisationskerne kleiner Solidaritätsnetzwerke, z.B. durch Familien- und Nachbarschaftszentren.

Gerechtigkeitsüberlegungen im institutionellen Bereich, z.B. solidarische Krankenversicherungen.[114]

Auch Kuhle zeigt in seiner vergleichenden Untersuchung von Paris und Berlin auf, dass eine soziale Ausgrenzung zumeist mit einer vorherigen sozialräumlichen Benachteiligung einhergeht (Kuhle 2001, 187). Er spricht von einem „Übergang von einer Situation räumlich konzentrierter sozialer Benachteiligung in einen Zustand der Ausgrenzung". Die Radikalität und Geschwindigkeit dieses Übergangs hängt nach Kuhle von fünf Faktoren ab:
1. Von selektiven Fort- und Zuzügen: Wandern viele Besserverdienende weg und ziehen Arme hinzu, beschleunigt sich der Ausgrenzungsprozess.
2. Von der sozialen und räumlichen Polarisierung der gesamten Stadt: Je polarisierter die Stadt ist, umso stärker kommt es zur sozialen Entmischung und umso länger sind Quartiere problemhaft.
3. Von der zeitlichen Dauer, die ein Quartier problemhaft ist und sich die Benachteiligung verfestigen kann.
4. Von der fortschreitenden Entwöhnung der in den betreffenden Quartieren anwesenden Bewohnerinnen und Bewohner von den in der Mehrheitsgesellschaft herrschenden Umgangsformen, wobei mit fortschreitender Entwöhnung die Reintegration schwieriger wird.
5. Von der Frage, ob die Bewohnerinnen und Bewohner ausgegrenzter Wohnquartiere die Ausgrenzung als kollektives Schicksal empfinden und sich dementsprechend identifizieren (ebd., 187f.).

Ob diese fünf Faktoren schliesslich zu Ausgrenzungen führen, ist für Kuhle abhängig von wirtschaftlichen und politischen Bedingungen und Massnahmen, die zur Integration der gefährdeten Personen ergriffen werden.

„Verallgemeinernd lässt sich feststellen, dass der milieuspezifische Kontext entscheidend dafür ist, ob die jeweiligen sozialräumlichen Beziehungsformen unter strukturell benachteiligenden bzw. ausgrenzenden Lebensbedingungen eine Ausgegrenztenschicht hervorbringen." (ebd., 189)

Kuhle macht auch darauf aufmerksam, dass dabei Akteure unterschiedlich betroffen sind: So zählt er Ausländerinnen und Ausländer sowie Jugendliche zu den besonders von Ausgrenzung gefährdeten Gruppen und verweist zudem auf die intergenerationale Weitergabe der Benachteiligung (ebd., 176).

Diese Differenzierung nach Gruppen von Bewohnerinnen und Bewohnern in benachteiligten Wohnquartieren stellt auch Karrer ins Zentrum seiner Studie über den Zürcher Stadtteil Hard. Seine Befragung von insgesamt 29 Personen schweizerischer, italienischer und

---

[114] Und auch Kapphan steht der These der sozialräumlichen Milieus von Herlyn et al. skeptisch gegenüber. In seiner Untersuchung Berlins resümiert er, dass das Quartier nur für einen Teil der befragten Bewohner wirklich diese Integrationsfunktion (aufgrund guter Netzwerke und als Quelle von Ressourcen) hat; in Berlin habe sich „ein einheitliches Milieu" nicht konstituiert, „vielmehr haben die unterschiedlichen Gruppen je eigene Zugänge zum Quartier und zu spezifischen Ressourcen" (Kapphan 2002, 181).

türkischer Herkunft mündet in einem Kategorienschema, das durch zwei Arten von Konfigurationen geprägt ist: „eine ethnische Konfiguration, die das Zusammenleben der Menschen am stärksten bestimmt und eine klassenbezogene Figuration, die vor allem innerhalb der einheimischen Bevölkerung von Bedeutung ist." (Karrer 2002, 143) Innerhalb der ersteren Figuration verläuft eine Trennung in Abhängigkeit der Anwesenheit im Wohnquartier und resultiert in der Gegenüberstellung der Etablierten (insbesondere die Schweizer und Italiener) und der Aussenseiter (die Türken, die erst in den 1990er Jahren zugezogen sind). Diese Trennlinie macht sich in verschiedener Hinsicht bemerkbar: Die Etablierten besetzten wichtige Positionen in Genossenschaften, Quartiervereinen und Kirchgemeinden, sie verfügen über eine bessere Wohnlage und einen höheren ethnischen Status. Eine zweite Figuration, die sich nicht offensichtlich an ethnischen Merkmalen orientiert, stellt die Ausstattung mit Bildungskapital und ökonomischem Kapital ins Zentrum und teilt nochmals die Etablierten:

> „Man grenzt sich von jenen schweizer Randseitern ab, die häufig von der Fürsorge leben und sich aufgrund psychischer Probleme oder ihrer Drogenabhängigkeit zum Beispiel an der Peripherie der Gesellschaft befinden." (Ebd., 151)

Der „Kampf um Integration", wie Karrer seine Untersuchung betitelt, wird im Wohnquartier also zwischen Personen schweizerischer, italienischer, türkischer, jugoslawischer und albanischer Herkunft geführt. Wer dabei mit wem und um was „kämpft" ist keineswegs nur vom ethnischen Status bestimmt.

> „Unsere Untersuchung hat gezeigt, dass es bei der Auseinandersetzung zwischen Etablierten und Aussenseitern letztlich beiden Seiten um Integration geht, dabei aber unterschiedliche Dinge auf dem Spiel stehen. Während für die Aussenseiter die gleichberechtigte Teilhabe an zentralen gesellschaftlichen Gütern wie Anerkennung, Wohnungen und Bildungschancen im Vordergrund steht, fürchten die Etablierten, die bestehende Lebensordnung und die damit verbundenen Statusressourcen zu verlieren und sowohl das Quartier wie auch in der Gesamtgesellschaft zunehmend marginalisiert zu werden." (Ebd., 229)

Wimmer (2003) hat eine vergleichbare Untersuchungsanlage auf Wohnquartiere in Basel (St. Johann) und Bern (Nordquartier) angewendet hat, unterstützt diese kategorialen Systeme von Einbindung und Ausgrenzung, in denen „herkunftsdefinierte Ethnien - entgegen der multikuturellen Perspektive der Einwanderungsgesellschaften - für die Bewohner von Immigrantenquartieren keine zentrale Rolle spielen, um die soziale Welt und die massiven Umwälzungen der letzen Jahrzehnte zu beschreiben und zu erklären" (Wimmer 2003, 232). Vielmehr teilen sich die Bewohnerinnen und Bewohner nach wahrgenommener Nähe oder Distanz zu einem „Ordnungsparadigma" auf, wodurch es zu Etablierten und Aussenseitern kommt.

> „Überspitzt formuliert ist also entscheidender, ob der Hof sauber gehalten und die Hausordnung eingehalten wird, als ob eine Familie schwarz oder weiss, schweizerischen oder ausländischen Ursprungs ist." (Ebd., 216)

Während Karrer und Wimmer auf die Etablierten-Aussenseiter-Dichotomie der Figurationstheorie von Elias zurückgreifen, setzen Berger et al. (2002) am „Soziosphären-Konzept" von Albrow an. Dieser hatte am Beispiel der Stadt London aufgezeigt, dass soziale Beziehungen durchaus auch über grössere Distanzen aufrechterhalten werden können. „Einer der wichtigsten Aspekte der klassischen Begrifflichkeit war die Annahme, dass der Ort über die lokale Kultur mit Gemeinschaft verbunden war." (Albrow 1998, 289) Wenn allerdings - wie im Falle der Migrantinnen und Migranten Londons, soziale Beziehungen über die Lokalität hinaus eine höhere soziale Bindung ausdrücken, „dann müssen Konzepte wie Örtlichkeit, Gemeinschaft und sogar Staatsbürgerschaft neu bestimmt werden" (ebd., 288). Begriffe wie „soziale Landschaften", „Soziosphären" und „Zeit-Raum-Schichtung" sind für Albrow präzisere Ausdrücke städtischen (Zusammen-)Lebens.

Grundlegende These ist dabei, dass „Individuen mit sehr unterschiedlichen Lebensstilen und sozialen Beziehungen in unmittelbarer Nähe zusammenleben können, ohne miteinander in Konflikt zu geraten" (ebd., 308). Jede Person nimmt den Ort auf ihre Art wahr, definiert Bezugspunkte und soziale Beziehungen, entscheidet sich für angepasste Verhaltensweisen. So wird ein Wohngebiet für die einen zum Gebiet mit hohem Freizeitwert, für andere zur günstigen Schlafstätte mit direktem Bahnanschluss ins Zentrum. Am Ort selbst kommen die Bewohner/innen kaum miteinander in Berührung. Um diese variierende, aber sich überlappende Reichweite, eigenständige Wege und die soziale Abgrenzung zu betonen, führt Albrow den Begriff der „Soziosphäre" ein. „Sphäre soll hier im Sinne von Bedeutungsfeld oder Interessenssphäre benutzt werden und nicht als geometrischer Begriff." (Ebd., 309) „Soziale Landschaften" entstehen dann an den Punkten, wo sich Soziosphären kreuzen. Aus solchen Kreuzungen von Soziosphären entstehen die sozialen Landschaften der Zürcher Kreise 4 und 5, die Berger et al. (2002) untersucht haben und in denen sie verschiedene Handlungstypen eines „Habitués" (meint die personale Form eines im Milieu verankerten Gewohnheitshandelns, ebd., 35) gefunden haben. Insgesamt sieben Milieutypen mit jeweils eigenem „Habitués", die vom Alteingessenen (mit dem Habitués des virtuosen Hängenbleibens) über die Arbeitsmigranten- und Flüchtlingseltern (mit dem Habitués des provisorischen Nebeneinanders) und dem sozial deklassierten Zugezogenen (mit dem Habitués disziplinierter Ausseralltäglichkeit) bis hin zum Drogenkonsument (mit dem Habitués des Nebeneinander von Drogenszene und Nachbarschaft) unterscheiden Berger et al. (ebd., 200). Damit entsteht eine „Kultur der Differenz", die auf grosser sozialer Distanz aufbaut und so ein friedliches Nebeneinander im prekären Wohngebiet möglich macht.

> „Im Wissen um das konflikthafte Zusammenleben im Stadtteil müssen sich die Akteure im Hinblick auf eine lokale Kultur der Differenz wiederkehrend und situativ um eine aktive Gestaltung der Differenz bemühen. Damit grenzt sich die Perspektive einer Kultur der Differenz von einem blossen Laisser-faire im Sinne einer permissiven Segregation ab, die zwar Verschiedenartiges in grossstädtischer Manier gewährt, der es aber letztlich am Konsens in Bezug auf ein Gemeinwesen fehlt." (Berger, Hildenbrand et al. 2002, 180f.)

4.2.5 Fazit: Soziale Positionen im städtischen Raum und ihre spezifische Reproduktion

Risikoverläufe und Armutsprozesse im sozialen Raum finden ihre Entsprechung im physischen Raum. Doch der Stadtraum fungiert keineswegs nur als Spiegelbild des sozialen Raums. Vielmehr verstärken Akteure aus Wirtschaft und Privatem, aber auch der Verwaltung die Dynamik der Zuteilung von Positionen, was eine Verstärkung der Ungleichheiten zu Ungunsten der einkommensschwachen Gruppen in einer Stadt zur Folge hat.

So zeigt die Segregationsforschung, dass das Entstehen von benachteiligten Wohngebieten selten auf einem Entscheidungsprozess der armen Bevölkerung basiert, sondern diese eher die Funktion der „Kontrastfolie" hat: Ihr bleibt nur die Option, die übrig gebliebenen Flächen zu besetzen, zumindest so lange, bis sie nicht erneut von einer statushöheren Gruppe als attraktiv eingeschätzt werden. Und dass es in solchen Wohngebieten zur Konzentration von Menschen aus den neueren Herkunftsländern kommen kann, hängt nicht davon ab, dass diese Menschen dort wohnen möchten, sondern dass sie keine Handlungsalternativen haben, zwischen denen sie auswählen könnten. Aus der Perspektive des „Capability-Ansatzes" können so nicht nur individuelle Entscheidungen, sondern auch räumliche Prozesse und Strukturen erklärt werden. Für junge Erwachsene, die über wenig ökonomisches, kulturelles und soziales Kapital verfügen, bedeuten die städtischen Differenzierungsprozesse immer auch eine Verschärfung ihrer Risiken.

Dabei wird die Fragmentierung der Stadt nicht nur durch den privaten Sektor vorangetrieben, sondern vielerorts auch durch die Stadtpolitik unterstützt. Unter dem Diktat des Wettbewerbs um potentielle Kunden werden Steuergelder in den Ausbau von Flughäfen oder Luxuswohnungen für gute Steuerzahler investiert. Am Ende steht oftmals die Gegenfinanzierung durch Leistungskürzungen bei denjenigen, die über das geringste soziale Kapital verfügen (und sich deshalb kaum wehren können). Dass es zum Entstehen von benachteiligten Wohngebieten kommt, hängt dann auch damit zusammen, dass ein Teil der armen Bevölkerung auf öffentlich unterstützte Wohnungen oder billige Wohnobjekte des freien Wohnungsmarktes angewiesen ist. Wirtschaftsförderung und Stadtentwicklungspolitik im Sinne einer „sozialen Stadt" dürften im Verständnis des polit-ökonomischen Modells keine Partnerschaft eingehen, denn angesichts der begrenzten Ressourcen wird sie zur Spaltung der Stadt führen.

Nach Mollenkopf und Castells (1992) kommt es zur dualen Stadt, Marcuse (1989) schlägt das Konzept einer „vielfach geteilten Stadt" („quartered city") vor. Nach Häussermann und Siebel zeichnet sich für deutsche Grossstädte eine Dreiteilung ab, wobei diese nicht immer vollständig räumlich sichtbar wird. Es sind eher drei *Strukturen*, die sich räumlich auch überlagern können. Demnach kommt es zur Entwicklung von „Städten in Städten", die sich unterscheiden: in ihrer internationalen Wettbewerbsfähigkeit und überregionalen Funktion (erste Struktur), in ihrer Bedeutung als regionales Oberzentrum für die Mittelschicht (zweite Struktur) und in ihrer Bedeutung für Randgruppen, Ausgegrenzte, dauerhaft Arbeitslose, Ausländer, Drogenabhängige und Arme (dritte Struktur). Auch bei Häussermann und Siebel fungieren die letztgenannten als „Restkategorie" mit geringem Handlungsspielraum und kaum Möglichkeiten auf eine aktive Stadtgestaltung, z.B. durch Wanderungsprozesse.

In der Konsequenz der Überlegungen von Sen, Bourdieu, Coleman und Putnam findet der Prozess der Freisetzung, Entzauberung und Reintegration in Stadtgesellschaften also entlang den Dimensionen ökonomisches Kapital (Eigentum, Einkommen und Position auf dem Arbeitsmarkt), soziales Kapital (Familie und sozialer Nahraum, soziale Netzwerke) und kulturelles Kapital (ethnische Zugehörigkeit, Religion, Bildungsabschlüsse) statt. Stadtgeographisch findet diese Entwicklung ihren Ausdruck im Entstehen und Ausdifferenzieren von Quartieren, Wohngebieten oder Strassenzügen, die Personen gleichen Lebensstils auf sich vereinen. Je grösser dabei die soziale Ungleichheit in einer Stadt, desto schärfer sind üblicherweise auch die räumlichen Ungleichheiten, weil die Ausdifferenzierung von Lebensstilen und die damit einhergehenden Distinktionsbedürfnisse zu einer immer genaueren Übersetzung von sozialen Distanzen in räumliche Distanzen führen.

> „Wer anders ist, anders lebt und anders aussieht, soll einem besser nicht zu nahe kommen - das ist die Logik, die sich umso stärker durchsetzt, je mehr Wahlmöglichkeiten die Haushalte bei ihren Standortentscheidungen haben und je heterogener die Stadtgesellschaft ist." (Häussermann 2002b, 278)

Damit wird erneut die Beziehung zwischen sozialem und physischem Raum deutlich: Soziales, kulturelles und ökonomisches Kapital determinieren die Handlungsfähigkeit einer Person und gestalten über die Handlungen die städtischen Lebensräume. Städtische Lebensräume strukturieren sich nach sozialem, kulturellem und ökonomischem Kapital und wirken damit auf die Handlungsfähigkeiten ihrer Bewohnerinnen und Bewohner zurück.

In einer ihrer extremen Ausprägungen entsteht die marginalisierte Stadt, die sich in der Schweiz kaum in ihrer „Reinform" nachweisen lässt. Dass Page von Zürich als bipolarer Stadt spricht, könnte darauf hinweisen, dass die Schweizer Kernstädte am Anfang ihrer Ausdifferenzierung stehen. Deshalb geben Modelle von Häussermann oder solche, die im Zuge der lateinamerikanischen Dependenciatheorie der 1970er Jahre entstanden sind, wertvolle Hinweise auf die Handlungsfähigkeiten der marginalisierten Gruppen. Denn hier werden stärker Strukturen in den Vordergrund gestellt, die noch keinen (oder nur einen geringen) Ausdruck in räumlicher Hinsicht gefunden haben: Modelle eines „upper und lower circuit", des „marginalisierten Pols" oder des „formellen und informellen Sektors" können gesellschaftliche Strukturen zwar nicht hinreichend erklären, zeigen aber, dass städtische Problemgruppen nicht erst in segregierten Wohngebieten leben müssen, um das Attribut „marginalisiert" oder „benachteiligt" zu erhalten.

Vorhanden sind in den Schweizer Städten zum heutigen Zeitpunkt grössere oder kleinere „Inseln der Armut" (Krätke 1999, 163) in Form von benachteiligten Quartieren oder Wohnblöcken und Strassenzügen. Diese zeichnen sich dadurch aus, dass dort viele verschiedene Randgruppen nebeneinander leben (z.T. aber nicht auch wohnen). Auch dort, wo die Teilung der Stadt noch nicht vollzogen ist, kann die Stadtpolitik durch Standortentscheidungen zur Produktion von teilungsbeeinflussenden Faktoren beitragen. So werden Asylheime beispielsweise in Basel bevorzugt in Quartieren mit sozialökonomisch niedrigem Status eingerichtet und Quartiervereine, in denen hohe Distinktionsgewinne realisiert werden können, wehren sich zumeist erfolgreich gegen die Einrichtung von sozialpädagogisch begleiteten „Gassenzimmern" für Drogenabhängige.

Wo es durch Segregation zur Konzentration der von Armut betroffenen Bevölkerung in benachteiligten Gebieten kommt, können weitere, die soziale Ungleichheit verstärkende Prozesse beobachtet werden. Aus den Arbeiten zur Regionalisierung der Sozialkapitaltheorie wird auf die negativen Auswirkungen des sozialen Kapitals auf die Bewohnerinnen und Bewohner hingewiesen. Herlyn, Lackmann et al. (1991) untersuchen das Wohngebiet als eine „Ressource zur Lebensbewältigung" und unterscheiden die Teilressourcen Arbeitsplatzangebot, Wohnangebot, sozialer Austausch und gesellschaftliche Einrichtungen. Aus den Studien wird deutlich, dass sich benachteiligte Wohngebiete durch ihre geringe Ressourcenausstattung auszeichnen (in ökonomischer, sozialer und kultureller Hinsicht) und durch die Gefahr, dass es zur Übernahme von gesellschaftlich nicht akzeptierten Handlungsmustern (z.B. Gewalt, Vandalismus) kommt. Dies trifft sicherlich für Kinder und Jugendliche, die in benachteiligten Quartieren aufwachsen und dort ihren Erfahrungsraum finden, in hohem Masse zu. Spätestens aber mit dem Besuch der Sekundarstufe wird sich der Einfluss des Wohnstandortes auf den Sozialisationsverlauf reduzieren.

Die theoretische Reflexion einer Forschungsstrategie über junge, arme Erwachsene in städtischen Räumen hat also zu Präzisierungen auf zwei Ebenen geführt: Einerseits können junge Erwachsene nicht nur mit den gängigen Instrumenten zur Analyse der Erwachsenenarmut betrachtet werden; vielmehr ist ihre spezifische Übergangssituation (vom Kind zum Erwachsenen) mit allen damit zusammenhängenden Folgen für die Wahl der Indikatoren und der prozessualen Betrachtung zu berücksichtigen. Andererseits ist der städtische Raum nicht einfach nur das Spiegelbild individuellen Entscheidungsverhaltens junger Erwachsener sondern strukturiert sich nach der Verteilung sozialen, kulturellen und ökonomischen Kapitals, reproduziert diese Struktur ab einem bestimmten Punkt und wirkt somit wiederum auf die Handlungsfähigkeit der in den Quartieren, Siedlungen oder Wohnblöcken lebenden Personen zurück. Diese Präzisierungen gilt es, bei der Herleitung eines Analyserahmens zu berücksichtigen.

5 Herleitung des Analyserahmens

5.1 Vorschläge zur Messung von Armut bei Jugendlichen

Wenn man Sen darin folgt, Armut als „capability deprivation" zu verstehen, wird eine prozesshafte Perspektive notwendig. Junge Erwachsene lassen sich nach den bisherigen Ausführungen neben ihrem Alter (zwischen 18 und 25 Jahren) durch den Übergang zwischen Jugend und Erwachsensein beschreiben. Das Durchlaufen dieser Statuspassage ist mit dem Übergang von der Schule in die Ausbildung („1. Schwelle") bzw. von der Ausbildung in den Beruf (2. Schwelle") gekennzeichnet.

Eine Analyse der Lage von „young urban poor" muss daher Sozialindikatoren zur Lage von Kindern und Jugendlichen ebenso berücksichtigen wie solche, die für die Lage Erwachsener herangezogen werden (vgl. dazu Joos 2001). Weil sich die Sozialstruktur- und auch Armutsforschung bisher mehrheitlich auf die Arbeitsgesellschaft bezogen hat, sind die Analyseinstrumente für erwerbstätige Personen zahlreich. Auch die Vorschläge von Sen und Bourdieu sind für diese Zielgruppe ausgearbeitet und müssten an eine jüngere Altersgruppe erst noch angepasst werden. Für eine kind- und jugendlichenbezogene Sozialberichterstattung liegen dagegen erst seit kurzem Vorschläge vor. Diese Konzepte verstehen sich als vorläufig und in der Erprobungsphase.

Während die Armutsforschung traditionell die Forschung über Erwerbslose und damit die Erwachsenen war und ein elaboriertes Messinstrumentarium entwickelt hat, stehen für die Lage der Kinder und Jugendliche kaum separate Armutskonzepte zur Verfügung. Joos hat einen Vorschlag weitergeführt, der auf den Wohlfahrtsdimensionen basiert, wie sie von Allardt für Schweden entwickelt wurden. Allardt (1993) hat sich gegen ein Konzept der Lebenslagen ausgesprochen, weil dieses zu sehr auf die materiellen Ressourcen konzentriert sei. Im Gegenzug plädiert er für die stärkere Berücksichtigung nichtmaterieller Ressourcen und schlägt die Begrifflichkeiten „Having" (Besitz/Besitzbedürfnisse), „Loving" (Zugehörigkeit/Zugehörigkeitsbedürfnisse) und „Being" (Selbstverwirklichung/Bedürfnisse nach Selbstverwirklichung) vor.

> „Having, Loving, and Being are catchwords for central necessary conditions of human development and existence. It is clearly assumed that there are both material and non-material basic human needs, and that both types of need have to be considered in indicator systems designed to gauge the actual level of welfare in society." (Allardt 1993, 89)

Hauser (1997) hat die von Allardt entwickelten Indikatoren um die Dimension der gesellschaftsbezogenen Bedürfnisse erweitert und eine Bedürfnisliste entwickelt, die auf Ebene der einzelnen Items hohe Affinität zur Unterscheidung in ökonomisches, kulturelles und soziales Kapital hat.

„Havings" sind für ihn die ökonomischen Ressourcen, Wohnbedingungen, Arbeit, Arbeitsbedingungen, Gesundheit und Bildung.

„Lovings" stehen für die Kontakte in der Gemeinde/Nachbarschaft, für Kinder und Familie, Freundschaften, die Nähe zu Vereinen, die Beziehung zu Arbeitskollegen.

„Beings" sind Möglichkeiten, über sein Leben selbst zu bestimmen, politische Aktivitäten, Zeit für Freizeit, Möglichkeiten für alternative Arbeitsplätze, Auswahl zwischen Freizeitangeboten.

Joos (2001) adaptiert diese Vorarbeiten auf die Lage von Kindern. Sie ereinigt die Bedürfnisliste um solche, die sich nicht für das Kindalter eignen (z.B. Kinder und Familie) und führt weitere für die spezifische Altersklasse ein. Dabei werden die monetären Indikatoren geringer gewichtet und soziale sowie kulturelle Indikatoren aufgewertet. Folgende Indikatoren einer kind- und jugendbezogenen Wohlfahrtsbetrachtung sind zu beachten:

Tabelle 10: Indikatoren für eine Untersuchung der Wohlfahrt von Kindern

Having (Besitzbedürfnisse)	Monetäre Ressourcen der Eltern, eigene monetäre Ressourcen, Nutzung staatlicher Leistungen, Betreuung/Erziehung, Bildung, Arbeit/Beschäftigung, Gesundheit, Wohnen, Kinder- und Jugendhilfe
Loving (Zugehörigkeitsbedürfnisse)	Zu einer Familie, zu einer „Gemeinschaft", zu Freunden / zur Peergroup, zu einer bestimmten Gesellschaft, zu einer bestimmten nationalen/ethnischen Gemeinschaft
Being (Bedürfnisse nach Selbstverwirklichung)	Freizeit, Lebensstil, Leistung und Zielerreichung, persönliches Ansehen, Unersetzbarkeit, Bedeutung für andere, Mitwirkung an demokratischer Willensbildung, politische Macht
Gesellschaftsbezogene Bedürfnisse	„soziale" Wohlfahrt („lebbare" Gesellschaft), Verteilungsgerechtigkeit zwischen den Generationen, Erhaltung der natürlichen Lebensgrundlagen, keine scharfen Antagonismen (innerer Friede), äusserer Friede, keine Diskriminierung und keine ungerechtfertigten Privilegien

Quelle: Joos (2001, 79).

Eine ähnliche Systematik legte der Bundesverband der Arbeiterwohlfahrt in Zusammenarbeit mit dem Institut für Sozialarbeit und Sozialpädagogik ISS in Frankfurt a.M. im Rahmen einer umfassenden Sozialberichterstattung über die Lage von Kindern und Jugendlichen in Deutschland vor (Arbeiterwohlfahrt Bundesverband 2000; Holz & Skoluda 2003). Die dabei verwendeten Indikatoren sind in zweierlei Hinsicht wegweisend: Zum einen betonen sie die Bedeutung der Familie für die Wohlfahrt von Kindern - wie bereits bei Joos - und zum anderen gelingt es, eine dynamische Betrachtung der Armut vorzunehmen (Tabelle 10 sowie Tabelle 11).

Neu hinzu tritt in dieser Systematik die psychische und physische Lage einer Person, d.h. dem Gesundheitszustand und der körperlichen Entwicklung kommt eine eigenständige Bedeutung auf der Ebene von Dimensionen zu. Diese wurden von Sen, Bourdieu und anderen eher als Folgen unzureichender Handlungsfähigkeiten gedeutet. Insbesondere bei Migrantinnen und Migranten (Weiss 2003), aber auch Armen allgemein wurde dieser Zusammenhang jüngst thematisiert (Künzler 2003).

Tabelle 11: Dimensionen der Kinderarmut

Dimensionen	Bereiche	Operationalisierungsbeispiele
Familiäre Armut	Materielle Dimension des Haushaltes	Haushaltseinkommen unterhalb des 50%-Durchschnittseinkommens
Materielle Versorgung des Kindes	Grundversorgung, d.h. Wohnen, Nahrung, Kleidung, materielle Partizipationsmöglichkeiten	Essensgeld u.ä. wird nicht regelmässig gezahlt, Kosten für Ausflüge u.a. werden nicht ohne weiteres gezahlt, das Kind kommt öfters hungrig in die Einrichtung, das Kind ist ungepflegt / körperlich vernachlässigt, das Kind nimmt aus finanziellen Gründen nicht am Mittagessen teil, das Kind hat nicht die notwendige Kleidung (z.B. Winterstiefel)
„Versorgung" im kulturellen Bereich	z.B. kognitive Entwicklung, sprachliche und kulturelle Kompetenzen, Bildung	Auffälliges Spielverhalten, auffälliges Sprachverhalten, auffälliges Arbeitsverhalten
Situation im sozialen Bereich	Soziale Kontakte, soziale Kompetenzen	Geringe Häufigkeit des Kontaktes zu anderen Kindern in der Einrichtung, wenig aktive Teilnahme am Spielgeschehen, das Kind äussert selten Wünsche, das Kind ist wenig wissbegierig, das Kind wird von den anderen Kindern der Einrichtung gemieden, geringe Häufigkeit der Freizeitaktivitäten mit den Eltern
Psychische und physische Lage	Gesundheitszustand, körperliche Entwicklung	Gesundheitliche Probleme, leiden unter chronischen Erkrankungen, langsame motorische Entwicklung

Quelle: Arbeiterwohlfahrt (2000), eigene Darstellung.

Um die Prozesshaftigkeit des Armutsphänomens erfassen zu können, wurde die Anzahl der Dimensionen, in denen Kinder von unzureichender Versorgung betroffen sind, gezählt. So ergibt sich folgende Abstufung:

Von *Armut* wird erst dann gesprochen, wenn auch familiäre Armut vorliegt (Haushaltseinkommen niedriger als 50%-Durchschnittseinkommen).

Von *multipler Deprivation* wird gesprochen, wenn in drei oder allen vier Dimensionen Einschränkungen vorliegen.

Benachteiligung liegt dann vor, wenn Beeinträchtigungen in maximal zwei Dimensionen vorliegen.

Von *Wohlergehen* wird gesprochen, wenn die Lage des Kindes in keiner der vier Dimensionen eingeschränkt ist.[115]

5.2 Vorschläge für die Typisierung von Sozialhilfe beziehenden Personen

Während verschiedene Ansätze in der Kinder- und Jugendforschung die Betrachtung der sozialen und kulturellen Lebensverhältnisse bei der Armutsthematik aufwerten und mit dem Vokabular von „Deprivation" oder „Verarmung" einer Zeitraum- statt Zeitpunktbetrachtung favorisieren, hat sich die dynamische Armutsforschung auf die Analyse von Armutsprozessen konzentriert.

Buhr (1995) hat im Rahmen des Forschungsprojektes „Sozialhilfekarrieren" am Sonderforschungsbereich der Universität Bremen auf der Basis von 586 Sozialhilfefällen aus dem Jahr 1989 eine Verlaufstypologie vorgelegt. Buhr unterscheidet in die fünf Typen „Überbrücker", „Mehrfachüberbrücker", „Pendler", „Langzeitbezieher" und „Ausbrecher (Escaper)". Diskriminierende Merkmale waren die Dauer des Bezugs, die Kontinuität des Bezugs sowie der aktuelle Status zum Zeitpunkt der Messung (siehe Tabelle 12).

Für die *Überbrücker* ergab sich, dass diese Personen einen regelmässigen Bezug über höchstens 18 Monate haben und sich zum Zeitpunkt der Messung nicht mehr in der Unterstützung befinden. Der überwiegende Teil der Beziehenden gehört zu dieser Gruppe. Im Durchschnitt erhalten die Überbrücker vier Monate Sozialhilfe (Ludwig 1996, 113). Buhr spricht in diesem Fall von einer „vorübergehenden Sozialhilfephase" (ebd., 114).

Mehrfachüberbrücker und *Pendler* sind Personen, die längere Zeit und für mehrere Phasen in Unterstützung sind. Mehrfachüberbrücker beziehen mindestens zweimal für höchstens ein halbes Jahr Sozialhilfe, Pendler mindestens dreimal für mehr als sechs Monate.

Langzeitbezieher sind Personen, die über den gesamten Beobachtungszeitraum wiederholt Sozialhilfe beziehen, wobei der Bezug eine Phase von mindestens zwei Jahren beinhalten muss. Die durchschnittliche Bezugsdauer beträgt durchschnittlich 63 Monate (Ludwig 1996, 112), weswegen Buhr von einer Verfestigung und Stabilisierung der Sozialhilfe spricht (Buhr 1995, 115).

Escaper sind Personen, die zwar auch zu den Langzeitbeziehenden gehörten (durchschnittliche Bezugsdauer: 34 Monate), die aber die Sozialhilfe mindestens zwei Jahre vor dem Messzeitpunkt verlassen haben, was einen Wiedereintritt nach Buhr unwahrscheinlich macht. Eine dauerhafte Unabhängigkeit von der Sozialhilfe nach längerer Bezugsdauer gilt hier als typisch.

---

[115] Neben diesen Dimensionen, aus denen sich die Armutslage eines Kindes und seiner Familie bestimmen lässt, führt die Studie „Einflussfaktoren" auf. Diese dienen dazu, in weiteren Schritten auf Veränderungsmöglichkeiten hinzuweisen. Dazu zählen die bereits aus anderen Studien bekannten Faktoren: 1) Gesellschaftliche Rahmenbedingungen (Arbeitsmarktlage, strukturelle Arbeitslosigkeit, Langzeitarbeitslosigkeit, sozial- und familienpolitische Regelungen und Gesetze), 2) Lebenssituation der Familie (Wohnsituation, Wohnumgebung, soziale und kulturelle Kompetenzen der Eltern, Erziehungsstil, emotionale Zuwendung der Eltern, Familientyp, Familiengrösse), 3) Privates Umfeld/Netzwerk (Freunde, Verwandte, Nachbarn), 4) Professionelle Unterstützung (Angebot an Kindertagesstätten, Schulen, Jugendhilfeeinrichtungen).

Tabelle 12: Verlaufstypen des Sozialhilfebezugs nach Buhr

Typ	Merkmale						
	Dauer des Bezugs	Kontinuität des Bezugs	Aktueller Status (1.4.1989)	Anteil an der Antragskohorte 1983	Durchschnittliche Netto-Bezugsdauer in Monaten	Besonders häufig vertreten	Bezugsgrund Sozialhilfe
Überbrücker	Sehr kurz (<19 Monate)	Hoch	Nicht mehr in Bezug	57,0	4	20- bis 40-Jährige, Alleinstehende	Arbeitslosigkeit
Mehrfachüberbrücker	Kurz (mindestens zweimal für höchstens ein halbes Jahr)	Niedrig	Zum Teil in Bezug	16,9	12 (auf 4 Episoden verteilt)	Männer, 20- bis 40-Jährige, Alleinstehende	Arbeitslosigkeit
Pendler	Mittellang (mindestens dreimal für mehr als sechs Monate)	Niedrig	Zum Teil in Bezug	7,3	38 (auf mehr als 3 Episoden verteilt)	40- bis 60-Jährige, Allein Erziehende	Familiäre Gründe Ausbildung Umschulung
Langzeitbezieher	Lang (wiederholt und einmal davon mind. 2 Jahre)	Hoch	In Bezug	14,3	63	Frauen, eher ältere Personen, Allein Erziehende	Familiäre Ereignisse
Ausbrecher (Escaper)	Lang (mindestens zwei Jahre, dann nicht mehr)	Hoch	Nicht mehr in Bezug	4,5	34	Unter 20-Jährige, Paare, Ausländer/innen	Ausbildung Umschulung Asylverfahren Familiäre Gründe

Quelle: Buhr (1995, 114).

Nach Buhr trägt diese Typisierung dazu bei, die Bedeutung der Sozialhilfe im Lebenslauf zu präzisieren. Für einen Grossteil der Bezieherinnen und Bezieher haben die Leistungen einen Überbrückungscharakter. Knapp 50 Prozent der untersuchten Personen hatten den Sozialhilfebezug bereits nach einem Jahr wieder beendet und waren bis zum Erhebungszeitpunkt, also vier Jahre später, nicht wieder als Sozialhilfeempfängerinnen und -empfänger aufgetreten (Buhr 2001, 225). Nur für einen kleinen Teil kristallisiert sich heraus, dass Sozialhilfe dauerhaft ist.

> „Insoweit viele Empfänger nach relativ kurzer Zeit bereits wieder dauerhaft von Sozialhilfe unabhängig werden, scheint Sozialhilfe also für einen grossen Teil der Hilfeempfänger ihr Ziel zu erfüllen, Hilfe zur Selbsthilfe zu leisten und nur kurzfristig als Überbrückung mit Leistungen einzutreten." (Buhr 2001, 116f.)

Damit trägt Buhr zu einer Relativierung des Armutsbildes bei: Der Anteil der Personen, für die Sozialhilfe eine dauerhafte Sicherung oder eine „rentengleiche Dauerleistung" ist, entspricht nicht dem gängigen Bild in der Gesellschaft. Die „eigentliche Problemgruppe" sieht Buhr in den resignierten oder alternativlosen Langzeitbeziehern („Missglückte Überbrücker"), die häufig auch in anderen Bereichen depriviert sind, z.B. geringe Bildungsqualifikationen haben oder gesundheitlich angeschlagen sind.

Ludwig (1996), die mit dem gleichen Datensatz arbeitet, setzt die Verlaufstypen mit Persönlichkeitsmerkmalen in Verbindung. Folgende Zusammenhänge arbeitet sie heraus:
Es sind insbesondere allein stehende junge Menschen und Personen mittleren Alters (20- bis 40-Jährige), die zu den Überbrückern gehören.

Frauen sind häufiger unter den Langzeitbezieherinnen zu finden, hier verschiebt sich auch die Altersstruktur hin zu den älteren Personen; zudem beziehen viele allein Stehende (weniger Paare) sowie viele allein Erziehende lange Zeit Sozialhilfe.

Bei dem Typ der „Ausbrecher", also jener Gruppe von Sozialhilfeempfängern, die zwar lange Zeit Sozialhilfe beziehen, dann aber nicht mehr auftreten, sind verhältnismässig viele unter 20-Jährige, ebenso finden sich viele Paare und viele Personen mit einer nichtdeutschen Nationalität.

Zu den Mehrfachüberbrückern gehören viele Männer der Altersgruppe der 20- bis 40-Jährigen. Fast zwei Drittel aller Mehrfachüberbrücker sind allein Stehende.

Unter den Pendlern finden sich viele 40- bis 60-Jährige sowie allein Erziehende.

Tabelle 13: Lebensverlaufstypen nach Ludwig

kritischer Lebensverlauf	Typ 1: Diskontinuierliche kritische Erwerbskarriere	Die Erwerbskarriere scheitert früh (z.B. vom Hilfsarbeiter zur Sozialhilfe; „horizontale Positionswechsel"), schon vor der Einmündung in die Erwerbsphase existieren soziale Probleme oder soziale Risiken (z.B. Heimkarriere). Die Situation verfestigt sich zu einem Randdasein. Es braucht kritische Ereignisse, alleine die soziale Herkunft ist nicht hinreichend für diesen Verlauf. (7 Fälle)
	Typ 2: Kontinuierliche kritische Erwerbskarriere	Die Erwerbskarriere scheitert erst im späteren Lebensverlauf. Oft sind die Personen viele Jahre im erlernten Beruf tätig, bevor ein kritisches Ereignis sie destabilisiert. Die Folge ist dauerhafter Sozialhilfebezug („vertikaler Positionswechsel"). Dieser Abstieg war nicht absehbar, die Personen haben keine auffälligen sozialen Risiken, leiden unter Krankheiten. „Es kommt also nicht zur Marginalisierung, sondern zur Normalisierung der Lebenslage - trotz Sozialhilfebezug" (Ludwig 1996, 138). (6 Fälle)
	Typ 3: Kritische Familienkarriere	Es sind familiäre Ereignisse, die zur Sozialhilfeabhängigkeit führen. Im Sample der Untersuchung sind hier drei Fälle von Ludwig angeführt: Alle drei Personen waren Frauen und der Sozialhilfeabhängigkeit ging eine Scheidung oder Trennung voraus. (3 Fälle)
normalisierter Lebensverlauf	Typ 4: Kontinuierliche normalisierte Erwerbskarriere	Diesen Personen gelingt es, nach Austritt aus der Sozialhilfe die Erwerbskarriere zu stabilisieren. Diese Personen nehmen eine hohe bzw. sichere berufliche Position ein. (6 Fälle)
	Typ 5: Diskontinuierliche normalisierte Erwerbskarriere	Die Erwerbskarriere verläuft nach dem Austritt aus der Sozialhilfe nicht stabil. Die berufliche Position ist eher ungesichert, oftmals handelt es sich um befristete, nicht sozialversicherungspflichtige oder andere prekäre Beschäftigungsverhältnisse. Die Normalisierung ist ständig gefährdet, ein Abstieg in die Sozialhilfe jederzeit wieder möglich. (3 Fälle)
	Typ 6: Normalisierte Familienkarriere	Die Personen beenden den Bezug von Sozialhilfe aufgrund familiärer Ereignisse oder Entwicklungen (z.B. Heirat eines ökonomisch potenten Partners). Ludwig macht diesen Typen nur für Frauen aus. Praktisch alle Besserungen sind mit der Änderung des Familienstatus begründbar. (2 Fälle)
	Typ 7: Normalisierte Versorgungskarriere	Hier handelt es sich um Personen, die Sozialhilfe bezogen, weil sie auf die Unterstützung durch eine andere Versorgungseinrichtung „warteten". Es sind Rentnerinnen und Rentner oder Personen, die Leistungen der Unfallversicherung erwarten können. (4 Fälle)

Quelle: Ludwig (1996, 120ff.), eigene Darstellung.

Die Ergebnisse sind für Ludwig Grund, Sozialhilfeverläufe durchaus auch als „Aufstiegskarrieren" zu interpretieren, „denn über die Hälfte aller Fälle, so wird am Überbrücker deutlich, steigen nach einem überschaubaren Zeitraum wieder auf" (Ludwig 1996, 114).

Aufbauend auf den obigen Ergebnissen entwickeln Ludwig (1996) sowie Leibfried et al. (1995) am Beispiel von 31 Interviewten mit Hilfe qualitativer Verfahren sieben Karrieretypen. Generell haben sich *„kritische Lebensverläufe"* und *„normalisierte Lebensverläufe"* gezeigt.

Lebensverläufe sind nach Ludwig kritisch, „wenn eine Person infolge sozialer oder biographischer Probleme Sozialhilfe beantragen muss und den Bezug auch nach langer Dauer - bis zum Erhebungszeitpunkt - nicht beendet. Kritische Erwerbskarrieren und kritische Familienkarrieren bahnen solche Wege in die Sozialhilfe" (Ludwig 1996, 124).

In einem zweiten Schritt stellt Ludwig diesen Lebensverläufen fünf *Hilfekonzepttypen* zur Seite. Hilfekonzepte stellen das soziale Handeln der Sozialhilfe empfangenden Personen dar. Ludwig unterscheidet folgende Typen: Ewige Verlierer ohne Problembewältigung, notgedrungene Verwalter mit schlechter Problembewältigung, pragmatischer Gestalter mit zweitbester Problembewältigung, strategische Nutzer mit optimaler Problembewältigung und aktive Gestalter mit maximaler Problembewältigung. In einem letzten Schritt kontrastiert Ludwig diese beiden Typologien mit der Typologie struktureller Armutskarrieren (Ludwig 1996, 276). Hier unterscheidet sie in

Typ 1: *Verfestigte Armutskarrieren*. Dieser Karrieretyp zeichnet sich durch seine Nichtbewältigung aus. „Weder die sozialstrukturelle Problemlage selbst noch ihre Folgen werden beseitigt oder gemildert. Eine Armutskarriere hat sich auch bei jenen Personen verfestigt, die den Hilfebezug beenden, nicht jedoch das dem früheren Leistungsbezug vorausgehende Strukturproblem überwinden." Die Problemlage verfestigt sich, sie kann kaum bewältigt werden. Die verfestigten Armutskarrieren gehen zumeist mit einem Typ des kritischen Lebensverlaufs einher sowie dem Bewältigungskonzept des ewigen Verlierers oder des notgedrungenen Verwalters.

Typ 2: *Konsolidierte Armutskarrieren*. Diese Karrieren weisen einen Mix von Nichtbewältigung und Bewältigung auf. Bewältigt werden weniger die sozialstrukturellen Probleme als vielmehr die Folgen dieser Nichtbewältigung. Letztere können aber zumeist so gut bearbeitet werden, dass es zu einer Konsolidierung kommt. „Die Notlage wird entschärft und das Leben auf bescheidenem Niveau stabilisiert." Konsolidierte Armutskarrieren gehen meist mit einem kritischen Lebensverlauf und den Bewältigungstypen des pragmatischen Gestalters, des strategischen Nutzers oder des aktiven Gestalters einher.

Typ 3: *Optimierte Armutskarrieren*. Hier ist eine vollständige Problembewältigung vorhanden. Die Folgen der Sozialhilfeabhängigkeit werden überwunden, ebenso die sozialstrukturellen Ursachen der Hilfebedürftigkeit. Dieser Karrieretyp geht mit normalisierten Lebensverläufen und den Bewältigungstypen des pragmatischen Gestalters, strategischen Nutzers sowie des aktiven Gestalters einher.

Interessant für die vorliegende Fragestellung nach der Handlungsfähigkeit von „young urban poor" ist die Zuteilung der Karrieretypen auf die Persönlichkeitsmerkmale der interviewten Personen (siehe Tabelle 14). Hier zeigt sich keine eindeutige Zuordnung der unter 30-Jährigen auf einen bestimmten Karrieretyp. Allerdings sind die altersgruppenspezifischen Auswertungen zurückhaltend zu bewerten, da es sich um insgesamt nur 19 Personen handelt.

Tabelle 14: Sozialhilfekarrieretypen nach Ludwig

	Karrieretyp			
	Verfestigung (n=7)	Konsolidierung (n=11)	Optimierung (n=13)	Gesamt (n=31)
Geschlecht				
Männlich	5	6	7	18
Weiblich	2	5	6	13
Alter				
Unter 30 Jahren	6	4	9	19
31 bis 60 Jahre	1	7	3	11
Über 60 Jahre	0	0	1	1
Schulabschluss				
Kein Schulabschluss	0	0	1	1
Hauptschule	5	7	6	18
Realschule	1	1	2	4
(Fach-)Abitur	1	3	4	8
Berufsausbildung				
Keine Ausbildung	2	5	7	14
Lehre	5	4	5	14
Studium	0	2	1	3

Quelle: Ludwig (1996, 279), leicht veränderte Darstellung.

Mierendorff und Olk (2000) ergänzen die Analysen von Ludwig durch eine Untersuchung von Sozialhilfebiographien in Halle a.d.S. Aus dem Sample von 76 Personen, die im Jahre 1994 erstmalig Sozialhilfe bezogen, leiten sie eine Typologie ab, „wie Sozialhilfe vier Jahre nach der Wiedervereinigung von ostdeutschen Sozialhilfeempfänger(innen) gedeutet wird" (ebd., 266). Folgende Typen werden unterschieden:

Typ 1: *Keine Integration - Sozialhilfe als Bruch der Biographie*. Personen in diesem Typ erleben die Sozialhilfe als fremdbestimmend, aber durchaus als integrierbar in den Lebensverlauf. Insbesondere der Verlust der Erwerbstätigkeit führt zum Bruch in der Biographie. Im weiteren Verlauf wird Sozialhilfe zur „Episode" (kann wieder verlassen werden) oder zum „Teufelskreis" (dauerhafte Abhängigkeit).

Typ 2: *Bedingte Integration - Sozialhilfe als Moratorium*. Sozialhilfe wird als bedingt integrierbar in den bestehenden Lebensverlauf gesehen, „wenn auch durchaus Statusprobleme oder Schamgefühle vorhanden sein können". Sozialhilfe wird als sinnhaft gedeutet, bezogen auf die Bewältigung einer Krise oder eines kritischen Prozesses. Keinesfalls aber wird Sozialhilfe als dauerhafte Versorgung akzeptiert, vielmehr nur als Mittel, wieder handlungsfähig zu werden.

Typ 3: *Dauerhafte Integration - Sozialhilfe als selbstverständliche Form der Versorgung*. Sozialhilfe wird hier als dauerhaft integrierbar in den Lebensverlauf gesehen. Für die Personen kann sie durchaus eine lebenslang bestehende Option sein, der Rückgriff auch nach der Ablösung ist jederzeit möglich.

Diesem dritten Typ ordnen Mierendorff und Olk die *jungen Erwachsenen* sowie die allein erziehenden Mütter in der Gründungsphase der Familie zu.

> „Erwerbsarbeit wird nur dann akzeptiert, wenn sie das eigene Leben nicht stört oder wenn nicht die eigenen biographischen Vorstellungen verletzt werden. Erwerbsarbeit wird nicht um jeden Preis aufgenommen, vielmehr verwehrt man sich gegen Fremdbestimmung. Die Versorgung durch den Staat wird nicht als zeitlich begrenzte Phase im Lebenslauf gedeutet, sondern als potentiell nutzbare Absicherung über den gesamten Lebenslauf hinweg." (Mierendorff & Olk 2000, 271)

Dass die Verweildauer in der Sozialhilfe eine so grosse Spannbreite aufweist (von wenigen Wochen bis zu mehreren Jahren) haben Hagen und Niemann (2001) zum Anlass genommen, über die Bedeutung der Sozialhilfe als Sequenz im Lebenslauf zu forschen Im Mittelpunkt ihrer Befragung von 70 im Mai 1995 neu in die Unterstützung eingetretenen Personen steht die Frage, ob „die Sozialhilfephase aus subjektiver Sicht eine biographisch relevante Sequenz darstellt, mit deren Überwindung die Betroffenen auch ihre sozialen Risikolagen überwinden" (ebd., 80). Die Autoren erkennen drei Übergangstypen (Tabelle 15).

Tabelle 15: Übergangstypen nach Hagen und Niemann

Subjektive Bewertung	Sequentielle Einbindung	Charakter der Sozialhilfe	Beispiele	Besonders häufig vertreten
Positiver Übergang	Normale Statuspassage	Sozialhilfe als Moratorium	Absicherung nach dem Studium	Junge, gut Ausgebildete beiderlei Geschlechts
	Phasen des Neuanfangs		Nach der Scheidung Ausbildungsabbrecher mit Neubeginn	
Prekärer Übergang	Arbeitslosigkeit als kurzes Zwischenspiel	Ambivalenz		
	„Verzögerungen" im Lebenslauf		Geburt eines Kindes Unterbrechung der Ausbildung	
	Arbeitslosigkeit mit ungewisser Zukunft		Phase der Umschulung Weiterbildung	
Negativer Übergang	Krisen im Lebenslauf	Sozialhilfe wird dauerhaft	Nach der Trennung vom (Ehe-)Partner / von der (Ehe-) Partnerin	Es gibt „frauentypische" und „männertypische" Verläufe
	Arbeitslosigkeit als (vorläufige) Endstation		Arbeitslose, die nicht weiterwissen	
	Lang anhaltende Probleme jenseits der Arbeitslosigkeit		Manifeste Krankheiten Überschuldung	

Quelle: Hagen & Niemann (2001), eigene Darstellung.

Positiv bewertete Übergänge: Im Anschluss an die Sozialhilfesequenz wurde das Hauptproblem (das im ersten Interview herausgearbeitet wurde) gelöst und die zu Beginn der Episode formulierten Ziele sind erreicht. Später ist die Lebenslage im beruflichen und privaten Bereich gesichert. Zu diesem Typ gehören Personen, die die Sozialhilfesequenz als normale Statuspassage bezeichnen, als Phase der Neuorientierung und als kurzzeitiges „Zwischenspiel". Diese positive Bewertung erfolgt aber immer aufgrund des Wissens und der Zuversicht, dass die Sozialhilfe den Charakter eines Moratoriums hat.

Prekär bewertete Übergänge zeigen, dass der Sozialhilfebezug zwar beendet werden konnte, sich die Lebenssituation aber weiterhin ambivalent gestaltet. Probleme, die Anlass der Unterstützung waren, konnten nur teilweise gelöst werden, der Glaube an die eigenen Gestaltungsmöglichkeiten schwankt zwischen Hoffnung und Angst.

Negativ bewertete Übergänge: Wenn zum Zeitpunkt des Interviews trotz Beendigung des Sozialhilfebezugs die derzeitige Lebenssituation als problematisch erlebt wird, sprechen Hagen und Niemann von negativ bewerteten Übergängen. Die Betroffenen sehen kaum Möglichkeiten, ihren Lebensverlauf gesichert zu gestalten. Sie sind in einer ähnlichen oder sogar schlechteren Lebenslage als vor dem Sozialhilfebezug. Zukunftsperspektiven werden kaum entwickelt, die Handlungsspielräume sind gering.

In Bezug auf die Präsenz der jungen Erwachsenen gibt die Untersuchung nur einen kurzen Hinweis: Hagen und Niemann sehen insbesondere gut ausgebildete junge Personen beiderlei Geschlechts im positiv bewerteten Übergangstyp. Für sie entsteht kein Bruch in der Biographie, die Sozialhilfe ist eine normale Statuspassage. In den jeweils anderen Übergangstypen können kaum eindeutige Zuordnungen zu Persönlichkeitsmerkmalen hergestellt werden.

5.3 Fazit: Analyserahmen zur Messung der Handlungsfähigkeit der „young urban poor"

Im Zentrum des folgenden Analyserahmens steht die *Handlungsfähigkeit* („capability") junger Erwachsener im städtischen Kontext, wobei Armut verstanden wird als Verlust der Handlungsfähigkeit („capability deprivation"). Wenn Armut zudem als ein Prozess verstanden wird, der mehr als nur die Einkommenslage umfasst und an dessen Ende die soziale Exklusion - und damit die weitgehende Handlungsunfähigkeit - steht, dann muss eine Begrifflichkeit entwickelt werden, die diese Dynamik abzubilden vermag. Diese Begrifflichkeit muss auf die spezifische Situation von jungen Erwachsenen angepasst sein, denn sie stehen in einer „*Sandwich-Stellung*" zwischen dem Jugend- und Erwachsenenalter. Diese „Sandwich-Stellung" junger Erwachsener geht im Lebensverlauf mit einer bestimmten *Statuspassage* einher. Junge Erwachsene befinden sich im Übergang von der Schule in die Erwerbstätigkeit. Diese Statuspassage hat zwei typische „Schwellen": Schule-Ausbildung (1. Schwelle) sowie Ausbildung-Arbeitsmarkt (2. Schwelle). Insbesondere an diesen Schwellen kommt es zu kritischen Phasen und kritischen Ereignissen, die es gilt, erfolgreich zu bewältigen. Denn Misserfolge wirken sich je nach vorhandenen Ressourcen direkt und unmittelbar auf die Handlungsfähigkeit der jungen Erwachsenen aus. Indikatoren zur Messung der Handlungsfähigkeit müssen also Gewicht auf die Bedeutung der Familie legen, ohne aber „traditionelle" Analyseinstrumente, die insbesondere auf die monetäre Ausstattung, Berufsposition und den Bildungsstand abzielen, zu vernachlässigen. Gerade humangeographische Forschungen weisen darauf hin, dass die Armutsproblematik eng mit Prozessen der *residentiellen und sozialen Segregation in der Stadt* in Verbindung steht.

Unter Berücksichtigung dieser Aspekte soll die Analyse von Handlungsfähigkeiten der „young urban poor" von folgenden Überlegungen aus erfolgen: (siehe Abbildung 3 und 4):

Zur Handlungsfähigkeit („capability"):

1. Eine Person lässt sich anhand ihrer Ausstattung mit ökonomischem, kulturellem und sozialem Kapital („*Kapitalausstattung*") sowie des „Mischungsverhältnisses" der Kapitalien („*Kapitalstruktur*") beschreiben. Mathematisch gesehen entspricht die maximale Kapitalausstattung (im Sinne des optimum optimorum) der Fläche der in Abbildung 3 dargestellten Kreise.
2. Die *Handlungsfähigkeit* („capability") einer Person hängt einerseits von der Kapitalausstattung und der Kapitalstruktur ab, andererseits von den Möglichkeiten („Berechtigungen" und „Zugänge"), über diese zu verfügen („*entitlements*" und „*extended entitlements*").
3. Die Handlungsfähigkeit einer Person entscheidet über die Frage, ob es der Person wohlergeht, ob sie sich in einer Mangellage befindet, ob sie in Armut lebt oder ob sie sozial ausgeschlossen ist. Damit determiniert die Handlungsfähigkeit die *Position* eines Individuums *im sozialen Raum*.

Zur Dynamik der Armut („capability deprivation"): Stadien

4. Armut ist ein Stadium in einem *Kontinuum*, das von Wohlergehen über Mangel, Armut bis hin zur Exklusion reicht.
5. Als *Mangellage* wird bezeichnet, wenn eine Person in *mindestens einer Kapitalie* über keine ausreichende Ausstattung für das Stadium des Wohlergehens verfügt oder diese nicht entsprechend nutzen kann. Mangel an ökonomischem Kapital wird als *„Einkommensschwäche"* bezeichnet, Mangel an sozialem Kapital bedeutet, dass eine Person nicht eingebettet ist in soziale Netze etc. (*„not embedded"*). Mangel an kulturellem Kapital zeigt die *„Bildungsbenachteiligung"* einer Person (Benachteiligung deshalb, weil jeder Mensch über kulturelles Kapital verfügt, es allerdings dazu kommen kann, dass dieses mit dem in einer Gesellschaft verlangten kulturellen Kapital unvereinbar ist).
6. *Armut* ist nur analytisch (oder politisch, s.u.) von der Mangellage abgrenzbar, d.h. die Armutslage ist eine Verschärfung der Mangellage. Als arm wird eine Person bezeichnet, sobald sie in einem Kapitalbereich eine gravierende Mangellage aufweist, der auch von einer Mangellage in einem anderen Bereich begleitet wird (z.B. finanziell *und* sozial, finanziell *und* kulturell). Somit wird von einem erweiterten Armutsbegriff ausgegangen und von finanzieller Armut, kultureller Armut und sozialer Armut gesprochen.
7. Als *ausgeschlossen* (Exklusion) wird eine Person bezeichnet, wenn sie *ökonomisch, sozial und kulturell* in einer verschärften Mangellage lebt. Solche Personen sind praktisch handlungsunfähig. Auch die Exklusion ist eine analytische Kategorie, denn sie stellt eine Verschärfung der Armutslage dar.

Zur Dynamik der Armut („capability deprivation"): Übergänge

8. Zwischen zwei Stadien gibt es jeweils eine *Übergangsphase*; jede Übergangsphase Stellt einen krisenhaften Verlauf dar. Alle Übergangsphasen zeichnen sich dadurch aus, dass das vorgelagerte Stadium in gravierender Form erlebt wird oder sich bereits das folgende Stadium zeigt. Wer sich z.B. im Übergang von finanzieller Mangellage zu finanzieller Armut befindet, der zeigt gravierende Mangellagen, die ihn z.B. berechtigen, sowohl Wohnbeihilfen als auch Stipendien und Krankenkassenprämienzuschüsse zu beziehen. Diese Personen können bereits als arm bezeichnet werden, weil sie auf staatliche Transfers angewiesen sind (aber noch nicht auf Sozialhilfe); sie werden bei geringfügigen Änderungen im Einkommen sozialhilfeberechtigt werden und damit „offiziell" als arm gelten.
9. In aller Regel geht dem Erreichen eines Stadiums immer das *Erfahren des jeweils früheren Stadiums sowie der Übergangsphasen* voraus:[116] Wer z.B. im Exklusionsstadium ist, der hatte folgende „Vorgeschichte": Wohlergehen - Krise - Mangellage - Krise - Armut - Krise - Exklusion. Aus jedem Stadium führt auch ein Weg hinaus, wobei die Stadien ebenfalls in der durchschrittenen Reihenfolge „zurückgegangen" werden. Wer z.B. aus einer Exklusionslage einen Weg heraus findet, der wird erst die Armutslage durchschreiten und dann die Mangellage, bevor er in das Stadium des Wohlergehens eintritt. Die Verweildauer in den einzelnen Stadien kann allerdings stark variieren.

---

[116] „In aller Regel" heisst, dass es durchaus vorkommen kann, dass Phasen und Übergänge „übersprungen" werden: Stellen wir uns beispielsweise den Mittellosen vor, der im Lotto eine Millionen Franken gewinnt.

Zur politischen Definition:

10. Politisch *definiert* ist gegenwärtig lediglich die *ökonomische Armut*. Arm in diesem Sinne ist eine Person, wenn sie über finanzielle Mittel verfügt, die unterhalb der Empfehlungen der Schweizerischen Konferenz für öffentliche Sozialhilfe (SKOS) liegen. Nicht einheitlich definiert ist der Begriff der Einkommensschwäche. Wenn finanzielle Armut zum Sozialhilfebezug berechtigt, dann handelt es sich hier um den Anteil der „bekämpften Armut". Je „näher" eine Person diesem Stadium kommt, umso gravierender ist ihre Einkommensschwäche. Analytisch kann bei der politischen Betrachtung des Analyserahmens im Übergangsstadium von Einkommensschwäche zur Armut von der Dunkelziffer der Armut gesprochen werden: Hier wären Personen eigentlich bereits sozialhilfeberechtigt, beziehen diese aber (noch) nicht.
11. Für Mangellagen sowie Armutslagen im Bereich *sozialen und kulturellen Kapitals* gibt es weder eine allgemeingültige Definition noch entsprechende Indikatoren. Aus institutioneller Sicht löst eine Mangellage, die durch die fehlende Ausstattung mit *sozialem Kapital* (z.B. Einbettung in soziale Netze) verursacht ist, ein Engagement freiwilliger Einrichtungen der Jugendhilfe aus (z.B. Jugendberatungsstellen). Bei gravierenden Mangellagen (sozialer Armut), erfolgt eine Intervention der gesetzlichen Jugendhilfe (z.B. Vormundschaftswesen, Kinder- und Jugendschutz). In Bezug auf das *kulturelle Kapital* liegt weder eine allgemeine Definition für eine Mangellage noch für eine Armutslage vor. Hier gibt es auch nicht die Trennlinie zwischen freiwilligen und gesetzlichen Institutionen wie beim sozialen Kapital.

Zu Berechtigungen, Unterstützungen und Zugängen („entitlements" und „extended entitlements") im Armutsprozess:

12. Für alle Stadien gibt es von Seiten des Staates, der Kantone, Städte und Gemeinden spezifische *Unterstützungsangebote*. Alle Angebote - ausser denjenigen der gesetzlichen Jugendhilfe bei sozialer Armut - müssen von den betroffenen Personen selbst eingefordert werden. Bei ökonomischen *Mangellagen* sind insbesondere die Angebote der sozialen Sicherheit wichtig, bei sozialen Mangellagen unterstützen die Angebote der Jugendhilfe, bei kultureller Mangellage stehen Angebote der Berufsbildung (objektives und institutionalisiertes kulturelles Kapital) sowie der Integration (inkorporiertes kulturelles Kapital) zur Verfügung. Sobald eine Person in ökonomischer *Armut* lebt, besteht Anspruch auf Sozialhilfe. Da sich die Existenzsicherung nur auf finanzielle Aspekte konzentriert, stehen für Personen, die in sozialer oder kultureller Armut und nicht auch in finanzieller Armut leben, keine Anspruchsrechte zur Verfügung. Auch wer von *Exklusion* betroffen ist, hat eine Garantie „nur" auf finanzielle staatliche Unterstützung.
13. Die Frage nach den Möglichkeiten, über ökonomische, kulturelle und soziale Ausstattung zu verfügen, hängt von der Frage nach *Zugängen und Berechtigungen* ab. Gerade weil die Verantwortung für die Ausgestaltung nahezu aller Unterstützungsangebote in der Schweiz zumeist den Kantonen sowie den Städten und Gemeinden übertragen wird (z.B. gelten auf Bundesebene nur Empfehlungen über die Höhe der Sozialhilfe, die Konkretisierung liegt in der Verantwortung der Kantone), erhalten die Prozesse der *Differenzierung der Stadt* bei der Problematik der „young urban poor" einen bedeutenden Stellenwert.

Zu Differenzierungsprozessen in der Stadt und ihrer Eigendynamik:

14. Die *Differenzierung der Stadt* lässt sich entlang dem ökonomischen, sozialen und kulturellen Kapital beschreiben. Ökonomisch differenziert sich die Stadt nach der Verteilung z.B. des Eigentums, des Einkommens oder der Berufspositionen. Die soziale Differenzierung erfolgt z.B. über die soziale Integration und die Verteilung der Positionen auf dem Wohnungsmarkt. Die kulturelle Differenzierung erfolgt entlang der Verteilung der Bildungsgüter oder den ethnischen Zugehörigkeiten.
15. Differenzierungsprozesse entfalten eine Eigendynamik, was *soziale Schliessungsprozesse* zur Folge haben kann. Diese wiederum wirken auf die städtischen Differenzierungsprozesse zurück und können zur *Spaltung* der Stadt oder zur *Segregation* von Bevölkerungsteilen führen.
16. Die *Stadtentwicklungspolitik* nimmt durch ihre Entscheidungen (Standortpolitik, Förderungspolitik etc.) auf diese Eigendynamik wesentlichen Einfluss. Ihr obliegt es, Konzepte zu entwickeln, die den sozialen Folgen von Schliessungsprozessen vorbeugen bzw. diese abfedern.

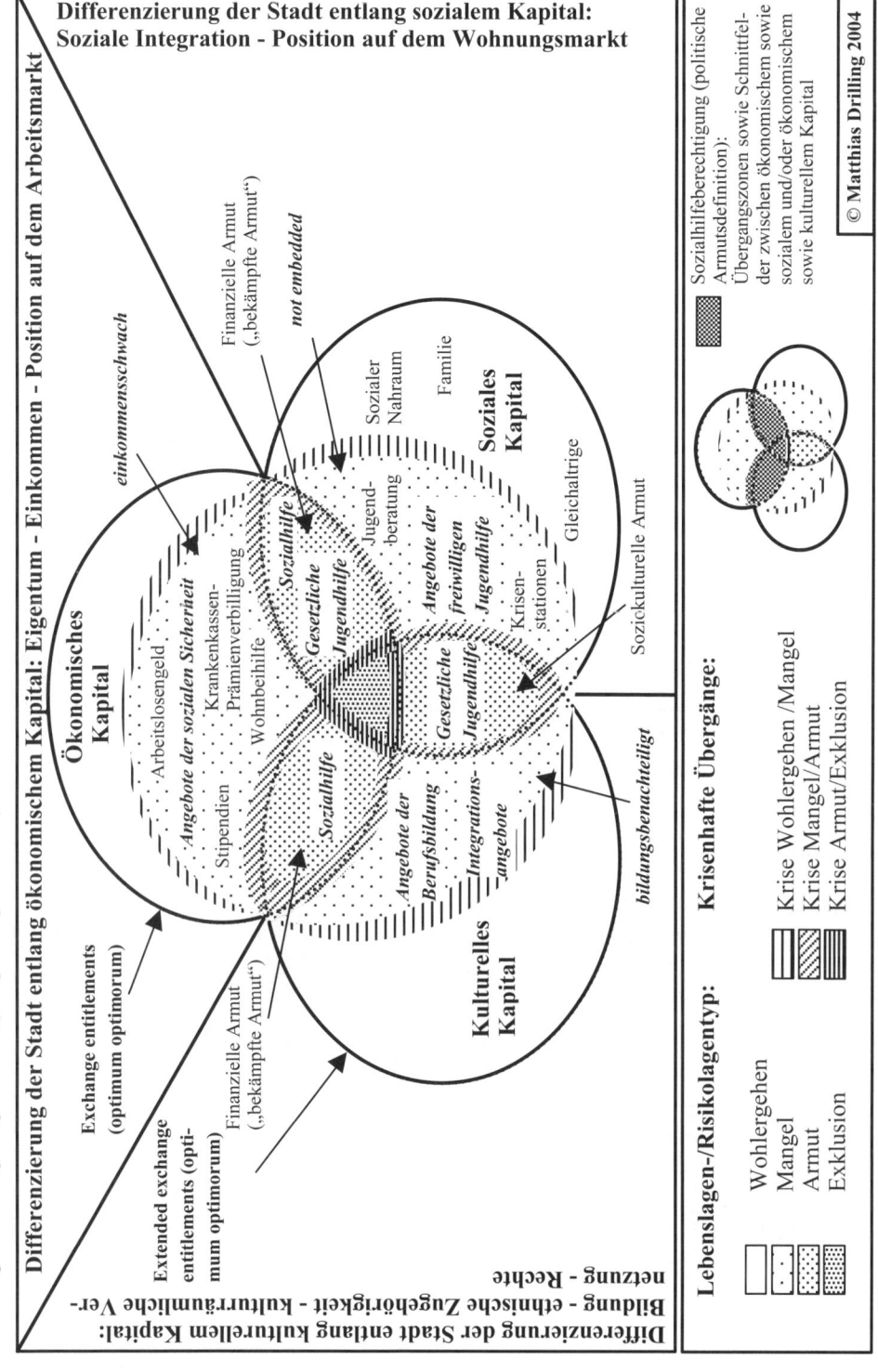

Abbildung 3: Handlungsfähigkeiten der „young urban poor" - Analyserahmen

Abbildung 4: „Capability deprivation" - Definitionen und Verlauf

	Wohlergehen	Mangel	Armut	Exklusion
Modell	Lage ausserhalb des Mangels	Mindestens eine Kapitalie ist nicht ausreichend vorhanden oder kann nicht ausreichend genutzt werden	Schnittfeld von gravierenden Mangellagen zweier Kapitalien oder Mindestens eine Kapitalie weist eine gravierende Mangellage auf und steht im Übergang zu obigem Schnittfeld	Schnittfeld der Armutslage aller drei Kapitalien
Definition (strategisch)		Ökonomisch: Einkommensschwach Sozial: Not embedded Kulturell: Bildungsbenachteiligt	Ökonomisch: Empfehlungen der Schweizerischen Konferenz für öffentliche Sozialhilfe SKOS Sozial: Verschärfung des Zustandes von Nichteingebundensein und Indikation für eine Abklärung der gesetzlichen Jugendhilfe Kulturell: Verschärfung des Zustandes der Bildungsbenachteiligung	Ökonomisch: SKOS-Empfehlungen (wie bei Armut) Sozial und kulturell: Verschärfung des Zustandes von Nichteingebundensein bzw. Bildungsbenachteiligung
Berechtigungen		Einkommensschwach: Angebote der sozialen Sicherheit Not embedded: Angebote der freiwilligen Jugendhilfe Bildungsbenachteiligt: Angebote der Integration und Berufsbildung/Berufsberatung	Ökonomisch: Berechtigt auf Sozialhilfe Sozial: Prüfung von Massnahmen der gesetzlichen Jugendhilfe Kulturell: keine Berechtigungen im eigentlichen Sinne; Angebote der Hilfswerke, Helferdienste und Freiwilligenorganisationen	Ökonomisch, sozial und kulturell: Berechtigt auf Sozialhilfe (wie bei Armut) Prüfung von Massnahmen der gesetzlichen Jugendhilfe (wie bei Armut)

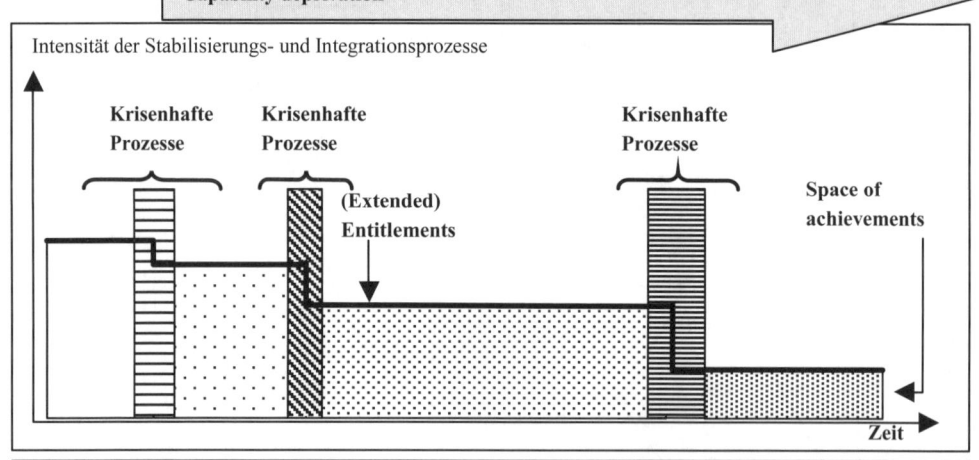

Capability deprivation →

Intensität der Stabilisierungs- und Integrationsprozesse

Krisenhafte Prozesse — Krisenhafte Prozesse — Krisenhafte Prozesse

(Extended) Entitlements

Space of achievements

Zeit

Lebenslagen-/Risikolagentyp:
- Wohlergehen
- Mangel
- Armut
- Exklusion

Übergänge:
- Krise Wohlergehen/Mangel
- Krise Mangel/Armut
- Krise Armut/Exklusion

6 Die 18- bis 25-jährigen Sozialhilfe beziehenden jungen Erwachsenen in Basel

6.1 Differenzierungsprozesse in der Stadt Basel: Ausgangslage

Ausgehend von der - in Anlehnung an Häussermann und Siebel formulierten - These, dass sich die städtische Struktur insbesondere entlang den Dimensionen Ökonomie (Eigentum, Einkommen und Position auf dem Arbeitsmarkt), Soziales (soziale Integration und Position auf dem Wohnungsmarkt) sowie Kultur (ethnische Zugehörigkeit, kulturräumliche Vernetzung und Rechte) entwickelt, soll in einem ersten Schritt aufgezeigt werden, inwieweit die Stadt Basel diesem Differenzierungsmodell entspricht.

Basel verzeichnet seit den 1970er Jahren eine kontinuierliche Abnahme der städtischen Bevölkerung. Lebten im Jahr 1970 noch etwa 236000 Menschen in der Stadt, so sank die Gesamtbevölkerung auf rund 165000 Personen im Jahre 2002. Begleitet wird dieser Prozess von einer verstärkten Abwanderung einkommensstarker Haushalte. Gleichzeitig nimmt die relative Anzahl von Bewohnerinnen und Bewohner zu, die eher schlecht qualifiziert sind und in schwierigen Lebensverhältnissen stehen: Hierzu zählt die ausländische Bevölkerung, die im Rahmen des Familiennachzugs in die Schweiz gekommen ist, ebenso wie die allein Erziehenden und alten Menschen. Auch beschäftigungspolitisch verzeichnet Basel Strukturveränderungen: Seit Anfang der 1990er Jahre ist ein Rückgang in beschäftigungsintensiven Wirtschaftszweigen erkennbar (allein zwischen 1991 und 1995 nahm die Beschäftigtenzahl um 6,1% ab), wobei sich der Abbau auf wenige Branchen (chemische Industrie, Banken, Flughafenbetrieb) konzentriert (Strassmann 2000; Strassmann & Standke 1998).[117] Basel charakterisiert sich heute als „A-Stadt", in der die steigenden Ausgaben der sozialen Sicherheit nicht mehr ohne weiteres durch Steuereinnahmen gegenfinanziert werden können.[118]

> „Es sind vor allem jüngere Familien mit höherem Einkommen, welche ihren Wohnsitz in den Agglomerationsgürtel verlegen. In der Kernstadt zurück bleiben: Alte, Arme, Alleinstehende, Alleinerziehende, Abhängige, Auszubildende, Arbeitslose, Ausländer und Aussteiger. Die Kernstadt wird zur A-Stadt." (Frey, zitiert nach Wehrli-Schindler 1995, 12)

Nommel et al. (1998) sprechen erweiternd zum „A-Stadt-Konzept" von der „A-gglomeration": Bedingt durch den Suburbanisierungsprozess zwischen 1950 und 1970 sowie der Counterurbanisierung seit den 1980er Jahren stellen sie eine vielfache Teilung entlang den Dimensionen Bevölkerung, Beschäftigung und Einkommen auch für die Agglomerationsgemeinden und die Gemeinden im weiteren Umfeld der Stadt fest. „Im Zuge der A-gglomerations-Entwicklung wird es in vielen Gemeinden der Agglomeration zu ähnlichen Problemen kommen, wie dies bei der Entwicklung zur A-Stadt in Basel zu beobachten war." (Ebd., 140)[119] Dieser „Restrukturierungprozess einer Stadt-Umland-Ökonomie"

---

[117] Mit diesem Beschäftigungsrückgang liegt Basel-Stadt im schweizerischen Kantonsvergleich an letzter Stelle; positive Zuwachsraten haben nur die Kantone Zug, Appenzell Innerrhoden und Schwyz (Strassmann 2000).
[118] Um dieser Entwicklung entgegenzusteuern, hat der Regierungsrat der Stadt Basel ein Aktionsprogramm initiiert, das u.a. die Schaffung von qualitativ hochwertigem Wohnraum für steuerstarke Familien („5000 neue Wohnungen in 10 Jahren"), die Verbesserung des Wohnumfeldes („Integrale Aufwertung des Stadtteils Kleinbasel") sowie zahlreiche kleinere Massnahmen auf Quartierebene umfasst (siehe ausführlich in Regierungsrat des Kantons Basel-Stadt 1999).
[119] Im Verhältnis zum Kanton Basel-Landschaft (also nicht nur der Agglomeration) fallen dann doch Unterschiede in der Bevölkerungs- und Sozialstruktur auf. Zunser (2002) beispielsweise errechnet auf Basis von Daten der Volkszählung 2000 (für Basel-Stadt) sowie des Statistischen Amtes Basel-Landschaft (für das Jahr 2001) verschiedene Quotienten, die den Unterschied in der Bevölkerungsstruktur zwischen den beiden Kantonen darstellen. So hat Basel-Stadt einen Jugendquotienten (Verhältnis des Anteils der 0-19-Jährigen zu dem der 20-64-Jährigen) von 27,8, Basel-Landschaft einen Jugendquotienten von 34,7; einen Altersquotienten (Verhältnis der über 64-

(Kampschulte & Strassmann 1999) findet in sozialer Hinsicht seine Entsprechung insbesondere im Anstieg von Personen, die auf die städtische Sozialhilfe angewiesen sind. Ihre Zahl nahm in Basel innerhalb von 15 Jahren um mehr als 400% zu (Abbildung 5); waren im Jahr 1970 noch unter 2000 Personen in der Stadt auf staatliche Transfers angewiesen, so wuchs die Zahl auf über 9000 Personen im Jahr 2002.[120]

Abbildung 5: Entwicklung der Fallzahlen in der Sozialhilfe Basel-Stadt 1987-2002

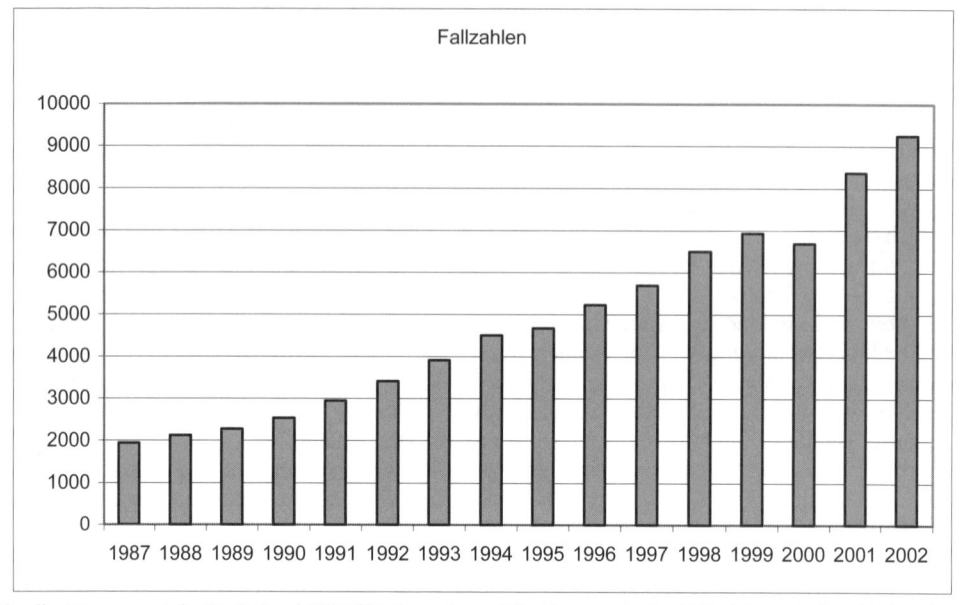

Quelle: Fürsorgeamt der Stadt Basel (1987ff.). Anmerkung: Die Abnahme in den Fallzahlen zwischen 1999 und 2000 ist nicht ohne weiteres durch die wirtschaftliche Entwicklung begründbar, sondern auch durch die Zusammenführung der Sozialhilfe mit der Jugendfürsorge sowie der Einführung eines neuen Datenverarbeitungsprogramms verursacht (siehe dazu ausführlicher Fürsorgeamt der Stadt Basel 2001, 8f.).

Tabelle 16: Fallzahlen der Sozialhilfe Basel-Stadt nach Altersklassen 2001 und 2002

	bis 17 Jahre		18 bis 25		26 bis 35		36 bis 50		51 bis 65		über 65		Total	
	2001	2002	2001	2002	2001	2002	2001	2002	2001	2002	2001	2002	2001	2002
Total CH	1121	1155	630	704	912	869	1126	1184	496	535	41	48	4326	4495
Weibl.	590	581	350	371	450	434	563	582	201	221	27	26	2181	2215
Männl.	531	574	280	333	462	435	563	602	295	314	14	22	2145	2280
Total Ausland	1309	1520	495	610	821	987	1009	1155	380	445	35	43	4049	4760
Weibl.	603	723	287	311	431	465	455	514	135	161	15	20	1926	2194
Männl.	706	797	208	299	390	522	554	641	245	284	20	23	2123	2566
Gesamt	2430	2675	1125	1314	1733	1856	2135	2339	876	980	76	91	8375	9255

Quelle: Sozialhilfe Basel-Stadt (2001; 2002)

Jährigen zu den 20-64-Jährigen) von 34,4 (Basel-Stadt) zu 25,3 (Basel-Landschaft); einen Ausländeranteil von 27,6 zu 17,6 und einen Anteil Einpersonenhaushalte von 45,0 zu 27,4.
[120] Aktueller Ausdruck dieser Entwicklung ist zudem das (Wieder-)Entstehen sozialer Herausforderungen wie der Obdachlosigkeit (siehe dazu Egli 2001).

Die Zunahme ist - wie bereits an anderer Stelle ausgeführt - ungleich in den Altersgruppen verteilt. So nahm von 2001 bis 2002 die Zahl der Empfängerinnen und Empfänger durchschnittlich um 10% je Altersklasse zu, ausser in der der 18- bis 25-Jährigen: Dort stieg die Fallzahl um rund 20% (Tabelle 16).

Die Veränderung in der Sozialstruktur spiegelt sich in räumlicher Sicht in einer verstärkten Differenzierung der städtischen Wohnquartiere wider. Schneider-Sliwa (1999; Schneider-Sliwa 2001) unterscheidet die 19 Quartiere Basels nach dem Anteil der über 65-Jährigen, der Ausländer/innen, der Evangelisch-Reformierten, der Einpersonenhaushalte sowie der Akademiker/innen und kommt zu dem Ergebnis, dass sich fünf Typen von Vierteln ausdifferenziert haben (vgl. Karte 1):

Im Quartier Altstadt Grossbasel und in Teilen der Altstadt Kleinbasel zeigen sich Folgen der Gentrifizierung. Hohe Mieten, eine niedrige Bevölkerungsdichte sowie eine geringe Ausländerquote charakterisieren die „gentrifizierte Altstadt".

In den „heterogen zusammengesetzten Vierteln" findet sich eine Durchmischung in Bezug auf die Bevölkerung wie auch die Nutzung; keine der fünf betrachteten Variablen zeigt eine besonders hohe oder niedrige Ausprägung.

Räumlich überwiegend konzentriert auf den Norden der Stadt, teilweise in Grenzlage und entlang den Ausfallstrassen nach Deutschland und Frankreich, liegen die „industriell gewerblich geprägten Viertel". Hier sind eine Wohnlage von niedriger Qualität, eine schlechte Wohnumfeldsituation sowie ein weitgehendes Fehlen von Akademikerhaushalten typisch.

Ebenfalls in Stadtrandlage, allerdings entlang der Kantonsgrenze sowie der Landesgrenze nach Lörrach (mit grossen Naherholungsgebieten) liegen die Viertel des gehobenen Mittelstandes. Bewohnt werden diese Viertel überwiegend von Schweizerinnen und Schweizern (oftmals verheiratet, auch viele über 65-Jährige) mit hoher Schul- und Berufsausbildung. Die Wohnqualität ist gehoben.

Die Gemeinde Bettingen ist das einzige „Viertel mit hohem Familienanteil", allerdings niedrigem Anteil ausländischer Familien.

Die „industriell-gewerblich geprägten Viertel" korrespondieren mit den Wohnstandorten der ausländischen Bevölkerung, wie Eder (2001) in ihrer Untersuchung über den Zusammenhang von städtischen Sozialstrukturen und residentiellen Segregationsmustern zeigt. Nach den Volkszählungsdaten von 1990 segregiert die Gruppe der Personen aus Südost- und Osteuropa, Russland und der Türkei am stärksten von allen Personen und wohnt in den dicht bebauten und emissionsbelasteten Arbeiter- und Industriequartieren der Stadt (entspricht den „industriell-gewerblich geprägten Vierteln"). Zudem stellt Eder unterschiedliche Dichtewerte innerhalb dieses Strukturmusters fest: „Die hohe Segregation nach Baublöcken weist zudem darauf hin, dass innerhalb dieser Quartiere nochmals eine Selektion nach Lage(un)gunst stattfindet: Auffallend viele Blöcke an verkehrsbelasteter Lage werden von dieser Gruppe bewohnt. Man kann daher davon ausgehen, dass der Wohnstandort hier weniger durch Wahl als durch ökonomische Zwänge geprägt ist." (Ebd., 240)[121] Die Mittel- und Nordeuropäer dagegen zeigen eine disperse Verteilung über das Stadtgebiet, während die Schweizerinnen und Schweizer wiederum Konzentrationen in den Gebieten mit qualitativ hochwertigem Wohnumfeld finden. Auch die Verteilung der Gruppe „freie Berufe" zeigt nach den Ergebnissen von Eder ein deutliches residentielles Strukturmuster.

---

[121] Unter einem (Bau-)Block sind Gebäude (oder auch nur ein Gebäude) zu verstehen, die rundum von Strassen begrenzt werden. Diese kleine statistische Einheit bezieht sich auf die kompakte bauliche Gliederung der Stadt und ist somit eindeutig abgrenzbar.

Karte 1: Typisierung der Wohnviertel und Gemeinden des Kantons Basel-Stadt

Abkürzungen

AGb = Altstadt Grossbasel
AKb = Altstadt Kleinbasel
ARg = Am Ring
Bet = Bettingen
Bhz = Bruderholz
Blt = Bachletten
Brt = Breite
Cla = Clara
Gdn = Gundeldingen
Gth = Gotthelf
Hzb = Hirzbrunnen
Isl = Iselin
Khü = Kleinhüningen
Kly = Klybeck
Mth = Matthäus
Rhn= Riehen
Rst = Rosental
SAl = St. Alban
SJh = St. Johann
Wet = Wettstein
Vst = Vorstädte

Viertelstypen

- Typ 1: „Gentrifizierte Altstadt"
- Typ 2: Heterogen zusammengesetzte Viertel
- Typ 3: Industriell/gewerblich geprägte Viertel
- Typ 4: Viertel des gehobenen Mittelstands
- Typ 5: Viertel mit hohem Familienanteil

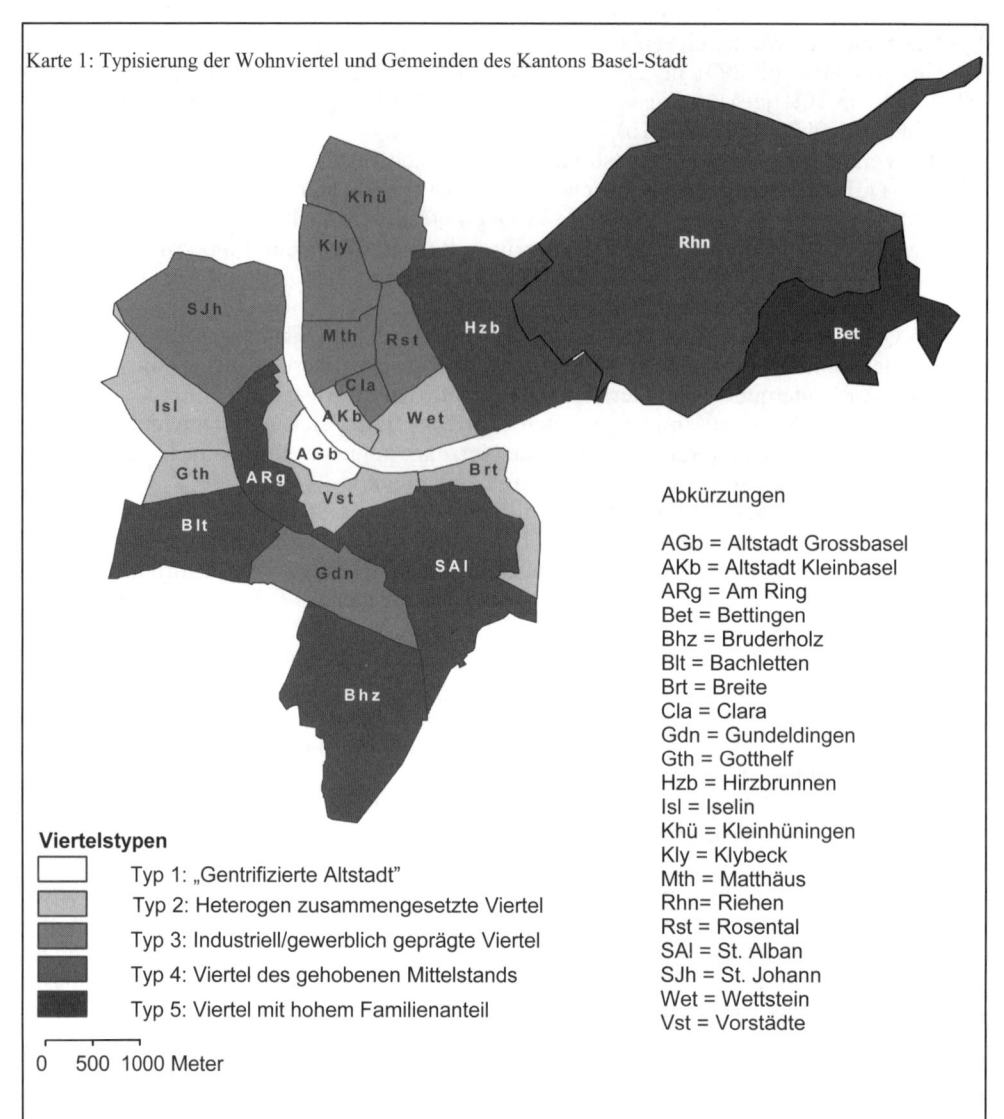

0 500 1000 Meter

Datengrundlage:
VZ 1990, Statistisches Jahrbuch Basel-Stadt 1997, Statistisches Jahrbuch des Kantons Basel-Landschaft 1997
Kartengrundlage: BFS GEOSTAT/L+T

Indikatoren der Clusteranalyse: Anteil der über 65jährigen (1996), Ausländeranteil (1996), Anteil der Einpersonenhaushalte (1990), Anteil der Evangelisch-Reformierten (1990), Akademikeranteil (1990).

Kartographie und Typisierung: Departement Geographie der Universität Basel, Abteilung Humangeographie, Stadt- und Regionalforschung

Quelle: Schneider-Sliwa (Schneider-Sliwa 1999, 53).

So finden sie sich stark unterrepräsentiert vor allem in den „gewerblich-industriell geprägten Vierteln", stark überrepräsentiert dagegen in den Baublöcken der Viertel des „gehobenen Mittelstandes" sowie der „gentrifzierten Altstadt". Die Gruppe der ungelernten Arbeiter/innen und Angestellten konzentriert sich dagegen stark auf die Arbeiter- und Industriequartiere mit niedriger Wohnumfeldqualität. „Hohe Segregationsindexwerte auf Baublockebene deuten darauf hin, dass dieser Segregationsprozess zudem durch preisgünstige Wohnungen an qualitativ geringwertigen Lagen innerhalb der Viertel, z.B. an verkehrsbelasteten Strassenzügen oder schlecht unterhaltenen Wohnobjekten, beeinflusst ist." (Ebd., 243f.) Zusammenfassend hält Eder fest, dass „die residentielle Segregation in Basel von sozialen Bedingungen wie Ethnie, soziale Lage und Haushaltsstyp abhängt" (ebd., 246), wobei die Segregation weniger auf Ebene der Wohnviertel generell nachweisbar scheint; sie drücke sich vielmehr auf Ebene von Baublöcken innerhalb der jeweiligen Wohnviertel aus.

Bereits Imhof (1998) hatte auf den Zusammenhang zwischen Migration und Stadtentwicklung aufmerksam gemacht. Am Beispiel der Wohnquartiere Matthäus und Iselin arbeitete sie die unterschiedliche Quartierbindung von italienischen und türkischen Migrantinnen und Migranten heraus. Imhof hebt hervor, dass die Wohnstandortentscheidung keineswegs nur von individuellen Präferenzen abhängt, sondern auch von der Wahrnehmung der Migrationsgruppe in der Bevölkerung. Stigmatisierungen von ethnischen Gruppen verengen auf individueller Ebene die Wahlmöglichkeiten zwischen Wohnstandorten, es kommt - wie im Falle der Personen aus der Türkei - zur Ausgrenzung in Wohngebiete mit ständig steigender Verkehrsbelastung. Dies wiederum wirkt negativ auf die Verweildauer der Personen im Wohngebiet und verhindert eine Identifikation der Migrantinnen und Migranten mit der Stadt.

Auch Cavigelli schliesst, dass „das Konzept der vielfach geteilten Stadt (...) auch in Basel Anwendung [findet]" (Cavigelli 2003, 47) und unterscheidet in die eher entlang von Strassen und Wohnblöcken entwickelte „Stadt der Herrschaft und des Luxus" (insbesondere rund um die Messeanlagen sowie den ehemaligen Börsenplatz), die „gentrifzierten Stadtteile" (neben der Altstadt die in den letzten Jahren entstandenen Wohnüberbauungen entlang des Rheins) und die „aufgegebene Stadt" im Unteren Kleinbasel (vor allem die Quartiere Clara, Klybeck, Matthäus und Rosental) (ebd., 48). In der „aufgegebenen Stadt" ist dann auch die Sozialhilfedichte am grössten.

Cavigelli stellt - wie bereits Eder für die Variablen Nationalität und sozialer Status - fest, dass sich finanziell arme Personen nicht gleichmässig in einem Wohnquartier verteilen, sondern punktuell in Baublöcken häufen (Karte 3). Demnach sind Verdichtungen von Blöcken mit über zehn Sozialhilfefällen in den Quartieren Clara, Gundeldingen, Matthäus und St. Johann festzustellen. Blöcke mit jeweils mehr als zehn Sozialhilfefällen weist Cavigelli auf der Kleinbasler Seite in den Quartieren Altstadt Kleinbasel, Kleinhüningen, Klybeck und Rosental, sowie in den Grossbasler Quartieren Breite und Iselin (hier befinden sich auch die Notwohnungen der Stadt Basel) nach. Stark betroffene Blöcke (über 25 Fälle) gibt es darüber hinaus in Gundeldingen und St. Johann. „Der am stärksten betroffene Block im September 2000 weist eine Anzahl von 48 Sozialhilfefällen auf." (Ebd., 68).

Karte 2: Sozialhilfedichte der Quartiere im September 2000

Sozialhilfedichte Sept. 2000 in %

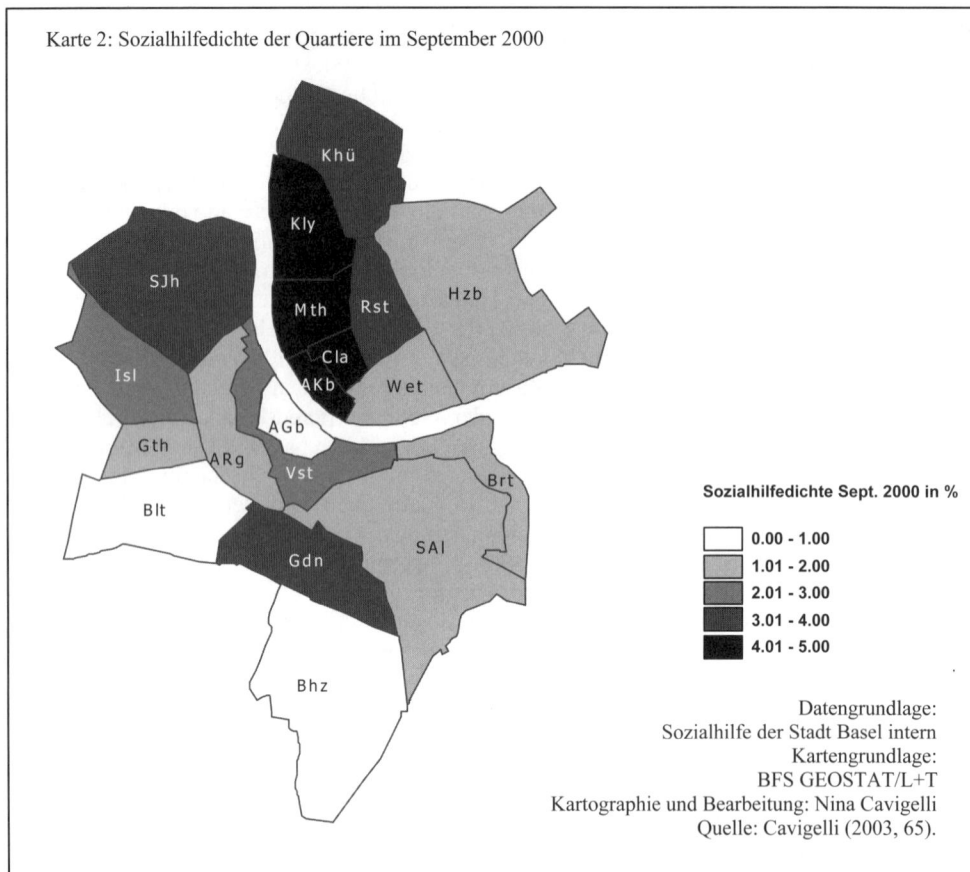

- 0.00 - 1.00
- 1.01 - 2.00
- 2.01 - 3.00
- 3.01 - 4.00
- 4.01 - 5.00

Datengrundlage:
Sozialhilfe der Stadt Basel intern
Kartengrundlage:
BFS GEOSTAT/L+T
Kartographie und Bearbeitung: Nina Cavigelli
Quelle: Cavigelli (2003, 65).

Tabelle 19: Einwohner, Sozialhilfefälle und Sozialhilfedichte der Quartiere im September 2000

Quartier	Schweizer	Ausländer	Summe Einwohner	Sozialhilfefälle	Sozialhilfedichte
Bruderholz	7880	1076	8956	60	0.67
Bachletten	11'722	1742	13'464	101	0.75
Altstadt GB	1786	345	2131	21	0.99
St. Alban	8179	1766	9945	103	1.04
Gotthelf	5423	1278	6701	95	1.42
Wettstein	4216	1042	5258	76	1.45
Am Ring	7938	2345	10'283	176	1.71
Hirzbrunnen	7585	1566	9151	166	1.81
Breite	6626	2008	8634	167	1.93
Iselin	11'507	4428	15'935	413	2.59
Vorstädte	3726	1009	4735	138	2.91
Gundeldingen	11'384	6962	18'346	578	3.15
Rosental	2089	2100	4189	141	3.37
Kleinhüningen	1436	975	2411	82	3.40
St. Johann	10'618	7346	17'964	653	3.64
Klybeck	3618	3514	7132	296	4.15
Altstadt KB	1769	569	2338	98	4.19
Matthäus	7723	7578	15'301	694	4.54
Clara	2180	1580	3760	177	4.71
Stadt Basel	**117'405**	**49'229**	**166'634**	**4235**	**2.54**

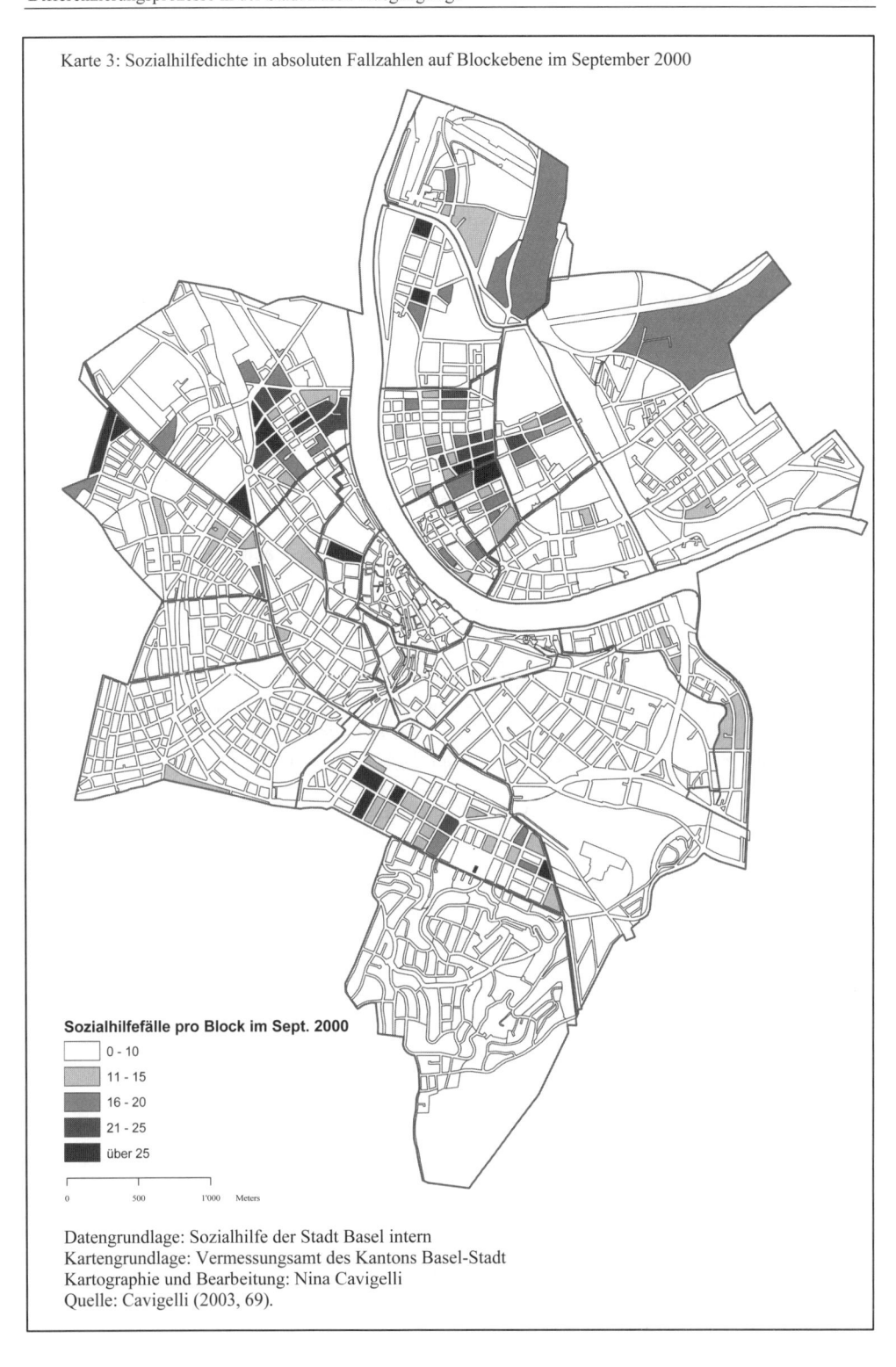

Differenzierungsprozesse in der Stadt Basel: Ausgangslage 131

Karte 3: Sozialhilfedichte in absoluten Fallzahlen auf Blockebene im September 2000

Sozialhilfefälle pro Block im Sept. 2000
- 0 - 10
- 11 - 15
- 16 - 20
- 21 - 25
- über 25

Datengrundlage: Sozialhilfe der Stadt Basel intern
Kartengrundlage: Vermessungsamt des Kantons Basel-Stadt
Kartographie und Bearbeitung: Nina Cavigelli
Quelle: Cavigelli (2003, 69).

6.2 Forschungsdesign der empirischen Studie

6.2.1 Untersuchungspopulation

Das folgende Beispiel bezieht sich auf eine Vollerhebung aller Personen der Jahrgänge 1974 bis 1981, die im Jahr 1999 mindestens einmal eine finanzielle Leistung der Sozialhilfe Basel Stadt bezogen haben und die in Basel Stadt aufenthaltsberechtigt sind (Jahresaufenthaltsbewilligung, Niederlassungsbewilligung, Schweizer Bürger/innen). Im Datensatz nicht erfasst sind Personen, die im Jahr 1999:
  von Seiten der Sozialhilfe beraten wurden, aber keine finanzielle Leistung erhielten,
  in stationären Einrichtungen lebten (z.B. Heimen),
  aufgrund des Aufenthaltsstatus „Asyl" Sozialhilfe bezogen,
  Sozialhilfe erhielten, dazu in Basel aber nicht berechtigt waren und an die zuständige Gemeinde verwiesen wurden.[122]

Von den 1123 erfassten Personen wurde die Situation in dem Jahr, in dem die Person Trägerin eines eigenen Dossiers wurde, analysiert. Dieses „Eintrittsjahr" ist nicht in allen Fällen identisch mit dem Jahr des Erstbezugs von Sozialhilfe, insbesondere dann nicht, wenn die Person bereits in einem anderen Kanton Sozialhilfe bezog, dies aber beim ersten Kontakt mit der Sozialhilfe in Basel nicht angab oder dann nicht, wenn die Person bereits mit ihren Eltern unterstützt wurde.

Gerade für die *Frage der „Vererbung von Armut"* ist letztere Feststellung wichtig, denn diesbezüglich ist die Aussagekraft der vorliegenden Studie eingeschränkt. Bei immerhin 357 jungen Erwachsenen hat sich in der Dossieranalyse ein Hinweis auf eine Unterstützung mit Sozialhilfe bereits im Kindes- und/oder Jugendalter ergeben. Aber wenn ein Kind bereits mit seinen Eltern unterstützt wurde, wird weder in der Statistik, noch in den Dossiers explizit auf die Situation des Kindes / Jugendlichen bei Eintritt eingegangen. Das Kind ist eher mitbetroffen. Eine genaue Darstellung der Lebenslage erfolgt erst, wenn die Person Trägerin eines eigenen Dossiers wird, in der Regel ab der Volljährigkeit. Ausnahme sind die jungen Erwachsenen, die zuvor von der Jugendfürsorge betreut wurden. Hier finden sich zahlreiche Jugendliche, die im Alter von 15 oder 16 Jahren bereits in ein Lehrverhältnis eingetreten und aus dem elterlichen Haushalt ausgezogen sind und so ein eigenes Dossier erhalten haben. Aufgrund dieses Informationsmangels wurde in der vorliegenden Untersuchung in Fällen, in denen der junge Erwachsene bereits als Kind unterstützt worden ist, nicht die Situation bei Eintritt in die Sozialhilfe recherchiert (z.B. mit der Geburt) sondern die Situation in dem Jahr aufgenommen, in dem ein eigenes Dossier angelegt wurde (z.B. als 16-Jähriger beim Übertritt in die Berufsausbildung).

Der Datensatz stellt also die Situation und Ausstattung der jungen Erwachsenen *zum Eintritt in die Sozialhilfe Basel Stadt als Dossierträger/in* dar. Das Jahr 1999 dient lediglich als das *Erfassungsjahr* (vgl. Abbildung 6).

---

[122] Hierbei handelt es sich um Fälle der Typen „Auswärtige Fälle" (Personen, die in anderen Kantone sozialhilfeberechtigt sind), „Auswärtige Strafvollzugskosten" (ausländische Personen ohne Aufenthaltsrecht, die in Basel straffällig geworden sind), „Fürsorge für Durchreisende" (Personen, die während ihres Aufenthaltes in Basel kurzfristig auf Sozialhilfe angewiesen sind, den Kanton dann aber wieder verlassen). Aus der Untersuchungspopulation wurden insgesamt 12 solcher Fälle herausgenommen.

Abbildung 6: In der Studie erfasste Population

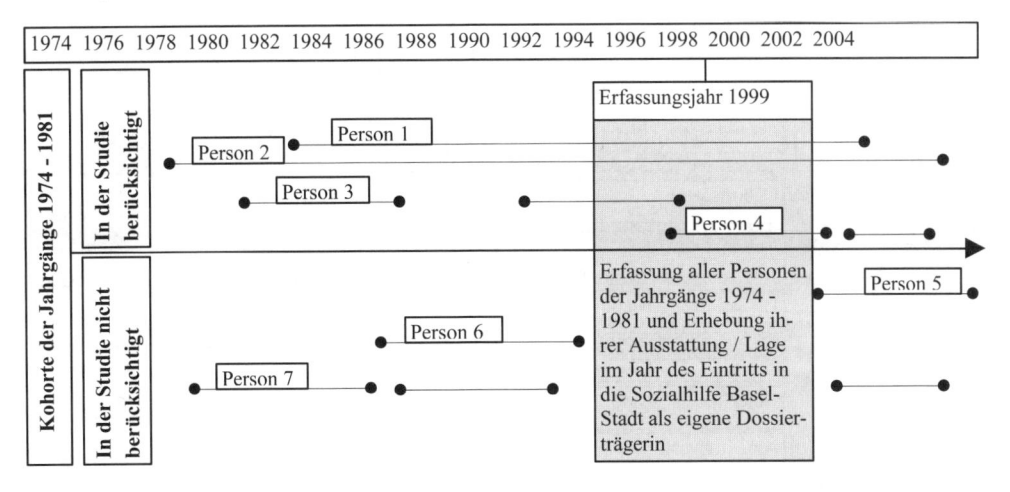

6.2.2 Datengrundlage

Um die theoriegeleitete Vorgehensweise in der empirischen Analyse fortzusetzen, wurden neben den Variablen aus der Sozialhilfestatistik weitere Variablen herangezogen. Folgende Datenquellen dienten der Erweiterung der Variablenzahl (vgl. Abbildung 7):

1. *„Unterstützungsgesuch"* (aus dem Sozialhilfedossier): Jede Person, die ihre Unterstützungsbedürftigkeit anmelden will, hat ein solches Gesuch auszufüllen und zu unterschreiben. Die Unterschrift unter das Unterstützungsgesuch hat u.a. die Berechnung der Höhe der Unterstützungsleistung zur Folge. Gleichzeitig erfolgt eine grobe Klassifizierung der Unterstützungsperson/en in Unterstützungsgründe.
2. *„Situationsanalyse"* (aus dem Sozialhilfedossier): Nach erfolgter Bestätigung des Unterstützungsgesuchs wird eine Person einer Mitarbeiterin / einem Mitarbeiter der Sozialhilfe zugeteilt. In einem ersten Gespräch wird die Situation der Klientin / des Klienten erfasst sowie ein Handlungsplan skizziert. Das Gespräch wird im „Fürsorgeprotokoll" als Situationsanalyse festgehalten.[123]
3. *Sozialhilfeprotokolle und Dokumente* (aus dem Sozialhilfedossier): Daten, die in einzelnen Unterstützungsgesuchen und Situationsanalysen nicht erfasst werden konnten, wurden im Rahmen der Analyse der Sozialhilfeprotokolle (Gedankenprotokolle durch die Sozialarbeiterin / den Sozialarbeiter nach einem Beratungsgespräch) sowie der in den Dossiers enthaltenen Dokumente (Steuerbescheide, Auszüge aus dem Strafregister etc.) nacherhoben bzw. ergänzt.
4. *Wohn- und Umzugsdaten* (aus dem Einwohnermeldeamt): Um die Wanderungsbewegungen aufzuzeigen, wurden die Angaben aus der Sozialhilfestatistik (Datum des Zuzugs nach Basel, Datum des Zuzugs in die Schweiz) durch die Angaben aus dem Einwohnermeldeamt ergänzt. Der vorliegende Datensatz enthält somit das Wanderungsverhalten jeder Person von der Geburtsstadt bis zum Zuzug nach Basel sowie den aktuellen Wohnstandort zum Zeitpunkt des Eintritts in die Sozialhilfe als Dossierträger/in.

---

[123] Erst seit 2001 werden diese Protokolle zentral auf einem Server abgelegt.

Abbildung 7: Ausstattung beim Eintritt in die Sozialhilfe - Datenerhebungsdesign

Lebensbereiche	Datenquellen				
	Statistik Sozialhilfe der Stadt Basel	Statistik Jugendfürsorge Basel	Statistik Einwohnermeldeamt	Dossieranalyse: Unterstützungsgesuch	Dossieranalyse: Sozialhilfeprotokoll
Soziokultur	Geburtsdatum				
	Nationalität				
Finanzen	Unterstützungsbeginn			Sparguthaben, Vermögen	Unterhaltspflicht
	Unterstützungsgrund			Schulden	Betreibung*
	Unterstützungsende			Transfers, z.B. Stipendien	Einkommen**
	Austrittsgrund				
Soziale Integration	Aufenthaltsstatus		Geburtsstadt		
	Datum Zuzug in die Schweiz		Wegzuggemeinde		
	Datum Zuzug nach Basel				
Familie	Anzahl Kinder			Alimentengläubiger - Alimentenschuldner	
	Zivilstand				
Arbeit und Bildung	Erlernter Beruf			Anlehre - Vorlehre - Lehre	
				Beschäftigung	Lehrabbruch
					Krankheit
Wohnen	Wohnquartier			Zimmerzahl	
	Strasse			Bruttomiete	
				Personenzahl im Haushalt	
Herkunftsfamilie	Sozialhilfebezug der Herkunftsfamilie		Wohnort des Vaters	Beschäftigung des Vaters	
			Wohnort der Mutter	Beschäftigung der Mutter	
				Sozialpädagogische Massnahmen, Beistand etc.	

* = Angaben gemäss Auszug des Betreibungsamtes.
** = Angaben über das massgebende Einkommen gemäss Auszug Steuerregister.

6.2.3 Untersuchungsdesign: Quantitativer und qualitativer Studienteil

Der Forschungsansatz der beiden Teilstudien ist in Abbildung 8 dargestellt. In den Monaten November 2000 bis Januar 2001 wurden die Sozialhilfestatistiken der beiden Basler Ämter (Sozialhilfe der Stadt Basel sowie Jugendfürsorge) zusammengeführt. In letzterer waren alle jungen Erwachsenen erfasst, die bereits als Jugendliche unterstützt wurden und mit der Volljährigkeit in einem Ausbildungsverhältnis standen. Der zusammengeführte Datensatz enthielt 1259 Personen, die im Jahr 1999 im Alter zwischen 18 und 25 Jahren waren; allerdings reduzierte sich die Zahl im Laufe der Dossieranalyse auf 1123 Personen.[124]

Abbildung 8: Studienplan

Quantitativer Studienteil	Zeitraum	Qualitativer Studienteil
Erfassung der Jahrgänge 1974-1981 mit Sozialhilfebezug im Jahr 1999 mittels Sozialhilfestatistik und Jugendfürsorgestatistik (n=1123)	2000: September, Oktober, November, Dezember	
Vervollständigung des Datensatzes durch Dossieranalyse sowie die Daten des Einwohnermeldeamtes	2001: Januar, Februar, März, April, Mai, Juni, Juli, August, September, Oktober, November, Dezember	
Überprüfung des Ablösedatums (Verweildauer)	2002: Januar, Februar, März, April	
Beschreibung der Variablen und Klärung von Zusammenhängen	2002: Mai, Juni, Juli	
Dimensionsreduktion mittels Faktorenanalyse	2002: August, September	
Typisierung mittels Clusteranalyse	2002: Oktober	Clusterspezifische Dossieranalyse: Situation bei Eintritt in die Sozialhilfe (n=108)
Überprüfung des Ablösedatums (Verweildauer) bei analysierten Fällen	2002: November, Dezember; 2003: Januar, Februar	Qualitative Leitfadengespräche mit Personen je Cluster (n=20)
10%-Stichprobe: Fälle erfolgreicher Ablösung	2003: März, April, Mai, Juni, Juli, August	Beschreibung von typischen Verläufen und Übergängen

Quelle: eigene Darstellung.

---

[124] Diese Reduktion um 136 Personen erfolgte im Laufe der Dossieranalyse. Es kommt immer wieder vor, dass eine Klientin / ein Klient nicht mehr auf der Sozialhilfe erscheint, sich aber auch nicht abmeldet. Für die betreuende Fachkraft ist es schwierig einzuschätzen, ob sie die Person abmelden soll oder ob sie damit rechnen kann, dass sie wieder erscheint. So sind Dossiers oft in „Warteposition" aktiv, obschon die Klientin / der Klient nicht wieder erscheint und dann erst nach einem halben Jahr (oder länger) „offiziell" abgelöst wird.

Um einen ersten Überblick über die Lage der jungen Erwachsenen zu erhalten, wurden die Variablen entsprechend der entwickelten Systematik nach ökonomischem, sozialem und kulturellem Kapital geordnet und beschrieben. Signifkanztests gaben Aufschluss über bestehende Zusammenhänge.

Mittels Faktorenanalyse wurde eine Dimensionsreduktion erreicht und konnten die Variablen den vorherigen theoretischen Bezügen des „Capability-Ansatzes" von Sen entsprechend den einzelnen Kapitalsorten zugeordnet werden. Sowohl die beschreibenden Verfahren als auch die Faktorenanalyse erfolgten mit Hilfe des Statistikprogramms SPSS.

Die Clusteranalyse ergab schliesslich 5 Typen von Risikolagen bei Eintritt in die Sozialhilfe. Diese Risikolagen wurden anschliessend verbalisiert und in ihren grundlegenden Merkmalen dargestellt. Für die Durchführung der Clusteranalyse wurde das Programm Clustan Grafics verwendet. Die Ergebnisse des quantitativen Studienteils wurden durch Fallanalysen und Leitfadengespräche mit den Sozialhilfe beziehenden jungen Erwachsenen validiert. Dabei wurden typische Verläufe nachgezeichnet und die spezifischen Risiken präzisiert.

Weil die Gespräche mit den Sozialhilfe beziehenden Personen nicht zufällig, sondern in Abhängigkeit von den abgeleiteten Risikolagen geführt werden sollten, wurde eine bestimmte Anzahl von Personen pro Risikolage ausgewählt. Allerdings kam es nicht immer zu einer zufriedenstellenden Anbahnung zu den Sozialhilfe empfangenden jungen Erwachsenen. Insbesondere bereits von der Sozialhilfe abgelöste Personen konnten nur schwer über die Sozialhilfe aufgefunden und angesprochen werden. Letztlich wurde, um die Repräsentativität der Interviews für die jeweilige Risikolage sicherzustellen, auf *verschiedene Trackingverfahren* zurückgegriffen:

Über die Sozialhilfe wurden in mehreren Postversänden zufällig ausgewählte Personen aus den verschiedenen Risikolagen angeschrieben.

Über die Beraterinnen und Berater der Sozialhilfe wurden ausgewählte Personen direkt um ein Interview angefragt.

Über Organisationen der freiwilligen Jugendarbeit wurden ehemalige Sozialhilfebezieherinnen und -bezieher für ein Interview angefragt.

Die Interviews wurden themenzentriert geführt und orientierten sich an einem Leitfaden (siehe Dokument auf www.jugendarmut.ch). Ein Interview dauerte durchschnittlich 56 Minuten, wurde auf Tonband aufgezeichnet und anschliessend transkribiert.

Anmerkung zu den folgenden Signifikantztests:

In den Tabellen zu den Zusammenhangsanalysen gelangen in der Regel Kontingenzkoeffizienten zur Darstellung. Die Ausnahme stellen die mit † gekennzeichneten Variablen dar, wo der Cramer-V-Koeffizient verwendet wurde.
Es werden nur Koeffizienten dargestellt, die auf dem 99%-Niveau signifikant sind. Zudem ist am Ende jeder Tabelle der jeweils maximal erreichbare Wert der Koeffizienten angegeben. Dieser beträgt beim Cramer-V immer 1, beim Kontingenzkoeffizienten hängt er von der Grösse der Felder ab (vgl. Sachs 2002, 603).

Tabelle 17: Variablenplan

Im folgenden Abschnitt werden zur vereinfachten tabellarischen Darstellung diese Abkürzungen der Variablennamen verwendet:

Im Text verwendete Abkürzung	Variable
< 21 Jahre	Jünger als 21 Jahre
> 5 P-HH	Haushaltsgrösse: mehr als 5 Personen
1-P-HH	Ein-Personen-Haushalt
Ab 21 Jahre	21 Jahre oder älter
Ältere Herkunftsländer	Nationalität: Italien, Spanien (ältere Herkunftsländer)
Arbeitsmarkterfahrung	Person kam aus dem Arbeitsmarkt in die Sozialhilfe
Baselbezug	In Basel aufgewachsen (inkl. Agglomeration) oder mit spätestens 4 Jahren zugezogen (Basel oder Agglomeration)
Basler/in	In Basel geboren
Bei Eltern	Lebt noch bei den Eltern
Beruf	Mit Berufsabschluss
Betreibung	Bereits betrieben worden
Einkommen	Massgebendes Einkommen
Fachbegleitung	Erhält / erhielt sozialpädagogische Unterstützung
Familie	Versorgung einer Familie mit Kindern
Gebrechen	Unterstützungsgrund: Gesundheitliche Gebrechen
Handwerker/in	Mit Berufsabschluss in einem Handwerksberuf
Haushaltsgrösse	Insgesamt im Haushalt lebende Personen (inkl. Klient/in)
Jahresaufenthalt	Person besitzt Aufenthaltsbewilligung B (Jahresaufenthalter/in)
Kein Beruf	Ohne Berufsabschluss
Kinder	Anzahl Kinder
Kinderarmut	Wurde bereits als Kind von der Sozialhilfe unterstützt
Kurzzeitbezug	Erhielt 1-6 Monate Sozialhilfe, dann Ablösung
Mit Einkommen	Mit Einkommen im Jahr des Beginns des Sozialhilfebezugs
Neuere Herkunftsländer	Nationalität: Türkei, ehem. Jugoslawien (neuere Herkunftsländer)
Nicht-Niedriglohn Eltern	Mindestens ein Elternteil hat eine Beschäftigung ausserhalb des Tieflohnbereichs und lebt in der Schweiz oder der OECD
Ohne Einkommen	Ohne Einkommen im Jahr des Beginns des Sozialhilfebezugs
Ohne Eltern	Person lebt ohne Eltern in Basel / in der Agglomeration
Primarschule Schweiz	Primarschule in der Schweiz besucht
Sozialhilfehaushalt	Mitglied eines sozialhilfeabhängigen Haushaltes
Spätzuzug	Erst nach der obligatorischen Schulzeit in die Schweiz gekommen
Vermögen	Massgebendes Vermögen (ohne Sparguthaben)
Verschuldung	Über 5000.- Franken Schulden
Wohnortidentität Eltern	Eltern der sozialhilfeabhängigen Person leben an der gleichen Wohnadresse
Wohnorttrennung Eltern	Eltern der sozialhilfeabhängigen Person leben an verschiedenen Wohnorten
Zahl Bezüger/innen	Personen im Haushalt, die ebenfalls Sozialhilfe beziehen (exkl. Klient/in)
Zivilstand	Zivilstand

6.3 Bedingungsfaktoren bei Eintritt in die Sozialhilfe

6.3.1 Sozialhilfedichte

Die ständige Wohnbevölkerung[125] in Basel umfasste zum 31.12.1999 insgesamt 17466 Personen im Alter zwischen 18 und 25 Jahren (Tabelle 18). Von diesen hatten 62% die Schweizer Nationalität. Unter den ausländischen Nationalitäten waren am häufigsten vertreten: ehemaliges Jugoslawien mit 1730 Personen oder 9,9% (lt. Statistischem Amt umfasst diese Kategorie: Jugoslawien, Mazedonien, Bosnien-Herzegowina, Kroatien)[126], Personen türkischer Nationalität (8,6%), Personen italienischer Nationalität (6,8%) sowie Personen aus über 40 Nationen, die in der vorliegenden Studie unter „übrige Länder" subsumiert werden (stellen insgesamt 12,5% der Wohnbevölkerung in dieser Altersklasse). Von den 17466 Personen im Alter zwischen 18 und 25 Jahren waren 8789 Frauen, was 50,3% entspricht und annähernd gleich viele Männer (49,7%).

Tabelle 18: Wohnbevölkerung in Basel der Altersklasse 18-25 Jahre am 31.12.1999

Jahrgang		CH		ehem. Jugoslawien		Türkei		Italien		Übrige	
			M / W		M / W		M / W		M / W		M / W
1974	1064	533 / 531		187	100 / 87	188	96 / 92	119	63 / 56	189	91 / 98
1975	1123	552 / 571		204	110 / 94	201	105 / 96	137	72 / 65	214	99 / 115
1976	1269	615 / 654		193	98 / 95	179	90 / 89	106	60 / 46	198	107 / 91
1977	1358	663 / 695		189	109 / 80	187	88 / 99	130	68 / 62	232	106 / 126
1978	1450	706 / 744		228	114 / 114	179	86 / 93	161	86 / 75	258	109 / 149
1979	1542	737 / 805		251	135 / 116	171	73 / 98	166	106 / 60	320	150 / 170
1980	1491	757 / 734		241	123 / 118	180	90 / 90	185	109 / 76	364	157 / 207
1981	1555	805 / 750		237	122 / 115	213	104 / 109	192	105 / 87	415	178 / 237
	10852	5368 / 5484		1730	911 / 819	1498	732 / 766	1196	669 / 527	2190	997 / 1193

Quelle: Statistisches Amt Basel-Stadt.

Im Jahre 1999 erhielten 1123 Personen im Alter zwischen 18 und 25 Jahren mindestens einmal eine finanzielle Unterstützung durch die Sozialhilfe, das sind 6,4% der Wohnbevölkerung in der Altersgruppe (Tabelle 19). Über die Hälfte der Sozialhilfe beziehenden Personen im Alter zwischen 18 und 25 Jahren hat die Schweizer Nationalität; unter den anderen Nationalitäten finden sich diejenigen, die auch in der Wohnbevölkerung in der Schweiz die grössten Gruppen darstellen: Türkei, ehem. Jugoslawien, Italien. Die Kategorie „Übrige" fasst über 30 Nationalitäten zusammen, wobei Spanien (mit 30 Personen), Vietnam (12 Personen), Kamerun (11 Personen) und Sri Lanka (9 Personen) bei den Unterstützten die zahlenmässig grössten Gruppen darstellen.

---

[125] Die ständige Wohnbevölkerung umfasst neben den in Basel wohnhaften Schweizerinnen und Schweizern alle ausländischen Personen, deren zivilrechtlicher Wohnsitz sich in Basel befindet und die über eine von der Fremdenpolizei, den Asylbehörden ausgestellte, mindestens zwölf Monate gültige Aufenthaltsbewilligung verfügen.
[126] Die Eintragungen in der Sozialhilfestatistik unterschieden im Jahr 1999 noch nicht unter den einzelnen Staaten und auch nicht zwischen Albanien und Jugoslawien. Deshalb kann im Weiteren keine genauere Differenzierung vollzogen werden und es wird vom „ehemaligen Jugoslawien" gesprochen, womit alle nach dem Zerfall Jugoslawiens entstandenen unabhängigen Staaten gemeint sind.

Um die Bedeutung der Sozialhilfe für einzelne Gruppen zu messen, wird die *Sozialhilfedichte* berechnet. In der Schweiz liegen nach den Berechnungen der Städteinitiative (Consens 2000) diese Dichten für die 18- bis 25-Jährigen im Jahr 1999 zwischen 4,8 (St. Gallen) und 6,9 (Zürich). Die Sozialhilfedichte in Basel betrug im Jahr 1999 für die Altersklasse 6,43. Das heisst, von 1000 in Basel wohnhaften Personen im Alter zwischen 18 und 25 Jahren waren im Jahr 1999 insgesamt 63 Personen auf Sozialhilfe angewiesen.[127]

Tabelle 19: Sozialhilfeempfänger/innen der Jahrgänge 1974-1981

Geburtsjahr	Nationalität														
	Schweiz			Türkei			ehem. Jugoslawien			Italien			übrige		
	Geschlecht			Geschlecht			Geschlecht			Geschlecht			Geschlecht		
	?	w	m	?	w	m	?	w	m	?	w	m	?	w	m
1974	86	37	49	23	11	12	25	13	12	13	4	9	26	21	5
1975	83	46	37	18	7	11	19	7	12	8	2	6	19	11	8
1976	92	48	44	17	15	2	15	10	5	8	3	5	23	6	17
1977	80	47	33	22	10	12	9	6	3	7	6	1	11	7	4
1978	81	36	45	15	8	7	9	4	5	7	4	3	23	12	11
1979	88	51	37	17	7	10	15	12	3	5	4	1	23	15	8
1980	75	40	35	31	16	15	16	9	7	7	4	3	14	6	8
1981	44	28	16	21	14	7	11	6	5	5	4	1	12	9	3
Summe	629	333	296	164	88	76	119	67	52	60	31	29	151	87	64
Bevölkerung*	10852	5484	5368	1498	766	732	1730	819	911	1196	527	669	2190	1193	997
Sozialhilfedichte**	5.80	6.07	5.51	10.95	11.49	10.38	6.88	8.18	5.71	5.02	5.88	4.33	6.89	7.29	6.42

* in der Altersklasse (gesamt: 17466 Personen); ** Sozialhilfedichte für die gesamte Altersklasse: 6.43.
Quelle: Sozialhilfe der Stadt Basel, eigene Berechnung.

Bei der Betrachtung der Dichtewerte für Basel fallen Unterschiede auf: Die Schweizerinnen und Schweizer sind zahlenmässig zwar die stärkste Gruppe unter den Bezieherinnen und Beziehern, haben mit 5,8 aber eine Sozialhilfedichte, die unterhalb des durchschnittlichen Dichtewertes aller Personen (6,43) liegt. Personen türkischer Nationalität dagegen repräsentieren 14,6% der Personen in der Sozialhilfe aber nur 8,6% der Wohnbevölkerung (Sozialhilfedichte: 10.95). Personen aus dem ehemaligen Jugoslawien stellen 10,6% der Sozialhilfebezieherinnen und -bezieher und 9,9% der Wohnbevölkerung (Sozialhilfedichte: 6.88). Die italienische Bevölkerung in Basel fällt in der Altersklasse ebenfalls durch eine unterdurchschnittliche Sozialhilfedichte auf (5,88); diejenigen der „übrigen" Nationalitäten liegen praktisch auf dem Gesamtdurchschnitt (6,42).

Auch in Bezug auf das Geschlecht sind Unterschiede feststellbar: Obwohl Frauen im Alter von 18 bis 25 Jahren nur 50,3% der Wohnbevölkerung stellen, sind sie mit 54,0% (606 Frauen) in der Sozialhilfe überrepräsentiert. Die höchste Sozialhilfedichte weisen Frauen aus der Türkei auf: Im Jahre 1999 erhielt fast jede siebte 18- bis 25-jährige in Basel

---

[127] Dieser Dichtewert entspricht ungefähr dem Wert der Altersgruppe in der Stadt Hamburg für das Jahr 1993 (Landessozialamt Hamburg 1997, 14). In den Folgejahren (bis 1996) stieg die Sozialhilfedichte in Hamburg auf 12,4 für die 18- bis unter 21-Jährigen bzw. 9,0 für die 21- bis unter 25-Jährigen (siehe Landessozialamt Hamburg 1997, 174).

wohnhafte Frau türkischer Nationalität mindestens einmal eine finanzielle Unterstützung durch die Sozialhilfe.

Sozialhilfe hat also insbesondere für Personen aus den neuen Herkunftsländern (Türkei und ehemaliges Jugoslawien), und darunter insbesondere Frauen, grosse Bedeutung. Niedrigere resp. unterdurchschnittliche Sozialhilfedichten zeigen dagegen Personen aus der Schweiz sowie den klassischen Herkunftsländern Italien, Spanien, Portugal (die Anzahl in den letztgenannten Nationalitäten ist absolut gemessen bereits so klein, dass sie unter „übrige Länder" aufgenommen wurden). Absolut gesehen stellen junge Erwachsene aus der Schweiz die grösste Zahl, wobei hier ein relativ kleiner Unterschied zwischen Männern und Frauen besteht.

6.3.2 Unterstützungsgründe

Aus welchen Gründen erhalten die jungen Erwachsenen Sozialhilfe? Aufbauend auf den Gesetzen des Bundes (insbes. Gesetz betreffend die öffentliche Fürsorge sowie Bundesgesetz über die Zuständigkeit für die Unterstützung Bedürftiger ZUG) definiert der Kanton Basel-Stadt in Übereinstimmung mit den „Richtlinien für die Ausgestaltung und Bemessung der Sozialhilfe" der Schweizerischen Konferenz für Sozialhilfe SKOS die Hilfeleistungen durch die Sozialhilfe. Als zuständiges Departement verantwortet der Vorsteher des Wirtschafts- und Sozialdepartementes „Unterstützungsrichtlinien", die die materielle Grundsicherung (insbes. Grundbedarf 1 und 2 für den Lebensunterhalt, Wohnungskosten, Krankenversicherung) festlegen. Dazu hat jede Person, die ihre Unterstützungsbedürftigkeit anmelden will, ein „Unterstützungsgesuch" auszufüllen. Gleichzeitig erfolgt eine grobe Klassifizierung der Unterstützungspersonen in Unterstützungsgründe, wobei pro Dossier nur ein Unterstützungsgrund angegeben werden darf.

Die Einstufung einer bedürftigen Person in die Skala der Unterstützungsgründe erfolgt vor der Frage, ob eine Arbeitsmarktintegration möglich ist, d.h. es wird nach der Wahrscheinlichkeit einer raschen Ablösung von der Sozialhilfe entschieden.[128] Dieses Entscheidungsverfahren zeigt Abbildung 9.[129] Dabei bestehen allerdings mehrere Fehlerquellen, wie sich aus der Dossieranalyse ergab: Aufgrund der zur Verfügung stehenden Zeit für das Erstgespräch (Situationsanalyse) kommt es oft vor, dass vorläufige Einstufungen sich als unzutreffend erweisen, dann allerdings nicht mehr revidiert werden (z.B. wenn vermutet wird, dass ein Anspruch auf Leistungen der Arbeitslosenversicherung besteht, dies sich aber nach späterer Rücksprache beim Arbeitsamt nicht bestätigt) oder wenn von den Klientinnen und Klienten nicht immer alle Antworten vollständig oder korrekt gegeben werden.

Aus diesem Grund wurden für die weitere Auswertung die 15 Unterstützungsgründe inhaltlich zu sieben Kategorien zusammengefasst (vgl. Tabelle 20), die sich durch den Grad der Wahrscheinlichkeit der (Re-) Integration in den Arbeitsmarkt sowie die Versorgungsverantwortung gegenüber weiteren Personen (Partner/in, Kinder) gliedern.[130] Diese Kategorien sind Grundlage aller weiteren Auswertungen.

---

[128] Wenn also von 88 allein erziehenden Müttern gesprochen wird, so bedeutet dies, dass es in der Altersklasse der 18- bis 25-Jährigen 88 allein erziehende Mütter gibt, von denen die Fachperson der Sozialhilfe der Meinung ist, dass sie kurzfristig nicht in den Arbeitsmarkt integrierbar sind (z.B. weil sie keine Kinderbetreuungsplätze für ihre Kinder haben). Wenn eine allein erziehende Mutter aber ein gutes Betreuungsangebot verfügt und ihre Reintegration in den Arbeitsmarkt vermutet wird, dann wird sie mit dem Unterstützungsgrund „Arbeitslos/Familie-/Anspruch" eingestuft.
[129] Es gibt noch weitere Unterstützungsgründe, die sich bei den jungen Erwachsenen aber nicht finden und die deshalb hier nicht beschrieben werden.
[130] An dieser Stelle ist es wichtig darauf hinzuweisen, dass die Sozialhilfe bereits dann von Familie spricht, wenn eine Person verheiratet (mit oder ohne Kind), rechtlich geschieden ist (aber mit Kind) oder mit zivilgerichtlicher Verfügung in Trennung lebt (aber mit Kind).

Bedingungsfaktoren bei Eintritt in die Sozialhilfe 141

Abbildung 9: Unterstützungsgründe - die Systematik der Sozialhilfe

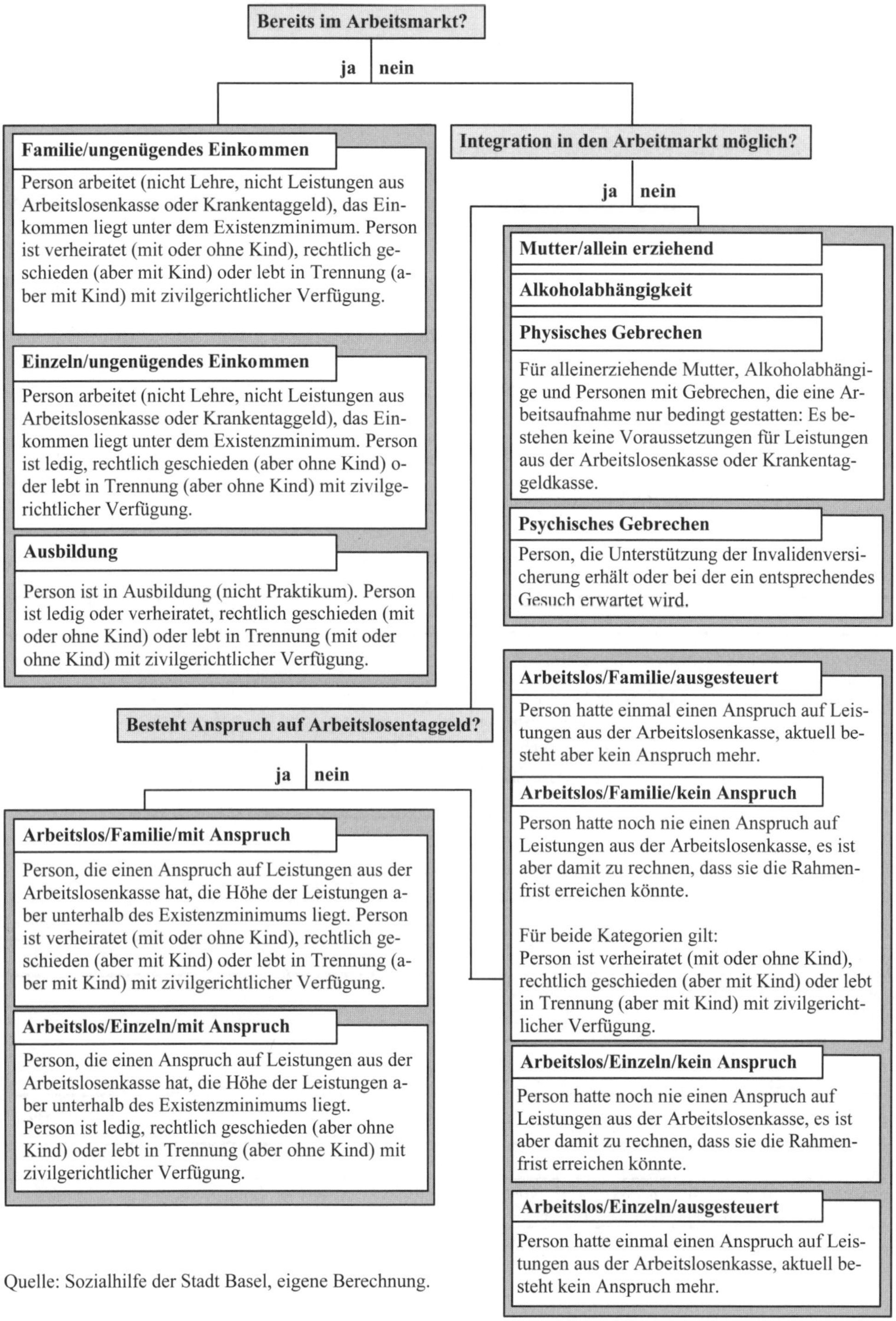

Bereits im Arbeitsmarkt?

ja | nein

Familie/ungenügendes Einkommen

Person arbeitet (nicht Lehre, nicht Leistungen aus Arbeitslosenkasse oder Krankentaggeld), das Einkommen liegt unter dem Existenzminimum. Person ist verheiratet (mit oder ohne Kind), rechtlich geschieden (aber mit Kind) oder lebt in Trennung (aber mit Kind) mit zivilgerichtlicher Verfügung.

Einzeln/ungenügendes Einkommen

Person arbeitet (nicht Lehre, nicht Leistungen aus Arbeitslosenkasse oder Krankentaggeld), das Einkommen liegt unter dem Existenzminimum. Person ist ledig, rechtlich geschieden (aber ohne Kind) oder lebt in Trennung (aber ohne Kind) mit zivilgerichtlicher Verfügung.

Ausbildung

Person ist in Ausbildung (nicht Praktikum). Person ist ledig oder verheiratet, rechtlich geschieden (mit oder ohne Kind) oder lebt in Trennung (mit oder ohne Kind) mit zivilgerichtlicher Verfügung.

Integration in den Arbeitmarkt möglich?

ja | nein

Mutter/allein erziehend

Alkoholabhängigkeit

Physisches Gebrechen

Für alleinerziehende Mutter, Alkoholabhängige und Personen mit Gebrechen, die eine Arbeitsaufnahme nur bedingt gestatten: Es bestehen keine Voraussetzungen für Leistungen aus der Arbeitslosenkasse oder Krankentaggeldkasse.

Psychisches Gebrechen

Person, die Unterstützung der Invalidenversicherung erhält oder bei der ein entsprechendes Gesuch erwartet wird.

Besteht Anspruch auf Arbeitslosentaggeld?

ja | nein

Arbeitslos/Familie/mit Anspruch

Person, die einen Anspruch auf Leistungen aus der Arbeitslosenkasse hat, die Höhe der Leistungen aber unterhalb des Existenzminimums liegt. Person ist verheiratet (mit oder ohne Kind), rechtlich geschieden (aber mit Kind) oder lebt in Trennung (aber mit Kind) mit zivilgerichtlicher Verfügung.

Arbeitslos/Einzeln/mit Anspruch

Person, die einen Anspruch auf Leistungen aus der Arbeitslosenkasse hat, die Höhe der Leistungen aber unterhalb des Existenzminimums liegt.
Person ist ledig, rechtlich geschieden (aber ohne Kind) oder lebt in Trennung (aber ohne Kind) mit zivilgerichtlicher Verfügung.

Arbeitslos/Familie/ausgesteuert

Person hatte einmal einen Anspruch auf Leistungen aus der Arbeitslosenkasse, aktuell besteht aber kein Anspruch mehr.

Arbeitslos/Familie/kein Anspruch

Person hatte noch nie einen Anspruch auf Leistungen aus der Arbeitslosenkasse, es ist aber damit zu rechnen, dass sie die Rahmenfrist erreichen könnte.

Für beide Kategorien gilt:
Person ist verheiratet (mit oder ohne Kind), rechtlich geschieden (aber mit Kind) oder lebt in Trennung (aber mit Kind) mit zivilgerichtlicher Verfügung.

Arbeitslos/Einzeln/kein Anspruch

Person hatte noch nie einen Anspruch auf Leistungen aus der Arbeitslosenkasse, es ist aber damit zu rechnen, dass sie die Rahmenfrist erreichen könnte.

Arbeitslos/Einzeln/ausgesteuert

Person hatte einmal einen Anspruch auf Leistungen aus der Arbeitslosenkasse, aktuell besteht kein Anspruch mehr.

Quelle: Sozialhilfe der Stadt Basel, eigene Berechnung.

Was bereits die Bremer Längsschnittuntersuchungen gezeigt haben (vgl. insbes. Leibfried, Leisering et al. 1995; Ludwig 1996), findet sich auch in der Auswertung der Basler Population wieder: Es lassen sich verschiedene „Bedeutungstypen" des Sozialhilfebezugs unterscheiden (siehe Tabelle 21):

1. Für 549 Personen oder 48,9% ist die Arbeitslosigkeit der zentrale Grund, um Sozialhilfe zu beziehen. Sozialhilfe hat für diese Personen die Funktion der *Überbrückungshilfe* insbesondere zwischen zwei Beschäftigungsverhältnissen oder bis zur Zahlung der Arbeitslosenunterstützung.
2. Neben diese „klassische" Form der Unterstützung tritt die *subsidiäre Funktion* der Sozialhilfe: Jede dritte Person (388 Personen, 34,6%) benötigt Sozialhilfe, obschon sie in den Arbeitsmarkt integriert ist („ungenügendes Einkommen") oder diese Integration gerade vorbereitet („in Ausbildung"). In beiden Fällen liegt das Einkommen / der Lehrlingslohn inkl. allfälliger Transfers unterhalb der politischen Armutsgrenze.
3. Schliesslich findet sich noch ein dritter Bedeutungstyp von Sozialhilfe: Bei 186 Personen oder 16,6% geht die Sozialhilfe davon aus, dass eine Integration in den Arbeitsmarkt mittelfristig nicht realisierbar ist. Für diese Personen hat die Sozialhilfe eine *längerfristige, einkommensersetzende Funktion*. Hier finden sich insbesondere allein erziehende Frauen (in der Grundgesamtheit gibt es keinen einzigen allein erziehenden Mann) sowie junge Erwachsene, bei denen die Bearbeitung gesundheitlicher Problemlagen im Vordergrund steht.

Tabelle 20: Unterstützungsgründe und Zusammenhang mit Nationalität

Unterstützungsgrund aggregiert (Aggregate)	Nationalität (Anzahl Personen)					
	Schweiz	Türkei	ehem. Jugoslawien	Italien	übrige	gesamt
Arbeitslosigkeit/Einzeln (AL/Einzeln/Anspruch; AL/Einzeln/ausgesteuert; AL/Einzeln/kein Anspruch)	278	67	38	24	46	453
Arbeitslosigkeit/Familie (AL/Familie/Anspruch; AL/Familie/ausgesteuert; AL/Familie/kein Anspruch)	28	31*** .20	19	2	16	96
Gesamt „Überbrückungshilfe"	**306**	**98**	**57**	**26**	**62**	**549**
Einzeln/ungenügendes Einkommen	50	6	8	9	12	85
Familie/ungenügendes Einkommen	26	17	21*** .16	4	13	81
in Ausbildung	122	31	21	8	40	222
Gesamt „Subsidiäre Hilfe"	**198**	**54**	**50**	**21**	**65**	**388**
Mutter/allein erziehend (Mutter/allein erziehend; Schwangerschaft)	51	7	7	5	18	88
Gesundheitliche Gebrechen ((Drogenabhängigkeit; Alkoholabhängigkeit; psychische Gebrechen; physische Gebrechen)	74*** .14	5	5	8	6	98
Gesamt „längerfristige, einkommensersetzende Hilfe"	**125**	**12**	**12**	**13**	**24**	**186**

Angegeben sind nur Signifikanzen p<0.001; Kontingenzkoeffizient max.0.8944; Signifikanztests zwischen der entsprechenden Gruppe und allen anderen Personen.
Quelle: Sozialhilfe Basel-Stadt, eigene Berechnungen.

Die drei Bedeutungstypen hängen statistisch mit der Variable Nationalität zusammen:
1. Familien, die Sozialhilfe beziehen, weil ihr eigenes Einkommen unterhalb der Armutsgrenze liegt, besitzen signifikant häufiger ehem. jugoslawische Nationalität.
2. Familien, die aufgrund von Arbeitslosigkeit auf Sozialhilfe angewiesen sind, haben signifikant häufiger die türkische Nationalität.
3. Personen, die wegen gesundheitlicher Gebrechen unterstützt werden und mittelfristig nicht in den Arbeitsmarkt integrierbar sind, besitzen signifikant häufig die Schweizer Nationalität.

Damit zeichnen sich *unterschiedliche Bedeutungen der Sozialhilfe in Abhängigkeit der Nationalität* ab: Sozialhilfe für Ausländer/innen hat oft den Charakter einer Übergangshilfe (zwischen Beschäftigungsverhältnissen oder der Unterstützung durch das Arbeitsamt) oder subsidiären Hilfe (bei zu niedrigem Einkommen). Sozialhilfe als längerfristige, einkommensersetzende Hilfe bezieht sich weitaus am häufigsten auf Schweizer/innen.

6.3.3 Verweildauer in der Sozialhilfe

Buhr (1995, 114) hat auf die unterschiedliche Verweildauer in der Sozialhilfe hingewiesen und u.a. zwischen „Überbrücker/innen", „Pendler/innen" und „Ausbrecher/innen" unterschieden. An dieser Stelle soll überprüft werden, ob sich bei den jungen Erwachsenen in Basel ähnliche Strukturtypen zeigen. Dabei wird die Periode vom 1.1.1999 bis 31.3.2002 (1. Zeitpunkt der Nachmessung) berücksichtigt (siehe Studienplan, Abbildung 8).

Von den 1123 jungen Erwachsenen konnten sich innerhalb der betrachteten 39 Monate 734 Personen (65,4%) von der Sozialhilfe ablösen (Abbildung 10). 27% (198 Personen) gelang die Ablösung mit einer Bruttobezugsdauer von 6 Monaten.[131] Fast jede zweite Person (44,6%) von diesen konnte sich innerhalb einer Bruttobezugsdauer von maximal einem Jahr ablösen. Die andere Hälfte war eher mittelfristig an die Sozialhilfe gebunden. Interessant ist, dass die Bezugsdauer im Signifikanztest *mit keiner anderen Variablen* einen Zusammenhang zeigt: Weder mit der Nationalität, dem Alter noch dem Bildungsstand. Gerade Letzteres hätte vermutet werden dürfen, denn es gilt die These, dass Personen mit einer Ausbildung schneller von der Sozialhilfe abgelöst werden können als solche ohne Ausbildung. Das vorliegende Beispiel bestätigt diese These nicht. *Das lässt darauf schliessen, dass die Ablösung durch die Sozialhilfe berufsunspezifisch erfolgt, teilweise auch gar nicht von der Sozialhilfe beeinflusst werden kann.*

Zudem weisen die Ergebnisse in der Tabelle „Gründe Austritt 1" auf drei *Strukturtypen der Ablösung* von der Sozialhilfe hin. Erstens gibt es eine grosse Zahl von Personen, die in den Arbeitsmarkt *reintegriert* („in Arbeit") oder von der Arbeitslosenkasse weiter betreut werden können („Arbeitslosentaggeld"): Immerhin 53% der Austretenden bleiben so mit dem Arbeitsmarkt verbunden. Zweitens gibt es eine Zahl von Personen (9%), die bereits im jungen Erwachsenenalter den *Rentenversicherungen* (z.B. Invalidenversicherung) übergeben werden und bei denen kaum mehr Möglichkeiten der Integration in den ersten Arbeitsmarkt ohne Hilfe von Integrationsprogrammen bestehen. Eine dritte Gruppe schliesslich verlässt die Sozialhilfe *ohne erklärten Grund* (Austrittsgründe wie „Wegzug aus dem Kanton" oder „ohne sichtbare Gründe"): Immerhin 173 Personen, also 25% lösen sich eigentlich nicht „richtig" von der Sozialhilfe ab. Auch hier bestehen keine signifikanten Zusammenhänge zu anderen Variablen.

---

[131] Bruttobezugsdauer bedeutet die Anzahl der Monate, in denen unterstützt wurde. Wenn also eine Person im Januar 1999 Sozialhilfe bezog, dann im Juni abgemeldet wurde und von März 2000 bis Juni 2000 erneut Sozialhilfe bezog, dann beträgt die Bruttobezugsdauer insgesamt 10 Monate. Mit der Unterscheidung in Brutto- und Nettobezugsdauer wird der Vergleich mit der Typologie des Bremer Sonderforschungsbereichs möglich.

Abbildung 10: Verweildauer in der Sozialhilfe (Zeitraum 1.1.1999 - 31.3.2002)

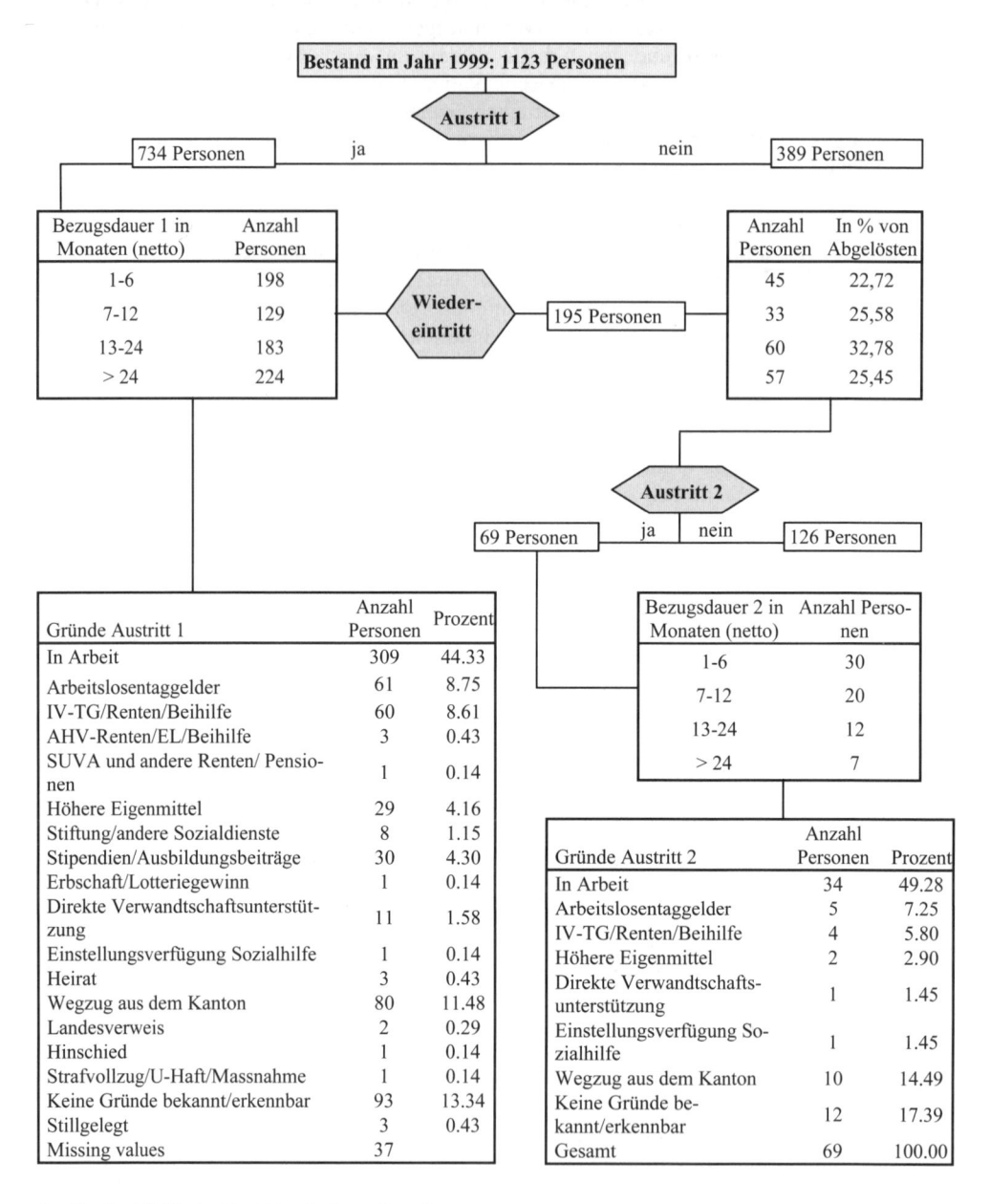

Bestand im Jahr 1999: 1123 Personen

Austritt 1: ja → 734 Personen; nein → 389 Personen

Bezugsdauer 1 in Monaten (netto)	Anzahl Personen
1-6	198
7-12	129
13-24	183
> 24	224

Wiedereintritt: 195 Personen

Anzahl Personen	In % von Abgelösten
45	22,72
33	25,58
60	32,78
57	25,45

Austritt 2: ja → 69 Personen; nein → 126 Personen

Gründe Austritt 1	Anzahl Personen	Prozent
In Arbeit	309	44.33
Arbeitslosentaggelder	61	8.75
IV-TG/Renten/Beihilfe	60	8.61
AHV-Renten/EL/Beihilfe	3	0.43
SUVA und andere Renten/Pensionen	1	0.14
Höhere Eigenmittel	29	4.16
Stiftung/andere Sozialdienste	8	1.15
Stipendien/Ausbildungsbeiträge	30	4.30
Erbschaft/Lotteriegewinn	1	0.14
Direkte Verwandtschaftsunterstützung	11	1.58
Einstellungsverfügung Sozialhilfe	1	0.14
Heirat	3	0.43
Wegzug aus dem Kanton	80	11.48
Landesverweis	2	0.29
Hinschied	1	0.14
Strafvollzug/U-Haft/Massnahme	1	0.14
Keine Gründe bekannt/erkennbar	93	13.34
Stillgelegt	3	0.43
Missing values	37	

Bezugsdauer 2 in Monaten (netto)	Anzahl Personen
1-6	30
7-12	20
13-24	12
> 24	7

Gründe Austritt 2	Anzahl Personen	Prozent
In Arbeit	34	49.28
Arbeitslosentaggelder	5	7.25
IV-TG/Renten/Beihilfe	4	5.80
Höhere Eigenmittel	2	2.90
Direkte Verwandtschaftsunterstützung	1	1.45
Einstellungsverfügung Sozialhilfe	1	1.45
Wegzug aus dem Kanton	10	14.49
Keine Gründe bekannt/erkennbar	12	17.39
Gesamt	69	100.00

Quelle: Sozialhilfe der Stadt Basel, eigene Berechnung.

Die Ablösung von der Sozialhilfe ist im betrachteten Zeitraum nur in jedem dritten Fall dauerhaft. 26,25% der 734 Personen, die sich ablösen konnten, traten bis zum Ende des betrachteten Zeitraumes wieder ein. Auch hier zeigen sich nur geringe Signifikanzen mit den Variablen Nationalität und Berufsabschluss. Statistisch höchst signifikant (p<0,001; Kontingenzkoeffizient C=0,26) ist, dass Personen, die sich mit Arbeitslosentaggeldern ablösen konnten, ein zweites Mal eintreten. Dieses Faktum weist auf die *prekäre Arbeitsmarktintegration* hin, die bei diesen Personen nach der ersten Ablösung von der Sozialhilfe vorliegt.

Aufgrund dieser Datenlage lässt sich ein grober Vergleich mit der Typologie von Buhr skizzieren: Die von Buhr als Überbrücker bezeichneten Personen (sehr kurzer einmaliger Sozialhilfebezug) sind auch bei den jungen Erwachsenen in Basel vorhanden. Im Gegensatz zur Grösse der Population in Bremen (dort waren 57% aller sozialhilfeabhängigen Personen in dieser Gruppe) sind es in Basel (bei max. Bezug von 24 Monaten, wobei Wiedereintritte nicht einberechnet werden) 372 Personen oder 33,1%. Bei den anderen Gruppen kann wegen des unterschiedlichen Betrachtungszeitraumes kein weiterer zahlenmässiger Vergleich unternommen werden, doch zeigen sich ähnliche Mobilitätsmuster: eine Gruppe von Personen, die mehrere Male in Sozialhilfeabhängigkeit stehen (und bei denen die Arbeitslosigkeit das zentrale Thema ist) sowie eine Gruppe von Personen, die lange Zeit Sozialhilfe bezieht (mind. 389 Personen oder 34,6%, was ebenfalls eine deutlich grössere Anzahl als in der Bremer Untersuchung mit 18,8% ist). Junge Erwachsene in der Sozialhilfe in Basel scheinen stärker polarisiert zu sein und z.T. scheint die Armutslage manifester zu sein als die von Untersuchungen der dynamischen Armutsforschung in Deutschland aufgewiesene: Insbesondere die Typen „Überbrücker" und „Langzeitbezieher" sind stark ausgeprägt.

6.3.4 Migrationsverhalten

Die Sozialhilfestatistik weist bei den unterstützten Personen deren Nationalität und auch das Datum des Zuzugs in die Schweiz aus. Somit wird eine Aussage über das Migrationsverhalten der jungen Erwachsenen möglich. 441 Personen sind *in Basel geboren*, davon haben 236 Personen Basel auch nie für längere Zeit verlassen (Indikator: keine Abmeldung beim Einwohnendienst). 205 Personen haben sich zeitweise im Ausland oder in anderen Kantonen aufgehalten. *Insgesamt sind also rund 21% aller jungen Erwachsenen in der Sozialhilfe mit ausländischer Nationalität kontinuierlich in Basel wohnhaft.*

Der weitaus grösste Teil der *zugewanderten Personen ausländischer Nationalität* ist gegen Ende der 1980er Jahre in die Schweiz kam.[132] Die Einwanderung fiel in eine Phase der „Politik der drei Kreise", die „auf der Selektion von ‚kulturell nahestehenden MigrantInnen' bei der Einreise beruhte" (Wanner & Fibbi 2003, 12).[133] Die jungen Erwachsenen dürften demnach entweder im Zuge des Familiennachzugs (insbes. Türkei), der Aslymigration (insbes. ehem. Jugoslawien) oder der Arbeitsmigration (Türkei, ehem. Jugoslawien, Italien) in die Schweiz zugezogen sein. Die Zugewanderten aus den „übrigen Ländern" spiegeln die Diversifizierung der Migration in die Schweiz, wie sie sich seit Mitte der 1990er Jahre im Rahmen der Asylmigration zeigt.

Die Zuwanderung in die Schweiz erfolgt keineswegs immer auf direktem Weg, was eine Auswertung nach Geburtsorten und Transitkantonen in der Schweiz zeigt (Karte 4).

---

[132] Berücksichtigt sind keine Personen, die im Ausland geboren wurden, aber die Schweizer Nationalität haben (z.B. Kinder von eingebürgerten Einwander/innen oder Auslandsschweizer/innen).
[133] Siehe zur Einwanderungspolitik insbesondere auch die Beiträge, die im Rahmen des NFP 39 entstanden sind (Wicker, Fibbi et al. 2003).

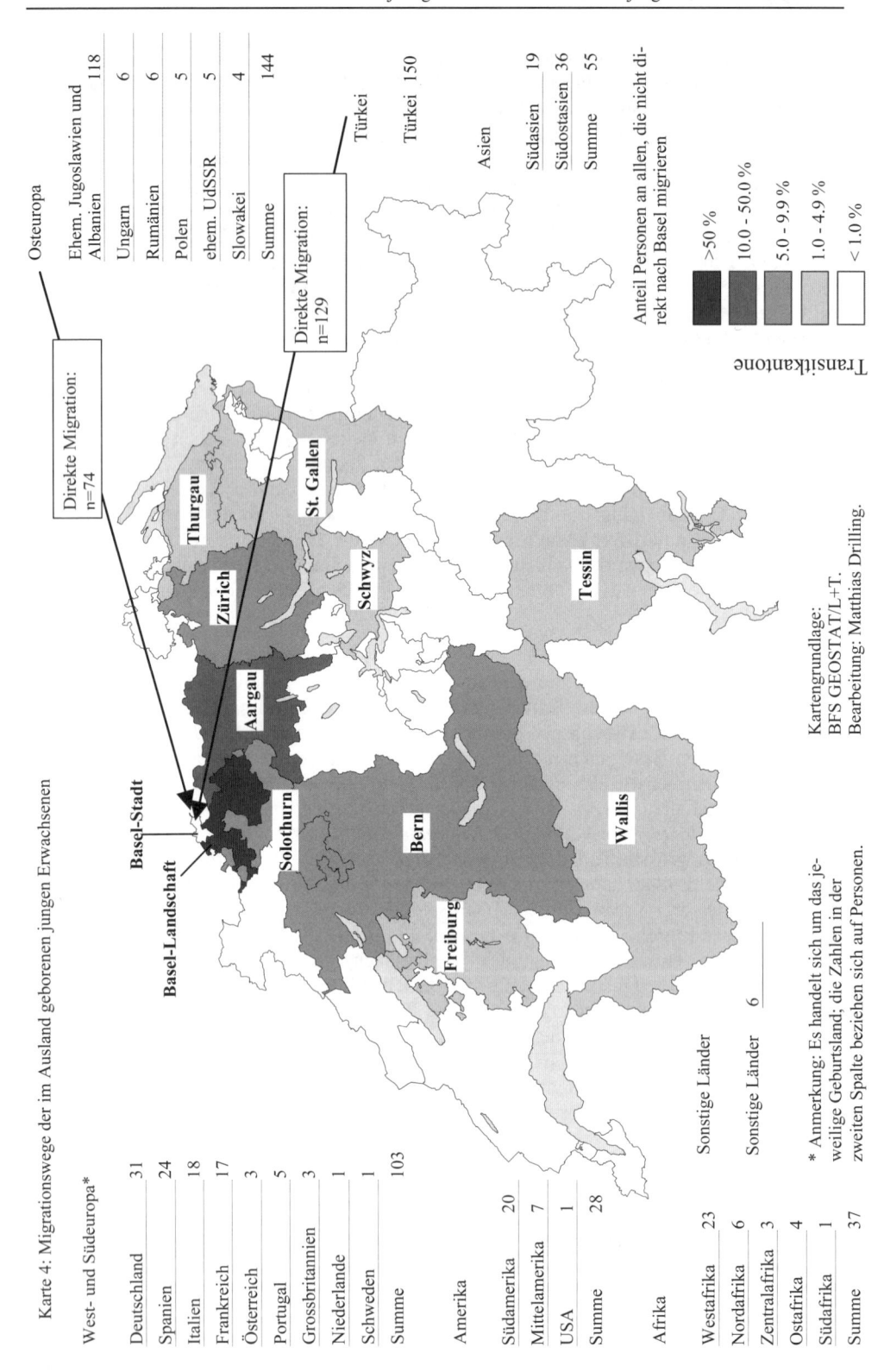

Karte 4: Migrationswege der im Ausland geborenen jungen Erwachsenen

West- und Südeuropa*

Deutschland	31
Spanien	24
Italien	18
Frankreich	17
Österreich	3
Portugal	5
Grossbritannien	3
Niederlande	1
Schweden	1
Summe	103

Amerika

Südamerika	20
Mittelamerika	7
USA	1
Summe	28

Afrika

Westafrika	23
Nordafrika	6
Zentralafrika	3
Ostafrika	4
Südafrika	1
Summe	37

Sonstige Länder

Sonstige Länder 6

* Anmerkung: Es handelt sich um das jeweilige Geburtsland; die Zahlen in der zweiten Spalte beziehen sich auf Personen.

Osteuropa

Ehem. Jugoslawien und Albanien	118
Ungarn	6
Rumänien	6
Polen	5
ehem. UdSSR	5
Slowakei	4
Summe	144

Türkei

Türkei 150

Asien

Südasien	19
Südostasien	36
Summe	55

Direkte Migration: n=74

Direkte Migration: n=129

Basel-Stadt
Basel-Landschaft
Solothurn
Aargau
Zürich
Thurgau
St. Gallen
Schwyz
Bern
Freiburg
Wallis
Tessin

Anteil Personen an allen, die nicht direkt nach Basel migrieren

>50 %
10.0 - 50.0 %
5.0 - 9.9 %
1.0 - 4.9 %
< 1.0 %

Transitkantone

Kartengrundlage: BFS GEOSTAT/L+T.
Bearbeitung: Matthias Drilling.

Von den 1123 jungen Erwachsenen sind 523 Personen aus dem Ausland nach Basel zugezogen (da hier nach dem Geburtsstadtprinzip ausgewertet wurde, ergeben sich Abweichungen zum Nationalitätenprinzip und den Zahlenangaben in Tabelle 20). Von diesen 523 Personen haben 118 Personen zuvor in einem anderen Schweizer Kanton gewohnt. Der Kanton Basel-Landschaft ist der wichtigste Transitkanton auf dem Weg nach Basel-Stadt: 55% aller Personen, die aus dem Ausland migrierten, haben den Weg über den Nachbarkanton genommen. Interessant ist zudem, dass die Migration der wichtigen Herkunftsländer Türkei und ehemaliges Jugoslawien sowie Albanien grösstenteils *direkt nach Basel-Stadt* erfolgte: 129 von 150 Personen, die aus der Türkei, und 74 von 118 Personen, die aus dem ehemaligen Jugoslawien oder Albanien nach Basel migrierten, kamen ohne Zwischenstation in die Stadt.

6.3.5 Zivilstand und Haushaltssituation

Mit 78,5% ist die überwiegende Zahl der jungen Erwachsenen ledig (vgl. Tabelle 21). Dies heisst allerdings nicht, dass es sich mehrheitlich um Ein-Personen-Haushalte handelt: Nur 427 Personen (38%) leben zum Eintritt in die Sozialhilfe in einem eigenen Haushalt; 31,5% der jungen Erwachsenen leben noch bei den Eltern, die restlichen 30,5% wohnen bereits mit der eigenen Familie zusammen oder in einer Wohngemeinschaft.

Dabei unterscheiden sich die Haushaltsgrössen deutlich voneinander: Neben den Ein-Personen-Haushalten gibt es zahlreiche 2- und 3-Personen-Haushalte (26,6% bzw. 19,3%). Knapp jeder zehnte Haushalt ist ein 4-Personen-Haushalt.

Es ist immer wieder die Frage, wie viele Personen neben den Dossierträgerinnen und -trägern insgesamt von den Sozialhilfeleistungen betroffen sind. In den Haushalten der 18- bis 25-Jährigen leben insgesamt 2515 Personen (inkl. die 1123 jungen Erwachsenen). Praktisch alle Personen in den Haushalten werden auch unterstützt (89,3%). Mit der Sozialhilfe im Segment „junge Erwachsene" werden demnach 2,3fach so viele Personen in finanzieller Armut erreicht (wobei auch die Eltern mit eigenen Sozialhilfedossiers zählen). *Insofern handelt es sich bei den Haushalten, in denen junge Erwachsene leben, - gleich ob es der eigene oder der elterliche Haushalt ist - um tendenziell arme Haushalte.*

Tabelle 21: Zivilstand und Haushaltssituation beim Eintritt in die Sozialhilfe

		Situation im Jahr des Eintritts in die Sozialhilfe						
		Zivilstand	Familie	Haushaltsgrösse	Zahl Bezüger/innen	1-P-HH	Kinder	Bei Eltern
Quelle		Sozialhilfestatistik		Unterstützungsgesuch				Aus Variablen[134]
Gültig		1123	1123	1123	1123	1123	1123	1123
N		1123	305	2515	1122	427	296	354
Spannweite				8	8		4	
Minimum				1	0		0	
Maximum				9	8		4	
Perzentil	25	Ledig	Nein	1	0	Nein	0	0
	50	Ledig	Nein	2	1	Nein	0	0
	75	Ledig	Ja	3	2	Ja	0	1

Quelle: Sozialhilfe der Stadt Basel, eigene Berechnung.

---

[134] Es wird angenommen, dass eine Person noch bei den Eltern wohnt, wenn gilt: 1) nicht Ein-Personen-Haushalt, 2) nicht Unterstützungsgrund Familie, 3) nicht 2-Personen-Haushalt mit mindestens einem Kind, 4) nicht 0 Zimmer (ohne festen eigenen Wohnsitz), 5) nicht Unterstützungsgrund „eigene Wohnung".

Fortsetzung Tabelle 21:

Zivilstand	Häufigkeit	Prozent
Ledig	881	78.5
Verheiratet	171	15.2
Getrennt	39	3.5
Geschieden	12	1.1
De facto getrennt	20	1.8
Gesamt	1123	100.0

Haushaltsgrösse	Häufigkeit	Prozent
1	427	38.0
2	300	26.7
3	217	19.3
4	105	9.3
5	43	3.8
6	18	1.6
7	11	1.0
8	1	.1
9	1	.1
Gesamt	1123	100.0

Zahl Bezüger/innen	Häufigkeit	Prozent
0	550	49.0
1	259	23.1
2	175	15.6
3	82	7.3
4	32	2.8
5	14	1.2
6	9	.8
7	1	.1
8	1	.1
Gesamt	1123	100.0

Kinder	Häufigkeit	Prozent
0	892	79.4
1	174	15.5
2	50	4.5
3	6	.5
4	1	.1
Gesamt	1123	100.0

6.3.6   Zahl der Kinder und Haushaltsmitglieder

Jede fünfte Sozialhilfe beziehende Person (20,6%) lebt mit einem zu versorgenden Kind in einem Haushalt, wobei die Einkindfamilie dominiert. Doch auch unterhaltspflichtige Väter, die sich von ihrer Familie getrennt haben, sind unter den Sozialhilfe beziehenden Personen; insgesamt 305 Personen (27%) sind für die Versorgung von 296 Kindern zuständig.

Aus der Perspektive der Grösse des zu versorgenden Personenkreises unterscheidet sich die Gruppe der jungen Erwachsenen also auf mehreren Ebenen: Auf der einen Seite stehen solche Personen, die unabhängig von familiären Verpflichtungen in eigenen Haushalten leben und auch für keine weiteren Personen versorgungsverantwortlich sind. Auf der anderen Seite stehen diejenigen jungen Erwachsenen, die bereits verheiratet sind und deshalb für weitere Haushaltsmitglieder und evtl. auch Kinder verantwortlich sind.

Welche Zusammenhänge bestehen zwischen der Haushaltsstruktur und den sozioökonomischem Variablen? Deutliche Unterschiede zeigen sich zwischen den Haushaltstypen, wie Tabelle 22 verdeutlicht.

Wer noch bei den Eltern wohnt, der wurde signifikant häufig bereits als Kind mit den Eltern unterstützt (*finanziell arme Haushalte*). Eine Konzentration auf eine bestimmte Nationalität lässt sich für diesen Haushaltstyp nicht nachweisen.

Die Ein-Personen-Haushalte werden signifikant häufig von Schweizerinnen und Schweizern bewohnt. Wer in Ein-Personen-Haushalten lebt, der erhält häufiger sozialpädagogische Unterstützungen (freiwillige Begleitung durch das Jugendamt, Beistandschaft, Vormundschaft).

Die meisten signifikanten Unterschiede ergeben sich für die 305 Personen, die für eine Familie mit Kind zuständig sind: Es sind häufig Frauen, oft aus dem ehemaligen Jugoslawien oder der Türkei. Wer für eine Familie mit Kind verantwortlich ist, ist erst spät in die Schweiz zugewandert und besitzt häufig nur eine Jahresaufenthaltsbewilligung. Häufiger leben die Eltern nicht in Basel oder der Agglomeration. Wer eine Familie mit Kindern versorgt, ist zudem häufiger verschuldet und bereits betrieben worden.

Tabelle 22: Zusammenhang Haushaltsstruktur und sozioökonomische Merkmale

Situation im Jahr des Eintritts in die Sozialhilfe	Schweizer/in	Weiblich	Neuere Herkunftsländer	Jahresaufenthalt	Kinderarmut	Sozialhilfehaushalt	Arbeitsmarkterfahrung	Verschuldung	Betreibung	Spätzuzug	Ohne Eltern	Fachbegleitung
Lebt noch bei den Eltern (N=354)					183 .28	279 .35						
Ein-Personen-Haushalt (N=427)	288 .17											104 .21
Versorgt eine Familie mit Kindern (N=305)		239 .29	108 .14	77 .17			83 .24	76 .15	138 .14	102 .25	124 .23	

Angegeben sind nur Signifikanzen p<0.001; Kontingenzkoeffizient max. 0.707; Signifikanztests zwischen der entsprechenden Gruppe und allen anderen Personen.

Quelle: Sozialhilfe der Stadt Basel, eigene Berechnung.

6.3.7 Einkommen und Verschuldung

Dass die jungen Erwachsenen in der Sozialhilfe über keine ausreichenden finanziellen Mittel verfügen, macht sie zu Antragsberechtigten auf Unterstützungsleistungen. Mangelnde finanzielle Ressourcen drücken sich bei den jungen Erwachsenen durch ein niedriges oder fehlendes Einkommen sowie durch Verschuldung aus.

Von 1097 Personen liegen Steuerdaten über das Einkommen in dem Jahr vor dem Eintritt in die Sozialhilfe vor (Tabelle 23). Das für die Besteuerung massgebliche Einkommen schwankt zwischen 0 und 80000 Fr., wobei 57,6% der Personen über kein massgebliches Einkommen verfügen, 26,3% über eines bis 15000 Franken, 8,4% über eines zwischen 15001 und 30000 Fr und nur 7,7% über ein steuerlich massgebendes Einkommen von über 30000 Fr.

Verschiedentlich wurde bereits auf die Unterscheidung von Vortransferarmut und Nachtransferarmut hingewiesen (z.B. Suter & Mathey 2002). Es sei an dieser Stelle angemerkt, dass nur etwa jede fünfte Person (20,3%) mit einer *Transferleistung* in die Sozialhilfe eintritt. Dabei sind die wichtigsten Transfers das Stipendium, die Rente (z.B. Halbwaisenrente), die Bevorschussung der Kinderalimente und Zahlungen der Invalidenversicherung.

Vermögen (Aktien, Anteilsscheine), Sparguthaben (Sparkonto und Privatkonto) sowie andere Vermögenswerte (z.B. Auto, Motorrad) spielen für die jungen Erwachsenen praktisch keine Rolle, denn nahezu alle jungen Erwachsenen zeigen eine vergleichbar schlechte Ausstattung. Lediglich sechs Personen geben ein massgebendes Vermögen über 1000 Fr. an, 18 Personen geben andere Vermögenswerte an. Guthaben auf Sparkonten (Sparhefte) reichen von Überziehungskrediten bis zu einem positiven Saldo von 15000 Fr. Aber auch hier verfügen nur 73 Personen über ein Guthaben von mehr als 1000 Fr. Dies drückt die *Prekarität der jungen Erwachsenen in der Sozialhilfe* aus: Wenn kein Einkommen erwirtschaftet werden kann, stehen bei praktisch allen Personen auch keine finanziellen Reserven zur Verfügung.

Tabelle 23: Finanzielle Ausstattung zum Zeitpunkt des Eintritts in die Sozialhilfe

	Einkommen	Vermögen	Sparhefte	Andere Vermögenswerte	Schulden*
Quelle	Steuerdaten aus dem Jahr vor dem Sozialhilfebezug			Selbstdeklaration *und Auszug aus Betreibungsregister	
Gültig	1097	1044	1084	1067	1100
Missing Values	26	79	39	56	23
N	465	20	311	18	392
Mittelwert	7068.36	78.35	187.85	66.94	3034.52
Spannweite	80000	18000	16599	11000	83200
Minimum	0	0	-1599	0	0
Maximum	80000	18000	15000	11000	83200
Perzentile 25	.00	.00	.00	.00	.00
50	.00	.00	.00	.00	.00
75	8000.00	.00	17,25	.00	2000.00

Quelle: Sozialhilfe der Stadt Basel, eigene Berechnung.

Einkommen in Klassen	Häufigkeit	Prozent
Keines	632	57.6
1-15000	289	26.3
15001-30000	91	8.4
>30001	85	7.7
Gesamt	1097	100

Schulden in Klassen	Häufigkeit	Prozent
Keine	708	64.3
1-1999	111	10.1
2000-4999	101	9.2
5000-9999	71	6.5
>10000	109	9.9
Gesamt	1100	100.0

Betreibung	Häufigkeit	Prozent
nein	712	64.7
ja	388	35.3
Gesamt	1100	100.0

708 Personen oder 64,3% haben deklariert, keine Schulden zu haben. Von den restlichen Personen haben 19,3% Schulden bis zu 5000 Fr. und 16,4% höhere Schulden, die bis zu 80000 Fr. reichen. 35,7% der jungen Erwachsenen sind also mit Schulden in die Sozialhilfeabhängigkeit eingetreten, 35,3% aller Personen in der Altersklasse wurden bereits einmal betrieben. *Jede dritte Person hat also beim Eintritt in die Sozialhilfe Basel Stadt bereits einen Schuldenstand erreicht, der mittelfristig kaum abgetragen werden kann.*[135]

Welche Zusammenhänge mit sozioökonomischen Merkmalen bestehen bei der Einkommens- und Schuldenlage? Beim Signifikanztest (Tabelle 24) fällt auf, dass keine Zusammenhänge zwischen Einkommen, Verschuldung, Betreibung und dem Geschlecht, dem Alter oder der Nationalität bestehen. *Die Gefahr, sich zu verschulden oder gar betrieben zu werden, hängt von der Frage ab, wie viele Personen zu versorgen sind*: Der Typ „Einkommensempfänger/in", aber auch die Typen „verschuldet" und „betrieben" treffen signifikant häufiger auf Familien mit Kindern zu. Zweitens spielt die *Berufsbildung* eine Rolle: Insbe-

---

[135] Dieser Anteil ist deutlich höher als der gesamtschweizerische Durchschnitt. So haben Streuli und Schmassmann errechnet, dass jeder sechste Haushalt in der Schweiz im Jahr 1999 Kreditraten zurückzuzahlen hatte oder aufgrund von finanziellen Schwierigkeiten einen Kredit aufgenommen hat. Der gesamte Anteil an Verschuldeten dürfte aufgrund der verwendeten Datengrundlage nach Streuli und Schmassmann „noch um einiges höher liegen" (Streuli & Schmassmann 2002, 2).

sondere gilt, dass eine Ausbildung vor Verschuldung und Betreibung zu schützen scheint. Schliesslich gibt es *kumulierende Effekte zwischen Einkommen, Schulden und Betreibung*: Wer ein Einkommen im Jahr des Sozialhilfebezugs hat, der hat signifikant häufiger auch Schulden. Wer verschuldet ist, der wird signifikant häufiger auch betrieben. Wer betrieben wurde, dessen Eltern leben signifikant häufiger nicht in Basel.

Tabelle 24: Zusammenhang Finanzen und sozioökonomische Merkmale

Situation im Jahr des Eintritts in die Sozialhilfe	Kein Beruf	Beruf	Verschuldung	Ohne Eltern	Familie	Ohne Einkommen	Betreibung	Jahresaufenthalt
Mit Einkommen † (N=465)		114 .18	180 .22		114 .25		170 .21	
Mit Schulden † (N=392)		116 .19			136 .19	176 .16	323 .77	70 .12
Bereits betrieben (N=388)	252 .27		323 .77*	133 .17	138 .14			

Angegeben sind nur Signifikanzen p<0.001; Kontingenzkoeffizient max. 0.707; *Kontingenzkoeffizient max. 0.8944; Cramer-V max 1. Signifikanztests zwischen der entsprechenden Gruppe und allen anderen Personen.

Quelle: Sozialhilfe der Stadt Basel, eigene Berechnung.

6.3.8 Schulische Bildung

Die Ressource Bildung ist *der* Schlüssel für die Verteilung von Lebenschancen in einer Gesellschaft (vgl. Hanesch 1990, 185). Mit der Zuwanderungsdynamik verbunden sind eine entsprechende Spannweite des Alters der jungen Erwachsenen beim Eintritt in die Schweiz und damit *erheblich unterschiedliche schulische Startkonstellationen*.

Tabelle 25: Schulische Startkonstellationen nach Nationalität

	Nationalität nach Häufigkeit					
	Schweiz	Türkei	ehem. Jugoslawien	Italien	übrige	Gesamt
Primarschule in der Schweiz absolviert?	558	33	19	45	42	697
Während der obligatorischen Schulzeit in die Schweiz gekommen?	33	81	49	9	58	230
Erst nach der obligatorischen Schulzeit in die Schweiz gekommen?	38	50	51	6	51	196
Summe	629	164	119	60	151	1123

Quelle: Sozialhilfe der Stadt Basel, eigene Berechnung.

So haben junge Erwachsene mit italienischer Nationalität häufig bereits die Primarschule in der Schweiz absolviert. Nur ein kleiner Teil von ihnen kam während oder nach der obligatorischen Schulzeit in die Schweiz. Ganz anders stellt sich die Situation für die jungen Erwachsenen aus den neuen Herkunftsländern dar: Ein Grossteil von ihnen kam erst nach der Primarschulzeit und stieg in der Mittel- oder der Oberstufe in das schweizerische Schulsystem ein. Und 43% der jungen Erwachsenen aus dem ehemaligen Jugoslawien zogen erst nach Ende der obligatorischen Schulzeit in die Schweiz; sie verfügen dementsprechend über sehr viel weniger schweizbezogenes Bildungskapital.[136]

---

[136] Detailliertere Angaben z.B. über den besuchten Schultyp oder die Anzahl der Schuljahre finden sich weder in der Sozialhilfestatistik noch in den Sozialhilfedossiers.

6.3.9 Berufsabschluss

Von den jungen Erwachsenen in Basel verfügen rund 56% über keine Berufsausbildung (Tabelle 26). Davon hat der grösste Teil nie eine Berufsausbildung begonnen, ein deutlich kleinerer Teil hat die Berufsausbildung vorzeitig ohne Abschluss beendet. *Nur rund jede fünfte Person* kann auf eine abgeschlossene Ausbildung zurückgreifen, zumeist eine Lehre. Die hohe Zahl der Ausbildungslosen in der Sozialhilfe liegt deutlich über dem Durchschnitt, den wir in aus der Schweiz oder Deutschland kennen. Für Deutschland gehen Hochrechnungen davon aus, dass rund 15% der in Deutschland lebenden Jugendlichen und jungen Erwachsenen (20 bis 29 Jahre) ohne Beruf sind (Klemm 2001, 19). Dabei kommt es zu einer Differenzierung nach Nationalitäten: 10,5% der Deutschen und fast 40% der Ausländer/innen sind ohne Berufsausbildung. *Die fehlende Berufsausbildung scheint demnach ein markantes Merkmal von jungen Erwachsenen in der Sozialhilfe zu sein.*

Tabelle 26: Struktur der Berufsabschlüsse (n=1109)

	Häufigkeit	Prozent		Häufigkeit	Prozent
Keine Ausbildungserfahrung	444	40.0	In Ausbildung*	251	22.6
Vorlehre	1	0.1	Anlehre	44	4.0
Abbruch Anlehre	8	0.7	Lehre	191	17.2
Abbruch Lehre	166	15.0	Mit abgeschlossener Berufsausbildung	235	21.2
Sonstiges	4	0.4			
Keine Berufsausbildung	623	56.2			

Quelle: Sozialhilfe der Stadt Basel, eigene Berechnung. Anmerkungen: * Die um 29 Personen höhere Zahl als in Tabelle 21 resultiert daraus, dass nach der Dossieranalyse hier auch Personen im Praktikum hinzugezählt werden. *Vorlehre* ist ein Vorbereitungsjahr auf die Lehre für Jugendliche, die noch sprachliche und schulische Defizite haben. Nach dem Vorlehrjahr schliesst der Betrieb in der Regel mit dem Vorlehrling einen Lehrvertrag ab (keine Verpflichtung). *Anlehre* ist eine über das Amt für Berufsbildung geregelte Berufsausbildung, die den Schwerpunkt auf die Praxis legt. Sie eignet sich für schulisch schwache Jugendliche, die praktisch begabt sind. Der Ausweis ist schweizweit anerkannt. Die Anlehre dauert bis zu zwei Jahre.

Tabelle 27: Berufsgruppen des Abschlusses und des Lehrabbruchs

	Häufigkeit bei abgeschlossener Berufsausbildung	Häufigkeit bei abgebrochener Lehre
Industrie, Handwerk	109	64
Handel, Verwaltung, Kaufmännische Berufe	34	16
Verkauf	30	15
Pflegeberufe	19	0
Technische Berufe	19	0

Quelle: Sozialhilfe der Stadt Basel, eigene Berechnung.

Unter den Berufsgruppen, in denen die jungen Erwachsenen mit einer Ausbildung abgeschlossen haben, finden sich Berufe des Handwerks und der Industrie ebenso wie solche des Verkaufs. Es kann also keinesfalls davon gesprochen werden, dass die jungen Erwachsenen sich in *Berufen des Niedriglohnbereichs* qualifiziert haben.

6.3.10 Aktuelle Tätigkeit

Diametral entgegengesetzt zu den Ausbildungen, über die die jungen Erwachsenen z.T. verfügen, steht die *Tätigkeit*, die sie in dem Jahr ausübten, als sie auf Sozialhilfe angewiesen waren (Tabelle 28). Von den 235 Personen mit Berufsausbildung waren 142 Personen arbeitslos und diejenigen, die nicht arbeitslos waren, haben den Berufsabschluss nur zu einem kleinen Teil dazu genutzt, in diesem Berufsfeld auch tätig zu sein. Das heisst, die weitaus überwiegende Zahl der Personen hat aus ihrer Berufsausbildung *keinen Profit* realisieren können. *Nur 11 Personen waren noch in einem Beruf tätig, der eine Ausbildung verlangt!*

Tabelle 28: Tätigkeit der ausgebildeten Personen im Jahr des Sozialhilfebezugs

Personen mit einer abgeschlossenen Ausbildung: 235			
Davon zum Zeitpunkt des Eintritts in die Sozialhilfe: N=175 (Missing Values=60)			
Arbeitslos, auf Suche	142	Coiffeure	1
Arbeitslos, nicht auf Suche	6	Gerüstbauer	1
Arbeit in geschützter Werkstätte	3	Kassiererin	1
Arbeitsunfähig	4	Koch	1
Temporäre Jobs	3	Maler	1
Servicehilfe	2	Lagerist	1
Taglöhner	1	Selbständig	2
Hilfsarbeiter	1	Spitalangestellte	1
Büroangestellter	1	Verkäuferin	2
Hilfe in Gastronomie	1		

Quelle: Sozialhilfe der Stadt Basel, eigene Berechnung.

Welche Zusammenhänge bestehen zwischen Berufsbildung und sozioökonomischen Merkmalen? Die Vermutung, dass ein signifikanter Zusammenhang zwischen der Nationalität bzw. dem Geschlecht und dem Berufsbildungsabschluss oder dem Geschlecht besteht, bestätigt sich nicht (Tabelle 29 sowie Tabelle 30). *Junge Schweizerinnen und Schweizer haben demnach eine vergleichbare (schlechte) Ausstattung mit Berufsbildungsgütern wie junge Erwachsene mit einer ausländischen Nationalität, selbst wenn diese erst sehr spät in die Schweiz gekommen sind.*

Statistische Zusammenhänge zeigen sich hingegen in anderen Bereichen (Tabelle 30):

Wer zum Eintritt in die Sozialhilfe in einer Ausbildung steht oder bereits über einen Berufsabschluss verfügt, der wurde schon als Kind von der Sozialhilfe unterstützt. Dies könnte für den Erfolg eines von der Sozialhilfe begleiteten Prozesses der zielgerichteten Arbeitsmarktintegration sprechen.

Wer über einen Berufsabschluss verfügt, der hat signifikant häufiger einen Abschluss im Handwerk erreicht, also nicht in einem der typischen Niedriglohnbereiche. Zudem gilt, dass wer einen Abschluss hat, häufiger innerhalb von sechs Monaten abgelöst werden konnte (allerdings nicht immer berufsspezifisch)

Wer zum Eintritt in die Sozialhilfe über keinen Berufsabschluss verfügt, der hat signifikant häufig weitere „belastende" Nachteile: Er ist häufiger für die Versorgung einer Familie zuständig und lebt wegen Verschuldung häufiger auf dem betreibungsrechtlichen Existenzminimum. *Hier kumulieren sich also die Problemlagen.*

Tabelle 29: Abschluss nach Nationalität und Geschlecht

	Abschluss	Nationalität					Gesamt
		Schweiz	Türkei	ehem. Jugoslawien	Italien	übrige	
Weiblich	kein Berufsabschluss	169	58	46	18	49	340
	Berufsabschluss	76	15	8	7	12	118
	in Ausbildung	83	15	13	4	26	141
	Gesamt Weiblich	**328**	**88**	**67**	**29**	**87**	**599**
Männlich	kein Berufsabschluss	157	47	32	16	31	283
	Berufsabschluss	75	9	10	8	15	117
	in Ausbildung	60	18	10	5	17	110
	Gesamt Männlich	**292**	**74**	**52**	**29**	**63**	**510**
	Gesamt	**620**	**162**	**119**	**58**	**150**	**1109**

Quelle: Sozialhilfe der Stadt Basel, eigene Berechnung.

Tabelle 30: Zusammenhang Berufsbildung und sozioökonomische Merkmale

Situation im Jahr des Eintritts in die Sozialhilfe	Kinderarmut	Familie	< 21 Jahre	Ab 21 Jahre	Ledig	Mit Einkommen	Betreibung	Verschuldung	Handwerker/in	Kurzzeitbezug	Lehrabbruch
kein Berufsabschluss† (N=623)		213 .25					252 .27				177 .23
in Ausbildung† (N=251)	154 .35		189 .34	261 .25							
Berufsabschluss† (N=235)	197 .18			179 .20		114 .18		116 .19	109 .99	69 .19	

Angegeben sind nur Signifikanzen p<0.001; Cramer-V max 1; Signifikanztests zwischen der entsprechenden Gruppe und allen anderen Personen.
Quelle: Sozialhilfe der Stadt Basel, eigene Berechnung.

6.3.11 Aufenthaltsstatus

Wie bereits im Bericht zum UNO-Pakt 2 erwähnt, ist der Aufenthaltsstatus für verschiedene Leistungen des Kantons Basel-Stadt, aber auch des Bundes von entscheidender Bedeutung. Er fungiert als Ausschluss- oder Inklusionskriterium.

Der Aufenthaltsstatus der jungen Erwachsenen differenziert sich erwartungsgemäss nach der Nationalität (Tabelle 31): 95% aller Italienerinnen und Italiener (Italien ist ein klassisches Herkunftsland) in der Untersuchungspopulation verfügen über eine Niederlassungsbewilligung. Anders dagegen die Situation der jungen Erwachsenen aus den neueren Herkunftsländern: Wer die Staatsangehörigkeit der Türkei oder des ehemaligen Jugoslawiens besitzt, hat häufig bzw. häufiger nur eine Jahresaufenthaltsbewilligung. Doch zwischen den neueren Herkunftsländern zeigen sich Differenzierungen: So sind die Personen aus der Türkei fast zur Hälfte bereits mit einer Niederlassungsbewilligung ausgestattet. Die Personen aus dem ehemaligen Jugoslawien, die die jüngste Einwanderungstradition in die Schweiz haben, haben „erst" zu 68% die C-Bewilligung. Insgesamt bestätigt sich im vorliegenden Beispiel die Entwicklung der Zunahme der Niederlassungsbewilligungen, wie sie mit den Änderungen in der Einwanderungspolitik seit den 1980er Jahren zu erkennen ist (siehe Weber 2001). Damit wird sich wohl auch zukünftig eine hohe Arbeitslosigkeit in steigenden Fallzahlen der Sozialhilfe ausdrücken.

Tabelle 31: Aufenthaltsstatus nach Nationalität

	Nationalität					Gesamt
	Schweiz	Türkei	ehem. Jugoslawien	Italien	übrige	
Schweizer	629	0	0	0	0	629
B-Jahresaufenthaltsbewilligung	0	83	38	3	48	172
C-Niederlassungsbewilligung	0	81	79	57	100	317
Gesamt	629	164	117	60	148	1118

Quelle: Sozialhilfe der Stadt Basel, eigene Berechnung.

Der Aufenthaltsstatus ist stark abhängig vom Zeitpunkt des Zuzugs in die Schweiz und nach Basel (Tabelle 32, folgende Seite). So sind die jungen Erwachsenen mit einer Jahresaufenthaltsbewilligung selten im Vorschulalter in die Schweiz gezogen. Aber auch zwischen den Nationalitäten bestehen Unterschiede:

Die jungen Erwachsenen mit türkischer Nationalität und Jahresaufenthaltsbewilligung sind frühestens im Primarschulalter in die Schweiz zugewandert (genauer sogar erst nach dem Ende der obligatorischen Schulzeit, s.u.). Erst bei einem Teil derjenigen, die eine Niederlassungsbewilligung haben, sind auch solche Personen, die bereits im Kleinkindalter in die Schweiz gekommen sind resp. die in Basel aufgewachsen sind.

Die jungen Erwachsenen aus dem ehemaligen Jugoslawien sind dagegen nicht im Vorschulalter in die Schweiz oder nach Basel gezogen.

Bei den Personen mit italienischer Nationalität zeigt sich eine vergleichbare Beziehung zur Schweiz und zu Basel, wie sie auch für die Personen aus der Schweiz gegeben sind: Auch diese sind mehrheitlich in Basel aufgewachsen oder im Vorschulalter zugezogen.

Dass in Basel Sozialhilfe beziehende Schweizerinnen und Schweizer zumeist in Basel aufgewachsen sind (Tabelle 33, folgende Seite), entkräftet die These des „*Sozialhilfetourismus*", wonach junge Erwachsene gezielt in die Kernstädte wandern, weil dort die Unterstützung durch die Sozialhilfe grosszügiger ausfalle und selbstverständlicher ausgezahlt würde. Diese Zusammenhänge zeigen sich auch in den Signifikanztests:

Junge Erwachsene mit einer Jahresaufenthaltsgenehmigung (Status B) sind häufig erst nach dem Ende der obligatorischen Schulzeit aus der Türkei oder dem ehemaligen Jugoslawien in die Schweiz gekommen. Sie verfügen also über eine eher ungünstige Ausstattung mit Bildungsgütern, wie sie in der Schweiz verlangt wird. Zudem haben B-Aufenthalterinnen und -aufenthalter häufiger eine Versorgungsverantwortung gegenüber ihrer Familie und signifikant häufiger auch gegenüber Kindern, was aber nicht heisst, dass sie für einen eigenen Haushalt sorgen müssen: Häufiger wohnen Jahresaufenthalterinnen und -aufenthalter in einem grösseren (elterlichen) Haushalt.

Personen mit einer Niederlassungsbewilligung (Status C) kommen signifikant häufiger aus den klassischen Herkunftsländern. Zudem zeigen sich hier räumliche Konzentrationen: Sie leben signifikant häufiger in Kleinbasel.

Schweizerinnen und Schweizer sind häufiger in Basel geboren. Gegenüber den beiden anderen Aufenthaltsstatus-Typen unterscheiden sie sich in Bezug auf die elterlichen

Beziehungen: ihre Eltern leben signifikant häufiger an unterschiedlichen Orten (zumeist in Trennung); zumindest ein Elternteil geht häufiger einer Beschäftigung ausserhalb des Niedriglohnbereichs nach.

Tabelle 32: Aufenthaltsstatus, Nationalität und Zuzugszeitpunkt

		Zuzug aus dem Ausland?			
		nein		ja	
		Baselbezug			
		nein	ja	nein	ja
Schweiz	Schweizer	145	371	88	25
Türkei	B-Jahresaufenthaltsbewilligung	1	0	81	1
	C-Niederlassungsbewilligung	3	10	58	10
	Gesamt	4	10	139	11
ehem. Jugoslawien	B-Jahresaufenthaltsbewilligung	0	1	36	1
	C-Niederlassungsbewilligung	2	4	72	3
	Gesamt	2	5	108	4
Italien	B-Jahresaufenthaltsbewilligung	0	0	3	0
	C-Niederlassungsbewilligung	7	35	12	3
	Gesamt	7	35	15	3
übrige	B-Jahresaufenthaltsbewilligung	0	1	47	0
	C-Niederlassungsbewilligung	4	15	78	6
	Gesamt	4	16	125	6
Gesamt	Schweizer	145	371	88	25
	B-Jahresaufenthaltsbewilligung	1	2	167	2
	C-Niederlassungsbewilligung	16	64	220	22
Gesamt		162	437	475	49

Tabelle 33: Zusammenhang Aufenthaltsstatus und sozioökonomische Merkmale

Situation im Jahr des Eintritts in die Sozialhilfe	Baseler/in	Spätzuzug	Ältere Herkunftsländer	Neuere Herkunftsländer	Verheiratet	Familie	> 5-P-HH	Wohnorttrennung Eltern	Wohnortidentität Eltern	Nicht-Niedriglohn Eltern
Jahresaufenthaltsgenehmigung B (N=172)		83 .33		121 .40	65 .29	77 .17	29 .21		132 .24	
Niederlassungsbewilligung C (N=317)			89 .40							
Schweizer/in (N=629)	360 .64							419 .30		322 .36

Angegeben sind nur Signifikanzen p<0.001; Kontingenzkoeffizient max. 0.8162; Signifikanztests zwischen der entsprechenden Gruppe und allen anderen Personen.

Quelle: Sozialhilfe der Stadt Basel, eigene Berechnung.

6.3.12 Herkunftsfamilie

Verschiedentlich wurde bereits darauf hingewiesen, dass die jungen Erwachsenen sich gerade auch durch ihre Übergangsthematik charakterisieren: von der Schule in die Ausbildung resp. von der Ausbildung in den Beruf. Sich von einem von den Eltern abhängigen Menschen zu einer ökonomisch und sozial selbständigen Persönlichkeit zu entwickeln - das ist eine zentrale Herausforderung in diesem Lebensabschnitt. Gleichzeitig ist die Verbindung zur Herkunftsfamilie, die eine Primärbeziehung darstellt und (im Gegensatz zu einer Freundschaft) nicht auflösbar ist, eine zentrale soziale Kapitalie.

Die Eltern-Kind-Beziehung kann anhand des vorliegenden Datenmaterials in fünf Bereichen untersucht werden: 1) Die physische Nähe von Eltern und Kind anhand der Wohnstandorte, 2) die Funktionsfähigkeit der Eltern-Beziehung anhand der Wohnstandorte des Vaters und der Mutter, 3) die soziale Einbettung der Kinder in die eigene Familie anhand möglicher weiterer Unterstützungsmassnahmen z.B. seitens des Kindes- und Jugendschutzes, 4) die finanziellen Ressourcen der Eltern anhand der Berufsposition 5) die finanziellen Ressourcen der Eltern anhand der Frage, ob die Kinder bereits mit ihnen gemeinsam unterstützt wurden.

Wohnstandort der Eltern und des Kindes: Immerhin 75,6% der jungen Erwachsenen sind noch eng mit ihrer Herkunftsfamilie verbunden (Tabelle 34). Nur jede vierte Person im Alter zwischen 18 und 25 Jahren hat keinen Elternteil in unmittelbarer Nähe. Die wohnliche Nähe zu mindestens einem Elternteil hängt dabei nicht von der Nationalität ab.

Tabelle 34: Erreichbarkeit der Eltern

Wohnt mindestens ein Elternteil auch in Basel (oder der Agglomeration)?	Nationalität nach Häufigkeit					Gesamt Absolut	Gesamt Prozent
	Schweiz	Türkei	ehem. Jugoslawien	Italien	übrige		
Nein	132 / 21%	40 / 24%	36 / 30%	9 / 15%	57 / 38%	274	24.4
Ja	497 / 79%	124 / 76%	83 / 70%	51 / 85%	94 / 62%	849	75.6
Gesamt	630	165	120	61	152	1123	100.0

Quelle: Sozialhilfe der Stadt Basel, eigene Berechnung.

Tabelle 35: Zusammenhang Herkunftsfamilie und sozioökonomische Merkmale

Situation im Jahr des Eintritts in die Sozialhilfe	Baselbezug	Primarschule Schweiz	Schweizer/in	Bei Eltern	1-P-HH	Gebrechen
Mindestens ein Elternteil wohnt in Basel oder der Agglomeration (N=849)	460 / .36			353 / .35		
Eltern wohnen an unterschiedlichen Orten (N=585)	312 / .20	438 / .27	419 / .30			
Sozialpädagogische Massnahmen oder Betreuung (N=164)					104 / .21	28 / .18

Angegeben sind nur Signifikanzen p<0.001; Kontingenzkoeffizient max. 0.707; Signifikanztests zwischen der entsprechenden Gruppe und allen anderen Personen.

Quelle: Sozialhilfe der Stadt Basel, eigene Berechnung.

Insbesondere zeigt sich, dass die jungen Erwachsenen, von denen mindestens ein Elternteil in Basel oder der Agglomeration lebt, auch in der Stadt geboren sind. Zudem wohnen diese dann noch häufiger im elterlichen Haushalt (weitere Signifikanzen aus Tabelle 36 werden in den folgenden Teilkapiteln erläutert).

Wohnstandorte des Vaters und der Mutter: Einen Einfluss hat die Nationalität darauf, ob die Eltern selbst an unterschiedlichen Orten wohnen. Hier zeigt sich eine Polarisierung zwischen Schweizerinnen und Schweizern einerseits und den jungen Erwachsenen ausländischer Nationalität andererseits (Tabelle 36). Während die Eltern junger Erwachsener mit Schweizer Nationalität nur in jedem dritten Fall noch zusammenleben, ist die Situation der ausländischen jungen Erwachsenen gerade entgegengesetzt. Hier leben in 52 bis 77% aller Fälle die Eltern am gleichen Wohnort. Allenfalls könnte man die These wagen, dass sich die Eltern-Beziehung bei den jungen Erwachsenen italienischer Nationalität (klassische Herkunftsländer) an die der Schweizerinnen und Schweizer anzugleichen scheint.

Tabelle 36: Wohnstandorte der Eltern

Eltern leben an unterschiedlichen Wohnorten	Nationalität nach Häufigkeit					
	Schweiz	Türkei	ehem. Jugoslawien	Italien	übrige	insgesamt
Nein	213 34%	127 77%	86 72%	31 52%	81 54%	538 48%
Ja	416 66%	37 23%	33 28%	29 48%	70 46%	585 52%
Gesamt	629	164	119	60	151	1123

Quelle: Sozialhilfe der Stadt Basel, eigene Berechnung.

Damit hat die These der „broken homes" nur eingeschränkte Gültigkeit. Sie trifft insbesondere auf einen Teil der jungen Erwachsenen mit Schweizer Nationalität zu (unter der durchaus legitimen Annahme, dass die emotionale Trennung der Eltern an der *de facto* oder rechtlichen Trennung mit nachfolgendem Wechsel des Wohnstandortes mindestens eines Elternteils gemessen werden kann). Aus Tabelle 37 wird zudem deutlich, wie sehr gerade junge Erwachsene schweizerischer Nationalität einen Elternteil „verloren" haben. In 140 Fällen haben junge Erwachsene keinen Kontakt zu ihrem Vater, d.h. sie wissen nicht, wo er wohnt. In weniger Fällen (21) haben die jungen Menschen keinen Kontakt zu ihrer Mutter. Das heisst, jeder 7. junge Erwachsene insbesondere schweizerischer Nationalität hat einen (wahrscheinlich) definitiven Beziehungsabbruch zumeist zum Vater erlebt.

Tabelle 37: Kontakte zu den Eltern

	Nationalität nach Häufigkeit					Gesamt
	Schweiz	Türkei	ehem. Jugoslawien	Italien	übrige	
kein Kontakt zum Vater (N=140)	87	8	7	7	31	140
kein Kontakt zur Mutter (N=21)	10	2	1	0	8	21

Missing values= 45. Quelle: Sozialhilfe der Stadt Basel, eigene Berechnung.

Sozialpädagogische Massnahmen oder Betreuung im Kindesalter: Die Beziehungsqualität und -intensität zu den Eltern zeigt massive Belastungen, wenn ein junger Mensch auf weitere soziale Unterstützungen angewiesen ist. Daher gilt hier die These, dass die Einbettung in primäre Beziehungsstrukturen dort weniger stabil ist, wo ein junger Erwachsener auf freiwillige oder gesetzliche Massnahmen zurückgreifen muss (z.B. sozialpädagogische Massnahmen wie Beistandsschaft, Schutzaufsicht, Vormund), ausserhalb des eigenen Elternhauses lebt (z.B. Pflegefamilie oder betreutes Wohnen), oder keinen festen Wohnsitz hat (z.B. Leben in Notunterkünften oder „auf der Strasse"). Diese Mangellagen sozialer Einbettung werden im Folgenden in der Variablen „Sozialpädagogische Massnahmen" zusammengefasst.

Tabelle 38: Sozialpädagogische Massnahmen oder Betreuung

	Häufigkeit	Prozent
Nein	959	85.4
Ja	164	14.6
Gesamt	1123	100.0

Quelle: Sozialhilfe der Stadt Basel, eigene Berechnung.

164 junge Erwachsene haben zum Zeitpunkt des Eintritts in die Sozialhilfe sozialpädagogische Massnahmen oder Betreuung in Anspruch genommen (Tabelle 38). Wer als junger Erwachsener derart unterstützt wird, der lebt signifikant häufiger in einem Ein-Personen-Haushalt (vgl. Tabelle 35); zudem werden diese jungen Menschen häufiger wegen gesundheitlicher Probleme unterstützt (Drogenabhängigkeit oder Alkoholabhängigkeit, psychische oder physische Gebrechen). Ein signifikanter Zusammenhang mit der Nationalität oder dem Geschlecht besteht nicht.

Berufsposition der Eltern: Nur 34% aller Eltern haben zum Eintrittszeitpunkt des Sohnes oder der Tochter in die Sozialhilfe eine Beschäftigung, die nicht im Tieflohnbereich angesiedelt ist (Tabelle 39).[137]

Tabelle 39: Berufspositionen der Eltern

Nicht-Niedriglohn Eltern	Nationalität nach Häufigkeit					
	Schweiz	Türkei	ehem. Jugoslawien	Italien	übrige	insgesamt
Nein	343 55%	143 87%	85 71%	40 67%	125 83%	736 66%
Ja	286 45%	21 13%	34 29%	20 33%	26 17%	387 34%
Gesamt	629	164	119	60	151	1123

Quelle: Sozialhilfe der Stadt Basel, eigene Berechnung.

Das heisst die überwiegende Mehrheit der jungen Erwachsenen kann - selbst wenn sie am gleichen Wohnort leben - nicht auf Eltern zurückgreifen, die in finanziell sicheren Verhältnissen leben. Damit fehlt den jungen Erwachsenen eine zentrale Anlaufstelle zur Stabilisierung und Konsolidierung möglicher finanzieller Übergangsschwierigkeiten an der ersten

---

[137] Die Antwort auf die Frage, ab welcher Einkommenshöhe von Tieflohnbeschäftigung gesprochen werden kann, variiert. Die Gewerkschaften haben in den letzten Jahren eine Position formuliert, die diese Grenze bei 3000.- Franken Monatslohn (bei 100 Stellenprozent) sehen (Schweizerischer Gewerkschaftsbund 1999). Nach Angaben des Bundesamtes für Statistik (2002) sind im Jahr 2001 noch in folgenden Bereichen Mindestlohnregelungen unter 3000.- Franken Monatslohn für unqualifizierte Arbeitnehmende anzutreffen: Verlags- und Druckgewerbe (2900 Franken), Detailhandel (2899 Franken), Herstellung von Automobilen (2875 Franken), Landverkehr, Transport in Rohrfernleitungen (2855 Franken), Herstellung von Schmuck, Möbeln und sonstigen Erzeugnissen (2777 Franken), Gastgewerbe (2562 Franken), persönliche Dienstleistungen (650 Franken).

und zweiten Schwelle. *Die These der strukturellen Ungleichheit und ihrer intergenerationellen Persistenz findet ihre Bestätigung in der vorliegenden Untersuchung. Die finanzielle Prekarität der Kinder geht zumeist einher mit einer finanziellen Prekarität ihrer Eltern.*

Welche jungen Erwachsenen es sind, deren Eltern im Tieflohnbereich beschäftigt sind, hängt von der Nationalität ab: Solche mit Schweizer Nationalität haben signifikant häufiger einen Elternteil, der ausserhalb des Niedriglohnbereichs beschäftigt ist (Tabelle 40). Allerdings beträgt der Anteil dieser besser gestellten Schweizerinnen und Schweizer nur 45% von allen jungen Erwachsenen mit Schweizer Nationalität, stellt also auch hier eine Minderheit dar.

Tabelle 40: Zusammenhang Berufsposition Eltern und sozioökonomische Merkmale

Situation im Jahr des Eintritts in die Sozialhilfe	Baselbezug	Primarschule Schweiz	Schweizer/in
Mindestens ein Elternteil hat eine Beschäftigung ausserhalb des Tieflohnbereichs (N=387)	241 .27	339 .35	322 .36

Angegeben sind nur Signifikanzen p<0.001; Kontingenzkoeffizient max. 0.707; Signifikanztests zwischen der entsprechenden Gruppe und allen anderen Personen.
Quelle: Sozialhilfe der Stadt Basel, eigene Berechnung.

Tabelle 41: Berufliche Stellung des Vaters

Berufliche Stellung des Vaters	Nationalität nach Häufigkeit					Gesamt
	Schweiz	Türkei	ehem. Jugoslawien	Italien	übrige	
Handwerk / Abschluss	211	23	39	18	24	315
(Hilfs-)Arbeiter / ohne Ausbildung	93	90	50	14	56	303
Angestellter	72	5	2	7	9	95
Akademiker	41	0	2	0	1	44
Selbständig	17	2	1	1	1	22
Rentner / IV-Rentner	41	17	13	7	8	86
Arbeitslos	15	12	2	2	7	38
Kein Kontakt	87	8	7	7	31	140
Verstorben	22	5	2	1	5	35
Keine Angabe	30	2	1	3	9	45
Gesamt	629	164	119	60	151	1123

Quelle: Sozialhilfe der Stadt Basel, eigene Berechnung.

Wie Tabelle 41 zeigt, sind 28% der Väter in einem handwerklichen Beruf tätig, 8,5% im Angestelltenverhältnis, 3,9% Akademiker und 2% selbständig. Das heisst 42,4% der Väter haben eine Berufsposition inne, die auf ein mehr oder weniger gesichertes Einkommen schliessen lässt (dieser Anteil ist bei den Müttern bereits deutlich geringer: Nur 25% aller Mütter haben eine gesicherte Berufsposition; vgl. Tabelle 42). *Die Konzentration von besseren Berufspositionen auf die Nationalität Schweiz ist frappant.* Die Schweizer stellen hier den überwiegenden Teil der Handwerker und nahezu alle Angestellten, Akademiker sowie Selbständigen. *Die ausländischen Väter sind zum Teil im Handwerk, zumeist aber als Hilfsarbeiter beschäftigt. Die ausländischen Mütter sind entweder Hilfsarbeiterinnen oder Hausfrauen. Wir haben es hier also durchaus mit mehrfach benachteiligten Eltern zu tun (niedrige Berufsposition, schlechte Berufsausbildung).* Dies zeigt auch der Signifikanztest: Wer über mindestens einen Elternteil verfügt, der ausserhalb des Tieflohnbereichs tätig ist, ist häufiger Schweizer/in und bereits früh nach Basel oder in die Agglomeration der Stadt gezogen bzw. dort aufgewachsen.

Tabelle 42: Berufliche Stellung der Mutter

Berufliche Stellung der Mutter	Nationalität nach Häufigkeit					Gesamt
	Schweiz	Türkei	ehem. Jugoslawien	Italien	übrige	
Arbeiter / ohne Ausbildung	234	100	76	27	76	513
Handwerk / Abschluss	107	3	3	6	10	129
Angestellter	117	2	5	4	8	136
Akademiker	20	1	0	0	1	22
Selbständig	12	1	0	1	2	16
Hausfrau	55	34	20	10	19	138
Rentnerin / IV-Rentnerin	28	10	5	7	8	58
Arbeitslos	7	7	1	3	4	22
Kein Kontakt	10	2	1	0	8	21
Verstorben	8	1	3	0	7	19
Keine Angabe	31	3	5	2	8	49
Gesamt	629	164	119	60	151	1123

Quelle: Sozialhilfe der Stadt Basel, eigene Berechnung.

Dennoch: Auch die Eltern mit Schweizer Nationalität leben zumeist in finanziellen Mangellagen. Diese These leitet sich aus Tabelle 43 ab: Es sind nur 179 junge Erwachsene, bei denen beide Eltern eine finanziell gesicherte Berufsposition innehaben. 278 junge Erwachsene haben Eltern, die beide in finanziell unsicheren Beschäftigungen positioniert sind. Zudem zeigt sich, dass selbst in Fällen, bei denen der Vater eine eigentlich stabile Berufsposition innehat (z.B. Handwerk), die Mutter dennoch einer Beschäftigung nachgehen muss (insbes. Hilfsarbeiterin). Das deutet darauf hin, dass die Stellung des Vaters selbst im Handwerksbereich nicht unbedingt garantiert, den Lebensunterhalt des Haushaltes vollständig zu decken (z.B. Beschäftigung eher als Geselle statt Vorarbeiter, Techniker oder Meister).

Es zeichnet sich eine *Dreipoligkeit der beruflichen Lage von Eltern* Sozialhilfe beziehender Kinder ab: An einem Pol sind solche Eltern, bei denen beide Teile keine Berufsposition innehaben, die für eine gesicherte Einkommenssituation spricht; an einem anderen Pol findet sich die entgegengesetzte Situation: Beide Elternteile besetzen sichere Berufspositionen. Eine dritter Pol zeichnet sich dadurch aus, dass einer der Elternteile eine relativ sichere Berufsposition innehat, der andere Elternteil aber dennoch arbeitstätig ist, oft in einer niedrigeren Berufsposition (z.B. Vater ist Handwerker und Mutter arbeitet als Putzfrau).

Tabelle 43: Zusammenhang beruflich Stellung des Vaters und der Mutter

Berufliche Stellung des Vaters	Berufliche Stellung der Mutter											
	Keine Angabe	Arbeitslos	Arbeiterin / ohne Ausbildung	Handwerkerin / Abschluss	Angestellte	Akademikerin	Kein Kontakt	Rentnerin	Selbständig	Verstorben	Hausfrau	Gesamt Vater
Keine Angabe	15		12	5	8	1	2		1		1	45
Arbeitslos	2	12	12	3	1			4			4	38
Arbeiter / ohne Ausbildung	10	3	213	16	10	2	2	8	1	4	34	303
Handwerk / Abschluss	9	1	130	64	39	4	5	4	5	8	46	315
Angestellter	1	1	38	9	22	2	2	4	3	4	9	95
Akademiker	3		12	1	13	8		1	1	1	4	44
Selbständig	1		6	2	4	1	1		1		6	22
Kein Kontakt	2	3	49	21	27	4	8	9	3		14	140
Rentner	4	2	32	6	8		1	20		1	12	86
Verstorben	2		9	2	4		8	1	1		8	35
Gesamt Mutter	49	22	513	129	136	22	21	58	16	19	138	1123

Legende: ▢ Vater und Mutter mit niedrigen Berufspositionen (N=278)   ⬚ Vater und Mutter mit hohen Berufspositionen (N=179)

Quelle: Sozialhilfe der Stadt Basel, eigene Berechnung.

Herkunft - armer Haushalt: Die hohe Zahl von Eltern, die in finanzieller Armut leben, widerspiegelt sich in der Zahl junger Erwachsener, die bereits in ihrer Kindheit sozialhilfeabhängig waren. Etwa jede dritte Person ist in einem finanziell armen Haushalt aufgewachsen. Genauere Aussagen sind aufgrund der zur Verfügung stehenden Daten unmöglich.[138]

Tabelle 44: Herkunft - arme Familie

	Häufigkeit	Prozent
Nein	766	68.2
Ja	357	31.8

Quelle: Sozialhilfe der Stadt Basel, eigene Berechnung.

---

[138] So werden junge Erwachsene erst mit dem Erreichen des Volljährigkeitsalters zu Trägerinnen und Trägern eines eigenen Dossiers. Nicht in allen Fällen ist dann der genaue Erstbezug von Sozialhilfe vermerkt. Oftmals findet sich lediglich der Hinweis, dass sie bereits im elterlichen Haushalt unterstützt wurden. Es kann also nicht eindeutig geklärt werden, wann genau eine Person Sozialhilfe erstmals bezogen hat (ob als Kind oder Jugendliche/r). Zudem ist diese Frage nicht klärbar bei Personen, die in den Kanton Basel zugezogen sind und während des Erstgesprächs nicht angeben, ob sie bereits einmal als Kind in einem anderen Kanton Sozialhilfe bezogen haben.

6.4 Fazit: Zur Handlungs(un)fähigkeit junger Erwachsener in der Stadt

Es wäre unangemessen, den jungen Erwachsenen in der Sozialhilfe generelle Handlungsunfähigkeit zu bescheinigen und die sozialpolitische Strategie auf Massnahmen gegen die Exklusion zu reduzieren. Die bisherigen Ausführungen haben gezeigt, dass es auch junge Erwachsene in der Sozialhilfe gibt, die durchaus auf Grundlagen in wichtigen Bereichen zurückgreifen können, die nutzbar gemacht werden könnten. Schulbesuch, Einkommens- und Verschuldungssituation, Ausbildungsstand, Herkunftsfamilie: alle diese Faktoren zeigen nie nur eine Armutslage. Unangemessen wäre aber auch, die Situation zu verharmlosen und von einem „normalen" Übergangsszenario auf dem Weg des Erwachsenwerdens zu sprechen. Denn denjenigen mit einer Ausbildung oder ausreichender Schulbildung stehen mindestens ebenso viele junge Erwachsene gegenüber, deren Handlungsfähigkeit stark eingeschränkt ist, weil sie kaum über Ressourcen verfügen, die ihre Integration in den Arbeitsmarkt abseits der Hilfsarbeiterjobs garantiert. Doch dies sind „nur" die Extrempositionen. Die grosse Mehrheit der jungen Erwachsenen zeichnet sich eher dadurch aus, dass sie irgendwo zwischen Mangel (sehr selten: Wohlergehen) und Exklusion steht: Sie haben eine Ausbildung, sind aber als Hilfsarbeiter tätig; sie sind nicht verschuldet, können aber auch keine Ersparnisse bilden; ihre Eltern leben zwar in Basel, die Beziehung ist allerdings massiven Belastungen unterworfen. Was also letztlich dazu führt, dass ein junger Erwachsener auf die Unterstützung der Sozialhilfe angewiesen ist, resultiert aus einer Kombination der Ausstattung in ökonomischer, sozialer und kultureller Hinsicht. Dementsprechend vielfältig werden die Wege in die Sozialhilfe und damit auch diejenigen, die aus der Abhängigkeit herausführen.

Insofern haben wir es bei den jungen Erwachsenen auch nicht unbedingt mit einer sozialen Gruppe zu tun. Es gibt faktisch nichts, was diese Gruppe definiert. Es ist kaum denkbar, dass die jungen Erwachsenen in der Sozialhilfe eine gemeinsame (Schliessungs-) Strategie zur Verbesserung ihrer Situation entwerfen oder eine verbindende Identität entwickeln (vgl. z.B. Parkin 1983). Die jungen Erwachsenen in der Sozialhilfe: Das sind eher Personen, deren Gemeinsamkeit darin besteht, eine Statuspassage im Lebenslauf zu meistern, und die dabei massive Schwierigkeiten haben. Die Sozialhilfequoten verweisen auf die grundlegende Bedeutung staatlicher Unterstützung (und zwar finanziell wie beraterisch) im jungen Erwachsenenalter und gestatten es auch nicht, von einem zeitlichen Phänomen zu sprechen. Denn unter Rückgriff auf entwicklungspsychologische Theorien (z.B. Havighurst 1950) kann davon ausgegangen werden, dass unbewältigte Entwicklungsaufgaben im weiteren Lebensverlauf in anderen Formen immer wieder zum Vorschein kommen. Eben darin - und das verbindet die Stadt Basel mit anderen Städten in der Schweiz und im Ausland (vgl. z.B. Bundesministerium für Arbeit und Sozialordnung 2001a; Consens 2002) - liegt letztlich auch die sozialpolitische Herausforderung.

Die Berechtigung zum Eintritt in die Unterstützung gibt die finanzielle Armut. Niemand der jungen Erwachsenen hat nachweislich ausreichend Geldmittel, um den eigenen Lebensunterhalt zu sichern. Insofern kann in Bezug auf die Verfügung über *ökonomisches Kapital* davon gesprochen werden, dass sich eine Person beim Eintritt in die Sozialhilfe in einer Situation gravierenden Mangels bzw. der Armut befindet (siehe Abbildung 3). Diese Feststellung - die ja zugleich Grund und Ausgangspunkt der Datenerhebung ist - scheint auch das einzige Gemeinsame der jungen Erwachsenen zu sein.

Bereits die Bedeutung der Unterstützung unterscheidet die jungen Erwachsenen voneinander und weist auf den Wandel der Sozialhilfe hin (vgl. Fluder, Nolde et al. 1999; Wyss 1999). So hat die Sozialhilfe für die jungen Erwachsenen drei unterschiedliche Bedeutungen: Für die eine (grösste) Gruppe behält die Sozialhilfe ihre traditionelle *Überbrückungsfunktion*. Einkommensarmut führt insbesondere deshalb in die Sozialhilfe, weil keine Ersparnisse angelegt werden konnten, mit denen die Zeit bis zur Unterstützung durch das Arbeitsamt überbrückt werden kann. Viele der jungen Erwachsenen sind bereits nach wenigen Wochen auf finanzielle Hilfe angewiesen. Hübinger bezeichnet diese soziale Lage als prekären Wohlstand (vgl. Hübinger 1996) und macht damit deutlich, dass in modernen Gesellschaften die Wahrscheinlichkeit des Sozialhilfebezugs, die Verwundbarkeit der Individuen, steigt. Für eine andere Gruppe ist die Problematik der zu niedrigen Entgeltung ihrer Arbeitsleistung der zentrale Grund des Sozialhilfebezugs, weshalb hier die Sozialhilfe einen *subsidiären* Charakter hat. Vieles spricht dafür, dass die jungen Erwachsenen mit Sozialhilfebezug höchstwahrscheinlich zu den „working poor" zählen (vgl. Streuli & Bauer 2002). Dieses Faktum betrifft nicht nur Personen in Ausbildung (Lehrgeld liegt ja zumeist unterhalb des Existenzminimums, weshalb diese Personen nicht zu den „working poor" gezählt werden), sondern zunehmend Personen im Niedriglohnbereich. Insbesondere wenn noch eine Familie zu versorgen ist, führt diese Problematik in die Sozialhilfebedürftigkeit. Schliesslich zeigt sich bei einer kleineren Gruppe von Personen, dass die Sozialhilfe die Bedeutung einer längerfristigen und *einkommensersetzenden* Hilfe annimmt. Hier finden sich zahlreiche Personen, die aufgrund ihrer Drogen- und/oder Alkoholproblematik unterstützt werden; aber auch für allein erziehende Mütter, die keine ausreichende Unterstützung für ihre familiären Aufgaben haben, hat Sozialhilfe oftmals diese Bedeutung.

Entsprechend diesen Bedeutungstypen der Sozialhilfe gestaltet sich auch die *Verweildauer* in der Sozialhilfe. Bemerkenswert ist, dass selbst bei der Gruppe der Überbrücker nicht davon ausgegangen werden kann, dass ein Austreten aus der Unterstützung die gesicherte Integration in den Arbeitsmarkt nach sich zieht. Personen, die sich mit Arbeitslosentaggeldern ablösen können (die also aus dem Arbeitsmarkt kamen und über Arbeitslosenmassnahmen wieder in den Arbeitsmarkt integriert werden sollen) sind signifikant häufiger unter denjenigen, die ein zweites Mal in die Sozialhilfe eintreten. Auch dies bestätigt die These, dass die Reintegration generell eher prekär als stabil ist. Insgesamt ist bei den jungen Erwachsenen die Mobilität in Bezug auf die Sozialhilfe ausgeprägt: Im Betrachtungszeitraum von 39 Monaten konnten sich mit 734 Personen immerhin über zwei Drittel der Personen von der Sozialhilfe lösen, 27% von diesen traten allerdings (nach unterschiedlich langer Phase ohne Sozialhilfe) wieder ein. Die Institution Sozialhilfe erhält mit diesem Rein-Raus-Mobilitätsmuster eine „Boxenfunktion": Einmal mit der Sozialhilfe in Kontakt gekommen, suchen zahlreiche junge Erwachsene diese Institution mehrmals auf. Sie holen sich in erster Linie finanzielle Unterstützung. Dabei zeigt sich bei den jungen Erwachsenen in Basel im Gegensatz zu denjenigen in der Bremer Verlaufsstudie (vgl. Leibfried, Leisering et al. 1995) eine stärkere Ausprägung an den Polen „Überbrücker/in" und „dauerhafte Bezieher/in".

Für die Sozialhilfe bietet sich die Chance, mehr als „nur" die Verwaltungsstelle zu sein. Sozialhilfeabhängigkeit - so widersprüchlich dies klingen mag - kann so gesehen eine Chance sein: Als Interventionszeitpunkt einer umfassenden Standortbestimmung mit folgender Anbahnung verschiedener (nicht nur arbeitsmarktbezogener) Massnahmen. Mit diesem *Gate-Keeping* (Struck 2001) könnten Lebensverläufe junger Menschen begleitet und auch mitgestaltet werden. In Ansätzen ist dies bei den jungen Erwachsenen in Basel zu erkennen. Wenn diese beispielsweise bereits als Kinder unterstützt wurden, dann sind sie signifikant häufiger in Ausbildung (hier konnte auf einen fliessenden Übergang an der 1. Schwelle der Bildungslaufbahn hingewirkt werden). Gate-Keeping ist angesichts der gegenwärtigen Entwicklung der Fallzahlen in der Sozialhilfe und den erst in Ansätzen erkennbaren Standards professionellen Arbeitens im Handlungsfeld Sozialarbeit (vgl. Dalcher & Schäuble 2003; Maeder & Nadai 2002) allerdings auch eine grosse Herausforderung. Und schliesslich sind nur dann Veränderungen möglich, wenn die jungen Erwachsenen die Bereitschaft zur Veränderung mitbringen. In diesem Zusammenhang fällt die mit 25% der

Erstablösungen recht hohe Zahl von Personen auf, die sich eigentlich gar nicht „richtig" ablösen, sondern entweder unbegründet nicht mehr erscheinen oder den Wohnsitz in einen anderen Kanton verlegen.

Zwar befinden sich alle jungen Erwachsenen in einer vergleichbaren ökonomischen Mangellage, doch unterscheiden sich die Kontexte, in denen sich diese Mangellage zeigt. So stehen auf der einen Seite hoch verschuldete und bereits betriebene Personen, deren Schuldenlast mittelfristig kaum zurückzuzahlen ist. Auf der anderen Seite finden sich junge Erwachsene ohne *Schuldenlast* und *Betreibungserfahrung*. Zwei Auffälligkeiten zeigt die finanzielle Lage: Zum einen scheint ein Zusammenhang zwischen Einkommen, Verschuldung und Betreibung zu bestehen: Wer Geld verdient, konsumiert häufiger über seine Verhältnisse und gerät so in einen Prozess der Verschuldung, der auch signifikant häufiger in eine betriebungsrechtliche Situation mündet. Und zum anderen zeigt sich, dass dieser Prozess insbesondere dann stattfindet, wenn noch mehr Personen als die eigene zu versorgen sind (also mit Familie und Kind). Dieser Zusammenhang mit der Grösse der Familie (oder dem familienähnlichen Haushalt) ist deutlich stärker als derjenige mit dem Geschlecht oder mit der Nationalität.

Hinzu kommt die mögliche finanzielle Unterstützung der jungen Erwachsenen durch ihre Eltern. Bei der Frage nach der Unterstützungsfähigkeit der eigenen Eltern unterscheiden sich insbesondere die Elternhäuser der schweizerischen und ausländischen Personen. Dieser Unterschied ist so gravierend, dass die These der *strukturellen Ungleichheit* von In- und Ausländern ihre Bestätigung in der vorliegenden Untersuchung findet: Der überwiegende Teil der Eltern, die Akademikerinnen und Akademiker, Angestellte oder selbständig sind, haben die Schweizer Nationalität. Die ausländischen Eltern (in dieser Untersuchung sind hier immer die Personen mit türkischer, ehemals jugoslawischer sowie italienischer Nationalität gemeint) verdienen ihr Einkommen eher im Hilfsarbeiterbereich oder als Ungelernte. Mit einer schlechten Berufsausbildung und einer niedrigen Berufsposition zeigen Eltern ausländischer junger Erwachsener also durchaus mehrfache Belastungskonstellationen. Die Folgerung, dass sich die Armut der jungen Erwachsenen durch die Armut ihrer Eltern begründen lässt („*Vererbungsthese*"), kann durch die vorliegenden Daten allerdings nicht bestätigt werden. Zwar sind knapp 32% der jungen Erwachsenen bereits in einem armen Elternhaus aufgewachsen, aber die Datenlage erlaubt es nicht, die armen Elternhäuser genauer zu beschreiben und ebenjene Fragen zu stellen, die auch für die Analyse der jungen Erwachsenen zentral sind (z.B. Verweildauer in der Sozialhilfe, Bedeutungstyp der Unterstützung etc.).

Die Ausstattung mit *Bildungsgütern (Indikator des kulturellen Kapitals)* zeigt ebenfalls signifikante Zusammenhänge mit der Nationalität. Immerhin 196 Personen (über 10% aller) vor allem aus den neueren Herkunftsländern kamen erst nach dem Ende der obligatorischen Schulzeit in die Schweiz. Sie verfügen demnach über weitaus weniger für die Schweiz notwendiges Bildungskapital als die 697 Personen, die bereits seit dem Vorschulalter in der Schweiz leben. So unterschiedlich sich die schulischen Startbedingungen für die jungen Erwachsenen auch gestalten, so kann doch nicht davon ausgegangen werden, dass die Dauer des Schulbesuchs eine spätere gesicherte Positionierung in einem Beruf (gemessen am *Ausbildungsabschluss* und der *aktuellen Tätigkeit*) nach sich zieht. Zwar haben einerseits 235 Personen eine abgeschlossene Berufsausbildung (und weitere 251 Personen sind in Ausbildung), insbesondere im Handwerk und der Industrie (also nicht im Niedriglohnbereich). Doch zeigt sich, dass von diesen Personen nur insgesamt 11(!) in dem Jahr, in dem sie auf Sozialhilfe angewiesen waren, in ihrem Beruf auch gearbeitet haben. Das heisst, dass selbst diejenigen, die aus dem Arbeitsmarkt in die Sozialhilfe kamen, nicht in ihrem angestammten Beruf tätig waren sondern sich in irgendeinem Beschäftigungsbereich als Hilfsarbeiterinnen und Hilfsarbeiter, Angelernte oder Aushilfen betätigen. Junge Erwachsene haben demnach eine vergleichbar schlechte aktuelle *Berufsperspektive* - unabhängig davon, wann eine Person in die Schweiz gekommen ist, welchen Aufenthaltsstatus sie hat, wie viele Schuljahre sie in der Schweiz absolvierte und ob sie über eine Ausbildung verfügt. Und auch, dass es die Personen mit Berufsabschluss sind, die signifikant häufiger unter denjenigen sind, die sich innerhalb von sechs Monaten von der Sozialhilfe ablösen können, heisst nicht, dass diese Ablösung dauerhaft und berufsspezifisch erfolgt. Das heisst, obschon Bildung die zentrale Ressource bei der Verteilung von Lebenschancen in der Gesellschaft ist (vgl. Hanesch 1990), scheint die Frage, wovon diese Sicherheit abhängt, bei den jungen Erwachsenen relativ zufällig zu sein und spricht trotz unterschiedlicher Ausstattung mit Bildungsgütern eher für eine *Chancengleichheit bei insgesamt schlechter Chancenlage.*

Mehrfach wurde bereits darauf hingewiesen, dass sich die jungen Erwachsenen durch ihre psychosoziale Lage von Erwachsenen unterscheiden. Zwar gilt es für sie, eine emotionale Unabhängigkeit von den Eltern zu erreichen; doch nicht dadurch, dass ein Beziehungsabbruch vollzogen wird. Eltern müssen vor Ort sein, um emotionale Nähe realisieren zu können (das ist kaum am Telefon möglich), sie müssen mit ihren Kindern im Gespräch sein und sie müssen bereit sein, in den mitunter konfliktären Generationenkonflikt über Fragen der Berufsfindung, der Gründung einer Familie, der Aufnahme einer Arbeit etc. einzutreten. In der *Ausstattung mit sozialem (Beziehungs-) Kapital* bestehen deutliche Unterschiede zwischen den *Eltern-Kind-Beziehungen* der jungen Erwachsenen mit Schweizer Nationalität und denjenigen mit ausländischer Nationalität. Die jungen Erwachsenen mit italienischer Nationalität haben die wohnörtliche *Trennung von der Herkunftsfamilie* noch am wenigsten vollzogen: In 85% aller Fälle wohnt noch mindestens ein Elternteil in Basel oder der Agglomeration. Bei den jungen Erwachsenen aus dem ehemaligen Jugoslawien sind dies nur noch 70% der Fälle. Die Eltern der schweizerischen jungen Erwachsenen befinden sich häufiger an *unterschiedlichen Wohnorten*. In 66% aller Fälle wohnen die Eltern getrennt voneinander. Die jungen Erwachsenen mit einer ausländischen Nationalität verfügen hier über ein weitaus besseres Sozialkapital - gemessen an den Wohnstandorten der Eltern. Das heisst, dass die These der „*broken homes*", die ja eine wohnörtliche Trennung der Eltern voraussetzt, nur auf einen Teil der Schweizerinnen und Schweizer zutrifft. In diesen Fällen allerdings ist die Trennung oftmals konsequent vollzogen: Jeder siebte junge Erwachsene hat definitiv keinen Kontakt mehr zu seinem Vater. Für die Überforderung der Eltern-Kind-Beziehungen spricht zudem, dass rund 15% der jungen Erwachsenen in ihrer Kindheit in gesetzliche Massnahmen oder freiwillige Unterstützung seitens des Kindes- und Jugendschutzes eingebunden waren.

Schliesslich zeigt sich der Einfluss der Nationalität auch bei der Frage, für wie viele Personen die Dossierträgerin bzw. der Dossierträger die *Versorgungsverantwortung* hat. Insgesamt leben in den 1123 Sozialhilfehaushalten der jungen Erwachsenen insgesamt 2515 Personen, davon 296 Kinder. Dabei gilt, dass die Ein-Personen-Haushalte signifikant häufiger von Schweizerinnen und Schweizern gestellt werden und dass die Dossierträger/innen, bei denen Familien unterstützt werden, häufiger Frauen aus dem ehemaligen Jugoslawien und der Türkei sind, die zudem eher eine Jahresaufenthaltsbewilligung (statt Niederlassungsbewilligung) haben.

Zentral für die Handlungsspielräume, die ein junger Erwachsener in der Stadt Basel hat, ist die Frage der Nationalität und der damit verbundene *Aufenthaltsstatus* (vgl. Tabelle 8, Kap. 3.2.4). Bei der Vergabe der Rechte zum Aufenthalt (und damit zur Wohnsitznahme und zur Arbeitssuche) spiegelt sich die Einwanderungspolitik der Schweiz, wie sie in ihrer Politik der drei Kreise festgelegt ist (vgl. Wanner & Fibbi 2003). Junge Menschen aus Italien, als das klassische Herkunftsland, haben nahezu alle eine Niederlassungsbewilligung und können damit beispielsweise sowohl den Wohnsitz als auch die Arbeitsstelle frei suchen; sie können selbständig erwerbstätig werden oder Stipendien beantragen. Bei den jungen Erwachsenen aus der Türkei oder dem ehemaligen Jugoslawien besitzen noch bis zur Hälfte aller nur eine Jahresaufenthaltsbewilligung. Entsprechend schwieriger ist es, sich von der Sozialhilfe abzulösen: Sie haben weitaus eingeschränktere Möglichkeiten, mobil z.B. bei der Wahl des Arbeitsplatzes und Wohnsitzes zu sein, sie haben kein Recht, Stipendien zu beantragen.

Insgesamt zeigt sich also ein durchaus differenziertes Bild der Lage der jungen Erwachsenen in der Sozialhilfe, auch wenn die generelle Tendenz eher in Richtung einer prekären Integration in die Gesellschaft zeigt. Aber es wurde eben auch deutlich, dass diese Prekarität von der jeweiligen Ausstattung mit ökonomischen, sozialen und kulturellen Kapitalien sowie den Berechtigungen ihrer Nutzung abhängen. Durchaus befinden sich junge Erwachsene bspw. im Bereich des kulturellen Kapitals in einer Lage des Wohlergehens: Sie haben eine Berufsausbildung, sie haben Arbeitsmarkterfahrung oder haben eine solide Schulausbildung in der Schweiz erhalten. Andere Personen dagegen sind Nichtnachfragerinnen und -nachfrager oder sogar Ausbildungsabbrecherinnen und -abbrecher, sind erst nach dem Ende der obligatorischen Schulzeit in die Schweiz zugewandert und verfügen deshalb über keine adäquate Schulbildung. Im Bereich des sozialen Kapitals konnten junge Erwachsene identifiziert werden, deren Beziehung zu den Eltern weitgehend intakt ist oder die bereits für eine eigene Familie verantwortlich sind. Selbst in Bezug auf die Ausstattung mit ökonomischem Kapital gibt es deutliche Unterschiede, z.B. was die Verschuldungs- oder die Betreibungssituation betrifft. Damit findet das Analysemodell (Kap. 5.3) eine weitere Begründung: Es gilt, Risikokonstellationen in Bezug auf die Handlungsfähigkeit von Sozialhilfe beziehenden jungen Erwachsenen herauszuarbeiten, die spezifische Ausstattungskombinationen im ökonomischen, sozialen und kulturellen Kapital aufweisen und die unterschiedliche Möglichkeiten zeigen, diese Ausstattung im städtischen Raum auch zu nutzen. In den Signifikanztests hat sich - wie zu erwarten war - noch keine eindeutige Systematik herauskristallisiert, allenfalls könnte die Nationalität (und dann auch der Aufenthaltsstatus) einen hohen erklärenden Anteil an der jeweiligen Risikolage haben.

7 Handlungsfähigkeit junger Erwachsener bei Eintritt in die Sozialhilfe: Die Typologie

7.1 Methodische Überlegungen

Unterschiede in Bezug auf die Ausstattung nicht nur mit ökonomischen Gütern, sondern auch mit Wissen, familiären und sozialen Netzen in der Gruppe der 18- bis 25-Jährigen sind in der bisherigen Beschreibung deutlich geworden. Im Folgenden gilt es, eine Struktur zu entwickeln, mit Hilfe derer eine Typisierung der Ausstattung mit materiellen und immateriellen Gütern, die zum Handeln befähigen, möglich wird.[139] Generell bieten sich dazu unterschiedliche Vorgehensweisen an. Von Kluge (1999) liegt ein Vorschlag einer Typenbildung auf Grundlage qualitativer Verfahren vor, der seinen Ursprung in den theoretischen Annahmen der Grounded Theory findet (vgl. dazu z.B. Glaser & Strauss 1998). Mit der Clusteranalyse steht ein quantitatives und computergestütztes Verfahren zur Typisierung zur Verfügung. Es soll an dieser Stelle keine Methodendiskussion zu Gunsten einer der beiden Hauptrichtungen empirischer Sozialforschung erfolgen. Was im vorliegenden Fall qualitatives und quantitatives Vorgehen eint, ist das heuristische Verständnis: Es gilt, einen Sachverhalt vorläufig zu erkunden und zu umschreiben. Deshalb soll im vorliegenden Fall, ausgehend von den computergestützten Methoden, eine Synthese beider Forschungsrichtungen gewagt werden.[140]

Um eine Clusteranalyse durchzuführen braucht es eine Bestimmung der Dimensionen, innerhalb derer die Fälle (junge Erwachsene) positioniert werden sollen. Gerade wenn, wie im vorliegenden Beispiel, jede Person mit zahlreichen Variablen beschrieben werden kann, lohnt sich eine Reduktion der Variablen durch ihre Zusammenfassung in Dimensionen (Faktoren). Dies kann in Form einer *Faktorenanalyse* erfolgen. Selten allerdings erlaubt die Zuteilung von Variablen zu Dimensionen (Faktoren) eine vollständige und konsistente Interpretation (zum Interpretationsproblem in der Faktorenanalyse siehe z.B. Backhaus, Erichson et al. 1996, 189ff.). In manchen Untersuchungen wird deshalb sogar auf einen Teil der Untersuchungspopulation verzichtet. In seiner Analyse zum Raumbezug von Lebensstilen schliesst beispielsweise Klee alle ausländischen Staatsangehörigen aus, weil die Lebensstile von Ausländern „aufgrund häufig differenzierter kultureller Erfahrungshorizonte ein schwierig zu operationalisierendes Konstrukt" darstellen (Klee 2001, 100). Und auch das soziologische Standardwerk zur Erlebnisgesellschaft beschreibt eigentlich nur die Erlebnisgesellschaft der Westdeutschen, weil Schulze weder ausländische Personen in Deutschland noch Personen in den neuen Bundesländern befragt hat (Schulze 1992, 389). Die Autoren wollen vermeiden, dass der verwendete Datensatz mit der Systematik inkompatibel wird. Klee merkt zu Recht an, dass „bei dieser Vorgehensweise die Frage offen [bleibt], ob die verwendeten Items gegenüber ihrem erstmaligen Gebrauch in den 80er Jahren noch zeitgemäss sind" (Klee 2001, 107).

Auch die *Clusteranalyse* bietet Entscheidungsspielräume bei der Datenaufbereitung und der Interpretation der Ergebnisse (siehe ausführlich in Bortz 1993, 522ff.). Insbesondere in der Lebensstilforschung hat dies dazu geführt, dass sich Studien in Zahl und Umfang der Cluster und damit in ihrer inhaltlichen Beschreibung unterscheiden, und so die Ergebnisse nur schwer miteinander vergleichbar sind (und teilweise nicht dokumentiert werden; siehe

---

[139] Anmerkung: In den folgenden Ausführungen ist die Entwicklung der Typologie, insbesondere die Durchführung der Faktoren- und Clusteranalyse *nicht* enthalten. Diese Dokumentation steht unter www.jugendarmut.ch zum Download bereit.
[140] Die heuristische Bedeutung der Clusteranalyse schränkt sie aber nicht auf einen rein explorativen oder beschreibenden Charakter ein. Mit der Clusteranalyse als Verfahren der schliessenden Statistik beschäftigt sich beispielsweise Jahnke (Jahnke 1988).

dazu (Bacher 2002, 14ff.). Mit ihrer Gegenüberstellung zeigt Spellerberg, wie die gesellschaftliche Relevanz der Aussagen auf dem Prüfstein steht (Spellerberg 1996, 76). Vor jeder Clusterananalyse steht die Entscheidung über die Zahl der Cluster und dabei gilt der Zusammenhang, dass je kleiner die Zahl der Cluster ist, desto eher Gruppierungen homogenisiert werden, die eigentlich voneinander unterschieden werden sollten; und umgekehrt: Je grösser die Zahl der Cluster ist, desto mehr werden gesellschaftliche Gruppen aufgewertet (Klocke 1993, 206).

Diese Spielräume gründen letztlich darauf, dass die Clusteranalyse keinen Erklärungsansatz bietet, sondern eher eine Auswahl an möglichen Lösungen präsentiert (zu den einzelnen Fragen siehe Abbildung 11).

Abbildung 11: Vorgehensweise und Fragestellung der Faktoren- und Clusteranalyse

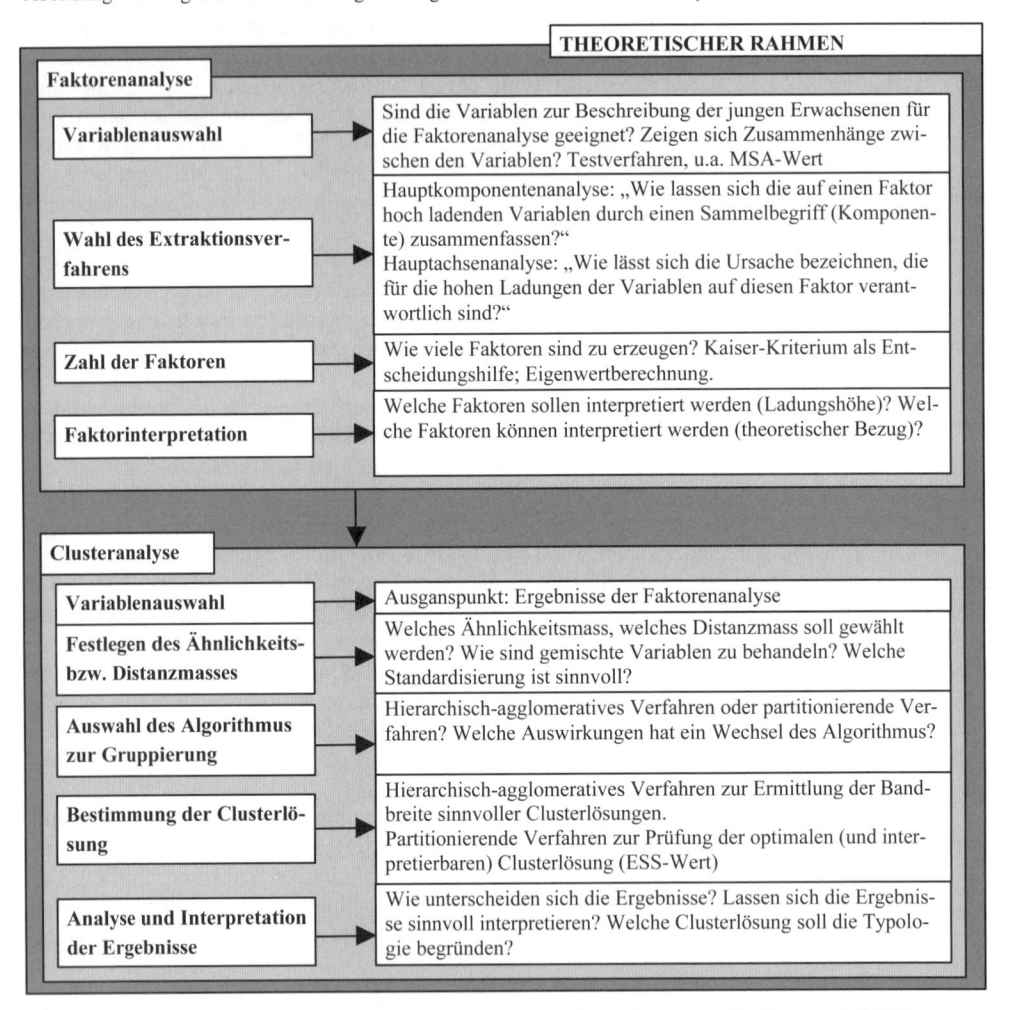

THEORETISCHER RAHMEN

Faktorenanalyse

Variablenauswahl	Sind die Variablen zur Beschreibung der jungen Erwachsenen für die Faktorenanalyse geeignet? Zeigen sich Zusammenhänge zwischen den Variablen? Testverfahren, u.a. MSA-Wert
Wahl des Extraktionsverfahrens	Hauptkomponentenanalyse: „Wie lassen sich die auf einen Faktor hoch ladenden Variablen durch einen Sammelbegriff (Komponente) zusammenfassen?" Hauptachsenanalyse: „Wie lässt sich die Ursache bezeichnen, die für die hohen Ladungen der Variablen auf diesen Faktor verantwortlich sind?"
Zahl der Faktoren	Wie viele Faktoren sind zu erzeugen? Kaiser-Kriterium als Entscheidungshilfe; Eigenwertberechnung.
Faktorinterpretation	Welche Faktoren sollen interpretiert werden (Ladungshöhe)? Welche Faktoren können interpretiert werden (theoretischer Bezug)?

Clusteranalyse

Variablenauswahl	Ausgangspunkt: Ergebnisse der Faktorenanalyse
Festlegen des Ähnlichkeits- bzw. Distanzmasses	Welches Ähnlichkeitsmass, welches Distanzmass soll gewählt werden? Wie sind gemischte Variablen zu behandeln? Welche Standardisierung ist sinnvoll?
Auswahl des Algorithmus zur Gruppierung	Hierarchisch-agglomeratives Verfahren oder partitionierende Verfahren? Welche Auswirkungen hat ein Wechsel des Algorithmus?
Bestimmung der Clusterlösung	Hierarchisch-agglomeratives Verfahren zur Ermittlung der Bandbreite sinnvoller Clusterlösungen. Partitionierende Verfahren zur Prüfung der optimalen (und interpretierbaren) Clusterlösung (ESS-Wert)
Analyse und Interpretation der Ergebnisse	Wie unterscheiden sich die Ergebnisse? Lassen sich die Ergebnisse sinnvoll interpretieren? Welche Clusterlösung soll die Typologie begründen?

Quelle: Vereinfachte und auf das vorliegende Beispiel angepasste Darstellung nach Backhaus et al. (1996).

Denn die Clusteranalyse beruht nicht auf einem theoretischen Verfahren, nach dem die beste Lösung (das „optimum optimorum") herausgearbeitet werden könnte. Deshalb müssen Vergleichsrechnungen mit verschiedenen Clusterlösungen miteinander auf ihre Interpretierbarkeit hin verglichen werden. Mit der Bestimmung einer optimalen Partition sind nach Kaufmann und Pape (1996, 470) drei Probleme verbunden: die Wahl des Gütekriteriums, die rechnerische Ermittlung einer optimalen Partition und die Bestimmung der Klassenzahl. Für alle drei Problemstellungen finden sich keine eindeutigen Antworten, weshalb als Kriterium letztlich „die Brauchbarkeit der erhaltenen Klassifikation für das Untersuchungsziel [gilt]" (Kaufmann & Pape 1996, 470).

Weil also die Faktorenanalyse und auch die Clusteranalyse i.d.R. zu nicht vollständig konsistenten Ergebnissen führen (selbst wenn auf verschiedene Art Einfluss auf die Auswertungsverfahren genommen wird), handelt es sich eher um ein rechnergestütztes „Sichtbarmachen" von Korrelationen; Korrelationen, die inhaltlich interpretiert werden müssen und dann, wenn sie nicht konsistent erscheinen, zu neuen Kombinationen zu ordnen sind. Die Stärke der beiden Verfahren liegt in ihrer Flexibilität bei der Bereitstellung von Entscheidungsalternativen. Die dabei notwenigen Umgruppierungen resp. neuen Clusterbildungen erfolgen immer vor dem Hintergrund ihrer Interpretierbarkeit. Dieser dialektische Theorie-Methoden-Diskurs oder in Backers (1995, 161ff.) Worten, das „knowledge-based expert system" der Clusteranalyse erfolgt im vorliegenden Beispiel auf Grundlage des „Capability-Ansatzes" von Sen den Erweiterungen durch die Arbeiten insbes. von Bourdieu.

7.2 Dimensionsreduktion mittels Faktorenanalyse

Bei der Faktorenanalyse geht es darum, den Wirkungszusammenhang zwischen mehreren Variablen zu untersuchen (vgl. z.B. Backhaus, Erichson et al. 1996). Insofern handelt es sich bei der Faktorenanalyse um eine multivariate Analysemethode. Ziel ist es, aus einer Vielzahl von möglichen Einflussfaktoren diejenigen zu finden und zu bündeln, die tatsächlich erklärungsrelevant sind. Dabei werden diejenigen Faktoren, die untereinander stark korrelieren, zu einem Faktor zusammengefasst. Diese Faktoren stehen quasi „hinter den Variablen", fassen diese zusammen und machen den hohen Grad der Komplexität handhabbar.[141] Die Interpretation der Faktoren und ihrer Ladungen wurde auf Grundlage der theoretischen Annahmen des „Capability-Ansatzes" getroffen (ausführlicher siehe download unter www.jugendarmut.ch). Demnach ergeben sich folgende 10 Dimensionen in drei Bereichen, nach denen sich eine weitere Analyse der Handlungsfähigkeit junger Erwachsener lohnen dürfte (Abbildung 12):

Dimensionen des ökonomischen Kapitals
1. *Finanzielle Ressourcen* (Indikatoren: Einkommen, Vermögen, Schulden/Betreibung). Dieser Faktor weist auf die Ausstattung mit ökonomischem Kapital hin. Die beiden Indikatoren „Schulden" und „Betreibung" liefern Informationen über die (u.U. negative) Ausstattung eines jungen Erwachsenen mit Finanzressourcen zum Zeitpunkt des Eintritts in die Sozialhilfe.
2. *Versorgungsverantwortung* (Indikator: Haushaltsgrösse). Dieser Faktor weist auf die Versorgungsverantwortung eines jungen Erwachsenen hin. Im Falle, dass die Person eigene Kinder hat, bestehen Unterhaltsverpflichtungen; im Falle des Wohnens in einem sozialhilfeabhängigen Haushalt haben junge Erwachsene zu einem Teil der Haushaltskosten beizutragen, evtl. den gesamten Haushalt zu unterhalten.

---
[141] Im Idealfall wird die Faktorenanalyse bei intervallskalierten Daten angewandt, in der Praxis wird sie aber auch bei ordinalskalierten und nominalen Variablen mit dichotomen Ausprägungen akzeptiert (Bacher 1996, 28). Für Bortz liefern Faktorenanalysen mit binären Variablen „ordentliche Ergebnisse" (Bortz 1993).

3. *Arbeitsmarktintegration* (Indikator: Unterstützungsgrund). Dieser Faktor umfasst die Integration in den Arbeitsmarkt, entweder in prospektiver Hinsicht („in Ausbildung") oder in aktueller Hinsicht („aktuelle Tätigkeit"). Da „in Ausbildung" im vorliegenden Datensatz als „ohne Arbeitsmarkterfahrung" codiert wurde, haben beide Variablen entgegengesetzte Ladungen.

Dimensionen des kulturellen Kapitals
4. *Kulturräumliche Vernetzung* (Indikator: Zuzug in die Schweiz). Mit den Variablen „in Basel aufgewachsen" sowie „Schweizer/in" resp. „Zuzug aus dem Ausland", „Nationalität neue Herkunftsländer" weisen Indikatoren auf das inkorporierte kulturelle Kapital hin: Eine Sprache zu sprechen und in ihr zu denken, hängt massgeblich davon ab, ob eine Person aus dem betreffenden Kulturkreis kommt resp. früh dorthin zugezogen ist.
5. *Bildung* (Indikatoren: Schulbesuch in der Schweiz, Berufsabschluss). In diesem Faktor finden sich mit den Variablen „Primarschule in der Schweiz" und „kein Schulbesuch in der Schweiz" Indikatoren, die auf das objektive kulturelle Kapital, also die Ausstattung mit Bildungsgütern hinweisen.
6. *Bildungsressourcen der Eltern* (Indikator: Höchste Berufsposition des Elternteils). Dieser Faktor bezieht sich auf die familialen Bildungsressourcen. Hohe Bildungsabschlüsse haben in der Regel sichere Berufspositionen zur Folge, niedrige Abschlüsse entsprechend unsichere. Eng mit dem Bildungskapital der Eltern hängt die Bildungskarriere der Kinder zusammen.
7. *Rechte* (Indikator: Aufenthaltsstatus). In diesem Faktor findet sich mit der Variable „Jahresaufenthalter" ein Zusammenhang zu den o.g. Dimensionen des kulturellen Kapitals. Weil die Bedeutung des Aufenthaltsstatus für die Zugänge der jungen Erwachsenen zu verschiedenen Dienstleistungen und Unterstützungsprogrammen - wie bereits mehrfach erwähnt - wesentlich ist, wird diese Variable zu einer eigenen Dimension erhoben.

Dimensionen des sozialen Kapitals
8. *Elterliches Netz* (Indikatoren: Wohnort der Eltern, Kontakt zu Eltern). Der Faktor drückt einerseits die elterliche Beziehung und ihre Intensität aus. Wenn junge Erwachsene am gleichen Wohnort wie ihre Eltern leben, dann sind - zumindest aus Sicht des Wohnortes - Unterstützungsangebote (z.B. Kinderbetreuung) einfacher. Zudem weist der Faktor über die Berufstätigkeit der Eltern auch auf deren Ressourcen, z.B. der Vermittlung von Arbeit, hin (Beziehungskapital). Schliesslich wird auch die Variable „Eltern wohnen getrennt" hinzugefügt.
9. *Familiales Netz* (Indikatoren: Alter bei Unterstützungsbeginn, Unterstützungsbeginn nach Zuzug). Der Faktor betrifft die familialen Netzwerke (inkl. sozialer Nahraum). Auf Sozialhilfe vor der Volljährigkeit angewiesen zu sein hängt oftmals mit fehlendem Beziehungskapital zusammen, ebenso die Schwierigkeiten beim Übergang in den Arbeitsmarkt (aber auch beim Wechsel von Arbeitsplätzen). Oft hilft hier die Unterstützung von Seiten der Eltern und Verwandten, Freunde und Bekannten.
10. *Sozialräumliche Vernetzung* (Indikator: Wohngebiet). Die Variable „Wohngebiet mit sozioökonomisch niedrigem Status" weist eine Faktorladung auf, die keine eindeutige Zuordnung ermöglicht. Die vorherigen Ausführungen zum Systemkapital weisen auf die Bedeutung der sozialräumlichen Vernetzung beim Einstieg, aber auch beim Ausstieg aus der Sozialhilfe hin. Deshalb wird hierzu eine gesonderte Dimension gebildet.

Abbildung 12: Dimensionen der Handlungsfähigkeit

Dimensionen der Handlungsfähigkeit

Ökonomisches Kapital

Finanzielle Ressourcen

Einkommen:
Kein Einkommen
Bis 15000.- Fr. im Jahr des Eintritts
Über 15000 Fr. im Jahr des Eintritts

Schulden / Vermögen:
Schulden
Bis 1000.- Fr. Vermögen
Über 1000.- Fr. Vermögen

Versorgungsverantwortung

Haushaltsgrösse:
Mehr-Personen-Haushalt mit Kindern
Mehr-Personen-Haushalt ohne Kinder
1-Personen-Haushalt

Arbeitsmarktintegration

Unterstützungsgrund:
Langfristig einkommensersetzend
Subsidiär
Überbrückend

Aktuelle Tätigkeit:
arbeitslos
nicht im Beruf tätig
im Beruf tätig/in Ausbildung

Kulturelles Kapital

Kulturräumliche Vernetzung

Zuzug in die Schweiz:
Aus einem Land ausserhalb Europas
Aus Europa (ohne Schweiz)
Aus der Schweiz (keine Zuwanderung)

Bildung (eigene)

Schulbesuch in der Schweiz:
Ab der Primarstufe
Nach der Primarstufe
Keinen

Berufsabschluss:
Keinen
In Ausbildung
Berufsabschluss

Bildung (Familie)

Höchste Berufsposition des Elternteils:
Ohne Beruf
Handwerker/in
Akademiker/in

Rechte

Aufenthaltsstatus:
Jahresaufenthaltsbewilligung B
Niederlassungsbewilligung C
Schweizer/in

Soziales Kapital

Elterliches Netz

Wohnort der Eltern:
Kein Elternteil in Basel
Ein Elternteil in Basel
Beide Elternteile in Basel

Kontakt zu Eltern:
Sozialpädagogische Massnahmen
Nur zu einem Elternteil im Kontakt
Zu beiden Elternteilen im Kontakt

Familiales Netz

Alter bei Unterstützungsbeginn:
0-18 Jahre
18-21 Jahre
21-25 Jahre

Unterstützungsbeginn nach Zuzug:
Binnen 12 Monaten
Zwischen einem Jahr und fünf Jahren
Nach fünf Jahren

Sozialräumliche Vernetzung (Systemkapital)

Wohnquartier:
Mit hoher Sozialhilfedichte
Mit mittlerer Sozialhilfedichte
Mit niedriger Sozialhilfedichte

Quelle: eigene Berechnungen.

Tabelle 45: Ausgewählte Kennzahlen des Modells

N=1123, Varimax-Rotation	
Mass der Stichprobeneignung nach Kaiser-Meyer-Olkin (MSA)	.803
Erklärte Gesamtvarianz	61,005%

7.3 Typenbildung mittels Clusteranalyse

In einem weiteren Schritt sollen die unterschiedlichen Konstellationen bei Eintritt in die Sozialhilfe so typisiert werden, dass es zu Gruppierungen der jungen Erwachsenen kommt, bei denen die Unterschiede zwischen den Personen einer Gruppe (eines Clusters) möglichst gering und die Unterschiede zwischen den Gruppierungen (Clustern) möglichst gross ist (Bortz 1993, 522). Wie bereits erwähnt, ist die Clusteranalyse keine theoretisch abgeleitete Methode, eher zeigen sich aus der empirischen Anwendung hergeleitete und deshalb bewährte Algorithmen, aus denen jeweils eine Anzahl von Antwortalternativen resultieren, die es zu interpretieren gilt. Backhaus et al. (1996, 315) empfehlen daher, eine Clusteranalyse entlang folgender Themen durchzuführen:

Auswahl der Variablen und ihre Skalierung: Die Zahl der Variablen ergibt sich im vorliegenden Beispiel aus der vorgängigen Faktorenanalyse und ihrer aus den theoretischen Überlegungen resultierenden Erweiterung. Die Variablen sind sowohl nominalskaliert als auch intervallskaliert. Zur einheitlichen Skalierung und Standardisierung schlagen Backhaus et al. (1996, 278) drei Vorgehensweisen vor: Entweder berechnet man unterschiedliche Ähnlichkeits- bzw. Distanzkoeffizienten je nach Variable; oder man transformiert die Variablen von einem höheren auf ein niedrigeres Skalenniveau; oder man erzeugt mehrere binäre Untervariablen pro Variable.[142] Alle drei Verfahren haben Vor- und Nachteile, insbesondere gilt es, das Problem des Informationsverlustes (z.B. wenn metrische Daten in binäre umgewandelt werden) mit dem Problem der Gewichtung (z.B. wenn Variablen unterschiedlich viele Untervariablen haben) abzuwägen. Ergebnisverzerrungen werden in allen Fällen vorkommen (siehe hierzu ausführlicher in Urban 1984, 222ff.) und obwohl der Fall von unterschiedlichen Skalenniveaus bei den verwendeten Variablen eher typisch als die Ausnahme ist, „haben die angebotenen Ähnlichkeits- und Distanzmasse noch viele Mängel" (Kaufmann & Pape 1996, 452).

Im vorliegenden Fall wurden die qualitativen nominal- oder ordinalskalierten (z.B. Berufsabschluss, Unterstützungsgrund, Aufenthaltsstatus) sowie die quantitativen Variablen (z.B. Einkommen, Unterstützungsdauer) zu kategorialen Variablen transformiert. Der damit einhergehende Informationsverlust betraf insbesondere die quantitativen Merkmale. Da es in der theoretischen Herleitung um die Frage der Ausstattung mit Kapitalien bei Eintritt in die Sozialhilfe geht, wurden die Kategorien standardisiert (theoretische Standardisierung von Variablen, siehe Bacher 2002, 22): Die jeweils schlechteste Konstellation erhält den Wert 0, die beste den Wert 2. Die Variable „Schulbesuch in der Schweiz" beispielsweise hat die drei Kategorien „keinen" (Wert 0), „nach der Primarstufe" (Wert 1) und „seit der Primarstufe" (Wert 2). Dahinter steht die These, dass ein Schulbesuch ab der Primarstufe eine bessere Ausstattung (in Bezug auf die Handlungsfähigkeit einer Person) darstellt, als ein Schulbesuch, der erst gegen Ende der obligatorischen Schulzeit erfolgt oder gar kein Schulbesuch (z.B. beim Familiennachzug). Mit dieser theoretisch abgeleiteten Variablenstruktur, die für alle Variablen gleichermassen durchgeführt wurde (siehe zur Übersicht Abbildung 17), können die Merkmale im Weiteren als ordinalskalierte Variablen behandelt werden. Nach Kaufmann und Pape (1996, 448) ist dieses Vorgehen gerechtfertigt, sofern für alle numerischen Abstände eine empirische Interpretation gefunden werden kann.

Festlegung des Ähnlichkeits- bzw. Distanzmasses: Generell unterscheiden sich die Masse, die bestimmen, auf welcher Grundlage die Variablen miteinander verglichen werden sollen, in Abhängigkeit vom verwendeten Skalenniveau (Bortz 1993, 525). Die quadrierte Euklidische Distanz - die üblicherweise verwendet wird - hat den Vorteil, dass grosse Differenzen bei der Distanzberechnung stärker berücksichtigt werden (Kaufmann & Pape

---

[142] Nach Bacher (Bacher 2002, 22) gibt es die erste Variante nicht, denn für die Clusteranalyse können nur Variablen auf gleichem Skalenniveau miteinander berechnet werden.

1996, 475). Ein Clusterverfahren auf Basis dieses Ähnlichkeitsmasses ist daher generell eher raumerhaltend, weshalb dieses Mass auch im vorliegenden Beispiel Anwendung findet (vgl. Wiedenbeck & Züll 2001).

Auswahl des Algorithmus zur Gruppierung (Fusionierungsmethoden): Die Auswahl des Algorithmus bestimmt letztlich auch die Zahl der gebildeten Cluster. Gerade weil statistische Programmpakete (insbes. SPSS) nicht in der Lage sind, das „optimum optimorum" herauszufinden, wird bei hohen Fallzahlen konventionellerweise folgendes Verfahren angewendet (vgl. z.B. Bacher 1996; Kaufmann & Rousseeuw 1990): Ermitteln der Anzahl Cluster über die Fusionswerte, die sich aus dem hierarchisch-agglomerativen Verfahren (evtl. mit einer künstlich, d.h. theoretisch abgeleiteten Anfangspartition) ergeben. Übernahme der optimalen Clusterzahl in partitionierende Verfahren (zumeist k-means-Verfahren), in denen mehrere Clusterzahlvarianten gerechnet und miteinander in Bezug auf ihre Interpretierbarkeit verglichen werden.

Die endgültige Entscheidung für eine bestimmte Cluster-Lösung erfolgt aufgrund statistischer Kriterien und inhaltlicher Überlegungen. Auf Seiten der statistischen Kriterien sind dies die Fusionswerte, die Summe der quadrierten euklidischen Distanzen (ESS) sowie die F-Werte, worauf an dieser Stelle nicht ausführlicher eingegangen wird (siehe dazu www.jugendarmut.ch).

7.4 Die 5-Cluster-Lösung

Nach den durchgeführten Berechnungen bietet sich eine Typologie an, die die Ausstattung der jungen Erwachsenen in 5 Gruppierungen unterscheidet. Die Beschreibung der Typen orientiert sich an den Variablen, die auf der Grundlage der Faktorenanalyse geordnet wurden und die Dimensionen des ökonomischen, sozialen und kulturellen Kapitals umfassen. Insofern wird eine Aussage über die Kapitalausstattung und die Kapitalstruktur des jeweiligen Typs zum Zeitpunkt des Eintritts in die Sozialhilfe als Dossierträger/in möglich. Um die Typen zu bewerten, werden in einem ersten Schritt die jeweiligen Mittelwerte interpretiert und thematisch summiert.[143] Kaufmann und Pape (1996, 536) schlagen vor, die Typen auch anhand der Variablen zu interpretieren, die nicht in die Clusteranalyse einbezogen wurden. Dieser Vorschlag wird in einem zweiten Schritt aufgenommen, was dazu führt, dass die einzelnen Cluster weitaus differenzierter beschrieben werden können.

Beim *Vergleich der Summenscores* fällt die Heterogenität zwischen den Clustern, aber auch innerhalb der Cluster auf. Im *Clustervergleich* erreicht der Cluster 2 mit 19.6 die höchste Mittelwertsumme (zeigt in den einzelnen Variablen also eine bessere Ausgangslage), wogegen Cluster 4 mit einer Summe von 11.5 eine deutlich schlechtere Ausgangslage zeigt. Die Cluster 1 und 3 liegen näher am Summenscore des Clusters 2, der Cluster 5 besetzt eine Position im Mittelfeld.

Die Spannweite der Summenscores ist durchaus unterschiedlich. Während alle fünf Cluster im ökonomischen Bereich kaum die Hälfte des erreichbaren Maximalwertes erreichen (einzig Cluster 1 liegt mit einer Mittelwertsumme von 5.2 über der 50%-Marke), ist die Ausstattung im kulturellen und sozialen Bereich weitaus heterogener. Hier schwanken die Mittelwertsummen zwischen 2.4 (Cluster 4) und 8.1 (Cluster 2) für den kulturellen Bereich, bzw. 4.1 (Cluster 5) und 7.2 (Cluster 2) für den sozialen Bereich. Das heisst, dass die

---

[143] Auch wenn es sich um ordinale Variablen handelt, sind die (jeweils drei) Kategorien derart geordnet, dass die schlechteste Ausstattung mit 0 (z.B. kein Schulbesuch in der Schweiz) und die beste Ausstattung mit 2 codiert wurde (z.B. Schulbesuch seit der Primarstufe). Für eine erste Orientierung können daher die Summen der Mittelwerte addiert werden. Ein hohe Gesamtsumme (oder eine hohe Teilsumme in einer Kapitalie) zeigt eine relativ bessere, eine niedrige entsprechend eine relativ schlechtere Ausstattung an (siehe zur Häufigkeitsverteilung der einzelnen Variablen die Downloads auf www.jugendarmut.ch).

jungen Erwachsenen insgesamt mit einer relativ homogen schlechten Ausstattung an ökonomischem Kapital in die Sozialhilfe eintreten (was auch zu erwarten ist), ihre Lage im kulturellen und sozialen Bereich dagegen weitaus heterogener ist (was für Förderungsstrategien durchaus von Bedeutung ist, siehe z.B. Drilling & Schaffner Baumann 2002).[144]

Tabelle 46: Cluster-Lösung

Cluster	1	2	3	4	5	All
Anzahl (N)	255	141	250	261	216	1123
	Clustermittelwerte					
Ökonomisches Kapital						
Massgebliches Einkommen (Einkommen)	0.7	1.0	0.6	0.5	0.4	0.6
Vermögen / Schulden (Finanzreserven)	0.2	0.5	0.4	0.4	0.4	0.4
Unterstützungsgrund (Arbeitsmarktintegration)	1.0	1.5	1.4	1.5	1.3	1.3
Aktuelle Tätigkeit (Arbeitsmarktintegration)	2.0	0.1	0.1	0.1	0.4	0.6
Haushaltsgrösse (Versorgungsverantwortung)	1.3	1.2	1.2	0.9	1.4	1.2
Teilergebnis „Ökonomisches Kapital" (Summe max=10)	5.2	4.3	3.7	3.4	3.9	4.1
Kulturelles Kapital						
Zuzug in die Schweiz (Kulturräumliche Vernetzung)	1.3	1.7	1.7	0.7	1.8	1.4
Schulbesuch in der Schweiz (Schulbildungsressourcen)	1.4	1.8	1.9	0.4	1.9	1.4
Berufsabschluss (Berufsbildungsressourcen)	1.0	2.0	0.0	0.3	0.6	0.7
Aufenthaltsstatus (Rechte)	1.4	1.7	1.7	0.6	1.9	1.4
Berufsposition Eltern (Bildungsressourcen Eltern)	0.7	0.9	1.0	0.4	1.1	0.8
Teilergebnis „Kulturelles Kapital" (Summe max=10)	5.8	8.1	6.3	2.4	7.3	5.7
Soziales Kapital						
Kontakt zu Eltern (Elterliche Beziehung)	1.5	1.8	1.5	1.7	1.5	1.6
Eltern Wohnorte (Elterliches Netz)	1.5	1.5	1.5	0.8	0.3	1.1
Alter bei Unterstützungsbeginn (Familiales Netz)	0.5	1.0	1.0	1.0	1.1	0.9
Unterstützungsbeginn nach Zuzug (Soziales Netzwerk)	1.6	1.8	1.9	1.1	0.1	1.3
Wohnquartier (Sozialräumliche Vernetzung)	1.2	1.1	1.1	0.9	1.1	1.1
Teilergebnis „Soziales Kapital" (Summe max=10)	6.3	7.2	7.0	5.5	4.1	6.0
Gesamtsumme aller Mittelwerte (max=30)	17.3	19.6	17.0	11.3	15.3	15.8

---

[144] Ob z.B. Cluster 2 mit einer Mittelwertsumme von 19.6 nun eher eine Armuts- oder eine Deprivationslage zum Ausdruck bringt, ist eine Frage der Interpretation. Zum einen könnte der Maximalwert von 30.0 als Referenzwert gelten: Alle Variablen können max. den Wert 2 erreichen; man könnte also den Vergleich eines erreichten Mittelwertes an einer absolut zu erreichenden Zahl (hier 30) auch als absolute (statt relative) Betrachtung interpretieren. Hier soll allerdings das Votum von Sen unterstützt werden, wonach jedes Armutsverständnis ein relatives ist. Cluster 2 hätte dann immerhin 65% der erreichbaren Summe realisiert, würde also kaum als Deprivationslage interpretiert werden können, wenn der Cluster 4 zum Vergleich herangezogen würde (mit 11.5 Punkten erreicht dieser Cluster nur 38% der erreichbaren Summe. Letztlich ist die Interpretation also eine normativ-(sozial)politische Antwort auf vorhandene Fakten.

Wie sich *Mittelwertsummen in den einzelnen Dimensionen* zusammensetzen, zeigt die Differenzierung nach den Variablen.

Cluster 2 (mit 19.6 die höchste Gesamtsumme aller Mittelwerte) zeigt eine relativ günstige Ausgangspartition im ökonomischen, kulturellen und sozialen Bereich. Beispielsweise haben nahezu alle Personen einen Berufsabschluss, haben die Schule in der Schweiz besucht und sind bereits früh zugezogen oder gar in der Schweiz geboren. Auch bei der Ausstattung mit sozialem Kapital liegt dieser Cluster eher im oberen Bereich der Mittelwerte. Die einzige deutlich schlechtere Ausgangsposition ist, dass nahezu alle Personen aktuell arbeitslos sind (im Gegensatz z.B. zu Cluster 1, wo nahezu alle Personen in einem Ausbildungsverhältnis stehen).

Cluster 1 hat den zweitbesten Wert in der Gesamtsumme aller Mittelwerte (17.3). Dieses Ergebnis wird durch eine in allen Bereichen eher mittelwertige Positionierung erreicht. Positiv wirkt sich z.B. aus, dass zu einem grossen Teil keine Versorgungsverantwortung gegenüber anderen Personen besteht (Haushaltsgrösse) und dass die Personen im Arbeitsmarkt stehen (aktuelle Tätigkeit). Ambivalenter dagegen ist die Ausgangsposition beim kulturellen Kapital: Nicht alle haben die Schule in der Schweiz besucht, nur ein Teil hat einen Berufsabschluss, das familiale Netzwerk ist eher schlecht. Diese Ambivalenz zeigt sich auch im sozialen Bereich und deutet darauf hin, dass in diesem Cluster durchaus Extremverteilungen vorhanden sind (vgl. auch das folgende Kapitel).

Die Ausgangspartition des *Clusters 3* ist aus Sicht der Mittelwertsumme (17.0) nur geringfügig schlechter als die des Clusters 1. Von den anderen unterscheidet sich dieser Cluster besonders deutlich in zwei Positionen: Im ökonomischen Bereich fällt die hohe aktuelle Arbeistlosigkeit auf, beim kulturellen Kapital schneidet die Clusterfläche den Nullpunkt: dieser Cluster vereint Personen ohne Berufsausbildung! Insbesondere im sozialen Kapital liegt eine solide Ausgangsposition vor, die sich in der Mittelwertbetrachtung kaum von der der anderen Cluster unterscheidet.

Cluster 5 hat mit einer Mittelwertsumme von 15.3 eine schon deutlich schlechtere Ausgangspartition gegenüber den bisher genannten Clustern. Für dieses Ergebnis ist die Lage im ökonomischen und sozialen Bereich verantwortlich: Insbesondere die Einkommenssituation und die gegenwärtige Arbeitslosigkeit einerseits bzw. die elterliche Beziehung sowie das soziale Netzwerk andererseits sind im Vergleich zu den anderen Clustern deutlich schlechter. Ganz entgegengesetzt die Ausgangslage im kulturellen Bereich, die zu den besten aller Cluster gehört.

Cluster 4 ist derjenige, der aus einer relativen Perspektive (relativ zu den anderen Clustern) am ehesten mit einer Deprivationslage in Verbindung gebracht werden könnte. In allen drei Dimensionen zeigt dieser Cluster geringe Mittelwertsummen (insgesamt 11.3). Die Ausgangspartition ist als eher ungünstig zu bezeichnen, besonders deutlich fällt dies z.B. beim kulturellen Kapital auf, wo der Summenmittelwert bei mehr als 300% unter dem des Clusters 2 liegt! Einzig beim Sozialkapital wird nicht der schlechteste Wert aller Cluster erreicht.

7.5 Fazit: Junge Erwachsene beim Eintritt in die Sozialhilfe zwischen Mangel-, Armuts- und Exklusionslage

Eine der zentralen Bemühungen der bisherigen Ausführungen war es zu zeigen, dass sich die jungen Erwachsenen in der Sozialhilfe insbesondere durch ihre Übergangsproblematiken von anderen unterscheiden. Zudem wurde herausgearbeitet, dass die steigende Zahl junger Erwachsener in der Sozialhilfe ein städtisches Phänomen ist, eine Folge der Wirtschaftsentwicklung und Sozialpolitik.

Die Ergebnisse der Typisierung differenzieren diese Erkenntnisse und verdichten sie: Junge Erwachsene in der städtischen Sozialhilfe - das sind junge Menschen, deren Handlungsfähigkeit nicht nur durch ökonomische Armutslagen sondern auch durch die - durchaus unterschiedliche - schlechte Ausstattung mit kulturellem und sozialem Kapital gekennzeichnet ist. Aus handlungstheoretischer Sicht zeigt die Typologie, wie aus der unterschiedlichen Ausstattung mit ökonomischen, kulturellen und sozialen Berechtigungen („Gütern") und Chancen zum Zeitpunkt des Eintritts in die Sozialhilfe Handlungsspielräume resultieren, wie Bewältigungsstrategien von den jungen Erwachsenen entwickelt werden und welche unterschiedlichen Möglichkeiten bestehen, die berufliche und soziale Karriere zu gestalten.

Bereits beim Vergleich zwischen Cluster 2 und 4 wird deutlich, dass sich diese Möglichkeiten im Spannungsfeld von Exklusions-, Armuts- und Mangellage bewegen. Mit einer graphischen Veranschaulichung soll dieser Unterschied zum Ausdruck gebracht werden (Abbildung 13). Bei der Entwicklung des Analyserahmens stellte die Fläche der Kreise die „extended entitlements" dar, also die Möglichkeiten einer Person, Berechtigungen auf den verschiedenen Märkten in Güter zu tauschen (vgl. Abbildung 3, Kap. 5.3). Diese Berechtigungen wiederum hingen ab von der Ausstattung einer Person mit Kapitalien - einem Berufsabschluss oder Wissen allgemein („culture"; siehe Bourdieu), sozialen und familialen Netzwerken, ökonomischen Transfers oder Einkommen - sowie den Möglichkeiten einer Person, über diese Ausstattung zu verfügen bzw. sie zu tauschen. Weil der Analyserahmen zwischen Exklusion, Armut, Mangel *und* Wohlergehen unterscheidet, bietet er eine über die Sozialhilfe empfangenden Personen hinausgehende Systematik. Personen, die nicht in der Sozialhilfe sind (und auch nicht anspruchsberechtigt wären), die über ein hohes Bildungs- und Kulturkapital verfügen und deren familiale und soziale Netzwerke tragfähig sind, würden sich demnach nahe am äusseren Rand aller Kreise positionieren (grösstmögliche Fläche; „optimum optimorum"). Der Handlungsspielraum von Menschen dagegen, die über weniger Ausstattung verfügen, drückt sich graphisch in einer kleineren Fläche aus (Kapitalausstattung). Die Positionierung dieser Fläche im Raum zeigt die Kapitalstruktur an. Damit wird ein Vergleich zwischen tatsächlichem Handlungsspielraum (ist in Abhängigkeit der Cluster in Abbildung 13 in Form der grau schraffierten Fläche dargestellt) und potentiell möglichem Handlungsspielraum möglich.[145]

Im handlungstheoretischen Ansatz von Sen steht dabei die tatsächliche, aber auch die mögliche Handlungsfähigkeit einer Person im Zentrum. Folgerichtig ist, dass die Handlungsfähigkeit aller jungen Erwachsenen durch eine mangelhafte Ausstattung mit finanziellen Ressourcen eingeschränkt ist. Dies macht sie zu Anspruchsberechtigten von Sozialhilfeleistungen und rückt Bemühungen um ihre wirtschaftliche Integration - und zwar wenn möglich in den ersten Arbeitsmarkt - in den Vordergrund. Denn junge Erwachsene stehen am Beginn ihrer Berufskarriere. In dieser Startphase lernen sie durch Erfahrungen („learning by doing"), sie erhalten wesentliche Impulse im Kontakt mit Kolleginnen und Kolle-

---

[145] Wohlgemerkt handelt es sich dabei um die Handlungsfähigkeit einer Person zum Eintritt in die Sozialhilfe (nicht nach dem Austritt, was in Kap. 8 aufgezeigt werden soll).

gen. Durch Nichtanwenden des Gelernten vollzieht sich ein gegenteiliger Prozess: sie *verlernen* („unlearning by not doing"). Diese frühe Phase der Berufserfahrung ist zentral für den weiteren Berufsprozess, weil sie einhergeht mit dem Aufbau einer Sicherheit im Beruf, einem der wesentlichen Faktoren für die spätere Mobilität im erlernten Beruf. *Das Manko, sich keine Berufserfahrung aneignen zu können, wirkt sich in der Folge negativ darauf aus, wie man sich im sozialen Raum positioniert.*

Zudem haben junge Menschen, die arbeitslos sind, das Gefühl, von der Gesellschaft nicht gebraucht zu werden. In vielen Fällen ist dieses Gefühl die Fortsetzung dessen, was sie in der Schulzeit erlebt haben (oder glauben, erlebt zu haben). Gehen nach einer Ausbildung die Berufsanfängerinnen und -anfänger zumeist mit hohem Engagement an einen Arbeitsplatz, so führt Arbeitslosigkeit bei jungen Menschen zu einem Motivationsschwund. Es wird kaum mehr in Erwägung gezogen, dass man überhaupt noch eine Arbeit findet. Hieraus resultiert ein *Motivationsschwund für zukünftige Tätigkeiten und ein Verlust der Fähigkeit, seine berufliche Zukunft zu planen.*

Sen wie auch Bourdieu folgern aus der zentralen Bedeutung des ökonomischen Kapitals Auswirkungen auch auf die soziale Integrität und die kulturellen Fertigkeiten einer Person (vgl. dazu Sen 1997b; Sen 1997c).

Wo sich die soziale Stellung in der Gesellschaft über die Arbeit, die Berufsposition und den damit verbundenen Lebensstil definiert, ist mit Arbeitslosigkeit auch eine Desintegration in anderen Bereichen verbunden. Arbeitslose bzw. Sozialhilfeempfängerinnen und -empfänger ziehen sich aus dem gesellschaftlichen Leben zurück, weil sie das Unvermögen, den eigenen Lebensunterhalt zu finanzieren, als Privatschicksal betrachten. Damit steht ein Teil der Identität von jungen Erwachsenen zur Disposition. *Der Verlust des Beschäftigungsplatzes kann einen sozialen Ausschluss zur Folge haben, oder wie Smith betonte, die Fähigkeit, sich in der Gesellschaft zu bewegen, einschränken.* Dieser Ausschluss kann zum Rückzug aus den sozialen Vorsorge- und Versorgungseinrichtungen führen, denn Sozialhilfeabhängigkeit hat fast immer auch psychosoziale Belastungen zur Folge. Wut, Trauer aber auch Angst vor der Zukunft sind Ausdruck von Verlustempfinden und Unsicherheit bezüglich der (beruflichen) Zukunft. Die Auswirkungen auf die Gesundheit sind dort gravierend, wo die jungen Menschen über keine adäquaten Antworten verfügen oder Hilfen finden.

Es ist falsch anzunehmen, dass die mit der Arbeitslosigkeit verbundenen Einschränkungen der Handlungsfreiheit durch staatliche Programme (z.B. Sozialhilfe oder Arbeitslosenintegrationsprogramme) gänzlich kompensiert werden könnte. Die Kompensation bezieht sich nur auf die Gütersphäre, nicht aber auf die emotionale Bedeutung der Arbeit. Für junge Menschen steht die Arbeitsaufnahme für eine Veränderung ihres Status: Aus dem weitgehend von den Eltern abhängigen Kind wird ein junger Erwachsener, der seine eigenen Wege zu gehen versucht. Wer in dieser Phase sozialhilfeabhängig wird, bei dem verlängert sich auch diese Statuspassage. *Damit einher geht eine Beeinträchtigung der Fähigkeit, eine eigene Identität aufzubauen.*

Im Clustervergleich wird zudem deutlich, dass die Sozialhilfeabhängigkeit zumeist Personen mit schlechten schulischen Vorbildungen und mit fehlender Ausbildung, Anlehre oder Vorlehre trifft. Wer über keine Sicherheiten verfügt, für den ist die Sozialhilfe die letzte Auffangstelle. Zu den gefährdeten Gruppen zählen insbesondere junge Ausländerinnen und Ausländer, die aus den neuen Herkunftsländern zugezogen sind oder die in zweiter Generation aus den klassischen Herkunftsländern stammen. Wo die Selektivität des Arbeitsmarktes zur Folge hat, dass insbesondere Frauen sowie Ausländerinnen und Ausländer zu den arbeitslosen jungen Erwachsenen gehören, hat dies einen Effekt auf die Frage, wie diese Gruppen in der Gesellschaft wahrgenommen (und stigmatisiert) werden.

Auf kollektiver Ebene hat die geschlechtliche und nationalitätenbezogene Diskriminierung einen *Verlust der sozialen Kohärenz in der Gesellschaft* zur Folge. Junge Erwachsene stehen in der Phase der Bildung einer eigenständigen Identität. In dieser Phase sind sie durchaus auch empfänglich für gesellschaftlich nicht konsensuable Formen der Konfliktbewältigung. So kann es vorkommen, dass sich junge Erwachsene gewalttätig gegen das System „wehren", durch das sie sich desintegriert fühlen. Diese Menschen verlieren den Glauben an ein sinnstiftendes Moment in der Gesellschaft, sie fühlen sich von den anderen gesellschaftlichen Gruppen ausgebeutet oder gar bedroht. Gewalt gegen andere und gegen Sachen (aber auch die Gewalt gegen sich selbst) ist eine der möglichen Ausdrucksformen, in denen sich der Verlust der sozialen Kohärenz bei jungen Menschen ausdrückt.

Diese Wechselwirkungen zwischen einer Mangelausstattung im ökonomischen, kulturellen und sozialen Kapital, wie sie Sen und Bourdieu aufgezeigt haben, lässt sich auch in der vorliegenden Typisierung nachvollziehen. Keiner der jungen Erwachsenen verfügt beispielsweise über ein optimales kulturelles oder soziales Kapital. In jedem Fall wird ökonomische Armut also von einer Mangellage in (mindestens) einem anderen Bereich begleitet. Dabei stellt sich aber nicht für alle jungen Erwachsenen die gleiche Ausgangslage. Vielmehr unterscheiden sich die fünf Typen in der Grobbetrachtung der drei Kapitalien deutlich, wie Abbildung 13 zeigt. Mehr oder weniger grosse Handlungsspielräume, eine bessere oder schlechtere Ausstattung mit Berechtigungen und Zugängen, und damit eine weitgehende Handlungsfähigkeit oder -unfähigkeit zeichnet die Typen aus.

141 junge Erwachsene (Cluster 2) verfügen über kulturelle Fähigkeiten und Fertigkeiten, die durchaus auch einen Zustand ausserhalb des Mangels charakterisieren könnten: Sie haben eine Berufsausbildung, kennen die Kultur der Schweiz seit ihrer Kindheit und gingen in der Schweiz zur Schule - ganz so, wie es in der Schweizer Gesellschaft „üblich" ist und auch erwartet wird. Ganz ähnlich stellt sich ihre Situation bezüglich ihres sozialen Kapitals dar, allerdings zeigen sich hier vereinzelt Risiken, wenn z.B. familiale Netze nicht in der Lage sind, eine finanzielle Verarmung des Kindes zu verhindern. Angesichts städtischer Scheidungsquoten, der Zahl von Ein-Personen-Haushalten und dem schwierigen Umfeld für Berufsanfängerinnen und Berufsanfänger bleibt die Frage, worin sich diese jungen Erwachsenen von einem Grossteil der jungen Menschen unterscheiden, die heute in den Städten leben. Sollte dieser Unterschied lediglich in einer kurzfristig prekären Lage auf dem Arbeitsmarkt begründet sein, wäre die Herausforderung eher arbeitsmarktpolitisch (statt sozialpolitisch). Dann dürfte die Dunkelziffer für diesen Cluster hoch sein, da es eine Reihe von jungen Menschen gibt, die ihre kurzfristige Arbeitslosigkeit durch Ersparnisse oder die Unterstützung Verwandter und Bekannter zu überbrücken versuchen, obschon sie wahrscheinlich anspruchsberechtigt auf Sozialhilfe wären.

Für knapp ein Viertel der jungen Erwachsenen sind die Handlungsspielräume weitaus eingeschränkter, sind Prozesse der Deprivation deutlicher, denn ihre Ausstattung mit finanziellem, aber auch kulturellem und sozialem Kapital ist bemerkenswert gering (Cluster 4); ihre Erwartungen an ein Leben, das ihren Vorstellungen entspricht, dürften auf gravierende Einschränkungen treffen. Lediglich im Bereich des sozialen Kapitals scheinen sich überhaupt noch Handlungsoptionen zu ergeben. Ansonsten ist das Leben dieser jungen Menschen eher durch eine akute Armuts-, wenn nicht bereits Exklusionslage geprägt. Der Prozess des Verlustes von Handlungsfähigkeit („capability deprivation"), von dem Sen spricht, ist hier bereits vor dem Eintritt in die Sozialhilfe erfolgt. Entsprechend gering dürfte hier auch die Dunkelziffer sein, da es kaum vorstellbar erscheint, in einer solchen Lage ohne staatliche Transfers auszukommen.

Fazit: Junge Erwachsene beim Eintritt in die Sozialhilfe zwischen Mangel-, Armuts- und Exklusionslage 181

Abbildung 13: Handlungsspielräume in Abhängigkeit von Kapitalausstattung und -struktur

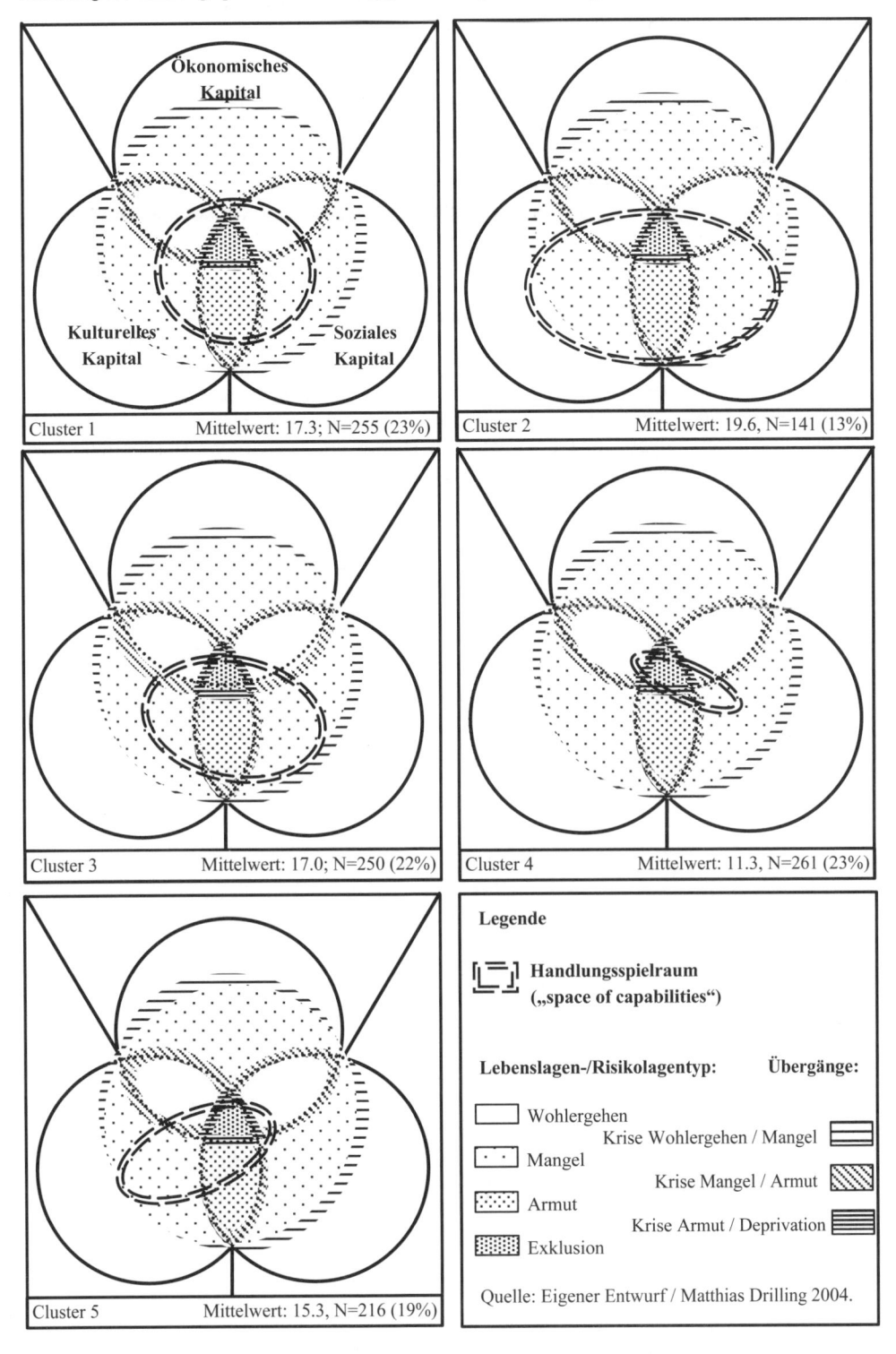

Cluster 1	Mittelwert: 17.3; N=255 (23%)
Cluster 2	Mittelwert: 19.6, N=141 (13%)
Cluster 3	Mittelwert: 17.0; N=250 (22%)
Cluster 4	Mittelwert: 11.3, N=261 (23%)
Cluster 5	Mittelwert: 15.3, N=216 (19%)

Legende

Handlungsspielraum („space of capabilities")

Lebenslagen-/Risikolagentyp:
- Wohlergehen
- Mangel
- Armut
- Exklusion

Übergänge:
- Krise Wohlergehen / Mangel
- Krise Mangel / Armut
- Krise Armut / Deprivation

Quelle: Eigener Entwurf / Matthias Drilling 2004.

Zwischen diesen beiden Extremen, die immerhin 36% der jungen Erwachsenen repräsentieren, gibt es drei Typen junger Erwachsener, die sich jenseits einer Situation des Wohlergehens befinden, aber auch nicht ausschliesslich durch gravierende Mangellagen oder Exklusionslagen auszeichnen (Cluster 1, 3 und 5). Relativ ausgeglichen stellt sich die Situation für die 255 jungen Erwachsenen, die sich im Cluster 1 finden, dar. Ihre Handlungsfähigkeit wird möglich über eine mehr oder weniger ausgeglichene Ausstattung mit kulturellem und sozialem Kapital, wobei die Ausstattung insgesamt eher eine Mangel- und Armutslage als eine Lage des Wohlergehens charakterisiert. Die beiden anderen Cluster (3 und 5) zeigen eine „schiefe" Verteilung: Eine gravierend schlechte Ausstattung mit ökonomischem Kapital und eine mangelhafte Ausstattung mit einer anderen Kapitalie (im Cluster 3 ist es das kulturelle Kapital, im Cluster 5 das soziale Kapital), während die dritte Kapitalie eine jeweils weniger gravierende Mangellage aufweist.

Wie bereits erwähnt, kann diese Bewertung nur ein erster grober Schritt einer Differenzierung der jungen Erwachsenen in der Sozialhilfe sein. In einem weiteren Schritt soll einerseits genauer auf die Verteilung der Variablen und ihrer Ausprägungen in den Clustern geachtet werden und andererseits soll der Vorschlag von Kaufmann und Pape (1996, 536) aufgegriffen und die Cluster auch anhand derjenigen Variablen interpretiert werden, die nicht in die Clusteranalyse einbezogen wurden. Daraus ergibt sich eine Beschreibung der Typen auf der Basis der Häufigkeitsverteilungen von 31 Variablen (siehe Download unter www.jugendarmut.ch).

8 Wege in und durch die Sozialhilfe und die Bedeutung der Stadt

8.1 Typ 1: „Pioniere der Post-Individualisierung": Institutionell gerahmte Integrationsprozesse in Mangellagen in der bedeutungslosen Stadt

8.1.1 *Situation bei Eintritt in die Sozialhilfe: Pioniere der Post-Individualisierung (Eintrittstyp 1)*

Typ 1 umfasst 255 junge Erwachsene, deren zu versteuerndes Einkommen im Jahr vor dem Eintritt in die Sozialhilfe bis zu 15000 Fr. betrug und die schuldenfrei waren (damit ohne Betreibung, aber auch ohne Vermögen).[146] Diese jungen Erwachsenen werden subsidiär unterstützt, d.h. sie haben auch während des Sozialhilfebezugs ein Einkommen. In der Regel müssen sie nur sich selbst versorgen, sie leben alleine oder in bis zu 3-Personen-Haushalten (dann aber nicht als Haushaltsvorstand, sondern als Mitglied des elterlichen Haushaltes). Für Kinder sind sie nicht verantwortlich.

Knapp die Hälfte der Personen sind Schweizerinnen und Schweizer, die zumeist in Basel aufgewachsen sind oder in ihrer Kindheit zuzogen. Die andere Hälfte der Personen hat eine andere Nationalität und eine Niederlassungsbewilligung (statt einer Jahresaufenthaltsbewilligung). Wer ausländischer Nationalität ist, ist erst nach der Primarschule aber noch innerhalb der obligatorischen Schulzeit in die Schweiz gezogen. Zu 90% sind die Personen in diesem Typ in Ausbildung: entweder noch in schulischer Ausbildung oder bereits in einer Berufsausbildung. Letztere Personen bereiten ihre Integration in den Arbeitsmarkt exakt so vor, wie es gesellschaftlich gewünscht wird. Damit wird ihnen eine Berufsposition möglich, die ihre Eltern nicht haben: Bei den Eltern fehlen weitgehend die Berufsbildungsressourcen (ohne Beruf). Einige Väter sind in einem handwerklichen Bereich tätig, mehr als die Hälfte der Mütter ist als Arbeiterin beschäftigt. Insgesamt arbeitet der überwiegende Teil der Eltern im Tieflohnsegment.

Eigentlich sollte bei diesem Typ nicht von jungen Erwachsenen gesprochen werden, sondern eher von Jugendlichen. Denn zu zwei Dritteln sind die Personen bereits vor ihrer Volljährigkeit unterstützt worden, es sind also durchwegs arme Eltern-Haushalte. Rund die Hälfte der jungen Erwachsenen lebt bei Eintritt in die Sozialhilfe noch bei den (armen) Eltern oder einem Elternteil. Dies bedeutet, dass mindestens ein Elternteil auch in Basel wohnt. Trotz dieser Wohnortnähe haben die Jugendlichen in diesem Typ keine optimale Eltern-Kind-Beziehung: Jede fünfte Person wird seit der Kindheit oder dem Jugendalter durch die freiwillige oder gesetzliche Jugendhilfe begleitet, teilweise haben die Jugendlichen den elterlichen Haushalt mit Unterstützung dieser Institutionen bereits früh verlassen. Jede siebte Person (und das betrifft keineswegs nur die Schweizerinnen und Schweizer) hat definitiv keinen Kontakt mehr zu ihrem Vater. Insofern ist die Ausstattung mit elterlichen Netzen eher als schlecht zu bezeichnen.

Fazit: Die jungen Erwachsenen dieses Typs sind etwa hälftig Jugendliche und junge Erwachsene aus der Schweiz, zur anderen Hälfte aus der Türkei, dem ehemaligen Jugoslawien sowie den übrigen Ländern. Sie haben einen ökonomischen Hintergrund, der sie nicht zusätzlich z.B. durch Verschuldung und Betreibung belastet, leben zumeist alleine oder noch bei ihren Eltern. Dass die Jugendlichen und jungen Erwachsenen dieses Typs in einer Ausbildung stehen, ist ein weiteres gemeinsames Merkmal. Zum Teil sind sie dabei, ihre Schulausbildung abzuschliessen, zum Teil haben sie bereits die Chance genutzt, nach dem

---

[146] Anmerkung: Die Tabellen zur Häufigkeitsverteilungen der Variablen in den einzelnen Clustern sowie eine ausführliche Dokumentation der 108 analysierte Dossiers finden sich als Download unter www.jugendarmut.ch zur Verfügung steht.

Schulabschluss eine Berufsausbildung zu beginnen. Damit haben sie die Möglichkeit, eine bessere Berufslaufbahn zu absolvieren als es ihre Eltern konnten. Diese Jugendlichen sind Opfer des Individualisierungsprozesses, der in den Städten seine Extreme zeigt. Sie sind gefordert, ihren Weg selbstbestimmt zu gehen, nicht selten ohne die emotionale Unterstützung der Eltern; sie müssen sich besser qualifizieren als es die eigenen Eltern konnten, weil sie sonst kaum ein ausreichendes Einkommen erwirtschaften werden. Diese Jugendlichen und jungen Erwachsenen sind aber auch die Pioniere der Post-Individualisierung. Sie treten u.a. mit einem institutionellen Unterstützungsnetzwerk in die Sozialhilfe ein, dass ihnen Wege städtischen Agierens aufzeigt; sie erarbeiten sich im Wissen um ihre Zukunftsmöglichkeiten jenen Handlungsspielraum, den sie brauchen, um ein ihren Vorstellungen entsprechendes Leben zu führen.

8.1.2 Idealtypische Fälle: Übersicht

Fall 1: Herr A. kommt im Alter von 19 Jahren zur Sozialhilfe. Er ist Schweizer und lebt seit kurzem nicht mehr bei seinen Eltern, sondern wohnt bei verschiedenen Freunden, dann wieder „auf der Strasse". Sein Schweizer Vater war Hausabwart, seine thailändische Mutter ist Hausfrau. Heute leben die Eltern von der IV-Rente des Vaters. Herr A. hat noch einen kleinen Bruder. Die ersten drei Jahre seines Lebens verbringt Herr A. in Thailand, wo er auch geboren wurde. Kurz nach der Geburt seines jüngeren Bruders siedelt die Familie in die Schweiz. Herr A. besucht in Basel den Kindergarten und die Grundschule. Verschiedene Arbeitsstellen, die der Vater in Aussicht hat, führen zu Ortswechseln der Familie in der Schweiz. Als Herr A. mit 12 Jahren in der Schule wegen des Konsums von Cannabis und anderen Drogen auffällig wird, kommt er mit der Jugendanwaltschaft in Kontakt. Zeitgleich verschlechtert sich die Ehe der Eltern, sie lassen sich scheiden. Herr A. zieht mit seiner Mutter zurück nach Basel und besucht dort die Realschule. Die Mutter lernt einen neuen Mann kennen, mit dem Stiefvater hat Herr A. eher eine problematische Beziehung. Auch in Basel wird Herr A. drogenauffällig, er erhält einen Beistand über das Jugendamt. Nach dem Ende des 10. Schuljahres beginnt Herr A. eine Konditorlehre. Weil der Lehrlingslohn nicht ausreicht, Herr A. mit ca. 1000.- Fr. verschuldet ist und ihm beide Eltern kein Geld geben wollen, kommt Herr A. zur Sozialhilfe.

Fall 2: Herr B. wird bereits seit seinem 12. Lebensjahr von der Sozialhilfe unterstützt. Seine Mutter ist Schweizerin und verdient ihren Lebensunterhalt als Tänzerin, sein Vater kommt aus Südostasien und unterhält in einer dortigen Grossstadt, wo Herr B. auch geboren wurde, ein Detailgeschäft. Die Mutter von Herrn B. erhält die Gelegenheit, wieder in Europa auftreten zu können. Diese Gelegenheit nimmt sie wahr und reist alleine aus. Seither lebt sie in der Schweiz mit Wohnort Zürich. Der Vater von Herrn B. ist noch in seinem Heimatland, lebt aber nicht mehr mit dem Sohn und den eigenen Eltern zusammen. Als Herr B. 9 Jahre alt wird, kommt ihn seine Mutter besuchen und fragt ihn, ob er seine Ferien bei ihr in der Schweiz verbringen will. Aus dem Ferienaufenthalt wird ein dauerhafter Aufenthalt. Herr B. wird eingeschult, lebt im Haushalt seiner Mutter, aber eigentlich unbeaufsichtigt. Über Wochenenden und in den Ferien reist er mit seiner Mutter an deren jeweilige Auftrittsorte in der Schweiz und im Ausland. Weitgehend unbeaufsichtigt verbringt Herr B. schliesslich auch Abende und Nächte auf der Strasse. Die Jugendhilfe wird auf das Kind aufmerksam und in der Folge ergibt sich erst ein Aufenthalt in einem Schulheim und anschliessend in einer Pflegefamilie in Basel, wo er bei Eintritt in die Sozialhilfe auch noch an den Wochenenden wohnt. Die Pflegeeltern sind mit der Mutter verwandt. Seine Mutter sieht Herr B. gelegentlich; seinen leiblichen Vater sah er zum ersten Mal seit langem bei seinem letzten Auslandsaufenthalt. Herr B. hat keine Schulden, wurde noch nicht betrieben. Seine ökonomischen Verhältnisse sind geordnet und werden durch Schulheimvorstand,

Pflegefamilie und die Fachpersonen der Sozialhilfe begleitet. Er besitzt eine Niederlassungsberechtigung. Mit Hilfe dieses Netzwerks kann Herr B. nach seinem Schulabschluss eine handwerkliche Ausbildung in der Elektrobranche beginnen. Sein Sozialhilfedossier wird ausführlicher im Sommer 1999, als Herr B. aus dem Schulheim in eine eigene Wohnung (evtl. mit einem Kollegen zusammen) ziehen möchte, seine Pflegeeltern aus der Schweiz auswandern und er die Unzufriedenheit mit seiner Lehre thematisiert.

Fall 3: Frau C. ist Schweizerin, in Basel geboren und ältere Tochter eines Handwerkers und einer Hilfsarbeiterin. Finanzielle Schwierigkeiten führen dazu, dass die Familie sozialhilfeabhängig wird. Frau C. ist zu diesem Zeitpunkt 4 Jahre alt. Finanzielle und soziale Probleme belasten das Familienleben: Die Mutter von Frau C. geht verschiedenen Gelegenheitsarbeiten nach, der Vater findet trotz Ausbildung keine feste Anstellung, wird zudem straffällig und verbüsst immer wieder kürzere Haftstrafen. Wenige Jahre nach der Geburt des zweiten Kindes lassen sich die Eltern scheiden. Weil der Vater während des Scheidungsverfahrens an einen unbekannten Ort verzieht und alle Kontakte zu seiner Familie abbricht, und die Mutter nachweislich regelmässig Alkohol und Drogen konsumiert, wird beiden Elternteilen das elterliche Sorgerecht über die Tochter entzogen. Frau C. wird im Alter von 6 Jahren zusammen mit dem Bruder einer Pflegefamilie zugeteilt, sieht ihre Eltern seither kaum mehr. Die Sozialhilfe kommt in der Folge für alle schulischen Ausgaben von Frau C. auf und ermöglicht so einen geregelten Ausbildungsweg. Frau C. besucht die Schule in Basel. Als sie 8 Jahre alt ist, wollen die Grosseltern ihr Enkelkind in die Ostschweiz nehmen, den Bruder aber in Basel lassen. Die Jugendhilfeinstitutionen lehnen dies ab; zeitgleich erfolgt eine Wiederannäherung an die nun gesundheitlich stabilere Mutter, die noch immer in Basel wohnt. In der Regelschule erreicht Frau C. die Leistungen nicht mehr, weshalb sie in eine Kleinklasse übertritt; ihre emotionale Belastung macht eine Therapie erforderlich. Mit Hilfe der Sozialhilfe und der Pflegeeltern kann Frau C. nach dem erfolgreichen Schulabschluss in einen Lehrbetrieb des Staates im Bereich Gärtnerei eintreten. Dies ist auch der Zeitpunkt, zu dem sich Frau C. aktiv an die Sozialhilfe wendet.

Fall 4: Frau D. kommt im Alter von 10 Jahren zur Sozialhilfe. Der Vater von Frau D. kommt in den 1980er Jahren aus Bosnien in die Schweiz, seine Frau kurze Zeit später. Beide haben die bosnische Nationalität und leben einige Jahre in der Ostschweiz. Dort wurde auch Frau D. geboren. Als die Tochter 7 Jahre alt ist, zieht die Familie nach Basel, wo die Eltern sich im Gastgewerbe selbständig machen. Die Unterstützung von Frau D. im Kindesalter durch die Sozialhilfe geht einher mit der Aufnahme der drei Töchter in ein Kinderheim nach der gerichtlichen Trennung der Eltern. Die Fremdplatzierung ist eher als Übergangslösung gedacht, da sich der Vater weigert, aus der ehelichen Wohnung auszuziehen; ein Jahr später ziehen die Töchter zur Mutter, die durch die Scheidung mittellos geworden ist und nun ebenfalls von der Unterstützung durch die Sozialhilfe lebt. Der neue Haushalt ist durch Schulden belastet, die die Mutter aus der gemeinsamen Selbständigkeit mit ihrem Mann übernimmt. Sie wird auf das betreibungsrechtliche Existenzminimum gesetzt, gleichzeitig kommt der Mann seinen Alimentenverpflichtungen nicht nach. Frau D. wird zwischenzeitlich eingeschult, die Sozialhilfe übernimmt die Kosten für Schulmaterial, Lageraufenthalte und Nachhilfestunden. Mit 18 Jahren meldet sich Frau D. bei der Sozialhilfe persönlich. Sie will den Besuch des Gymnasiums abbrechen und eine Lehre beginnen. Sie besitzt eine Niederlassungsbewilligung. Ihre Klassenlehrerin unterstützt diese Umorientierung aufgrund der mangelhaften schulischen Leistungen. Zudem will Frau D. aus der Wohnung der Mutter ausziehen und mit einer früheren Freundin aus dem Kinderheim zusammenziehen.

8.1.3 Wege in die Sozialhilfe: Subjektive Erklärungen

Die ökonomische Situation der Jugendlichen und jungen Erwachsenen ist bis zum Eintritt in die Sozialhilfe geprägt durch die Abhängigkeit von der Einkommenslage der (finanziell eher armen) Eltern. Die jungen Erwachsenen selbst stehen am Ende ihrer Schullaufbahn oder am Anfang der Berufsausbildung und verfügen dementsprechend über keinen oder nur geringen (Lehrlings-) Lohn. Diese (positiv verstandene) ökonomische Verpflichtungslosigkeit bietet den Jugendlichen und jungen Erwachsenen zeitgleich den Schonraum, in dem sie sich ökonomisch, kulturell und auch sozial entwickeln können. Die Familie, aber auch das soziale Netz der jungen Erwachsenen nimmt auf diese Phase, die mit zentralen Entscheidungen verbunden ist, nur wenig Einfluss. Schlechte elterliche Beziehungen, die nicht selten von deren Trennung begleitet wird, bieten wenig Raum für eine Diskussion um den richtigen Schultyp oder den erwünschten Lehrberuf.

Es sind die Krisen im sozialen Umfeld, insbesondere die finanzielle Armut der Eltern, Scheidungsproblematik und Gewalterfahrungen im Elternhaus, die die Kinder und Jugendlichen zum Zeitpunkt ihres Sozialhilfeeintritts prägen, nicht die eigenen persönlichen Schwierigkeiten. Für diese sind die jungen Erwachsenen beim Eintritt in die Sozialhilfe noch zu jung. Herr A. kehrt im Interview immer wieder in seine Kindheit zurück und schildert den Umgang im Elternhaus:

> Herr A.: Der Stiefvater hat auch mal einen Saich (schweren Fehler) gemacht früher. Also er muss nicht sagen, wenn ich säll (dies) gemacht habe, oder er muss nicht sagen - oder er muss mir keinen Kläpper (Ohrfeige) hauen wegen dem. (...) Ich werde schon selber daraus lernen. Er kann mich noch lange so schlagen und so weiter, also ja. (...) Irgendwann mal habe ich darüber gelacht, als er mich geschlagen hat, habe es nur noch lustig gefunden. (...) Weil, er kann mich nicht ändern, er ist zwar streng erzogen worden früher...
>
> I.: Er hat Sie schon als kleines Kind geschlagen?
>
> Herr A.: Ja, genau, ja. Also ich möchte auch nicht länger über den Stiefvater reden, oder, weil er hat (...) auch immer gesagt, „gehst wieder hinde-n-umme go rede (hinter dem Rücken anderer reden), ich sei ein schlechter Vater oder so" (...) Dabei habe ich das nie gemacht. Wenn ich mal einen Flääre (blauer Fleck) auf der Wange gehabt habe, oder blaue Beine gehabt habe, sagte ich nichts, wenn die Kollegen gesagt haben, hey, was ist das, von was ist das, dann habe ich gesagt, ja, es war nichts, - ich habe selber - da - irgend etwas gemacht, wie auch immer, ja
>
> I.: Und eben deswegen ist es zu einer Beistandsschaft gekommen?
>
> Herr A.: Genau, also er hat mir das selber angeboten, oder. Ich meine, ich habe auch etwas daraus gelernt in der Zeit, als ich mit ihm aufgewachsen bin, also ja. (...) Er hat also ja - also er hat uns nicht immer zu essen gegeben. Aber wenn er mit meiner Mutter zusammen ist, muss er uns fast zu essen geben. Da hat er auch schon mal usegloo (gesagt), „hey, für was wohnst du da, du bekommst hier zu essen" und so weiter. Ich habe auch jeden Tag etwas gemacht, Geschirr abgewaschen oder so - oder - ehm - einfach im Haushalt geholfen oder meiner Mutter geholfen oder Treppenhäuser putzen. P1 (456:485)[147]

Auch Herr B. beginnt das Interview mit der Schilderung einer Krisensituation in seiner Kindheit: dem Umzug aus Südostasien in die Schweiz. Drei Jahre lebte er mit seiner Mutter im Geburtsland des Vaters bei dessen Eltern. Seinen Vater hat er eigentlich nie richtig erlebt, er war viel unterwegs. Dann plötzlich war die Mutter weg, es wurde Herrn B. nicht mitgeteilt, dass seine Mutter in die Schweiz übergesiedelt war. Erst ein paar Jahre später kam sie wieder, um ihn in die Schweiz mitzunehmen:

> Herr B.: Mein Vater, also richtiger Vater ist in Südostasien und meine Mutter hat einen Freund in der Schweiz und ich gehe in Asien eins, zwei Jahre in die Schule und dann habe ich keinen Kontakt mehr ge-

---

[147] Lesehilfen: Interviewpartnerinnen: Herr A. = Fall 1 (siehe Tabelle im Anhang); Quellenhinweise: P1 = PD (Primary document) / Transkription des Falls 1; Textstellenbezug: P1 (456:485) meint PD1/Transkription Fall 1, Quotation, Zeile 456-485.

> habt. Ich habe nicht mehr gewusst, dass sie gegangen ist und so.
>
> I.: Als Sie Ihre Mutter viele Jahre später in die Schweiz mitgenommen hat, sind Sie gefragt worden oder war das für sie klar.
>
> Herr B.: Ich bin schon gefragt worden, ob ich will. Am Anfang hat sie mich nur für die Ferien hingebracht, also drei Monate eigentlich, und dann gefragt, ob ich bleiben will. Ich habe damals noch nicht gut entscheiden können, ist schwierig gewesen, andere Kultur und so, und irgendwie habe ich schon Heimweh gehabt, aber irgendwie auch nicht. Etwas Neues zu sehen. Natürlich entscheidet die Mutter am Schluss selber. Sie sagt: Fertig, du bleibst da. P2 (78:90)

Ähnlich gestaltet sich die Anbahnung zu den sozialen Institutionen bei Frau C. und Frau D. Die Eltern von Frau C. trennten sich kurz nach der Geburt des jüngeren Bruders. Der Vater zog in die Ostschweiz, die Mutter blieb mit den Kindern in Basel, wohnte später für kurze Zeit im Tessin, kam dann nach Basel zurück und zog mehrere Male innerhalb der Stadt um. Da beiden Elternteilen das Sorgerecht entzogen wurde, übernahm ein Vormund die persönlichen und finanziellen Interessen der damals sechsjährigen Tochter. Erst mit der Zuweisung zu einer Pflegefamilie erfuhr das Kind - auch wenn es später zu verschiedenen Schwierigkeiten kam - eine Stabilität auch in residentieller Hinsicht. Auch der Lebensverlauf von Frau D. zeigt eine hohe räumliche Mobilität, die erst durch die Intervention der Jugendhilfeinstitutionen unterbrochen wurde: Aufgewachsen in der Ostschweiz mit starker Verwurzelung im ehemaligen Jugoslawien zogen die Eltern nach Basel, um sich dort selbständig zu machen. Mit der Trennung der Eltern und dem Fortzug des Vaters geriet die Mutter nicht nur in finanzielle Schwierigkeiten, sondern auch in einen erzieherischen Notstand. Es war die vorübergehende Heimeinweisung von Frau D., die die residentielle Ungebundenheit unterbrach.

In allen Fällen ist der Vertrauensverlust der Kinder gegenüber ihren Eltern eine wichtige Determinante für ihr Aufwachsen. Die Mangellage im Bereich des sozialen Kapitals wird von den jungen Menschen ressourcenorientiert umgedeutet: Sie fühlen sich faktisch nur für sich selbst verantwortlich und vertrauen schon vor dem Eintritt in die Sozialhilfe in erster Linie auf ihre (noch wenig entwickelten) eigenen Stärken.

Für Herrn B. ist die Zentrierung auf sein Ich die Bewältigungsstrategie. Er hat erfahren, wie schnell Beziehungen abbrechen können, ist kaum noch zum Beziehungsaufbau bereit, auch wenn sie ihm Hilfe versprechen (wie z.B. die Sozialhilfe). Irgendwo zu sein, ganz allein und für sich selbst zu entscheiden - dies ist das eine Extrem der Ich-Akzentuierung. Doch will Herr B. einen akzeptablen Platz in der Gesellschaft einnehmen, weshalb seine Ideen letztlich an seinem Integrationswillen scheitern:

> Herr B.: Ich habe schon überlegt - äh - damals vor einem Jahr habe ich gesagt, ja auf so eine Insel gehen, ja, keine Leute und so, stehst auf, wann du willst, wenn du Hunger hast, gehst du jagen, gehst Früchte holen, ja. Wenn du Lust hast für was, dann machst du das, es gibt kein Gesetz, keine Regel, ich meine, ja, du lebst allein, friedlich. Wenn ich jetzt mit Familie gehe, also auf meine Insel, dann bekomme ich zwei Kinder und mehrere, dann, wenn ich überlege, wir streiten, egal was. Er sagt, das ist mein, das ist mein und danach musst du wieder Regeln aufstellen und danach ist genau das gleiche wieder. Und im Prinzip ist es, wenn du allein bist, brauchst du nicht so viel Gesetze. Wenn du mehrere Leute bist, brauchst du Regeln. Aber wenn du allein bist, ist auch öd, es ist langweilig und ich habe niemanden. Irgendwo brauchst du, irgendwo ist es ein Teufelskreis und irgendwo ist da und etwas hier. Ich meine, du kannst auch nicht wechseln und dann kommt (...) Es ist halt so, du bist da, sitzt ab in der Welt. P2 (303:318)

Diesen Freiraum sozialer Bindungen, den alle vier Personen erlebt haben, füllten soziale Institutionen, indem sie familiäre Aufgaben übernahmen. Nicht immer war es die Sozialhilfe, die den ersten Kontakt zu den Kindern bzw. Jugendlichen hatte, immer aber war es eine Institution der gesetzlichen (nicht der freiwilligen) Jugendhilfe. Verzögert wurden die Interventionszeitpunkte durch eine *ausgesprochen hohe räumliche Mobilität* der Familien, wobei das Umzugsverhalten mit den Erwerbsmöglichkeiten korrespondierte. Bei Herrn A. war es der Sozialdienst der Jugendanwaltschaft, der sich einschaltete, nachdem der 12-Jährige durch den Konsum und Verkauf von illegalen Drogen straffällig geworden war:

> Herr A.: Von Basel sind wir in den Kanton Zürich umgezogen und dort machte ich einfach noch die Mittlere Schulreife, also zweite Klasse bis siebte Klasse. (...) Dort hatte es dann auch - ehm - wie soll ich sagen, Probleme gegeben, also ja, also in dem Dorf. Also auch mit dem Kiffen gab es Probleme. Als ich fünfzehn war. (...) Ich bin so sprichwörtlich das schwarze Schaf der Familie. Also ja, der Vater gibt einfach mir die Schuld. Also der Stiefvater. Weil sie hätten - in dieser Zeit hätten sie - also ich gebe auch mir die Schuld, ich habe die Fehler gemacht, aber irgendwie musste das so kommen, herauskommen, oder. Der Stiefvater arbeitete als Hauswart. Wir hätten im Nachbardorf ein Haus zu verwalten bekommen mit zugehöriger - einfach einer Wohnung. Dann hätten wir auch dort zur Schule gehen können. Und dann, wegen irgend einer Sache, die ich angestellt habe, habe ich, also ist das herumgegangen, von Dorf zu Dorf, und dann konnten wir nicht mehr - das übernehmen. (...) Es hatte irgendetwas mit dem Kiffen zu tun gehabt, oder und dann bin ich einfach auch in die Dings gekommen, in die Jugendanwaltschaft des Bezirks. P1 (309:349)

Auch bei Herrn B. waren es die Jugendfürsorge und die Instanzen des Kindesschutzes, die auf den verwahrlosten Neunjährigen aufmerksam wurden, nachdem dieser von seiner Mutter aus Südostasien in die Schweiz mitgenommen wurde und des öfteren bei deren Tanzauftritten in den Restaurants gesehen wurde:

> I.: Wie war das, als sie das erste Mal mit der Sozialhilfe in Kontakt kamen?
>
> Herr B.: Dann ist meine Mutter nach Zürich gezogen, also herumgereist und ich habe einfach für mich gesorgt. Dann bin ich in Basel in die Schule gegangen. Und irgendwie hat die Jugendfürsorge nach mir nachgefragt ob ich noch da bin und so. Und dann haben sie mich gefunden. Und dann sagen sie, ja es geht nicht so weiter und suchen wir die Mutter. Nachher haben sie die Mutter gefunden und dann haben sie gesagt wir bringen ihn in das Waisenhaus. Aber dann gibt es Widerspruch von der Jugendfürsorge, dass eigentlich meine Akte gar nicht so schlimm gewesen ist, also dass ich regelmässig in die Schule gegangen bin, keine Strafe gehabt habe. Und sie haben gesagt, ja, sie wollen es versuchen mit mir im Heim und dann nach drei Monaten schauen. Wenn es nicht läuft, können wir ihn immer noch in das Waisenhaus schicken. Und dann bin ich im Heim „schnuppern" gegangen und dann hat es mir gefallen, bin dort geblieben und nach drei Monaten oder so probezeitmässig konnte ich dort bleiben und eine Pflegefamilie finden. (...) Ich habe die Pflegefamilie ausgewählt, das war meine Tante(...) P2 (26:45)

In dieser in der Kindheit erfolgten Einflussnahme durch Institutionen der gesetzlichen Jugendhilfe (Jugendfürsorge, Jugendschutz, Jugendanwaltschaft) nach krisenhaften Verläufen im sozialen Umfeld der jungen Erwachsenen zeigt sich die herausragende Gemeinsamkeit im Typ 1. Wenn Beck (1986, 206f.) also von Individualisierung als dem Prozess des Herauslösens aus traditionellen Sozialstrukturen spricht, dann sind diese Jugendlichen die Opfer dieses Prozesses. Gleichzeitig werden diese Prozesse aber nach Beck in eine neue Art der sozialen Einbindung münden (Kontroll- und Reintegrationsdimension). In den vorliegenden Beispielen ist dies die Einbindung in die Institutionen der sozialen Sicherheit. Diese Institutionen wirken mit am Aufbau der noch kaum entwickelten Handlungsfähigkeiten. Insofern sind die Jugendlichen die Pioniere der Post-Individualisierung.

Damit findet der von Sen beschriebene Chancenaspekt der Freiheit (Sen 1999b, 17) insbesondere durch die institutionelle Einbettung der jungen Erwachsenen bereits im Kindes- und/oder Jugendalter seine Relevanz. Am Aufbau und der Erweiterung dieser Chancen wirken die Institutionen insbesondere auf zwei Ebenen: Zur Verbesserung der Ausstattung mit kulturellem Kapital (bes. Bildungstitel) nehmen sie Einfluss auf den Übergang an der ersten Schwelle (Eintritt in den Ausbildungsmarkt) und in Bezug auf die Ausstattung mit sozialem Kapital unterstützen sie eine Neuorientierung der jungen Menschen durch Fremdplatzierungen, Heimeintritte oder Pflegefamilien. Aus Sicht des „Capability-Ansatzes" ist der Typ 1 ein solcher, *in dem aktiv und durch massive Unterstützung von institutioneller Seite am Aufbau von Handlungschancen gearbeitet wird.* Durch die Massnahmen der Sozialhilfe entstehen Berechtigungen (z.B. auf Stipendien), werden Zugänge geschaffen (z.B.

zu Ausbildungsplätzen), wird die zukünftige soziale Position der jungen Erwachsenen im sozialen Raum zu beeinflussen erhofft. Weil die institutionellen Interventionen zumeist im Anschluss an Krisen im sozialen Bereich erfolgen und finanzielle Notlagen nach sich ziehen, geht damit einher, dass insbesondere die Sozialhilfe einen *familienersetzenden Charakter* erhält, obschon sie eigentlich nur einen auf die ökonomische Integration der Person ausgerichteten Auftrag hat.

8.1.4 Wege durch die Sozialhilfe: Institutionell gerahmte Integrationsprozesse in Mangellagen (Verlaufstyp 1)

Es könnte erwartet werden, dass sich die beruflichen, aber auch die sozialen Karrieren der jungen Erwachsenen dieses Typs durch die institutionelle Begleitung erfolgreich entwickeln. Und es liegt auch den jungen Erwachsenen daran, sich mit Hilfe einer qualifizierten Arbeitsstelle in die Gesellschaft zu integrieren:

> I.: Sie sind heute zwanzig Jahre alt. Wenn sie vorausschauen, so bis dreissig, was möchten Sie erreichen? Welches sind Ihre Ziele?
>
> Herr A.: Also mein erstes Ziel ist, dass ich einen Vertrag habe für nächstes Jahr (...), und dann möchte ich einfach ein wenig unterstützt sein, dass ich nicht von der Fürsorge leben muss. (...) Also, ich möchte eben eine WG aufmachen mit einer Kollegin und ihrem Freund (...), und dann möchte ich einfach Unterstützung haben, dass ich einfach genügend Geld im Monat habe zum Leben. So dass ich auch, dass ich so eben die Miete bezahlen kann, einen Teil der Miete, dass ich die Krankenkasse bezahlen kann - das Abo vielleicht noch. Das Velo (Fahrrad) habe ich zuhause - ja - und dann ja - dass ich einfach sonstige Sachen bezahlen kann, zum Beispiel auch Natelrechnungen. P1 (919:941)
>
> Ich habe mir vorgestellt, wenn ich so achtundzwanzig, dreissig bin, dann suche ich mir eine Frau. Also ja, dass ich mit der vielleicht Kinder haben kann oder so (...), ein, zwei Kinder. P1 (1019:1028)

Die Planungen von Herrn B. gehen in mancherlei Hinsicht noch nicht so weit, sind auch entgegengesetzt. Die Gründung einer Familie beispielsweise lehnt er ab:

> Herr B.: Wenn ich die Leute ansehe, wenn ich so denke wie ich gewesen bin und (...) so, ich hatte schon ziemlich gefährlich gemacht, und ich meine, nicht jedes kann das durchmachen, ich meine, dann geht er den falschen Weg und dann ist, ja, dann sehe ich dann schon, und wenn ich einfach jetzt Familie mache und gar nicht bereit bin, dann gibt es wieder Zerstreuung und, ja. Am Schluss ist der Junge schuld, der Kleine jetzt, wo gar nichts dafür kann. P2 (303:325)

Aber auch Herr B. plant in kleinen, jährlichen Schritten, und am Ende steht die Arbeitsmarktintegration.

> I.: Dann würde das heissen, dass wenn Sie nur mal so ein bisschen schauen, dass sie dann immer so temporär arbeiten oder mal dort einen Job machen und dann dort, wozu sie gerade Lust haben, wo es gerade möglich ist. Und wenn sich eine Gelegenheit ergibt, würden Sie wieder eine Ausbildung beginnen.
>
> Herr B.: Ja, genau, das ist es. Wie gesagt, wenn es gefällt, kann ich bleiben und Bewerbung schreiben, einfach mal anfragen, es kostet nichts und so, wenn es klappt, dann klappt es, wenn nicht, suche ich weiter. Wie Sie sagen, temporär, ich schaue auch immer Zeitung, was eigentlich zu mir passt, was ich für Möglichkeit habe, was ich anmelden kann, zum Beispiel die, wo eine Antwort, die du haben musst und meist antworte ich einen Abschluss, das fehlt mir noch. Wenn ich den habe, kann ich in jedem Fach einmal schnuppern gehen, einmal vorstellen, temporär oder weiss nicht was. P2 (564:574)

Die Schwierigkeiten der jungen Erwachsenen in diesem Typ liegen in dieser Dialektik zwischen der Herauslösung aus den familiären Bindungs- und Versorgungsstrukturen und der festen Einbindung in die Strukturen der sozialen Institutionen. Denn mit dieser Einbindung verbunden ist eine *institutionalisierte Standardisierung der Biographie*. Schon früh werden die Jugendlichen erfasst und aufgefordert, den Weg in die Arbeitsgesellschaft zu beschreiten: Sie werden angehalten, eine ihren Fähigkeiten entsprechende Schulausbildung zu besuchen, der Übergang an der ersten Schwelle wird intensiv zu begleiten versucht. Dabei bestimmen immer auch finanzielle Richtlinien das Machbare und zu Leistende. Wo die Ziele nicht erreicht werden können oder die jungen Erwachsenen diese Ziele nicht erreichen wollen, symbolisieren die Förderungsrichtlinien immer auch mögliche Sanktionsinstrumente (z.B. durch Kürzungen).

Zwangsläufig werden individuelle Bedürfnisse, die Suche nach den eigenen Vorstellungen und die Realisierung auch von unkonventionellen Ideen der jungen Erwachsenen in den Hintergrund gedrängt oder zeitlich befristet. Dies empfinden die jungen Menschen oft als Nachteil, sie fühlen sich bevormundet, in ihrer Phase des Experimentierens und Erfahrens behindert. Es entsteht eine konkurrierende Beziehung: Auf der einen Seite stehen die wohlfahrtsstaatlichen Institutionen mit ihren Interessen, auf der anderen Seite die jungen Erwachsenen mit ihren Unabhängigkeitsbestrebungen.

Herr B. wehrt sich gegen diese institutionelle Einbettung seit dem Eintritt in die Sozialhilfe. Obschon er seit seiner Kindheit regelmässig dort vorspricht, erinnert er sich beispielsweise im Interview gar nicht mehr an seinen letzten Termin und stellt sogar in Frage, noch immer unterstützt zu werden, will dies offensichtlich auch gar nicht:

> I.: Sie kennen jetzt ziemlich viele Institutionen. Sie haben das Kinderheim, die Fürsorge, das Arbeitsamt kennengelernt. Von all diesen Institutionen, den Leuten, die dort arbeiten, was erhalten Sie da an Hilfe?
>
> Herr B.: Eben, das ist eben das. Ich habe Ihnen am Anfang gesagt, ich habe nicht gerne, wenn andere Leute mir helfen, weil ich habe ein schlechtes Gefühl. P2 (481:487)

Aber auch gegenüber seinen Verwandten und allen weiteren unterstützenden Personen ist er sehr zurückhaltend:

> I.: Von Ihren Verwandten und Bekannten, die heute auch in der Schweiz leben, haben Sie zu denen gar keinen Kontakt mehr?
>
> Herr B.: Doch, aber nicht so familienmässig, einfach so Bekannte. Ich meine, es stört mich nicht. Wenn ich mit jemandem nicht auskomme, dann komme ich nicht aus.
>
> I.: Aber ganz oft ist es doch so, dass so die Familie oder die Verwandten dann noch da sind, wenn es einem ganz schlecht geht.
>
> Herr B.: Ich brauche das eben nicht. Ich habe ein bis zwei Jahre auf der Strasse gelebt, als ich klein gewesen bin also da in der Schweiz (...) eben da, als mich die Jugendfürsorge gesucht hat. Ich bin einer, der sich durchkämpft. Ich brauche niemanden, der mir hilft.
>
> I.: Aber das ist schwierig in Basel, oder wie sehen Sie das?
>
> Herr B.: Es geht. Ich weiss schon, bin ich in der Stadt gewesen, es ist etwas anderes. Aber ich meine, am Schluss kann niemand dich zwingen und entscheiden, tust du immer für dich selber, also ich meine, ist egal was passiert. Ich meine, wenn ich sage, ja, wenn ich das richtig mache und dann, ja, ich habe das gemacht und fertig. Und was ich nicht selber höre und nicht selber sehe, glaub ich nur halb. P2 (133:161)

Auch Herr A. hat Erfahrung mit dem Leben auf der Strasse und in Notschlafstellen. Auch er hat gegen den Willen der Sozialhilfe einen Teil seines Lebens selbst gestaltet und dabei die Beziehung zu seiner Familie faktisch abgebrochen:

> Ich habe wie ein Junkie gelebt. Ich habe zwar nicht gefixt und so, so mit diesen Leuten nicht viel zu tun gehabt, aber ich habe mit denen geredet und so - und ehm ja, ich war auch eine Zeitlang versifft herumgelaufen. Mit schmutzigen Kleidern, stinkenden Schuhen, ungepflegt - ungepflegt, ungepflegt habe ich ausgesehen. Und das also ja, diese Zeit ist für mich vorbei. P1 (753:765)
>
> I.: Sie sagten, Sie haben Schwestern. Haben Sie Kontakt zu ihnen?
>
> Herr A.: Vor drei Jahren einmal haben wir uns gesehen. Oder vor vier. Haben wir Kontakt gehabt. Mehr nicht.
>
> I.: Und zum Vater?

> Herr A.: Zum Vater habe ich also - Kontakt muss ich haben mit dem, weil wenn ich Arbeit habe, ich habe nach der WBS [8. und 9. Schuljahr, Anm. M.D.] habe ich grad eine Konditorlehre angefangen. Konditor. (...) Und währenddem ich Geld bekomme von der Lehre, bekomme ich auch von meinem Vater noch Kindergeld, also IV dazu. Einfach, das ist so ein Teilbetrag von dreihundertfünfzig bis sechshundert Franken. Und ich kann mich da nicht drücken, oder, also wegen dem, oder (...)
>
> I.: (...) die Beziehung zu ihm aufrecht erhalten (...)
>
> Herr A.: Also ich möchte auch meine Beziehung zu ihm, zum Vater möchte ich auch ein wenig aufbauen. Das heisst, ich möchte mal, sicher mal mit ihm reden und so. Ich kenne ihn nicht so gut.
>
> I.: Also haben Sie nicht, eben näheren Kontakt?
>
> Herr A.: Nein. Näheren Kontakt nicht, so wie er ist etwa, so, also da habe ich - weiss ich schon ein paar Sachen, wie er und dort ist - aber eben nicht so genau. Aber mit ihm reden, diskutieren einmal und so. Was er angestellt hat in seinem Leben oder was ich angestellt habe. Wir haben nur mal am Natel ein wenig geredet (...), bisschen kommuniziert - ich hab ihm auch einmal einen Brief geschrieben, eben wegen der Zeit, wenn ich in der Lehre bin, dass er mir Geld schicken soll. Das hab ich dann auch mit der Dings gemacht, mit der Beiständin zusammen. Den Brief zusammen geschrieben (...) die Adresse hab ich von der Mutter. P1 (376:417)

Es ist die Routine, mit den Beraterinnen und Beratern der Sozialhilfe, des Jugendschutzes etc. in Kontakt zu stehen, die die Situation der jungen Erwachsenen immer wieder zu stabilisieren vermag. Herr A. weiss durch den Kontakt mit den sozialen Institutionen, an wen er sich bei welchen Fragen wenden kann. Er kennt sich aus im sozialen Basel, nutzt verschiedene Beratungsstellen, bei denen er den Computer nutzen kann oder die ihn über rechtliche Fragen aufklären. Diese neuen Vertrauensverhältnisse sind keineswegs selbstverständlich, immerhin haben die jungen Menschen in ihrer Kindheit die Erfahrung gemacht, in erster Linie nur sich selbst vertrauen zu können. Herr B. übernimmt diese Einstellung in der Phase der Berufswahl. Er hat sich nur am Rande mit seinen Beratern auf der Sozialhilfe und dem Vormund abgesprochen. Schliesslich wählte er mit der Ausbildung des Elektromonteurs einen Beruf, von dem er nicht überzeugt war:

> Mein Wunschberuf war eigentlich Elektroniker, aber ich habe den Test nicht bestanden und nachher ich Fernsehradio-Elektroniker gemacht, Eignungstest habe ich bestanden aber es war keine Lehrstelle mehr frei. Und irgendwie habe ich verwechselt, ich meine, ich kann irgendwie weiterbilden durch Elektromonteur zu Elektroniker und so und da bin ich falsch gelegen. Quatschgedanke, aber es ist jetzt schon spät. P2 (44:49)

Folgerichtig kam es zur Auflösung des Lehrverhältnisses nach zwei Jahren, „weil es in der Firma Stress gab". Doch statt sich Unterstützung bei seinen Beratern zu holen, wählt er einen anderen Weg:

> Herr B.: Ich bin auf dem Weg zur Abschlussprüfung. (...) Ich gehe ihn selber, also (...) ohne Firma. Selber anmelden. (...) Ich habe alles, so Bücher nach Obligationenrecht nachschlagen, Prüfungsinspektor nachgefragt und es ist am laufen, also ich bin fast am Ende. Ich muss nur noch anmelden und schicken, und dann kann ich nächstes Jahr abschliessen. Und eben, ich meine, wenn ich mir so etwas Mühe gebe, dann ja. P1 (493:505)

Erst durch die Zusammenarbeit zwischen den Ämtern erfährt die Betreuerin auf der Sozialhilfe von den Anstrengungen. Sie schaltet sich aktiv und unterstützend in den Prozess ein, Herr B. lehnt diese Hilfe nicht ab. Denn letztlich hat Herr B. - wie auch alle anderen jungen Erwachsenen in diesem Typ - die Ambition, seine Position durch die Ausübung eines qualifizierten Berufs zu verbessern. Herr B. kennt die Lebensbedingungen seiner Kolleginnen und Kollegen aus den verschiedenen Heimen und weiss, was es heisst, sich ein Leben lang durch Gelegenheitsarbeit und Temporärjobs zu finanzieren:

> Eigentlich will ich einmal die Lehre abschliessen und jetzt bin ich einen Moment daran, und wenn ich habe abgeschlossen, dann ja, dann habe ich es geschafft, dann habe ich den Grundstein gelegt in der Schweiz. Das ist eigentlich wichtig da. Eine Lehre abzuschliessen. Es ist schwierig, eine Stelle zu finden,

> also, wo du möchtest gerne arbeiten, zum Beispiel wo du nichts in der Hand hast. Zum Beispiel Elektriker ist zwar nicht mein Ding, also meine Arbeit oder so, und ich möchte auch nicht weiter arbeiten an dem Job, aber ich meine, zweieinhalb Jahre habe ich gearbeitet an dem Job, das ist schon eine lange Zeit und eigentlich sollte ich da abschliessen. Nicht sinnlos einfach zwei Jahre einfach nichts gemacht. P2 (223:232)

Weniger ambivalent geht Herr A. vor. Zum Zeitpunkt des Interviews hat er seine Konditorlehre gerade abgebrochen, sucht aber eine neue Gelegenheit, einen Abschluss nachzuholen. Dabei meidet er Kontakte, die ihn zur Aufgabe seines Vorhabens bringen könnten. Obschon er kaum Geld hat, sich in den Monaten nach dem Lehrabbruch verschuldete, nutzt er nicht das Angebot der kostengünstigen Mahlzeiten in der Gassenküche:

> Herr A.: So bin ich zur Gassenküche gegangen. (...) Ich habe dort gefrühstückt und dann hatte es dort noch ein paar Alkis herum, viele Arbeitslose und so, und dann hat es mich grad afoo aaschiisse (angefangen zu nerven) oder. Dann bin ich schon gar nicht mehr gegangen, habe etwas anderes gemacht.
>
> I.: Und warum hat es Sie agschisse?
>
> Herr A.: Ich will jetzt nicht den anderen die Schuld geben, aber es kunnt mer eifach so iine (es passiert einfach so mit mir), sobald ich mit Leuten zusammen bin, die einfach nichts machen, werde ich genau gleich, so, (...) also muss ich mich schnell davon entfernen. P1 (235:249)

Mit dieser Vorsorge gegenüber den eigenen Schwächen und einer durch Beratungsstellen unterstützten Bewerbungsoffensive gelingt es Herrn A. in kurzer Zeit, zwei neue mögliche Lehrstellen zu akquirieren. Er arbeitet ein paar Tage in den Betrieben, die ihn als Koch oder als Maler ausbilden würden, und zieht letztlich die Malerlehre vor, weil die nur drei anstatt vier Jahre dauert. Für das kommende Jahr steht nun eine Lehrstelle in Aussicht. Diese will Herr A. machen, obwohl er seine Schwächen kennt:

> I.: Und möchten Sie die Ausbildung machen?
>
> Herr A.: Ja, also - ja - ja (Pause) ja sicher, ja.
>
> I.: Und Sie trauen sich auch zu, dies durchzuhalten. Sie sind bereit?
>
> Herr A.: Ich weiss jetzt nicht, wie ich darauf antworten soll - weil ich bin mir jetzt selber ein wenig unsicher, weil ich höre von meinen Kollegen selber - ja, der A. erzählt viel, der sagt das und das und hinten nach heisst es nur noch Schnurr Schnurr, aber machen tut er nie, oder. Aber das hat sich geändert, oder mit der Zeit, oder ich meine, ich war auch schon mal schlimmer dran.
>
> I.: Sie haben so gesagt, ja der A., dem kann man nicht so glauben, trauen Sie ihm, dem A. auch nicht?
>
> Herr A.: Nein, denn, wenn er mir das grad so sagt, oder ich sage es manchmal so - hey, ich habe zwar manchmal eine grosse Schnuure (erzählt viel, macht aber nichts), aber wenn ich das sage da, ich möchte eine Lehre machen, ich habe mir ein Ziel gesetzt, dann möchte ich das auch machen, oder. P1 (742:780)

Auch hier fällt auf, dass es keine Besprechung von Herrn A. mit der zuständigen Beraterin der Sozialhilfe gibt. Damit ist eine weitere Gemeinsamkeit der jungen Erwachsenen in diesem Typ formuliert: Die Arbeit der Sozialhilfe erfolgt oftmals zunächst gegen den Widerstand der jungen Erwachsenen. Die Fachpersonen erhalten wichtige Informationen erst spät und teilweise nur durch die allfällige Zusammenarbeit mit den anderen Ämtern. Die jungen Erwachsenen suchen Rat meist erst nach Misserfolgen. Diese Strategie führt allerdings nicht zu unwiderruflichen Misserfolgen, denn die Einbindung in die Sozialhilfe ist gefestigt. Die Fachpersonen kennen die Stärken und Schwächen weitgehend genau und können zielgerichteter unterstützen. Scheinbar verlorene Zeit kann so kompensiert werden. Und schliesslich wollen die jungen Menschen eine Ausbildung, sie streben ihre Integration in die Arbeitsgesellschaft an.

Welche Integrationsprozesse finden bei diesem Typ statt? Können typische Verläufe, misslingende oder erfolgreiche Prozesse festgestellt werden? Diese Fragen sollen anhand von 17 weiteren, zufällig ausgewählten Fällen aus diesem Typ untersucht werden. Im Fallvergleich, der auf den Dossieranalysen beruht, bestätigen sich bisherige Erkenntnisse, die zeigen, dass die Prozesse zwar von den sozialen Institutionen begleitet und vielfach auch geleitet werden, dass sie aber dennoch nur zum Teil in einer stabilen sozialen, ökonomischen und kulturellen Lage münden.

So ist bei neun der 17 zufällig ausgewählten Personen eine negativ verlaufende Krise im sozialen Bereich der Grund der Sozialhilfebedürftigkeit. Die Basis für eine soziale Integration ist von Seiten eines nicht intakten Elternhauses bereits massiven Belastungen unterworfen. Durch den Eintritt ins Heim, eine Pflegefamilie oder eine geschützte Wohngemeinschaft schon in früher Kindheit (Fälle 30, 33) oder als Jugendliche (Fälle 21, 28, 29, 31, 32) erfahren die Personen, dass ihre Eltern ihnen nicht mehr den Rahmen bieten können oder wollen, den sie zum Aufwachsen benötigen. Weitere kritische Ereignisse in diesem Zusammenhang sind der Kontaktabbruch zu den Eltern (Fall 26) und der Rauswurf aus der elterlichen Wohnung (Fall 27). Ein Teil von ihnen (Fälle 26, 28, 30, 33) zeigt in der Folge gesundheitliche Probleme, die therapeutisch behandelt werden oder eine Hospitalisierung zur Folge haben. Immerhin knapp die Hälfte der betrachteten Personen haben eine gesundheitlich schwierige Phase im Verlauf der Sozialhilfeabhängigkeit. Die Zahl derer, die wegen Drogen- oder Alkoholproblemen behandelt werden müssen, dagegen ist deutlich geringer.

Erstkontakte mit der Sozialhilfe aufgrund ökonomischer Krisen zeigen sich bei den anderen jungen Erwachsenen (Fälle 22, 23, 24, 25, 34, 35, 36 und 37): der Eintritt in die Lehre, die Frage eines Anschlusses nach dem Ende der Schule, die Geburt eines Kindes, die Arbeitslosigkeit. Hier steht die finanzielle Situation im Vordergrund, aber soziale Mangellagen begleiten auch diese Jugendlichen: Fall 25 tritt nach dem Schulabschluss in die Sozialhilfe ein, muss im Jahr darauf in die Psychiatrie eintreten; Fall 34 beginnt die Lehre und zieht von zu Hause aus, bricht die Lehre aber kurze Zeit später wieder ab und wird bei der Invalidenversicherung als Rentenbezieherin angemeldet. *Neben den sozialen Integrationsprozessen führen also auch die ökonomischen Integrationsbemühungen bei einem Teil der jungen Erwachsenen nicht zu einer dauerhaften Stabilisierung.*

Negativ auf diese Phase wirkt sich sicherlich auch das Volljährigkeitsalter aus, denn mit dem Erreichen des 18. Lebensjahres enden die gesetzlichen Angebote der Jugendhilfe. Wer beispielsweise in einer von der Jugendhilfe verfügten Wohnsituation lebte (Pflegefamilie, Heim, etc.), muss diese mit der Volljährigkeit verlassen und hat sich in der Stadt eine eigene Wohnung zu suchen. Viele der jungen Erwachsenen sind in kurzer Zeit für sich alleine verantwortlich. Hinzu kommen finanzielle Einbussen, denn wenn im Anschluss an die Schule keine Ausbildung absolviert wird, dann sind Eltern, die getrennt leben nicht mehr zur Alimentenzahlung verpflichtet.

Generell kommt es bei den jungen Erwachsenen mit der Volljährigkeit zu einer *Ausdünnung und Fragmentierung der institutionellen Rahmung*. Gestalteten die Institutionen während der Minderjährigkeit massiv die Handlungsfähigkeit der jungen Erwachsenen, so ist nunmehr die Hauptverantwortung auf die Sozialhilfe übergegangen. Weitere Institutionen wie der Lehrbetrieb, das Beschäftigungsprogramm oder das Arbeitsamt haben nur noch *intervenierenden* statt begleitenden Charakter. Zudem sind ihre Interventionen *fragmentiert*, d.h. sie erfolgen zu unterschiedlichen, nicht aufeinander bezogenen Zeitpunkten. Schliesslich hat sich bei den intervenierenden Institutionen eine Konzentration auf die ökonomischen Aspekte vollzogen, d.h. die Ausdünnung der institutionellen Rahmung vollzieht sich insbesondere zu Lasten des Aufbaus von Kompetenzen und Handlungsfähigkeiten im kulturellen und sozialen Bereich (vgl. Abbildung 14).

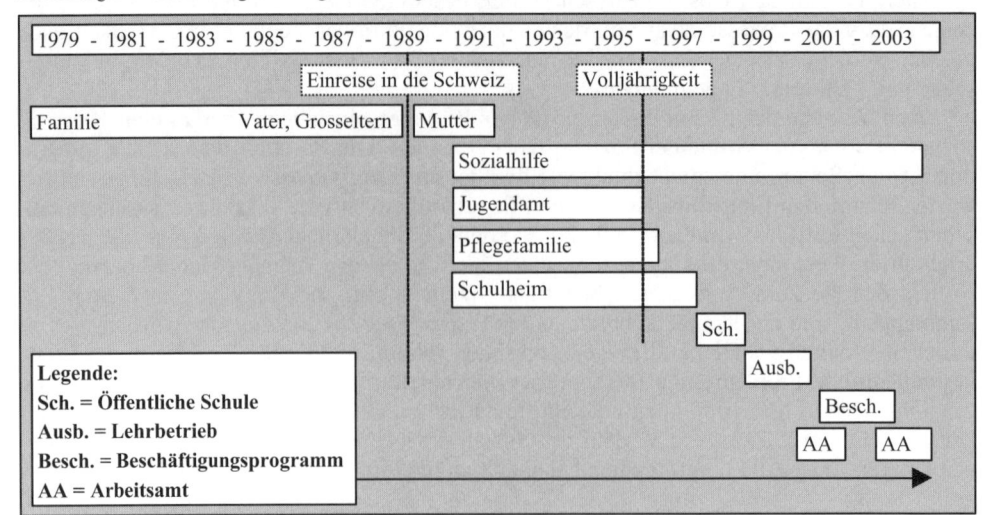

Abbildung 14: Ausdünnung und Fragmentierung institutioneller Rahmung: Herr B.

```
1979 - 1981 - 1983 - 1985 - 1987 - 1989 - 1991 - 1993 - 1995 - 1997 - 1999 - 2001 - 2003
                                     Einreise in die Schweiz    Volljährigkeit
Familie          Vater, Grosseltern   Mutter
                                      Sozialhilfe
                                      Jugendamt
                                      Pflegefamilie
                                      Schulheim
                                                                Sch.
Legende:                                                        Ausb.
Sch. = Öffentliche Schule                                                Besch.
Ausb. = Lehrbetrieb                                                      AA    AA
Besch. = Beschäftigungsprogramm
AA = Arbeitsamt
```

Dieses *Volljährigkeitsdilemma* drückt sich aus in den gehäuft auftretenden kritischen Ereignissen ab dem 18. Lebensjahr: Der Auszug aus dem Elternhaus, die Arbeitslosigkeit nach dem Schulabschluss oder -abbruch oder die Verschuldung mit anschliessender Betreibung (vgl. Abbildung 16).

Aber auch die anderen jungen Erwachsenen machen im Alter zwischen 16 und 23 Jahren den Schritt in die wohnliche Unabhängigkeit von der Herkunftsfamilie. Für einige ist die erste Standortwahl aber nicht die endgültige, sie ziehen erneut an einen anderen Ort. Die jungen Erwachsenen zeigen eine hohe räumliche Mobilität. Dabei spielen institutionelle Gründe (z.B. Kürzung der Wohnbeihilfen) keine Rolle, zumindest finden sich in den Dossiers keine entsprechenden Verfügungen. *Die Wohnungswechsel deuten hier eher auf eine Spiegelung der unsicheren Lebensphase in residentieller Hinsicht hin: So wie sie sich beruflich noch nicht etabliert haben, so sind sie auch in residentieller Hinsicht noch unentschlossen, haben sich noch nicht festgelegt.*

Trotz aller Mangellagen: Die jungen Erwachsenen sind vermittlungsfähig, sie sind in Lehrbetriebe integrierbar. Und sie bringen auch den Willen dazu mit. Allzuoft stehen allerdings die Belastungen aus ihrer Kindheit und die kritischen Ereignisse, die sie während der Unterstützung durch die Sozialhilfe erleben, einer dauerhaften Integration im Wege. So werden auch die Bildungswege erklärbar: Wie sehr sich die Institutionen bemühen, den jungen Erwachsenen eine Ausbildung zu ermöglichen, zeigt sich in der hohen Zahl der Lehreintritte. Immerhin 10 der betrachteten 17 Personen in der Stichprobe beginnen eine Lehre. Doch nur zwei von ihnen gelingt es auch, die Ausbildung zu beenden, die grosse Mehrheit bricht bereits nach kurzer Zeit wieder ab. Hier zeigen sich Grenzen sozialstaatlichen Handelns durch Institutionen.

Und dennoch lösen sich 10 von 17 Personen von der Sozialhilfe ab. Allerdings in solche Umstände, die eher prekär sind und vor einer Armutslage kaum schützen: mit einer Anstellung als Hilfsarbeiterin (Fall 22, 28 und 31) oder durch ein Integrationsprogramm (Fall 30). Zwei Personen verlegen ihren Wohnsitz ausserhalb des Kantons und werden bei anderen Sozialdiensten vorsprechen. Nur zwei Personen können als stabil integriert gelten: Sie finden eine Anstellung als Lehrperson (Fall 24) bzw. Krankenschwesternhilfe (Fall 33).

Typ 1: „Pioniere der Post-Individualisierung"

Abbildung 15: Kurzdarstellungen der Fälle im Typ 1

Fall 1 (Herr A.): 19 Jahre, m, ist nach dem Lehrabbruch verschuldet und mittellos. Abgelöst*: nein *Abgelöst: Bezugsdatum ist der 30.5.2003	Fall 2 (Herr B.): 12 Jahre, m, Eltern getrennt, Sohn wird verwahrlost aufgefunden, geht noch zur Schule. Abgelöst: nein	Fall 3 (Frau C.): 4 Jahre, wird mit den sozialhilfeabhängigen Eltern unterstützt, kommt später in ein Heim. Abgelöst: Anstellung als Teilzeitverkäuferin (Verweildauer: 18 Jahre)	Fall 4 (Frau D.): 10 Jahre, w, Eltern trennen sich, Eintritt der Kinder in ein Heim, wird zusammen mit Geschwistern und Mutter unterstützt. Abgelöst: durch Wohnsitzwechsel infolge Lehrstellenzusage (Verweildauer: 11 Jahre)
Fall 21: 18 Jahre, w, Eintritt in geschützte Wohngemeinschaft; keinen Kontakt mehr zur Mutter; ist schwanger; Kindsvater sozialhilfeabhängig, anerkennt Vaterschaft. Abgelöst: Stipendien für Ausbildung (Verweildauer: 6 Jahre)	Fall 22: 18 Jahre, m, tritt gemeinsam mit der Mutter nach der Trennung der Eltern ein. Abgelöst: Anstellung als Hilfsarbeiter (Verweildauer: 5 Jahre)	Fall 23: 18 Jahre, w, steht kurz vor dem Schulabschluss, hat Ernährungsprobleme. Abgelöst: nein	Fall 24: 24 Jahre, w, tritt mit Mann und Kind ein, besucht die Abschlussklasse einer Fachschule, Mann ist Strassenmusiker. Abgelöst: Anstellung als Sprachlehrerin in Grundschule (Verweildauer: 4 Jahre)
Fall 25: 16 Jahre, w, besucht das Gymnasium, macht eine Therapie nach massiven Problemen mit den Eltern. Abgelöst: nein	Fall 26: 18 Jahre, w, besucht die Abschlussklasse der Mittelschule, hat einen Vorstellungstermin für Ausbildung als Laborantin, wird gemeinsam mit der Mutter unterstützt. Abgelöst: Stipendium für Ausbildung (Verweildauer: 6 Jahre)	Fall 27: 20 Jahre, m, wurde von der Mutter aus der Wohnung gewiesen, besucht die Abschlussklasse der Mittelschule. Abgelöst: nein	Fall 28: 17 Jahre, w, Mutter gestorben, der Vater muss in die Strafanstalt, deshalb Aufnahme in ein Mädchenheim. Abgelöst: Stelle als Hilfsarbeiterin (Verweildauer: 5 Jahre)
Fall 29: 15 Jahre, w, Eltern getrennt, hat Streit mit der Mutter und sucht Unterkunft im Heim, besucht noch die Schule. Abgelöst: verlegt Wohnsitz nach Zürich (Verweildauer: 4 Jahre)	Fall 30: 7 Jahre, w, wird in ein Heim eingewiesen, nachdem die Mutter sich vom Vater trennt, in finanzielle Nöte gerät und ihre Tochter nicht mehr bei sich haben will. Abgelöst: besucht Integrationsprogramm (Verweildauer: 12 Jahre)	Fall 31: 16 Jahre, w, besucht die 8. Klasse, fällt wegen Verwahrlosung auf und wird in ein Heim eingewiesen. Abgelöst: als Hilfsarbeiterin (Verweildauer: 10 Jahre)	Fall 32: 15 Jahre, w, wegen Gewalt wird den Eltern die Obhut über ihre Kinder entzogen, das Kind kommt in eine Pflegefamilie, besucht noch die Schule. Abgelöst: nein
Fall 33: 14 Jahre, w, Eintritt in ein Heim nach der Trennung der Eltern, besucht noch die Schule. Abgelöst: Stelle als Krankenschwesternhilfe (Verweildauer: 8 Jahre)	Fall 34: 17 Jahre, w, steht am Ende ihrer Ausbildung zur Coiffeuse, wohnt alleine. Abgelöst: nein	Fall 35: 22 Jahre, w, hat nach dem Schulabschluss keine Arbeit gefunden. Abgelöst: nein	Fall 36: 18 Jahre, w, ist schwanger, hat gerade die Schule abgeschlossen und ein Praktikum beendet. Abgelöst: nein
Fall 37: 24 Jahre, w, hat sich vom Freund und Kindsvater getrennt, lebt mit Freund zusammen, sucht neue Stelle. Abgelöst: durch Verlegung des Wohnsitzes (Verweildauer: 2 Jahre)			

Anmerkung für die Abbildung 16 (siehe folgende Seite):
a) verzeichnet Hinweise aus den Protokollen der Fachpersonen der Sozialhilfe; bei Personen, die bereits als Kinder mit ihren Eltern oder einem Elternteil unterstützt wurden, sind Ereignisse erst verzeichnet, wenn die Kinder / Jugendlichen zu eingenständigen Klientinnen / Klienten wurden;
b) die Zahl entspricht der Fallnummer;
c) grau unterlegt ist das erste Ereignis, das im Dossier thematisiert wird und dient hier als Anfangspunkt zur Betrachtung der biographischen Episode.

Abbildung 16: Kritische und förderliche Ereignisse seit Eintritt in Sozialhilfe (Typ 1)

		< 14	15	16	17	18	19	20	21	22	23	24	25	> 25
Gesundheit	Anmeldung bei der Invalidenversicherung						34							
	Eintritt in stationäre Psychiatrie						25		34					
	Eintritt in Psychotherapie	33		25	30			36	28					
	Eintritt in Drogentherapie										25			
	Alkoholauffälligkeit									25				
	Drogenauffälligkeit				33				1, 23	33, 34				
	Spitalaufenthalt wg. chronischer oder schwerer Krankheit, psychosomatischen Problemen						28, 34	23	28	26				
	Längere Zeit krankgeschrieben													
Wohnen	Kündigung durch Vermieter/in; Räumung							32		33	35		24, 27	
	Trennung von Mitbewohner/in										21			
	Umzug in eine neue (eigene) Wohnung			34	4, 25	2, 3, 29, 30	1, 32	1, 2, 3, 21, 23, 27, 28, 29, 32, 33, 36	23, 26, 36	21, 31, 36	35			
Arbeit	Eintritt Fachstelle Arbeit und Integration*													
	Eintritt in ein Beschäftigungsprogramm						30	2, 25, 34		31	23			
	Aufnahme einer Arbeit ohne Qualifikation							1, 32	22, 25, 28					
	Arbeit in Temporärbüro / Gelegenheitsarbeit				34	4, 32	36		2			37		
	Arbeitsaufnahme im Beruf							27			27		24	
	Arbeitslosigkeit					23, 36	1, 32		22, 35	33		24, 37		
Finanzen	Wiedereintritt in die Sozialhilfe								1, 33					
	Ablösung von der Sozialhilfe						4, 29, 30	1, 3, 33		28, 33	21, 22	26		24, 31, 37
	Betreibung						32, 34			33			27	
	Verschuldung					4	1, 32, 34		23, 35	33		24, 27		

Alter

* bei Personen, die eine hohe Ablösewahrscheinlichkeit haben, wird hier ein einjähriges Programm angeboten, das verschiedene Trainings- und Coachingphasen beinhaltet.

Typ 1: „Pioniere der Post-Individualisierung"

Fortsetzung Übersicht

		<14	15	16	17	18	19	20	21	22	23	24	25	>25
Bildung / Beruf	Lehrabbruch									22, 28	27			
	Abschluss der Lehre			34					21				31	
	Stipendienunterstützung						36	3						
	Eintritt in die Lehre		34			32, 33	21	22	21	21, 27	27, 36			
	Schulabbruch				4, 32	23					26, 31, 35			
	Schulabschluss			25		28, 29, 36	22		31	26				
Eigene Familie	Tod eines Familienmitglieds													
	Gewalterfahrung in der Ehe						25							
	Chronische oder schwere Krankheit des Kindes						21							
	Begleitung des Kindes durch die Jugendhilfe							23, 36		23				
	Geburt eines Kindes					23	3, 21, 36		23	23			24, 37	
	Trennung vom Partner / von Partnerin								21, 23, 28, 33				37	
	Heirat						23				36			
Herkunftsfamilie	Tod eines Familienmitglieds													
	Eintritt in sozialpädagogische Wohngruppe der IV									34				
	Heimeintritt, geschützte Wohngemeinschaft, Pflegefamilie		29, 32	31	28	21								
	Rauswurf von Zuhause							27	26					
	Auszug von Zuhause			34		21								
	Wegzug der Eltern					21								
	Kontaktabbruch zu einem Elternteil		2, 32		28	21				26, 31			25	
	Trennung der Eltern													
	Gewalterfahrung im Elternhaus	2, 3, 4, 30, 33												
	Alter	<14	15	16	17	18	19	20	21	22	23	24	25	>25

Anmerkungen: siehe Seite 195. Quelle: Dossieranalyse, eigene Erhebung.

Diese Ambivalenz findet sich bei der Betrachtung der Verläufe aller 255 Personen in diesem Typ wieder (Tabelle 48): Mit 139 von 255 Personen haben sich 55% der jungen Erwachsenen in diesem Typ von der Sozialhilfe ablösen können. 21 von ihnen sind ein zweites Mal eingetreten. Die Aufnahme einer Arbeit stellt den wichtigsten Grund der ersten Ablösung dar, das heisst also, dass bei einem Teil die Integration in den Arbeitsmarkt zumindest kurzfristig gelingt.

Der Bezug von Stipendien für die Ausbildung ist der zweitwichtigste Ablösegrund. Theoretisch sollte die Unterstützung durch das Stipendienamt substituierenden Charakter haben, also keine zusätzlichen Sozialhilfeleistungen mehr nötig machen. Dies gelingt aber insbesondere bei ausländischen Personen und Schweizerinnen und Schweizern nicht, deren Eltern nicht im Kanton Basel-Stadt leben (Dokument 1).

Dokument 1: Stipendien Basel-Stadt und Basel-Landschaft: Antragsvoraussetzungen

Wegleitung und Information zum Anmeldeverfahren, Erziehungsdepartement des Kantons Basel-Stadt, Amt für Ausbildungsbeiträge

...
3. Beitragsberechtigte
Schweizer Bürgerinnen und Bürger
G§4 Als Kantonsangehörige im Sinne des Gesetztes gelten und sind zum Bezug von Ausbildungsbeiträgen berechtigt:
1. Schweizer Bürgerinnen und Bürger, deren Eltern im Kanton Basel-Stadt ihren zivilrechtlichen Wohnsitz haben, sowie bevormundete Schweizer Bürgerinnen und Bürger, für welche die Vormundschaftsbehörde Basel-Stadt zuständig ist.
2. Schweizer Bürgerinnen und Bürger, die vor Beginn der Aus- oder Weiterbildung, für welche sie Beiträge wünschen, entweder nach erster abgeschlossener Ausbildung (vierjährige vollzeitliche Erwerbstätigkeit wird dem Abschluss einer Erstausbildung gleichgestellt) während mindestens zwei Jahren im Kanton Basel-Stadt Wohnsitz hatten und durch eigene, vollzeitliche Erwerbstätigkeit finanziell unabhängig waren, oder während dieser Zeit einen eigenen Haushalt für Unmündige oder Pflegebedürftige geführt haben. ...

Ausländerinnen und Ausländer
G§5 Gleichfalls zum Bezug von Ausbildungsbeiträgen sind berechtigt:
1. Ausländerinnen und Ausländer, deren Eltern im Kanton Basel-Stadt ihren zivilrechtlichen Wohnsitz haben und entweder die Niederlassungsbewilligung oder seit fünf Jahren die Aufenthaltsbewilligung besitzen.
2. Ausländerinnen und Ausländer, die vor Beginn der Aus- oder Weiterbildung, für welche sie Beiträge wünschen, entweder nach erster abgeschlossener Ausbildung (vierjährige vollzeitliche Erwerbstätigkeit wird dem Abschluss einer Erstausbildung gleichgestellt) während mindestens zwei Jahren im Kanton Basel-Stadt Wohnsitz hatten und durch eigene, vollzeitliche Erwerbstätigkeit finanziell unabhängig waren, oder während dieser Zeit einen eigenen Haushalt für Unmündige oder Pflegebedürftige geführt haben, sofern sie entweder die Niederlassungsbewilligung oder seit fünf Jahren die Aufenthaltsbewilligung besitzen.
...

Gesetz vom 5. Dezember 1994 über Ausbildungsbeiträge, Kanton Basel-Landschaft

...
§4 Bezugsberechtigte Personen
Bezugsberechtigt für Stipendien und Darlehen sind, sofern sie im Kanton Basel-Landschaft stipendienberechtigten Wohnsitz haben:
Personen mit Schweizer Bürgerrecht einschliesslich Auslandsschweizer und Auslandsschweizerinnen;
Personen ohne Schweizer Bürgerrecht mit einer kantonalen Niederlassungsbewilligung.
...

Denn zum einen ist - sofern keine Bevormundung besteht - der Wohnkanton der Eltern Antragsort für Stipendien, was insbesondere junge Erwachsene, die emotional getrennt von den Eltern leben, vor Schwierigkeiten stellt, zum anderen sind im Kanton Basel-Stadt Personen mit einer Jahresaufenthaltsbewilligung erst 5 Jahre nach der Wohnsitznahme in Basel stipendienberechtigt. Falls die Eltern im Kanton Basel-Landschaft leben - und immerhin die

Hälfte aller Zugezogenen sind aus diesem Kanton zugezogen -, sind sogar keine Stipendienzahlungen möglich, da dort eine Niederlassungsbewilligung vorausgesetzt wird. Damit wird es für einen Teil der jungen Erwachsenen schwierig, wenn nicht gar unmöglich, sich mit Stipendien von der Sozialhilfe abzulösen, auch wenn sie es eigentlich aufgrund ihres beruflichen Werdeganges könnten. Und die Sozialhilfe muss eine Aufgabe übernehmen, auf die eine andere Institution spezialisiert ist.

Herr B. beispielsweise erhält vom Amt für Ausbildungsbeiträge auf sein Gesuch um Stipendien eine Absage. Denn die Vormundschaftsbehörde führte zwar, als sie ihn in verwahrlostem Zustand bei seiner Mutter vorfand, einen Obhutsentzug durch, richtete allerdings nie eine Vormundschaft ein. Insofern gilt er als nicht bevormundet durch den Kanton Basel-Stadt. Vom Amt her wird er aufgefordert, am Wohnsitz seiner Mutter - zu der er und die Sozialhilfe seit Jahren keinen Kontakt mehr haben - einen Stipendienantrag einzureichen.

Tabelle 47: Stipendienberechtigung in Abhängigkeit vom Aufenthaltsstatus

Fall	Stipendienberechtigt?
Schweizer, hat einen Ausbildungsplatz in Basel, seit drei Jahren in Basel wohnhaft, Eltern wohnen ebenfalls in Basel	Ja
Ausländer, hat einen Ausbildungsplatz in Basel, Niederlassungsbewilligung, seit 8 Jahren in der Schweiz, seit 3 Jahren in Basel wohnhaft	Ja
Ausländer, hat einen Ausbildungsplatz in Basel, Aufenthaltsbewilligung, seit 8 Jahren in der Schweiz, seit 3 Jahren in Basel wohnhaft	Nein
Ausländer, hat einen Ausbildungsplatz in Basel, Aufenthaltsbewilligung, seit 8 Jahren in der Schweiz, seit 3 Jahren in Basel wohnhaft, Eltern leben im Kanton Basel-Landschaft	Nein

Als drittwichtigster Ablösegrund zeigen sich erfolgsneutrale Gründe. Wie in der Stichprobe zeigt sich auch in der Gesamtheit, dass bei knapp 10% der Abgelösten ein Wohnsitzwechsel oder das Fernbleiben von der Sozialhilfe Ablösegründe sind.

Tabelle 48: Ablösegründe Typ 1 aus der Sozialhilfe (1. Austritt)

In Arbeit	Arbeitslosentaggelder	IV-TG/ Renten/ Beihilfe	AHV-Renten/ EL/ Beihilfe	Höhere Eigenmittel	Stipendien/ Ausbildungsbeiträge	Direkte Verwandtschaftsunterstützung	Heirat	Wegzug aus dem Kanton	Keine Gründe bekannt/ erkennbar	Gesamt
69	5	10	1	7	17	5	2	10	13	139

Anmerkungen: IV-TG = Taggeld der Invalidenversicherung; AHV = Alters- und Hinterbliebenenversicherung; EL = Ergänzungsleistungen. Quelle: Sozialhilfe Basel-Stadt, eigene Berechnung.

Fazit: Die „Pioniere der Post-Individualisierung" treten mit einem mangelhaften sozialen Kapital und einem noch im Aufbau befindlichen kulturellen Kapital zum grossen Teil bereits im Kindes- oder Jugendalter in die Sozialhilfe ein. Ziel der Sozialhilfe ist es, den z.T. schon bestehenden Einbettungsprozess zu koordinieren und neben der finanziellen Sicherung des Lebensunterhalts die soziale Integration insbesondere durch eine qualifizierte Ausbildung zu fördern. In einigen Fällen führt diese Strategie zum Erfolg, die jungen Erwachsenen können sich mit einem Beruf ablösen. In anderen Fällen dauert die Förderung an und werden die jungen Erwachsenen anderen Förderungsinstitutionen (z.B. Stipendienamt) übergeben. In vielen Fällen aber sind die Bemühungen nicht erfolgreich, zu viele weitere kritische Ereignisse finden in der Förderungsphase statt. Eine Integration ist immer wieder möglich (z.B. Lehre, Arbeit), endet dann aber oft ohne nachweisbare Erfolge (z.B.

Lehrabschluss, Festanstellung). Das heisst letztlich, dass sich die Handlungsfähigkeiten, auf die die Jugendlichen und jungen Erwachsenen bei Eintritt in die Sozialhilfe zurückgreifen können, trotz des hohen institutionellen Engagements von Seiten der Sozialhilfe und anderer sozialer Institutionen nur bei einem Teil verbessert haben. Die erfolgten Integrationsprozesse führen nur zum Teil zur Erweiterung der Handlungsfähigkeit.

8.1.5 Die bedeutungslose Stadt

Die jungen Erwachsenen im Typ 1 sind bereits in der Stadt aufgewachsen oder in der frühen Kindheit zugezogen, dementsprechend haben sie nie selbst entschieden, nach Basel zu ziehen. *Damit hat die Stadt für sie zum Eintritt in die Sozialhilfe keine entscheidende Bedeutung: Es ist der Ort ihres Aufwachsens, nicht der bewusst gewählte Arbeits- oder Wohnort.*

Dennoch hat es für die jungen Erwachsenen Vorteile, dass sie in Basel aufgewachsen sind oder in der Kindheit mit ihren Eltern zuzogen. Denn es sind die Städte und grösseren Gemeinden in der Schweiz, die über professionelle Institutionen der Sozialhilfe und des Kindesschutzes verfügen. Dies birgt den Vorteil, dass die Angebote zur Verbesserung der persönlichen Situation und auch die Angebote alternativer Wohnformen und Unterbringungen weitaus umfangreicher sind als im ländlichen Raum.

Gerade aufgrund der intensiven institutionellen Einbettung, in der sich die jungen Erwachsenen mit Eintritt in die Sozialhilfe befinden, kann bei den Pionieren der Post-Individualisierung kaum von einer „urban underclass" (Bremer & Gestring 1997; Wilson 1987) gesprochen werden, die sich als Überflüssige am Rande der Gesellschaft befinden. Statt von einer Exklusionslage sollte eher von einer Mangel- und Armutslage gesprochen werden. Auch eine residentielle Segregation nachzuweisen ist eher schwierig: Zum einen sind die Familien mehrfach quer durch die Schweiz oder auch quer durch Basel gezogen (allerdings eher in Wohngebiete mit mittlerer Sozialhilfedichte), zum anderen hat in vielen Fällen eine Platzierung in Pflegefamilien oder Schulheimen residentielle Segregationsprozesse aufgebrochen und auch zu - zumindest zeitweiligen - Vergrösserungen des sozialen Raums geführt. Da die Jugendlichen und jungen Erwachsenen zum Zeitpunkt des Eintritts in die Sozialhilfe auch noch selten über eine eigene Wohnung verfügen, zeigen sich entsprechend noch keine Verdrängungseffekte auf dem Wohnungsmarkt. Dies belegt Karte 5, wonach die jungen Erwachsenen bei Eintritt in die Sozialhilfe eine disperse Wohnortstruktur zeigen. Zum einen wohnen sie nahezu in allen Wohnvierteln, unabhängig davon, ob es sich um Viertel mit hoher oder niedriger Sozialhilfedichte handelt. Zum anderen zeigen sich keine Unterschiede in Bezug auf die Nationalität: Die Verteilung der 255 jungen Erwachsenen in Basel auf die Wohnquartiere ist selbst in Vierteln mit einer hohen Quote ausländischer Wohnbevölkerung (z.B. St. Johann, Sjh oder Matthäus, Mth) nahezu gleich.

Die Fakten aus den Sozialhilfedossiers weisen auf eine weitgehende Funktionslosigkeit der Stadt hin: Es wäre für die Jugendlichen und jungen Erwachsenen wahrscheinlich gleichgültig, ob ihr Aufwachsen bis zum Zeitpunkt des Eintritts in die Sozialhilfe in Basel, Zürich, Bern oder St. Gallen stattgefunden hätte. Herr A. kommt als Kind mit seinen Eltern aus Asien nach Basel, Herr B. wird von seiner Mutter im Alter von 9 Jahren nach Basel mitgenommen, reist aber in seiner Kindheit durch die ganze Schweiz; Frau D. zieht mit ihren Eltern im Alter von 7 Jahren von der Ostschweiz nach Basel. Es ist die Zufälligkeit, die die jungen Erwachsenen in die Stadt geführt hat, niemand von ihnen hat sich Basel als Ziel ausgesucht und in der kurzen Zeit bis zur Sozialhilfeabhängigkeit bildet sich kaum eine Identität als Baslerin oder Basler.

Typ 1: „Pioniere der Post-Individualisierung" 201

Karte 5: Wohnstandorte der „Pioniere der Post-Individualisierung"

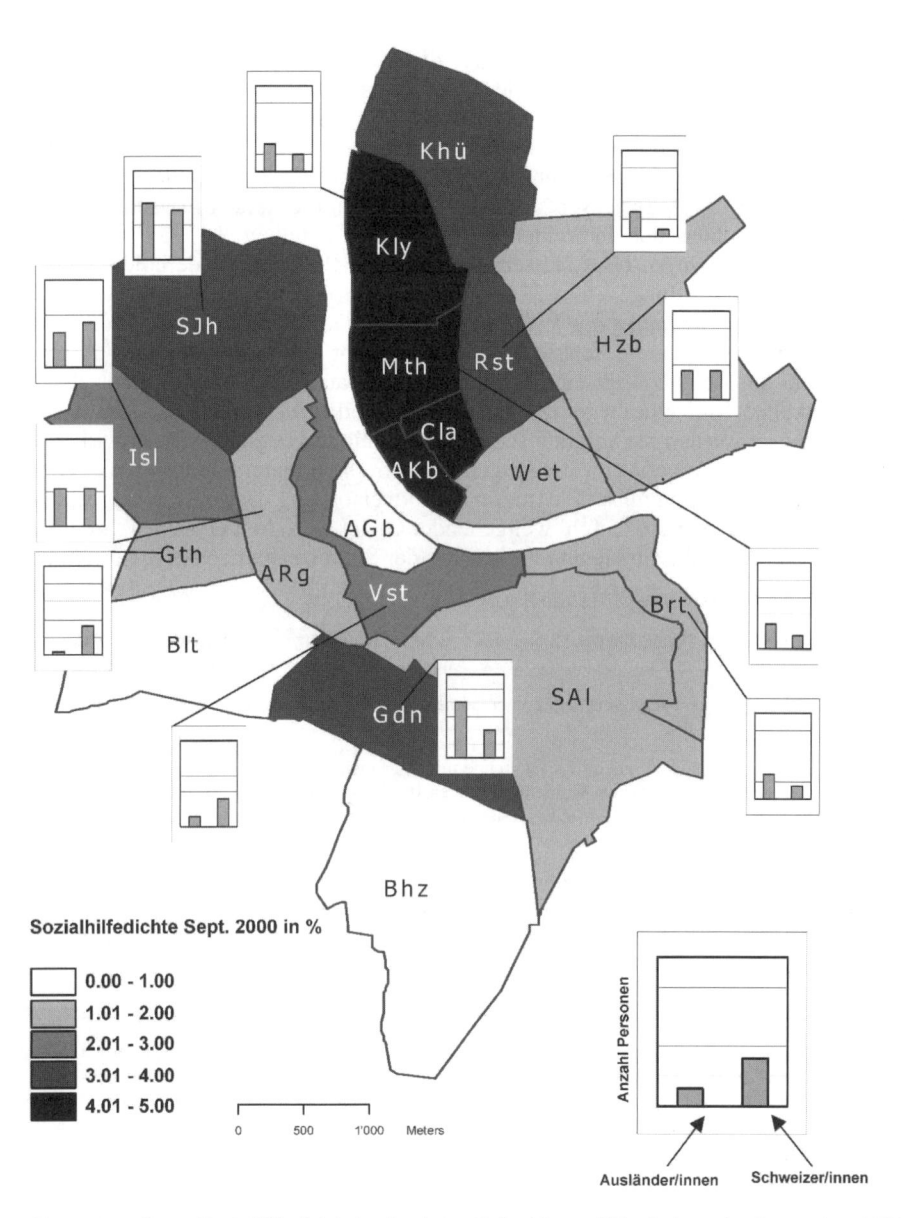

Sozialhilfedichte Sept. 2000 in %

- 0.00 - 1.00
- 1.01 - 2.00
- 2.01 - 3.00
- 3.01 - 4.00
- 4.01 - 5.00

Ausländer/innen   Schweizer/innen

Kartengrundlage: Sozialhilfedichte in absoluten Fallzahlen auf Blockebene im September 2000.
Vermessungsamt des Kantons Basel-Stadt.
Bearbeitung: Nina Cavigelli.
Quelle: Cavigelli 2003, 65.

Datengrundlage Karte 5: Sozialhilfe der Stadt Basel, eigene Berechnungen.
Abkürzungen der Quartiernamen: siehe Karte 1.
Bearbeitung: Matthias Drilling.

Allerdings hat ein Teil der jungen Erwachsenen die Differenzierungsprozesse der eigenen Eltern erlebt, denn immerhin zwei Drittel der jungen Erwachsenen in diesem Typ stammen aus finanziell armen Familien. Die Familie von Herrn A. beispielsweise zog nach dem Kriterium der besten Verdienstmöglichkeit durch die Schweiz, liess sich in einem Quartier mit mittlerer Sozialhilfedichte nieder. Ebenso die Mutter von Herrn B. Keiner der jungen Erwachsenen wuchs in einem der Basler Quartiere auf, das einen hohen Anteil an Akademikerinnen und Akademikern zeigt. Es sind eher die industriell geprägten Wohnquartiere, in denen die Herkunftsfamilien der jungen Erwachsenen leben. Es sind aber auch nur in Ausnahmefällen die Quartiere mit hoher Sozialhilfedichte oder einer schlechten baulichen Substanz, in denen das Aufwachsen stattfand. Das heisst, die jungen Erwachsenen haben in einer abgeschwächten und indirekten Form in ihrer Kindheit die städtischen Differenzierungsprozesse erfahren. Dass sie selbst nicht diese Prozesse wiederholen, dazu dient ihre institutionelle Einbettung.

Erst mit dem Erreichen der Volljährigkeit nimmt die Bedeutung der Stadt für die jungen Erwachsenen zu. Wer die Schule beendet hat, sucht eine Lehrstelle oder Arbeit, wer aus dem Heim austritt, benötigt eine Wohnung. Doch auch hier hat die Stadt als „Markt der Möglichkeiten" nur eine begrenzte Bedeutung für die Jugendlichen, denn in dieser Übergangssequenz werden sie von den sozialen Institutionen begleitet. Diese wirken wie Filter: Sie sortieren das Angebot für die jungen Erwachsenen, bieten Optionen an, geben Strukturen vor. Der Gewöhnungseffekt dieser Grundversorgung lässt dementsprechend bei den jungen Erwachsenen ein Gefühl weitgehender Gleichgültigkeit entstehen. Sie haben sich an diese Versorgung, die für sie unmittelbar mit der Stadt zusammenhängt, gewöhnt:

> I.: Was schätzen sie eigentlich an Basel?
>
> Herr B.: Nein, Basel schätze ich eigentlich nicht so. Ich schätze einfach Leute, die ich hier kenne. (...) Ich fühle mich sicher, da in Basel, irgendwie. Andere Ort finde ich auch aber in Ordnung.
>
> I.: Wenn Sie jetzt zum Beispiel in einer Gemeinde in der Agglomeration wohnen könnten, würden Sie das tun?
>
> E: Eben, das ist eben auch (...). Ich kenne mich gar nicht aus. Ich meine, vom Ort weg alles schon, aber was dort läuft und was im Moment an Stellen frei ist. (...) Wenn Du neu dazukommst, das ist schwierig für dich, du bist wie Aussenseiter, du lernst langsam. Alle kennen alles und dann brauchst du auch wieder Zeit. P2 (591:627)

Letztlich hat sich Herr B. mit der Stadt arrangiert. Aber dies bedeutet nicht, dass die Bindung an Basel unwiderruflich ist. Die jungen Erwachsenen zeichnen sich ja gerade durch ihre Fokussierung auf sich selbst und ihre hohe Mobilität aus, und da ist ein Umzug immer möglich:

> I.: Haben sie sich mal überlegt, von Basel nach Zürich oder nach Genf oder irgendwo anders hinzugehen?
>
> Herr B.: Das eben nicht. Basel ist schon meine zweite Heimat, irgendwie. Ich lebe mehr als Hälfte, halbes Leben hier und Thailand neun Jahre, hier ich mehr und ja. Ich meine, andere Ort sind auch schön, aber zum weiss nicht was, vielleicht einmal zum vorbeifahren, am Wochenende, schauen zu gehen die Leute. (...) Aber wenn es halt sein muss, dann muss ich gehen. Ich meine, es geht dann nicht anders. P2 (342:350)

Auch Herr A. hat sich mit Basel arrangiert. Er weiss, wo es Läden gibt, in denen er billig einkaufen kann oder gar zu einem kostenlosen Essen kommt. In welchem Quartier sie wohnen, ist beiden nicht gänzlich gleichgültig. Herr B. beispielsweise ist bereits viermal umgezogen, seine Wohnungswahl hängt mit dem Mietpreis und dem Quartier zusammen:

> Herr B.: Ja. Ich schaue eigentlich nicht auf das Quartier. Ich schaue auf was kostet. P2 (379)
>
> I.: Und wo würden Sie die suchen? Wäre das auch egal?

> Herr B.: Egal nicht, ich möchte schon Umgebung passen. Also Kleinhüningen will ich nicht und ja.
>
> MD: St. Johann oder Kleinbasel?
>
> Herr B.: Ja. Aber eben ist schwierig. Ich suche im Moment eine Fünf- bis Sechs-Zimmerwohnung, zu viert zusammen. P2 (419:431)

Herr B. lehnt mit dem Quartier Kleinhüningen eines mit hohem Ausländeranteil und sehr hoher Sozialhilfedichte ab. Er zählt sich nicht zu diesem Personenkreis, obwohl er selbst Ausländer (mit Niederlassungsbewilligung) ist und Sozialhilfe bezieht. Herr A. lebt sogar in einem Quartier mit niedriger Sozialhilfedichte. In wohnlicher Sicht suchen die Sozialhilfebeziehenden dieses Typs die „Normalität". Dennoch streben sie kaum soziale Kontakte an. Herr B. beispielsweise lehnt es ab, Personen aus seinem Geburtsland zu treffen, obschon ihm die Stadt Gelegenheiten dazu böte:

> Herr B.: Und eben dort ist jeden Samstag thailändisch Party. Dort sind meiste Thailänder, thailändische Musik. Aber Leute kennen sich auch, ja durch, ich weiss nicht. Ich bin eigentlich, ich bin eher mehr in der Kultur von der Schweiz aufgewachsen und die anderen Thailänder sind doch so - ah - ich bin nicht so. Wenn ich Thailänder sehe, laufe ich eher ein bisschen weg. Ich meine, ich weiss wie die Thailänder sind. Die passen mir auch gar nicht so. So ist es halt. P2 (462:469)

Damit zeichnet sich ab, wie schnell die anfangs bedeutungslose Stadt zu einer Stadt der Marginalisierung werden kann. Spätestens mit der Ablösung aus der Sozialhilfe wird es sich zeigen, inwieweit die jungen Erwachsenen in der Lage sind, aktiv auf den ökonomischen sozialen und kulturellen Differenzierungsprozess in der Stadt einzuwirken und sich zu positionieren. Die Antwort auf diese Frage wird letztlich die Antwort auf die Frage sein, wie sehr sich die Handlungsfähigkeit der jungen Erwachsenen bis zu diesem Zeitpunkt erweitert hat.

8.2 Typ 2: „Anpassungsorientierte junge Erwachsene": Unsichere und diskontinuierliche Assimilationsprozesse in der geteilten Stadt

8.2.1 Situation bei Eintritt in die Sozialhilfe: Anpassungsorientierte junge Erwachsene (Eintrittstyp 2)

Typ 2 umfasst 141 ledige junge Erwachsene, die bis kurz vor dem Eintritt in die Sozialhilfe noch im Arbeitsmarkt standen und im Jahr zuvor ein Einkommen von bis zu 15000 Fr. erwirtschafteten. Knapp die Hälfte von ihnen war in der Lage, ein - wenn auch bescheidenes - Vermögen (1000.- Fr.) anzusparen. Die andere Hälfte dagegen hat bereits Erfahrungen mit dem Betreibungsamt; allerdings liegt der durchschnittliche Schuldenstand unter Fr. 10000. Diese jungen Erwachsenen werden überbrückend unterstützt, aktuelle Arbeitslosigkeit ist der Hauptgrund für die Sozialhilfebedürftigkeit. In den Haushalten dieser jungen Erwachsenen leben praktisch keine Kinder, es sind zumeist 1- bis 2-Personen-Haushalte (im letzteren Fall sind die jungen Erwachsenen aber nicht der Haushaltsvorstand).

75% der jungen Erwachsenen in diesem Typ sind Schweizerinnen und Schweizer, daneben hat es Personen aus der Türkei und anderen Ländern mit einer Niederlassungsbewilligung. Die weitaus meisten der jungen Erwachsenen sind in Basel aufgewachsen, haben die Primarschule in der Stadt besucht. Doch nicht nur ihre schulischen Ressourcen sind als gut zu bezeichnen, sondern auch ihre Berufsbildung: 93% der Personen haben einen Berufsabschluss, entweder in Form einer Lehre (73%) oder einer Anlehre (20%). Zudem haben sie Eltern, die ebenfalls solide Berufspositionen innehaben: Knapp zwei Drittel der Eltern sind Handwerker/innen oder Angestellte (manchmal auch Akademiker/innen).

85% der jungen Erwachsenen haben Kontakt zu beiden Elternteilen, bei fast allen Personen lebt mindestens ein Elternteil in Basel. Knapp ein Drittel der jungen Erwachsenen wohnt zudem noch bei den Eltern (bzw. einem Elternteil). Das elterliche Netz konnte die Kindheit und Jugend finanziell ausreichend tragen, erst mit dem Übergang in den Beruf (also zwischen 18 und 21 Jahren) entstanden Engpässe, die durch die Sozialhilfe abgefedert werden müssen.

Fazit: Die assimilationsorientierten jungen Erwachsenen sind in mehr oder weniger soliden Elternhäusern aufgewachsen, haben eine Schulkarriere hinter sich, die sie zum erfolgreichen Abschluss einer Ausbildung geführt hat. Sie haben Eltern, die nicht selbst sozialhilfeabhängig waren und die grösstenteils in Basel leben. Es entsteht der Eindruck, dass es sich um „ganz normale" Stadtjugendliche handelt, sich die jungen Erwachsenen also kaum von solchen jungen Erwachsenen unterscheiden, die ohne Sozialhilfeunterstützung leben. Ihr kulturelles und soziales Kapital sollte eine Sozialhilfeabhängigkeit eigentlich vermeiden können. Nachteil ist die gegenwärtige Arbeitslosigkeit, die sich weder durch die elterlichen noch die eigenen Ersparnisse überbrücken lässt und damit in die Sozialhilfe führt. Im Bereich des ökonomischen Kapitals drückt sich auch die Prekarität dieser Gruppierung aus: Die jungen Erwachsenen haben kein Einkommen, aber Schulden, die - auch wenn sie niedrig sind - abgezahlt werden müssen, weil ihr Lohn sonst auf das betreibungsrechtliche Mindesteinkommen gepfändet wird; eine Erfahrung, die bereits 44% der jungen Erwachsenen in diesem Typ machen mussten.

8.2.2 Idealtypische Fälle: Übersicht

Fall 5: Frau E. meldet sich im Alter von 21 Jahren bei der Sozialhilfe. Sie ist in Basel geboren und hat die schweizerische Nationalität. Sie lebt als Einzelkind im Haushalt mit ihren Eltern. Ihr Vater ist Akademiker, die Mutter hat eine Ausbildung im Spitalbereich, ist seit der Geburt der Tochter aber Hausfrau. Frau E. hat knapp ein Jahr zuvor die Diplomhandelsschule abgeschlossen. In den Ferien hat sie temporär gearbeitet und so einen Teil ihres Lebensunterhaltes finanziert, ansonsten wird sie von ihren Eltern versorgt. Eine Stelle hat sie anschliessend nicht gefunden. Weil sie sich erst spät auf dem Arbeitsamt meldete, ist ihre Rahmenfrist bereits abgelaufen und damit auch der Anspruch auf Arbeitslosentaggeld. Bei Eintritt in die Sozialhilfe ist Frau E. im vierten Monat schwanger. Ihr Freund kann sie nicht unterstützen, da er selbst arbeitslos wurde und keine Ausbildung hat. Ihre Eltern haben ihr die Ausbildung finanziert und ein Sparbuch angelegt. Diese Ersparnisse sind bis auf eine geringe Summe aufgebraucht, nun wollen die Eltern die Tochter nicht mehr bedingungslos finanzieren. In dieser Situation meldet sich Frau E. bei der Sozialhilfe und deklariert zudem, vor der Geburt ihres Kindes eine eigene Wohnung (ohne den Kindsvater) beziehen zu wollen.

Fall 6: Frau F. ist 23 Jahre alt, als sie in die Sozialhilfe eintritt. Sie ist ledig und kinderlos, lebt - ebenso wie ihr Bruder - bei ihren Eltern. Frau F. ist in der Türkei geboren, von wo aus die Familie nach Basel gezogen ist. Der Vater hat eine Hilfsarbeiterstelle angenommen, ist zum Zeitpunkt des Eintritts seiner Tochter in die Sozialhilfe IV-Rentner, die Mutter arbeitet in einem Gewerbebetrieb. Alle Familienmitglieder haben die Niederlassungsbewilligung. Frau F. hat die Primarschule in Basel besucht und ist nach der Sekundarschule in die Berufswahlklasse übergetreten. Gleich nach Schulende hat sie eine Lehre als Zahnmedizinische Assistentin absolviert, anschliessend ein Jahr in ihrem Beruf gearbeitet, ist dann aber ins Telefonmarketing und später in den Verkauf gewechselt. Sie kann keine ausreichende Erwerbszeit vorweisen und erhält kein Arbeitslosentaggeld. Ihre Ersparnisse sind gering, sie ist mit einigen Tausend Franken verschuldet, aber noch nicht betrieben worden. Für diverse Prämien, z.B. die Krankenkasse, kommt ihr Vater auf. Als aktuellen Grund für den Sozialhilfeantrag nennt Frau F. einen Streit zu Hause. Ihre Familie sei alevitischen Glaubens, sie selbst wolle einen moslemischen Mann aus dem ehemaligen Jugoslawien heiraten und deshalb den Glauben wechseln. Es kam zur Auseinandersetzung mit ihrem Vater, der Frau F. kurzerhand aus der Wohnung wies. Zur Zeit lebt sie notfallmässig bei einer Freundin, ebenfalls im Kleinhüningen, einem Quartier mit hoher Sozialhilfedichte.

Fall 7: Herr G. ist 22 Jahre alt, als er sich bei der Sozialhilfe meldet. Er ist zwei Jahre zuvor aus dem Kanton Solothurn zugezogen. Er ist der älteste Sohn einer vierköpfigen Familie. Der Vater von Herrn G. hat verschiedene Erwerbstätigkeiten ausgeführt. Die Mutter ist Hausfrau. Durch den häufigen Stellenwechsel des Vaters ist Herr B. in seiner Kindheit fast ein Dutzend Mal in der Deutschschweiz umgezogen. Damit einher gehen Schulwechsel. Während der Schulzeit wird Herr G. kriminell, ein Aufenthalt in einer Jugendstrafanstalt ist die Folge. Von dort aus kann er eine Lehre beginnen, die er mit dem Abschluss als Gärtner erfolgreich beendet. Nach der Lehre folgt der Militärdienst. Zwischenzeitlich lassen sich die Eltern scheiden, heute leben sie beide in Basel. Herr G. unterstützt bis zum Sozialhilfeeintritt seine Mutter mit einem Teil seines Verdienstes aus den Gelegenheitsarbeiten. Der Vater von Herrn G. hat nochmals geheiratet und mit der neuen Frau eine zweite Familie gegründet. Seither hat Herr G. wieder ein besseres Verhältnis zu ihm. In Basel wohnt Herr G. mit seiner Freundin zusammen, die von ihm ein Kind erwartet. Er ist durch Miet- und Prämienrückstände verschuldet. In dieser Phase der beruflichen Neuorientierung und drohender Betreibung kommt Herr G. zur Sozialhilfe.

Fall 8: Frau H. kommt mit 21 Jahren zur Sozialhilfe. Sie wohnt mit einem ebenfalls durch die Sozialhilfe unterstützten Freund zusammen in einer 2-Zimmer-Wohnung in Kleinbasel. Frau H. ist Schweizerin, in Basel geboren und hat dort die Schule besucht. Ihre Eltern leben gemeinsam in einer Basler Vorortgemeinde. Der Vater ist Angestellter in der Industrie, die Mutter Hausfrau. Frau H. ist Einzelkind, später kommt noch eine Verwandte in den Haushalt, weil sich deren Eltern trennen, die beiden gleichaltrigen Kinder entwickeln allerdings keine Beziehung zueinander. Nach der Schule macht Frau H. eine Ausbildung als Fachverkäuferin im Bereich Tierpflege. Diese Ausbildung schliesst sie ab, obwohl sie in der ersten Prüfung durchfällt. Anschliessend arbeitet sie aber nicht mehr in ihrem Beruf. Stattdessen nimmt Frau H. während der letzten 5 Jahre temporäre Anstellungen im Telefonmarketing und anderen Dienstleistungsunternehmen an. Immer wieder kommt es zu Kündigungen, entweder weil Frau H. mit den Arbeitsbedingungen oder dem Lohn unzufrieden ist oder weil die Arbeitgeber nicht mit dem Verhalten von Frau H. einverstanden sind. Frau H. ist praktisch schuldenlos, zeitweilige Zahlungsrückstände haben die Eltern beglichen. Zu diesen hat Frau H. auch heute noch Kontakt, wenn auch keinen guten. Stattdessen pflegt sie zur Mutter ihres Freundes eine intensivere Beziehung. In ihr findet sie auch die Person, mit der sie sich über wichtige Themen austauschen kann. In Vereinen ist sie aus finanziellen Gründen nicht, Freunde, sagt sie, habe sie eigentlich keine. Beim Erstgespräch nennt sie die gegenwärtige Arbeits- und Mittellosigkeit als Grund ihres Sozialhilfebedarfs.

8.2.3 *Wege in die Sozialhilfe: Subjektive Erklärungen*

Zeichnen sich die „Pioniere der Post-Individualisierung" durch Krisen in ihrem sozialen Umfeld aus, die bereits in ihrer Kindheit und Jugend eine institutionelle Rahmung zur Folge haben, so ist die Ausgangspartition der jungen Erwachsenen dieses Typs eine andere. Sie kommen erst nach der Volljährigkeit mit der Sozialhilfe in Kontakt, verfügen bereits über eine berufliche Ausbildung und haben Arbeitserfahrungen gesammelt. Allerdings kommt es bei der Erwerbstätigkeit weniger zu einer Vertiefung des erlernten Wissens, als vielmehr zu Arbeitseinsätzen in berufsfernen Bereichen. Frau E. (Handelsdiplom) und Frau F. (Zahnmedizinische Assistentin) jobbten zeitweise in verschiedenen Betrieben, Herr G. (Gärtner) arbeitete temporär im Strassenbau, Frau H. (Fachverkäuferin) war im Telefonmarketing tätig: Keine der Interviewpartnerinnen und -partner hat zum Eintritt in die Sozialhilfe oder bis kurz davor die berufliche Karriere fortgesetzt. Stattdessen begann eine Phase der Temporär- und Gelegenheitsarbeit in berufsfernen Bereichen, die immer wieder eine Unterstützung durch die Sozialhilfe notwenig machte.

> Frau H.: Im Telefonmarketing ist es normal, da bist du einfach ein paar Monate in dieser Firma, mal da, mal dort - ja - und dann wechselst du automatisch immer. Dazwischen hast du vielleicht wieder einen Monat gehabt, wo du Unterstützung gebraucht hast, bis du am nächsten Ort beginnen konntest - na - ist halt immer ein wenig ein Wechsel. P8 (586:592)

Im Verständnis des „Capability-Ansatzes" ist dies eine enorme Diskrepanz: Die jungen Erwachsenen eignen sich eine Fertigkeit an, mit der sie in der Lage wären, ein grösseres Güterbündel zu tauschen. Sie können diese Fertigkeiten allerdings nicht weiter nutzen. Das heisst, die gerade erst erworbene Handlungsfähigkeit geht ihnen bereits nach kurzer Zeit wieder verloren. Diese Situation meint Sen, wenn er von den *„entitlement failures"* infolge eines Verlustes der erworbenen Ausstattung (endowment loss, siehe Sen 1981, 45f.) spricht. Dabei ist es sehr erstaunlich, wie lange die jungen Erwachsenen die zumeist prekären Arbeitsbedingungen zu tragen bereit sind, denn mit der Entscheidung, temporäre Beschäftigungen anzunehmen, steigt auch die Wahrscheinlichkeit, gesundheitliche Schäden davonzutragen.

Diese Berufsferne erklären die jungen Erwachsenen mit zwei Gründen: Zum einen war der erlernte Beruf nicht unbedingt auch der erwünschte Beruf (und die Eltern unterstützten die Berufswahl kaum konstruktiv), zum anderen liess sich trotz Bemühungen auch von Seiten der Berufsberatung und der Arbeitsämter nach der Ausbildung kein Einstieg in den Beruf finden:

> Frau H.: Zwei, drei Mal bin ich da auf die Berufswahlbüros gegangen. (...) Und da haben sie eben auch geschaut. Dann kommst du da so in einen Computer, wo sie schauen, was eben geeignet wäre für dich von den Interessen her und alles. Und dann schlussendlich war es einfach zu wenig und, ja, dann hat es geheissen: Verkauf, das wäre doch etwas - und - ja - so ist es dann passiert.
>
> I.: Ihre Eltern, was haben die dazu gefunden?
>
> Frau H.: Ja, nicht viel, die waren einfach froh, dass ich eine Lehre mache.
>
> I.: Nicht diskutiert, was es sein könnte?
>
> Frau H.: Nein, nicht gross eigentlich. P8 (331:346)
>
> I.: War das Ihr Wunschberuf?
>
> Frau H.: Nein.
>
> I.: Was hätten Sie gerne gemacht?
>
> Frau H.: Ich weiss gar nicht. Ich habe mir gar nicht gross Gedanken gemacht. Eigentlich. Ja und dann ist es irgendwann so weit gewesen, mit der Schule ist es fertig gewesen. Dann habe ich eine Lehre gesucht. Dann habe ich einfach gedacht: Verkauf. Dann plötzlich bin ich auf Zoofachverkäuferin gekommen, weil ich Tiere gern habe. Habe ich mir gedacht, mit Tieren zusammen so. (...) Aber Wunschberuf - Nein, ist es nicht gewesen. P8 (207-222)

Für Frau E. war die Ausbildung auf der Handelsschule eine Idee unter vielen:

> I.: Sie haben gesagt, Sie hätten verschiedene Schulen so ein bisschen wie unbestimmt einmal angefangen, ohne klares Ziel vor Augen, was daraus werden soll.
>
> Frau E.: Ja. Genau, das ist es hauptsächlich gewesen. Ich glaube, weshalb das nie zu einem Ende geführt hat. Weil es kein klares Ziel war, sondern mehr einmal sich beschäftigen müssen und hoffen dass die Zeit einem eine Lösung bringt. Weil eben, wie gesagt, interessiert hat mich viel. Aber mir vorstellen können, auf was ich mich konzentrieren soll, das konnte ich wirklich nicht. P5 (175:183)

Herr G. absolvierte seine Lehre während der Zeit in der Erziehungsanstalt. Aus den Möglichkeiten, die er dort hatte, wählte er einfach eine. Das Interesse an diesem Beruf enstand dann erst während der Ausbildung:

> Herr G.: Ja, ich wusste dort nicht, was ich lernen wollte, weil es hatte zehn Lehren zur Verfügung. Das ist das einzige Heim, wo es so viele Lehren gibt zum machen. Und Sie haben mich nachher zur Strafe zum Gärtner hinunter geschickt.
>
> I.: Zur Strafe?
>
> Herr G.: Alle die Saich (groben Unfug) gemacht haben oder zu spät gekommen sind, denen hat man immer gesagt, du musst zum Gärtner hinunter arbeiten gehen. (...) Ich habe das zwar nachher öd gefunden im Nachhinein, eben so als Strafe, weil eben Bauer hat mir nachher angefangen Spass zu machen. Darum bin ich nachher auch unten geblieben und das ist nachher so meine Bestätigung gewesen - oder ich wollte mir auch bestätigen, weil - eben mir hat das angefangen Spass zu machen - mit dem Traktor und alles. Eben auch von der Abwechslung her. Du bist nicht in einer Bude, wo du tagein, tagaus dasselbe machst, einfach vor deine Maschine hinhockst und du bist mal da, mal dort, gehst auf einen anderen Hof, lernst andere Leute kennen oder einfach vom ganzen her. Du wirst ja als Selbstunternehmer ausgebildet. (...) Es ist eben eine rechte Anforderung, die du trotzdem noch hast oder. Du kannst eine Gärtnerlehre als Automechanikerlehre betrachten, die vier Jahre geht. Beim Gärtner machst du noch drei Jahre. P7 (1108:1144)

Dass die jungen Erwachsenen im Interview nicht auf Diskussionen oder Auseinandersetzungen mit den Eltern hinweisen über das, was sie werden sollen oder nicht werden sollen, weist darauf hin, dass die elterlichen Kontakte auch bei diesen jungen Erwachsenen nicht in jeder Hinsicht tragfähig waren. *Dies bedeutet nicht unbedingt ein Desinteresse von Seiten der Eltern, sondern kann auch ein übergrosses Interesse signalisieren; elterliche Beteiligungslosigkeit und Erwartungshaltung sind beide charakteristisch für die berufliche Entwicklung der jungen Erwachsenen in diesem Typ.* Die Eltern von Frau H. waren „einfach nur froh", dass ihre Tochter überhaupt eine Ausbildung begann und mischten sich nicht ein. Der Vater von Frau E. dagegen, der selbst Akademiker ist, hätte es schon gerne gesehen, wenn aus seiner Tochter „etwas richtiges" geworden wäre, was die Tochter als zu starke Einmischung empfand.

Zwar sind die Eltern der jungen Erwachsenen physisch verfügbar (in der Regel wohnen sie auch in Basel), dennoch kommt es in der Kindheit zu Schwierigkeiten in der Eltern-Kind-Beziehung. Frau E. nahm schon mit 14 Jahren Drogen, Ecstasy, LSD und Heroin, allerdings nie in einem Masse, dass sie „völlig verwahrloste":

> Eigentlich, in meiner Umgebung, von Kameraden bis Schulkollegen hat das niemand gemacht und ich habe mich halt einfach an die Älteren gehaftet, dann kam die Partyzeit auf, wo man dort herumsass und ich hätte dort gar nicht hin dürfen. Abends durfte ich in diesem Alter noch gar nicht fort, also ich ging dann einfach am Nachmittag, habe geschwänzt oder so oder war am frühen Abend dort, und dann schnell nach Hause und hatte so meine Tricks wie ich gleichwohl dort hin kam, obwohl ich so behütet aufwuchs. (...) Ich habe mir dort auch so wie eine Ersatzfamilie gesucht, falls es bei uns daheim in die Brüche gehen würde, dass ich noch irgendwo etwas hätte. Ja das lief schon so, ja. Und eben, mein Vater hat früher viel damit zu tun gehabt, also ich war sehr aufgeklärt, was Drogen anbelangt, es war ganz gezielt. Genau am wundesten Punkt eigentlich. P5 (461:484)

Auch Herr G. konsumiert bereits seit der Schulzeit Drogen. Auch heute noch verfällt er immer wieder in dieses Konsummuster. Zudem wurde er in der Jugend delinquent. Die Einweisung in das Erziehungsheim war die Konsequenz dieser Vergehen, aber nicht das Ende seiner Haltung:

> Ich habe dort auch viele Delikte gemacht, in meiner Jugendzeit. Ich habe Anschluss gesucht - halt auf deutsch gesagt einfach die falschen Leute angetroffen, und dann habe ich begonnen Saich (schwere Fehler) zu machen und dann fangen die Schulden schnell einmal an. Und ich meine nachher, wenn du Delikte machst, Autos aufbrichst oder einfach sonst Töffli (Mofas) klaust (...) musst du alles zurückstottern. Und die Alimente, die konnte ich nicht bezahlen, als ich neunzehn war und im Heim gewesen bin. Also die ganze Heimzeit bin ich schon - für mich - auf eine Art verdonnert worden, weil ich wusste, ich kann es eh

nicht bezahlen im Moment. Und das waren noch zwei Jahre. Auch noch. Also 24 x 500 Franken ja, das ist, da stockt sich dann schnell einmal die Schuld. Aber eben, das Ziel ist ja, wenn Du auf dem Betreibungsamt bist - also, was auch immer das Ziel ist -, dass du einen festen Job willst. P7 (498:524)

Es ist letztlich die Kombination aus belasteter Eltern-Kind-Beziehung und der damit zusammenhängenden, nicht adäquaten elterlichen Begleitung vor und in der Phase der Berufsfindung, fehlender Nachfrage von Seiten des Arbeitsmarktes zur Zeit des Berufseinstiegs und dem Versagen der institutionell organisierten Sequenzen, die für den Eintritt der jungen Erwachsenen in die Sozialhilfe verantwortlich ist.

Aus betriebsökonomischer Sicht sind die jungen Erwachsenen eine „lohnende Investition". Sie haben die Bedingungen des Arbeitsmarktes im Laufe ihrer Lehrzeit kennen gelernt und erfolgreich bestanden. Es sind also Personen, die fähig sind, Betriebsabläufe mitzugestalten und teilweise auch in eigener Verantwortung zu übernehmen. Andererseits wissen die Arbeitgeberinnen und Arbeitgeber um die kurz- bis mittelfristige Einsatzfähigkeit der jungen Erwachsenen, die ja eine sichere Berufsposition anstreben. So ergibt sich eine *kurzfristige, für beide Seiten gewinnbringende Allianz*: Kurze Zeit unter risikoreichen Bedingungen versuchen die jungen Erwachsenen maximalen Arbeitseinsatz zu bieten (um hohe Verdienste zu realisieren), dann aber kündigen sie wieder, weil sie sehen, dass die Arbeitsbedingungen langfristig ihr Bildungskapital gefährden. Im Grunde handelt es sich um *Exploitationsprozesse*: Die Arbeitgeber kalkulieren mit dem hohen Arbeitseinsatz berufserfahrener junger Erwachsener (sie können und wollen Verantwortung übernehmen), zahlen sie allerdings für eine unqualifizierte Tätigkeit und die jungen Erwachsenen sind bereit, in berufsfernen Tätigkeiten einen maximalen Einsatz zu leisten, wohl wissend, dass sie zwar kurzfristig ein hohes Einkommen realisieren können, mittelfristig aber ihren Status als Fachpersonen mit Berufsabschluss verlieren werden. Fünf Jahre sammelte beispielsweise Frau H. solche Erfahrungen, immer wieder vermittelt durch das Arbeitsamt:

> I.: Haben Sie mit Grundlohn plus Provision gearbeitet?
>
> Frau H.: Nein, gar kein Grundlohn war dort. (...) Nur Provision. Und wenn du nicht wirklich ein super Verkäufer bist, ja kannst Glück haben, kannst in einem Monat fünf-, sechstausend haben, und im nächsten Monat hast du vielleicht nur zweihundert. Dann musst du es einfach einteilen können, oder. (...) Ich hab's nur zwei Monate gemacht. Ein Monat war gut, da habe ich auch etwas um die dreitausend, dreieinhalbtausend gehabt, und eben der nächste Monat darauf nachher glaube irgendwie achthundert irgendwas noch. Ja, und dann im Monat drauf ist die Firma Konkurs gegangen.
>
> I.: Und dann, was haben Sie dann gemacht, als die Konkurs gegangen sind?
>
> Frau H.: Ich habe mich eben gemeldet auf einem Büro(...) das ist - eh bei Firmen, die Konkurs gegangen sind - und da mussten wir alle dahin. Für den Lohn, eben weil - es hat keiner den Lohn erhalten. Dann habe ich mich wieder angemeldet auf dem Arbeitsamt, derwiiil (zwischenzeitlich) eben Bewerbungen geschrieben. (...) Ja und einfach zwischendurch, als Überbrückung, war ich auf dem Arbeitsamt, einfach bis ich wieder etwas anderes gehabt habe.
>
> I.: Und was?
>
> Frau H.: Auch wieder Telefonverkauf.
>
> I.: Telefonverkauf?
>
> Frau H.: Ja, aber mit Festlohn diesmal.
>
> I.: Und auch unbefristet?
>
> Frau H.: Ja, aber da habe ich selber gekündigt, wie an anderer Orten auch, oder mal bin ich gekündigt worden, weil du einfach zu wenig Umsatz gemacht hast im Monat - also, du hast schon einen unbefristeten Arbeitsvertrag, aber wenn du jetzt drei vier Monate unter dem Minimum bist, welches du eigentlich haben solltest im Durchschnitt, mit welchem sie rechnen, dann ist auch nachher wieder schlussendlich die Kündigung.

I.: Was ist das Minimum?

Frau H.: Das ist unterschiedlich von Firma zu Firma.

I.: Ist es leicht zu erreichen?

Frau H.: Nein. Nein. Es geht nach Aufträgen pro Tag eigentlich. Du solltest insgesamt jetzt Aufträge für Tausend Franken haben im Tag, wenn es in der Werbung ist und dann hast du je nach Inserategrösse - es gibt ganz kleine Inserate, es gibt ganz grosse, oder. Wenn du natürlich nur eines hast für hundertfünfzig Franken, dann kannst du zehn Stück haben, blöd gesagt, bis du nachher dein Ding erreicht hast und - oder (...) Es ist einfach so ein Monatsdurchschnitt. Immer Ende Monat, welchen sie gemacht haben dann. Schlussendlich gewesen.

I.: Und das heisst, wenn das zwei Mal passiert, kündigen sie einem?

Frau H.: Nein - zwei, drei Mal einfach. Wenn du zwei, drei Monate hintereinander einfach zu wenig hast, dann hast du ein Gespräch, woran es liegt. Dann kriegst du vielleicht noch einmal eine Chance zum Probieren, und dann nachher hast du einfach normal mit Kündigungszeit.

I.: Wie vielen Personen ist es passiert, die da gearbeitet haben? In der Zeit, in der Sie da waren.

Frau H.: Oh - Jesses Gott, sicher jeder Zweite, Dritte. Das ist so, im Telefonverkauf ist immer ein Wechsel. (...) Und dann gibt es so Leute, die kommen, dann arbeiten sie zwei Wochen, dann sind sie wieder weg, also entweder freiwillig oder gegangen worden. Dann gibt's wieder einen Wechsel.

I.: Und wie viel Beschäftigte haben die insgesamt? Ungefähr?

Frau H.: Das ist unterschiedlich. Eine Firma, die hat nur fünf gehabt, dort waren es ungefähr fünfzig. Einfach im Schichtbetrieb. Drei Schichten auf den Tag verteilt P8 (592:742)

Diese Vermittlung Ausgebildeter in unqualifizierte Erwerbstätigkeiten zu verhindern, darin liegt eine zentrale Herausforderung der Integrationsbemühungen. Denn wenn es schon nicht möglich ist, junge Erwachsene mit einem soliden institutionalisierten Bildungskapital (also die am ehesten integrierbaren) in eine dauerhafte Beschäftigung zu integrieren, dann resultiert daraus einerseits die Frage, welche Perspektiven die nicht ausgebildeten Personen (also die jungen Erwachsenen in den anderen Typen) haben, und zum anderen die Frage, ob die Vermittlungsstellen nicht massgeblich an der Reproduktion der prekären Arbeitsumstände, in die die jungen Erwachsenen „abgelöst" werden, beteiligt sind. Wo solche Arbeitsbedingungen staatlich unterstützt werden - z.B. durch die Zuweisung von arbeitslosen Fachkräften - da stellt sich die Frage, ob der Staat nicht zum Handlanger wirtschaftlicher Interessen wird, obschon er eigentlich einen anderen Auftrag hat. In diesem Fall zeigt sich, dass das Biographie-Machen, von dem Beck spricht (Beck & Willms 2000, 86), zum zentralen Problem wird. Denn der Arbeitsmarkt wirkt dann nicht - wie Beck annimmt - auf eine Standardisierung von Biographiemustern hin, sondern eher auf ihre Destandardisierung: Ausgebildete werden zu Gelegenheitsarbeitenden, weil Arbeitsmarkttauglichkeit *keine* Bildung mehr erzwingt. Insofern sind die jungen Erwachsenen die Blaupausen der neuen Armut. Die „Labilisierung ihrer Existenzbedingungen im wohlfahrtsstaatlichen Kapitalismus" (Beck 1986, 153) resultiert aus der Tatsache, *dass Bildung nicht mehr vor Armut schützt.* Dieses Dilemma wird den jungen Erwachsenen mit dem Hinweis auf eine Phase (Armut als *biographische Episode*) verkauft, obschon die Gefahr gross ist, dass sie sich manifestiert und zum *biographischen Muster* wird.

8.2.4 *Wege durch und aus der Sozialhilfe: Unsichere und diskontinuierliche Assimilationsprozesse (Verlaufstyp 2)*

Mit dem Eintritt in die Sozialhilfe kommt es auf der einen Seite zu einem häufigen Wechsel zwischen Arbeitsstellen, deren Gemeinsamkeit die schlechte Bezahlung und die instabilen Anstellungsbedingungen sind. Auf der anderen Seite suchen die jungen Erwachsenen gerade solche Stellen auf, weil sie die Chance sehen, kurzfristig selbst bei schlechten Arbeitsbedingungen hohe Einkommen zu realisieren. Aus diesem Dilemma gelingt es den jungen Erwachsenen kaum, selbständig auszutreten. Sie sehen die Arbeitsgesellschaft als zentrales Identifikationsobjekt, wollen sich durch die Berufsposition auch sozial verbessern. Wie lange diese Übergangsphase berufsferner Tätigkeiten dauert, daran wird sich die Verweildauer auf der Sozialhilfe bemessen.

> Herr G.: Ich mache jeden Job, den man mir gibt, oder alles auch sonst einfach - ja - alle haben ihre Grenzen, wo du sagst, ja, bis dahin mache ich. Aber im Allgemeinen darfst du dich in der heutigen Zeit auch nicht zu gut fühlen, für so etwas, also wenn du kein Geld hast und unbedingt einen Job willst. (...) Weil auch überall, wo du arbeiten gehst, oder ob das jetzt temporär ist, weil das erste, was er von dir sieht, ist, dass du arbeiten kannst. Dass du auch flexibel, dass du pünktlich bist, dann wird er dir am Anfang einen Scheissjob geben, das sagt er dir dann aber auch grad. Weil er will sehen, dass du das auch kannst und erst einmal einen Einsatz sehen will von dir. Und eben dann kommt der Job - dann bekommst du mal einen besseren Job oder - so fängt das ganze an - meistens. P7 (1504:1531)

> Frau E.: Das ist dann auch so ein bisschen meine Frage, wie geht es nachher weiter, weil nachdem die Kinder im Kindergarten sind oder so, oder in eine Krippe kommen, möchte ich eigentlich auch wieder einsteigen, aber ich habe noch gar nicht angefangen. Ich muss erst jetzt einsteigen und meine Ausbildung sicher auch noch vertiefen und erweitern, dass ich überhaupt eine Chance habe, das zu machen, was ich wollte. P5 (235-240)

> Frau E.: Auf jeden Fall einmal richtig anfangen, ich habe so langsam das Bedürfnis ich möchte einmal anfangen, einsteigen. P5 (277:278)

> Herr G.: Wenn du weisst, dass du ein Kind hast, dann (...) möchtest du dem Kind auch einmal etwas bieten können und sagen, eben: Ich hab das gemacht und da - und nicht einfach ein Papi sein, bei dem das Kind nicht - wenn es einmal heisst, was arbeitet dein Papi, weiss, was er tut oder sagt er arbeitet mal da mal dort. P7 (423:430)

Es ist der Assimilationsdruck, der die jungen Erwachsenen in den Arbeitsmarkt drängt. Dabei gehen sie Arbeitsverträge ein, die zahlreiche spezielle Bedingungen enthalten, die sich zu ihren Lasten auswirken können (Dokument 2)

Dokument 2: Formen von Arbeitsverträgen

Entlöhnung auf Provisionsbasis ohne Grundlohn: Beispiel Arbeitsvertrag Coiffeur
... Vertragsdauer: Das Arbeitsverhältnis im Teilzeitbereich (100%) beginnt am ... und wird auf unbestimmte Zeit abgeschlossen. Lohn: Der Arbeitnehmerin steht folgender Lohn zu: 40% des Umsatzes der erbrachten Arbeit, 20% aus dem Gewinn von Produkten ...
Entlöhnung auf Provisionsbasis mit Grundlohn: Beispiel Arbeitsvertrag Kundenakquisition Lebensmittelbereich
... Vertragsdauer: Das Anstellungsverhältnis wird auf unbestimmte Zeit abgeschlossen. Entlohnung: Provision Die Provision wird wie folgt geschuldet: Bis und mit 59 Neukunden pro Monat je Fr. 10.-/Neukunde 60 bis 69 Neukunden pro Monat je Fr. 16.- /Neukunde 70 bis 79 Neukunden pro Monat je Fr. 20.-/Neukunde 80 bis 89 Neukunden pro Monat je Fr. 24.-/Neukunde 90 bis 99 Neukunden pro Monat je Fr. 26.-/Neukunde 100 bis 109 Neukunden pro Monat je Fr. 28.-/Neukunde ab 110 Neukunden pro Monat je Fr. 30.-/Neukunde Der Arbeitnehmer erhält ein monatliches Fixum von Fr. 1100.- Im ersten Arbeitsmonat erhält der Arbeitnehmer einen Vorschuss von Fr. 1000.- der bei Austritt in Abzug gebracht wird. Die Provision gilt als verdient, wenn die vom ... aufgenommenen Bestellungen ausgeliefert worden sind ... Sollte das Geschäft nur teilweise erfüllt werden, d.h. der Kunde kauft für weniger als Fr. 50.- wird keine Provision entrichtet....

Fortsetzung Dokument 2:

Entlöhnung auf Provisionsbasis mit Grundlohn und gemittelter Lohnfortzahlung: Beispiel Arbeitsvertrag Kundenakquisition Telefonmarketing (Konsumartikel für den täglichen Bedarf)

...
Der Mitarbeiter erhält das Rayon ... mit den Telefonbüchern Nr. ... zugeteilt, für das er allein zuständig ist.
...
Provision: ... Die Arbeit ist auf ein minimales Fixum und Provision ausgerichtet. Der Fixlohn ist auf Fr. 1000.- festgelegt.
Sie erhalten 11,5% Povision auf alle fakturierten Aufträge mit einer Bruttomarge von 50% und mehr auf den Verkaufspreis.
Sie erhalten 8,5% Provision auf alle fakturierten Aufträge mit einer Bruttomarge zwischen 40-49% vom Verkaufspreis.
Sie erhalten 6,5% Provision auf alle fakturierten Aufträge mit einer Bruttomarge zwischen 30-39% vom Verkaufspreis.
Sie erhalten 20% Provision auf den Bruttogewinn, wenn die Marge zwischen 11-29% liegt.
Sie erhalten 10% Provision auf den Bruttogewinn, wenn die Marge zwischen 5-10% liegt.
... Ohne Provision sind auch Aufträge unter einem Fakturabetrag von Fr. 150.- ...

Lohnfortzahlung:
Für die Fortzahlung der Provision bei Ferien, Krankheit, Unfall oder anderen vom Mitarbeiter nicht beeinflussbaren Absenzen wird der Durchschnittslohn der letzten 6 Monate zugrunde gelegt.
...

Entlöhnung auf Provisionsbasis mit variablem Grundlohn: Beispiel Arbeitsvertrag Kundenakquisition Telefonmarketing Kosmetika

...
Aufgaben: Die Arbeitnehmerin hat folgende Aufgaben auszuführen: a) Telefonische Kontaktaufnahme und Verabredung mit Kunden mittels der Geschenkgutscheine, die die Beraterin der Telefonistin gibt, b) Telefonische Kontaktaufnahme und Verabredung mit bereits bestehenden Kunden, c) Telefonische Kontaktaufnahme und Verabredung mit Kunden mittels Antwortscheinen (Wettbewerbe), d) Teilnahme an allen Versammlungen, die von der Vorgesetzten oder von der Direktion einberufen werden ...
Bezahlung:
Jeden Monat wird die Anzahl Termine nach folgender Ziffer berechnet. Die Bezahlung ändert jeden Monat, sie ist abhängig von der Anzahl effektiver Termine (festgelegt und eingehalten) und wird nach folgender Tabelle berechnet.

Festes monatliches Gehalt	Anzahl verabredeter und eingehaltener Besuche	Prämie auf verabredete und eingehaltene Besuche	Totales Gehalt aus fixem Lohn und Prämien
SFr. 1600.-	600	SFr. 2400,00	SFr. 4000,00
SFr. 1600.-	550	SFr. 2007,50	SFr. 3607,50
SFr. 1450.-	500	SFr. 1825,00	SFr. 3275,00
SFr. 1450.-	450	SFr. 1485,00	SFr. 2935,00
SFr. 1300.-	400	SFr. 1320,00	SFr. 2620,00
SFr. 1300.-	350	SFr. 1032,50	SFr. 2332,50
SFr. 1200.-	300	SFr. 780,00	SFr. 1980,00
SFr. 1200.-	250	SFr. 462,50	SFr. 1662,50
SFr. 1150.-	200	SFr. 180,00	SFr. 1330,00
SFr. 940.-	150	SFr. 60,00	SFr. 1000,00
SFr. 665.-	100	-	SFr. 665,00
SFr. 300.-	50	-	SFr. 300,00

Bei weniger als 50 Verabredungen monatlich, wird pro Verabredung 5.- SFr. ausgezahlt.

Lohnrückversicherung im Krankheitsfall: Bei Arbeitsunfähigkeit wegen Krankheit bezahlt der Arbeitgeber der Arbeitnehmerin 80% des durchschnittlichen AHV-Gehaltes ab dem 7. Krankheitstag. Die Arbeitnehmerin wird diese Entschädigung ab dem 4. Arbeitsmonat in Anspruch nehmen können. Während den ersten 3 Monaten ist die Arbeitnehmerin im Fall von Verdienstverlust wegen Krankheit nicht gedeckt.
...

Fortsetzung Dokument 2:

Arbeit auf Abruf: Beispiel Malergehilfe
... Stellung im Betrieb: Malergehilfe Probezeit: 3 Monate Lohn: SFr. 21 pro Stunde brutto Besondere Bedingungen: Es wird je nach Auftragslage auf Abrufeinsatz gearbeitet Ferien: 20 Tage pro Jahr ...
Teilzeitanstellung auf Abruf: Beispiel Verkauf
... Stellung: Teilzeitverkäuferin Salär: Fr. 15,50 pro Stunde + 8,33% Ferienentschädigung + 2% Krankheitszulage = 17.10 pro Stunde Arbeitszeit: Die Arbeitszeit ist nicht festgelegt. Arbeitseinsätze erfolgen unregelmässig und nach den Bedürfnissen des Unternehmens. Arbeitszeiten können auch kurzfristig geändert werden. ...
Arbeitsvertrag Kündigungssperre mit Rückzahlungsandrohung für eine Ausbildung ohne eidgenössische Anerkennung: Beispiel Transportgewerbe
... Vetragsdauer: Der vorliegende Vertrag wird auf unbestimmte Zeit mit einer Minimaldauer von 24 Monaten abgeschlossen, d.h. nach der Probezeit ist eine ordentliche Kündigung frühestens per ... möglich. Ausbildung: Während der ersten fünf Monate des Arbeitsverhältnisses bildet der Arbeitgeber den Arbeitnehmer intern zum ... ohne eidg. Fähigkeitsausweis aus. Folgen einer Auflösung vor Ablauf der Minimaldauer: Liegt ein wichtiger Grund zur fristlosen Auflösung des Arbeitsverhältnisses im vertragswidrigen Verhalten des Arbeitnehmers oder verlässt dieser die Stelle fristlos ohne Vorliegen eines wichtigen Grundes, sind vorbehältlich weiterer Ansprüche die Kosten der Ausbildung wie folgt zurückzuerstatten: Für jeden verbleibenden Monat zwischen Auflösung (Kündigung) des Arbeitsverhältnisses und dem Ende der Minimaldauer sind vom Arbeitnehmer Fr. 800.- an den Arbeitgeber zu bezahlen. ...
Quelle: eigene Recherchen.

Insbesondere finden sich in den Dossiers der jungen Erwachsenen atypische Beschäftigungsverhältnisse, wie die Arbeit auf Abruf in Vollzeit- und Teilzeitanstellung, die Entlöhnung auf Provisionsbasis und zahlreiche Mischformen. Immer locken hohe Verdienstmöglichkeiten, die vor Vertragsabschluss allerdings kaum auf ihren Durchschnittslohn berechnet werden können, weil zu viele unkalkulierbare Einflüsse kaum quantifizierbar sind. In vielen Fällen finden sich zudem Vertragsbedingungen, die zeigen, dass Risiken auf die Arbeitnehmerinnen und Arbeitnehmer abgewälzt werden (z.B. keine Lohnfortzahlung im Krankheitsfall während der ersten 3 Monate).

Dass die jungen Erwachsenen bereit sind, sich in diese prekären Arbeitsprozesse einzugliedern, um damit den Bezug zum Arbeitsmarkt garantieren zu können, das zeichnet den *Assimilationsprozess* aus. Denn Assimilation bedeutet die Orientierung des eigenen Entwicklungsweges am zukünftigen Status als Erwachsener. „Die Standards der Erwachsenengesellschaft werden als entwicklungsleitend akzeptiert und Autonomievorstellungen jenseits dieser Entwicklungsnormen nicht entfaltet." (Reinders 2003, 62) Es ist der Druck des Dazugehörenwollens zur Arbeitsgesellschaft, der die jungen Menschen veranlasst, auf die Nutzung ihrer erworbenen Fähigkeiten zu verzichten und für sie nachteilige Beschäftigungen aufzunehmen. Dazu gehört auch, dass sie die Bedingungen, unter denen sie arbeiten, nicht als Ausbeutung interpretieren. Sie sehen es vielmehr als ihr eigenes Verschulden, keine besseren Erwerbstätigkeiten zu finden:

> Frau H.: Ich sage - mit dem heutigen Denken sage ich, ich bin eigentlich an der Situation ja selber schuld gewesen zu einem gewissen Teil. Und irgendwann bist du einfach zu weit unten und dann wird's halt immer wie' schwerer, um wieder hochzukommen. Ja.
>
> I.: Wieso an der Situation selbst schuld?
>
> Frau H.: Ich hätte zum Beispiel während der Lehre gegen Schluss zum Beispiel, gegen das letzte halbe Jahr zu hätte ich mich einfach viel mehr darum bemühen müssen, dass ich nach der Lehre einfach wieder einen Vertrag in der Hand habe, wenn ich die Lehre abgeschlossen habe, wo ich nachher arbeiten kann, oder? Weil, als ich aus der Lehre gekommen bin, hatte ich sie nicht bestanden zuerst, und dann konnte ich nicht bleiben, weil es hat immer nur Erst- und Zweitlehrjahr, oder, und wenn du wiederholst, dann musst du einfach etwas anderes machen. Und das habe ich am Anfang auch nicht geschafft. Drei, vier Monate. Ja, ich habe einfach zu wenig gesucht in der Lehrezeit halt noch. P8 (1430:1150)
>
> I.: Woran hat denn das gelegen, dass Sie nicht die Chance gehabt haben, mal zwei oder drei oder vier Jahre nach der Lehre zu arbeiten?
>
> Frau H.: Weiss es nicht.
>
> I.: Was könnte es gewesen sein?
>
> Frau H.: Zu wenig gut gewesen auf dem Bereich, wo ich gearbeitet habe, vielleicht (...)
>
> I.: Zu wenig gut?
>
> Frau H.: Ja.
>
> I.: Gibt es das?
>
> Frau H.: Ja, (...) wenn sie auf den Umsatz schauen wiederum - so (...)
>
> I.: Ich frage mich - warum geben Sie sich immer alle selbst die Schuld?
>
> Frau H.: Ja, ich weiss es nicht, aber du lernst es so von klein auf und also - du lernst ja eigentlich, das und das musst du machen und wenn du das nicht machst, hast du die Konsequenzen daraus.
>
> I.: Haben Sie von klein auf gelernt, dass wenn praktisch wenn Sie etwas nicht erreichen, dass Sie selbst schuld sind?
>
> Frau H.: Ja. Das ist so.
>
> I.: Das ist so?
>
> Frau H.: Ja schon. Du hast etwas zu machen, und wenn du es nicht gemacht hast, - nachher Pech gehabt und dann - ja - dann gibt's aber auch nichts.
>
> I.: Dass es Arbeitgeber gibt, die einen ausnutzen? Das gibt's ja auch oder?
>
> Frau H.: Ja - heutzutage glaub ich nicht mehr.
>
> I.: Nicht mehr?
>
> Frau H.: Ja also, ich wüsste es nicht. Also, das ist mir noch nie passiert. P8 1500:1567)

Gerade auch deshalb haben die jungen Erwachsenen ein schlechtes Gefühl, von der Sozialhilfe finanziert zu werden. Es passt nicht in ihre Strategie, vom Staat über die akute Notlage hinaus unterstützt zu werden:

> Frau E.: Ich bin froh, eben dass es hier ist, ich möchte es nie missen, ich wäre ziemlich am Arsch wenn es nicht so wäre, aber ich würde mich jetzt nicht wohl fühlen, länger als ich muss, es ist ja nicht so, also, es gibt Leute die finden, dass es gut ist, denen reicht das Geld und haben scheinbar auch nicht mehr Perspektiven, die sie erweitern wollen, aber, wie gesagt, eben ich bin froh wenn es eine begrenzte Zeit und wenn es nicht ewig ist und bin ich auch froh wenn diese Zeit wieder vorbei ist und ich sagen kann dieses Geld habe ich selber erwirtschaftet. Ich kann einfach meine Ausgaben decken, es ist einfach das Gefühl, weil den Steuerzahlern gegenüber habe ich manchmal schon nicht das beste Gefühl, obwohl ich mir dann wieder sage, ja normalerweise sucht sich eine Frau einen Mann, und der ernährt sie dann und ich krieg jetzt halt einfach von allen Steuerzahlern einen kleinen Bruchteil, halt einfach dafür keinen Mann der mich ernährt (beide lachen). P5 (392:402)

> Frau H.: Es kann mir doch niemand erzählen, dass er glücklich ist auf dem Sozialamt mit diesen vielleicht tausend Franken, die du bekommst. Oder bei der Telefonrechnung - das ganze Nebenzeugs, was du halt hast, dass du halt bezahlen musst. Und am Ende hast du noch zwei-, dreihundert Franken, die dir reichen müssen um einzukaufen und zum leben. Also - ja - ich meine als Überbrückung ist das gut, bis du wieder etwas hast, aber sonst. P8 (559-570)

Und auch Herr G. hat sich auf über 20 Temporärbüros angemeldet, um an eine Arbeitsstelle zu gelangen.

> Ich will ja nicht einfach ein Siffkopf werden oder einfach herumhängen. Von denen gibt es genug in der Stadt. Ich meine, ich bin jetzt drei Jahre da. In dieser Zeit erlebst du viel Leute in der Stadt, die am Verwahrlosen sind, oder die überall herumhängen und nach Geld fragen. P7 (482:487)

Von den Sozialhilfeempfängerinnen und -empfängern höchste Leistung bei der Arbeitsplatzsuche zu verlangen, obschon sie sich eigentlich in einer (keineswegs nur von ihnen selbst verursachten) schwer vermittelbaren Situation befinden, dämpft das gesellschaftliche Konfliktpotential. *Die Verliererinnen und Verlierer werden so „abgekühlt", d.h. ihr Scheitern an der zweiten Schwelle wird mit Unterstützung der Sozialhilfe als selbstverschuldet dargestellt.* Gleichzeitig hilft die Institution dabei, die Erwartungen an eine berufliche Integration aufrechtzuerhalten. Damit wird die negative Selektion von den jungen Erwachsenen als leistungsgerecht bewertet, ihre Konfliktbereitschaft reduziert. Ein solches „Überzeugungsverfahren" haben Goffmann und Clark als *„Cooling-Out-Prozesse"* (Goffmann 1962) bzw. *„Cooling-Out-Funktion"* (Clark 1973) bezeichnet (und wurde ins Deutsche als *„Abkühlungsverfahren"* übersetzt).

Dass sich durch die Aufnahme unqualifizierter Arbeit ein Kreislauf ergeben kann, zu dessen Charakteristika zählt, dass die Sozialhilfe immer wieder zwischen zwei Arbeitstätigkeiten ersetzend, zum Teil aber auch wegen des zu geringen Anstellungsgrades oder Verdienstes subsidiär unterstützen muss, zeigt die Dossieranalyse weiterer 17 Fälle (Abbildung 19). 9 der 17 untersuchten Fälle zeigen dieses Ablöse-Anmeldemuster (Fälle 41, 42, 44, 45, 47, 48, 49, 50 und 54), teilweise sogar über mehrere Jahre (z.B. Fall 50). Daraus kann geschlossen werden, dass die letzte festgestellte Ablösung von der Sozialhilfe im betrachteten Untersuchungszeitraum dieser Studie nicht die letzte gewesen sein dürfte.

Der *Drehtüreffekt zwischen Arbeitsmarkt und Sozialhilfe* und damit die sukzessive *Entwertung von Fähigkeiten* (die jungen Erwachsenen haben einen Beruf erlernt) wird zum typischen Merkmal der jungen Erwachsenen in diesem Typ (Abbildung 22). *Aus Sicht des „Capability-Ansatzes" stellt dies ein Institutionenversagen dar.* Für Sen ist Freiheit Ziel der Armutspolitik (Sen 1999b, 88), und die Erweiterung der Chancen, die selbst definierte Freiheit zu erreichen, sozialpolitische Aufgabe. Wenn also neben dem Verfahrensaspekt auch der Chancenaspekt von Freiheit („opportunity aspect of freedom", ebd., 17) Berücksichtigung finden soll, dann muss es staatliche Institutionen geben, die dem Rechnung tragen. Die assimilationsorientierten jungen Erwachsenen bringen aus arbeitsmarktlicher Sicht mit einer abgeschlossenen Ausbildung gute Voraussetzungen mit.

Die Arbeitslosigkeit ist der wichtigste Grund des Sozialhilfebezugs der jungen Erwachsenen in diesem Typ. Sehr viel seltener als die arbeitsmarktlichen Themen sind Eintrittsthemen, die die Herkunftsfamilie der jungen Erwachsenen betreffen (Abbildung 19). In nur zwei Fällen (Fälle 5 und 6) wird die finanzielle Armut durch den Bruch mit dem Elternhaus begründet. Und zentrale Veränderungen bezüglich der Herkunftsfamilie, wie Kontaktabbruch oder der Wegzug der Eltern aus der Stadt, finden sich in nur drei weiteren Fällen (Fälle 39, 43 und 47). Die assimilationsorientierten jungen Erwachsenen sind bereits älter, eventuelle Krisen im sozialen Umfeld haben *nicht* zur finanziellen Armut geführt. *Das sozialhilferelevante Eintrittsproblem der jungen Erwachsenen in diesem Typ ist das an der zweiten Schwelle: Der Eintritt in den Arbeitsmarkt nach der Berufsausbildung gelingt nicht.*

Abbildung 17: Prozesse der „capability deprivation" im Bereich von Bildungskapital

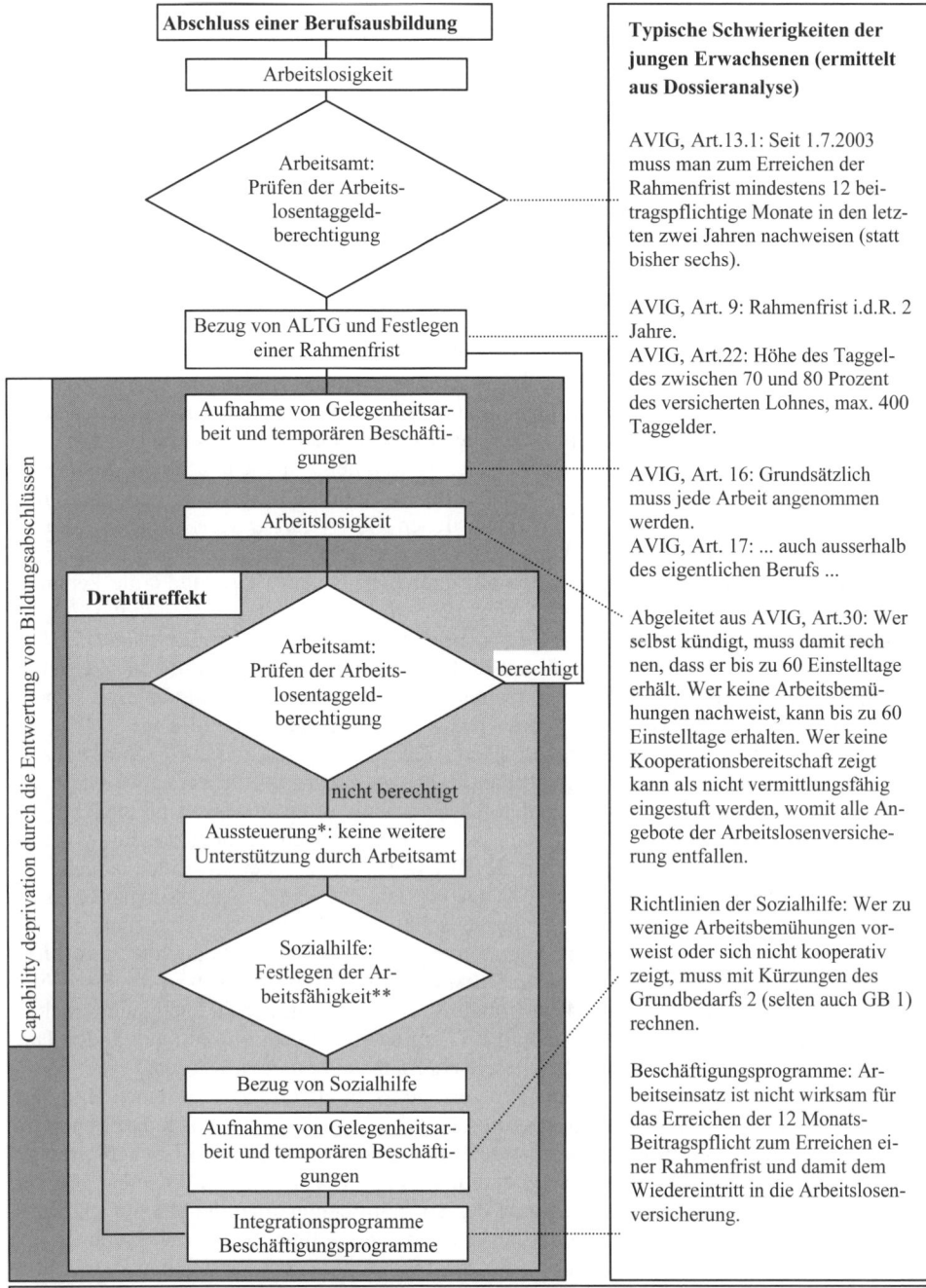

Abschluss einer Berufsausbildung

Arbeitslosigkeit

Arbeitsamt: Prüfen der Arbeitslosentaggeldberechtigung

Bezug von ALTG und Festlegen einer Rahmenfrist

Aufnahme von Gelegenheitsarbeit und temporären Beschäftigungen

Arbeitslosigkeit

Drehtüreffekt

Arbeitsamt: Prüfen der Arbeitslosentaggeldberechtigung — berechtigt

nicht berechtigt

Aussteuerung*: keine weitere Unterstützung durch Arbeitsamt

Sozialhilfe: Festlegen der Arbeitsfähigkeit**

Bezug von Sozialhilfe

Aufnahme von Gelegenheitsarbeit und temporären Beschäftigungen

Integrationsprogramme Beschäftigungsprogramme

Capability deprivation durch die Entwertung von Bildungsabschlüssen

Typische Schwierigkeiten der jungen Erwachsenen (ermittelt aus Dossieranalyse)

AVIG, Art.13.1: Seit 1.7.2003 muss man zum Erreichen der Rahmenfrist mindestens 12 beitragspflichtige Monate in den letzten zwei Jahren nachweisen (statt bisher sechs).

AVIG, Art. 9: Rahmenfrist i.d.R. 2 Jahre.
AVIG, Art.22: Höhe des Taggeldes zwischen 70 und 80 Prozent des versicherten Lohnes, max. 400 Taggelder.

AVIG, Art. 16: Grundsätzlich muss jede Arbeit angenommen werden.
AVIG, Art. 17: ... auch ausserhalb des eigentlichen Berufs ...

Abgeleitet aus AVIG, Art.30: Wer selbst kündigt, muss damit rechnen, dass er bis zu 60 Einstelltage erhält. Wer keine Arbeitsbemühungen nachweist, kann bis zu 60 Einstelltage erhalten. Wer keine Kooperationsbereitschaft zeigt kann als nicht vermittlungsfähig eingestuft werden, womit alle Angebote der Arbeitslosenversicherung entfallen.

Richtlinien der Sozialhilfe: Wer zu wenige Arbeitsbemühungen vorweist oder sich nicht kooperativ zeigt, muss mit Kürzungen des Grundbedarfs 2 (selten auch GB 1) rechnen.

Beschäftigungsprogramme: Arbeitseinsatz ist nicht wirksam für das Erreichen der 12 Monats-Beitragspflicht zum Erreichen einer Rahmenfrist und damit dem Wiedereintritt in die Arbeitslosenversicherung.

* Bei Ausgesteuerten handelt es sich um Personen, die nach abgelaufener zweijähriger Rahmenfrist und nach individueller Überprüfung durch die Arbeitslosenkasse voraussichtlich keine Entschädigungsansprüche gegenüber der Arbeitslosenversicherung mehr geltend machen können. ** Zur Vorgehensweise siehe Kap. 6.3.2

Quelle: eigene Recherchen, www.viavia.ch, eigene Darstellung.

Dabei spielt das Alter eine zentrale Rolle. So hat die Befragung von Programmen im Integrationsbereich des Kantons Basel-Stadt gezeigt, dass es einen turning point bei etwa 22 Jahren gibt (Drilling 2000a, 41). Das heisst, dass auch die Institutionen der beruflichen Integration von einer standardisierten Biographie ausgehen und den Eintritt in den Arbeitsmarkt einem Alter zwischen 18 und 21 Jahren zuordnen. Wem bis dahin der Berufseintritt nicht gelungen ist, der findet auch von Seiten staatlicher Förderprogramme weitaus weniger Unterstützung.

Daraus resultiert für ältere junge Erwachsene ein Zugangsproblem („*entitlement failure*"). Nach der Befragung stehen jährlich rund 60-80 Plätze in Integrationsprogrammen zur Verfügung, die sich an junge Erwachsene richten, die älter als 22 Jahre sind. Weitere Zugangsprobleme ergeben sich aus der Tatsache, dass die Programme von Trägern der sozialen Sicherheit finanziert werden und thematische Zugangsvoraussetzungen aufweisen. Wer bereits ausgesteuert wurde, hat keinen Anspruch mehr auf Angebote des Kantonalen Amtes für Gewerbe und Arbeit (immerhin weit über 1000 Plätze pro Jahr), ebenso keinen Anspruch auf Plätze, die über die Invalidenversicherung vergeben werden. Damit zeigen sich für die jungen Erwachsenen in diesem Typ *selbstverstärkende* Effekte im Prozess der „capability deprivation". Wer einen Bildungstitel erworben hat, aber den Einstieg in den Beruf nicht findet, der hat ab einem bestimmten Alter weniger staatlich geförderte Zugänge zum Arbeitsmarkt, wer durch den Drehtüreffekt keine Rahmenfrist mehr erreicht, kann nicht mehr auf Leistungen der Arbeitslosenversicherung (inkl. Förderprogramme) zurückgreifen. Damit führt dieser Prozess zu einer kontinuierlichen *Entwertung des erworbenen kulturellen Kapitals*; bereits nach wenigen Jahren berufsferner Arbeit haben die jungen Erwachsenen nahezu die gleiche Ausgangspartition auf dem Arbeitsmarkt wie ungelernte Personen. *Die jungen Erwachsenen verfügen also eigentlich über eine grössere Handlungsfähigkeit („capability") als sie zum gegebenen Zeitpunkt realisieren können („achievements").* Diese Diskrepanz hängt von den beiden zentralen Dimensionen ab, die Einfluss auf die jungen Erwachsenen und ihre Entscheidungen nehmen und damit auch Berechtigungen, Chancen, Zugänge („entitlements") generieren: dem Arbeitsmarkt und der Sozialhilfe.

Gerade weil die jungen Erwachsenen „jede Arbeit" annehmen und auch schon vor dem Eintritt in die Sozialhilfe annahmen, soll hier nicht von Integrationsprozessen, sondern von *Assimilationsprozessen* gesprochen werden. Diese Assimilationsprozesse sind unsicher und diskontinuierlich. In 50% der Fälle kommt es während des Betrachtungszeitraumes zu gesundheitlichen Beschwerden; sechs von 21 Fällen werden bei der Invalidenversicherung angemeldet (Fälle 6, 39, 41, 42, 46 und 54). Damit steht der weitere Anpassungsprozess der jungen Erwachsenen in die Erwachsenengesellschaft zur Disposition. Aber nicht nur gesundheitliche Probleme treten in der Unterstützungsphase auf, sondern auch weitere finanzielle Schwierigkeiten. Ein Teil der jungen Erwachsenen ist zum Eintritt in die Sozialhilfe hoch verschuldet (Fälle 38, 39, 43, 49, 51 und 53). Arbeiten hat hier faktisch kaum noch einen Anreiz, denn sie werden betrieben und z.T. auf das Existenzminimum gepfändet. Dass sie dennoch arbeiten zeigt ihren Willen, gesellschaftlich anerkannt zu werden.

Die jungen Erwachsenen in diesem Typ zeichnen sich also trotz erworbenen Bildungskapitals durch mehrere Belastungen aus, die über eine finanzielle Armut hinausgehen. Im Längsschnitt zeigen sich zwei Verlaufswege: Bei einem Teil der jungen Erwachsenen gelingt mit Hilfe der Sozialhilfe eine Reintegration in den Beruf, bei dem anderen Teil verschlechtern sich die Umstände im Verlaufe der Sozialhilfeunterstützung. Doch auch die erfolgreiche Vermittlung ist diskontinuierlich und labil: So gelingt es zwar acht von 21 Personen, in den erlernten Beruf wieder einzusteigen, von diesen acht Personen sind allerdings nur vier dauerhaft (d.h. während des gesamten Betrachtungszeitraumes) in ihrem Beruf tätig (Fälle 38, 40, 47, 48 und 51), die anderen vier werden erneut sozialhilfeabhängig (Fälle 7, 40, 41 und 45).

Abbildung 18: Kurzdarstellungen der Fälle im Typ 2

Fall 5 (Frau E.): 21 Jahre, w, hat gerade die Handelsschule abgeschlossen, ist schwanger, will zu Hause ausziehen und ihre berufliche Karriere vorbereiten. Abgelöst*: nein *Abgelöst: Bezugsdatum ist der 30.5.2003	Fall 6 (Frau F.): 23 Jahre, w, Ausbildung als Zahnarzthelferin, hat nach Auseinandersetzungen mit ihrem Vater das Elternhaus verlassen, ist derzeit arbeitslos. Abgelöst: ja, Rente der Invalidenversicherung (Verweildauer: 5 Jahre)	Fall 7 (Herr G.): 22 Jahre, m, Ausbildung als Gärtner, wohnt mit seiner Freundin zusammen, ist verschuldet und auf Arbeitssuche. Abgelöst: nein	Fall 8 (Frau H.): 21 Jahre, w, Ausbildung als Verkäuferin, wohnt mit ihrem Freund zusammen, ist derzeit arbeitslos. Abgelöst: nein
Fall 38: 25 Jahre, m, hat gerade die Ausbildung als Koch beendet und sucht im Beruf eine Stelle, lebt mit seiner Freundin, ist verschuldet. Abgelöst: ja, macht sich selbständig (Verweildauer: 3 Jahre)	Fall 39: 19 Jahre, m, hat nach seiner Ausbildung als Maurer keinen Berufseinstieg gefunden, geht derzeit Temporärbeschäftigungen nach. Abgelöst: ja, Arbeitslosentaggeld (Verweildauer: 3 Jahre)	Fall 40: 25 Jahre, m, Ausbildung als kaufmännischer Angestellter, verheiratet, 1 Kind, gekündigt, krank geschrieben (nervliche Probleme). Abgelöst: ja, nicht mehr erschienen (Verweildauer: 3 Jahre)	Fall 41: 19 Jahre, m, Ausbildung als Verkäufer, hat die Kündigung erhalten, war im Verkauf tätig, kündigte Wohnung. Abgelöst: nein
Fall 42: 24 Jahre, m, Ausbildung als Schreiner, nach Unfall im Urlaub krankgeschrieben, dann Kündigung in Temporäranstellung. Abgelöst: ja, Rente der Invalidenversicherung (Verweildauer: 2 Jahre)	Fall 43: 23 Jahre, m, Ausbildung als Metzger, wurde die Stelle gekündigt, lebt mit Mutter und Schwester zusammen. Abgelöst: ja, Arbeitslosentaggeld (Verweildauer: 4 Jahre)	Fall 44: 22 Jahre, w, Ausbildung als Hotelfachfrau, zog mit ihrer Tochter nach Basel, trennte sich vom Kindsvater, ist erneut schwanger von einem anderen Mann. Abgelöst: ja, Umzug in anderen Kanton (Verweildauer: 4 Jahre)	Fall 45: 24 Jahre, w, Ausbildung als Kauffrau, ist allein erziehende Mutter von zwei Kindern, erhält Alimente, arbeitet bei Gelegenheit. Abgelöst: nein
Fall 46: 21 Jahre, m, Ausbildung als Verkäufer, wurde ausgesteuert, arbeitet gelegentlich, hat Drogenprobleme. Abgelöst: ja, Rente der Invalidenversicherung (Verweildauer: 4 Jahre)	Fall 47: 19 Jahre, m, Ausbildung als Automechaniker, hat Beziehung zu Eltern abgebrochen und nach dem Lehrabschluss temporär gearbeitet, aber nicht im Beruf, derzeit arbeitslos. Abgelöst: ja, in Arbeit (Verweildauer: 7 Jahre)	Fall 48: 25 Jahre, m, Ausbildung als Mechaniker, ist mittel- und arbeitslos, hoch verschuldet, lebt alleine in Basel. Abgelöst: ja, in Arbeit (Verweildauer: 4 Jahre)	Fall 49: 23 Jahre, w, Ausbildung als Verkäuferin, ist arbeitslos und erhielt Einstelltage, wird betrieben und gepfändet. Abgelöst: nein
Fall 50: 19 Jahre, m, Ausbildung als Metallbauschlosser, arbeits- und mittellos, hat gerade die Anlehre erfolgreich beendet. Abgelöst: ja, in Integrationsprogramm (Verweildauer: 7 Jahre)	Fall 51: 25 Jahre, w, Ausbildung als Feinmechanikerin, eine Tochter, wurde vom Kindsvater verlassen, erhält noch 2 Wochen Arbeitslosentaggeld. Abgelöst: ja, Arbeit im Beruf (Verweildauer: 4 Jahre)	Fall 52: 25 Jahre, m, Ausbildung als kaufmännischer Angestellter, arbeitete drei Jahre nach Lehrabschluss im Beruf, dann Kündigung, nun ohne Arbeitslosentaggeld. Abgelöst: ja, nicht mehr erschienen (Verweildauer: 1 Jahr)	Fall 53: 25 Jahre, w, Ausbildung als Serviceangestellte, ist allein erziehende Mutter, die gelegentlich arbeitet, nun stark verschuldet ist und betrieben wird. Abgelöst: ja, Teilzeitanstellung als Aushilfe im Service (Verweildauer: 2 Jahre)
Fall 54: 25 Jahre, w, Ausbildung als Coiffeuse, kündigte ihre Stelle als Verkäuferin, will sich auf eine schulische Weiterbildung vorbereiten, wohnt bei der Mutter. Abgelöst: ja, Ausbildungsfinanzierung durch Invalidenversicherung (Verweildauer: 1 Jahr)			

Abbildung 19: Kritische und förderliche Ereignisse seit Eintritt in Sozialhilfe (Typ 2)

		19	20	21	22	23	24	25	26	27	28	>28
Gesundheit	Anmeldung bei der Invalidenversicherung		39				42, 46		54		6	
	Eintritt in stationäre Psychiatrie				41					6		
	Eintritt in Psychotherapie		41	39	41		45				6	
	Eintritt in Methadonprogramm			46, 50		43		6				
	Eintritt in Drogentherapie					46						
	Alkoholauffälligkeit								38			
	Drogenauffälligkeit											
	Spitalaufenthalt											
	Ärztl. Behandlung (psych. Probl.)		39, 41	39				40, 47				
	Längere Zeit krankgeschrieben						42	5, 42, 52, 8	38, 42	38, 48		
Wohnen	Wohnungsverfügung durch Sozialhilfe			50		8, 49					6	
	Kündigung / Räumung				39	5	8					
	Trennung von Mitbewohner/in										6	
	Umzug in eine neue (eigene) Wohnung			50	39	5, 8, 44, 47, 49	6, 44, 45, 49, 8	5, 42, 45, 49, 52, 8	6, 38, 49, 53	38, 40, 48		
	Busse in Haft verwandelt	7										
	Haftstrafe							8				
Arbeit	Eintritt Fachstelle Arbeit und Integration*				41, 50			50	49		38, 51	
	Eintritt in ein Beschäftigungsprogramm				39, 50	7, 8, 41, 43, 50		42	40, 43, 49, 53		6	
	Aufnahme einer Arbeit ohne Qualifikation				7, 8		8	51	47, 50, 52	53	38	
	Arbeit in Temporärbüro / Gelegenheitsarbeit		47		47	5, 39	6	42, 43, 54	49	38	51	
	Kündigung der Stelle durch Arbeitgeber/in	41		7	41	7, 43	42, 43	40, 43, 47	38	40		
	Arbeitsaufnahme im Beruf				41		47	38	48	40, 48	45	51
	Arbeitslosigkeit	39, 50, 47, 50		5, 8, 46	7, 50	6, 7, 49		43, 48, 51, 52, 53, 54	48	48		
	Alter	19	20	21	22	23	24	25	26	27	28	>28

* Bei Personen, die eine hohe Ablösewahrscheinlichkeit haben, wird hier ein einjähriges Programm angeboten, das verschiedene Trainings- und Coachingphasen beinhaltet.

Typ 2 „Anpassungsorientierte junge Erwachsene"

Fortsetzung Übersicht

		19	20	21	22	23	24	25	26	27	28	>28
Finanzen	Wiedereintritt in die Sozialhilfe		50	41	7	7	47, 44, 50	8, 47	42, 48, 49, 54	45		
	Ablösung von der Sozialhilfe	50	41		7	7, 47, 44	8, 47, 50	44, 46, 54	43, 45, 47, 48, 49, 50, 52	53	38, 40, 45, 48	51
	Leistungskürzung durch Sozialhilfe											
	Betreibung					39, 49	43, 51					
	Verschuldung					39	43, 49, 51	38, 45, 48, 53			6	
Bildung / Beruf	Lehrabbruch											
	Abschluss der Lehre	39, 50						38				
	Stipendienunterstützung								54			
	Eintritt in 2. Ausbildung								54			
	Eintritt in die Lehre											
	Schulabbruch											
Eigene Familie	Tod eines Familienmitglieds											
	Gewalterfahrung in der Ehe					6		6				
	Chronische oder schwere Krankheit des Kindes											
	Begleitung des Kindes durch die Jugendhilfe											
	Geburt eines Kindes				5, 41, 44		5					
	Trennung vom Partner/in		50		8, 44	6	8, 44, 45	5, 51		38		
	Heirat			47		44						
	Tod eines Familienmitglieds											
Herkunftsfamilie	Wohngruppe der IV											
	Heimeintritt, geschützte Wohngemeinschaft, Pflegefamilie											
	Rauswurf von Zuhause					6					6	
	Auszug von Zuhause			5								
	Wegzug der Eltern											
	Kontaktabbruch zu einem Elternteil	47					43					
	Trennung der Eltern					39						
	Gewalterfahrung im Elternhaus											
	Alter	19	20	21	22	23	24	25	26	27	28	>28

Quelle: Dossieranalyse, eigene Erhebung. Anmerkungen siehe Übersicht Typ 1.

Diese Entwicklung zeigt sich auch bei der Betrachtung aller 141 jungen Erwachsenen in diesem Typ (Tabelle 49). 94 Personen können sich im Betrachtungszeitraum von der Sozialhilfe ablösen, das sind zwei Drittel. Aber 37 Personen (40%) melden sich im Betrachtungszeitraum auch wieder an. Erwartungsgemäss finden die Ablösungen schwerpunktmässig mit einer Arbeitsaufnahme ihren Grund. Etwa 10% der abgelösten Personen tritt in die Unterstützung der Invalidenversicherung über. Wohl auch weil die Vermittlung in qualifizierte Arbeitsbereiche nicht zu erwarten ist, wählen immerhin 16% der jungen Erwachsenen die Ablösung über ein Fernbleiben: Sie erscheinen einfach nicht mehr oder ziehen aus der Stadt.

Tabelle 49: Ablösegründe Typ 2 aus der Sozialhilfe (1. Austritt)

In Arbeit	Arbeitslosentaggelder	IV-TG/ Renten/ Beihilfe	SUVA und andere Renten/ Pensionen	Höhere Eigenmittel	Stipendien/ Ausbildungsbeiträge	Direkte Verwandtschaftsunterstützung	Heirat	Wegzug aus dem Kanton	Keine Gründe bekannt/ erkennbar	Gesamt
42	14	9	1	3	2	0	1	12	10	94

Anmerkungen: IV-TG = Taggeld der Invalidenversicherung; AHV = Alters- und Hinterbliebenenversicherung; EL = Ergänzungsleistungen; SUVA=Schweizerische Unfallversicherung.
Quelle: Sozialhilfe Basel-Stadt, eigene Berechnung.

Fazit: Die assimilationsorientierten jungen Erwachsenen sind Personen, deren Handlungsfähigkeit bei Eintritt in die Sozialhilfe in Teilbereichen eine solide Ausstattung hat. Trotz Krisen im sozialen Nahraum haben sie eine Ausbildung beendet, trotz schwierigen Eltern-Kind-Beziehungen haben sie auch Jahre nach der Volljährigkeit eine finanzielle Armut vermeiden können. Das Problem dieser jungen Erwachsenen liegt an der zweiten Schwelle, dem Eintritt in den Beruf nach der Ausbildung. Dieser gelingt nicht - oft auch nicht mit der Förderung durch die Sozialhilfe. Stattdessen zeigen sich Exploitationsprozesse: Die jungen Erwachsenen wollen sich mit der Arbeitsgesellschaft identifizieren, sie wollen sich entsprechend positionieren (weswegen sie sich assimilieren und nicht integrieren). Auch auf Kosten der eigentlich besseren Karriere im gelernten Beruf. Das elterliche und familiäre Netz will darauf keinen Einfluss nehmen, die sozialen Institutionen (insbesondere die Sozialhilfe) sehen vor dem Hintergrund ihres Auftrags der ökonomischen Integration als ihre Aufgabe eher die rasche Vermittlung in den Arbeitsmarkt - zur Not eben auch in eine temporäre Beschäftigung. Die Schuld für die Folgen der Assimilationsprozesse, die eine dauerhafte Integration verhindern, geben sich die jungen Erwachsenen selbst - was das System letztlich reproduziert und das gesellschaftliche Konfliktpotential reduziert. In der Konsequenz wird Sozialhilfe - ganz im Sinne der dynamischen Armutsforschung - zu einer biographischen Episode. Aber eben auch nur die Sozialhilfe; Armut dagegen wird häufig zum biographischen Muster.

8.2.5 Die geteilte Stadt

Die jungen Erwachsenen in diesem Typ sind in Basel aufgewachsen, haben die allgemeine Schule besucht, eine Lehrstelle gefunden. Und obwohl ihre Eltern einen sozial höheren Status haben, konnten die jungen Erwachsenen dies kaum nutzen: Sie bewegen sich überwiegend in nur einem Teil der Stadt. Nach Page (2002) wäre dies der „benachteiligte Teil" (im Gegensatz „zu den guten Kreisen"), nach Santos (1977) der „lower circuit", im Verständnis von Häussermann (2002b) die „dritte Struktur" (die der Randgruppen, Ausgegrenzten, dauerhaft Arbeitslosen etc.), nach Vester et. al (1993) wären die jungen Erwachsenen der „Rand" mit prekären und dequalifizierten Berufspositionen. Dennoch bietet diese geteilte Stadt die Möglichkeiten, die die jungen Erwachsenen benötigen. Frau E. und Herr G. nutzten in ihrer Kindheit die Stadt als Drogenmarkt. Herr G. zieht nach einem kurzen Aufenthalt ausserhalb der Stadt wieder zurück nach Basel; nur dort ist der ständige Wechsel zwischen Temporärarbeit und sozialer Unterstützung, die ständige Suche nach dem optimalen Kosten-Nutzen-Verhältnis der Arbeit möglich:

> Herr G.: Weil auf dem Land hat es auch weniger Fabriken oder einfach Jöblis und durch das bin ich auch vom Land in die Stadt arbeiten gekommen. (...) Ich hätte schon auf dem Land bleiben können, aber ich habe gewusst, wenn ich in die Stadt gehe, ist die Möglichkeit grösser, dass ich zu einem Job komme, als wenn ich auf dem Land bleibe. P7 (218:230)

Und die Stadt bietet ihnen auch immer die Perspektive zukünftiger Integration - auch wenn es mit der Zeit immer unrealistischer wird. Die jungen Erwachsenen sind jederzeit „auf dem Sprung", warten auf die Gelegenheit, eine qualifizierte Tätigkeit auszuüben, wählen lieber temporäre Anstellungen als Festanstellungen.

> Herr G.: Von dem her ist jetzt mein Ziel, auch noch eine Festanstellung zu finden, wieder, ja, einfach nicht in einer Fabrik, weil dort wäre ich festangestellt worden, aber ich kann mir nicht vorstellen, in einer Fabrik zu arbeiten.
>
> I.: Weswegen nicht?
>
> Herr G.: Ich bin kein in dem Sinn - du kommst dir vor wie ein Roboter. Das heisst, du schaffst da an deiner Maschine. Du machst tagein, tagaus genau das gleiche. Du drückst immer die gleichen Knöpfe. Und als Gärtner, da bist du draussen, bist immer woanders. Bist mit Kundschaft zusammen. Und das ist das, was mir Spass macht.
>
> I.: Und halt in Kauf nehmen, dass es nicht der Wunschjob ist, damit Sie finanziell vielleicht einmal eben auf einen grünen Zweig kommen würden, das würde nicht drinliegen?
>
> Herr G.: Nein. Die Fabriken, die haben Probleme gehabt mit den Leuten, weil ich bin meistens der einzige Schweizer in einer Fabrik und ich habe nicht mit Ausländern Probleme, aber mit der Zeit beginnt es dich einfach trotzdem zu stressen oder - du bekommst einen richtigen Anschiss (Abneigung), um arbeiten zu gehen. Und ich finde, wenn du das bekommst, dann musst du dir überlegen, entweder du wechselst den Job oder du machst dich einfach psychisch mit der Zeit hii (kaputt) oder es schisst mich einfach auch an (macht mir keinen Spass mehr). Und vor allem die anderen spüren das nachher dann auch. Nicht nur du. Also, das spürt dann halt auch meine Tochter oder alle Leute, welche rundum sind (...) und in dem Sinn war ich noch nie faul, aber einfach - ja - darum arbeite ich auch als Taglöhner, oder, und wenn ich einen Job finde, ich mache alles sonst - also auch Fensterputzer oder sonst - ich bin zwar nicht der Putzmann, oder. Du darfst einfach nicht zu gut sein. Und eben, du verdienst dann auch nicht viel. P7 (542:589)

Die Annahme von Temporärarbeiten wird so zur Strategie: Sie sind bereit, „jede Arbeit anzunehmen", aber nur kurzzeitig, um die Phase der finanziellen Armut zu überbrücken. *Deshalb fühlen sich die jungen Erwachsenen auch nicht als Arme, als Randgruppe; sie sehen sich eher in einem Übergangsstadium, in einem Wartesaal.* Die Anonymität der Stadt garantiert ihnen diese Wahrnehmung: Sie sind zwar immer wieder in benachteiligten Kreisläufen tätig, müssen dies aber nach aussen nicht zeigen:

> Herr G.: Und jetzt, da in Basel bin ich jetzt natürlich schon mehr zu Jobs gekommen oder eben auch auf der Arbeitslosenkasse. Du bist einfach auf eine Art in der Stadt wie ein Nümmerlein und du bist nicht der Herr G. P7 (272:276)
>
> Herr G.: In der Stadt wirst du anders bewertet als auf dem Land. Auf dem Land bist du schneller einmal - oder sie reden auch anders mit dir. In der Stadt ist das nicht so ein Sonderfall, dass du jetzt als Junger arbeitslos bist, weil es gibt so viele junge Arbeitslose in der Stadt, denke mal mehr als ältere. Und - wie soll ich sagen - es läuft einfach alles viel reibungsloser als auf dem Land. Das heisst, wenn es um Unterlagen geht, ich rufe ihm schnell an, und dann schicke ich die ihm und muss keinen Termin machen und vorbei gehen. Auf dem Land musste ich immer vorbeigehen. Und ich rufe ihm da schnell an, dann überweist er mir das und nichts gross mit Terminen, weil man versteht sich auch - also ich verstehe mich auch besser mit denen hier, als mit denen vorher. P7 (337:350)

Die jeweils anderen Teile der Stadt, die „guten Kreise", der „upper circuit", die „erste und zweite Struktur" werden von den jungen Erwachsenen ebenfalls, wenn auch weitaus selektiver und vor allem in Bezug auf den Wohnstandort genutzt. Sie lernen in kleinen und mittleren Unternehmen einen Beruf, sie bewerben sich in diesen Betrieben für eine Festanstellung. Es sind die Wechselbeziehungen zwischen den benachteiligten und bevorteilten Strukturen, die für das Leben der jungen Erwachsenen in diesem Typ charakteristisch sind. *Der Wohnstandort wird zum Symbol dieses Pendelns zwischen den Strukturen und zeigt den jungen Erwachsenen, dass ihr Integrationsziel trotz gegenwärtiger Armutslage erreichbar bleibt.* Wann immer möglich, wählen die jungen Erwachsenen einen Wohnstandort in einem Quartier mit niedriger Sozialhilfedichte. Entsprechend dispers ist die Wohnstandortstruktur, die derjenigen des Typs 1 ähnelt.

Tabelle 50: Wohnstandorte der jungen Erwachsenen bei Eintritt in die Sozialhilfe

Quartier	Anzahl junger Erwachsener	Prozent
Iselin	23	16.3
Matthäus	19	13.5
Gundeldingen	18	12.8
St. Johann	17	12.1
Rosental	9	6.4
Bachletten	8	5.7
Klybeck	7	5.0
Clara	6	4.3
Hirzbrunnen	6	4.3
St. Alban	6	4.3
Am Ring	5	3.5
Wettstein	4	2.8
Gotthelf	4	2.8
Breite, Altstadt Kleinbasel, Kleinhüningen, Riehen	9	6.3

Quelle: Dossieranalyse, eigene Berechnung.

Die individuelle Wahl des Wohnstandortes allerdings unterliegt einem Veränderungsprozess, was sich in den Sozialhilfedossiers zeigt. Acht der 16 analysierten Fälle erhalten während ihrer Sozialhilfeabhängigkeit eine Verfügung von Seiten der Sozialhilfe (Fälle 5, 8, 38, 42, 48, 49, 50 und 52). In diesem Schreiben werden sie darauf aufmerksam gemacht, dass ihre Wohnungsmiete über dem von der Sozialhilfe geförderten Mietzinsgrenzwert liegt und aufgefordert, einen billigeren Wohnraum zu suchen. Dieser hälftige Anteil aller Personen, die in zu teuren Wohnungen leben, bestätigt die Betrachtung aller 141 jungen Erwachsenen in diesem Typ. Danach ergibt sich, dass nur 53 der 141 Personen in Wohnungen leben, die innerhalb der Mietzinsgrenzwerte liegen (Tabelle 51). Damit steht bei zwei Drittel der jungen Erwachsenen eine Wohnungsverfügung und ein Umzug an.

Frau H. hat bereits zwei dieser Verfügungen erhalten und entsprechende Wohnortwechsel vollzogen. Aufgewachsen ist sie im Hirzbrunnenquartier, in einer Wohnung in einem Mehrfamilienblock, in dem Arbeiter wie Angestellte lebten. Zu Beginn der Lehre lebte sie kurzzeitig in Kleinhüningen (einem Quartier mit einer höheren Sozialhilfedichte), dann längere Zeit im durchmischten Wohnquartier „Am Ring" in einem Mehrfamilienhaus. Dort lebte sie auch, als sie in die Sozialhilfe eintrat. Nach der ersten Wohnungsverfügung löste sie sich von der Sozialhilfe ab, zog aber dennoch kurzzeitig in den Kanton Basel-Landschaft um. Als sie zurück nach Basel zog, wählte sie eine Wohnung im Gotthelfquartier (niedrige Sozialhilfedichte). Weil sie durch die geringe Entlohnung der verschiedenen unqualifizierten Tätigkeiten zu diesem Zeitpunkt mittellos war und auch keiner Arbeit nachging, wurde sie in einer Notwohnung der staatlichen Liegenschaftsverwaltung untergebracht, wo sie auch zum Zeitpunkt des Interviews wohnt.

Tabelle 51: Personen (Typ 2) im Mietzinsgrenzwert

		Insgesamt im Haushalt lebende Personen		
		1 Person	2 Personen	3 Personen
Mietzins brutto[148]	bis 600.-	15		
	bis 900.-		21	
	Bis 1300.-			17

Quelle: Dossieranalyse, eigene Berechnung.

Mit den Umzügen kommt es zur Verarmung von sozialen Kontakten. Gerade begonnene Nachbarschaftsbeziehungen, die Bindung an das Wohngebiet werden so zerstört. Damit geht Frau H. soziales Beziehungskapital, aber auch sozialräumliches Kulturkapital verloren, was wiederum zu ihrer (z.B. gesundheitlichen) Labilität beiträgt. *Die Wohnungsverfügungen der Sozialhilfe können also zu sozialen Verarmungsprozessen beitragen, sie sogar auslösen.* Frau H., die ihre Ausbildung zum Zeitpunkt des Interviews vor sieben Jahren beendet hat, seitdem mit dem Abmelde-Anmelde-Muster lebt und die Wohnung mehrfach verlassen musste, hat kaum mehr soziale Kontakte:

> I.: Ihre Freunde, wo sind die?
>
> Frau H.: Also, ich habe schon lange eigentlich niemand mehr, wo ich gross Kontakt habe. Früher schon, aber heute nicht mehr.
>
> I.: Haben Sie die abgebrochen, oder hat es sich so ergeben?
>
> Frau H.: Ist einfach so auseinander gegangen mit der Zeit irgendwie. (...) Also, es hat Leute gehabt, die haben normal gearbeitet. (...). Aber du hast einfach immer weniger abgemacht oder die Kollegin hat einen Freund gehabt und sie hat nicht mehr so viel Zeit gehabt, und dann habe ich nachher gedacht, ja jetzt hast du ihn nicht mehr und dann willst du wieder mit mir mehr zusammen hocke und - ja - du hast dich einfach auseinander gelebt schlussendlich - ja. P8 (1088:1112)

Durch die Länge der Sozialhilfeabhängigkeit wird sich entscheiden, welche Funktion die Stadt für die jungen Erwachsenen haben wird: Ist eine Integration in den erlernten Beruf nicht möglich, wird es mittelfristig zu einer Verarmung auch des sozialen und kulturellen Kapitals kommen. Die Berufslehre ohne Berufserfahrung bietet kaum mehr Vorteile. Der Wohnstandort ohne Nachbarschaftskontakte und Quartierbezug bietet keine Strukturen sozialer Einbettung. Diese kommt einem Verlust an Handlungsfähigkeit gleich. Mit ihrem grossen Angebot an Möglichkeiten zur Gelegenheitsarbeit in unqualifizierten Bereichen hat dann die Stadt eine benachteiligende Wirkung. Dadurch, dass die jungen Erwachsenen, die Sozialhilfe und das Arbeitsamt immer wieder Nischen im Arbeitsmarkt finden, wird keine konzeptionelle Neuorientierung wie beispielsweise bei den jungen Erwachsenen des Typs 1 angestrebt. Immer wieder scheint die Gelegenheit einer Arbeitsaufnahme das Ende der Unterstützungsbedürftigkeit zu signalisieren, was sich allerdings kurze Zeit später als falsch erweist. Ein Ausweg aus diesem Drehtüreffekt scheint eher zufällig als planbar, der Einfluss der begleitenden Institutionen eher gering.

---

[148] Hierbei handelt es sich um die Mietzinsgrenzwerte des Jahres 1999; Preise in SFr.

8.3 Typ 3: „Junge Erwachsene im Moratorium": Psychosoziale Krisen und Chronifizierung psychischer Erkrankungen in der sozialpädagogischen Stadt

8.3.1 Situation bei Eintritt in die Sozialhilfe: Junge Erwachsene im Moratorium (Eintrittstyp 3)

Typ 3 vereint 250 junge Erwachsene, deren ökonomische Situation deutlich schlechter ist als diejenige der beiden vorhergehenden Gruppierungen. Die Personen verfügen mehrheitlich über kein Einkommen im Jahr vor dem Eintritt in die Sozialhilfe. Dennoch ist nur die Hälfte von ihnen - und auch nur gering (bis zu Fr. 5000.-) - verschuldet, und nur selten deswegen bereits betrieben worden. Die andere Hälfte konnte eine bescheidene Summe Sparkapital bilden (bis zu 1000.- Fr.). Was die Einkommenssituation schon andeutete, zeigt sich im Unterstützungsgrund: Für nur 60% der jungen Erwachsenen ist die Arbeitslosigkeit der Grund des Sozialhilfebezugs. Wegen gesundheitlicher Gebrechen oder einer frühen Mutterschaft langfristig einkommensersetzend unterstützt zu werden, findet in diesem Typ einen Schwerpunkt und betrifft knapp jede dritte Person. Die Personen leben mehrheitlich in einem finanziell armen Mehr-Personen-Haushalt (bis 3 Personen), sind aber nicht der Haushaltsvorstand und haben nur in jedem fünften Fall die Versorgungsverantwortung gegenüber Kindern. Es sind mehrheitlich Schweizerinnen und Schweizer, jede fünfte Person hat die italienische oder türkische Nationalität, dann aber immer mit einer Niederlassungsbewilligung. Kaum jemand in diesem Typ ist nach dem Vorschulalter in die Schweiz gezogen, nahezu alle haben die Schule ab Primarstufe in der Schweiz besucht. 75% von ihnen sind zudem mit der Stadt Basel sehr vertraut, da sie hier aufgewachsen sind. Diese Entwicklung von guten Bildungsressourcen bricht jedoch nach dem Ende der obligatorischen Schulzeit ab: Die jungen Erwachsenen in diesem Typ vereint zu 100% der fehlende Berufsabschluss! 64% von ihnen hat gar nie in einem Ausbildungsverhältnis gestanden, die anderen haben ihre Lehre (weniger ihre Anlehre) abgebrochen. Dass die jungen Erwachsenen keine Berufsausbildung haben, entspricht nicht den Bildungsressourcen, über die ihre Eltern verfügen. Zwei Drittel aller Eltern (insbes. die Väter) sind Handwerker/innen oder Angestellte. Dennoch fällt auf, dass sie finanziell eher schlecht ausgestattet sind, denn in fast der Hälfte der Fälle arbeiten auch die Mütter, allerdings nicht in einem qualifizierten Beruf, sondern als Arbeiterinnen.

Die schlechte Ausstattung mit ökonomischem und kulturellem Kapital findet ihre Entsprechung im sozialen Bereich. Über 70% der jungen Erwachsenen haben zwar Kontakt zu beiden Eltern, knapp die Hälfte wohnt noch bei den Eltern bzw. einem Elternteil. Die Eltern-Beziehung selbst dagegen ist weniger stabil: In 60% der Fälle leben beide Elternteile in Basel, in 40% der Fälle nur noch ein Elternteil. Diese räumliche Trennung der Eltern geht mit einer emotionalen einher, die sich im Kindesalter bereits ausdrückte: Immerhin jeder fünfte junge Erwachsene hat definitiv keinen Kontakt mehr zum Vater, jede vierter wurde in seiner Kindheit sozialpädagogisch betreut. Dementsprechend heterogen ist der Bezugsbeginn der Sozialhilfe: In diesem Typ finden sich nahezu ausgewogene Anteile von jungen Erwachsenen, die bereits in der Kindheit und Jugend, mit 18 bis 21 Jahren oder erst mit 21 bis 25 Jahren in die Sozialhilfe eintraten. Demzufolge scheint das soziale Netz durchaus auch tragfähig zu sein.

Fazit: Die jungen Erwachsenen im Moratorium sind schweizerischer (und zu einem kleineren Anteil italienischer oder türkischer) Nationalität und mehrheitlich in Basel aufgewachsen, sie leben zum Teil in einem eigenen Haushalt, zum Teil noch bei den Eltern bzw. einem Elternteil. Ihre schon länger anhaltende Arbeitslosigkeit zeichnet diese Gruppierung aus. Schulden auf niedrigem Niveau (und ohne Betreibung) sind Folgen. Ihre Arbeitslosigkeit ist nicht nur damit begründbar, dass keine (!) Person eine Ausbildung hat, sondern dass ein Teil der jungen Erwachsenen wegen gesundheitlicher Probleme oder früher Mutterschaft kurz- (und evtl. mittelfristig) gar nicht in den Arbeitsmarkt integrierbar ist. Die Bildungssituation steht im Widerspruch zur Berufsqualifikation der Eltern, die eine Sozialhilfeabhängigkeit vermeiden konnten. Es ist dieser Kontrast zwischen vorhandenen Ressourcen und tatsächlich Erreichtem, was diese Gruppierung vereint und den Eindruck erweckt, die jungen Erwachsenen in diesem Typ „manövrierten" sich durch ihr Leben. Sie arbeiten mal hier, mal dort, obwohl sie eigentlich eine Schulbildung in der Schweiz seit der Primarstufe haben und damit beste Voraussetzungen haben, eine Ausbildung zu beginnen; sie sind grösstenteils in Basel aufgewachsen, haben aber keine sozialen Netzwerke, mit denen sie die Sozialhilfe umgehen können; sie wissen um die Berufspositionen der Eltern, können selbst diesen Weg aber nicht gehen. Diese Strategie wird von den Eltern kaum hinterfragt, denn oft bestehen keine tragfähigen Elternbeziehungen mehr (z.B. sozialpädagogische Unterstützung in der Kindheit/Jugend). Schlussendlich entscheiden sie alles alleine.

8.3.2 Idealtypische Fälle: Übersicht

Fall 9: Herr I. spricht im Alter von 18 Jahren notfallmässig auf der Sozialhilfe vor. Er ist mittellos und hat keinerlei Einnahmen. Er wohnte bisher mit seinen zwei jüngeren Geschwistern bei seiner Mutter, die hat ihn allerdings vor zwei Monaten aus der Wohnung gewiesen. Sie habe kein Verständnis für seine Probleme und er könne es sich auch nicht mehr vorstellen zurückzuziehen. Seit dem Rauswurf durch seine Mutter wohnt Herr I. bei Kolleginnen und Kollegen, die er aus der gemeinsamen Schulzeit kennt (Herr I. hat die Schulen in Basel besucht, zuletzt die Berufswahlklasse). Er gibt an, dass er bis vor kurzem Kokain geraucht, nun aber aufgehört habe. Den Beginn des Drogenkonsums datiert er auf die Zeit des Abbruchs der Lehre als Koch. Mit den Eltern kam es damals zum Streit darüber. Der Vater von Herrn I. führt ein eigenes Geschäft, die Mutter arbeitet gelegentlich im Reinigungsgewerbe. Die Eltern sind seit kurzem getrennt, wohnen aber beide in Basel. Herr I. hat zu beiden sporadischen Kontakt. Zu zahlreichen weiteren Verwandten, die in benachbarten Kantonen wohnen, hat Herr I. keinen Kontakt. Herr I. verfügt über einen grossen Freundeskreis, den er durch gemeinsame sportliche Aktivitäten und Parties pflegt.

Fall 10: Frau J. kommt im Alter von 18 Jahren zur Sozialhilfe. Sie ist Basler Bürgerin. Nach Abschluss der Realschule verbringt sie ein Jahr in der Romandie und arbeitet als Au-Pair. Nach ihrer Rückkehr nach Basel beginnt sie eine Ausbildung als Malerin, die sie nach drei Monaten abbricht. Seither hat sie temporär in verschiedenen Bereichen gearbeitet, spricht drei Sprachen. Zum Zeitpunkt des Sozialhilfeeintritts hat sie eine Kündigung erhalten. Bisherige Monate ohne Arbeit konnte sie jeweils durch die vorherigen Einnahmen überbrücken, Frau J. ist weder verschuldet, noch betrieben, hat aber auch keine Ersparnisse. Zur Zeit wohnt Frau J. bei ihren Eltern in deren Haus in einer eigenen Wohnung. Der Vater von Frau J. ist Handwerker, derzeit aber arbeitslos und ebenfalls auf Sozialhilfe angewiesen, die Mutter ist Verkäuferin. Mit den Eltern kommt es häufig zu Streit, sie seien - so Frau J. - alkoholabhängig und dann gewalttätig gegeneinander und auch gegen sie. Da ihre jüngere Schwester noch in der elterlichen Wohnung lebe, müsse sie bei solchen Streitereien immer nach dieser schauen. Die Grosseltern von Frau J. leben ebenfalls in Basel, sie werfen ihr allerdings vor, sich nicht um die (alkohol-)kranke Mutter zu kümmern, die auch bereits versuchte, sich das Leben zu nehmen. Seit geraumer Zeit leidet Frau J. unter Essstörungen.

Fall 11: Frau K. ist Italienerin mit Niederlassungsausweis, ist in der Agglomeration Basel als ältestes von drei Kindern aufgewachsen. Sie spricht beide Sprachen fliessend. Ihr Vater ist Facharbeiter in der Industrie, ihre Mutter arbeitet als Raumpflegerin. Frau K. sucht mit 19 Jahren die Sozialhilfe auf. Sie hat in den letzten Jahren versucht, eine Lehrstelle als Köchin zu finden, allerdings erfolglos. Von ihren Eltern erfährt Frau K. keine Unterstützung bei der Lehrstellensuche. Zum Vater hat sie seit ihrer Pubertät keine Beziehung mehr. Sie gilt damals als sehr rebellisch und nach einen Streit mit den Eltern lebt sie für kurze Zeit in einer Pflegefamilie im Mittelland. Aber auch nach der Rückkehr ins Elternhaus hören die Spannungen nicht auf und nach gewalttätigen Streitereien lebt sie seit ihrem 15. Lebensjahr in Heimen ausserhalb des Kantons Basel-Stadt. Immerhin kann sie in dieser Zeit verschiedene Schulen besuchen und die Realschule erfolgreich abschliessen. Von der letzten Lehrerin erhält sie auch Unterstützung bei der Lehrstellensuche. Mit 17 Jahren kehrt Frau K. nach Basel in das Haus der Eltern zurück, wo sie seither mit ihrem Beistand einen Ausbildungsplatz sucht und zwischenzeitlich Gelegenheitsbeschäftigungen nachgeht.

Fall 12: Frau L. wurde in Basel als ältere zweier Töchter einer Italienerin und eines Schweizers geboren. Sie hat die schweizerische Nationalität. Die Schule besucht sie in Basel und beendet sie mit dem Realschulabschluss. Anschliessend beginnt sie eine Verkäuferinnenlehre. Wenige Monate vor dem Abschluss wird ihr gekündigt. Frau L. ist zu diesem Zeitpunkt schwanger und führt die Kündigung darauf zurück. Laut Kündigungsschreiben sind die schlechten schulischen Leistungen ausschlaggebend. Nach der Geburt ihres Kindes verdient Frau L. ihren Lebensunterhalt als Putzfrau in verschiedenen Unternehmen. Sie wohnt nicht mit dem Kindsvater zusammen, weil dieser illegal in der Schweiz ist und weil Frau L. nicht möchte, dass er die Vaterschaft übernimmt. Ihre Eltern haben anfangs Mühe, die frühe Mutterrolle der Tochter zu akzeptieren. Trotz dieser Differenzen lebt Frau L. noch im gleichen Haus wie ihre Eltern, allerdings in einer eigenen Wohnung. Der Vater von Frau L. ist Facharbeiter, die Mutter ist gelernte Schneiderin. Die Eltern übernehmen die Betreuung des Kindes, wenn Frau L. arbeitet. Zum Zeitpunkt des Eintritts in die Sozialhilfe ist Frau L. 19 Jahre, ihr Kind 2 Jahre alt. Der Vater von Frau L. ist IV-Rentner und die Mutter arbeitslos. Damit ist auch die gelegentliche finanzielle Unterstützung der Eltern für ihre Tochter schwieriger geworden. Die Grosseltern von Frau L. leben ebenfalls in Basel und sind bereits im Rentenalter.

Fall 13: Als Herr M. zur Sozialhilfe kommt, ist er mittellos und obdachlos. Er wurde kurz zuvor von seiner Mutter aus der Wohnung gewiesen. Seither lebt er auf der Strasse oder kommt für jeweils kurze Zeit bei Kolleginnen und Kollegen unter. Herr K. ist das älteste von drei Kindern und wächst in einer Basler Vorortgemeinde auf. Sein Vater war Angestellter, hat sich früh von der Familie getrennt und ist ins Ausland gezogen. Herr M. hat seither nichts mehr von ihm gehört. Durch die elterliche Trennung ist die Mutter in finanzielle Probleme geraten. Die Alimentenzahlungen treffen nicht ein, sie selbst hat keinen Beruf. Sozialhilfeabhängigkeit ist die Folge; gleichzeitig kommen die Kinder mit Drogen in Kontakt. Herr M. konsumiert bereits im Alter von 14 Jahren Haschisch und wird beim Folienrauchen festgenommen. Eine Heimeinweisung ist die Folge. Verschiedene Ausbrüche aus den Heimen und kriminelle Delikte machen Herrn M. zu einem Härtefall, er kommt in die Erziehungsanstalt, der Mutter wird die Erziehungsgewalt entzogen. In der Jugendstrafanstalt kann Herr L. eine Ausbildung beginnen, bricht diese allerdings ab, weil es erneut zu Fluchtversuchen kommt. Mit 17 Jahren kommt Herr M. wieder zu seiner Mutter zurück. Er lebt von Gelegenheitsjobs, ebenso wie seine Geschwister. Eine Schwester wird drogensüchtig. Herr M. ist 18 Jahre, als er persönlich zur Sozialhilfe kommt, weil die Auseinandersetzungen mit seiner Mutter zum Rauswurf aus der Wohnung geführt haben. Zu der Zeit geht er keiner Beschäftigung nach, ist aber - so das Sozialhilfeprotokoll - auf der Suche nach einem Ausbildungsplatz als Koch.

Fall 14: Herr N. ist in Schweden geboren, kommt im ersten Lebensjahr nach Basel. Er spricht schwedisch und englisch. Sein Vater und seine Mutter haben beide die schweizerische Nationalität. Der Vater von Herr N. ist Akademiker, hat sich aber von seiner Frau kurz nach der Geburt des Kindes getrennt. Seither hat Herr N. nur noch sporadischen Kontakt zu ihm, obschon auch er in Basel lebt. Herr N. lebte bis vor kurzem im Haushalt seiner Mutter, in der auch deren neuer Freund wohnt. Er besucht die Schule in Basel und schliesst die Diplommittelschule ab. Anschliessend absolviert er den Vorkurs in einer Kunstgewerbeschule erfolgreich, ihm fehlt aber die Motivation für die weiterführende Ausbildung. In dieser Zeit - Herr N. ist gerade 20 Jahre - hat die jüngere Schwester von Herrn N. Ärger mit ihrem Mann und zieht mit ihrem kleinen Sohn bei der Mutter ein. Der Freund der Mutter verlangt von ihr, dass sie stattdessen Herrn N. „rauswerfen" soll, was sie auch tut. In dieser Phase kommt Herr N. zur Sozialhilfe. Er lebt bei Freunden, die er aus der gemeinsamen Schulzeit kennt. Seine temporären Anstellungen finanzieren ihn so lange, wie er zu Hause wohnen kann. Nun ist er mit Fr. 15000.- bei Kollegen verschuldet, in den Jahren vor dem Sozialhilfeeintritt wurde er 14-mal betrieben.

8.3.3   Wege in die Sozialhilfe: Subjektive Erklärungen

Es ist die Kombination aus Mangellagen im sozialen Nahraum, im beruflichen und im ökonomischen Bereich, die die jungen Erwachsenen dieses Typs bei ihrem Eintritt in die Sozialhilfe auszeichnet. Es sind keine berufsspezifischen Grundqualifikationen vorhanden und keine finanziellen Reserven verfügbar; und auch wenn die sozialen Beziehungen, z.B. durch die physische Verfügbarkeit der Eltern, tragfähig erscheinen, so sind sie doch bei einer grossen Zahl der jungen Erwachsenen nicht belastbar (oder bereits abgebrochen). Welcher auslösende Faktor letztlich die Sozialhilfeabhängigkeit begründet, variiert.

Herr I. beispielsweise hat gerade das Volljährigkeitsalter erreicht, als er zur Sozialhilfe kommt. Weil er dem Druck am Ausbildungsplatz nicht standhalten konnte, gab er nach der Hälfte der Zeit seinen Ausbildungsplatz auf. Zwar waren seine Eltern von seiner Entscheidung „nicht sehr begeistert", konnten aber auch keine Alternativen entwickeln.

> Herr I.: Also mein Vater hatte dort dannzumal fast nichts mehr zu sagen - also ja, meine Eltern sind getrennt. Sie sind dann in der Scheidung gewesen und ich habe bei meiner Mutter gewohnt. Und also meine Mutter - ja - hat nicht gross etwas - ja also meiner Mutter war es - auf gut deutsch egal gewesen.
>
> I.: Und Ihr Vater hat nicht „auf den Tisch geklopft" oder haben Sie den gar nicht gesehen?
>
> Herr I.: Ich und mein Vater kommen nicht so sehr gut aus miteinander, also von dem her. P9 (158:190)

Kurz nach dem Lehrabbruch kam die familiäre Krise, die darin gipfelte, dass er von seiner Mutter aus dem Haus „geworfen" wurde, nachdem diese zudem bemerkte, dass er regelmässig Kokain konsumierte.

> Herr I.: Nachdem ich eben den Lehrabschluss, also die Lehre abgebrochen habe und dann auch privat dann auch noch e chli Saich (Unfug) gemacht habe, fand meine Mutter „Chasch go!" (Kannst gehen) und ich hatte zu diesem Zeitpunkt natürlich grad eine Möglichkeit - und ja
>
> I.: Sie hat gesagt „Kannst gehen" oder „Ausziehen"?
>
> Herr I.: Ja - kasch dis Züggs - wenn's dr nit passt do, chasch dis Züggs pagge und go. (Du kannst dein Zeug - wenn es dir hier nicht passt, kannst dein Zug nehmen und gehen). Und ich habe dann natürlich grad e guete Ding (eine gute Gelegenheit) gehabt - e guete Ding - ja, eine Kollegin, mit der ich grad was hatte und dann bin ich natürlich bei der erst einmal untergekommen - ja - und dann nachher habe ich mir eine eigene Wohnung gesucht. Das ist ein paar Monate gegangen halt, allerdings - ja. P9 (220:232)

Es ist die Ausstattung mit nicht-elterlichem Beziehungskapital, vor allem von Freunden und Kollegen aus der Kindheit, die die jungen Erwachsenen in diesem Typ eine Zeit lang trägt und in Teilbereichen die belasteten Eltern-Kind-Beziehungen zu kompensieren vermag. Weil Herr I. in Basel aufgewachsen ist, kennt er zahlreiche Personen, bei denen er für eine kurze Zeit wohnen kann. Erst als auch dieses Beziehungskapital ausgeschöpft ist, bringt ihn die Suche nach einer eigenen Wohnung mit der Sozialhilfe in Kontakt:

> I.: Wie haben Sie es denn geschafft, diese zu finanzieren? Eine eigene Wohnung.

> Herr I.: Eben durch das Sozialamt. Dann ist das Sozialamt in Kraft gekommen.
>
> I.: Was war der Grund für den Gang auf das Sozialamt?
>
> Herr I.: Weil ich einfach - also ja - nach - bei der Ding, bei der Kollegin konnte ich natürlich auch nicht ewig bleiben und dann bin ich halt auf der Strasse gestanden und habe einmal da gepennt, einmal dort gepennt, einmal da gepennt. Und dann (...) haben meine dazumaligen Kollegen einfach gefunden „Hey, ja, wir machen das schon. Easy. Aber du musst auch etwas Eigenes finden." Und dann habe ich eine Freundin gefunden. (...) Bei der konnte ich dann drei Monate sein und in diesen drei Monaten hat dann meine damalige Freundin, also nicht die jetzige, sondern die damalige, mit ihrer Mutter zusammen mir eine Wohnung gesucht. Und die habe ich dann vom Sozialamt finanziert bekommen. P9 (243:264)

Was sich bei Herrn I. idealtypisch zeigt, findet sich auch in den weiteren Gesprächen wieder. Die Kumulation sozialer, ökonomischer und kultureller Mangellagen ist typisch als Eintrittsszenario der jungen Erwachsenen: Frau J. ist ebenfalls gerade 18 Jahre geworden, als sie von zu Hause in eine eigene Wohnung auszog. Familiäre Probleme gaben den Ausschlag, dass sich in wenigen Monaten die gesamte Familienstruktur auflöste. Die Wohnung konnte Frau J. anfangs von dem Ersparten ihres Gelegenheitsjobs bezahlen, dann zwangen die finanziellen Umstände sie, zur Sozialhilfe zu gehen.

> Frau J.: Mein Familienverhältnis ist etwas zerrüttet (...), das war in den letzten Jahren eigentlich der tiefste Einschnitt, seit die Eltern auseinander gingen, also auseinander in der Hinsicht, dass die Mutter Trennung eingab und der Vater nicht mehr da. (...) Ich habe versucht abzuhauen, also ich ging in die Ferien nach Spanien wollte nach 3 Monaten wieder zurückkommen, ich dachte, na ja, in Spanien war ich ein paar Mal mit den Eltern gewesen und dort gefiel es mir so gut, dass ich dachte, ich probier es mal einen Winter lang, dort zu bleiben. Aber es ist nicht gegangen, das Geld ist mir ausgegangen, nach 4 Monaten bin ich wieder zurückgekommen (...) und dann war der Vater weg, es gab schon vorher Probleme mit meinen Eltern (...), es ist einfach, ich habe zwei Brüder, also nicht nur einen, wir sind alle 4 Jahre auseinander, der eine ist 4 Jahre älter, der andere ist 4 Jahre jünger und der ältere Bruder ist vor 4, 5 Jahren ausgewandert. P 10 (49:64)

Frau K. erlebte in der Pubertät gewalttätige Auseinandersetzungen mit ihren Eltern, zeigte dies selbst den Behörden an und kam in ein Heim für schwer erziehbare Mädchen, wo sie vier Jahre lebte. Es war ihr Beistand, der ihr mit Erreichen der Volljährigkeit eine eigene Wohnung in Basel suchte. Als die ersten Bewerbungen um eine Ausbildung nicht zum Ziel führten, nahm sie eine Gelegenheitsarbeit an. Als sie die Kündigung erhielt, ging sie zur Sozialhilfe. Dabei besitzen die jungen Erwachsenen durchaus Voraussetzungen, die ihren beruflichen und sozialen Werdegang vorteilhafter gestalten könnten. Sie haben einen Schulabschluss, sind Schweizerinnen und Schweizer. Sie kennen also die Kultur, müssten sich in ihr zu bewegen wissen. Trotz dieser kulturellen Einbettung erwerben sie kein institutionalisiertes kulturelles Kapital. Sie selbst machen dafür in den Gesprächen zumeist die Belastungen im sozialen Bereich verantwortlich. Auch wenn Einzelne von ihren Eltern phasenweise wieder unterstützt werden und so eine Sozialhilfeabhängigkeit anfangs vermeiden können: Ab einem Zeitpunkt nehmen die Belastungen in der Eltern-Kind-Beziehung zu, eine Trennung vom elterlichen Haushalt - physisch und oft auch emotional - ist die Konsequenz. Doch mit dem Auszug aus der elterlichen Wohnung entsteht Finanzierungsbedarf, der eine berufliche Karriere jenseits der Gelegenheits- und Hilfsarbeit schwieriger macht.

In Kürze sind die jungen Erwachsenen aus ökonomischer Sicht verarmt, aus kultureller Sicht haben sie Probleme an der ersten Schwelle und aus sozialer Sicht zeigen sich Mängel in ihrer Einbettung. Diese Probleme werden in dem Moment gesellschaftlich relevant, wo die Biographie nicht mehr in obligatorischen Institutionen (insbes. Schule und Elternhaus) verläuft.

Eine gewisse Zeit können die jungen Erwachsenen die Sozialhilfeabhängigkeit noch vermeiden, obwohl sie zuvor bereits in prekären Umständen leben. Deshalb erfolgt eine erst relativ späte institutionelle Rahmung - im Gegensatz etwa zum Typ 1, der mit einer ähnlichen Ausstattung in die Sozialhilfe eintritt, aber wesentlich früher erfasst wird, oder von Typ 5, der ohne jegliche Kontakte in die Stadt zieht und innerhalb Jahresfrist sozialhilfeabhängig wird. So liegt das Durchschnittsalter beim Eintritt in die Sozialhilfe bei den Pionieren der Post-Individualisierung bei 18.4 Jahren, das der jungen Erwachsenen im Moratorium bei 20.2 Jahren. Herr I. beispielsweise beginnt noch eine Lehre und trotz Auseinandersetzungen mit der Mutter beteiligt sich diese finanziell am Leben ihres Sohnes. Erst als die Konflikte zu gross werden und dieser seine Lehrstelle kündigt, bricht auch die Mutter mit dem Sohn:

> Herr I.: Bis zur Lehre hat mir meine Mutter alles bezahlt. Hat mir meine Mutter jeden Monat die Krankenkasse einbezahlt (...), auch in der Lehre. Und ich habe einfach das Geld zu Hause abgeliefert. Einfach das, was ich mit meiner Mutter abgemacht habe und so - hat sie mir das immer gemacht gehabt und so. Nachher war ich halt auf der Strasse. Und dann als Achtzehnjähriger musst du erst mal selber schauen, wie alles funktioniert. P9 (1597:1606)

Auch bei Frau L. löst erst der Lehrstellenabbruch in Verbindung mit der Schwangerschaft eine tiefe Krise der Eltern-Kind-Beziehung aus.

> Frau L: Die ganze Kindheit, kann man sagen, bis 20, jugendliches Alter, hatte ich es schön. Sehr schön gehabt. Ich hatte alles was ich wollte, weil meine Eltern da arbeiteten, als ich acht war, kam meine Schwester zur Welt, hatte es aber immer noch schön, wurde verwöhnt, hatte überhaupt, musste nur sagen, was ich wollte, hatte ich es schon. Verwöhnt. Und dann 18 bis 20, kann man sagen, war eine tiefe Phase, wegen der Schwangerschaft, der Lehre und alles. P 12 (486:497)

> Frau L.: Ich war im siebten Monat schwanger, ich habe es auch verheimlicht vor meinen Eltern. Ich sagte es erst im siebten Monat, dass ich schwanger bin und dann ist alles, meine Eltern, oh là là. Daheim Probleme gehabt, meine Eltern, ja, weil meine Mutter ist Italienerin, mein Vater ist Schweizer, ja, da heiratet man lieber zuerst und dann eine Familie, aber ich habe es halt umgekehrt. P 12 (107:112)

> Frau L.: Oh, wenn ich daran denke, also ich möchte gar nicht mehr retour. Nein, es kommt mir alles wieder. (...) Und dort habe ich, eben in dieser Zeit als ich schwanger war, diese Kilos zugenommen. Ich war nie sehr schlank aber schön, schöne Postur gehabt, 65 kg war ich. (...) 25 Kilo in der Schwangerschaft zugenommen und einfach Probleme. Ich bin einfach ein Mensch, wenn ich Probleme habe, ist der Kühlschrank offen und dann, alles, was ich sehe, ja. Aus Frust einfach.

> I.: Dann waren Sie auch nie vor diesen sieben Monaten bei einer Frauenärztin oder Frauenarzt gewesen?

> Frau L.: Gar nie. Nein, sieben Monate, ich habe, aber ich war schlau, ich habe immer geschaut, ich hatte Bücher über die Schwangerschaft, ich las nach (...) Alles nachgeschaut, Tabletten habe ich nie genommen, wenn ich sonst Kopfweh hatte oder so, nahm immer natürliche Mittel oder wenn es mir schlecht war einen Tee getrunken, aber äh, immer aufgepasst. (...) Und meine Mutter merkte es nie, weil ich bin immer, kam sie vom Arbeiten, da arbeitete sie noch, kam sie vom Arbeiten, bin ich gleich in mein Zimmer und abends beim Fernsehschauen habe ich den Bademantel auf das Pyjama noch angehabt. Dann war ich das, die es ihr sagte. Sie war abends am bügeln, und dann ist es mir einfach rausgerutscht: Du Mami, es bewegt sich etwas in meinem Bauch. Hätte ich das nie gesagt. (...) Das Bügeleisen flog gleich. P 12 (629:672)

Doch Mutter und Tochter fanden wieder eine Beziehung zu einander. Die Mutter begleitete die Tochter ins Spital zur Entbindung, kümmerte sich darum, die Tochter in den italienischen Teil der Familie zu integrieren. Und nach der Geburt des Kindes begann die Mutter das Kind zu hüten, wenn Frau L. arbeitete. Zur Sozialhilfe musste Frau L. erst, als die Mutter ihre Stelle als Verkäuferin nach 22 Jahren verlor.

Es sind also nicht ausschliesslich Probleme der Kinder mit ihren Eltern, ihrer Ausbildungslosigkeit oder ihren Arbeitgebern, die zur finanziellen Armut geführt haben. In manchen Fällen hätte der innerfamiliäre „Lastenausgleich" durchaus funktioniert, wenn nicht Einflüsse von ausserhalb dazu geführt hätten, dass dieses labile Gleichgewicht durchbrochen wird. Arbeitslosigkeit der Eltern oder ihre Scheidung (gesetzlich oder de facto) sind die zentralen externen Auslöser für die Sozialhilfeabhängigkeit der Kinder. Herr N., der ebenfalls von einer „behüteten Kindheit" spricht, hätte für die Frage seiner beruflichen Karriere weit mehr Zeit gehabt, wenn nicht der neue Lebenspartner seiner Mutter eine Entscheidung verlangt hätte: entweder ziehe der Sohn (Herr N.) aus, oder er trenne sich wieder von der Mutter. Herr N. kommt nach dem Heimaufenthalt wieder zu seiner Mutter zurück, die ihn mitfinanziert. Seine Gelegenheitsarbeiten tragen kaum zum Haushaltseinkommen bei. Schliesslich wird auch die Mutter arbeitslos und kurzfristig sozialhilfeabhängig. Herr N. muss sich ebenfalls anmelden.

In Fällen, in denen die jungen Erwachsenen aus einer Einelternfamilie stammen, konnten die Eltern vor der Trennung eine Sozialhilfeabhängigkeit vermeiden. Mit dem Auszug zumeist der Väter aus dem Familienhaushalt entsteht die Prekarität. Viele der Mütter sind Hausfrauen gewesen, waren dann gezwungen, eine Arbeit im Tieflohnbereich anzunehmen, selbst dann, wenn sie auf eine viele Jahre zurückliegende Ausbildung zurückblicken konnten. *Die diskontinuierlichen Verläufe der Vater-Mutter-Beziehungen, gekoppelt mit der fehlenden Arbeitsmarktintegration der Mütter, sind weitere typische Merkmale der jungen Erwachsenen in diesem Typ.*

Die Destabilisierung der Lebensumstände der jungen Erwachsenen fällt in eine Phase mehrdimensionaler Neuorientierung am Ende der Schulzeit. Damit entsteht ein Verlust von zwei, ihre Biographie bisher entscheidend strukturierenden Institutionen: der Schule und der Familie. Trotzdem gilt es, die Frage der Berufskarriere zu beantworten und sich gegebenenfalls für eine Berufsrichtung zu entscheiden; die jungen Erwachsenen müssen die Frage beantworten, welche gesellschaftliche Position sie zukünftig besetzen und wie sie die dazu notwendige Finanzierung sicherstellen wollen; es gilt, eine eigenständige Persönlichkeit aufzubauen, emotional und finanziell unabhängig zu werden von den Eltern, und die Möglichkeit der Gründung einer eigenen Familie zu reflektieren. Dazu benötigen junge Menschen einen Schonraum, dessen zeitliche Dauer weitgehend undefiniert ist. Diese „Aufschubphase", in der durch das Erproben verschiedener Rollen in der Gesellschaft der junge Mensch schliesslich seinen Platz findet, sich positioniert und die damit verbundenen Konsequenzen zu tragen bereit ist, hat Erikson (1988, 151) als „psychosoziales Moratorium" bezeichnet. In diese sensible Phase der Selbstpositionierung fällt die finanzielle, soziale und kulturelle Mangel- und Armutslage der jungen Erwachsenen dieses Typs und destabilisiert den Prozess der Individuation und gesellschaftlichen Positionierung (vgl. z.B. Keupp, Ahbe et al. 2002, 60):

> Herr M.: Als mein Vater ging, da war fertig. Da ist bei mir eine Welt zusammengebrochen. Da habe ich - da hatte keiner mehr für mich eine Bedeutung, weil - mein Vater war alles, und wenn er geht, dann geht auch jeder andere. Ich habe mich niemandem geöffnet oder irgend eine Vertrauensperson gesucht, oder zugelassen, dass sich jemand mir nähert. P 13 (465:470)

Dieses Fehlen von Bezugspersonen und Bezugssystemen verlängert die Phase des Moratoriums. Die jungen Erwachsenen sind weder institutionell noch familiär ausreichend gerahmt. Dies begründet zum Teil die Misserfolge im beruflichen Bereich, wie den Lehrabbruch von Herrn I.:

> Und ich bin dort - dannzumal - noch - eh- so, so recht, also eben naiv und Ding - und einfach - mich konnte man leicht abedrugge (unterdrücken). Einfach keine Persönlichkeit gehabt, damals. P9 (125:129)

Frau J. und Frau K. begründen nach mehreren Jahren Sozialhilfeunterstützung im Interview ihre Lage ebenfalls mit ihrer psychosozialen Lage des Erprobens im Moratorium:

> Frau J.: Ich war lange der Meinung in den letzten Jahren, zum Mensch sein brauche es keinen Job. Oder ich sage es ihnen so, ich habe mich eine Zeit lang dagegen gesträubt, eine Lehre zu machen, ein bisschen, weil ich ein Rebell sein wollte, ich wollte mal etwas anderes machen, ich wollte diejenige sein, die sagt:

> „Nein ich habe keinen Bock, ich will nicht, ich mag einfach nicht." Und mit der Zeit merkte ich, die Leute kommen zu einem und fragen und, ja, es ist mir so rüber gekommen, wie wenn die Leute das Gefühl hätten, ich sei ein Langweiler, ich würde nichts auf die Beine kriegen, aber ich war für mich zufrieden, ich habe gewusst, dass ich mich nicht richtig verhalte, sprich, dass ich eigentlich Geld vom Staat kriegen will, für das ich eigentlich arbeiten sollte. Aber es ist halt so, man wird mit der Zeit auch faul und ich habe angefangen zu kiffen (...), das dürfte jetzt auch schon 7, 8 Jahre her sein, dass ich kiffe. Es ist alles so ineinander verwoben, ich kann nicht sagen, wegen dem arbeite ich nicht, es ist Familie etwas, es sind eigene Probleme. P 10 (95:111)
>
> I.: Sie sagten, im ersten Moment war es für Sie gut, einfach einmal Geld vom Sozialamt zu erhalten und es einfach benutzen zu können.
>
> Frau K.: Ja. Also heute ist es gar nicht so, also, mein Denken ist anders, ich denke anders, ich denke immer, je älter ich werde und immer noch die gleiche Situation. P11 (496:505)
>
> I.: Was führte dazu, dass sie jetzt eine andere Einstellung haben?
>
> Frau K.: Ich bin älter geworden. Ich bin reifer geworden und mehr überlegen, für mein Leben, für meine Zukunft und so. Das habe ich früher nicht nachgedacht. Ich nahm es einfach so wie es kommt. Ich denke aus diesem Grund ist meine Situation heute so. Ich habe nicht viel überlegt. Ich habe mir kein Ziel gesetzt. P11 (804:821)

Frau L. befindet sich noch acht Jahre nach Eintritt in die Sozialhilfe in dieser Suchphase:

> Da habe ich Angst. Also ich werde jetzt 27 (...) und es fehlt nicht viel bis zu 30, und da habe ich Angst. Ich will einfach nicht wieder so sein wie jetzt. Ich möchte weitergehen. P12 (725:729)

Dass in dieser Phase der Selbstfindung, Reflexion und Positionierung der Verlust unterstützender Personen und Institutionen Folgen hat, darauf haben diejenigen aufmerksam gemacht, die sich mit Risikolagen des Jugendalters beschäftigen (z.B. Hurrelmann 2001; Raithel 2002; Thalmann-Hereth 2001; Zinnecker 2000). Wo die Eltern und die erweiterte Familie kein Beziehungsangebot offerieren können, es in Übergangssituation keine Lehrpersonen oder Ausbildungsverantwortliche gibt und auch die Gleichaltrigengruppe keinen Beitrag zum Wohlbefinden des jungen Menschen leisten kann, zugleich aber der Druck wirtschaftlicher und sozialer Zwänge zur Aufnahme einer - wie auch immer gearteten - Beschäftigung zwingt, da zeigen sich gesundheitliche Folgen, von denen der Drogenkonsum in den Interviews am häufigsten dokumentiert ist. Nahezu jede Krise kann Auslöser sein: Herr M. begann im Heim mit leichteren Drogen, nach dem Austritt stand er - auch wenn er zur Mutter zurückkehrte - alleine da und begann mit dem Folienrauchen; Herr I. suchte nach dem Lehrabbruch in der Gleichaltrigengruppe Stabilität und begann exzessiven Konsum von Designerdrogen; Herr N. nahm Drogen, als ihn seine Freundin verliess:

> Herr N.: Es hatte noch gerade meine Freundin Schluss gemacht, ich war voll am durchdrehen. Ich konsumiere nämlich eigentlich gar kein Kokain und solches Zeugs, nein, aber da hat es „mir den Nuggi genommen" (da war ich fix und fertig). Ich habe gefunden, so jetzt, okay. Du findest mich nicht mehr toll, okay, leck mich doch am Arsch, ich finde mich auch nicht mehr toll und bin Kokain hereinholen gegangen und habe das Zeugs hinein gelassen und mal geschaut, wie das so wirkt, und das hat echt so gewirkt, dass ich nichts mehr gespürt habe, und dann habe ich halt das ausgetestet. Ich war recht „strub zwäg" (unpässlich). Und zwei Wochen später, nach dem, ich habe den Kopf in die Wand gehauen, bis es angefangen hat zu bluten, ein Kollege hat mich dann abgeholt. (...) Das ist mir schon mal als Pubertierender passiert und das ist mir eben wieder passiert vor etwa einem halben Jahr, und dann habe ich am nächsten Tag gefunden: He, was geht eigentlich ab, geht es noch, was ist jetzt wieder hervor gekommen? Ich bin irgendwie so 10 Jahre zurück. Und dann habe ich ganz klar gewusst, okay, kein Kokain für mich so einfach nicht. Dann bin ich mich bewerben gegangen, ich glaube etwa eine oder zwei Wochen später mit Brandblasen auf dem Arm in einem Behindertenarm als Praktikant mit langem Pulli und so und war so „superstrub zwäg" P14 (769:785)

Doch es zeigen sich auch andere gesundheitliche Beeinträchtigungen: Frau J. wird magersüchtig, wird zeitweise hospitalisiert; Frau L. wird zusätzlich zu ihrem Drogenkonsum aggressiv und gewalttätig. Herr N. zeigt suizidale Züge - so zumindest interpretieren seine

Lehrer seine Arbeiten während der Ausbildung:

> Herr N.: Nach dem Vorkurs bin ich sofort hinaus. Die können mir nichts beibringen, die machen mich nur kaputt. Das war damals meine Einstellung.
>
> I.: Hätten Sie Chancen gehabt, drin zu bleiben?
>
> Herr N.: Natürlich. Nach der ersten Probezeit habe ich einen Brief erhalten, ich sei nicht definitiv aufgenommen, und ich hatte schon eine Krise und gefunden, was geht? Und musste ein Gespräch führen mit der (...) Direktorin. Ich kam hinein und sie so gleich als Erstes: Ja, sorry wegen dem Missverständnis. Ich sei natürlich definitiv. Hey, ein anderer hätte sich vielleicht umgebracht wenn ihm so viel daran liegt. Dann hat sie gemeint, ich hätte suizide Tendenzen weil das zwei Lehrer irgendwie erwähnt hätten. Das eine war die Schrift, das war ein Amerikanerin und ich war ein kleiner Punk, ganz klar. Ich habe dann auch, gerade wenn es um die Schrift geht, irgendwelche Wörter geschrieben, zum Teil waren es morbide Wörter, zum Teil habe ich auch „suizides" Zeugs geschrieben, ich meine ich habe damals „Grunge" gehört und in jedem zweiten Lied geht es um Todessehnsucht.
>
> I.: Eine pubertäre Phase?
>
> Herr N.: Ja, ganz klar. Ich bin auch heute noch ein bisschen morbid. Ich liebe auch jetzt noch das Todesding, aber ich nehme es nicht wirklich ernst, ich würde mich jetzt nie wirklich umbringen.
>
> I.: Aber die haben es schon fast ein bisschen ernst genommen.
>
> Herr N.: Ja, und in einem anderen Unterrichtsfach habe ich mit einem Kollegen, ich habe gefunden, komm wir schauen wer der beste Selbstmörder malt, einfach den Kopf, und dann kommt diese Lehrerin hinein und findet, aha, ist das jetzt das, was Sie lieber machen wollen und wir beide so, ja, und dann ist sie wieder gegangen. Die ist dann von mir erzählen gegangen, ich hätte suizide Tendenzen, mein Kollege, der daneben sass, von dem hat sie das nie erwähnt. Vielleicht liegt es daran, dass der Kopf, den ich gemalt habe, die gleiche Frisur hatte wie ich. Ich habe dann nur gefunden, raus aus dieser Schule, aber schnell, und dann wusste ich einfach nicht, was machen. P14 (289:322)

Krankheit und Suchtverhalten werden zur Strategie, die Phase des Suchens und Positionierens zu verlängern. Aber auch die Schwangerschaft hat bei jungen Frauen eine solche Funktion, wie Frau L. erklärt. In der Konsequenz der dadurch entstehenden Mehrbelastungen gebiert die Bewältigungsstrategie neue Herausforderungen, die zur Überforderung führen können:

> Frau L.: Es ist ein ganzes Durcheinander, mein Leben. P12 (300)

Deutlich zeigen sich die Grenzen der Selbstsozialisation (vgl. Kap. 4.1.3). Es sind Lebenskrisen, die die jungen Erwachsenen im Moratorium auszeichnen; Krisen also, die weit über einen nur ökonomischen, nur sozialen oder nur kulturellen Engpass hinausgehen, sondern vielmehr in ihrer Verbundenheit die Tragweite erkennen lassen. Die finanzielle Armut ist dabei lediglich der Grund, warum diese jungen Menschen (z.T. erneut) in einer Institution der sozialen Sicherheit erscheinen. Dabei sind eigentlich Voraussetzungen vorhanden, die die ökonomische, soziale und kulturelle Lage der jungen Erwachsenen stabilisieren könnten. Gerade aber weil diese selbst nicht definitiv entscheiden wollen bzw. können, welche zukünftigen Szenarien sie verfolgen möchten, und weil ihnen die institutionelle Rahmung kaum hilft, die dazu notwendigen Ressourcen zu erschliessen, zeigen sie bereits relativ manifeste Folgen des psychosozialen Moratoriums, wenn sie in die Sozialhilfe eintreten.

Frau K. formuliert es treffend, in welcher Suchphase sich die jungen Erwachsenen befinden und was es bedeutet, dabei auf keinerlei tragfähigen Unterstützungen bauen zu können. Auf die Frage, was sie sich wünschen würde, wenn sie einen Wunsch frei hätte, antwortet sie:

> Dass ich alles von vorne anfangen kann. Einfach alles machen. Oder am liebsten noch einmal klein sein. P11 (146:147)

8.3.4 Wege durch und aus der Sozialhilfe: Psychosoziale Krisen und Chronifizierung psychischer Erkrankungen (Verlaufstyp 3)

Gerade weil die jungen Erwachsenen im Moratorium eher versuchen, ihren Alltag zu bewältigen, statt aktiv zu planen, birgt der Eintritt in die Sozialhilfe für sie die Chance einer - wenn auch späten - institutionellen Rahmung. Entsprechend komplex sind die Anforderungen, die an die Sozialhilfe gestellt werden, und die weit über eine Verwaltungstätigkeit hinausreichen. Weil sich die Sozialhilfe aber in erster Linie als Vermittlungsagentur in den Arbeitsmarkt versteht, entsteht aus dieser beidseitigen Erwartungsdiskrepanz eine weitere Quelle möglicher Krisen für die jungen Erwachsenen. Sie hoffen auf umfangreiche und eher längere als kürzere Unterstützung, sehen sich aber einer Institution gegenüber, die auf die rasche Ablösung hinarbeitet. Der Gesprächsverlauf mit Frau K. zeigt die daraus entstehende Unsicherheit und Unzufriedenheit deutlich:

> I.: Sie sagten vorher, dass Sie nun, wo Sie älter sind, doch wieder wollen, z.B. eine Lehrstelle suchen. Ist das „wollen" schon genug stark?
>
> Frau K.: Manchmal, manchmal nicht. Nicht immer. (...)
>
> I.: Können Sie dazu noch etwas sagen, zu diesem Wollen?
>
> Frau K.: Also, ich will schon, ich will wirklich von ganzem Herzen, aber es gibt einfach Tage wo, wo, es scheisst mich an, es bringt's eh nicht, ich erhalt eh keine Stelle, ist einfach negativ, und wenn jemand negativ denkt, dann kommt es auch so heraus, meistens. Und das ist auch noch ein Problem.
>
> I.: Wie ist es für Sie, wenn Sie jemanden zur Begleitung hätten. Ist das für Sie eher belastend und erinnert Sie das mehr so an die Heimsituation, dass da immer jemand ein bisschen einmischt, oder wäre es für Sie gut wenn jemand Sie bei diesem Wollen unterstützen würde?
>
> Frau K.: Eher bei diesem Wollen unterstützen (...). Also, dass, ja, irgendjemand sagt, so jetzt gehst du ran, so muss es sein und, ja, vielleicht ist es das, was ich brauche, weiss nicht, ja.
>
> I.: Der Sie auch einmal so ein bisschen schüttelt und sagt: So, jetzt. (...) Haben Sie selber Pläne wie Sie das umsetzen könnten, das Wollen? Sie merken jetzt, Sie wären so wie bereit, etwas zu verändern.
>
> Frau K.: Ja auf jeden Fall. Also, ich bin schon bereit mich zu ändern, das schon. Aber ich denke, allein schaffe ich das nicht.
>
> I.: Gibt es jemanden, den Sie fragen könnten, der Ihnen diese Hilfe geben kann, Sie zu unterstützen?
>
> Frau K.: Nein.
>
> I.: Also vom Sozialamt, haben Sie gesagt, können Sie es sich nicht vorstellen.
>
> Frau K.: Nein.
>
> I.: Einen Vormund, haben Sie nicht mehr?
>
> Frau K.: Nein. Schon lange nicht mehr.
>
> I.: Die Eltern, also die Mutter, Freundinnen?
>
> Frau K.: Ja, Freundin, ich weiss auch nicht wie ich es sagen soll, (...) ich bin eben nicht so eine, die zu meinen Kolleginnen, meine Freundin belasten geht, meine Probleme oder so, gar nicht, nein. Also, ich erzähle schon ein bisschen, aber nicht gerade alles, ja, und sie sagen dann, ja, suche doch etwas, geh auf die Suche und, ja, so einfach.
>
> I.: Waren Sie dann schon einmal auf der Berufsberatung?
>
> Frau K.: Ja, ich drucke einfach die leeren, also die freien Lehrstellen aus, und dann schreibe ich Bewerbungen, so kleine Zettel, die herauskommen. P11 (823:910)
>
> I.: Wie erlebten Sie die Unterstützung durch das Sozialamt?
>
> Frau K.: Sie helfen nicht. Sie wollen nur sehen, ob du dich bemüht hast. (...) Sie geben so ein Blatt, wo so

> eine Tabelle daraufsteht, wo, man muss einfach, äh, da steht Firma und das Datum und einfach, ja, man erhält so einen Zettel, den man ausfüllen kann.
>
> I.: Ja, und neben diesen Stellenbewerbungen die Sie nachweisen müssen, darüber reden, über Ihre Situation, ob man diese verändern könnte, haben Sie das auch einmal auf dem Sozialamt, auch welche Möglichkeiten Sie vielleicht noch haben, in der Ausbildung oder so?
>
> Frau K.: Nein.
>
> I.: War nie ein Thema?
>
> Frau K.: Sie geben nur so einen Flyer für Fachstellen. P11 (690:721)

Ob die Einschätzung von Frau K. über die Bemühungen der Sozialhilfe stimmen oder auch nicht: Fest steht, dass die institutionelle Rahmung bei den jungen Erwachsenen in diesem Typ kaum den umfassenden Aufgaben nachzukommen vermag, wie sie von Seiten der jungen Erwachsenen definiert werden. Herr I. war fast schon froh, als ihm das Sozialamt drohte, die Unterstützung zu kürzen; er wünscht sich mehr Führung, sogar mehr Druck:

> Herr I.: Mittlerweile hat man sich daran gewöhnt, eben - an das auf gut deutsch - ans Nichtsmachen und fürs Nichtsmachen Geld zu erhalten. Aber da haben sie jetzt auch ein wenig härter angezogen, ich meine, diejenigen, die keinen Lehrabschluss haben, die bekommen weniger Geld. Also von dem her finde ich das gut ja - dass sie da auch ein wenig anziehen. Dass man nicht nur faul auf der Haut ummehockt (herumsitzt), sondern auch sonst was machen geht. Ich bin sehr froh eben, dass das Sozialamt gesagt hat, geh mal aufs Arbeitsamt und dort - ja - und den ganzen Zyklus halt, den's da gibt. Und ich bin froh, dass ich da - auch wenn's nur zwei, drei Tage in der Woche sind, an denen ich arbeiten kann, Hauptsache, ich arbeite zwei, drei Tage in der Woche. Und hogge (hocke) nicht einfach sieben Tage herum.
>
> I.: Aber auf's Arbeitsamt zu gehen, das wussten Sie ja vorher schon, oder? Dazu braucht man ja nicht die Person der Sozialhilfe.
>
> Herr I.: Nein. Natürlich nicht. Aber das Sozialamt hat dann einfach gesagt: Wenn du nicht auf das Arbeitsamt gehst, dann gibt es kein Geld. Und so habe ich begonnen zu lernen, aha, ich muss auch etwas tun, damit ich Geld bekomme. Ja. Und kann es nicht einfach so - ja ausnützen. P9 (360:389)

Damit tragen die sozialen Institutionen kaum zur Erweiterung der Handlungsfähigkeiten der jungen Erwachsenen bei. Im Gegenteil interpretieren die jungen Erwachsenen die Unterstützung von Seiten der Sozialhilfe als unzureichend, nicht ihren Bedürfnissen adäquat. In der Folge stellt sich eine gegenseitige Anspruchshaltung ein, die aber von keiner der beiden Seiten erfüllt werden kann und produktive Veränderungen zumeist verhindert: Eine Homöostase, die allerdings einen sehr dysfunktionalen Charakter hat.

Herr I. pendelt zwischen Arbeitslosigkeit und Sozialhilfe, beginnt sogar eine Lehre, bricht sie aber wieder ab. Seine beruflichen Suchprozesse werden von Drogenkonsum und Delinquenz begleitet. Dann kommt er zum Militär. Dort findet er kurzzeitig jene Struktur, die er lange suchte:

> Herr I.: Das Militär hat einfach bewirkt, ja, weil im Militär war es auch nicht so angesehen, wenn man gesagt hat - jaa - was hast du gemacht - was, keine Lehre! - ja - ja, weil ich habe - neben dem Militär wollte ich eigentlich weitermachen. Also zum Unteroffizier und Offizier. Habe aber nicht gekonnt, wegen der Lehre - weil ich keinen Lehrabschluss gehabt habe - und dann habe ich halt angefangen zu überlegen - nach dem Ding - war ich auch recht fit nach der Rekrutenschule und dann fand ich - so jetzt gehst du auch einmal arbeiten und - ja. (...) Wenn du schon in so einem Rhythmus bist, immer um fünf Uhr am Morgen aufgestanden bist und langsam daran gewöhnt bist, also - musst du das doch auch irgendwie ausnützen und nicht einfach wieder in den - in den gleichen Alltagstrott hineingehen von früher - ja - und es geht mir also - es geht mir auch besser. Es geht mir immer von Jahr zu Jahr besser. So kommt es mir vor. P9 (1371:1396)

Diese Strukturgeber bewirken entweder eine sofortige Veränderung und Besserung der Situation oder aber sie verpuffen im Alltag wieder. Herrn I. etwa gelingt es nach der Rückkehr aus dem Militär nicht, einen qualifizierten Einstieg in die Berufswelt zu finden. Er geht kurze Zeit später nicht mehr zur Sozialhilfe, mit seinem unregelmässigen Einkommen organisiert er den Alltag so gut es geht. Aber er ist zum Zeitpunkt des Interviews - ein Jahr nach der Ablösung von der Sozialhilfe - immer noch im Moratorium:

> Ich lebe für den Tag. Ich lebe nicht für die Zukunft. Ich lebe - wenn ich am Morgen aufstand, dann mache ich spontan - ja also auf gut deutsch, weil es bringt mir nichts zu überlegen, ja was mache ich in sieben Jahren, weil - was passiert - ich kann mir schon überlegen, was ich in sieben Jahren mache, weil - aber was passiert wenn ich in einem Jahr einen Unfall habe und sterbe - dann habe ich mir zuviel Gedanken gemacht, für etwas, was mir gar nichts gebracht hat. Also muss ich doch mein Leben momentan leben und nicht irgendwie in der Zukunft. P9 (1412:1422)

Frau J. gelingt es ebenfalls, eine Lehre zu beginnen, aber nach nur 3 Monaten bricht sie wieder ab. Es wechseln sich Gelegenheitsarbeiten ab. Zwischenzeitlich wird ihr kleiner Bruder fremdplatziert, sie selbst gerät zunehmend in eine schlechte psychische Verfassung und kommt schliesslich über die Sozialhilfe in eine betreute Wohnung. Aber auch dort verbringt sie kaum ein Jahr, zieht quer durch Basel und ist immer wieder temporär tätig. Zu den Essstörungen kommt der Drogen- und Alkoholkonsum. Nach Absprache mit ihrem Therapeuten tritt sie mit 25 Jahren in die Klinik ein, zeitgleich meldet die Sozialhilfe sie bei der Invalidenversicherung an. Ein Jahr zuvor äussert sie sich im Interview über die Betreuung durch das Sozialamt und auch hier wird deutlich, dass sie mehr erwartet, als sie erhalten kann:

> Eigentlich habe ich es gut (...) ehm, oder besser als mein Bruder, um es so zu sagen. Mein Bruder wird beispielsweise etwas härter drangenommen als ich, bei ihm wird noch weniger nachgefragt wie bei mir. Bei mir weiss man wenigstens ein wenig grob (...) Bescheid. Aber er erhält sofort Kürzungen. Da ich eine Frau habe, also eigentlich ist es in gewisser Weise, sag ich mir ja auch, es ist auch gut, wenn man mal Druck verspürt, oder, eigentlich habe ich mit ihr ein recht unverkrampftes Verhältnis. Sie hat mich auch schon gefragt: Fräulein J. brauchen Sie Druck, brauchen Sie Druck? P 10 (495:504)

Statt diese Frage mit einem klaren „Ja" zu beantworten, zieht sie sich zurück, bildet sich mit der Zeit einen Pool von Fachpersonen, mit denen sie reden kann, aber nie zum zentralen Kern vorstösst, weil es nicht in den Aufgabenbereich der jeweiligen Gesprächspartnerinnen und Gesprächspartner gehört. Sie umgibt sich mit einem Kreis von möglichen Helferinnen und Helfern, die ihre Bedeutung als Chairperson nur erahnen (auch das Interview erhielt mehrfach den Charakter einer Kurzzeitberatung). Doch wenn es Frau J. zu persönlich oder zu verbindlich wird, bricht sie den Kontakt ab. Dass sie sich mit dieser „Strategie" auch immer weiter gesundheitlich gefährdet, merkt sie, versucht dies aber in die Unverbindlichkeit (und damit Folgenlosigkeit) ihres Tages- und Jahresablaufs zu integrieren.

> Frau J.: Ich habe jetzt vorhin auch schon einen Joint geraucht. Ohne gehe ich gar nicht aus dem Haus. Täglich Brot, mein Frühstück. (...) Letztes Jahr war ich ja bei einem Psychiater, nicht zum ersten Mal, ich bin vor 4 (...) oder 5 Jahren bei einer gewesen, die hatte aber bis im Sommer keinen Platz mehr, ich frage mich eben, ob mir das helfen würde, wenn ich einmal in der Woche irgendwohin könnte. Der Psychiater letztes Jahr war schon nicht schlecht, er ging dann irgendwann zu stark aufs Schaffen ein, und das war mir zu viel, es war ein Druck, dann bin ich auch nicht mehr hingegangen.
>
> I.: Und weswegen möchten Sie genau zum Psychiater oder irgendeiner andern Person in die Beratung?
>
> Frau J.: Einfach zum Gespräch. Ich habe im Frauenspital eine Ärztin, dort gehe ich ab und zu zum Reden hin. Jetzt, das ist aber, nein das ist schon gut, ja, es wäre für das Gespräch. P10 (811:820)

Die biographischen Verläufe der jungen Erwachsenen in diesem Typ zeigen immer wieder vergleichbare Strukturen: Sie suchen Personen in Institutionen, denen sie sich anvertrauen können, doch gelingt es ihnen nicht, einen Veränderungsprozess einzuleiten. Ob der Vorgesetzte beim Militär, die Frauenärztin oder die Interviewpartnerin: Alle guten Ratschläge bleiben Ratschläge, können nicht weiterverfolgt werden. Weder diejenigen, die sich auf die berufliche Karriere beziehen, noch diejenigen im sozialen Bereich. Wenn die Situation für die jungen Erwachsenen zu bedrohlich wird, dann erscheinen sie nicht mehr (z.B. Herr I. und Frau K. lösen sich „ohne Grund" von der Sozialhilfe ab, was in der Regel bedeutet, dass sie keinen Termin mehr wahrgenommen haben). *Oder sie suchen nach einer Gelegenheit, die Phase des Nichtentscheidenmüssens herauszuzögern: Die Geburt eines Kindes ist ein solches Beispiel, die Kriminalität mit anschliessender Haftstrafe ein weiteres und die Sozialhilfe letztlich auch - sie verlängert das Moratorium, wird zur Bewältigungsstrategie.*

Es ist nachvollziehbar, dass für die Sozialhilfe dieses Entscheidungsunvermögen der jungen Erwachsenen, das immer auch mit der Unentschlossenheit zur Aufnahme einer Berufsplanung zusammenhängt, unbefriedigend ist. In der Folge änderte die Sozialhilfe Basel-Stadt die Unterstützungsrichtlinien für die jungen Erwachsenen (Sozialamt der Stadt Basel 2002) in Abhängigkeit von ihrem Ausbildungsstand. Seit 1.1.2002 werden junge Erwachsene (Personen zwischen dem vollendeten 18. und dem vollendeten 25. Lebensjahr), die keine Ausbildung haben oder sich gerade in Ausbildung befinden so bemessen, als wenn sie in einem Zwei-Personen-Haushalt wohnen würden, auch wenn sie alleine leben. In der Konsequenz sinkt damit die Sozialhilfeunterstützung (Tabelle 52) um bis zu ein Viertel des üblichen Betrags. Gekürzt wurden die Ansätze in allen drei relevanten Bedarfskategorien: Lebensunterhalt (Grundbedarf 1), Bedarf für weitere Teilnahme am gesellschaftlichen Leben (Grundbedarf 2) und Wohnungskosten. Um die Kürzungen als Anreizsystem zu definieren, werden diejenigen jungen Erwachsenen, die über eine Ausbildung verfügen, ausgenommen, das heisst, dass eine allein stehende Person mit einer Ausbildung weiterhin die Ansätze vor dem 1.1.2002 erhält.

Tabelle 52: Unterstützungsansätze für junge Erwachsene in / ohne Ausbildung

	Vor dem 1.1.2002	Seit 1.1.2002
Grundbedarf 1		
Haushaltsgrösse: 1 Person	Monatsbeitrag pro Person: 1030.-	Monatsbeitrag pro Person: 788.-
Haushaltsgrösse: 2 Personen	Monatsbeitrag pro Person: 788.-	Monatsbeitrag pro Person: 788.-
Grundbedarf 2		
Haushaltsgrösse: 1 Person	Monatsbeitrag pro Person: 103.-	Monatsbeitrag pro Person: 79.-
Haushaltsgrösse: 2 Personen	Monatsbeitrag pro Person: 79.-	Monatsbeitrag pro Person: 79.-
Wohnungskosten		
Anzahl Zimmer: 1	Maximaler Grenzwert exkl. Nebenkosten: 600.-	Maximaler Grenzwert exkl. NK: 450.-
Anzahl Zimmer: 2	Maximaler Grenzwert exkl. Nebenkosten: 900.-	Maximaler Grenzwert exkl. NK: 450.-

Quelle: Sozialhilfe Basel-Stadt.

Hinzu kommt eine weitere Richtlinienveränderung, die zum 1.1.2003 wirksam wurde. Demnach gibt es in der Sozialhilfe statt bisher einer Gruppe („Unterstützungsbedürftige") nun generell drei Gruppen von Klientinnen und Klienten, die sich in ihrer Nähe zum Arbeitsmarkt voneinander unterscheiden (Tabelle 53). Die Kürzungen für die jungen Erwachsenen ohne Ausbildung bzw. in Ausbildung bleiben dabei bestehen, das heisst, sie werden, unabhängig von der Gruppenzuteilung bei den einzelnen Bedarfskategorien, mit einem Ansatz eines 2-Personen-Haushaltes behandelt. Erst wer über eine abgeschlossene Berufsausbildung verfügt, wird wie eine erwachsene Person behandelt.

Es ist nachvollziehbar, dass die jungen Erwachsenen in diesem Typ nicht von den bisherigen Ansätzen profitieren können, denn ihnen fehlt die Berufsausbildung. Demzufolge verschärfen sich mit der Richtlinienänderung die finanziellen Bedingungen, unter denen sie agieren, was nicht zur Verbesserung ihrer Handlungsfähigkeit beiträgt. In der Übersicht der kritischen und förderlichen Ereignisse lässt sich zeigen, dass keiner der 24 analysierten Fälle der Gruppe A, sechs der Gruppe B und immerhin sieben der Gruppe C zugeordnet wurden. Somit kommt keiner der jungen Erwachsenen in den Genuss des Einkommensfreibetrages - auch nicht, wenn er kurzzeitig arbeitstätig ist. Und von immerhin 29% der betrachteten Fällen wird eine Arbeitsaufnahme mittelfristig nicht mehr erwartet (Gruppe C).

Tabelle 53: Klientinnen- und Klientengruppe in der Sozialhilfe seit dem 1.1.2003

Klient/innengruppe	Definition	
A-Erwerbstätige	Voll- und Teilzeiterwerbstätige sowie Selbständige mit ungenügendem Einkommen	Anspruch auf Grundbedarf 1 (siehe Tabelle 52) und einen Einkommensfreibetrag von einem Drittel des Nettoeinkommens
B-Arbeitssuchende	Arbeitssuchende mit Anspruch auf Arbeitslosenversicherungsleistungen (in Abklärung und mit Leistungen) sowie arbeitslos gemeldete Personen ohne Arbeitslosenversicherungsleistungen und Ausgesteuerte	Anspruch auf Grundbedarf 1
C-Nicht Arbeitssuchende	Nicht Arbeitssuchende wegen Aus- und Weiterbildung, wegen häuslicher Bindungen, aus gesundheitlichen Gründen oder wegen offensichtlicher Unvermittelbarkeit auf dem aktuellen Arbeitsmarkt infolge Alters in Verbindung mit dem Gesundheitszustand und/oder der Ausbildung / Qualifikation (sofern nicht gleichzeitig eine mündige Person der Gruppen A und B in der Unterstützungseinheit lebt)	Anspruch auf Grundbedarf 1 und 2

Quelle: Sozialhilfe Basel-Stadt.

Mit dieser Richtlinienänderung hat die Sozialhilfe die Konsequenz aus der Überwälzung multipler Aufgaben von Seiten des Staates gezogen. Sie versucht sich auf die arbeitsfähigen und arbeitswilligen Personen zu konzentrieren und setzt den Anreiz des Bezugs von Sozialhilfe für Personen, die nicht in dieses Segment gehören, so niedrig, dass Sozialhilfe zur Nothilfe wird. Dies impliziert eine Konzentration der Massnahmen auf bestimmte Personengruppen - zu denen die jungen Erwachsenen in diesem Typ nur teilweise gehören (Gruppe A und B in Tabelle 53).

Die Verantwortung zur Initiierung von Veränderungsprozessen bei den jungen Erwachsenen wird so wieder an die jungen Erwachsenen zurückgegeben bzw. an Personen delegiert, die bereit sind, die jungen Menschen und ihr - zuvor beschriebenes - Bewältigungsverhalten zu durchschauen und sie damit wohlwollend zu konfrontieren. Es sind die Gate-Keeper (Struck 2001), die für die jungen Erwachsenen im Moratorium wichtig werden: Personen, die sich um Belange kümmern, die von der Verschuldung über die Berufsperspektive bis zum sozialen Kontakt reichen. Das müssen keineswegs Fachpersonen sein. Bei Herrn M. war dies seine heutige Frau. Er lernte sie kennen, weil sie ihm anbot, beim Schreiben der Bewerbungsunterlagen zu helfen („weil ich eine Schrift wie ein Dreijähriger habe"), sie ist mit ihm auf Lehrstellensuche gegangen. Seitdem sieht Herr M. wieder eine Perspektive, sucht die Entscheidung:

> Herr M.: Es ist lang so gewesen, bis ich meine Frau kennen gelernt habe, und sie hat mich sehr verändert. Ich hätte nie gedacht, dass ich je einmal mit einer Frau drei Jahre zusammen bin und eben Kinder haben werde und so. Also wirklich, das ist - ja - da hat sich viel geändert. Ja.
>
> I.: Lässt Sie das so ein bisschen mit, mit, mit - so - im Guten in die Zukunft blicken?
>
> Herr M.: Ja schon. Auf jeden Fall, auf jeden Fall. Ich sage mir - es liegt an mir. Und wenn ich etwas mache, dann bekomme ich alles ane (hin). Also - der Wille muss da sein und die Motivation, dann erreicht man auch etwas. P13 (474:486)

Und in der Folge dieser Aufbruchstimmung trifft Herr M. bei seinen Bewerbungen auf einen Gemeindeverwalter, der einen Sohn mit einem ähnlichen biographischen Verlauf hat und ihm die Möglichkeit einer Ausbildung eröffnet:

> Das war das erste Mal seit Jahren, dass ich geschrieben habe, dass ich im Heim war, meine ganze Geschichte aufgeschrieben habe. Und der Mann wahrscheinlich - er hat mir erzählt, er hat einen Sohn gehabt, oder irgendwas, der auch im Heim war. Und er wisse, wie schwer es jemand hat, der gerade noch von einer Jugendstrafanstalt oder - da heisst es ja grad, du bist irgendwo sonst irgendwas oder - und da hast du keine Chance für irgendwas. Dann hat er gefunden, ja - und er ist dort der Oberste und er würde mir gerne eine Chance geben. Ja und so - so jemand sollte auch einmal was erhalten. Und dann ja. So weit habe ich eben das Sprungbrett erhalten. P13 (1712:1726)

Zum Interviewzeitpunkt war diese Nachricht gerade eingetroffen, es ist noch nicht klar, ob Herr M. die Chance weiter nutzen wird oder ob sie nur eine kurze Aufschwungphase in seinem Leben ist.

Frau K. hatte in dem Heim, in dem sie lebte, eine Lehrerin, die ihr bei der Lehrstellensuche half.

> Also, meine Lehrerin hatte mir sehr, also, half mir sehr in dem, um schnuppern zu gehen, sie schaute immer, dass ich schnuppern gehen kann und so, und da machte ich schon noch mit. P11 (328:330)

Wie nahe Erfolg und Misserfolg bei den jungen Erwachsenen durch dieses System von glücklichen Umständen zusammenliegen zeigt, auf welchen Zufälligkeiten die ökonomische, soziale und kulturelle Entwicklung der jungen Erwachsenen in diesem Typ aufbaut. Durch die allseitige Unverbindlichkeit zeigt sich kaum eine vorhersagbare Entwicklung ihrer Handlungsfähigkeiten.

Den Moratoriumscharakter der jungen Erwachsenen beim Eintritt in die Sozialhilfe bestätigt die disperse Themenstruktur (Abbildung 21). Waren bei den vorhergehenden Typen die zentralen Themen der Erstgespräche auf der Sozialhilfe die Herkunftsfamilie (Typ 1) bzw. die Arbeit (Typ 2), so zeigen die Themen der jungen Erwachsenen im Moratorium mehrere Schwerpunkte: Eintrittsgründe sind neben der Arbeitslosigkeit insbesondere die Herkunftsfamilie (Fälle 9, 13, 57, 59 und 70), Bildung (Fälle 56, 58, 61 und 68), und Gesundheit (Fälle 55, 60, 62, 65 und 69). Zudem werden die Eintrittsthemen von weiteren Themen begleitet (z.B. Fall 9, der arbeitslos ist, von zu Hause aus der Wohnung gewiesen wurde und Drogenauffälligkeiten zeigt). Damit zeigt sich, dass die psychosozialen Krisen Querschnittsthemen sind, die die jungen Menschen in ihrer ganzen Persönlichkeit betreffen. Dabei spielt das Alter kaum eine Rolle. Im Gegenteil: Das psychosoziale Moratorium hat sich vom Alter abgelöst, zentrale Aufgaben dieser Phase wie die berufliche Positionierung reichen weit ins dritte Lebensjahrzehnt.

Abbildung 20: Kurzdarstellungen der Fälle im Typ 3

| Fall 9 (Herr I.): 18 Jahre, m, Lehrabbruch Koch, wurde gerade aus der elterlichen Wohnung gewiesen, ist arbeits- und mittellos, wohnt nun bei Freunden, gibt Drogenprobleme an. Abgelöst: ja, kein Grund erkennbar (Verweildauer: 4 Jahre) *Abgelöst: Bezugsdatum ist der 30.5.2003 | Fall 10 (Frau J.): 18 Jahre, w, abgebrochene Malerlehre, wurde gerade arbeitslos, hat familiäre Probleme und lebte von den Zuwendungen der Mutter, gibt Essstörungen an. Abgelöst: nein | Fall 11 (Frau K.): 19 Jahre, w, hat keine Lehrstelle gefunden und arbeitet nun temporär. Abgelöst: ja, findet Hilfsarbeit an Tankstelle (Verweildauer: 3 Jahre) | Fall 12 (Frau L.): 19 Jahre, w, bricht Verkäuferlehre ab, hat ein Kind, arbeitet temporär als Putzfrau, Eltern unterstützten sie finanziell, nun sind sie arbeitslos. Abgelöst: nein |

Fortsetzung Abbildung 20:

Fall 13 (Herr M.): 18 Jahre, m, Lehrabbruch Koch, wurde von seiner Mutter aus der Wohnung gewiesen, ist arbeits- und mittellos. Abgelöst: nein	Fall 14 (Herr N.): 20 Jahre, m, lebte im Haushalt seiner Mutter bis deren neuer Lebenspartner ihn aus der Wohnung wies. Lebt derzeit bei Kollegen, ist hoch verschuldet. Abgelöst: ja, Hilfsarbeit im Bauhandwerk (Verweildauer: 1 Jahr)	Fall 55: 20 Jahre, w, ist seit 2 Jahren drogenabhängig und im Methadonprogramm, kommt gerade aus der Klinik in den Haushalt der Mutter und des Stiefvaters. Abgelöst: nein	Fall 56: 18 Jahre, m, brach gerade die Anlehre als Karosseriespengler ab, wohnt derzeit bei seiner Mutter, will eine neue Lehrstelle suchen. Abgelöst: nein
Fall 57: 20 Jahre, m, wurde von seiner Mutter aus der Wohnung gewiesen, hat vor einiger Zeit seine Handelslehre abgebrochen. Abgelöst: ja, durch Aushilfsbeschäftigung Arbeit (Verweildauer: 8 Jahre)	Fall 58: 20 Jahre, m, brach seine Lehre als Bodenleger aus gesundheitlichen Gründen ab, wohnt derzeit bei seinen Eltern, bemüht sich um eine Umschulung. Abgelöst: ja, durch Taggelder der Invalidenversicherung (Verweildauer: 3 Jahre)	Fall 59: 22 Jahre, w, brach das Studium ab, nach Auseinandersetzungen mit Eltern in geschützter Wohnung. Abgelöst: nein	Fall 60: 25 Jahre, m, arbeitete nach Lehrabbruch als Velomechaniker temporär, wurde gerade nach Auseinandersetzungen in der Familie aus der Wohnung gewiesen, lebt nun in geschützter Wohnung. Abgelöst: nein
Falll 61: 19 Jahre, m, hat gerade die Lehre als Elektromonteur abgebrochen, wohnt derzeit bei der Mutter, möchte mit Freundin zusammenziehen, derzeit arbeitslos. Abgelöst: nein	Fall 62: 18 Jahre, w, hat ein Kind, ist drogenabhängig und im Methadonprogramm, lebt zeitweise bei der Mutter und bei Kolleginnen. Abgelöst: nein	Fall 63: 18 Jahre, m, lebt mit seinem Bruder beim Vater, hat die Schule abgebrochen und sucht eine Lehrstelle, sein Vater wird ebenfalls unterstützt. Abgelöst: ja, Invalidenrente (Verweildauer: 2 Jahre)	Fall 64: 20 Jahre, m, wurde gemeinsam mit der Mutter unterstützt, nun selbständig, kam gerade aus der Haft zurück, ist verschuldet, nimmt am Methadonprogramm teil. Abgelöst: nein
Fall 65: 21 Jahre, w, war in der Klinik zum Drogenentzug, wohnt bei der Mutter, hat zuvor ihre Ausbildung als Kauffrau abgebrochen. Abgelöst: ja, Wegzug aus dem Kanton (Verweildauer: 3 Jahre)	Fall 66: 23 Jahre, m, wohnt mit Freundin zusammen, hat kürzlich einen Drogenentzug beendet, sucht Arbeit. Abgelöst: nein	Fall 67: 20 Jahre, w, hat kurz zuvor einen Sohn geboren, lebte im Heim, lebt jetzt mit Freund (ebenfalls unterstützt) zusammen. Abgelöst: ja, Rente der Invalidenversicherung (Verweildauer: 5 Jahre)	Fall 68: 20 Jahre, w, hat vor einiger Zeit Lehre als Kauffrau abgebrochen, arbeitete temporär, weiss noch nicht, was sie machen will. Abgelöst: ja, Wegzug aus dem Kanton (Verweildauer: 4 Jahre)
Fall 69: 22 Jahre, w, Mutter eines dreijährigen Kindes, lebte in Heimen, nun in Basel, ist im Methadonprogramm, verschuldet. Abgelöst: ja, Invalidenrente (Verweildauer: 6 Jahre)	Fall 70: 19 Jahre, m, schloss kürzlich die Schule ab und sucht Lehrstelle, hat grossen Ärger mit seinen Eltern und wurde aus der Wohnung gewiesen. Abgelöst: ja, Arbeitslosentaggeld (Verweildauer: 4 Jahre)	Fall 71: 19 Jahre, w, brach gerade Lehre als Konditorin ab, Gelegenheitsarbeit, nun arbeitslos, lebte bis Volljährigkeit bei Pflegemutter. Abgelöst: ja, in Gelegenheitsarbeit (Verweildauer: 1 Jahr)	Fall 72: 20 Jahre, w, ist krankgeschrieben, war im Drogenentzug, sucht nun Arbeit. Abgelöst: ja, Auswanderung (Verweildauer: 2 Jahre)

Abbildung 21: Kritische und förderliche Ereignisse seit Eintritt in Sozialhilfe (Typ 3)

	Ereignis	18	19	20	21	22	23	24	25	26	27	>27
Gesundheit	Anmeldung bei der Invalidenversicherung	63		58		57	10, 65, 67	69	64		60	66
	Eintritt in stationäre Psychiatrie		62	55, 65	57, 72			59, 66				
	Eintritt in Psychotherapie	63		10			10, 59					
	Eintritt in Methadonprogramm	62		55	55, 64	61, 69	64, 66	62, 69	60	66		
	Eintritt in Drogentherapie	13, 62		65	55			55, 66	60, 69		66	
	Alkoholauffälligkeit											
	Drogenauffälligkeit	9		57, 65	61	10						66
	Spitalaufenthalt*					64	55 (Überdosis)			59		
	Ärztl. Behandlung wegen psychischer Probl.		11	10, 72	57	12, 65, 67	59, 69	10, 62				
	Längere Zeit krankgeschrieben		63	58, 72	12 (Unfall)	12, 64, 65, 68	65, 66, 68	59, 69	60			
	Suizidversuch						62, 65					
	Wohnungsverfügung durch Sozialhilfe					9						
Wohnen	Kündigung durch Vermieter/in; Räumung		11		11	9, 68	55, 69		62, 68	64		
	Trennung von Mitbewohner/in			13, 70	10							
	Umzug in eine neue (eigene) Wohnung		9, 11, 12, 13, 61	10, 13, 55, 70	10, 57, 65, 67, 72	11, 55, 58, 64	57, 62, 67, 68	68, 69	59		66	
	Zusammenzug mit sozialhilfeabh. Freund/in		13, 61	55		55, 58, 64, 68	57, 66, 67		56			
	Busse in Haft verwandelt		9		62			64, 69	64			
	Haftstrafe eingetreten / beendet	13		13, 64		13	69					
	Eintritt Fachstelle Arbeit und Integration**						61	10, 64	12	60	66	
	Eintritt in ein Beschäftigungsprogramm			61	10, 58, 62	9, 12	57, 67		59, 62			66
	Aufnahme einer Arbeit ohne Qualifikation		9, 56	13, 62, 71	65	11	12	67	59, 64			
Arbeit	Arbeit in Temporärbüro / Gelegenheitsarbeit	10	56, 70	10, 71	61, 64	68	61, 64, 65, 67		67	57	66	
	Kündigung der Stelle durch Arbeitgeber/in	10	9, 10	62	12				64			
	Arbeitslosigkeit	9, 10, 63	10, 11, 12, 13, 70, 71	57, 62, 68, 71	12	68, 70	66	67				
	Alter	18	19	20	21	22	23	24	25	26	27	>27

Typ 3: „Junge Erwachsene im Moratorium"   241

Fortsetzung Übersicht

		18	19	20	21	22	23	24	25	26	27	>27
	Sozialhilfe:											
	Eingruppierung in Gruppe A											
	Eingruppierung in Gruppe B				11	12	55	61, 64	56, 59			
	Eingruppierung in Gruppe C					10	61, 67		12, 62	60	69	
	Wiedereintritt in die Sozialhilfe			13	13			57	56	57		
Finanzen	Ablösung von der Sozialhilfe		13	9, 13, 56, 63, 68, 70, 71	61	9, 61, 68, 70	9, 57, 70	57, 65, 67	68		57	69
	Leistungskürzung durch Sozialhilfe				11			61, 62, 67				
	Betreibung		11			10, 69	55	69	68	64		
	Verschuldung		9, 56	10, 11, 58		69	55, 64	69	68	64		
	Eintritt in die Rekrutenschule			9								
Bildung / Beruf	Lehrabbruch	56,	10, 61	58, 68, 70, 72			57					
	Abschluss der Lehre											
	Stipendienunterstützung											
	Eintritt in 2. Ausbildung											
	Eintritt in die Lehre		10	70, 72			57					
	Schulabbruch			55								
	Schulabschluss		70									
Eigene Familie	Tod eines Familienmitglieds			58	67	62						
	Gewalterfahrung in Ehe / Beziehung						69					
	Chronische oder schwere Krankheit des Kindes					12 (Diabetes)	68, 69					
	Begleitung des Kindes durch die Jugendhilfe, Fremdplatzierung		62		67	67	69			66		
	Geburt eines Kindes		62	67	67	67	68	57, 68	67			
	Abtreibung / Abort				55				69			
	Trennung vom Partner / von Partnerin		13		55, 67	55	62, 68, 69	64, 69				
	Heirat								56			
		18	19	20	21	22	23	24	25	26	27	>27	Alter

Fortsetzung Übersicht

Herkunftsfamilie	18	19	20	21	22	23	24	25	26	27	>27
Tod eines Familienmitglieds											
Eintritt in sozialpädagogische Wohngruppe der IV		63			59						
Heimeintritt, geschützte Wohngemeinschaft, Pflegefamilie, Frauenhaus			10	67			64, 69	66			
Rauswurf von Zuhause	9, 13	70	57		59						
Auszug von Zuhause		61	55, 58	65							
Wegzug der Eltern / Pflegeeltern		71		65							
Kontaktabbruch zu einem Elternteil			70	65							
Trennung der Eltern											
Gewalterfahrung im Elternhaus				65							
Alter	18	19	20	21	22	23	24	25	26	27	>27

Quelle: Dossieranalyse, eigene Erhebung

* Wg. chronischer oder schwerer Krankheit, psychosomatischen Problemen, Operation.
** bei Personen, die eine hohe Ablösewahrscheinlichkeit haben, wird hier ein einjähriges Programm angeboten, das verschiedene Trainings- und Coachingphasen beinhaltet. Anmerkung: Fall 14: keine Dossierunterlagen vorhanden.

Anmerkungen: a) verzeichnet Hinweise aus den Protokollen der Fachpersonen der Sozialhilfe; bei Personen, die bereits als Kinder mit ihren Eltern oder einem Elternteil unterstützt wurden, sind Ereignisse erst verzeichnet, wenn die Kinder / Jugendlichen zu eigenständigen Klientinnen / Klienten wurden; b) die Zahl entspricht der Fallnummer; c) grau unterlegt ist das erste Ereignis, das im Dossier thematisiert wird und dient hier als Anfangspunkt zur Betrachtung der biographischen Episode.

Auch die Verlaufsdaten deuten auf eine Verfestigung des Moratoriums hin: In nur vier der 24 zufällig ausgewählten Fälle beginnen die jungen Erwachsenen eine Ausbildung, die aber ebenso rasch wieder abgebrochen wird. *Zudem kommt es zu einer Chronifizierung von psychischen Erkrankungen grossen Ausmasses.* Im Verlauf der Sozialhilfeabhängigkeit treten bei *allen* jungen Erwachsenen psychische Erkrankungen auf, insbesondere der Drogenkonsum chronifiziert sich, ein grosser Teil tritt in eine ambulante Therapie ein. Für 7 Personen (Fälle 55, 60, 61, 62, 64, 66, 69) ist zudem die kontrollierte Drogeneinnahme über das Methadonprogramm der einzige Weg zur Stabilisierung. Neben dem Drogenkonsum treten psychische Beeinträchtigungen wie Depressionen auf; in zwei Fällen versuchen sich 23-Jährige das Leben zu nehmen; 10 von 24 jungen Erwachsenen werden schliesslich bei der Invalidenversicherung angemeldet, d.h. ihre Integration in den ersten Arbeitsmarkt ist mittelfristig nicht mehr möglich.

Auch in den anderen Bereichen kommt es zu krisenhaften Prozessen: Trennung vom Lebenspartner / der Lebenspartnerin, Fremdplatzierung der eigenen Kinder, chronische Krankheit des eigenen Kindes, Trennung von den Eltern, Gewalterfahrung in der Ehe. Lediglich im Bereich berufliche Ausbildung - dem zentralen Interesse der Sozialhilfe - sind kaum Ereignisse im Verlauf des Sozialhilfebezugs verzeichnet. Das heisst, die jungen Erwachsenen im Moratorium haben trotz der intensiven Unterstützung von Seiten der Institutionen keine Ressourcen, um sich konstruktiv mit der Frage ihrer beruflichen Zukunft zu beschäftigen.

Unterstützung suchen sie dagegen bei Kolleginnen und Kollegen. Die Wohngemeinschaften mit anderen sozialhilfeabhängigen Personen deuten darauf hin, dass sich die jungen Erwachsenen ausserhalb der Sozialhilfe an Orten und Plätzen aufhalten, wo sie sich kennenlernen und auch Beziehungen einzugehen bereit sind. 42% aller Fälle der Dossieranalyse ziehen im Laufe der Sozialhilfeabhängigkeit mit Personen zusammen, die ebenfalls unterstützt werden (Fälle 13, 55, 57, 58, 61, 64, 66, 67, 68). Zu diesen *Orten gemeinsamer Alltagskultur* zählen freiwillige Beratungsstellen, Freizeiteinrichtungen und die Orte staatlich legitimierten Drogenkonsums (Gassenzimmer, Methadon-Abgabestellen). Aus der Perspektive der jungen Erwachsenen ist die Stadt eng verknüpft mit den zahlreichen Beratungs- und Begleitungsangeboten der Sozialen Arbeit, sie trägt den Charakter einer sozialpädagogischen Stadt (siehe nächstes Kapitel).

In diesem Spannungsverhältnis zwischen den Erwartungen von Seiten der Sozialhilfe und den Möglichkeiten der jungen Erwachsenen vollziehen sich die Handlungen der jungen Erwachsenen. Einigen gelingt es, eine Arbeit aufzunehmen (Fälle 11, 14, 57 und 71), sie lösen sich mit einer Hilfsarbeit ab (werden allerdings in Kürze wieder unterstützt werden müssen). Andere können den an sie gestellten Erwartungen nicht entsprechen und ziehen die Konsequenz: Sie erscheinen nicht mehr auf der Sozialhilfe („kein Grund erkennbar") oder ziehen in einen anderen Kanton und werden dort unterstützungsbedürftig (Fälle 9, 65, 68, 72).

Diese Ambivalenz spiegelt auch die Auswertung der Ablösungsgründe aller 250 Personen in diesem Typ wider. 41% lösen sich in eine Arbeit ab, bei immerhin 28% sind die Gründe nicht erkennbar bzw. kommen die jungen Erwachsenen nicht mehr zur Sozialhilfe. 17 Personen erhalten Renten oder Taggelder der Invalidenversicherung. Das Ablöse-Anmelde-Muster, das bereits den Typ 2 charakterisierte, zeigt sich auch bei den jungen Erwachsenen im Moratorium: 35,5% oder jede dritte Person meldet sich nach einer Ablösung wieder auf der Sozialhilfe, nur die Hälfte von diesen löst sich im Beobachtungszeitraum ein zweites Mal ab.

Tabelle 54: Ablösegründe Typ 3 aus der Sozialhilfe (1. Austritt)

In Arbeit	Arbeitslosentaggelder	IV-TG/ Renten/Bei-hilfe	Höhere Eigenmittel	Stiftung/ andere Sozialdienste	Stipendien/ Ausbildungsbeiträge	Direkte Verwandtschaftsunterstützung	Heirat	Wegzug aus dem Kanton	Strafvollzug/ stillgelegt	Keine Gründe bekannt/ erkennbar	Gesamt
62	13	17	2	4	3	5	1	15	2	28	152

Anmerkungen: IV-TG = Taggeld der Invalidenversicherung; AHV = Alters- und Hinterbliebenenversicherung; EL = Ergänzungsleistungen; SUVA=Schweizerische Unfallversicherung.
Quelle: Sozialhilfe Basel-Stadt, eigene Berechnung.

Fazit: Die jungen Erwachsenen im Moratorium - und das sind hauptsächlich Schweizerinnen und Schweizer - treten mit einer Handlungsfähigkeit in die Sozialhilfe ein, die neben der finanziellen Armut auch kulturelle Mangellagen, insbesondere durch die fehlende Berufsausbildung zeigen. Das soziale Kapital zeigt Krisensymptome: Die jungen Erwachsenen werden von ihren Eltern aus der Wohnung gewiesen, andere leben noch bei ihren Eltern und werden unterstützt, die Beziehung zeigt aber dennoch Belastungen. Es ist ein psychosoziales Moratorium, in dem sich die jungen Erwachsenen befinden, eine Phase des Erprobens verschiedener Rollen, des Erlebens von Ambivalenzen in allen Bereichen des Lebens, des gezielten Abweichens von gesellschaftlichen Normen und Konventionen. Sozialhilfe erhält hierbei die Bedeutung einer Institutionalisierung des Moratoriums und damit auch einer Legitimierung seiner zeitlichen Verlängerung. Die Sozialhilfe selbst reagiert darauf mit einer Verschärfung der Unterstützungsrichtlinien und einer Kürzung der Beiträge. Im Verlauf der Sozialhilfeabhängigkeit verschlechtert sich bei einer grossen Zahl der jungen Erwachsenen die Handlungsfähigkeit. Insbesondere die Ausstattung mit Fähigkeiten wird kaum mehr verbessert (keine erfolgreichen Lehreintritte), die berufliche Bildung gerät zusehends in den Hintergrund. Demgegenüber chronifizieren sich psychische Beeinträchtigungen; insbesondere konsumieren die jungen Erwachsenen exzessiv Drogen (und müssen von weiteren Institutionen begleitet werden), es kommt zu psychischen Gebrechen wie Depressionen. Es sind die Phasen der kurzfristigen Einbettung in jeglicher Hinsicht, die letztlich entscheiden, ob sich während der Unterstützungsphase durch die Sozialhilfe bei den jungen Erwachsenen positive Veränderungsprozesse ergeben. Dabei wirken die Sanktionen der Sozialhilfe (z.B. Unterhaltskürzung) nicht immer positiv auf die jungen Erwachsenen, lösen auch zusätzliche Verlustgefühle aus, die sich wiederum negativ auf das Selbstkonzept auswirken können und die Verweildauer in der Sozialhilfe tendenziell verlängern. In einer Vielzahl von Fällen hat sich das psychosoziale Moratorium verfestigt, die jungen Erwachsenen entwickeln kaum mehr produktive und zukunftsweisende Bewältigungsstrategien und sind auf die Hilfe externer Fachpersonen (insbesondere der Sozialen Arbeit, aber auch der Medizin und Psychologie) angewiesen - wobei zur Disposition steht, ob sie diese Hilfen tatsächlich auch annehmen können oder sich von der Sozialhilfe lösen, ohne die Armutslage verlassen zu haben.

8.3.5 Die sozialpädagogische Stadt

„Die Steigerung der Erlebens-, Handlungs- und Lebensmöglichkeiten, die Optionensteigerung, ist der augenscheinlichste Vorgang der Modernisierung", schreibt Gross (Gross 1994, 14) und betitelt die Gesellschaft als „Multioptionsgesellschaft". Es scheint paradox, aber ganz in diesem Sinne sehen die jungen Erwachsenen dieses Typs die Stadt. Wider alle Erlebnisrealität und materielle Grundlagen (unqualifizierte Gelegenheitsarbeit, keine berufliche Qualifizierung, eine schlechte soziale Einbettung, Chronifizierung von psychischen Erkrankungen) konstruieren sie sich die Wirklichkeit, haben das Gefühl, jederzeit alles realisieren zu können. Diese Multioptionalität drückt Herr N. in verschiedener Hinsicht aus:

In ökonomischer Hinsicht ist sein Ziel, einmal 5000.- Franken im Monat zu verdienen:

> „Ich will mir nur einmal in meinem Leben beweisen, dass ich es schaffe, gut 5000 Franken im Monat nach Hause zu bringen. Dass ich das kann. P14 (563:564)

In kultureller Hinsicht bietet ihm die Stadt eine Vielzahl von Optionen für die berufliche Zukunft, auch wenn dies für Herrn N. tatsächlich gar nicht realisierbar ist:

> Herr N.: Ich bin am Job suchen.
>
> I.: In welchem Bereich?
>
> Herr N.: Bereich, irgendwie alles. Ich kann mir fast alles vorstellen, es ist mehr, ohne Ausbildung, ohne Erfahrung kommt man nicht so weit, und ich will nicht unbedingt in die Küche stehen, das ist nicht so unbedingt mein Traumding. (...)
>
> I.: Haben Sie eine Richtung die Sie sich vorstellen könnten?
>
> Herr N.: Ja, ja schon so. Graphik, Kunst, Illustrator, Illustrationen, Geschichten schreiben. Ich könnte auch Rapstar sein, von dem her, das wäre ich auch noch gerne.
>
> I.: Sind Sie flexibel (...)
>
> Herr N.: Ja, ich bin schon flexibel. Vor allen Dingen bin ich einfach sehr musisch und so. Ich mache Musik, ich schreibe Texte und male und zeichne und plastiziere und komische Projekte und so Zeugs im Kopf. (...) Ich muss langsam wirklich schauen, dass ich mir wenigstens irgend einen „Fackel" besorgen kann wo irgend etwas darauf steht. Nicht nur die Konstanz, dass ich es aushalte, einen Drecksjob 2 ½ Jahre zu machen, sondern auch dass ich vielleicht auch einmal etwas damit verdient habe. (...) Ich habe mich auch bei einem Fernsehsender, der jetzt ab Herbst in Basel anfangen soll, als Moderator beworben, aber irgendwie, als Praktikant.
>
> I.: Sie sehen sich in sehr vielen unterschiedlichen Bereichen.
>
> Herr N.: Eigentlich schon. Wenn ich gut drauf bin, kann ich es auch noch relativ gut mit Menschen. Wenn es mir schlecht geht, dann will ich lieber etwas, wo ich es allein machen kann. P14 (84:145)

In sozialer Hinsicht fühlt er sich in seinen Freundeskreis eingebettet, der in der gleichen Lebenswelt lebt wie er selbst.

> I.: Ist Ihnen Basel wichtig als Stadt oder könnten Sie sich auch vorstellen nach Zürich zu ziehen oder wohin auch immer?
>
> Herr N.: Was mir eher wichtig ist, ist das soziale Umfeld. Wenn ich mobil wäre, wäre es für mich kein Stress, wenn ich ein Auto hätte. Jetzt einfach nach Zürich ziehen und dort einen Job haben und dort wohnen, das wäre schon okay, aber ich hätte gerne die Möglichkeit, auch ab und zu mal zurückzukommen und nicht 14 Stunden in einem Zug sitzen zu müssen. Aber nein, Basel ist mir nicht in dieser Art wichtig.
>
> I.: Wegen den Leuten hier?
>
> Herr N.: Ja, wegen den Leuten und nicht wegen Basel. Basel ist mir egal. Auf eine Art bin ich auch stolz auf Basel. P14 (714:726)

Doch die Lebensrealitäten von Herrn N. stehen diesen Träumen diametral entgegen. Er ist seit mehreren Monaten Tellerwäscher in einem Restaurant, hat keine Gelegenheit genutzt, eine Ausbildung zu beginnen, und trifft mit Personen zusammen, die die chronifizierenden Prozesse eher noch verstärken. Um diese Diskrepanz weiss er, seine Planungen braucht er dennoch, um die aktuelle Situation zu bewältigen.

> I.: Haben Sie v.a. jetzt Kollegen und Kolleginnen aus der Arbeit, die Sie gehabt haben oder mehr von der Gasse oder sind das noch Leute aus der Schulzeit?

> Herr N.: Das ist so ein bisschen alles. Ein paar gute alte Schulkollegen, mit denen ich immer noch zu tun habe. Leute, die ich auf der Gasse irgendwie kennen gelernt habe beim Festen und beim Punksein, hat es auch ein paar. Dann hat es ein paar, die ich ganz anders kennen gelernt habe. Irgendwie so. Ich habe, glaube ich, einen recht zusammengewürfelten Freundeskreis. Ich kenne auch einen „Exultra", ich kenne auch ein paar Skinheads, die rechtsradikal sind. Ich selber bin alles andere als rechtsradikal, ganz klar, aber es sind halt Menschen, und so lange sie nicht vor meinen Augen - oder ich nicht weiss, dass sie irgendwelchen Schwarzen auf den Kopf geben oder rassistische Sprüche machen vor mir und mit mir normal umgehen, gehe ich auch normal mit denen um, oder, ganz klar. Und so lernt man halt auch viele Leute kennen. Es ist recht gemischt. Ich habe auch Kollegen die über 40 sind, nicht von der Gasse. Und dann habe ich Leute von der Gasse, die über 40 sind. P14 (739:750)
>
> Herr N.: Ja. Für mich ist es ganz wichtig, dass ich einmal weiss, dass ich mich selber ernähren kann, keine Probleme habe, meine Wohnung zu bezahlen, auch in die Ferien kann, wenn ich das will. Auch meiner Freundin einmal ein paar Rosen mitbringen kann. Irgendwie einmal Kollegen zum Essen einladen. So Sachen gehen mir alles ab. Ich habe kein Essen zu Hause, ganz klar nicht. Ich habe auch kein Geld, um in der Beiz etwas saufen zu können. Ganz viele Kontakte fallen einfach weg und man hat nur noch den Kontakt, wie sich noch schnell am Rhein zu treffen, weil die Sonne noch scheint. Das sind ja auch immer nur die „Kifferköpfe". P14 (568:574)

Seine Vorstellung vom sozialen Aufstieg sieht Herr N. nur in der Stadt realisierbar. Hier besteht die Möglichkeit von einem gesicherten Beruf zu träumen, aber gleichzeitig Tellerwäscher zu sein. Und in der Stadt bietet der Arbeitsmarkt Stellen in unqualifizierten Tätigkeiten, die es den jungen Erwachsenen möglich machen, sich immer wieder von der Sozialhilfe zu lösen, um dieses Gefühl scheinbarer Unabhängigkeit zu leben. Herr I. und Herr M. haben dieses Gefühl kultiviert, sie teilen das Jahr in einen Sommer-Winter-Rhythmus ein:

> Herr I.: Ja und das - also das mit der Sozialhilfe, das brauche ich meistens über den Winter, weil - ja - im Sommer hat's genügend Jobs, für dass ich es so durchbringe, aber im Winter sind einfach die Möglichkeiten nicht so da, und auch jetzt wird's auch im Sommer immer wie schwieriger zum s'Zügs, Jobs zu finden - ja - weil die Wirtschaft sieht nicht rosiger aus. P9 (52:58)
>
> Herr M.: Ich hatte dort [in einer Gemeinde des Nachbarkantons, Anm. M.D.] lange nicht gesucht und es ist nicht gegangen und dann habe ich gedacht, ja, Basel ist Sommer wieder und im Sommer solltest du eigentlich schon etwas haben.
>
> I.: In der Stadt sind die Chancen schon grösser.
>
> Herr M.: Ja, ja. Und so baumässig. Da ist immer irgendetwas am Bauen in Basel. Da brauchen sie immer gute Leute. P13 (914:922)

Auch in Bezug auf die Wohnstandorte leben die jungen Erwachsenen im Wechsel von Vorstellungswelt und Erfahrungsrealität. Herr M. plant für die Zukunft seiner Familie und träumt vom Einfamilienhaus in Basels wohlhabendem Wohnquartier:

> I.: Wenn Sie jetzt hier ausziehen könnten, wohin würden Sie hinziehen, in welches Quartier?
>
> Herr M.: Bruderholz uffe (hoch). (...) weil dort hat's schöne Häuschen. Weil, ich habe mir gesagt, wenn ich arbeite, dann will ich mir schon ein Häuschen mieten so, weil das ist ja auch nicht so die Welt - kostet das und ja - wäre schon mal etwas anderes. Weil ich habe jetzt lange genug immer so komisches Zeug gehabt und so - schön leben wäre auch nicht schlecht. P13 (974:987)

Stattdessen wohnt Herr M. seit einigen Monaten in einer Notwohnung der Stadt. Diese Wohnung ist in einer Siedlung des Kantons, in der weitere Sozialhilfeempfängerinnen und Sozialhilfeempfänger sowie finanzschwache Ausländerinnen und Ausländer wohnen. Den Vorstellungen über das Gefühl, multiple Optionen realisieren zu können, steht auf dem Wohnungsmarkt die Realität der Notwohnung gegenüber.

> I.: Wenn Sie es sich jetzt so überlegen, jetzt hier zu wohnen, was bedeutet denn das jetzt für Sie?
>
> Herr M.: Ja - bald wie möglich woanders wohnen zu können. (...) Das ist nichts besonders. Also eben, das ist eine Sozialwohnung, und da hast du Viecher, hast du Kakerlaken und das ist so - nicht wirklich - also - froh, wenn du eben arbeitest und dir etwas anderes leisten kannst. Das ist schon anders.

I.: Haben Sie die Wohnung zugewiesen bekommen von der Sozialhilfe oder haben die gesagt, sie zahlen so viel und Sie müssen sich was suchen?

Herr M.: Ja - du musstest einfach auf die Liegenschaftsverwaltung gehen und ja sagen das Budget, und dann haben sie dir einfach Wohnungen gezeigt und ja - und - wie wo was -

I.: Sie hätten sich ja auch was suchen können auf dem Wohnungsmarkt (...)

Herr M.: (...) Sie haben dir einfach gesagt, es hat ein paar Häuser, ein paar Strassen, wo sie Häuser haben da für das Sozialamt, und dann konntest du einfach zu diesen Häusern schauen und hast dir einfach das Bestmögliche aussuchen können. Und von dem her ist das schon das Bestmögliche, weil da ist noch grün nach vorne uuse, hast nicht weit für in den Wald und Züüg und Sache - also - und alles andere waren so grosse Hochhäuser, also von dem her ist es schon besser. P13 (833:863)

Diesen residentiellen Vorboten sozialen Abstiegs versucht Herr M. gegenüberzutreten, indem er sich zu einer „besseren Person" macht. Es kommt zu segregierenden Prozessen innerhalb der benachteiligten Wohnsiedlung, oder wie auch Berger et al. in ihrer Zürcher Untersuchung zeigen, zu einer sozialen Distanz und lokalen Interessensgegensätzen, die verdeutlichen, dass soziale, kulturelle und politische Gegensätze bestehen (Berger, Hildenbrand et al. 2002, 12):

I.: Wie ist das, hier in der Siedlung zu wohnen? Mit so vielen Leuten von denen man auch weiss, die sind praktisch alle in der gleichen Situation?

Herr M.: Das geht, mit denen kommst du noch am besten aus, so. Ich meine, weil - ja - eben man merkt, wer selber nicht viel hat, der ist offener, der ist nicht - wie soll ich sagen, ja, der ist nicht so bedacht, alles für sich - ja, es ist auch anders mit diesen Leuten zu reden. Irgendwie. Es ist sicher einfacher, so Kontakte zu haben; und besser auch als mit sonstigen Leuten, die - die nicht so.

I.: Würde das heissen, wenn Sie die Wohnung hier sanieren würden, und keine Ungeziefer mehr, würden Sie hier wohnen bleiben?

Herr M.: Ja, das kommt auf ein paar Nachbarn an - also - ja - aber sonst, ja es ist halt überall irgend etwas, aber sonst so vom Ding her es ist schon - es wäre ja schön, also wirklich.

I.: Die Nachbarn? Was ist mit denen?

Herr M.: Ja - ja, sie sind stressig. Sie sind schwarz und sie sind - das - ich mag die halt nicht besonders. Oder. Und ich habe Kakerlaken immer wegen dem Neger da drüben, der immer seine Mistkübelsäcke auf den Balkon uffe macht (stellt) den Vorhang zuzuziehen, wenn Sonne ist, dann - dann - logisch, das gibt dann Maden und sonstige Viecher und ja, das ist eigentlich ziemlich das. Alle anderen haben keine Kakerlaken in den ganzen Häusern, nur ich mit diesem - Schwein nebenzu.

I.: Und das sagen Sie nicht der Hausverwaltung?

Herr M.: Ja, jetzt nützt es nichts mehr. Jetzt ist ja schon alles voll. Und ich bin mal mit dem Heim ein Jahr auf einem Schiff gewesen. Und wir haben da auch Kakerlaken gehabt - wir haben mir einer Giftbombe probiert, wir haben dort alles gemacht und das hockt in den Ritzen und dieses Zeug bekommst du nicht mehr weg. (...)

I.: Aber es hat noch relativ viele Ausländer hier in dieser Siedlung.

Herr M.: Ja schon, schon.

I.: Ist das dann kein Stress für Sie?

R: Jaa - eben, wie gesagt, ich muss mich ja nicht mit ihnen aleege (anlegen). Ich kann ihnen ja aus dem Weg gehen. Und so lange mir keiner zu nahe kommt, ist es soweit eigentlich ok. Das Einzige, das ist ja - da haben sie - da ist auch so ein Negermädchen, das die ganze Zeit dann herumschreit und macht. Das ist dann einfach ein wenig mühsam, wenn es grad so ein Blickfänger ist, aber - ja - ja - sonst bist du ja auch den ganzen Tag eigentlich etwas am machen und schauen oder so, und von dem her bist du ja auch nicht zu Hause. Kriegst es also auch nicht mit und das habe ich auf der Strasse auch, also von dem her - ja.

I.: Sie müssen also aufpassen, dass wenn es Ihnen irgendwann mal reicht, dass es nicht irgendwie zur Schlägerei kommt? (...)

> Herr M.: (...) Ich habe eigentlich weniger Probleme. Das ist die Ausstrahlung wahrscheinlich, welche das macht, aber ich sage das ziemlich direkt halt so, dass ich das nicht mag, und dann gibt's auch keine Konfrontationen. (...) Ja, weil ich kann mir das auch nicht erlauben. Früher wäre das anders gewesen, aber heute - ich habe eine Frau, ich habe Kinder - das geht nicht. P13 (1150:1270)

Die multioptionalen Möglichkeiten in der Stadt sind letztlich für die jungen Erwachsenen in diesem Typ eine fiktive Konstruktion. Sie brauchen diese Fiktion in ihrem Moratorium. Damit entsteht eine Dynamik, die Veränderungsprozesse ad absurdum führt. Auf der einen Seite zeigen sich im Verlauf des Sozialhilfebezugs, aber auch mit zunehmendem Alter Krisenprozesse sowie eine Zunahme und Verschärfung gesundheitlicher Probleme. Auf der anderen Seite gelingt es den jungen Erwaschenen kaum, Hilfsangebote jedweder Art anzunehmen und konsequent zu verfolgen. Die Stadt bietet ihnen Anonymität und Immunität: Sie sind eine „Nummer auf dem Sozialamt" und ihre Bewältigungsstrategie wird kaum hinterfragt, selten auf individueller Ebene problematisiert, höchstens kollektiv bestraft (z.B. über Kürzungen der Unterstützung bei den 18- bis 25-Jährigen). Damit bleibt der Traum, in der Stadt vom Tellerwäscher zum Einfamilienhausbesitzer in bester Wohnlage aufzusteigen. Die jungen Erwachsenen wähnen sich in der unteren Hälfte der Gesellschaft, aber nicht am Rand - auch wenn sie bereits in benachteiligten Wohnsiedlungen leben, schreiben sie den sozialen Abstieg anderen zu - z.B. Ausländerinnen und Ausländern.

Bei dieser Wirklichkeitskonstruktion unterstützen sich die jungen Erwachsenen gegenseitig. Sie treffen sich an verschiedenen Orten und Plätzen in der Stadt, zum grossen Teil an solchen Orten, die sozialpädagogisch oder sozialarbeiterisch betreut sind. Hier finden sie Unterstützung und Angebote zur Problemminderung durch Fachpersonen. Es liegt in der Problematik mobiler oder ambulanter Angebote der freiwilligen Jugendhilfe, dass sie, weil sich hier keine dauerhaften Beziehungsstrukturen ergeben, keine wirklich kathartische Funktion hat: Die jungen Erwachsenen deponieren ihre sozialisationsrelevanten Probleme bei den Fachpersonen, was den Problemdruck zwar kurzzeitig abbaut, aber keinen Veränderungsprozess initiiert. Die grosse Zahl der sozialpädagogisch betreuten Orte, die den jungen Erwachsenen in der Stadt zur Verfügung stehen, ermöglicht es, zwischen den Einrichtungen zu wandern. Gleichzeitig treffen sich die jungen Erwachsenen an den verschiedenen Orten und dort, wo keine sonstigen Tagesstrukturen vorhanden sind (z.B. Arbeit), teilen und gestalten sie einen massgeblichen Anteil ihrer Alltagskultur gemeinsam. So kommt es, dass von den 23 analysierten Fällen 10 Personen mit einer anderen sozialhilfeabhängigen Person zusammenziehen. Insofern ermöglicht die sozialpädagogische Stadt den jungen Erwachsenen zweierlei: den Aufbau einer Alltags- und Beziehungskultur untereinander sowie die Strukturierung dieser Alltags- und Beziehungskultur um die sozialpädagogischen Einrichtungen herum. Dass diese sozialpädagogischen „Inseln" zumeist innerhalb der benachteiligten Wohnviertel liegen, trägt dazu bei, dass sich die jungen Erwachsenen auch in residentieller Hinsicht eingebettet fühlen. In dieser sozialen und residentiellen Einbettung entsteht bei vielen der jungen Erwachsenen ein Gefühl des Aufgehobenseins, dass sie letztlich auch darüber hinwegtäuscht, das sie wichtige Entscheidungen über ihren weiteren Lebensweg zu treffen haben.

Typ 3 „Junge Erwachsene im Moratorium" 249

Karte 6: Die sozialpädagogische Stadt - Orte und Plätze zur Gestaltung von Alltagskultur der „jungen Erwachsenen im Moratorium"

Sozialhilfefälle pro Block im Sept. 2000
- 0 - 10
- 11 - 15
- 16 - 20
- 21 - 25
- über 25

0   500   1'000 Meters

B Beschäftigungsprogramm
D Kontrollierte Drogenabgabe/-konsumation
F Freizeitgestaltung
M Mobile Beratung und Jugendarbeit

Kartengrundlage: Sozialhilfedichte in absoluten Fallzahlen auf Blockebene im September 2000
Kartengrundlage: Vermessungsamt des Kantons Basel-Stadt.
Kartographie und Bearbeitung: Nina Cavigelli.
Quelle: Cavigelli 2003, 69.

Datengrundlage Karte 6: Führer durch das soziale Basel, eigene Recherchen.
Bearbeitung: Matthias Drilling.

8.4 Typ 4: „Geduldete Ausländer/innen": Rechtlich legitimierte Exklusionsprozesse in der segregierten Stadt

8.4.1 Situation bei Eintritt in die Sozialhilfe: Geduldete Ausländer/innen (Eintrittstyp 4)

Im Typ 4 finden sich 261 junge Erwachsene, deren Handlungsfähigkeit im Vergleich zu allen anderen Typen eine gravierend schlechtere Ausgangspartition zeigt. Knapp 70% der Personen hatten im Jahr vor dem Sozialhilfebezug kein steuerlich massgebliches Einkommen. Der andere Teil verfügte über ein Einkommen, durchaus auch über 15000 Fr. im Jahr. Über die Hälfte ist beim Eintritt in die Sozialhilfe verschuldet, nicht selten mit Beträgen über 10000 Fr. Entsprechende Erfahrungen mit dem Betreibungsamt haben rund 40% der jungen Erwachsenen. Auch wenn das Fehlen eines Einkommens im Jahr vor dem Sozialhilfebezug eine bereits länger dauernde Arbeitslosigkeit andeuten könnte, werden die jungen Erwachsenen mehrheitlich überbrückend unterstützt. Dass heisst, die Sozialhilfe geht davon aus, dass eine Integration in den Arbeitsmarkt möglich ist. Nur rund jede vierte Person wird langfristig einkommensersetzend unterstützt, hauptsächlich allein erziehende Mütter. Von allein stehenden jungen Erwachsenen in diesem Typ zu sprechen, ist für mehr als die Hälfte der Fälle unpräzise: Zu 60% handelt es sich um einen Familien-Typ (Verheiratete mit und ohne Kinder); die Unterstützungsgründe „Arbeitslosigkeit und Familie" sowie „Familie und ungenügendes Einkommen" finden hier ihre Schwerpunkte. 75% der jungen Erwachsenen leben in einem Haushalt von 2 und mehr Personen. Zudem werden in 90 der 261 Fällen Kinder versorgt.

Es sind die Ausländer und Ausländerinnen, die dieses Typ prägen (90%). Mehrheitlich haben die jungen Erwachsenen eine Nationalität der neueren Herkunftsländer: Türkei, ehemaliges Jugoslawien übrige Länder. Sie haben nur zur Hälfte die Niederlassungsbewilligung, ansonsten eine Jahresaufenthaltsgenehmigung. Damit sind sie in Bezug auf die Wahl des Wohnortes und des Arbeitsplatzes stark eingeschränkt. Allen fehlt ein Teil der in der Schweiz erwerbbaren Schulbildung: Knapp 60% haben gar keine Schule in der Schweiz besucht, 40% sind erst nach der Primarschule in das schweizerische Bildungssystem eingestiegen. Dementsprechend fehlt bei der überwältigenden Mehrheit (81,6%) auch die Berufsausbildung. Die Ausbildungslosigkeit widerspiegelt die Lage der Eltern, denn über 70% von ihnen arbeiten als Hilfsarbeiter/innen oder in einer Tätigkeit, die keine Berufsausbildung verlangt. Fast alle sind im Tieflohnbereich beschäftigt. Dass 99% der jungen Erwachsenen nicht in Basel aufgewachsen sind bzw. im Vorschulalter zuzogen, verdeutlicht die schlechte Ausstattung mit kulturellem Kapital.

Zu 50% sind die zugewanderten jungen Erwachsenen alleine nach Basel gekommen. Das heisst, dass auch kein elterliches Netz vor Ort besteht. Von nur jeder dritten Person wohnen beide Elternteile in der Stadt, was bedeutet, dass die jungen Menschen im Rahmen des Familiennachzugs in die Schweiz kamen. Das soziale Netz ist eher gering belastbar: 65% der jungen Erwachsenen waren spätestens 5 Jahre nach ihrem Zuzug nach Basel auf die Sozialhilfe angewiesen, die meisten von ihnen im Alter zwischen 18 und 21 Jahren. In Bezug auf den Wohnstandort konzentrieren sich die Personen in diesem Typ am deutlichsten auf Wohnviertel in Kleinbasel.

Fazit: Die geduldeten Ausländerinnen und Ausländer sind fast ausschliesslich Personen aus den neuen Herkunftsländern, häufig verheiratet und zum Teil für Kinder verantwortlich. Die Personen kumulieren Belastungssituationen: Sie sind aktuell arbeitslos und haben keine Berufsausbildung; sie sind zum Teil mit hohen Summen verschuldet und bereits betrieben worden; sie haben keine Schulbildung in der Schweiz erworben oder sind erst spät ins Bildungssystem eingestiegen; einem Teil von ihnen fehlen die elterlichen Ressourcen, sie sind alleine in die Stadt gekommen. Sie besitzen oft nur eine Jahresaufenthaltsbewilligung und sind damit auf ihrer Suche nach Beschäftigungsmöglichkeiten benachteiligt. Und dennoch haben die jungen Erwachsenen die Migration in die Stadt vollzogen. Das erscheint idealistisch: als könnte der Ortswechsel die schlechte Ausstattung mit ökonomischem Kapital wettmachen. Es entsteht bei der Interpretation dieses Typs der Eindruck, dass die „capability deprivation" für ein Szenario des „irgendwann-geht-es-nicht-mehr" verantwortlich ist.

8.4.2 Idealtypische Fälle: Überblick

Fall 15: Frau O. ist mit 13 Jahren aus der Türkei nach Basel zu ihren Eltern gezogen. Beide Eltern waren als Hilfsarbeiter beschäftigt, der Vater hat kurz nach dem Zuzug der Tochter einen tödlichen Arbeitsunfall. Seither lebt Frau O. mit ihrer Mutter und den drei Geschwistern in einem gemeinsamen 3-Zimmer-Haushalt im Kleinbasel (einem Quartier mit hoher Sozialhilfedichte). Seit dem Unfall des Vaters ist die gesamte Familie sozialhilfebedürftig. Frau O. ist kurz nach ihrer Einreise in die Schweiz in die Mittelstufe eingetreten und beendet die Schulzeit mit dem 10. Schuljahr (Berufswahlklasse). Anschliessend beginnt sie eine Lehre als Zahnarztgehilfin, die sie allerdings nach wenigen Monaten abbrechen muss. Der Grund dafür ist nicht bekannt. Verschiedene Temporärbeschäftigungen schliessen sich an und sie beginnt eine weitere Lehre als Verkäuferin. Frau O. kommt aktiv auf die Sozialhilfe zu, als sie 18 Jahre alt wird und von zu Hause ausziehen will. Sie hat die Verkäuferinnenlehre gerade abgebrochen. Als Grund gibt sie familiäre Gründe an: Sie sei einem Mann versprochen worden, den sie aber nicht heiraten wolle. Die damit verbundenen Konflikte hätten zu mehrfachen Verspätungen und Arbeitsausfällen geführt, ein Mal sei sie auch für kurze Zeit von zu Hause ausgerissen. Schliesslich habe ihr der Lehrbetrieb gekündigt. Frau O. hat zum Zeitpunkt des Sozialhilfeeintritts eine Jahresaufenthaltsbewilligung. Anspruch auf Arbeitslosengeld hat sie wegen der zu geringen Beitragszeit keinen, sie ist geringfügig verschuldet (Krankenkassenrückstand), hat keine finanziellen Reserven. Ihre Mutter kann sie nicht unterstützen.

Fall 16: Herr P. kommt gemeinsam mit seiner Frau zur Sozialhilfe. Herr P. reist als Asylbewerber mit 19 Jahren aus Pakistan in die Schweiz ein. Durch die Heirat mit einer Schweizerin wird er demnächst eine Jahresaufenthaltsbewilligung erhalten. Weil seine Frau ebenfalls sozialhilfebedürftig ist, werden die beiden nun als Familie unterstützt. Herr P. hat in seinem Heimatland eine Schneiderlehre erfolgreich absolviert, spricht neben seiner Muttersprache fliessend englisch. Die Schule hat er in der Schweiz nicht besucht. Er versteht Deutsch, spricht es aber nicht, bemüht sich um einen Deutschkurs. Herr P. ist unverschuldet, hat keine Ersparnisse. Der Vater lebt noch in Pakistan (die Mutter ist bereits verstorben), ebenso seine Geschwister, bis auf den ältesten Bruder, der mit seiner Familie in Zürich lebt und dort im Gastgewerbe arbeitet. Dieser kam einige Jahre zuvor ebenfalls als Flüchtling in die Schweiz. Zu ihm hält Herr P. nur sporadischen Kontakt; er geht davon aus, dass er ihn nicht für längere Zeit unterstützen würde. Des Weiteren will er der Familie nicht zur Last fallen. Weiterhin hat Herr P. einen Onkel in der Schweiz, der bereits seit 30 Jahren hier lebt. Zu diesem Onkel kann er allerdings wegen der Ortsgebundenheit seines Asylstatus nicht.

Fall 17: Herr Q. ist 20 Jahre, als er bei der Sozialhilfe vorspricht. Er ist in der Türkei geboren und kam mit 16 Jahren aus Ankara zu seinem Vater direkt in die Schweiz, hat eine Jahresaufenthaltsbewilligung, spricht und versteht nur wenig Deutsch. Der Vater von Herrn Q. ist in den 1970er Jahren in die Schweiz als Hilfsarbeiter gekommen, hat sich dann zunehmend von seiner Familie in der Türkei emotional getrennt. Die De-facto-Trennung der Eltern ist die Konsequenz; der Vater heiratet in der Schweiz eine neue Frau. Die Mutter lebt weiterhin in Ankara mit dem jüngeren Kind. Als Herr Q. in die Schweiz kommt, hat er gerade die Schule abgeschlossen; eine Ausbildung kann er nicht beginnen. Herr Q. lebt in Basel mit seinem Vater und der Stiefmutter zusammen. Er besucht keine Schule, sondern wird in einen Deutschkurs geschickt. Eine weitere Unterstützung findet - so Herr Q. laut Sozialhilfeprotokoll - nicht statt. Überhaupt findet er sich in Basel nicht zurecht, aber auch sein Vater kann ihm nicht helfen. Herr Q. hat weitere Bekannte und Verwandte in der Schweiz, u.a. in Basel. Mit diesen will er keinen Kontakt, ebenso wenig mit den türkischen Vereinen in Basel, weil er vor der Politisierung, die dort stattfindet, Angst hat. Als Herr Q. zur Sozialhilfe kommt, hat er drei Jahre temporäre Arbeiten, insbesondere im Bauhandwerk geleistet. Gerade ist er arbeitslos geworden. Die Abklärungen auf Arbeitslosengeld sind noch nicht beendet, ein Vorbezug nicht möglich. Sein Vater, in dessen Haushalt er noch wohnt, kann ihn nicht versorgen, da er selbst vor kurzem arbeitslos wurde und nun Arbeitslosentaggeld erhält.

Fall 18: Frau R. wächst in Ostasien auf, wo sie die obligatorische Schulzeit verbringt. Sie schliesst mit einem High-School-Abschluss ab. In einer dortigen Grosstadt arbeitet sie ein halbes Jahr mit ihrer Tante in einem Archiv in einer Bank. Als sie 13 Jahre alt ist, zieht die Mutter mit ihrem neuen Partner, einem Schweizer, in die Schweiz. Der leibliche Vater hat sich von der Familie getrennt, als Frau R. 4 Jahre alt war. Von ihm hat sie seither nichts mehr gehört. Frau R. bleibt bei ihrer Tante, der Schwester der Mutter, zurück; sie besucht weiterhin internationale Schulen, lernt fliessend Englisch sprechen. Drei Jahre später zieht die Tante nach Kanada; Frau R. entscheidet sich, in die Schweiz zu ihrer Mutter, welche die Bürgschaft für den Familiennachzug bei der Einwanderungsbehörde garantiert, nachzuziehen. Dies entscheidet Frau R., trotzdem sie im 7. Monat schwanger ist und der Kindsvater die Reise nicht mitmacht. Die frühe Schwangerschaft führt zu Problemen zwischen der Mutter und Frau R., zudem schaltet sich der Kindesschutz ein und prüft eine Einweisung des Kindes in eine Pflegefamilie. Als Frau R. zur Sozialhilfe kommt, lebt sie bereits seit einem knappen Jahr in der Schweiz bei ihrer Mutter und dem Stiefvater. Sie ist nun 18 Jahre alt, ihr Kind 9 Monate. Sie lebt im gleichen Haus wie ihre Mutter, aber in einer eigenen Wohnung. Die Miete wurde bisher vom Stiefvater bezahlt, der von Beruf Seemann ist. Dennoch hat Frau R. Schulden durch ausstehende Krankenkassenprämien und Arztrechnungen.

Fall 19: Herr und Frau S. kommen aus der Türkei nach Basel. Mit 17 Jahren lernt Frau S. ihren Mann kennen, als dieser gerade in der Türkei seine Verwandten besucht. Ein Jahr später heiraten sie und er nimmt seine Frau mit in die Schweiz. Herr S. lebt seit seinem 12. Lebensjahr in der Schweiz, besucht dort die Oberstufe, findet aber nach der Schule keine Lehrstelle, so dass er direkt in eine Erwerbsarbeit einsteigt. Die Eltern von Herrn S. gehen einer Hilfsarbeit in der chemischen Industrie nach. Frau S. verbringt ihre Kindheit mit ihren Eltern und ihrer jüngeren Schwester in der Türkei. Ihr Vater hat als Elektriker ein eigenes Geschäft, ist aktuell bereits pensioniert. Nach der obligatorischen Schulzeit absolviert Frau S. eine Buchhalterinnenausbildung und schliesst diese in der Türkei auch ab. Als sie auf der Sozialhilfe vorsprechen, sind Frau S. 18, Herr S. 25 Jahre alt. Ein Jahr zuvor haben sie geheiratet. Frau S. informiert sich über Sprachkurse, sie spricht und versteht kein Deutsch. Herr S. hat gerade seine Arbeit verloren und wartet auf das Arbeitslosentaggeld. Die bisherigen Finanzierungsengpässe hat der Vater von Herrn S. überbrückt. Bei ihm hat der Sohn Fr. 16000 Schulden. Das Ehepaar wohnt in einer 2-Zimmer-Wohnung in Kleinhüningen, einem Quartier mit hoher Sozialhilfedichte.

8.4.3 Wege in die Sozialhilfe: Subjektive Erklärungen

Die Wege der jungen Ausländerinnen und Ausländer in die Sozialhilfe zeigen trotz aller Unterschiedlichkeiten im Detail strukturelle Gemeinsamkeiten: Sie erfolgen vor dem Hintergrund aktueller finanzieller Armut, einer (trotz z.T. langer Anwesenheit in der Schweiz) nahezu inexistenten kulturräumlichen Verankerung mit einem entsprechenden Verständnis von Bildung und Arbeit sowie einer bereits im Herkunftsland und der Herkunftsfamilie begonnen Destabilisierung der sozialen Einbettung (insbes. der familiären Netze).

Herr P. wuchs in Pakistan auf. Die gewalttätigen Auseinandersetzungen in Kaschmir führten dazu, dass bereits vor ihm ein Teil seiner Familie ins Ausland flüchtete. Sein Onkel migrierte schon Jahre zuvor in die Schweiz, eröffnete in Zürich ein Geschäft. Der Bruder flüchtete in die Schweiz als Herr P. sechs Jahre alt war und kurz nachdem die Mutter bei einem Angriff auf das Dorf umkam. Der Vater, der bei der lokalen Steuerbehörde arbeitete, verlor nach seiner Pensionierung zunehmend die Basis seines Lebensunterhalts. Die Pläne zur Flucht von Herrn P. fielen zusammen mit der finanziellen Armut der Familie in Pakistan und dem Faktum, dass der zuvor in die Schweiz geflüchtete Bruder von Herrn P. die Familie finanziell nicht ausreichend unterstützen konnte.

> Herr P.: Mein Onkel, also der Bruder meiner Mutter, der war 30 Jahre in der Schweiz und der hat meinen grossen Bruder geholfen, als meine Mutter gestorben war. Da war ich 6 Jahre alt. Er ist dann nach Zürich gekommen und er hat gearbeitet, 7 Jahre. In diesen 7 Jahren er hat nie Geld überweisen können. (...) Er hat nie ein Wort zum Onkel gesagt, nie gefragt: Wo ist mein Lohn? Wenn er braucht Geld, dann schon. Aber 7 Jahre lang, jeden Monat Geld geht auf das Konto von meinem Onkel. P16 (196:203)

Dass es die Schweiz ist, in die Herr P. flüchtet, ist ein Zufall. Eigentlich wollte er gar nicht dorthin, er schloss sich einem Flüchtlingsstrom in die Europäische Union an:

> Herr P.: Bis Türkei dachte ich, das ist wie in Europa. Dann war ich dort gegangen, und ich habe gesehen viele Leute die Richtung gehen nach Griechenland oder Italien mit Schiff. Und dann habe ich gesagt wieso nicht, ich habe Geld kann ich schon probieren, wenn es nicht geht, dann ich sowieso zurückgehen, dann kein Problem. (...) Dann ich kam nach Italien und nach Italien in die Schweiz. P16 (10:17)

In Basel stellt Herr P. den Antrag auf Asyl. Der Aufenthaltsstatus erlaubt es ihm nicht, nach Zürich zu Onkel und Bruder zu ziehen. Während der Bearbeitung des Asylantrages trifft er seine zukünftige Frau. Sie ist Schweizerin und durch die Heirat mit ihr erhält er den Status des Jahresaufenthalters; weil auch seine Frau arbeitslos ist, treten sie in die Sozialhilfe ein.

Es ist diese relative Zufälligkeit, in der Schweiz zu sein, die auch bei Herrn Q. zutrifft. Sein Vater war in den 1970er Jahre als Gastarbeiter in die Schweiz eingewandert und kam, als Herr Q. 16 Jahre alt war, auf Besuch in die Türkei zurück. Die Ehe der Eltern konnte der räumlichen Trennung nicht standhalten, sie war de facto beendet; der Vater hat sich in der Schweiz mit einer neuen Lebenspartnerin eine neue Existenz aufgebaut. Seine Rückkehr stand im Zusammenhang damit, die Kindererziehung zu klären:

> I.: Warum sind Sie denn gerade nach Basel gekommen? Hat es Ihr Vater so entschieden?
>
> Herr Q.: Mein Vater hat entschieden als mein Vater und meine Mutter auseinander sind.
>
> I.: Sie sind der älteste Sohn?
>
> Herr Q.: Ja. Meine Mutter hat gesagt: Grosser Sohn gehört zu dir, die beiden kleinen gehören zu mir. Und mein Vater hat gesagt: In dem Fall nehme ich den grossen Sohn mit. Meine Mutter hat mich gerne. Ich war noch ein Kind ich konnte nicht entscheiden. Wenn Sie mich heutzutage fragen, wäre ich nicht hierher gekommen. Aber ich bin gekommen, und so muss ich anfangen zu leben. P17 (255:265)

Dieser „Neuanfang" ist für Herrn Q. keineswegs unproblematisch. Bei seinem Vater und der Stiefmutter fühlt er sich nicht wohl. Die Möglichkeit, den 16-jährigen Sohn nochmals in die Schule zu schicken, kennen die Eltern nicht, da sie sich nie mit dem Bildungssystem in der Schweiz auseinander gesetzt haben. So sehen sie im nachgezogenen Sohn einzig die zusätzliche Arbeitskraft.

> Herr Q.: Und als ich hier angekommen bin, bin ich nicht gut ausgekommen mit meiner Stiefmutter. Wir hatten immer Ärger. Und ich war noch klein und wusste nicht, was ich in der Schweiz anfangen soll. Und dann war ich hier und war etwa 16 Jahre, und normalerweise geht man dann in die Schule, aber sie haben mich in einen Kurs geschickt, drei Monate war ich dort. Dann haben sie eine Stelle gesucht für mich. (...) Bis ich genau auf meinen Beinen stand und wusste was passiert, waren schon drei Jahre vorbei. P17 (106:118)

Herr Q. weiss, dass sein Vater von ihm eine finanzielle Beteiligung am Haushaltseinkommen erwartet und er ist sich bewusst, dass er als ältester Sohn auch für die nun offiziell allein stehende Mutter und die weiteren Geschwister in der Türkei Verantwortung trägt. Diesem Druck hält Herr Q. nicht stand. Er reisst aus, versucht sich zu lösen, lebt auf der Strasse, dann wieder beim Vater. Er kann sich kaum alleine finanzieren, erlebt, an seinen eigenen Ansprüchen zu scheitern.

> Herr Q.: Es ging nicht gut mit ihnen. Kein Essen bekommen. Keine Schuhe bekommen. Haben mich in einen Kurs geschickt und gearbeitet. Die haben alles versucht, aber (...) und dann ich war etwa 3 Jahre mit ihnen und während diesen 3 Jahren bin ich langsam krank geworden. Und dann bin ich „abgehauen", oder? Dann habe ich einen Job gefunden, ging alleine wohnen und nach diesen 3 Jahren war ich immer alleine unterwegs. P17 (75:80)

Es ist die Heirat einer Frau aus der Türkei, die ihm wieder Spielräume für eigene Entscheidungen eröffnet; gegenüber seinem Vater kann er den eigenen Haushaltes nun begründen und gegenüber der Familie in der Türkei reduziert sich die Versorgungsverantwortung. Allerdings ergeben sich Folgeprobleme, Herr Q. ist nun für zwei Personen verantwortlich:

> Herr Q.: Ich wollte Familie, habe geheiratet, habe meine Frau hierher gebracht, und jetzt mit diesen Sachen ist es ein bisschen schwierig und ich weiss nicht, was ich machen soll. Und jetzt arbeite ich im Restaurant bis um 2 Uhr morgens oder 1 Uhr morgens, komme um 5 Uhr morgens nach Hause und schlafe bis um 15.00 Uhr und dann um 17.00 Uhr gehe ich wieder arbeiten. Ich kann nur so, aber das ist auch nicht richtig. Ich muss irgendwie nochmals schlafen vor der Arbeit. P17 (80:88)

Neu hinzu kommt die Verpflichtung, nach einer Heirat auch eine Familie mit Kindern zu gründen. Auch hier spielt die in der Türkei lebende Familie eine entscheidende Rolle:

> I.: Unterstützen Sie Ihre Familie heute noch?
>
> Herr Q.: (...) Die erwarten von mir, dass ich Familie haben soll. Sie erwarten kein Geld mehr von mir. Ich habe Geld geschickt, ich habe einen Bruder, der ist 16 Jahre alt, und eine Schwester, die ist 19 Jahre alt, und ich habe Geld geschickt (...)
>
> I.: Und dann erwarten Sie, dass sie in 2 Jahren 2-4 Kinder haben?
>
> Herr Q.: Wenn ich könnte (...) dann hätte ich gerne 2 Kinder, aber wenn ich nicht kann, dann 1 Kind (...), dann kann ich nicht zweites Kind machen. Ich hätte schon gern 2 Kinder. Ich muss auch schauen, ob ich kann. Ich habe geheiratet und habe gedacht, ich möchte unbedingt Kinder haben. Denn wenn ich keine Kinder habe, ich verliere. P17 (190:213)

Für Herrn P. und Herrn Q. als jeweils ältesten Söhne war der Schritt in die Migration unfreiwillig, für Frau S. stellte er eine Lösungsstrategie dar. Ursächlich dafür ist ebenfalls eine Destabilisierung der Herkunftsfamilie in der Türkei. Der Vater von Frau S. ist Alkoholiker und gewalttätig gegen seine Frau und Kinder. Schon früh entfernt sich Frau S. emotional von ihm, ohne allerdings ihre Verantwortung als älteste Tochter gegenüber der Mutter und den jüngeren Geschwistern zu vergessen. Frau S. nutzt die Gelegenheit und freundet sich mit dem Sohn einer Nachbarin an, der gerade aus der Schweiz zu Besuch ist. Noch im Urlaub heiraten die beiden und kehren gemeinsam in die Schweiz zurück.

> Frau S.: Ich habe gedacht, ja, wenn ich in Schweiz gehe, schaue ich. Wenn es geht, geht es, wenn es nicht geht, trenne ich mich von ihm. Dann arbeite ich und schaue so nach meiner Familie. P19 (844:849)

Auch Frau R. hat nie geplant, in die Schweiz zu kommen. Erst die Trennung der Mutter vom Vater destabilisierte die Familie. In den folgenden Jahren zogen die Eltern und Geschwister nach Übersee, insbesondere Amerika und Kanada. Als Frau R. ihre Schule beendet hat, nimmt sie Kontakt zu ihrer mittlerweile in der Schweiz lebenden Mutter auf und zieht nach. Allerdings ist sie zu diesem Zeitpunkt bereits schwanger, was ihr die Mutter als Vertrauensbruch anlastet, weil sie sonst wohl kaum bereit gewesen wäre, die Einreiseformalitäten für ihre Tochter zu erledigen. Es kommt erneut zu bereits im Herkunftsland entstandenen Spannungen zwischen Mutter und Tochter. In der Folge lebt Frau R. nur noch für ein Ziel: die finanzielle Unabhängigkeit von ihrer Mutter.

> Frau R.: Ich habe kein einzige Wort Deutsch gewusst. Kein einziges Wort. Ich bin hier in der Schweiz gekommen und alles ganz fremd. Es ist ganz anders hier in der Schweiz. Ja, und dann nach zwei Monaten wurde meine Tochter geboren. Dann ist die Amtsvormundschaft zu mir gekommen und sie haben gesagt, dass sie nehmen meine Tochter weg von mir und sie geben meine Tochter zu eine andere Familie, weil ich kann nicht meine Tochter erziehen ohne Geld. (...) Ich habe gesagt, dass ich tu alles, nur dass sie meine Tochter nicht wegnehmen. Und die Amtsvormundschaft hat mir geholfen und mich zur Fürsorge gebracht.
>
> I.: Ja, und dann sind Sie in eine eigene Wohnung?
>
> Frau R.: Ja. Weil es war schrecklich. Wir haben immer gestritten zu Hause. Es ist wahnsinnig.
>
> I.: Und dann, wie haben Sie das weiter gepackt?
>
> Frau R.: Nachher habe ich Deutschkurs gemacht. Ich habe für meine Tochter ein Tagesheim gefunden, und dann habe ich Deutschkurs für fünf Monate, ich glaub, habe ich, ja fünf Monate habe ich Deutschkurs gemacht. Bis März 1999, dann hat meine Mutter mir geholfen, eine Arbeit zu finden bei einem Vermittlungsbüro. Aber mein Deutsch war noch nicht so perfekt, so gut. (...) Für fünf Monate konnte ich im Archiv arbeiten. Und nach dem habe ich, was habe ich noch gemacht nach dem? Nochmal Deutschkurs, ja das war nur drei Monate und ich habe so lang eine Arbeit gesucht. Ein Jahr habe ich so gesucht, aber es, es hat nicht geklappt. P18 (147:211)

In allen vier Fällen steht die Sozialhilfeabhängigkeit also im Zusammenhang mit sozialen Destabilisierungsprozessen, die bereits im Herkunftsland begannen. Die Ablösung von einem Teil der Familie ist geplant, die Einwanderung in die Schweiz dagegen ist eher sekundär, ungewollt bzw. zufällig. Und in allen vier Fällen folgt auf die Einwanderung in die Schweiz keine Stabilisierung der Situation, sondern eher eine Verschärfung der Instabilität, keine Erweiterung der Handlungsfähigkeit, sondern ihre Labilisierung. Insbesondere die weiter bestehende emotionale Verbindung mit den zurückgebliebenen Familienmitgliedern löst einen hohen Druck auf die jungen Erwachsenen aus. Sie funktionieren wie Satelliten, ihre Soziosphäre (Albrow 1998) wird charakterisiert durch die Verbindungen zu den zurückgebliebenen Familienmitgliedern, die emotional verbindlicher und sogar über die Distanz hinweg kontinuierlicher und intensiver als die zu den Elternteilen in der Schweiz sind. Die Ältesten (Männer und Frauen) übernehmen zudem wichtige Funktionen bei der Erwirtschaftung des Haushaltseinkommens im Herkunftsland:

> Herr P. sieht seinen in Zürich lebenden Bruder und Onkel „ein- bis zweimal im Jahr", mit seinem Vater in Pakistan telefoniert er wöchentlich und überweist ihm monatlich rund die Hälfte seines Einkommens oder Sozialhilfebetrags.
>
> Herr Q. hat mit seinem Vater und seiner Stiefmutter, die beide in Basel leben, den Kontakt abgebrochen; seiner Mutter in Ankara hat er bis zu seiner Hochzeit regelmässig Geld überwiesen.
>
> Frau S., deren Eltern noch beide in der Türkei leben, spart mehrere Monate von ihrem Erwerbseinkommen und überweist regelmässig Beträge an die Eltern.

Es ist die Verbundenheit mit ihren Familien - gleich, ob sie sich emotional oder räumlich von ihnen getrennt haben - die die jungen Erwachsenen charakterisiert. Sie leben in einem Verantwortungsdilemma, haben Versorgungsfunktionen und müssen diese auch wahrnehmen. Ob sie dabei Schwierigkeiten haben oder nicht, ist zweitrangig.

Dieses Leben, das eher *zwischen* zwei statt *in* zwei Kulturen stattfindet, wird für die jungen Erwachsenen zum Balanceakt. Sie können kaum an einer systematischen Erweiterung ihrer Handlungsfähigkeiten, z.B. durch die Aufnahme einer Ausbildung, arbeiten. Dabei spielt es keine Rolle, ob die Erwartungen der einzelnen Familienteile an sie realistisch sind, denn es wird darüber nicht kommuniziert, das heisst, die Kinder teilen ihren Familien im Ausland oft gar nicht mit, in welch schwieriger Situation sie sind.

> Frau S.: Ich will nicht meine Familie in diese Situation hinein tragen. Und wir sind sowieso Erwachsene, wir brauchen nicht eine Vater oder Mutter, und wenn wir haben ein Probleme, wir können auch selber Lösung finden, nicht mit den anderen. Wenn meine Mutter sagt oder Vater sagt oder meine Mann sagt: So und so, das und das machen. Und spricht nur zwei, drei Tage oder eine Woche oder zwei Woche dann ist wieder alles kaputt und wir müssen zuerst unsere Probleme selber lösen, nicht mit den anderen helfen. Wir müssen zuerst wissen, was wollen wir. Das ist wichtig für mich. P19 (719:728)

Eine Perspektive, ausserhalb ungelernter Bereiche tätig zu sein, hat keiner der jungen Erwachsenen, denn die Migration erfolgte während der beruflichen Entwicklungsphase. Herr Q., Herr S. und Frau R. haben gerade die Schule abgeschlossen, Herr O. kam noch in der Schulzeit in die Schweiz. Lediglich Herr P. hat in Pakistan eine Ausbildung als Schneider beendet und Frau S. eine schulische Weiterbildung zur Buchhalterin absolviert; beide Qualifikationen werden in der Schweiz jedoch nicht anerkannt. *Damit liegt ein Verlust von eigentlich vorhandenen Fähigkeiten („endowment loss") vor; ein Verlust, der durch die Nicht-Anerkennung von Bildungstiteln bewirkt wird.*

In keinem der vier Fälle engangieren sich die Elternteile für eine qualifizierte Ausbildung ihrer Kinder, denn sie kennen das Bildungssystem nicht und leben von der Perspektive, möglichst viel Geld in der Schweiz zu verdienen, um anschliessend wieder in die Herkunftsländer zurückzuziehen. Statt in die Ausbildung zu investieren, absolvieren die jungen Erwachsenen Sprachkurse, um anschliessend möglichst rasch eine Gelegenheitsarbeit aufnehmen zu können. So entsteht ein Exploitationsprozess, der mit physisch- (weniger psychisch-) gesundheitlicher Deprivation und sozialer Isolation der jungen Erwachsenen einhergeht. Schliesslich fühlen sich die jungen Erwachsenen von keinem der beiden Elternteile verstanden: weder demjenigen in der Schweiz noch dem im Heimatland zurückgebliebenen. Hinzu kommt, dass die wohnörtliche Nähe keineswegs mit einer sozialen Nähe einhergeht. Im Gegenteil kommt nun auch noch der Wunsch nach Unabhängigkeit vom in der Schweiz lebenden Elternteil hinzu, dem sie doch in den Jahren der Trennung sehr fremd wurden. Diese sozialen Unabhängigkeitsbestrebungen vor Ort bei gleichzeitiger Versorgungsverantwortung für die „Restfamilie" im Herkunftsland führt bei Herrn Q. in den ökonomischen Abstieg:

> Herr Q.: Ich habe das ganze Geld für Familie ausgegeben. Ich war jung und das war meine Familie. Ich kann jetzt nichts mehr machen. Ich habe schon 2 Kredite bezogen. (...) Ich habe keine Autoprüfung ich habe kein Auto, nichts. Das sind Nachteile bei der Jobsuche. Ich konnte es nicht machen, ich hatte keine Zeit (...). und Eltern gaben mir keine Chance. Jetzt muss ich etwas für mich machen und es ist spät, ich habe keine Geduld mehr. Ich kann nicht 200 CHF einfach so ausgeben sonst muss ich zu Hause 2 Wochen hungern. P17 (178:183)

> Herr Q.: Mit dem Lohn habe ich Probleme, verstehen sie was ich meine? Zum Beispiel 3 Monate habe ich gearbeitet und versucht mit 2500 CHF zu leben und etwa 2 Monate später habe ich und jetzt auch etwa 1500 CHF bekommen, und dann habe ich mit 3000 CHF versucht zu leben, und ich bin langsam und langsam ins Minus gekommen, und jetzt versuche ich vom Minus wegzukommen. Aber es ist schwer für mich. Und ich habe keine Ahnung, was ich machen soll. Ich habe einen Job gefunden und will dort arbeiten und schauen was weiter passiert. P17 (33:40)

Dieser Abstieg, den Herr Q. schildert, ist typisch für die Entwicklung der jungen Erwachsenen und er geht immer einher mit einer fehlenden sozialen Einbettung. Herr Q. drückt dieses Zerrissensein zwischen Herkunftsfamilie und „neuer Heimat" drastisch aus:

> Herr Q.: Ich hatte keine Familie. Eine Familie muss zeigen was man genau machen muss, verstehen Sie was ich meine? Ich war 17 Jahr alt und habe gelernt wie ich Krankenkasse bezahlen muss, wie ich Miete zahlen muss und wie ich alles bezahlen muss. Und das habe ich alles alleine gelernt. Und ich hatte Familie in der Türkei (...), und das war für mich Mutter, Bruder und Schwester. Und ich habe denen auch Geld geschickt. Das ist eine Scheisskultur, nur die Familie zu unterstützen. Ich habe meine Zukunft. (...) Und jetzt habe ich Schwierigkeiten mit dem. Früher habe ich nur für die gemacht, nicht für mich; jetzt möchte ich nur für mich machen und kann nicht. Muss Zeit haben. Aber die Zeit ist schon vorbei. P17 (134:173)

Zusätzlich zu diesen persönlichen und sozialen Beeinträchtigungen macht es die schweizerische Gesetzgebung den jungen Erwachsenen nicht leicht, die Abstiegsprozesse zu unterlaufen. Weil sie selbst erst seit kurzem in die Schweiz zugezogen sind, haben sie eine Jahresaufenthaltsberechtigung. Sie müssen sich jährlich auf der Verwaltung melden, um ihren Aufenthalt in der Schweiz verlängern zu lassen, und müssen dabei ein Erwerbseinkommen nachweisen. Andernfalls steht der weitere Aufenthalt in der Schweiz zur Disposition. Selbst Beschäftigungsmöglichkeiten in unqualifizierten Bereichen sind mit diesem Aufenthaltsstatus nicht immer problemlos zu akquirieren, denn die Arbeitgeber haben u.a. nachzuweisen, dass kein Schweizer bzw. keine Schweizerin diesen Arbeitsplatz einnehmen kann bzw. will (Abbildung 22). Arbeitseinsätze unter prekären Bedingungen und ausbeuterischer Umgang mit den eigenen Ressourcen und der Gesundheit gehören dann zu den alltäglichen Strategien der jungen Erwachsenen, die ökonomische Unabhängigkeit zu wahren.

So dauert es kaum länger als ein bis zwei Jahre nach der Einreise in die Schweiz, bis die jungen Erwachsenen dieser Fremdbestimmung über ihr Leben kaum noch gewachsen sind. Sie steigen finanziell ab, verschulden sich, werden betrieben, finden keine adäquate Erwerbstätigkeit. Schliesslich kommen sie zur Sozialhilfe: Frau O., Herr R. und Familie S. sind bereits nach 12 Monaten unterstützungsbedürftig. Herr P. kann sich drei Jahre selbst finanzieren und Herr Q. ist nach vier Jahren auf die Unterstützung angewiesen.

Abbildung 22: Jahresaufenthaltsbewilligung und Sozialhilfebezug

Grundsätzlich: Die Vollziehung der seit dem 01.06.2002 gültigen Begrenzungsverordnung II (BVO- II) erfolgt unter Berücksichtigung der arbeitsmarktlichen, volkswirtschaftlichen, firmenspezifischen und politischen Rahmenbedingungen.

Vorentscheid *Bundesamt für Zuwanderung, Integration und Auswanderung* (i.R. des vorgängigen Zustimmungsverfahrens durch Kontingentierung)	Zur Arbeitsaufnahme in der Schweiz benötigen Nicht-EU/EFTA-Staatsangehörige eine Arbeits- und Aufenthaltsbewilligung, die zur Ausübung einer Erwerbstätigkeit berechtigt. Dazu ist ein schriftliches Gesuch des interessierten Arbeitgebenden nötig. Für Personen aus dem EU/EFTA-Raum genügt ein kantonaler Entscheid zur Arbeitsaufnahme. Bei Gesuchen für Personen aus einem Nicht-EU/EFTA-Land muss zusätzlich die übergeordnete Bundesbehörde zustimmen. Gesuche werden bei den Einwohnerdiensten eingereicht, die nach dem arbeitsmarktlichen Vorentscheid auch die nötige Bewilligung ausstellen.
Gesuch des interessierten *Arbeitgebers*	
Vorentscheid der kantonalen Arbeitsmarktbehörde	
Entscheidung Einwohnerdienste	Bevor die Einwohnerdienste einem/einer Nicht-EU/EFTA-Staatsangehörigen eine Bewilligung erteilen können, verfügt die Arbeitsmarktbehörde, ob die Voraussetzungen zur Bewilligung einer unselbständigen Erwerbstätigkeit erfüllt sind. Sie entscheidet je nach Gesuch auf Grund der jeweils spezifischen Wirtschafts- und Arbeitsmarktlage. Bei Nicht-EU/EFTA-Personen ist eine Bewilligung nur unter Berücksichtigung folgender regionalpolitischer Aspekte möglich: 1) Eine Person aus einem Nicht-EU/EFTA-Raum kann angestellt werden, 2) die Ausnahmekriterien in Bezug auf die restriktiven Bedingungen in Absprache mit dem Bundesamt für Zuwanderung, Integration und Auswanderung (IMES) sind erfüllt. Der Vorentscheid ist für die Einwohnerdienste verbindlich. Diese können die Bewilligung bei einem positiven Vorentscheid nur aus wichtigen fremdenpolizeilichen Gründen verweigern.

Die Bewilligung gilt nur für den Kanton, der sie ausgestellt hat.
Jeder Wechsel des Arbeitgebers und des Wohnortes ist bewilligungspflichtig. Die Bewilligung des Stellenwechsels muss vor dem 1. Arbeitstag vorliegen.
In der Praxis wird im Normalfall die Jahresaufenthaltsbewilligung verlängert, solange jemand Taggelder der Arbeitslosenkasse beziehen kann. Ein Anspruch auf Verlängerung besteht in diesen Fällen nicht.
Familiennachzug ist nach dem ersten Jahr möglich. Es besteht kein rechtlicher Anspruch.
Die finanziellen Verhältnisse müssen zumindest gewährleisten, dass der Familiennachzug nicht mit der konkreten Gefahr einer fortgesetzten und erheblichen Fürsorgeabhängigkeit verbunden ist. Diese Gefahr besteht nicht, wenn das Familieneinkommen das soziale Existenzminimum gemäss den Richtlinien der interkantonalen Konferenz der Fürsorgedirektoren erreicht (SKOS-Richtlinien).
Nach 10 Jahren kann ein Antrag auf Erteilung einer Niederlassungsbewilligung gestellt werden.
Der Ausländer kann aus der Schweiz oder aus einem Kanton ausgewiesen werden: Bundesgesetz über den Aufenthalt und Niederlassung der Ausländer ANAG, Art. 10: „a. wenn er wegen eines Verbrechens oder Vergehens gerichtlich bestraft wurde; b. wenn sein Verhalten im Allgemeinen und seine Handlungen darauf schliessen lassen, dass er nicht gewillt oder nicht fähig ist, sich in die im Gastland geltende Ordnung einzufügen; c. wenn er infolge Geisteskrankheit die öffentliche Ordnung gefährdet; d. wenn er oder eine Person, für die er zu sorgen hat, der öffentlichen Wohltätigkeit fortgesetzt und in erheblichem Masse zur Last fällt."

Quelle: Unterlagen der Bundesverwaltung, www.admin.ch; eigene Zusammenstellung und Darstellung.

8.4.4 Wege durch und aus der Sozialhilfe: Rechtlich legitimierte Exklusionsprozesse (Verlaufstyp 4)

Es sind immense Steuerungs- und Planungsanstrengungen, die die jungen Erwachsenen in diesem Typ zu erbringen haben. Dadurch relativiert sich ihr Handlungsspielraum:

Ihre finanzielle Lage hat sich zugespitzt; sie besitzen keine Ersparnisse mehr, sind verschuldet, z.T. betrieben: Herr Q. ist mit über 40000 Fr. verschuldet, Herr und Frau S. haben einen Bankkredit von rund 16000 Fr. abzuzahlen. In den anderen Fällen sind es kleinere Beträge.

Ihre soziale Situation hat sich verschlechtert; die Desillusionierung über die Möglichkeiten in der Schweiz führt in die soziale Isolation auch gegenüber den in der Schweiz lebenden Verwandten. Zudem verschweigen sie diese Realitäten ihren Familienmitgliedern im Heimatland, denn sie sind noch immer deren Hoffnungsträger/innen.

Ihre kulturräumliche Verankerung hat sich kaum gebessert. Keine der interviewten Personen hat einen Sprachkurs besucht, der mehr bewirkt hat als eine minimale Verständigungsbasis, niemand hat den Eintritt in eine Ausbildung realisiert resp. die bereits erworbenen Ausbildungen werden nicht anerkannt.

Ihre rechtliche Position ist weitgehend ungesichert, verschiedene staatliche Leistungen dürfen sie nicht in Anspruch nehmen, eine Ausweisung aus der Schweiz wird selbst nach Jahren steuerwirksamen Verdienstes möglich.

In diesem Bedingungsgefüge finanzieller, sozialer, kultureller und rechtlicher Exklusionsprozesse gestaltet sich das Bewältigungsverhalten der jungen Erwachsenen. Damit sind auch die Möglichkeiten der Sozialhilfe, die Handlungsmöglichkeiten der jungen Erwachsenen zu erweitern, stark eingeschränkt. Faktisch geht es vorrangig darum, die Exklusionsprozesse zu unterbrechen oder sie zu verzögern. Die ökonomischen Ausschlussprozesse werden von dem bereits mehrfach diagnostizierten Drehtüreffekt zwischen Arbeitslosigkeit, Sozialhilfe und Niedriglohnbeschäftigungen bestimmt. Da die jungen Erwachsenen über keine (anerkannte) Ausbildung verfügen, stehen ihnen ausschliesslich unqualifizierte Arbeitsbereiche zur Auswahl. Da sie die deutsche Sprache nur unzureichend beherrschen, sind sie zudem auf die Vermittlung durch Arbeitsämter und Temporärbüros angewiesen. Spätestens mit der Aussteuerung oder der Unvermittelbarkeit (die durch das Arbeitsamt z.B. dann festgestellt wird, wenn ein Arbeitsloser ausgesteuert wird oder seinen Pflichten nicht nachkommt) werden auch die Unterstützungsleistungen durch das Arbeitsamt auf ein Minimum eingeschränkt oder gar ganz beendet.

Frau O. kann nach ihrem Ausbildungsabbruch teilzeitig in einem Kleidergeschäft arbeiten; zeitgleich sucht sie nach einem Praktikumsplatz, um eine Ausbildung im Pflegebereich vorzubereiten. Doch kurz vor Arbeitsbeginn wird ihr die Teilzeitstelle abgesagt. Mit Hilfe der Sozialhilfe gelingt es ihr, in ein Beschäftigungsprogramm einzutreten. Zudem meldet sie sich bei der kantonalen Stellenvermittlung an. Während des Beschäftigungseinsatzes hat sie erneut eine Verkäuferinnenstelle in Aussicht. Da Frau O. eine Jahresaufenthaltsbewilligung hat, muss sie sich jede Arbeitsstelle vor Antritt genehmigen lassen. Den Einsatz im Laden kann sie aufgrund einer Verfügung der Einwohnerkontrolle nicht antreten, da die Mindestlohnansätze unterschritten werden. Zeitgleich erhält Frau O. eine Verwarnung der Einwohnerdienste. Mit Verweis auf das Bundesgesetz über Aufenthalt und Niederlassung der Ausländer (ANAG, Art. 10, lit. b+d) wird sie darauf aufmerksam gemacht, dass die Abhängigkeit vom Sozialamt einen Grund zur Ausweisung aus der Schweiz darstellt. Die Behörden räumen ihr sechs Monate ein, um ihre Situation zu verbessern, d.h. sich abzulösen, dann werde eine erneute Überprüfung stattfinden (vgl. Dokument 3). Kurz darauf kündigt Frau O. ihre Wohnung, um eine kostengünstigere zu beziehen. Ein erneuter Versuch, eine Stelle als Putzfrau zu bekommen, scheitert, weil der Arbeitgeber eine Niederlassungsbewilligung (C) voraussetzt, Frau O. jedoch nur über eine Jahresaufenthaltsbewilligung (B) verfügt. Stattdessen kann sie einige Gelegenheitsarbeiten ausführen, jeweils für wenige Tage. Beim Roten Kreuz meldet sie sich für einen Pflegehelferkurs. Kurz vor Praktikumsbeginn wird sie schwanger. Mit der Geburt des Kindes scheidet sie für die Sozialhilfe aus dem in den Arbeitsmarkt integrierbaren Personenkreis vorerst aus. Wenige Monate nach der Geburt des Kindes erhält Frau O. eine weitere Verwarnung der Einwohnerkontrolle, woraufhin sie tageweise eine Arbeit annimmt und dann das Kind zum Kindesvater gibt. Über das Sozialamt wird sie in ein Coachingprogramm aufgenommen, doch ergibt sich keine erfolgreiche Vermittlung. Einen Monat vor Ablauf der sechsmonatigen Frist der Einwohnerkontrolle thematisiert Frau O. die drohende Ausweisung bei der Sozialhilfe und signalisiert, dass sie sich „freiwillig" abmelden werde (Austrittsgrund: „keine Gründe erkennbar"). Zu diesem Zeitpunkt hat sie im Laufe von 4 Jahren rund 100000 Franken Sozialhilfe bezogen. 20 Monate später meldet sich Frau O. erneut beim Sozialamt an. Sie hat in der unterstützungsfreien Zeit temporär gearbeitet und verschiedene Gelegenheitsjobs wahrgenommen. Nun ist sie wieder arbeitslos und das Arbeitslosengeld zu niedrig, um sich und die Tochter zu finanzieren. Der Kindsvater ist zwischenzeitlich aus der gemeinsamen Wohnung ausgezogen, Frau O. hat die Wohnung gekündigt, um sich eine billigere Unterkunft zu suchen. Sie hat einen stundenweisen Einsatz in einem Detailgeschäft in Aussicht. Derweil kann sie allerdings die laufende Miete aufgrund finanzieller Schwierigkeiten nicht mehr begleichen.

Dokument 3: Verwarnung durch die Abteilung Internationale Kundschaft

Quelle: Polizei- und Militärdepartement des Kantons Basel-Stadt, Einwohnerdienste, Internationale Kundschaft
Verwarnung Sehr geehrte Frau O. Wir haben davon Kenntnis erhalten, dass Sie seit ... vom Fürsorgeamt Basel-Stadt finanzielle Hilfe erhalten haben. Bis heute wurden Ihnen Fr. ... ausbezahlt. Die Fremdenpolizeibehörde Basel-Stadt macht Sie hiermit ausdrücklich darauf aufmerksam, dass Sie deshalb gemäss Bundesgesetz über Aufenthalt und Niederlassung der Ausländer (ANAG, Art. 10, lit. b+d) aus der Schweiz ausgewiesen werden können. Wir geben Ihnen nun die Möglichkeit, Ihre Situation zu verbessern, damit wir Ihren Aufenthalt in Basel-Stadt weiterhin ermöglichen können. Wir werden die Sachlage in 6 Monaten wieder überprüfen. Sollten Sie nicht in der Lage sein, Ihre finanzielle Situation in dieser Zeit zu verbessern, müssten wir Ihre Ausweisung aus der Schweiz prüfen. Wir hoffen, Sie ersparen sich und uns diesen Schritt. Mit Rücksicht auf Ihre finanzielle Situation wird die Bearbeitungsgebühr von Fr. ... erlassen. Bei allfälligen Fragen stehen wir Ihnen gerne zur Verfügung. Mit freundlichen Grüssen Internationale Kundschaft ...

Die Schwierigkeit, ein unterhaltssicherndes Einkommen zu erwirtschaften, sowie der Drehtüreffekt der Sozialhilfe dauert bei Herrn Q. bereits 12 Jahre. Dass die Jahresaufenthaltsbewilligung die Suche nach Arbeit eher erschwert, liegt auf der Hand. Gleichzeitig genehmigt ihm die Einwohnerkontrolle allerdings keine Niederlassungsbewilligung, obschon Herr Q. die dafür erforderliche Zeit bereits in der Schweiz lebt. Eine Ablösung von der Sozialhilfe wird unter diesen Umständen für Herrn Q. kaum dauerhaft möglich, auch wenn er dies immer wieder plant.

> Wie ich schon gesagt habe, ich kann nicht vom Sozialamt Geld nehmen, ich will nicht. Seit 2 Monaten stehe ich mit 2500 CHF auf meinen eigenen Beinen und wenn ich ein halbes Jahr stehe ist das gut. Aber warum muss ich mit 2500 CHF alleine auf meinen Beinen stehen. Wenn ich C-Bewilligung hätte, hätte ich 3000 - 3500 CHF und ich wäre schon lange wieder dort arbeiten. Warum muss ich warten? Das akzeptiere ich nicht. Dann bekomme ich eine schwere Tablette und muss einfach schlafen. Es ist mühsam, ich komme nicht draus. P17 (366:373)

Die Handlungsfähigkeit der jungen Ausländerinnen und Ausländer wird auch durch rechtliche Ungleichbehandlung beeinflusst. Insbesondere unterliegen die Zugänge zum Arbeitsmarkt rechtlichen Einschränkungen und Unterstützungsangebote werden reglementiert (*„entitlement failures"*). Damit wird die rechtliche Einbettung der jungen Erwachsenen in diesem Typ zu einer der zentralen Determinanten unzureichender Handlungsfähigkeit. Auf der anderen Seite steht die Ungewissheit der jungen Erwachsenen über die zeitliche Dauer ihres Aufenthaltes in der Schweiz dem systematischen Erwerb von Bildungstiteln entgegen. In dieser Lage ist es den jungen Erwachsenen kaum möglich, an eine Ausbildung zu denken - aber nur diese würde langfristig ihre Situation stabilisieren können. Hinzu kommt, dass eine Finanzierung über Stipendien für Personen mit einer B-Bewilligung, wenn überhaupt, erst nach einer Frist von 5 Jahren des Wohnsitzes in Basel möglich ist und auch dann nur, wenn die Eltern in Basel wohnen (vgl. Kap. 8.1.4). Aber auch wenn ein Beschäftigungsverhältnis im ersten Arbeitsmarkt zustande kommt, ist dieses von Seiten der Verwaltung genehmigungspflichtig und kann, wie im Fall von Frau O., abgelehnt werden.

So werden die jungen Erwachsenen zu kurzfristig Geduldeten in einem Land, für das sie sich zumeist nicht freiwillig entschieden haben und bei dem sie davon ausgehen, dass es nur eine - mehr oder weniger lange - Episode in ihrem Leben sein wird. Auf der einen Seite nehmen die jungen Erwachsenen die Zurückhaltung von privater und öffentlicher Seite wahr, auf der anderen Seite unternehmen sie aber auch kaum integrationsfördernde eigene Schritte; sie reduzieren die Schweiz faktisch auf einen Ort der Einkommenswirtschaftung.

Dieses Zusammenwirken innerer und äusserer Faktoren drückt sich z.B. in der Frage der Ausbildungsbereitschaft aus: Herr P., der eine Schneiderlehre in seinem Heimatland absolviert hat, hätte eigentlich gute Voraussetzungen, um eine Stelle zu finden. Doch seine Lehre wird in der Schweiz nicht anerkannt. Hinzu kommen sehr unklare Vorstellungen über den Vorteil einer Ausbildung, kennt er doch aus seinem Herkunftsland eher das Prinzip des „learning on the job". Und dieses Lernprinzip führt Herrn P. zu der Annahme, nach einer eigenen Physiotherapie und den Übungen, die er vom Therapeuten gezeigt bekam, eben auch physiotherapeutisch arbeiten zu können:

> Herr P.: Ich hatte eine Physiotherapie (...). Sie haben an meiner Schulter dies gemacht und jeden Tag habe ich das gesehen, 35-mal. Ich kenne das jetzt und ich denke, wenn jemand hat wie mein Problem, ich kann auch selber machen. Das ist wie wenn ich es gelernt hätte. Immer wenn ich [zum Physiotherpeuten, Anm. M.D.] gehe, heute oder letzten Tag, er hat mir gesagt: OK, stehe auf und mache so und so. Aber ich habe das dann alleine gemacht und ich habe gesagt: Was ist los? Du verdienst Geld mit mir, aber ich habe alleine das gemacht. (...) Ich lerne schnell, egal mit was, aber ich lerne schnell. P16 (348:362).

Gerade weil die jungen Erwachsenen die Frage nicht geklärt haben, ob sie in der Schweiz dauerhaft und auch über das arbeitsfähige Alter hinaus bleiben oder zurück in ihr Heimatland gehen wollen, wird der kurzfristige Verzicht auf ein höheres Einkommen (durch die niedrige Lohnhöhe eines Lehrlings) der Familie gegenüber kaum begründbar.

> Frau S.: Ich haben in der Türkei eine Beruf gelernt, Buchhalterin und ich möchte wegen dem eine Verkaufslehre machen und (...) ich habe eine grosse Chance bekommen, eine Vorlehre zu beginnen.
>
> I.: Und die haben Sie dann nach 2 Monaten abgebrochen, wegen der finanziellen Situation?
>
> Frau S.: Ja, normalerweise bekomme ich keine finanziellen Probleme, weil ich habe mich für Stipendium angemeldet und ich verdiene auch zum Beispiel Lehrlingslohn und die Lücke bezahlt das Stipendium. Aber wie kann ich arbeiten? Diese Zeit ich erkläre meinem Mann und der Schwiegermutter: So und so, aber sie können nicht verstehen was, wissen Sie, und meine Kinder gehen in das Tagesheim und meine Arbeitszeit ist keine Schicht mehr. In den ersten zwei Monaten ging es, dann konnte dann diese Probleme nicht mehr auf meinen Schultern tragen. Und ich habe gedacht, ich kann nicht das machen mit diese Probleme, einige Zeit die Schwiegermutter, einige Zeit der Mann und einige Zeit die Kinder und niemand hilft mir, und es war eine Katastrophe über 2 Monate für mich. Ich habe immer gekämpft, aber es klappte nicht. P 19 (171:187)

So bleiben einzig Tätigkeiten, die auf Basis von Stundenlöhnen entgolten werden, und bei denen das Risiko von Krankheit oder Arbeitsausfall auf den Arbeitnehmer abgewälzt wird. Bei der Vermittlung in diese Bereiche übernimmt die Sozialhilfe kaum Funktionen. Nahezu alle interviewten Personen sind aber aufgrund ihrer schlechten sprachlichen Fähigkeiten auf eine Vermittlung angewiesen. Letztlich bleiben die privaten Vermittlungsbüros, die sich immer auch um die eigene Wirtschaftlichkeit kümmern müssen.

> Herr Q.: Die verlangen 40 Franken. 23 brutto sind für mich und 17 Franken bleiben für sie. Die verdienen netto 17 Franken! Und das ist mühsam. Und diese Scheisse, (...) die machen Gesetze, das regt mich auch auf. Die sitzen nur, wir arbeiten wie Esel und die verdienen viel Geld. Und ich muss für meine Familie kämpfen. Und das akzeptiere ich immer noch nicht. Wir bekommen nur temporäre Arbeit, und wenn ich keine Arbeit finde, wird Bewilligung nicht verlängert. Ich habe keine Möglichkeiten mehr. Und das ist mühsam. Das wegen der Bewilligung werde ich nicht akzeptieren. (...) Ich schwöre es Ihnen, ich schöre es Ihnen. Das ist mühsam, das ist hart. Ich hätte C-Bewilligung schon bekommen müssen. (...) Und ich habe schon Stelle gefunden und dem Arbeitgeber schon angerufen. Und ich bekomme es nicht. (...) Das akzeptiere ich immer noch nicht. Wegen dem bin ich jetzt in der Scheisse. P17 (447:459)

Die Anstellung im Stundenlohn hat zudem den Nachteil, dass die Einsätze kaum kalkulierbar sind und es häufig zu Unterbrechungen kommt. Damit gelingt es den jungen Ausländerinnen und Ausländern – wie auch den schweizerischen Personen in den anderen Typen – kaum, die notwendigen 12 Einkommensmonate nachzuweisen, die es braucht, um eine Rahmenfrist zu erreichen, d.h. für Arbeitslosentaggeld berechtigt zu sein (siehe Abbildung 17).

Diese Ausschlussprozesse in ökonomischer und kultureller Hinsicht lassen sich anhand der Analyse weiterer 18 Dossiers nachzeichnen (Abbildung 24). *So sind die finanziellen Themen infolge von Arbeitslosigkeit oder ungenügendem Einkommen die wichtigsten Eintrittsgründe, die beim Erstgespräch mit der Fachperson der Sozialhilfe thematisiert werden.* Praktisch keine Rolle beim Eintritt in die Sozialhilfe spielen Themen um die eigene Familie oder die Herkunftsfamilie. Kein einziger Fall sucht die Sozialhilfe wegen eines bildungsrelevanten Themas auf (z.B. Eintritt in die Lehre). Mit der hohen Bedeutung der Arbeitslosigkeit als zentralem Eintrittsthema unterscheiden sich die jungen Ausländerinnen und Ausländer kaum von den assimilationsorientierten jungen Erwachsenen (Typ 2). Allerdings erfolgt die Frage der Arbeitsmarktintegration bei letzteren vor dem Hintergrund einer bereits beendeten Ausbildung – wogegen im vorliegenden Typ die jungen Erwachsenen nahezu ausschliesslich keine (oder keine anerkannte) Ausbildung vorweisen können. In dieser Hinsicht ändert sich auch nichts im Laufe des Sozialhilfebezugs. In nur zwei Fällen kann eine Lehre bzw. Anlehre (Fall 19) und ein Praktikum (Fall 76) vermittelt werden, im Fall von Frau S. (Fall 19) ist die Ausbildung in Kürze bereits wieder abgebrochen. *Damit kann die Sozialhilfe nicht zur Erweiterung der Handlungsfähigkeit der jungen Ausländerinnen und Ausländer beitragen.* Stattdessen kommt es zu den bereits erwähnten Exklusionsprozessen:

- Regelmässige Aufnahme von zeitlich befristeten Arbeitseinsätzen in prekären Anstellungen (Fälle 16, 17, 18, 74, 76, 80, 82, 83, 84, 87, 88).
- Verschuldungs- und Betreibungskreisläufe (Fälle 15, 16, 17, 75, 76, 78, 80, 82, 83, 84, 88, 90).
- Leistungskürzungen von Seiten der Sozialhilfe durch Einstufung in eine Gruppierung, die eine geringere Sozialhilfeunterstützung erhält (Fälle 15, 16, 18, 75, 73, 74, 77, 78, 81).
- Ausweisungsandrohung durch die Einwohnerdienste, falls sie innerhalb eines halben Jahres noch immer auf die Sozialhilfe angewiesen sind (Fälle 15, 17, 18, 75, 76, 78, 80, 87, 88).

Demzufolge häufig sind die Austritte aus der Sozialhilfe, wobei die Austrittsgründe nur noch eine untergeordnete Rolle spielen: Viele der wegen der Verwarnung Abgelösten geben den Grund „in Arbeit" an, um einer Nachfrage der Einwohnerkontrolle vorzubeugen - ohne allerdings tatsächlich in Arbeit zu sein. Entsprechend selten (lediglich in den Fällen 16 und 73) gelingt es den jungen Menschen, eine Niederlassungsbewilligung zu erhalten - selbst dann nicht, wenn sie die erforderliche Zeit in Basel leben. Für die Einwohnerkontrolle sind die wirtschaftlichen Verhältnisse zu instabil, die Wahrscheinlichkeit, die Personen könnten langfristig den sozialen Institutionen zur Last fallen, zu gross. Bei dieser Beurteilung spielt es nur eine untergeordnete Rolle, ob die jungen Erwachsenen bereits eine Familie haben, ob Kinder zu versorgen sind oder ob sie selbst oder ihre Eltern seit vielen Jahren erwerbstätig waren und auch Steuern bezahlt haben: *Sozialhilfeabhängigkeit von Ausländerinnen und Ausländern wird binnen kurzer Zeit sanktioniert.*

In den Interviews zeigt sich, dass diese Ablösung den Charakter einer Notlösung hat. Die Personen tauchen in der Stadt ab, halten sich mit Gelegenheitsarbeiten über Wasser. Sie können mit allen Verpflichtungen, die sie eingegangen sind, und der Lebensrealität, in der sie in der Schweiz stehen, nicht einfach in ihr Heimatland zurück.

> Frau S.: Wir haben einen Brief bekommen von der Polizei, Sie können nicht wieder Sozialhilfe bekommen. Dann sie können entscheiden, wie kann man sagen, zwischen alle in die Türkei schicken, ganze Familie zum Beispiel. Ich möchte nicht mit meinen Kindern in die Türkei gehen. Was denn ich mache in der Türkei? Ich war jetzt zehn Jahre hier und in der Türkei es ist nicht einfach für eine Frau mit Kinder allein zu leben, aber hier ist das einfach locker und frei. Für mich ist kein Problem hier, aber in der Türkei habe ich viele Probleme. P19 (400:406)

Auch bei Herrn Q. stellt sich die Identitätsfrage. Trotz aller Widrigkeiten, denen er gegenübersteht, ist die Schweiz doch das Land, mit dem er sich arrangiert hat, in dem er zu überleben versteht.

> Herr Q.: Wenn ich mich entscheiden muss, muss ich auch Schweizer sein. Ich lebe hier und eigentlich habe ich Kontakt mit Schweizern, Italienern. Ich habe nicht viel Kontakt mit Türken. Ich war aber nicht in der Schule, ich kann nicht schreiben. Ich kann nicht richtig Hochdeutsch ich kann Dialekt reden. (...) Ich denke ich bin noch mindestens 30, 40 Jahre in der Schweiz. Weil ich keine Zukunft mehr habe, ich muss hier bleiben, weil ich hier aufgewachsen bin. Ich kann nicht in die Türkei gehen, ich habe keine Ahnung was ich dort machen sollte. Ich habe ja nicht mal hier eine Lehre gemacht, was will ich dann dort unten machen? P 17 (300:308)

Aus dieser Zerrissenheit zwischen Heimatland und der Schweiz, die begleitet wird von der täglichen Erfahrung, nur geduldet, aber nicht erwünscht zu sein, resultiert der soziale Ausschluss. Herr Q. ist zum Zeitpunkt des Interviews gerade - wieder einmal - abgelöst. Kontakt zu anderen Menschen aus der Türkei sucht er nicht aktiv:

> I.: Sind Sie in einem Verein?
>
> Herr Q.: Wie?
>
> I.: Wo es Kollegen gibt denen es genauso geht wie Ihnen, und wo Sie sich darüber austauschen können? Gibt's so was?
>
> Herr Q.: Ich weiss nicht, was Sie meinen. P 17 (313:320)

Herr P. zieht sich aus dem sozialen Geschehen heraus, sucht weder Kontakt zu Schweizern noch zu Menschen aus Pakistan.

> I.: Es gibt doch relativ viele Geschäfte und Läden von Pakistanern. Gibt es nicht so gute Kontakte untereinander?
>
> Herr P.: Nein, nein Hier ich kenne viele Leute aber ich können nicht mit diesen Leuten diskutieren, (...) wegen Politik und das und das (...) Ist besser alleine zuhause und fernsehschauen und manchmal gehen raus und kaufen irgendetwas.

Auch Frau R. zieht sich zunehmend aus dem sozialen Netz zurück. Durch den Auszug aus dem Haushalt ihrer Mutter, der mit einem Abbruch eines Teils ihrer Kontakte einherging, lebt sie nun zurückgezogen, nur noch auf eine Person fixiert:

> Frau R.: Ich habe keine Freunde hier, ich bin (...) so alleine.
>
> I.: Haben Sie keine Vertraute, keinen Freund?
>
> Frau R.: Ein Freund, ja, wir sind schon fast drei Jahre zusammen.
>
> I.: Er hilft Ihnen.
>
> Frau R.: Ja.
>
> I.: Er wohnt auch mit Ihnen zusammen?
>
> Frau R.: Nein. Er wollte nicht.
>
> I.: Aber er ist eigentlich die einzige vertraute Person hier in der Schweiz?
>
> Frau R.: Schon, ja.
>
> I.: Und er kann Ihnen auch ein bisschen helfen?
>
> Frau R.: Mhm, er hat mir auch schon, er hat mir schon viel viel Mal geholfen, aber (...) es ist auch alles zu viel auch für ihn. (...) Ich bin nicht glücklich hier in der Schweiz und ich weiss es auch nicht. P18 (691:727)

Abbildung 23: Kurzdarstellungen der Fälle im Typ 4

Fall 15 (Frau O.): 18 Jahre, w, mit 13 Jahren aus Türkei zu ihren Eltern in die Schweiz gezogen, wird mit ihrer Mutter unterstützt, Lehrabbruch Verkauf, Aufenthaltsgenehmigung B, derzeit arbeitslos. Abgelöst: nein *Abgelöst: Bezugsdatum ist der 30.5.2003	Fall 16 (Herr P.): 21 Jahre, m, mit 19 Jahren als Flüchtling aus Pakistan zugereist, heiratete Schweizerin, beide sozialhilfeabhängig, Schneiderlehre in Pakistan, Aufenthaltsgenehmigung B. Abgelöst: nein	Fall 17 (Herr Q.): 20 Jahre, m, mit 16 Jahren aus Türkei in die Schweiz zum Vater gezogen, derzeit arbeitslos, keine Ausbildung, hoch verschuldet, Aufenthaltsbewilligung B. Abgelöst: ja, in Temporärarbeit (Verweildauer: 6 Jahre)	Fall 18 (Frau R.): 18 Jahre, w, mit 17 Jahren aus Asien in die Schweiz zur Mutter nachgezogen, ein Kind, keine Ausbildung, Aufenthaltsgenehmigung B. Abgelöst: nein
Fall 19 (Fam. S.): beide 18 Jahre, aus Türkei zu Eltern des Manns zugezogen, Mann als 13-23Jähriger, Frau als 17-Jährige, beide keine Ausbildung, beide Aufenthaltsbewilligung B. Abgelöst: ja, beide in Büroarbeit (Verweildauer: 7 Jahre)	Fall 73: 18 Jahre, w, mit 17 Jahren aus der Türkei in die Schweiz zu ihren Eltern gezogen, keine Ausbildung, verheiratet, lebt mit Mann zusammen, ist schwanger, Aufenthaltsbewilligung B. Abgelöst: nein	Fall 74: 25 Jahre, w, mit 15 Jahren aus der Türkei in die Schweiz zu ihren Eltern gezogen, keine Ausbildung, allein erziehende Mutter, 1 Kind, wartet auf Arbeitslosengeld, Aufenthaltsbewilligung B. Abgelöst: nein	Fall 75: 18 Jahre, mit 8 Jahren aus der Türkei zu den Eltern in die Schweiz gekommen, lebt in sozialpädagogischer Einrichtung, Schule abgebrochen, Aufenthaltsbewilligung B. Abgelöst: ja, Invalidenrente (Verweildauer: 5 Jahre)

Fortsetzung Abbildung 23:

Fall 76: 19 Jahre, w, mit 15 Jahren aus dem ehem. Jugoslawien in die Schweiz gezogen, hat ein Kind, in psychiatrischer Behandlung wg. Streit mit Eltern, keine Ausbildung, Bewilligung B. Abgelöst: ja, Praktikumsstelle (Verweildauer: 4 Jahre)	Fall 77: 22 Jahre, w, mit 15 Jahren aus dem ehem. Jugoslawien in die Schweiz gezogen, ein Kind, derzeit arbeitslos, Aufenthaltsbewilligung C. Abgelöst: ja, Festanstellung als Reinigungskraft (Verweildauer: 3 Jahre)	Fall 78: 23 Jahre, w, verheiratet, zwei Kinder, arbeitslos (der Ehemann ebenfalls) und verschuldet, kein Beruf, Aufenthaltsbewilligung B. Abgelöst: nein	Fall 79: 23 Jahre, m, nach Basel zu seinen Eltern zugezogen, arbeitslos, kein Berufsabschluss, beide Eltern im Ausland, verschuldet, Aufenthaltsbewilligung B. Abgelöst: ja, Wegzug (Verweildauer: 5 Jahre)
Fall 80: w, 23 Jahre, vor einem Jahr aus Estland zu ihrem Mann zugezogen, ein Kind, arbeitslos und verschuldet, keine Ausbildung, Aufenthaltsbewilligung B. Abgelöst: ja, Invalidenrente (Verweildauer: 4 Jahre)	Fall 81: 23 Jahre, w, mit 14 Jahren aus Italien zu den Eltern in die Schweiz gezogen, anschliessend Trennung der Eltern, lebt heute bei der Mutter, keine Ausbildung, Aufenthaltsbewilligung C. Abgelöst: nein	Fall 82: 25 Jahre, w, kam mit Mann mit 19 Jahren aus dem ehem. Jugoslawien in die Schweiz, hat sich gerade vom Mann getrennt, ein Kind, arbeitslos, ohne Ausbildung, Aufenthaltsbewilligung C. Abgelöst: Arbeitslosentaggeld (Verweildauer: 3 Jahre)	Fall 83: 18 Jahre, w, im Alter von 18 Jahren aus der Türkei zu ihren Eltern in die Schweiz gezogen, heute verheiratet, lebt mit Mann, arbeitslos, Aufenthaltsbewilligung C. Abgelöst: ja, Wegzug (Verweildauer: 7 Jahre)
Fall 84: 22 Jahre, w, mit 14 Jahren aus der Türkei zu Eltern in die Schweiz gezogen, mit Schwester weiter nach Basel, heute arbeitslos und verschuldet, Dolmetscherin, Aufenthaltsbewilligung C. Abgelöst: ja, übersetzt privat (Verweildauer: 1 Jahr)	Fall 85: 24 Jahre, m, Flüchtling aus Zentralafrika, nach Asylbewilligung nun Aufenthaltsbewilligung B, keine Ausbildung, verheiratet. Abgelöst: ja, Temporärarbeit (Verweildauer: 1 Jahr)	Fall 86: 23 Jahre, kam mit 15 Jahren aus dem ehem. Jugoslawien zu den Eltern in die Schweiz, keinen Beruf, lebt mit Mann und Kind zusammen, ist gerade arbeitslos geworden, Aufenthaltsbewilligung B. Abgelöst: Stelle Reinigungsfirma (Verweildauer: 1 Jahr)	Fall 87: 19 Jahre, m, mit 11 Jahren aus der Türkei zu den Eltern in die Schweiz gezogen, Vater ist mittlerweile wieder in der Türkei, lebt bei Stiefmutter, gerade Schule beendet, sucht Lehrstelle, Aufenthaltsbewilligung B. Abgelöst: Gelegenheitsarbeit (Verweildauer: 2 Jahre)
Fall 88: 22 Jahre, w, kam mit 21 Jahren aus dem ehem. Jugoslawien in die Schweiz zu den Eltern, heiratete und zog nach Basel, ohne Beruf, ist derzeit arbeitslos, Aufenthaltsbewilligung C. Abgelöst: ja, Festanstellung (Verweildauer: 3 Jahre)	Fall 89: 20 Jahre, w, kam mit 11 Jahren mit ihren Eltern aus dem ehem. Jugoslawien, wohnt beim Bruder, ist arbeitslos und verschuldet, wartet auf das Arbeitslosengeld, keine Ausbildung, Aufenthaltsbewilligung C. Abgelöst: Arbeitslosengeld (Verweildauer: 1 Jahr)	Fall 90: 22 Jahre, kam gerade aus Brasilien zurück, wo seine Familie lebt, wohnt bei Kollegen und sucht Arbeit, keine Ausbildung. Abgelöst: ja, Wohnortwechsel (Verweildauer: 4 Jahre)	

Abbildung 24: Kritische und förderliche Ereignisse seit Eintritt in Sozialhilfe (Typ 4)

		18	19	20	21	22	23	24	25	26	27	>27
Gesundheit	Anmeldung bei der Invalidenversicherung*								80 (E)	79		
	Eintritt in stationäre Psychiatrie				75							
	Eintritt in Psychotherapie								79			
	Eintritt in Methadonprogramm											
	Eintritt in Drogentherapie											
	Alkoholauffälligkeit			76								
	Drogenauffälligkeit						79					
	Spitalaufenthalt**		15, 76	75					73	82	82	
	Ärztl. Behandlung (psych. Probl.)					83 (Unfall)					74	
	Längere Zeit krankgeschrieben	73		73								
	Suizidversuch				15				17, 90			
Wohnen	Wohnungsverfügung durch Sozialhilfe	15		15								
	Kündigung durch Vermieter/in; Räumung		75	75, 76	15, 18, 76	76	75	79, 81, 90		16, 80		
	Umzug in eine neue (eigene) Wohnung		75		15							
	Zusammenzug mit sozialhilfeabh. Freund/in											
	Busse in Haft verwandelt					17		79		79		
	Haftstrafe eingetreten / beendet						79	75, 81	90	16	74	
	Eintritt Fachstelle Arbeit und Integration***				17		15, 18, 77	79		16	74	
	Eintritt in ein Beschäftigungsprogramm		75		17, 18		77, 83		79			
Arbeit	Aufnahme einer Arbeit ohne Qualifikation		19, 73	18	17, 76	19, 73	16, 83	77, 80, 81, 83, 86	85	78, 90	74	74
	Arbeit in Temporärbüro / Gelegenheitsarbeit		83, 87	76	18			17, 88	16, 17	74	82	
	Kündigung der Stelle durch Arbeitgeber/in		19				17, 80, 84, 88	16, 81, 86	17		78	
	Arbeitslosigkeit	19, 73, 83		17, 18, 89		84, 88, 90	16, 17		74, 78			
	Familie mit ungenügendem Einkommen				19	77	79, 81, 86	85				82

Typ 4: „Geduldete Ausländer/innen   267

Fortsetzung Übersicht

	Verwarnung von Einwohnerkontrolle		15, 87	76	18, 75	17, 18		15, 88		88	80	78	
	Sozialhilfe:												
	Eingruppierung in Gruppe A										81		
	Eingruppierung in Gruppe B					15		77		74	16	78	
	Eingruppierung in Gruppe C					75		81	18	73			
	Wiedereintritt in die Sozialhilfe			73	17, 19	73, 83		17, 73, 81, 88, 90		17	15, 79	74, 83	82
	Ablösung von der Sozialhilfe		19, 73, 83, 87	17	73, 76, 89	19, 73, 90	17, 84, 88	15, 17, 77, 86		83, 88	17, 74, 80, 90	79, 82	82, 83
	Leistungskürzung durch Sozialhilfe									81			
Finanzen	Betreibung					83	17, 80, 83	88, 90		16, 78		16	
	Verschuldung			15, 76, 89	75	17, 83, 84	16, 80, 83	88, 90		16, 78	82	16	
Bildung / Beruf	Lehrabbruch	15			19								
	Abschluss der Lehre												
	Stipendienunterstützung	87											
	Eintritt in die Lehre / Anlehre				19								
	Schulabschluss												
	Schulabbruch				76						81		
	Eintritt in ein Praktikum												
		18	19	20	21	22	23	24	25	26	27	> 27	Alter

Fortsetzung Übersicht

		18	19	20	21	22	23	24	25	26	27	>27
	Erhält C-Bewilligung											
	Tod eines Familienmitglieds									16		
	Gewalterfahrung in Ehe / Beziehung			73	15		83		82			
	Chronische oder schwere Krankheit des Kindes											
Eigene Familie	Begleitung des Kindes durch die Jugendhilfe, Fremdplatzierung											
	Geburt eines Kindes		73, 83	18	19	15	18, 86			78		
	Abtreibung / Abort						88		81			
	Trennung vom Partner / von Partnerin						80	73	16, 74, 82			83
	Heirat						16,		16			
	Tod eines Familienmitglieds					75			79			78
	Eintritt in sozialpädagogische Wohngruppe der IV											
	Heimeintritt, geschütztes Wohngemeinschaft, Pflegefamilie, Frauenhaus	75										
	Rauswurf von Zuhause											
Herkunftsfamilie	Auszug von Zuhause	15			19							
	Wegzug der Eltern / Pflegeeltern											
	Kontaktabbruch zu einem Elternteil	75	15, 76, 87									
	Trennung der Eltern											
	Gewalterfahrung im Elternhaus				19							
	Alter	18	19	20	21	22	23	24	25	26	27	>27

Quelle: Dossieranalyse, eigene Erhebung.

* E=Ehemann
** Wg. chronischer oder schwerer Krankheit, psychosomatischen Problemen, Operation.
*** Bei Personen, die eine hohe Ablösewahrscheinlichkeit haben, wird hier ein einjähriges Programm angeboten, das verschiedene Trainings- und Coachingphasen beihaltet.

Anmerkungen: a) verzeichnet Hinweise aus den Protokollen der Fachpersonen der Sozialhilfe; bei Personen, die bereits als Kinder mit ihren Eltern oder einem Elternteil unterstützt wurden, sind Ereignisse erst verzeichnet, wenn die Kinder / Jugendlichen zu eigenständigen Klientinnen / Klienten wurden; b) die Zahl entspricht der Fallnummer; c) grau unterlegt ist das erste Ereignis, das im Dossier thematisiert wird und dient hier als Anfangspunkt zur Betrachtung der biographischen Episode.

Es ist erstaunlich und verständlich zugleich, dass sich diese Exklusionsprozesse kaum auf die physische Gesundheit der jungen Erwachsenen auswirken (siehe die Ereignisse in der Dimension „Gesundheit", Abbildung 24). In nur zwei Fällen greifen die jungen Ausländerinnen und Ausländer zu Drogen: Fälle 76 und 79. Die jungen Erwachsenen können es sich schlichtweg nicht erlauben, krank oder drogenabhängig zu werden. Psychische Probleme dagegen sind häufiger, werden in vier Fällen (Fälle 15, 73, 75, 82) thematisiert. Es kommt aber nur in einem Fall zu einem stationären Übertritt (Fall 75). Dagegen kommt es in mehreren Fällen zur Anmeldung bei der Invalidenversicherung infolge von Arbeitsunfällen. Dies scheint eine der möglichen Bewältigungsstrategien der jungen Erwachsenen zu sein. Sie arbeiten, bis sie körperliche Gebrechen vorweisen können, die sie berechtigen, eine Rente der Invalidenversicherung zu beziehen. Diese Rente würde ihnen eine Rückkehr in ihr Heimatland gestatten. Sie hätten ihre „Aufgabe" erledigt.[149] Herr Q. - der gerade 27 Jahre alt geworden ist - formuliert dies:

> Herr Q.: Wenn ich 700 CHF bekomme jeden Monat, würde ich jetzt schon gehen. Wenn ich Invalidität hätte und 700 CHF bekommen würde, würde ich jetzt schon gehen. Nehme ich meine Frau und gehe. Ich kann mit 700 CHF dort unten leben. P17 (270:272)

> Herr Q.: Wir gehen erst, wenn wir sind invalid, wenn wir haben das ganze Leben gearbeitet. Wir können im Sommer dort sein und im Winter hier. (...) Ein halbes Jahr hier, ein halbes Jahr dort bleiben. Dann haben wir vielleicht 2 oder 3 Kinder und unsere Kinder haben auch Kinder. Wir haben eine grosse Familie. Ich sehe es so, ich hoffe es wird sich so ergeben. Vergessen Sie es, dass ich ein Leben lang gehe. Wenn ich ein paar Millionen habe, kann ich ein Leben lang gehen, sonst kann ich in der Türkei nicht einfach so leben. Was ich habe, ist alles hier. Mein Leben von 16 bis heute habe ich hier verbracht, und das ist eine wichtige Zeit. P17 (389:398)

Insgesamt haben sich 194 Personen im Betrachtungszeitraum ablösen können, das sind 74% der Personen (Tabelle 55). *Die Ablösequote des Typs der geduldeten Ausländerinnen und Ausländer ist damit die höchste von allen Typen.* 49 dieser 194 Abgelösten treten ein zweites Mal in die Sozialhilfe ein, 19 Personen davon lösen sich ein zweites Mal ab.

Tabelle 55: Ablösegründe Typ 4 aus der Sozialhilfe (1. Austritt)

In Arbeit	Arbeits- losentag- gelder	IV-TG/ Renten/ Bei- hilfe	Höhere Eigen- mittel	AHV- Rente/ EL/ Bei- hilfen	Stipen- dien/ Aus- bildungs- beiträge	Direkte Ver- wandt- schafts- unter- stützung	Stif- tung/ andere Sozial- dienste	Wegzug aus dem Kanton	Landes- verweis	Keine Gründe bekannt/ erkennbar	Still- gelegt	Ge- samt
102	18	12	14	1	5	1	1	14	2	22	2	194

Anmerkungen: IV-TG = Taggeld der Invalidenversicherung; AHV = Alters- und Hinterbliebenenversicherung; EL = Ergänzungsleistungen; SUVA=Schweizerische Unfallversicherung.
Quelle: Sozialhilfe Basel-Stadt, eigene Berechnung.

Bei der Ablösung dominiert der Grund „in Arbeit" (52,6% aller Ablösegrunde) und er weist - unter allem Vorbehalt gegenüber dem Ablösegrund bei den fremdenpolizeilich Verwarnten - auf die Notwendigkeit hin, eine Arbeit zu erhalten, um die multiplen Ansprüche erfüllen zu können. Ebenfalls hoch sind mit 18,5% die Austrittsgründe „keine Gründe erkennbar" bzw. „Wegzug aus dem Kanton". Bemerkenswert ist, dass sich trotz der vielen Arbeitseinsätze lediglich 9,3% (18 Personen) mit Hilfe des Arbeitslosentaggeldes von der Sozialhilfe ablösen. Dies zeigt in beeindruckender Weise, dass die zeitliche Fragmentierung der Arbeitseinsätze nur selten zum Erreichen einer Rahmenfrist führt.

---

[149] Diese Strategie ist allerdings riskant, denn es kommt durchaus vor, dass Ausländer mit einer dauernden Arbeitsunfähigkeit ausgewiesen werden. In vielen Fällen müssen dann auch die weiteren Familienmitglieder die Schweiz verlassen; siehe hierzu die Darstellungen bei Spescha (2003, 63).

Fazit: Die geduldeten jungen Ausländer/innen sind bereits bei Eintritt in die Sozialhilfe, aber auch während des Sozialhilfebezugs von Ausschlussprozessen betroffen. Finanziell kommen sie kaum auf eine Basis, die es ihnen gestattet, sich selbst und ihre Familien ausreichend zu finanzieren, kulturell fehlen ihnen zu viele Voraussetzungen, um sich im Arbeitsmarkt ausserhalb prekärer Arbeitsbedingungen zu positionieren und sozial fehlen ihnen die Kontakte für eine günstigere Startpartition. Gravierend ist, dass sich die Situation mit Eintritt in die Sozialhilfe kaum verbessert, oftmals nicht einmal stabilisiert. Temporärbüros und die Eigeninitiative bleiben weiterhin die wichtigsten Vermittlungsagenturen. Ganz entgegen ihrer Absicht und ihrem Auftrag, trägt die Sozialhilfe zu einer Verschärfung der Lage bei, denn mit dem Sozialhilfebezug steht die Aufenthaltsberechtigung der jungen Erwachsenen zur Disposition. Den jungen Erwachsenen wird - unabhängig davon, ob sie eine Familie zu versorgen haben, Kinder erziehen oder mehrere Jahre zuvor ein regelmässiges steuerpflichtiges Einkommen hatten - die Ausweisung angedroht. Konsequenterweise melden sich viele junge Erwachsene bei der Sozialhilfe wieder ab - reicher geworden um die Erfahrung, dass ihnen die sozialstaatlichen Instanzen bei ihren multiplen Aufgaben gegenüber den selbst gegründeten Familien, den Teilen der Herkunftsfamilie, die in der Schweiz leben, und den Teilen, die im Heimatland zurückgeblieben sind, nicht weiterhelfen können. Damit ist eine zentrale Herausforderung der Integrationsaufgabe des Sozialstaates nicht gelungen, die Handlungsfähigkeiten der jungen Erwachsenen wird nur in Ausnahmefällen verbessert, „capability deprivation" zumeist nur verzögert. Es erstaunt in diesem Zusammenhang, dass angesichts dieser Exklusionslage nur wenige junge Erwachsene - im Vergleich zu den anderen Typen - die Flucht in den Drogenkonsum wählen.

8.4.5   Die segregierte Stadt

Die Stadt weist für die geduldeten Ausländerinnen und Ausländer in sozialer wie residentieller Hinsicht segregierte Strukturen auf. In allen untersuchten Bereichen (dem ökonomischen, dem sozialen und dem kulturellen) hat die Stadt für die jungen Erwachsenen dieses Typs objektiv zahlreiche negative Folgen. Dies drücken die interviewten Personen immer wieder aus, wenn sie über Basel sprechen. Es ist die *Stadt des Drogenkonsums*, die Herr P. beschreibt, wenn er von seinen ersten Erfahrungen in Basel berichtet:

> Herr P.: Ich sitze am Rhein, erstes Mal. Dort war ein Fest oder ich weiss nicht was, und viele Leute von unserem Land sassen auch dort, und er hat mir eine gegeben und dann habe ich einen Joint geraucht. Nicht alleine, aber alle zusammen. Ich habe probiert, aber ich kann nicht. (...) Ich habe (...), wenn ich retour von Pakistan, ich rauche nicht. Ich rauche jetzt, weil man muss, ich will aber nur ab und zu, oder wenn jemand anderes raucht. P16 (382:387)

Herr Q. erlebt Basel als *Stadt der Kriminalität*. Er hat gesehen, wie seine Kolleginnen und Kollegen aus der Türkei in kriminelle Handlungen verwickelt waren:

> Herr Q.: Ja. Ich bin auf der Strasse aufgewachsen, wenn ich jetzt schaue, habe ich viele Kollegen, die gestorben sind. (...) Die haben nicht wie ich gearbeitet. Die hatten keine Chance, die konnten nicht alleine auf den Beinen stehen. Die sind schon gestorben. (...) Einer wegen Drogen, zwei andere ebenfalls; einer wegen Mafioso. P17 (125:135)

Hinzu kommen politische Konflikte, die durch die Migrantinnen und Migranten eines Herkunftslandes in die Stadt hineingetragen werden (Türkei/Kurdistan; Teilstaaten des ehemaligen Jugoslawiens), und die die Stadt zur *Stadt der politischen Polarisierung* machen.

> Herr Q.: Mit den meisten meiner Landsleute will ich keinen Kontakt haben, die sind nicht mein Weg. Wenn ich in der Türkei bin, und ich pfeiffe oder schreie und ich sage, ich bin Kurde, ersticht mich niemand. Hier aber ist das anders. Früher war die grösste Mafia entweder die aus Sizilien oder aus Russland, jetzt grösste Mafia ist aus der Türkei. Es sind gefährliche Leute und ich will mit denen nicht zusammen sein. Die wollen nur Geld kassieren.

> I.: Das heisst, als sie hier nach Basel gekommen sind, hat ihr Vater ihnen da gesagt, mit wem sie Kontakt aufnehmen sollen und wer zur PKK gehört, wer gefährlich ist?
>
> Herr Q.: Dann ich war unterwegs, habe Kollegen kennen gelernt. Das ist ein Kolleg, das ist ein Kolleg, der ist gut, der ist schlecht. Das weiss ich erst, seit ich hier bin. Ich hatte keine Ahnung in der Türkei.
>
> I.: War dieses Thema auch in Ankara in ihrer Familie präsent?
>
> Herr Q.: Alles was ich gelernt habe, weiss ich von hier. In der Türkei habe ich nichts gelernt. Über Drogen, über das Leben, über PKK, habe ich alles hier gelernt. P17 (322:343)

Mit dieser politischen Abgrenzung und der Angst, in Kriminalität oder Drogenhandel verwickelt zu werden, ziehen sich Herr P. und Herr Q. aus dem Alltagsleben nahezu zurück. Sie leben in der Angst, entweder von den eigenen Landsleuten ausgenutzt und bedroht oder von der Schweizer Polizei aufgegriffen zu werden, obschon sie gar nichts Gesetzeswidriges getan haben. Es ist die *Stadt fehlenden Beziehungskapitals*, die sie kennenlernen:

> Herr P.: Es gibt hier auch so viele Leute, die Schlägerei usw. anfangen, da gibt's auch viele Türken, Albaner, Jugoslawen. Ich kenne sie, habe aber keinen Kontakt. Diese Leute haben keine Arbeit, aber hat viel Geld. (...) Ab und zu die Polizei mich auch kontrollieren, auch wenn ich sitze nur einfach, aber ich habe mit Polizei auch geredet, wieso sie sind zu mir gekommen? (...) Darum habe ich kein Interesse, mit diesen Leuten zu reden. Vielleicht habe ich auch Probleme mit Polizei, wenn ich laufe irgendwo, und darum ich viel aufpassen. P16 (215:233)

Dieses ständige Aufpassen und Sichabgrenzen führt zu einem generellen Misstrauen allen Personen gegenüber. Freundschaften werden rar:

> I.: Ihre besten Freunde hier in der Schweiz?
>
> Herr Q.: Gibt es keine.
>
> I.: Gibt es überhaupt keine?
>
> Herr Q.: Ich habe keine besten Freunde. Geht's mir gut, dann sehe ich ein paar Kollegen, geht's mir schlecht, bin ich alleine. P17 (540:546)
>
> I.: Das betrifft auch die türkischen Kollegen?
>
> Herr Q.: Ja allgemein. Denn heutzutage ist es gefährlich. (...)Wenn ich die Jugendlichen anschaue, die wollen nur Drogen. P17 (621:635)

Ihre Vereinsamung wird auch nicht dadurch unterbrochen, dass sich die jungen Erwachsenen treffen oder untereinander austauschen. Diese Isolierung steht im deutlichen Unterschied zu den jungen Erwachsenen mit schweizerischer Nationalität. Die jungen Erwachsenen im Moratorium (Typ 3) beispielsweise charakterisieren sich dadurch, dass sie sich an verschiedenen Orten in Basel immer wieder treffen, einen Teil ihrer Alltagskultur miteinander teilen und auch des Öfteren eine gemeinsame Wohnung beziehen.

Für die ausländischen jungen Erwachsenen trifft dies nur in Ausnahmefällen zu. Frau R. kennt keine Person, die in vergleichbaren Lebensumständen steht:

> I.: Kennen Sie noch andere in ähnlicher Situation wie die ihre?
>
> Frau R.: Nein. Ich kenne niemanden. Wie ich gesagt habe, ich habe keine Freunde. P18 (1190:1205)

Wo soziale Kontakte auf ein Minimum reduziert sind, die Sozialhilfe ihre Vermittlungsfunktion nicht wahrnehmen kann, ergeben sich kaum neue Handlungsspielräume, keine Erweiterung der Handlungsfähigkeiten. In Bezug auf die Einkommensquellen wird die Stadt auf längere Zeit zur *Stadt der unqualifizierten Arbeitsplätze und prekären Arbeitsbedingungen*.

> I.: Also Sie suchen Arbeit?

> Herr P.: Ja. Temporär Jobs und Personalvermittlung auch ich kennen und schauen im Fernsehen und Zeitung und manchmal in Arbeitsamt in Computer schauen, aber keine Chance, ich habe hier viele so Papiere mit telefonieren überall, aber keine Chance. (...)
>
> I.: Haben Sie einmal vom Sozialamt bei speziellen Integrationsprogrammen mitgemacht?
>
> Herr P.: Nein, das habe ich nicht. P16 (117:147)

Die soziale Segregation findet in der residentiellen Segregation ihr Pendant. Bei den jungen Ausländerinnen und Ausländern ist der residentielle Aktionsraum wesentlich eingeschränkter als bei allen anderen Typen. Mit 66,2% konzentrieren sich zwei Drittel aller 261 jungen Erwachsenen bereits zum Eintritt in die Sozialhilfe auf fünf Wohnquartiere - mit einer Ausnahme Quartiere mit einer hohen Sozialhilfedichte und einer generellen Benachteiligung (benachteiligte Wohnquartiere). Damit bestätigt sich eine residentielle Segregation, wie sie bereits Imhof für das Kleinbasel nachgewiesen hat (Imhof 1998). Neu ist, dass sich diese städtische Segregation auch nach Nationalitäten zu differenzieren scheint (Karte 7). So finden sich die jungen Erwachsenen aus der Türkei insbesondere in den Wohnvierteln St. Johann, Matthäus und Gundeldingen, diejenigen aus dem ehemaligen Jugoslawien im Wohnquartier Iselin, die übrigen Nationalitäten (ausser Italien) in den Wohnquartieren Klybeck und Gundeldingen. Einzig die sozialhilfeabhängigen jungen Erwachsenen italienischer Nationalität zeigen eine disperse Wohnverteilung über alle genannten Quartiere auf.

Zu den sozialen Segregationsprozessen im Verlauf der Sozialhilfeabhängigkeit kommen *Verdrängungsprozesse auf dem Wohnungsmarkt* hinzu. Durch die niedrigen Einkommen sind die jungen Ausländerinnen und Ausländer gezwungen, nach billigem Wohnraum zu suchen. Herr Q. ist ein typisches Beispiel dieses residentiellen Abstiegsprozesses, der im benachteiligten Wohngebiet endet:

> Herr Q.: Ich habe 2 Jahre in Riehen gewohnt, und danach bin ich zum Voltaplatz etwa 1 Monat, und dann nach Kaserne. Ich war 6-7 Jahr in der Nähe von der Kaserne und dann bin ich hierher gekommen.
>
> I.: Wie erlebten Sie das Kleinbasel?
>
> Herr Q.: Gegend finde ich Scheisse. Kleinbasel ist sehr schlecht.
>
> I.: Was heisst das?
>
> Herr Q.: Dort läuft alles schlecht. Um 2 Uhr morgens schreien Leute wegen Drogen. (...) Ich wollte von Kleinbasel weg. (...) Mit einem Kind kann ich nicht in Kleinbasel wohnen. P17 (829:848)

Trotz seiner Befürchtungen findet Herr Q. nur im Kleinbasel eine Wohnung, die im Rahmen seines Budgets liegt. Die geringen Reserven sowohl in finanzieller als auch in sozialer Hinsicht zwingen die jungen Ausländerinnen und Ausländer in erster Linie an den Wohnungskosten zu sparen. Dass das Wohnverhalten Ausdruck des zunehmend kleineren finanziellen Budgets wird, zeigt sich auch bei den 22 weiteren analysierten Fällen (Karte 8). In elf Fällen finden während der Sozialhilfeabhängigkeit keine Umzüge statt. In allen anderen Fällen kommt es zu Umzügen in Wohnquartiere mit höherer Sozialhilfedichte oder zu Umzügen innerhalb eines Wohnquartiers mit hoher Sozialhilfedichte. In keinem Fall findet ein Umzug in Richtung Wohnquartier mit niedrigerer Sozialhilfedichte als im Ursprungsquartier statt. Damit geht der Umzugsgradient in Richtung Verschlechterung und Konzentration auf die Wohnquartiere mit hoher Sozialhilfedichte.

Typ 4: „Geduldete Ausländer/innen" 273

Karte 7: Die segregierte Stadt - Wohnstandorte der „geduldeten Ausländer/innen"

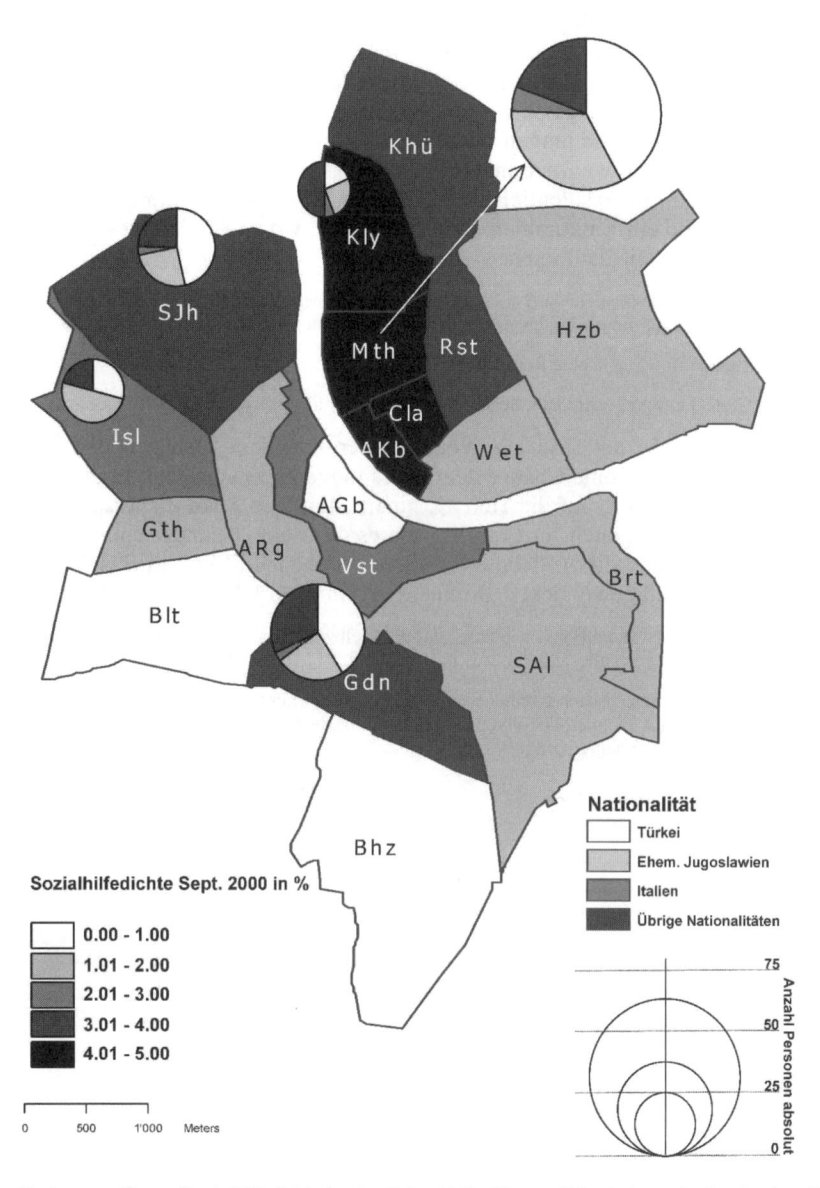

Sozialhilfedichte Sept. 2000 in %
- 0.00 - 1.00
- 1.01 - 2.00
- 2.01 - 3.00
- 3.01 - 4.00
- 4.01 - 5.00

Nationalität
- Türkei
- Ehem. Jugoslawien
- Italien
- Übrige Nationalitäten

Anzahl Personen absolut: 0, 25, 50, 75

Kartengrundlage: Sozialhilfedichte in absoluten Fallzahlen auf Blockebene im September 2000.
Vermessungsamt des Kantons Basel-Stadt.
Bearbeitung der Kartengrundlage: Nina Cavigelli.
Quelle: Cavigelli 2003, 65.

Datengrundlage Karte 7: Sozialhilfe der Stadt Basel, eigene Berechnungen.
Abkürzungen der Quartiernamen: siehe Karte 1.
Bearbeitung: Matthias Drilling.

Es ist die segregierte Stadt, die die jungen Ausländerinnen und Ausländer kennen lernen. Es ist mehr als eine Teilung, wie sie für die assimilationsorientierten jungen Erwachsenen konstatiert wurde, weil sich diese in den einzelnen Teilen durchaus auch aufhalten (z.B. Wohnen im nichtbenachteiligten Viertel, Arbeiten im unqualifizierten Bereich). Die ausländischen Sozialhilfeempfängerinnen und -empfänger allerdings gestalten ihre gesamte Lebenswelt in benachteiligten Strukturen und erleben, wie die begleitenden Institutionen eher dazu beitragen, ihre Lage zu verschärfen als zu entschärfen.

Und dennoch haben die jungen Ausländerinnen und Ausländer subjektiv das Gefühl, in der Stadt mehr Vorteile wahrnehmen zu können als in ihrem Heimatland. Die Stadt ist für sie - aller sozialen und residentiellen Segregation zum Trotz - immer noch die *Stadt der Chancen*, in der sie ein Einkommen erzielen können, wo es Kindertageseinrichtungen gibt, die die Erwerbstätigkeit flankieren.

> Herr Q.: Soll ich sonst stehlen? (...) Ich muss 100% arbeiten gehen. Und dann bekomme ich das Geld. Aber ich muss gar nicht arbeiten gehen, das ist sowieso mein Geld. Aber nein, ich muss arbeiten.
>
> I.: Ich meine Basel ist ja eine Riesenstadt.
>
> Herr Q.: Es hat riesen viel Geld. Sehen Sie nicht überall die Baustellen? P17 (673:683)

Und zuletzt gibt es in der Stadt ein Netz sozialer Transfers, insbesondere die Sozialhilfe. Von diesem Hoffen auf eine Chance zehren die jungen Erwachsenen. In diesem Sinne wird eben auch die Invalidität, auf die Herr Q. hinarbeitet, eine Zukunftsperspektive - trotz seines jungen Alters. Und auch für Frau S. kann es dann eine Chance sein, wenn sie sich von ihrem Mann trennt und die Angebote für allein erziehende Mütter in Basel annehmen kann und sich in dieser neu gewonnenen „Freiheit" um ihre zurückgebliebene Familie kümmert.

> Herr Q.: Ich war wie ein Baby, wie frisch auf die Welt gekommen. Hatte keine Ahnung und habe langsam gelernt. Jetzt habe ich alles gelernt, was in Basel läuft. P17 (640:641)

Diese Ambivalenz zwischen erlebter Segregation und erhoffter Chance ist es, die die jungen Erwachsenen in diesem Typ auszeichnet. Die Stadt ist für sie mit beidem verbunden - auch wenn ersteres ihre Alltagskultur seit mehreren Jahren prägt.

Typ 4: „Geduldete Ausländer/innen" 275

Karte 8: Konzentration auf Wohnquartiere mit hoher Sozialhilfedichte

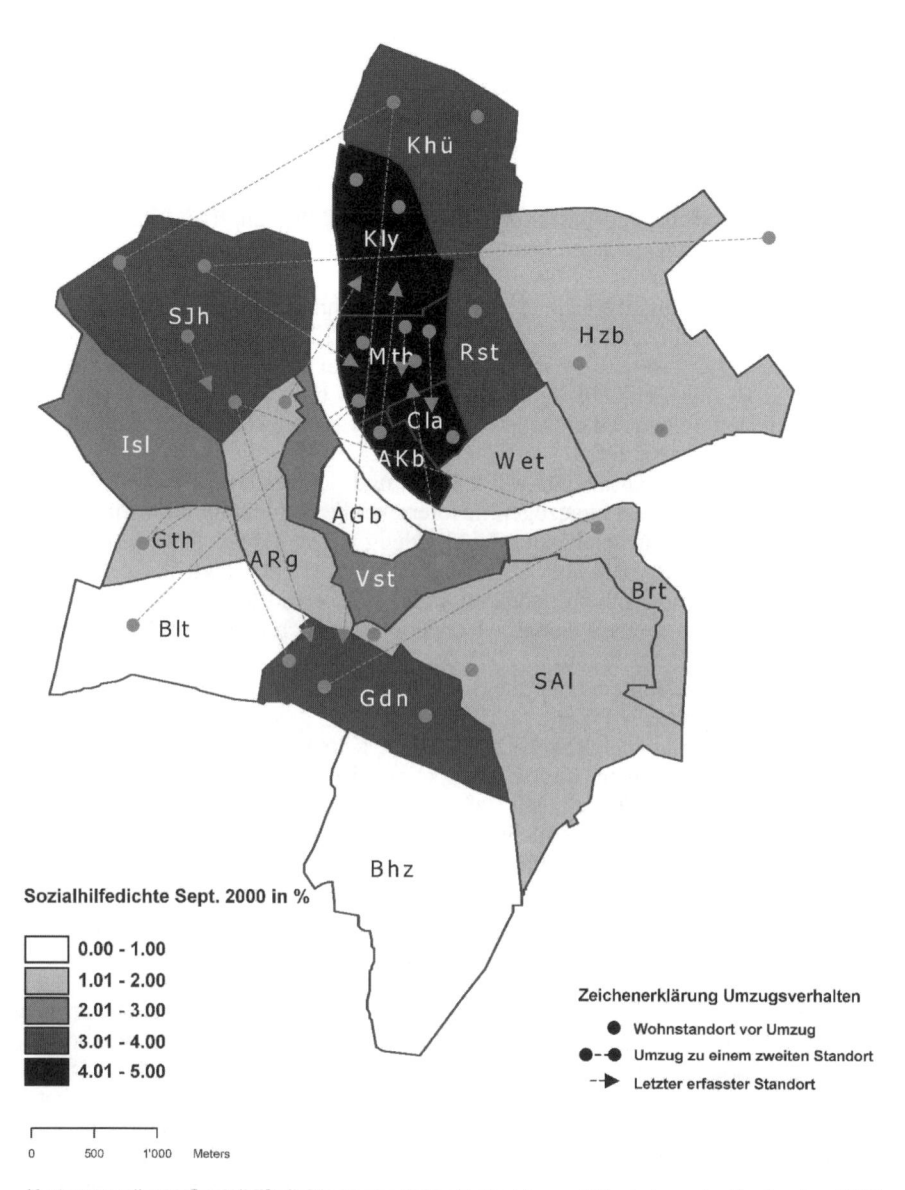

Sozialhilfedichte Sept. 2000 in %

- 0.00 - 1.00
- 1.01 - 2.00
- 2.01 - 3.00
- 3.01 - 4.00
- 4.01 - 5.00

Zeichenerklärung Umzugsverhalten
- ● Wohnstandort vor Umzug
- ●–● Umzug zu einem zweiten Standort
- –▶ Letzter erfasster Standort

Kartengrundlage: Sozialhilfedichte in absoluten Fallzahlen auf Blockebene im September 2000.
Vermessungsamt des Kantons Basel-Stadt.
Kartographie und Bearbeitung der Kartengrundlage: Nina Cavigelli.
Quelle: Cavigelli 2003, 65.

Datengrundlage Karte 8: Sozialhilfe der Stadt Basel, eigene Berechnungen.
Abkürzungen der Quartiernamen: siehe Karte 1.
Bearbeitung: Matthias Drilling.

8.5 Typ 5: „Autonomiebestrebte zugezogene Schweizer/innen": Kontingente Prozesse (Stabilisierung oder gesundheitliche Deprivation) in der Stadt als zentraler Ort

8.5.1 Situation bei Eintritt in die Sozialhilfe: Autonomiebestrebte zugezogene Schweizerinnen und Schweizer (Eintrittstyp 5)

Typ 5 vereint 216 junge Erwachsene, die mehrheitlich im Jahr vor dem Sozialhilfebezug kein Einkommen hatten, bereits mit bis zu mehreren Tausend Franken verschuldet sind und deswegen in 44% der Fälle auch schon betrieben wurden. Rund die Hälfte der jungen Erwachsenen wird überbrückend unterstützt, die andere Hälfte langfristig einkommensersetzend bzw. subsidiär. Entsprechend heterogen sind die Unterstützungsgründe: Zur knappen Hälfte ist die Arbeitslosigkeit der Unterstützungsgrund, bei der anderen Hälfte finden sich Mütter, die Betreuungsaufgaben für ihre Kinder übernehmen müssen und junge Erwachsene, die aufgrund gesundheitlicher Gebrechen (z.B. Sucht, Depressionen) nicht in den ersten Arbeitsmarkt integriert werden können. Auch wenn ein Teil der Fälle allein erziehende Mütter sind, so ist die Mehrzahl in diesem Typ (82%) nur für sich selbst verantwortlich. Entweder leben sie in einem 1-Personen-Haushalt oder einem Mehr-Personenhaushalt ohne Kinder, 87% sind unverheiratet.

Typ 5 besteht nahezu nur aus Schweizerinnen und Schweizern (88%). 62% der jungen Erwachsenen sind nach Basel zugezogen. Insofern ist die Binnenmigration ein Charakteristikum dieses Typs. Trotz ausreichender Schulbildung haben vergleichsweise wenige Personen einen Berufsabschluss. Bei über 60% der Personen ist der Übertritt von der Schule in die Berufsausbildung (noch) nicht gelungen, mehr als die Hälfte von ihnen hat eine Lehre abgebrochen. Diese berufliche Perspektivlosigkeit deckt sich nicht mit den Berufspositionen, die die eigenen Eltern besetzen. 30% der Eltern haben einen handwerklichen Beruf und 38% sind im Angestelltenverhältnis, selbständig oder im akademischen Bereich tätig (der höchste Anteil von allen Typen).

Immerhin 70% der jungen Erwachsenen haben Kontakt zu beiden Elternteilen; allerdings ist der Anteil derjenigen, die definitiv keinen Kontakt mehr zum Vater haben, mit 15% der höchste von allen Typen. Mit 74% erreicht im Typ 5 der Anteil von jungen Erwachsenen, deren beide Elternteile nicht in Basel leben, den höchsten Anteil von allen Typen. Das heisst, die jungen Menschen sind eher alleine nach Basel gezogen. Die Auswirkungen des schlechten sozialen Netzes zeigen sich in der Frist, in der die jungen Erwachsenen nach dem Zuzug in die Stadt auf Sozialhilfe angewiesen sind: 87% suchten binnen 12 Monaten nach Zuzug die Sozialhilfe auf.

Fazit: Die autonomiebestrebten zugezogenen Schweizerinnen und Schweizer sind nach Basel gezogen, ohne in dieser Stadt über elterliche oder soziale Netzwerke zu verfügen. Sie haben die Schule in der Schweiz besucht, haben z.T. den Ausbildungsweg beschritten, aber in der Mehrheit auch wieder abgebrochen. Zum Zeitpunkt des Eintritts in die Sozialhilfe sind sie ausbildungs- und arbeitslos, zum Teil auch hoch verschuldet und bereits betrieben. Diese Lage deckt sich nicht mit derjenigen der Eltern, die überwiegend einen qualifizierten Beruf ausüben. Die Elternbeziehung ist durchaus als defizitär zu bezeichnen (z.B. haben zahlreiche Personen definitiv keinen Kontakt mehr zum Vater). Es scheint, als wären die jungen Erwachsenen in die Stadt „geflüchtet", um „auf eigenen Füssen" zu stehen, um sich selbst und den Eltern zu zeigen, dass sie sich eigenständig versorgen können. Es wird hier von Sozialhilfetourismus gesprochen und es könnte durchaus sein, dass die jungen Erwachsenen sich von der Stadt mehr Möglichkeiten (auch des Transfers) versprechen als in ihrer Geburtsgemeinde/-stadt. Die grosse Mehrheit war binnen 12 Monaten nach Zuzug in die Stadt auf Sozialhilfe angewiesen.

8.5.2 Idealtypische Fälle: Überblick

Fall 20: Frau T. kommt im Alter von 17 Jahren zur Sozialhilfe. Sie ist Schweizerin und wurde in einer Gemeinde im Kanton Basel-Landschaft als Einzelkind geboren. Ihr Eltern haben dort ein eigenes Geschäft. Frau T. lebt in diesem Haus. Allerdings häufen sich die Probleme derart, dass sie sich entschliesst, von zu Hause auszuziehen. Sie geht nach Basel, kommt bei einem Freund unter, den sie aus der gemeinsamen Schulzeit kennt, und der in Basel Gelegenheitsarbeiten nachgeht. Frau T. hat die Schulen in ihrer Geburtsgemeinde besucht, allerdings derart schlechte Noten, dass die Eltern sie in eine private Schule schicken. Im letzten Schuljahr hat Frau T. Probleme mit Drogen, sie wird ohne Abschluss aus der Privatschule entlassen. Trotz elterlichen Protestes ändert sich das Verhalten von Frau T. nicht, weshalb sie schliesslich nach Basel zieht und nach wenigen Wochen zur Sozialhilfe kommt. Frau T. ist unverschuldet und hat eine Lehrstelle in Aussicht.

Fall 21: Herr U. kommt im Alter von 20 Jahren zur Sozialhilfe. Er ist in einer Gemeinde im Kanton Basel-Landschaft aufgewachsen. Beim Erstgespräch mit der Sozialberaterin macht er für seine Sozialhilfebedürftigkeit den andauernden Ärger mit seinen Eltern verantwortlich. Seit seiner Pubertät habe er Streit mit ihnen; die Eltern (der Vater ist leitender Angestellter, die Mutter arbeitet im Sozialbereich) hätten zu klare Vorstellungen, was aus ihm werden solle. Ein halbes Jahr zuvor sei die Situation eskaliert, weil Herr U. seine Lehre als kaufmännischer Angestellter abgebrochen habe. Daraufhin hätten sie ihn rausgeworfen und er sei auch gerne gegangen. Herr U. geht nach Basel, lebt „auf der Strasse" und bei Leuten, die er kennen lernt. Den Kontakt zu seinen Eltern bricht er ab, den zu seinen drei jüngeren Geschwistern hält er aufrecht. Seinen Lebensunterhalt finanziert er durch Gelegenheitsjobs. Nach einem knappen Jahr reichen seine finanziellen Reserven nicht mehr, er hat sich verschuldet. In dieser Situation wendet er sich an die Sozialhilfe.

Fall 22: Frau V. ist im Kanton Bern geboren. Bereits mit 9 Monaten kommt Frau V. zu einer Pflegefamilie. Jeweils kurz vor der Freigabe zur Adoption wehrt sich der Vater. Mit 7 Jahren trennen sich die Eltern. Mit etwa 9 Jahren will sich Frau V. das Leben nehmen, sie springt aus dem Fenster. Als Frau V. 10 Jahre alt ist, stirbt die Mutter. Sie lebt bei ihrem Vater, der das Sorgerecht in einem Sorgerechtsstreit gegen die Grosseltern (Schwiegereltern des Vaters) erhält. Mit ihrem Vater und dem Bruder zieht sie in eine Vorortgemeinde Basels. Der Vater hat schon bald eine neue Partnerin. In der Vorortgemeinde Basels besucht Frau V. die Schule. Probleme zwischen dem Vater und der neuen Partnerin führen zur Trennung der beiden. Das Verhältnis zum Vater wird in der Pubertät von Frau V. schwieriger, sie flüchtet mehrere Male zu den Grosseltern. Eine Heimeinweisung ist die Konsequenz. Hier kommt Frau V. mit Drogen in Kontakt, es gelingt ihr dennoch, die Realschule abzuschliessen. Mit 16 Jahren folgt ein Drogenentzug im Ausland und eine Erziehungsmassnahme. Mit 18 Jahren wird sie entlassen und geht in eine betreute Wohngruppe nach Basel, wird rückfällig, entzieht erneut. Danach beginnt sie eine Ausbildung als Gymnastiklehrerin, die sie allerdings nach einem Jahr abbricht. Mit 20 Jahren erbt sie Geld. Sie entschliesst sich zu einer Weltreise. Nachdem sie zurückkommt, besucht sie ein Freund, den sie in Mexiko kennengelernt hat. Sie bekommt ein Kind von ihm. In dieser Situation meldet sich Frau V. mit ihrem neugeborenen Kind auf der Sozialhilfe. Sie ist nun 22 Jahre alt.

Fall 23: Herr W. erscheint im Alter von 18 Jahren auf der Sozialhilfe. Er befindet sich gerade im Urlaub einer Massnahme des Jugendgerichtes. Er hat den Umzug nach Basel gewählt, weil er sich hier einen neue Existenz aufbauen will. Herr W. lebte bis zu seinem achten Lebensjahr bei seinen Eltern im Kanton Bern. Sein Vater ist dort als Handwerker beschäftigt, seine Mutter Hausfrau. Dann liessen sich die Eltern scheiden und er lebt bei seiner Mutter. Mehrere Male ist die Familie (Herr W. ist das älteste von vier Kindern) im Kanton Bern umgezogen, er hat oft die Schule gewechselt. Den Vater hat er seit der Scheidung nicht mehr gesehen. Wegen krimineller Handlungen kommt Herr W. nach der achten Schulklasse in eine Massnahme, die Schule hat er seither nicht mehr besucht. Während des Urlaubs von der Massnahme nimmt Herr W. Gelegenheitsarbeiten an und verdient so seinen Lebensunterhalt. Als er zur Sozialhilfe kommt, ist ein temporärer Einsatz gerade beendet. Vom Jugendgericht hat er die Auflage, sich um eine Lehrstelle zu bemühen. Eine solche als Mechaniker hat er auf Ende des Jahres in Sicht.

Fall 24: Frau X. kommt im Alter von 18 Jahren zur Sozialhilfe. Sie wird begleitet von einem Jugendarbeiter. Frau X. ist mit der Volljährigkeit nach Basel gezogen. Dort lebt sie in der Wohnung eines Bekannten, auf der Strasse und in der Notschlafstelle. Sie ist zur Zeit arbeitslos, hat sich schon über verschiedene Ausbildungskurse informiert. Frau X. hat die Schule im Kanton Basel-Landschaft besucht und die Realschule abgeschlossen. Eine begonnene Lehre als Köchin hat sie abgebrochen. Zu ihrem leiblichen Vater hat sie keinen Kontakt mehr, er hat die Familie früh verlassen und ist ins Ausland gezogen. Ihre Mutter hat wieder geheiratet und ist als Hilfspflegerin tätig. Geschwister hat Frau X. keine. Zum Stiefvater hat Frau X. nie eine gute Beziehung anbahnen können. Weil es zu Hause nicht mehr geht, wird Frau X. im Alter von 15 Jahren in ein Heim eingewiesen. Dort eskaliert die Situation, Frau X. reisst mehrmals aus. Mit 17 Jahren wird sie schliesslich entlassen. Gleich nach dieser Entlassung geht sie nach Basel und kann bei Kolleginnen unterkommen. Auf der Suche nach einem Ausbildungsplatz und einer Wohnung wendet sie sich an die Sozialhilfe.

8.5.3   *Wege in die Sozialhilfe: Subjektive Erklärungen*

Der Verlust des elterlichen Beziehungskapitals und die damit zusammenhängende Entscheidung für einen Wohnortwechsel ist Ausgangspunkt in den Interviews mit den jungen Erwachsenen. Dieses Manko steht in relativer Nähe zu demjenigen der jungen Erwachsenen im Moratorium. Doch letztere trennten sich von den Eltern, ohne die sozialisationsrelevanten Fragen selbst beantworten zu können; die autonomiebestrebten zugezogenen Schweizerinnen und Schweizer dagegen haben Strategien entwickelt, sich in ihrer Jugend Ziele gesetzt, insofern entsteht zwar ein Beziehungsvakuum, weit seltener allerdings eine ausgedehnte Phase des Moratoriums. Sie haben Ziele und versuchen, diese zu realisieren. Die Sozialhilfe wird für sie so zu einer Institution, die individuelle Freiheiten möglich macht.

> Frau T.: Zwei Monate nach meinem 18ten Geburtstag bin ich von zu Hause ausgezogen, durch familiäre Probleme und - dann bin ich zur Sozialhilfe gegangen.
>
> I.: Wie ist die Idee gekommen, zur Sozialhilfe zu gehen, und nicht irgend jemand anders zu fragen?
>
> Frau T.: Ich hätte nicht gewusst, wen ich sonst hätte fragen sollen, hatte ein wenig Kritz (Ärger) mit meiner Mutter zu Hause, also fand ich es das Beste, ich zieh aus, damit wir nicht ewig auf Kriegsfuss sind, oder. Weil so kann ich mich nicht frei entfalten, und - ja - es wäre dann einfach eine Blockade für mich gewesen, meine Mutter. Ja, es ist zwar hart, aber es war so, - ja.
>
> I.: Das heisst, Sie haben allein bei Ihrer Mutter gelebt?
>
> Frau T.: Nein, bei meiner Mutter und bei meinem Vater. Aber mein Vater war da ziemlich stillschweigend immer. (...) Er hat nie gross etwas gesagt. Wir hatten eigentlich auch nie gross Puff (Streit). Es war eher meine Mutter und ich, welche da - uns in die Haare geraten sind.
>
> I.: Über so Fragen, was man im Leben so macht?
>
> Frau T.: Ja - ich bin halt - ins - ins Teenageralter gekommen, und da wird man halt ein wenig revolutionär. Und ich bin ziemlich eine, die gerne manchmal nach rechts und nach links ausgeschlagen hat. Oder. Und sie hat halt schön wollen, dass ich so mach, wie sie will. Und das war einfach nicht so mein Ding. Was abgesehen davon heute noch nicht ist. Aber ich finde, das ist auch ganz gut, das ist total ok für mich,

dass ich ein wenig so mache und nicht so mache. Also ich kann inzwischen damit leben.

I.: Ja. Was heisst das, „nicht so gradlinig"?

Frau T.: Ja, ich bin ein wenig eine ausgeflippte Person und ich fände es langweilig, wenn ich immer gradlinig gehen würde, also. Ich habe viele Erfahrungen durch das gesammelt und ich (...) finde es positiv.

I.: Was wäre denn in der Idee von Ihren Eltern gradlinig gewesen?

Frau T.: Ja so halt was, was der normale Lauf ist. Eine Schule, Lehre. Aber das hatte ich eigentlich zuerst auch vor. Nur durch die Einengung durch meine Eltern, war mir das gar nicht möglich. Ich habe mich dadurch gar nicht frei entfalten können. Weil ich eben immer so eingeengt worden bin und es hätte eigentlich immer so gehen sollen, wie sie wollten. Nicht so, wie ich das haben wollte. Und irgendwann habe ich dann einfach mal gesagt, Niet, ist mein Leben, oder. Nicht mit mir. P20 (45:98)

Herr U. verlässt das Elternhaus nach jahrelangem Streit. Es ist die Pubertät, die Herr U. als Ursache der Auseinandersetzungen angibt, und die Abneigung gegen den Beruf des Vaters, der Treuhänder ist und möchte, dass sein ältester Sohn den Beruf und die Kundschaft übernimmt. Nach der Trennung von seinen Eltern kommt Herr U. nach Basel, lebt auf der Strasse, verschuldet sich. Erst nach Wochen gelangt er zur Sozialhilfe, kann von der Unterstützung den Lebensunterhalt allerdings nicht finanzieren. Sein Versuch, zu den Eltern zurückzukehren, scheitert an diesen:

Herr U.: Mit 18 haben mich meine Eltern herausgeworfen von zu Hause und zwar der Grund war, wie es in der Pubertät so ist, immer Streit und so und einfach extreme Meinungsverschiedenheiten, und meine Eltern hatten klare Vorstellungen, was aus mir werden soll und ich (...) habe dem halt nicht entsprochen. Dann fing ich eine kaufmännische Lehre an, das gefiel mir gar nicht, es war irgendwie so Büro, immer, Computer, Zahlungen, es war einfach nichts für mich. Das habe ich dann nach knapp einem Jahr abgebrochen. (...) Dass ich dann die Lehre abgebrochen habe, wollten meine Eltern überhaupt nicht einsehen und so. (...) Das war dann der ausschlaggebende Punkt, dass sie mich schlussendlich hinausgeworfen haben. (...) Es war recht „happig" am Anfang, weil ich war einfach dann, ich bin in recht guten Verhältnissen aufgewachsen, also, meine Eltern sind zusammen, nicht getrennt und wir wohnten in einem Haus (...) Ich war eigentlich fast ein bisschen wohlstandsverwahrlost. Also einfach verwöhnt, oder. Ich war mir einfach alles gewöhnt, dass das Essen auf den Tisch kommt, und als ich dann auf die Strasse gesetzt wurde, bin ich einmal konfrontiert worden mit der Realität, dass es einfach nicht selbstverständlich ist, dass man ein Bett zum schlafen hat, ein Dach über dem Kopf und immer etwas zu Essen und so. Und dann habe ich eine Zeit lang draussen geschlafen, in einem Park oder so und es war eine recht harte Erfahrung, die Familie verlieren. Ich hatte keinen Kontakt mehr, bis heute, seit fünf Jahren.

I.: Keinen einzigen Kontakt mehr?

Herr U.: Nur zu den Geschwistern, aber zu den Eltern nicht. Es hat einfach irgendwie nicht geklappt, ich hatte den Mut nicht gefunden.

I.: Sie haben es auch nicht versucht?

Herr U.: Einmal schon, aber meine Mutter hat dann am Telefon recht kontraproduktiv reagiert. Da hat es mir gerade wieder abgestellt und ich bekam eine rechte Blockade. P21 (18:65)

Und eben, als mein Vater sagte, ich sei nicht mehr sein Sohn, ich soll aus der Familie, da hat es mich voll verputzt. Ich bin dann eine Woche lang nicht mehr nach Hause gekommen deswegen, und als ich nach einer Woche nach Hause kam, hat mein Mutter gesagt, gib mir den Schlüssel, tu ihn auf den Tisch und hau ab dorthin, wo du hergekommen bist. Ich will dich nicht mehr sehen. P21 (759:763)

Auch die anderen interviewten Personen machen im Gespräch immer wieder auf ihre fehlende soziale Einbettung, insbesondere in der Familie aufmerksam. Und sie gehen zumeist aus eigener Initiative:

Frau X.: Es ist recht problematisch gewesen. Ich bin dort eigentlich wegen dem Stiefvater weg, weil es dort immer Probleme gab (...), ich meine, es waren auch schwere Zeiten für mich (...) und sie [die Mutter, Anm. M.D.] lebt einfach daran vorbei, was sie nicht sehen will, solche Sachen, und so war ich quasi der Schandfleck in der Familie. Ich mache nichts und ich bin abgehauen, ich bin undankbar, alles mögliche. Das hat sich in der Zwischenzeit wieder gelegt und jetzt geht es auch wieder relativ gut. Solange ich mit

> ihr alleine bin, aber sobald als er [der Stiefvater, Anm. M.D.] dabei ist, dann gehe ich wieder.
>
> I.: War er massgeblich daran beteiligt, dass Sie von daheim weg sind? Hat er darauf gedrängt, dass sie gehen?
>
> Frau X.: Nein, nein, ich bin freiwillig gegangen. P24 (290:302)

Die schlechte Ausstattung mit sozialem Kapital wird zum Charakteristikum der jungen Erwachsenen in diesem Typ. Auch Frau V. hatte „wirklich überhaupt keine Unterstützung von Verwandten oder von Eltern" (P22 71:72). Vom Vater wurde sie sexuell missbraucht, finanziell betrogen und immer wieder ins Heim abgeschoben. Es war ihre Grossmutter, die bei ihr den Glauben an das Leben aufrechterhielt, obschon sie bereits daran zu verzweifeln schien:

> Frau V.: Also es ist wirklich, ich bin überhaupt nicht der melancholische Typ oder so, aber es ist schon recht schlimm gewesen. Ich denke so, alles Schlimme, das man sich vorstellen kann, hat es in meiner Kindheit gegeben. Es ist geprägt von viel Wechsel, ich bin mit 9 Monaten das erste Mal von daheim weggekommen weil meine Eltern schon wahnsinnige Probleme hatten miteinander. Meine Mutter war fast 30 Jahre jünger als mein Vater und mein Vater war ein ehemaliger Kriegsveteran. (...) Dann bin ich immer wieder zu anderen Pflegeeltern, zu anderen Adoptiveltern gekommen und immer, wenn es zur Adoption von mir hätte kommen sollen, war dann auch wieder mein Vater da, der das verhindert hatte und fand, nein, das könne er dann schon nicht zulassen.
>
> I.: Und Sie dann auch wieder in die Familie zurück genommen hat oder einfach?
>
> Frau V.: Oft zur Grossmutter oder dann einmal in ein Heim oder dann einmal kurze Zeit wieder bei ihm oder so, aber es war sicher so, sehr häufig gab es einen Wechsel. (...) Ja und, die gute Insel war meine Grossmutter, also die Mutter meiner Mutter, das ist wirklich so der Kindheitsrückblick, wo ich heute glaube sagen zu können, ihr habe ich es zu verdanken, dass ich doch noch so einen Kern Gesundheit in mir behalten habe, sie war das gute Herz der Familie, und zu ihr bin ich auch immer wieder gegangen und das ist wirklich bis zu ihrem Tod mein Ersatz für alles gewesen. Meine Mutter ist gestorben als ich zehn war, im Alter von sieben haben sie sich scheiden lassen, der Vater und meine Mutter. Mein Vater erhielt das Sorgerecht, also es war dort ein grosser Gerichtskampf mit Mutter und den Grosseltern. Die Grosseltern wollten es, aber mein Vater konnte es verhindern und hat uns dann zu ihm geholt. (...) Ja, und dann haben eigentlich wirklich die definitiven Probleme angefangen für mich. (...) Weil unsere Familie einfach immer dominiert wurde von Sucht, Alkohol, sie [die neue Lebenspartnerin des Vaters, Anm. M.D.] war Alkoholikerin, ich war ihr genauso unsympathisch wie sie mir, also ich hatte wirklich so. Jeden Tag wenn ich von der Schule heim kam, hatte ich einen Brief mit Sachen, die ich alle machen musste, so von Bergen bügeln, Küche putzen, und wenn du das und das nicht machst, gibt es, ja, sonst sage ich es dem Vater am Abend und dann kriegst du, so richtig schneewittchenmässig, das sage ich als erwachsene Frau noch mit irgendwie gross aus meiner Neurose heraus, also es war wirklich schlimm. Ich habe mich dort auch wirklich immer sehr an die Ferien gehalten weil ich war in allen Ferien bei meiner Grossmutter. (...) Und habe dann mit neun, kurz vor dem Tod meiner Mutter, habe ich auch einmal einen Selbstmordversuch gemacht, also als Kind. Das ist heute im Nachhinein nicht wirklich ein Selbstmordversuch gewesen, ich bin einfach vom Balkon gesprungen, wenn das ein Kind macht, ist das doch sehr schlimm. Ich habe immer so versucht, meine Inseln zu bewahren, aber mein Vater war krank, wirklich, eine grässliche Person. P22 (103:173)

Angesichts dieser Entwicklungsbedingungen ist es kaum verwunderlich, dass der Drogenkonsum zu einer frühen Erfahrung in der Kindheit wird. In drei der vier Interviews verweisen die jungen Erwachsenen darauf, dass sie drogenabhängig waren und bei zwei der Personen hat der Konsum auch heute noch eine Bedeutung. Herr W. begann mit Drogen, als er mit 12 Jahren in ein Heim eingewiesen wurde. Mittlerweile (er ist zum Zeitpunkt des Interviews 23 Jahre als) kifft er gelegentlich, hat sich aber von den illegalen Drogen distanziert. Frau V. begann ebenfalls während ihres Heimaufenthaltes mit Drogen. Die Last der väterlichen Ausbeutung wurde zu gross, die Grossmutter konnte die integrierende Funktion nicht ausfüllen:

> Frau V.: Und dann gab es den Knall definitiv als ich knapp 14 war. Dann wollte ich dann ausziehen, habe es nicht mehr ausgehalten. Und dann bin ich in das Foyer [Durchgangsstation für junge Frauen in Krisen,

Anm. M.D.] gekommen. (...) Und dann hat theoretisch das gute Leben angefangen, für mich war es aber dann der Absturz. Ich war mir so viel Gutes gar nicht gewohnt, rein theoretisch, es war viel, wie soll ich sagen, es hatte viel zu viel Struktur für mein Leben. Ich hatte nie Struktur in dem Sinn, einfach andere Struktur, das ist dann, dort habe ich einfach irgendwie in jede Richtung ausgeschlagen und habe auch einmal Taschengeld bekommen, das erste Mal in meinem Leben, das habe ich nicht gekannt und so. Auf jeden Fall wurde das irgendwie immer wie schlimmer und ich bin total abgestürzt und bin dann zuerst Zigaretten, schwache Drogen, harte Drogen, also mit 15 war ich heroinsüchtig. Und bin dann wieder versetzt worden. In geschlossene Anstalten, in offene Anstalten und mit 15, 16 bin ich dann nach Südfrankreich in eine Therapie gekommen. Und das habe ich einfach dort aber auch nicht, also war nichts. Es war eine ganz tolle Familie und wunderschön wieder auf dem Land, von dem her(...). Dort hätte ich auch meine Pferde nach zehn Jahren wieder gehabt und es wäre wirklich eine gute Sache gewesen aber ich war süchtig. (...) Und nachdem ich das zweite Mal dort abgehauen bin, bin ich dann auch in die geschlossene Anstalt gekommen. Und das war die schlimmste Sequenz meines Lebens, dass ich dann hier ins L. gekommen bin. Das ist das absolut Schlimmste, was man einem Kind antun kann. Das ist schlimmer als in das Gefängnis, kann ich heute immer noch dahinter stehen mit meiner Aussage, und das habe ich schon dort, das war schlimm. Das erste Mal war ich auf der Geschlossenen und dann von einem Tag auf den anderen wird dir alles weggenommen und ganz schlimm. Es war ganz schlimm, wirklich und ich habe Rekurs und Zeugs und Sachen und Südfrankreich wollte mich wieder aufnehmen und wir sind zusammen vor Gericht und jetzt ich habe es gesehen, und ja, sie haben mich dann nicht mehr zurückgenommen. Ich habe dann 18 Monate (...) bekommen. War dann dort und irgendwann mal, nach einem halben Jahr oder so, habe ich mich halt damit abgefunden und habe gefunden, okay, jetzt musst du das Beste daraus machen und die verschiedenen Abteilungen.

I.: Es kamen nicht noch Strafdelikte dazu?

Frau V.: Ja, halt Drogenhandel und so, das, was alles dazugehört, oder. Ich habe niemanden irgendwie bewusst geschädigt. Dann habe ich die Zeit dort schlussendlich eigentlich gut hinter mich gebracht, ich habe mich dann auch hinaufgearbeitet, so wie man sich in einer solchen Anstalt hinaufarbeiten kann. Ich habe dann irgendwann einmal nicht mehr blockiert. Ich habe gefunden, du machst das Beste daraus. War dann lange auf der Offenen.

I.: Ist das mit Wohngruppen, die extern sind?

Frau V.: Nein, nein, nein, es ist einfach so, dass man alle zwei Wochen über das Wochenende nach Hause darf, darf abends das Licht ein halbe Stunde länger anhaben, und so die Schöggeli die man hat, oder. Man darf eine halbe Stunde länger rauchen. (...) Auf der Geschlossenen darf man gar nicht rauchen und man kommt hinein als vollsüchtige Person. Kalter Entzug. Auch Zigaretten, wirklich alles. Ja, auf jeden Fall war ich dann dort. Habe das irgendwie durchgezogen. Die Wochenenden beim Vater, die waren schlimm, weil er hatte eine Einzimmerwohnung. Einerseits wollte ich heraus, konnte aber nur zu meinem Vater, und das war dann auch nicht einfach. Es ist dann aber doch vorbeigegangen in dieser Zeit. Ich war 16 damals. P22 (306:391)

Es ist eine grosse biographische Reflexions- und Handlungsfähigkeit, die die jungen Erwachsenen in diesem Typ auszeichnet. Sie definieren den Auszug oder den Rauswurf aus dem Elternhaus als Chance zur Veränderung; sie wählen den Zuzug in die Stadt, und erhoffen sich neue Perspektiven, fern aller Kontrolle. Nur wenige haben Kontakte in die Stadt, können bei Freunden oder Verwandten für kurze Zeit wohnen. Zumeist kommen sie alleine in die Stadt, leben auf der Strasse oder im Obdachlosenheim. Wo es gelingt, eine vorübergehende Wohngelegenheit und einen zeitweiligen Unterhalt zu sichern, da können kurz- und mittelfristige Pläne für die berufliche und soziale Zukunft entwickelt werden. Es ist ein immenser Wille zu überleben, den die jungen Erwachsenen zeigen, und es zählt dabei, auf sich selbst zu vertrauen. Frau V. kommt nach einem ersten Entzug gerade von der offenen Abteilung der Psychiatrie, wird wieder drogenabhängig; mit dem drohenden Verlust des Freundes fällt die Entscheidung:

Frau V.: Ja, irgendwie also, ich denke jetzt im Nachhinein haben sie [die vielen sozialpädagogischen Fachpersonen, Anm. M.D.] mir irgendwo geholfen. Mir ein bisschen ein anderes Leben zeigen. Obwohl, ich dann meinen Freund, also ich hatte dann da auch eine Liebe, und der hat mich dann verlassen, nachdem er merkte, dass ich wieder konsumiere. Aber es war mir doch eine Lehre, irgendwie, ich beschloss eines Tages aufzuhören, dass es mir jetzt total stinkt und so, dass ich, entweder töte ich mich oder ich lebe, aber, dass diese Art von Leben einfach wirklich keinen Sinn hat, und das kann ich auch heute noch so sagen. Ich habe dann wirklich aufgehört. P22 (456:462)

Frau T. hat in der eigenen Wohnung einen Entzug gewagt und erfolgreich durchgeführt. Sie ist heute ohne Drogen, raucht nicht einmal mehr Cannabis. Es war ihr Wille, nicht so zu enden wie manche ihrer Freunde, die dieses Vorhaben erfolgreich machte:

> I.: Wie haben Sie es geschafft, schlussendlich mit den Drogen aufzuhören?
>
> Frau T.: Ich weiss es nicht, es ist mir bis heute noch ein Rätsel. Vor allem, weil um mich herum ja alles noch im gleichen Ding war, es war ja nicht so, dass ich neue Kollegen gefunden hätte, und mich dann, und mich dann an die gewendet hätte, eher. Sondern einfach „bäng", fertig, aus Ende von heute auf morgen, ich höre auf.
>
> I.: Das heisst aber dann faktisch auch, dass Sie mit dem ganzen Freundeskreis gebrochen haben, oder?
>
> Frau T.: Nein! Gar nicht. Gar nicht. (...) Viele von diesen Kollegen die konsumieren alle noch. (...) Es ist ja oft auch so, dass es Leute gibt, wenn sie nicht mehr am konsumieren sind, sind dann cool oder, dass sie dann - ausser sie - während - es war überhaupt nicht so bei mir, also alle „Hey - bohh!", sind alle wirklich total stolz auf mich gewesen, so. Also, ich habe noch gute Feedbacks bekommen. Und - und - na ja - ich hätte auch gerne ein paar Leute mitgerissen, aber eben - s'Zwanzgerli muss fallen, sonst geht es nicht. (...) Und wenn das nicht passiert, dann, dann geht's nicht, Aber wie ich das geschafft habe, einfach so aus eigener Kraft - ich weiss es nicht. P20 (1148:1190)

Auch Frau V. weiss es nicht, warum sie mit den Drogen aufgehört hat und warum sie keinen weiteren Suizidversuch mehr unternommen hat. Sie spricht von einem Weg, der ihr sehr viel Selbstvertrauen gab:

> Frau V.: Bei mir war es dieser Weg und er war gut, weil es hat ein Energiepotential gegeben, was mir schlussendlich geholfen hat. P22 (223:224)

Es ist dieses „Energiepotential", dass einen Teil der jungen Erwachsenen auszeichnet, als sie im Interview über ihre biographischen Hindernisse und ihre Bewältigungsstrategien sprechen. Frau T. bricht selbstbewusst ihre Lehre ab, weil sie „lieber Sozialpädagogin als Coiffeuse werden will". Sie sucht den Weg in die Gelegenheitsarbeit als Überbrückung, arbeitet zwei Jahre in der Kinderkrippe, dann als Zeitungsausträgerin, schliesslich als Telefonistin. Was genau, weiss sie nicht, aber irgendwann - davon geht sie aus - wird sich ihr zur rechten Zeit eine Gelegenheit bieten:

> Frau T.: Also, ich bin ein Mensch, ich kann mich immer irgendwie durch's Leben pauken. Auch wenn es mir nicht grad immer gut geht dabei, aber ich komme immer durch, ich komme immer über die Runde. Aber es wäre schon - es ist - es wäre eine Sicherheit, es wäre eine Stütze, oder. Dass wenn einmal alle Fäden reissen sozusagen, dass ich sagen kann, ok, ich gehe jetzt auf meinen Beruf zurück. P20 (210:217)

Dass die jungen Erwachsenen nicht bereit sind, jede Arbeit anzunehmen, zeichnet ihre Selbstbewusstheit aus und unterscheidet sie deutlich von den jungen Erwachsenen im Moratorium, die ebenfalls ohne Berufsausbildung sind. Frau T. war als Telefonistin in Kürze in leitender Stellung, doch sie empfand die Arbeitsbedingungen als ausbeuterisch und kündigte.

> Frau T.: (...) Und dann habe ich mal noch als Telefonistin gearbeitet in einer Firma. Bin ich auch ziemlich schnell befördert worden als Abteilungsleiterin. Vielleicht einen Monat, anderthalb. Dann bin ich dort befördert worden als Abteilungsleiterin - also es ist mir eigentlich immer relativ gut gegangen.
>
> I.: Und wieso sind Sie heute nicht mehr Abteilungsleiterin bei der Firma?
>
> Frau T.: Wegen dem Lohn, ganz eindeutig. (...) Ist viel zu wenig gewesen. (...)
>
> I.: Wurden Sie auf Provisionsbasis bezahlt?
>
> Frau T.: Genau. Und die Abteilungsleiterin, die sie rausgeschmissen haben, die die vor mir war, die hatte einen Fixlohn, oder. Und dann habe ich gefunden, was ist eigentlich los, also ich lasse mich da nicht ver-

arschen. Haben sie mir zwar zuerst einmal eine Lohnerhöhung gegeben, aber ich habe immer noch gefunden, das reicht mir nicht, oder - und dann habe ich irgendwann gefunden, tut mir leid, nä'ä. Nicht mit mir, oder.

I.: Das heisst, da gab es überhaupt kein Fixum?

Frau T.: Nachher, also schon auf die Stunde, aber das war so minimal - da bist du nicht über die Runden gekommen. Eben da habe ich dann auch noch Zeitungen ausgetragen nebenbei, damit ich irgendwie über die Runden komme.

I.: Und haben wie viel gearbeitet?

Frau T.: Also am Anfang waren es sicher hundert Prozent, wenn nicht mehr.

I.: Und sind mit wie viel rausgekommen am Ende Monat?

Frau T.: Knapp zweitausend.

I.: Haben Sie das Gefühl, dass Sie da ausgebeutet worden sind?

Frau T.: Ja!

I.: Könnten Sie sich vorstellen, eine Abteilungsleiterin zu sein? Die Fähigkeiten, sagen Sie, hätten Sie schon?

Frau T.: Das sicher, auf jeden Fall. Nur eben, wenn du ausgenützt wirst, dann muss ich einfach sagen, he nä'ä - oder. Ich bin nicht mehr jung und naiv. Jung bin ich zwar noch, aber naiv bin ich sicher nicht, und irgendwann - auch so gerne ich in dieser Firma gearbeitet habe. Es war eine junge, dynamische Firma. Und ich habe gern dort gearbeitet, also, es war eigentlich nicht so, also - und es ist ein Job - darum bin ich überhaupt so lange dort geblieben, weil der Job hat mir schon noch Spass gemacht. Aber ich bin eigentlich nicht so ein Büroheld, würde ich sagen. Also, ich bin lieber unter Menschen, jetzt arbeite ich auch wieder bei einer Familie als Tagesmutter, und das ist schon eher mein Ding würd' ich sagen. P 20 (325:398)

In diesem Verhältnis zur Arbeit und zum Arbeitgeber liegt ein wichtiger Unterschied auch zu den assimilationsorientierten jungen Erwachsenen, die ja auch einen Grossteil ihrer Zeit vor der Sozialhilfe in temporären Beschäftigungen verbrachten. Die prekären Arbeitsbedingungen sahen diese aber nie als problematisch an. Ausbeutung gebe es heute nicht mehr, so ihr Standpunkt, der er ermöglichte, dass Anpassungsprozesse selbst in für sie nachteilige Positionen (angesichts ihrer abgeschlossenen Ausbildung) stattfinden können. Die zugezogenen Schweizerinnen und Schweizer dagegen machen die Arbeitgeber durchaus für schlechte Arbeitsbedingungen verantwortlich und kündigen. Sie lassen sich nicht „abkühlen", nicht ihr gesellschaftliches Konfliktpotential nehmen, sie sehen ihre Situation nicht als ausschliesslich selbstverschuldet an (im Gegensatz etwa zu den anpassungsorientierten jungen Erwachsenen des Typs 3). Und mit dieser Erwartungshaltung an eine an ihren Bedürfnissen und Interessen orientierten Förderung gestalten sie ihr Leben - und erwarten dies auch von den sie beeinflussenden Systemen wie Eltern, aber auch der Sozialhilfe. Denn auch die Rückkehr ins Elternhaus wäre für einzelne der jungen Erwachsenen durchaus möglich gewesen, doch es ist ihr Stolz, der dies verhindert.

I.: Ja. Also Sie hätten auch nicht zurückgehen können, nach Hause?

Frau T.: Wäre für mich auch nicht in Frage gekommen.

I.: Wär nicht in Frage gekommen.

Frau T.: Wär ich mir zu stolz gewesen, dann wieder anzufragen, ja, und ich hätte auch total Angst gehabt, wie es wird. Kommt es wieder genau gleich heraus, oder nicht. P 20 (281:289)

Dass die jungen Erwachsenen sich oft für die „schlechtere" Alternative entscheiden - das Leben auf der Strasse statt eine Rückkehr ins Elternhaus, Arbeitslosigkeit statt Gelegenheitsarbeit, Abbruch der Ausbildung statt deren Abschluss, die Inspruchnahme der Institutionen der sozialen Sicherheit - weist darauf hin, dass sie über Handlungsfähigkeiten verfügen. *Die zugezogenen Schweizerinnen und Schweizer verfügen über „capabilities", die objektiv gesehen eine Armutslage charakterisieren, subjektiv aber eine Wahlfreiheit ermöglichen und damit eine relative Sicherheit suggerieren.* Dieser Unterschied zwischen der objektiven Ausstattung mit Fähigkeiten und der subjektiven Wahrnehmung dieser Ausstattung ist ein Charakteristikum der jungen Erwachsenen in diesem Typ. Weil letztere eine bessere Lage symbolisiert, bewegen sich die jungen Erwachsenen weitgehend selbstbewusst und autonomiebestrebt, finden zur Sozialhilfe, um eine mehr oder weniger kurzzeitige Phase finanzieller Armut zu überbrücken und sich entsprechend ihren Vorstellungen über die Lebensplanung unterstützen zu lassen.

Diese subjektive Einschätzung findet ungeachtet der Tatsache statt, dass die Ausstattung des sozialen Kapitals nahezu gleich schlecht ist und die des kulturellen Kapitals im Moment zwar noch eine günstigere Ausgangspartition aufweist, insgesamt gesehen die jungen Erwachsenen jedoch eine Mangel- und Armutslage aufweisen, die durchaus die bereits bekannten Kennzeichen aufweist, wie sie bereits in den anderen Typen vorkamen: Verschuldung, Lehrabbruch ohne alternative Ausbildung, Arbeitslosigkeit, gesundheitliche Gebrechen, z.T. durch Drogenkonsum, z. T. durch Medikamentenmissbrauch.

Während auf der einen Seite der Aufbruch als Bewältigungsstrategie der jungen Erwachsenen steht, finden sich auf der anderen Seite junge Erwachsene, die resignieren. Es ist eben das Energiepotential, das Selbstbewusstsein, dass dem anderen Teil der jungen Erwachsenen in diesem Typ fehlt, insbesondere wenn es ihnen nicht gelungen ist, ihren Drogenkonsum zu kontrollieren resp. wenn sie mit einem intensiven Konsumverhalten bereits in die Sozialhilfe eintreten. Während die einen also die Energie aufbringen, einen Neuanfang jenseits intensiven Drogenkonsums zu wagen und dazu nach Basel ziehen, bewältigen die anderen ihre prekäre Lebenslage durch einen Drogenkonsum, der mittelfristig ihre Gesundheit nachhaltig schädigt. Für sie wird Basel zum Ort, an dem sie leichter an Drogen gelangen und diese auch legal konsumieren können. Herr W. stand vor dieser Entscheidung. Trotz Heim- und Gefängniskarriere begann Herr W. sein Leben zu organisieren. Er informierte sich über die richtige Versicherung für seinen Hausrat, schaute nach einer Wohnung, die im Rahmen seines Einkommens lag. Zuletzt suchte er sich eine Arbeit, um eine Tagesstruktur aufzubauen, denn er wusste, dass der unregelmässige Tagesablauf ein erster Schritt in die alten Zeiten bedeuten würde. Zum Zeitpunkt des Eintritts in die Sozialhilfe ist noch nicht entschieden, ob Herr W. die Vergangenheit produktiv oder destruktiv bearbeitet.

Herr U. hat die psychosozialen Belastungen weniger erfolgreich verarbeitet. Er ist von seiner Familie verlassen, hat kaum noch Kontakte zu ihr. Seine Freundin macht ihn eines Tages darauf aufmerksam, dass er sich von der Sozialhilfe unterstützen lassen kann.

> Herr U.: Ja, ich war dann eine Zeit lang auf der Strasse und ich habe dann Freunde gefragt, ob ich irgendwie eine Woche bei ihnen wohnen könnte. Dann bin ich eigentlich so von Ort nach Ort, überall ein bisschen, bei sechs, sieben verschiedenen Leuten habe ich gewohnt, eine kurze Zeit. Es war blöd, ich hatte kein Geld und fühlte mich ein bisschen wie ein Schmarotzer und hatte ein ungutes Gefühl, bis dann eine gute Freundin mir sagte, ich solle mich doch einmal beim Sozialamt melden. Ich wusste das gar nicht, kannte das gar nicht. (...) Ungefähr ein halbes Jahr war ich auf der Gasse. Und da haben sich dann recht Schulden angehäuft, z.B. Krankenkasse, konnte ich nicht zahlen. Das war dann recht blöd. Dann ging ich eben zum Fürsorgeamt, habe gesagt, ich sei auf der Strasse. Sie sagten dann, in zwei Wochen haben sie einen Termin, worauf ich sagte, ich bin auf der Strasse, ich muss jetzt, jetzt einen Termin haben, weil ich auf der Strasse bin und es fing an zu regnen und so, es musste einfach etwas passieren. Und dann haben sie mich notfallmässig in ein Männerwohnheim geschickt, das wird von der Heilsarmee geleitet. (...) Es war für mich recht schwierig, dort zu leben, weil ich der einzige war, der eigentlich, also, ich war der jüngste, alle anderen waren entweder Junkies oder so alte verwahrloste Leute, die irgendwie, ja, eigentlich nur noch mit Medikamenten vollgepumpt wurden. Es war recht krass dort, das Leben. Unter diesen Bedingungen war es auch nicht möglich, eine Wohnung oder einen Job zu suchen. Es ging einfach irgendwie nicht. Bekam im Monat nur 300 Franken von der Sozialhilfe, das reichte nirgendwo hin. (...)

> Nach drei Monaten ging ich zu meinen Eltern und sagte ich sei in diesem Heim dort, und erzählte ihnen, was dort für Zustände herrschen und dass ich das nicht mehr aushalte und ob sie mir nicht eine oder zwei Wochen erlauben könnten, dass ich bei ihnen wohnen könnte, um eine Wohnung zu suchen. Sie sagten, okay, Ultimatum, zwei Wochen, in dieser Zeit müsse ich eine Wohnung finden, sonst müsse ich halt wieder in das Heim zurück. Ich machte dann auch was ich konnte, fand dann glücklicherweise eine Wohnung in diesen zwei Wochen, die ich auch jetzt habe. Es ist eine Einzimmerwohnung. Ich hatte einfach nichts. Ich kam in diese Wohnung und die war einfach leer, am Anfang. Ich hatte keine Möbel, kein Bett, kein nichts. Meine Eltern haben mir nichts mitgegeben, eigentlich. (...) Meine Eltern haben mir während diesen zwei Wochen immer gesagt, sie deckten den Tisch, ich habe noch drei Geschwister, sie haben für alle den Tisch gedeckt, und mein Teller fehlte einfach und ich habe dann gefragt: Ja, und ich? Und sie sagten, du musst für dich selber schauen. Sie machten mir recht weh, dass sie gesagt haben, ich gehöre nicht mehr zur Familie. Mein Vater hat mir gesagt, ich sei nicht mehr sein Sohn und so. Das waren recht schmerzhafte Sachen. P21 (70:104)

8.5.4 Wege durch und aus der Sozialhilfe: Kontingente Prozesse (Stabilisierung oder gesundheitliche Deprivation) (Verlaufstyp 5)

Im vorhergehenden Kapitel wurde die Bedeutung des Drogenkonsums bei den jungen Erwachsenen bereits thematisiert. Mit der Erweiterung der empirischen Basis um weitere 18 Fälle zeigt sich, dass die Verläufe in diesem Typ zu zwei Extremen tendieren (vgl. Abbildung 27). Auf der einen Seite stehen junge Erwachsene, die ihre Autonomie insbesondere über den Ausbildungs- und Arbeitsmarkt zu erreichen versuchen: Sie denken über eine Ausbildung nach, eine Weiterqualifizierung und ihre Positionierung ausserhalb unsicherer Arbeitsbedingungen. Diese jungen Erwachsenen zeigen - trotz aller Schwierigkeiten in diesem Verlauf - eine Tendenz zu normalisierenden Prozessen. Hier sind Ablösungen von der Sozialhilfe häufig, die Verweildauer ist kürzer. Auf der anderen Seite stehen junge Erwachsene, die mit einem intensiven Drogenverhalten in die Sozialhilfe eintreten (Fälle 94, 96, 97 und 98). Ihre Autonomiebestrebungen zeigen sich insbesondere darin, dass sie trotz aller Restriktionen, Verwarnungen und psychologischer Betreuung nicht in der Lage sind, Verantwortung für das eigene Leben zu übernehmen. Sie sind autonom und dependent zugleich: Abhängig von der Sozialhilfe sowie weiteren Fachpersonen und autonom, weil sie die Angebote nicht annehmen können bzw. wollen. Ihre Entwicklung ist ähnlich derjenigen der jungen Erwachsenen im Moratorium, die Chronifizierung ihrer psychischen Krankheiten oftmals allerdings nicht mehr durch längerfristige Arbeitseinsätze unterbrochen. In vielen Fällen sind es Drogenkarrieren, die in den Dossiers beschrieben werden, oft solche, die in anderen Gemeinden und Städten bereits begonnen haben und mit dem Umzug nach Basel an Intensität gewinnen.

Gemeinsam ist beiden Entwicklungsverläufen der Zuzug nach Basel. Die mit diesem Thema verbundenen Fragen (Finden einer Wohnung, Anmelden, Unterstützungsangebote suchen) stehen in elf der 23 analysierten Dossiers bei den Erstberatungen im Zentrum (Fälle 23, 24, 94, 95, 97, 98, 99, 101, 103, 104 und 105), ein Hinweis auf die schlechte Ausstattung mit sozialem Kapital. Mit dem Umzug in die Stadt müssen sie sich nahezu alle Information erst noch beschaffen, und die Sozialhilfe wird zu der Stelle, von der sie solche Informationen erwarten bzw. die als Triagestelle funktionieren soll. Weil die jungen Erwachsenen in diesem Typ die (mitunter langfristige) Trennung vom Elternhaus bereits vollzogen haben, ist das Thema Herkunftsfamilie in der Beratung kaum noch relevant. In nur drei Fällen (Fälle 20, 21 und 104) wird es behandelt; dies ist bemerkenswert, denn aus den Interviews konnte herausgearbeitet werden, dass die schlechte Eltern-Kind-Beziehung entscheidend zum Wegzug vom Geburtsort, und damit auch zur Sozialhilfeabhängigkeit beigetragen hat. Im Verlauf des Sozialhilfebezugs kann so eine zentrale Determinante nicht weiter bearbeitet werden, die schlechte Ausstattung mit elterlichem und familiärem Kapital, die letztlich auch die Handlungsfähigkeiten einschränkt, wird nicht mehr thematisiert.

Die interviewten Personen gehören, was den Verlauf durch die Sozialhilfe betrifft, mehrheitlich (Fälle 20, 22-24) zu denjenigen, bei denen sich normalisierende Prozesse zeigen. Insofern sind die beschriebenen Wege durch die Sozialhilfe primär die Wege derjenigen, bei denen sich Normalisierungsprozesse zeigen. Es ist die Freiheit, die sie ins Zentrum stellen: die Freiheit, ihr Leben nach eigenen Vorstellungen zu gestalten; die Freiheit, auch mit einem untypischen Lebensverlauf von der Gesellschaft ernst genommen zu werden und die Freiheit, von der Sozialhilfe unterstützt zu werden und Massnahmen nicht undiskutiert anzunehmen, sondern den eigenen Vorstellungen anzupassen, und - wenn sich Zielkonflikte zeigen - eben wieder abzumelden. Frau T. beispielsweise meldet sich immer wieder einmal an, wobei weniger die finanziellen Umstände Ausschlag geben - diese würden Frau T. berechtigen, dauerhaft unterstützt zu werden. Vielmehr sind es Phasen der Berufsfindung und allgemein sozialisationsrelevanter Themen, die sie dazu veranlassen, zur Sozialhilfe zu gehen.

> I.: Wie schaffen Sie es denn jetzt, mehr Geld einzunehmen, als Sie von der Sozialhilfe bekommen würden?
>
> Frau T.: Das würde ich nicht unbedingt sagen, dass es viel mehr Geld ist. Es geht mir einfach viel besser bei der ganzen Sache. Weil ich bin eigentlich nicht eine Person, die gern von etwas oder jemandem abhängig ist. (...) Das war sicher auch mit ein Grund, weshalb ich mich eigentlich davon lösen wollte. Also, ich wollte mich schon viel früher lösen. Dann haben meine Eltern wieder gesagt - jetzt kommen die wieder - „du bist ja dumm, wenn du das jetzt machst" - weil ich habe, ich habe eigentlich - nach der Coiffeurlehre wollte ich eigentlich zur Sozialhilfe gehen und wollte einfach jöbble. Und dann haben meine Eltern gesagt, „Nein, du bist ja dumm, wenn du das machst", oder, und dies und jenes und so: „Sei doch froh, wenn die dir noch Geld geben." Und so. Ich meine, im Grund, irgendwie haben die ja schon recht, oder. Ich meine es geht mir sicher besser oder ich habe sicher noch eine Stütze. Besser vielleicht nicht einmal unbedingt, aber ich habe sicher noch eine Stütze, oder. Und dann sind aber Sachen passiert, dass sie meine Wohnung nicht bezahlt haben und dass sie mit dem Computer gnuscht gha hänn (Schwierigkeiten hatten). Denn - das hat mich so gestresst, dass ich irgendwann gefunden habe, das ist es mir nicht mehr wert, oder. Und dann ist eben noch das neue Gesetz gekommen, und dann habe ich gefunden, nein, also nicht mit mir, oder. Also jetzt ist endgültig fertig, oder - also. - Ja. P20 (418:452)

Von Seiten der Sozialhilfe stehen dagegen arbeitsmarktliche Integrationsziele im Zentrum. Die Fachpersonen drängen darauf, dass die jungen Erwachsenen eine Arbeitsstelle annehmen, sie stufen sie zumeist auch als arbeitsfähig ein („Eingruppierung in Gruppe B"). Entsprechend häufig finden sich die Themen „Arbeit" und „Finanzen". Gerade bei letzterem Thema zeigt sich die enorm hohe Verschuldungslage vieler arbeitsfähiger junger Erwachsener. Acht der 23 Personen treten bereits mit einer Verschuldung ein, die 4000.- Franken übersteigt: Fall 91 ist mit 4060.- Fr. verschuldet, Fall 97 mit 15000 Fr., Fall 99 mit 51000 Fr., Fall 100 mit 13000 Fr., Fall 102 mit 20000 Fr., Fall 105 mit 60000 Fr. und Fall 108 mit 23750 Fr. Dazu kommen die Fälle, die sich erst im Laufe der Sozialhilfeabhängigkeit verschulden (Fälle 21, 23, 24 und 92). Damit gehören die jungen Erwachsenen in diesem Typ zu den Personen mit den höchsten Verschuldungssummen. *Ihre Handlungsfähigkeit ist aufgrund der Verschuldung mit einhergehender Betreibung stark eingeschränkt, denn sie können faktisch gar nicht mehr zwischen alternativen Formen der Lebensführung wählen: Im Grunde genommen werden sie nicht einmal in der Lage sein, diese Beträge im Laufe ihres Lebens abzuzahlen. Und dennoch streben diese Personen einen normalisierenden Prozess an. Auch dies zeigt die hohe Bestrebung, autonom zu werden.*

Dabei zeigen die Verschuldeten eine Entschuldungsstrategie für den finanziellen Neubeginn, die sich durch die Aufnahme weiterer Schulden bis zum Privatkonkurs auszeichnet Abbildung 36). Gerade weil sie kaum Aussichten auf eine berufliche Karriere haben, mit der sie in absehbarer Zeit mehr als den Lebensunterhalt erwirtschaften werden, können sie sich die negativen Folgen des Privatkonkurses durchaus leisten. Der „Erfolg" dieser Strategie der Entschuldung durch Verschuldung spricht sich zudem unter den jungen Erwachsenen herum, sodass eine Anzahl der Personen auf Basis von Gerüchten ihre Schulden anhäuft - immer in der scheinbaren Gewissheit, mit dem Privatkonkurs werde sich ihre Situation entschärfen.

Neben der Verschuldungssituation steht die schlechte Ausstattung mit Bildungstiteln. Nur drei Personen (Fälle 100, 106 und 107) treten in die Sozialhilfe mit einer abgeschlossenen Berufsausbildung ein. Aber immerhin in fünf Fällen gelingt es, während des Betrachtungszeitraumes eine Ausbildung oder ein Praktikum zu beginnen (Fälle 20, 22, 24, 98 und 104), von denen nur zwei Personen die Ausbildung wieder abbrechen. Die jungen Erwachsenen wären durchaus bereit, einen Beruf zu lernen. Aus ihrer Perspektive geht dies allerdings gerade deshalb nicht, weil die Lehre eine kurzfristige finanzielle Verschlechterung bedeuten würde, ein Problem, zu dessen Lösung sie auch von Seiten der Sozialhilfe keinen Beitrag entdecken können.

> Herr W.: Es gab so ein paar Versuche einer Lehre, aber es hat immer an etwas gescheitert.
>
> I.: Was waren die Gründe für das Scheitern?
>
> Herr W.: Dass die Ämter nicht mitspielen, meistens, oder der Lehrbetrieb, dass der zu langsam ist mit den Papieren und so, und ja, von etwas muss man ja leben. In der Lehre hat man 600 Franken und früher, letztes Jahr hat man noch 1000 Franken vom Amt gekriegt zum leben und ja, das Ausbildungsamt will auch noch mitspielen und so, und das hat alles nicht geklappt, dann habe ich das aufgegeben und nachher nur noch Fürsorge, ein Riesengemisch. (...) Mein Lehrbetrieb hat einfach keinen Vertrag gemacht und das Ausbildungsamt gibt nichts ohne Vertrag und die Fürsorge sagt, sie haben eine Lehre, wir geben nichts, dafür ist das Ausbildungsamt zuständig. Dann war ich schön dazwischen, und nach zwei Monaten musste ich das aufgeben, weil das finanziell nicht mehr gegangen ist.
>
> I.: Und trauen Sie sich auch zu, eine Lehre durchzuhalten?
>
> Herr W.: Ja, wenn man das irgendwie mit der finanziellen Sache auf die Reihe kriegen würde, weil in dieser Zeit haben sich auch Schulden angesammelt und so. Betreibungsamt und so. Wenn man normal arbeiten will, gibt es gleich Lohnpfändung und alles.
>
> I.: Ist frustrierend. Wie geht man damit um?
>
> Herr W.: Ja, teilweise lässt man es einfach laufen und so, und das geht manchmal wochenlang und danach versucht man es dennoch wieder. Ein richtiges Auf und Ab. Teilweise klappt was und zwei, drei Wochen hat man was und dann ist lang wieder nichts. (...) Jetzt biegen sich die Schulden noch mehr auf, und man kann nicht anfangen abzuzahlen. P23 (168:252)

Auch Frau X. hat ihre Lehre abgebrochen, weil sie in finanzielle Schwierigkeiten kam. Nun versucht sie, ihre Lehre in eine Anlehre, die nur ein Jahr dauert, umzuwandeln. Letztlich macht auch sie eine mangelnde Zusammenarbeit der Ämter dafür verantwortlich.

> Frau X.: Das Einzige, was mich am Sozialamt wirklich nervt, ist wenn du einmal wohin musst, dann schicken sie dich von einem Amt zum anderen. Ja, dass es ständig entweder Missverständnisse oder weiss ich, es klappt nie so, wenn du mit etwas, was sie dir geben oder sagen, zu einem anderen Amt gehst, dann wissen die nie etwas davon oder es geht nicht oder es ist nicht so, es klappt einfach nie. (...) Mein Sozialarbeiter hat mir gesagt, schon seit dem letzten Jahr, dass ich vom Amt für Sozialbeträge das Geld zugute hätte, dass ich dann auch mehr Geld hätte. Dann hatten wir halt Theater, bis ich alle Papiere zusammen hatte, bis es mal zustande kam und alles, und er hatte das Gefühl, es ginge so lange, weil ich nichts mache, dass ich nur daheim sitze, nicht dorthin gehe, was weiss ich, und eben, seit drei Monaten war ich auch nicht mehr dort, ich habe seit drei Monaten kein Geld mehr bekommen, er zahlt seit drei Monaten keine Rechnungen mehr, für mich, keine Miete mehr, weil er findet, er mache jetzt nichts mehr bis ich alles erledigt habe. Ich meine, das ist schon lange gemacht, ich warte seit über eineinhalb Monaten auf Bescheid von denen und es geht lange, bis die wissen was sie wollen. Die haben mir dann auch erklärt, dass es nur bis 25 ist. Und er hat mir gesagt, dass ich während der ganzen Lehrzeit unterstützt werde. Jetzt ist ein halbes Jahr lang Theater und Hin und Her gewesen und Ende Juli bin ich 25, dann hat sich das auch wieder erledigt. Die wissen ja viel mehr wie wir. Ich weiss nicht, was ich alles für Möglichkeiten habe, ausser ich höre es von anderen. Und ich denke, das hat er sicher nicht erst seit letztem Jahr gewusst, dass ich das zugute hätte, da hätte ich doch viel früher hingehen können. Jetzt sind es noch zwei Monate, bis ich 25 werde. P24 (110:131)

Abbildung 25: Entschuldung durch Verschuldung: Der Privatkonkurs

Phase 1: Stufen der Verschuldung

Einleitung der Betreibung	Der Gläubiger stellt ein Betreibungsbegehren an das Betreibungsamt am Wohnsitz des Schuldners.
Zustellung des Zahlungsbefehls	Innerhalb eines Tages stellt das Betreibungsamt dem Schuldner den Zahlungsbefehl per Post zu. Der Schuldner wird aufgefordert, die Forderung samt Zinsen und Kosten binnen 20 Tagen zu begleichen.
Fortsetzungsbegehren	Binnen Jahresfrist seit der Zustellung des Zahlungsbefehls, frühestens aber nach 20 Tagen kann der Gläubiger das Fortsetzungsbegehren an das Betreibungsamt stellen.
Pfändung	Nach Erhalt des Fortsetzungsbegehrens stellt das Betreibungsamt dem Schuldner unverzüglich die Pfändungsankündigung zu. Dieser erfährt den Zeitpunkt der Pfändung und muss dann anwesend sein. Bei der Pfändung können Vermögensgegenstände beschlagnahmt werden, soweit sie zur Deckung der Schuld samt Zinsen und Betreibung nötig sind. Pfändbar ist auch das Erwerbseinkommen für die Dauer eines Jahres - was häufig vorkommt. Pfändbar sind: Lohnzahlungen, Arbeitslosentaggeld, Versicherungszahlungen, Barauszahlungen der Vorsorge. Bei der Einkommenspfändung muss das Existenzminimum belassen werden. Unpfändbar sind Sozialhilfeleistungen.
Verlustschein	Ist weder eine Lohn- noch eine Sachpfändung möglich, erstellt der Betreibungsbeamte provisorische Verlustscheine. Nach Ablauf der Pfändung erhält der Gläubiger einen Verlustschein, falls seine Forderung nicht vollständig gedeckt werden konnte. Der Verlustschein ist unverzinslich und verjährt nach 20 Jahren.

Phase 2: Privatkonkurs

Eine verschuldete Person erklärt sich selbst beim Bezirksgericht insolvent	Der Privatkonkurs ist die offizielle Erklärung der Zahlungsunfähigkeit. Das Vermögen wird verwertet und der Erlös an alle Gläubiger verteilt. Die danach noch verbleibenden Schulden werden in Konkursverlustscheine umgewandelt. Der Schuldner wird damit wieder zahlungsfähig, um aktuelle Verpflichtungen erfüllen zu können - vorausgesetzt er wohnt noch in dem Kanton, in dem der Privatkonkurs erfolgte. Voraussetzungen: 1) Schuldensumme steht im krassen Missverhältnis zum Monatsbudget, 2) Schuldensanierung ist aussichtslos, 3) keine Neuverschuldung.
Kostenvorschuss: Fr. 3000.- oder mehr (je nach Kanton) an das zuständige Gericht/Amt	Alle Lohnpfändungen werden gestoppt. Die Verzugszinsen laufen nicht weiter. Der Konkurs ist finanziell gesehen günstiger als die Schuldensanierung.
Eintrag in das Betreibungsregister des Kantons bis alle Konkursverlustscheine gelöscht werden	Schuldner mit vermögenswirksamem Einkommen müssen damit rechnen, immer wieder betrieben zu werden. Wohnungssuche wird beschwerlicher, insbes. dann, wenn Verwaltungen die Vermietung durchführen. Ausländer/innen mit Jahresaufenthalts- oder Niederlassungsbewilligung haben Schwierigkeiten beim Familiennachzug und der Verlängerung des Aufenthaltes, kaum Aussichten auf Einbürgerung.

Quelle: eigene Recherchen, www.plusminus.ch, eigene Darstellung.

Darauf geht die Sozialhilfe kaum ein, ganz im Gegenteil kommt es zu mehreren bereits dargestellten Sanktionsmassnahmen: Unterstützungskürzungen durch Richtlinienänderung (Gruppe A bis C; Wohnungsverfügung). Zusätzlich zu ihrer bereits schon schwierigen finanziellen Lage werden den jungen Erwachsenen die Ansätze der Wohnbeihilfen gekürzt, sodass sie vor der Entscheidung stehen, sich konsumptiv noch stärker einzuschränken, eine irgendwie geartete Arbeit anzunehmen oder sich abzulösen. Einige der jungen Erwachsenen, die nicht mit einer Drogenproblematik zu kämpfen haben, wählen die letzte Variante: Sie erscheinen nicht mehr auf der Sozialhilfe oder ziehen aus der Stadt wieder weg (Fälle 20, 24, 91, 93 und 107); ein anderer Teil wählt eine Anstellung in einem unqualifizierten Bereich (Fälle 95, 103, 106 und 108).

Abbildung 26: Kurzdarstellungen der Fälle im Typ 5

Fall 20 (Frau T.): 18 Jahre, w, zog wegen Spannungen gerade aus der elterlichen Wohnung im Kt. BL nach Basel, ist in der Ausbildung zur Coiffeuse. Abgelöst: nicht mehr erschienen (Verweildauer: 3 Jahre) * Abgelöst: Bezugsdatum ist der 30.5.2003	Fall 21 (Herr U.): 20 Jahre, m, nach Wegzug von Eltern bei Freunden untergekommen, Lehrabbruch als Kaufmann, seither Gelegenheitsarbeit. Abgelöst: nein	Fall 22 (Frau V.): 21 Jahre, w, allein erziehende Mutter, arbeitet im Service temporär, Abbruch der Lehrerinnenausbildung, kam aus dem Kt. Bern nach Basel, sucht Arbeit. Abgelöst: nein	Fall 23 (Herr W.): 18 Jahre, m, gerade aus der Haft entlassen, kein Beruf, wohnt bei Eltern der Freundin, geht Gelegenheitsarbeiten nach. Abgelöst: nein
Fall 24 (Frau X.): 18 Jahre, w, kam gerade aus dem Kt. BL in die Stadt, schläft bei Kolleginnen, Lehrabbruch als Köchin, sucht eine Stelle. Abgelöst: ja, nicht mehr erschienen (Verweildauer: 7 Jahre)	Fall 91: 19 Jahre, m, brach Lehre als Monteur ab, kommt gerade aus der Rekrutenschule, lebte bei der Mutter, dann nach Basel in eigene Wohnung, hat Mietschulden. Abgelöst: ja, nicht mehr erschienen (Verweildauer: 2 Jahre)	Fall 92: 18 Jahre, m, zog gerade von Kt. BL zu, wohnt mit Freundin, Lehrabbruch als Koch im Betrieb des Vaters, mittellos und unverschuldet. Abgelöst: nein	Fall 93: 20 Jahre, w, nach der Lehre als Monteurin noch kurz gearbeitet, dann Rückenprobleme, anschliessend Zuzug nach Basel vom Kt. BL, seither Gelegenheitsarbeit, wohnt alleine. Abgelöst: ja, nicht mehr erschienen (Verweildauer: 3 Jahre)
Fall 94: 20 Jahre, w, keine Ausbildung, wurde im Kt. BL unterstützt, dann Zuzug nach Basel, wohnt mit Freund zusammen, ist im Methadonprogramm. Abgelöst: nein	Fall 95: 20 Jahre, w, ist mit Mann gerade aus Kt. Bern nach Basel gezogen, lebte in Heimen, dann Beginn einer Lehre als Verkäuferin, ist schwanger. Abgelöst: ja, Festanstellung Verkauf (Verweildauer: 6 Jahre)	Fall 96: 22 Jahre, m, ist gerade aus dem Kt. Genf in die Psychiatrie in Basel eingetreten, drogenabhängig, kein Beruf, Mutter kam mit nach Basel. Abgelöst: nein	Fall 97: 22 Jahre, w, kam vom Kt. Thurgau nach Basel, trat gerade in Methadonprogramm ein, keine Ausbildung, war als Kind im Heim, verschuldet. Abgelöst: Wegzug aus Kanton (Verweildauer: 5 Jahre)
Fall 98: 23 Jahre, w, ist seit vielen Jahren drogenabhängig, kam gerade vom Kt. BL nach Basel, wohnt alleine, keine Ausbildung, will Entzug machen, Freund gerade im Gefängnis. Abgelöst: nein	Fall 99: 19 Jahre, w, kam mit Freund vom Kt. BL nach Basel, Freund arbeitet gelegentlich, beide keinen Beruf, hoch verschuldet, Frau ist schwanger. Abgelöst: nein	Fall 100: 24 Jahre, m, kommt aus der Arbeitserziehungsanstalt, mit Lehrabschluss als Gärtner, zieht zur Freundin nach Basel, verschuldet. Abgelöst: ja, Rente Invalidenversicherung (Verweildauer: 4 Jahre)	Fall 101: 23 Jahre, w, in Ausbildung zur Kauffrau, hat 2 Kinder, zog nach Trennung vom Kindsvater von BL an den Ausbildungsort. Abgelöst: ja, Stipendien (Verweildauer: 3 Jahre)

Fortsetzung Abbildung 26:

Fall 102: 23 Jahre, w, brach Coiffeuselehre im Kt. Bern ab, zog dann nach Basel, dort Gelegenheitsarbeiten, aktuell arbeitslos, lebt alleine, hoch verschuldet. Abgelöst: nein	Fall 103: 20 Jahre, w, hat im Kt. St. Gallen ihre Lehre als Grafikerin abgebrochen, zog dann mit Freund nach Basel, aktuell Gelegenheitsarbeiten. Abgelöst: ja, Beschäftigungsprogramm (Verweildauer: 2 Jahre)	Fall 104: 19 Jahre, w, tritt gerade aus dem Heim aus, will in Basel bleiben, keine Ausbildung, Mutter lebt im Kt. Zürich, hat C-Bewilligung (Italienerin). Abgelöst: ja, Wegzug aus Kanton (Verweildauer: 3 Jahre)	Fall 105: 23 Jahre, m, ist gerade aus dem Kt. Aargau zugezogen, Eltern in Trennung, hat keine Ausbildung, hoch verschuldet. Abgelöst: nein
Fall 106: 21 Jahre, w, zog gerade aus Kt. BL zu, ist Coiffeuse, wohnt mit ihrem Freund zusammen, ist schwanger, sucht Arbeit und wartet auf Arbeitslosentaggeld, ist verschuldet. Abgelöst: ja, Teilzeitanstellung (Verweildauer: 1 Jahr)	Fall 107: 25 Jahre, w, ist schwanger, Ausbildung als Lehrerin, kam aus Kt. Bern nach Basel, lebt alleine. Abgelöst: ja, Wegzug aus dem Kanton (Verweildauer: 1 Jahre)	Fall 108: 25 Jahre, m, brach gerade sein Studium ab, lebte noch von den Stipendien, Eltern wohnen im Kt. Schwyz, versucht Gelegenheitsarbeiten anzunehmen, verschuldet. Abgelöst: ja, Temporärarbeit (Verweildauer: 1 Jahr)	

Typ 5: „Autonomiebetrebte zugezogene Schweizer/innen" 291

Abbildung 27: Kritische und förderliche Ereignisse seit Eintritt in Sozialhilfe (Typ 5)

		18	19	20	21	22	23	24	25	26	27	>27
Gesundheit	Anmeldung bei der Invalidenversicherung			93	92, 94, 104			96, 100			97	
	Eintritt in stationäre Psychiatrie											
	Eintritt in Psychotherapie									108	98	
	Eintritt in Methadonprogramm			94		21, 96, 97, 98	100		97			
	Eintritt in Drogentherapie			104			96	94, 97 102, 105		98	94	
	Alkoholauffälligkeit				21					98		
	Drogenauffälligkeit				21					98		
	Spitalaufenthalt*					99	22	98				
	Ärztl. Behandlung (psych. Probl.)				92, 103	99		98, 102				
	Längere Zeit krankgeschrieben				103	94, 99		98				
	Suizidversuch								94			
Wohnen	Wohnungsverfügung durch Sozialhilfe				20, 92		23, 24	99	93, 100, 102	97, 105		
	Kündigung durch Vermieter/in; Räumung		95				21	97				
	Umzug in eine neue (eigene) Wohnung			20, 23, 97	21, 92	24, 91, 99	94, 98	22, 96, 97, 98, 101	97, 102, 105	97		
	Zusammenzug mit sozialhilfeabh. Freund/in					91	23		97, 105			
	Zuzug nach Basel	23, 24, 95	99, 104	94, 103		97, 98	101, 105					
	Haftstrafe beendet						100	105				
	Eintritt Fachstelle Arbeit und Integration**				24			23	98, 105			
	Eintritt in ein Beschäftigungsprogramm			24, 104	94, 99, 103		91, 23			94		
Arbeit	Aufnahme einer Arbeit ohne Qualifikation	23	92		23	106	23	23, 24, 95, 99		108		
	Arbeit via Temporärbüro/Gelegenheitsarbeit	24			91, 93, 95	24, 91	24, 91	22, 93				
	Kündigung der Stelle durch Arbeitgeber/in		23			20		99, 100, 105				
	Arbeitslosigkeit	92, 95		93	91, 106	23, 98	100, 102		107, 108			
	Alter	18	19	20	21	22	23	24	25	26	27	>27

Fortsetzung Übersicht

		18	19	20	21	22	23	24	25	26	27	>27 Alter
Finanzen	Familie, ungenügendes Einkommen		99									
	Sozialhilfe								22, 98			
	Eingruppierung in Gruppe A								94			
	Eingruppierung in Gruppe B			92		21			100			
	Eingruppierung in Gruppe C			92					100			
	Wiedereintritt in die Sozialhilfe						91, 93	24, 95, 99		97		
	Ablösung von der Sozialhilfe		92	24	93	91, 103, 104, 106	20, 95, 99	91, 93, 100	95, 101	100, 107, 108	96, 97	
	Leistungskürzung durch Sozialhilfe								105			
	Betreibung		99	24	23, 91		100, 102, 105	97	100	97		
	Verschuldung		99	21, 24	23, 91, 92	97	100, 102, 105	97	100, 108	97		
Bildung / Beruf	Eintritt in Rekrutenschule			23								
	Lehrabbruch	92	20	103	24					98		
	Abschluss der Lehre									107		
	Stipendienunterstützung						101					
	Eintritt in die Lehre / Anlehre			24		104			22, 98			
	Schulabschluss								22, 98			
	Schulabbruch											
	Eintritt in ein Praktikum			20								

* Wg. chronischer oder schwerer Krankheit, psychosomatischen Problemen, Operation.
** Bei Personen, die eine hohe Ablösewahrscheinlichkeit haben, wird hier ein einjähriges Programm angeboten, das verschiedene Trainings- und Coachingphasen beinhaltet.

Typ 5: „Autonomiebetrebte zugezogene Schweizer/innen" 293

Fortsetzung Übersicht

		18	19	20	21	22	23	24	25	26	27	>27
Eigene Familie	Erhält C-Bewilligung											
	Tod eines Familienmitglieds						97					
	Gewalterfahrung in Ehe / Beziehung						97					
	Chronische oder schwere Krankheit des Kindes								97***			
	Begleitung des Kindes durch die Jugendhilfe, Fremdplatzierung			99			97		97, 102			
	Geburt eines Kindes		95, 99			22	97		97, 102, 107			
	Abtreibung / Abort				106							
	Trennung vom Partner / von Partnerin						94	99		97		
	Heirat								107			
	Tod eines Familienmitglieds											
	Eintritt in sozialpädagogische Wohngruppe der IV											
	Heimeintritt, geschützte Wohngemeinschaft, Pflegefamilie, Frauenhaus			104								
	Rauswurf von Zuhause				21							
Herkunftsfamilie	Auszug von Zuhause	20										
	Wegzug der Eltern / Pflegeeltern											
	Kontaktabbruch zu einem Elternteil											
	Trennung der Eltern											
	Gewalterfahrung im Elternhaus											
	Alter	18	19	20	21	22	23	24	25	26	27	>27

Quelle: Dossieranalyse, eigene Erhebung; ***mit Geburt drogenabhängig.
Anmerkungen: a) verzeichnet Hinweise aus den Protokollen der Fachpersonen der Sozialhilfe; bei Personen, die bereits als Kinder mit ihren Eltern oder einem Elternteil unterstützt wurden, sind Ereignisse erst verzeichnet, wenn die Kinder / Jugendlichen zu e:genständigen Klientinnen / Klienten wurden; b) die Zahl entspricht der Fallnummer; c) grau unterlegt ist das erste Ereignis, das im Dossier thematisiert wird und dient hier als Anfangspunkt zur Betrachtung der biographischen Episode.

Die Analyse der Austrittsgründe aller abgelösten Personen bestätigt diese Autonomiebestrebungen - die Ablösung erfolgt, sobald sich die Sozialhilfe nicht mehr zu rentieren scheint. 129 von 216 Personen in diesem Typ lösen sich ein erstes Mal ab, das sind 59,8%. Von diesen 129 Personen melden sich 35 wieder an, von denen sich wiederum 20 ein zweites Mal ablösen können. Beim ersten Austritt werden lediglich 40 Personen in eine Arbeit vermittelt (18,5%). *Mit 51 Personen bzw. 39,5% löst sich der grosse Teil ab, ohne erkennbare Verbesserungen der Handlungsfähigkeit nachweisen zu können*: Sie erscheinen nicht mehr auf der Sozialhilfe oder ziehen in einen anderen Kanton.

Tabelle 56: Ablösegründe Typ 5 aus der Sozialhilfe (1. Austritt)

In Arbeit	Arbeitslosentaggelder	IV-TG/ Renten/ Beihilfe	Höhere Eigenmittel	AHV-Rente/ EL/ Beihilfen	Stipendien/ Ausbildungsbeiträge	Erbschaft	Stiftung/ andere Sozialdienste	Wegzug aus dem Kanton	Einstellungsverfügung	Keine Gründe bekannt/ erkennbar	Hinschied	Gesamt
40	11	14	3	1	5	1	1	31	1	20	1	129

Anmerkungen: IV-TG = Taggeld der Invalidenversicherung; AHV = Alters- und Hinterbliebenenversicherung; EL = Ergänzungsleistungen; SUVA=Schweizerische Unfallversicherung.
Quelle: Sozialhilfe Basel-Stadt, eigene Berechnung.

Immerhin 11% lösen sich durch Leistungen der Invalidenversicherung ab, d.h. bei ihnen führt der Drogenkonsum zu gesundheitlichen Problemen (der zweite Entwicklungsverlauf in diesem Typ), die mittel- bis langfristig die Arbeitsmarktintegration zur Disposition stellen - ein ähnlich prekäres Ergebnis wie bei den jungen Erwachsenen im Moratorium (Typ 3). Die Verläufe derjenigen jungen Erwachsenen, die mit einer Drogenproblematik in die Sozialhilfe eintreten, weisen nur z.T. ein ähnliches Muster auf. Herr U. konsumiert derart viele Drogen, dass er mit epileptischen Anfällen auf seine Situation reagiert:

> Herr U.: Ich wollte einfach irgendwie nicht mehr arbeiten, habe ein bisschen Drogen genommen, bin dann ein bisschen abgestürzt. So ungefähr nach einem Jahr hatte ich so wie epileptische Anfälle und Panikattacken, was recht gefährlich war. Ich musste in das Spital.
>
> I.: Kam das von den Drogen?
>
> Herr U.: Die Panikattacken kamen auch, wenn ich nüchtern war. Im Spital haben sie gesagt, und auch mein Arzt dann, dass es eigentlich wegen dem ganzen Stress, der sich bei mir angestaut hatte, dass das wie schlagartig dann hinauf kommt und das löst dann, es ist wie ein Blitzschlag, der in den Kopf geht. Sie haben dann etliche Untersuchungen gemacht, EEG und Computertomographie und so und alles, und dann erhielt ich Medikamente, die leider auch wieder abhängig machen, Typ Valium oder gegen die epileptischen Anfälle. Wurde dann davon abhängig. Danach wurde es immer wie schlimmer, dadurch. Irgendwann fand dann der Arzt, er klemme jetzt ab, er verschreibe mir keine Medikamente mehr.
>
> I.: Sie waren nicht mehr im Spital? Oder wurden von ihrem Hausarzt behandelt?
>
> Herr U.: Nein, der Hausarzt. Er hat mir leider einfach zu lange diese Medikamente verschrieben. Ich war da schon süchtig und er sagte, er werde sie mir jetzt nicht mehr verschreiben, weil ich süchtig werden könnte. Er hatte aber nicht gecheckt, dass ich schon süchtig bin.
>
> I.: Haben Sie dann auch mehr genommen als nötig.
>
> Herr U.: Ab und zu doch. Schon, genau. Nimmt die Angst weg und so. Lief einfach blöd. (...) Es ist einfach noch etwas dazu gekommen, dass ich als ich diese Medikamente nicht mehr erhielt, bekam ich extreme Entzugssymptome. Ich hatte extreme Zitteranfälle, Krampfanfälle und wieder Panikattacken natürlich, extreme Paranoia und Halluzinationen, bin fast schizophren geworden davon. Besorgte mir dann auf dem illegalen Wege diese Medikamente und das ging dann natürlich voll ins Geld mit der Zeit. Das zog ich dann etwa drei Jahre so durch. Und dann bin ich wieder zu einem Arzt, und der hat mir dann wieder Valium verschrieben, aber auch wieder nur für eine gewisse Zeit, und dann hat er wieder abgestellt. Das habe ich einfach nie begriffen: Wieso machen die nicht irgendwie ein Substitutionsprogramm mit einem

Abbau. Und dann habe ich mich informiert, ob es eine Stelle hat, ob es Institutionen gibt, die das machen, und habe dann von jemandem erfahren, das BADAL [Abgabestelle für die kontrollierte Methadonabgabe, Anm. M.D.]. Es ist einfach so eine Institution, wo z.b. ein Abgabeprogramm gehört für Heroinabhängige mit Methadon. Ich bin dann dorthin gegangen und erhielt gleich etwas. Sie haben mir auch angesehen, dass ich auf Entzug bin, musste eine Heroinprobe abgeben, dann haben sie schnell geschaut, ob es wirklich Heroin drin hat, und ich habe es dann erhalten und habe alle zwei Wochen einen Termin gehabt bei einer Psychologin und so. Es ist eigentlich recht gut. Ich bin jetzt immer noch dort und konnte schon bis auf die Hälfte abbauen.

I.: Wie lange machen Sie jetzt schon das Programm?

Herr U.: Knapp ein halbes Jahr. Ich finde es recht gut, weil ich jetzt in der Hälfte bin. Bei dem bin ich optimistisch, ja. Seit dann ging es recht bergauf. Ich habe nicht mehr so viel Geld gebraucht dafür und musste auch nicht mehr illegales Zeugs machen. Das ging mir auch recht gegen den Strich. Es ist jetzt so weit, dass ich dadurch wieder arbeitsfähig bin. Sehr lange hatte ich einfach ein Arztzeugnis, worin stand, ich sei nicht arbeitsfähig durch diese Anfälle, die ich hatte und so. Habe seit 1999 nicht mehr gearbeitet, und das ist dann schon recht schwer, wieder einen Job zu finden, nach so langer Zeit. P21 (129:184)

Andere Personen der Dossieranalyse zeigen kaum noch positive Entwicklungen (Fälle 94, 96, 97, 98). Bei ihnen werden in den Fürsorgeprotokollen keine Themen mehr behandelt, in denen es um die Aufnahme einer Arbeit, den Beginn eines Beschäftigungsprogramms oder die Unterstützung durch die Fachstelle für Arbeit und Integration geht (siehe Abbildung 27). Ihr Gesundheitszustand verschlechtert sich während der Sozialhilfeabhängigkeit kontinuierlich. Dem Eintritt in die kontrollierte Drogenabgabe durch Methadon folgen weitere psychische Destabilisierungen. Dies gilt auch - allerdings nicht in dieser Linearität - für die Fälle, in denen sich die Drogenabhängigkeit erst im Laufe der Unterstützung durch die Sozialhilfe zeigt: Lediglich Fall 104 tritt trotz Drogenproblematik in eine Anlehre ein und bricht diese nicht ab, nur die Fälle 98 und 105 treten trotz Abhängigkeit in das Coachingprogramm der Fachstelle Arbeit und Integration ein (was bedeutet, dass sich hier eine Möglichkeit der Arbeitsaufnahme im ersten Arbeitsmarkt zeigt). Zudem kumulieren sich die Probleme bei Drogen konsumierenden Personen: Die Geburt eines Kindes führt zu einer Überforderungssituation und hat sozialpädagogische Betreuung zur Folge (Fälle 97, 99 und 102); das zweite Kind von Fall 97 zeigt zudem bereits mit der Geburt eine Drogenabhängigkeit; die Geldmittel für die Drogen werden durch die Aufnahme von Schulden ermöglicht. Von den 23 analysierten Dossiers sind es neun Fälle, also fast 40%, bei denen ein Prozess gesundheitlicher Deprivation zu beobachten ist: 6 Fälle, die auf das Methadonprogramm angewiesen sind (Fälle 21, 94, 96, 97, 98 und 100), ein weiterer Fall, der eine Drogentherapie besucht (Fall 104) sowie zwei Fälle mit Alkoholabhängigkeit (Fälle 102 und 105). Zwei der Personen, die schwer drogenabhängig sind, begehen einen Suizidversuch (Fälle 94 und 98).

Fazit: Die autonomieorientierten Schweizerinnen und Schweizer haben bereits in ihrer Kindheit und Jugend einen Beziehungsabbruch zu den Eltern erlebt. Sie haben sich vor dem Eintritt in die Sozialhilfe mit zum Teil erheblichen Summen verschuldet und werden betrieben. Nur wenige Personen haben eine Ausbildung begonnen und auch abgeschlossen, die meisten haben nie in einem Ausbildungsverhältnis gestanden oder sie haben ein solches abgebrochen. Die schlechte Ausstattung mit sozialem und ökonomischem Kapital und das Nichtnutzen(-können) von Bildungsmöglichkeiten hat zu zwei nahezu gleichgewichtig auftretenden Bewältigungsmustern geführt, die sich bereits vor dem Eintritt in die Sozialhilfe zeigen und nach dem Eintritt verfestigen. Die einen reagieren auf ihre Lage mit einer Art Aufbruchstimmung: Sie suchen nach einem Neuanfang und wollen ihre Pläne, die sie in einer beruflichen Qualifikation durchaus sehen, realisieren. Die anderen resignieren und beginnen einen massiven Drogenkonsum bzw. intensivieren diesen. Beide Personengruppierungen sehen im Zuzug in die Stadt eine Perspektive. Die Sozialhilfe wird zur Triage- und multifunktionalen Anlaufstelle - mit allen Schwierigkeiten, die sich dadurch ergeben. Bei den aufbruchorientierten jungen Erwachsenen zeigen sich nur wenige Erfolge der Vermittlung in sichere Lebensumstände. Viele junge Erwachsene empfinden die Leistungen der Sozialhilfe als nicht adäquat und die Kürzungen der Transfers als unangemessen. Dies spiegelt sich in der hohen Zahl derjenigen Personen wider, die sich ohne Grund abmelden oder Basel als Zwischenstation in der Deutschschweiz ansehen. Bei den jungen Erwachsenen, die vor oder während der Unterstützung den Drogenkonsum intensivieren, sind kaum noch Veränderungsprozesse initiierbar; sie kommen binnen kurzer Zeit in kontrollierte Drogenabgabeprogramme oder stationäre Einrichtungen. Die Stadt wird für sie mittelfristig zum gesundheitlichen Versorgungszentrum.

8.5.5 Die Stadt als zentraler Ort

Der Zuzug der jungen Erwachsenen in die Stadt ist motiviert durch die Zentralität, die Basel in der Nordwestschweiz hat. Denjenigen, die den Neuanfang wagen und eine Integration in den Arbeitsmarkt versuchen, eröffnen sich Möglichkeiten, insbesondere in den neu gewachsenen Dienstleistungsunternehmen, aber auch im Detailhandel, weniger dagegen in der Industrie. Neben dieser „klassischen" Funktion eines zentralen Ortes hat die Stadt für die jungen Erwachsenen auch die Bedeutung eines erleichterten Zugangs zu sozialen Dienstleistungen, insbesondere zur Sozialhilfe. Diese ist in den Gemeinden, aus denen die Personen kommen, kaum bekannt oder wird wegen der stigmatisierenden Effekte nicht ohne weiteres in Anspruch genommen. Insofern wirkt sich die soziale Stadt direkt und positiv auf die Handlungsfähigkeit der jungen Erwachsenen aus, auch wenn es in der Folge immer wieder zu Unstimmigkeiten über die Sozialhilfepraxis kommt.

> Frau X.: Ich bin mit 15 von zu Hause ausgezogen, wegen Familienproblemen, dann kam ich in ein Heim, und weil man dann einmal zu alt wird für ein Heim, bin ich zum „Schwarzen Peter" [Verein für Gassenarbeit, Anm. M.D.] gekommen. Ich wurde von einer Mitarbeiterin auf der Strasse angesprochen, dass ich Sozialgeld überhaupt zugute hätte, davon hatte ich keine Ahnung. Die haben mir das erklärt, und so kam ich dazu. Habe so meine erste Wohnung erhalten und alles. P24 (27:31)

Auch Herr U. hat in dem Jahr, bevor er in der Sozialhilfe war, auf der Gasse gelebt; sein Beziehungsnetz war aufgelöst. Dann machte eine Kollegin auf die Sozialhilfe aufmerksam:

> Herr U.: Ich hatte zu dieser Zeit auch viele Ängste gehabt, auch keine Familie, und auch viele Freunde haben sich von mir distanziert, weil es für die auch irgendwie, ja, ich war da auf der Strasse, für die war das auch, die wollten nicht damit konfrontiert werden und auch noch in das hineinrutschen, und haben sich dann von mir distanziert, und bin dann ganz alleine dagestanden, und das ist das Schlimmste, finde ich.
>
> I.: Die Isolation.
>
> Herr U.: Ja. Ich musste dann im Park schlafen, musste in den Botanischen Garten, Tomaten pflücken. P21 (439:448)

Wer von den jungen Erwachsenen einen Kontakt in die Stadt hatte, der nutzte ihn. Frau T. zog ins Gundeldinger Quartier zu einem Freund. Dort konnte sie kurzfristig wohnen und von dort aus organisierte sie ihre städtische Zukunft.

> I.: Wo haben Sie sich die Wohnung gesucht?
>
> Frau T.: Im Gundeli. Weil eben dieser Kollege dannzumal im, auch im Gundeli gewohnt hat und ich habe mich im Gundeli recht vertraut gefühlt. Meine Freundin wohnt im Gundeli - und - seit Jahren - und deshalb fand ich, ich ziehe auch ins Gundeli und ich möchte auch nie mehr wegziehen. Es gefällt mir sehr hier. P 20 (542:554)

Insbesondere über die Notschlafstellen und Obdachlosenheime sowie die mobile Jugendarbeit treffen sich die jungen Erwachsenen und teilen ihre Alltagskultur. Diese - objektiv betrachtet - soziale Segregation hat subjektiv grosse Vorteile: Sie bietet eine Tagesstruktur und ermöglicht das Zusammentreffen von jungen Menschen in vergleichbarer Lage. So entsteht eine Alltagskultur, die für die jungen Erwachsenen orientierend ist:

> Herr W.: Ich gehe um 24.00, 02.00 morgens schlafen, stehe um 09.00, 10.00 Uhr auf, gehe einmal ein bisschen in die Stadt oder so, Zeitungen durchschauen teilweise. An Wochentagen muss man eh nicht schauen, da hat es eh nichts, und ja, den Tag durchbringen.
>
> I.: Haben Sie viele Kollegen, die in einer ähnlichen Situation sind, mit denen Sie vor allem verkehren?
>
> Herr W.: Ja, sicher die Hälfte ist ähnlich.
>
> I.: In dem Sinn kann man hier nicht Hilfe voneinander erwarten, oder?
>
> Herr W.: Wir sind alle ein bisschen in einem ähnlichen Boot.
>
> I.: Der Verein „Schwarzer Peter" [mobile Jugendarbeit, Anm. M.D.] und auch die Notstelle hier, was bieten die Ihnen?
>
> Herr W.: Dass man nicht auf der Strasse herumhängt, dass man irgendwohin gehen kann. Hier macht man auch keinen Saich [grober Unfug]. Eine Art Jugendzentrum für Erwachsene. (...) Es ist das einzige, was es in ganz Basel gibt.
>
> I.: Das und der „Schwarze Peter"?
>
> Herr W.: Ja gut, der „Schwarze Peter" ist mehr Gassenarbeit.
>
> I.: Das ist eigentlich der einzige Ort für Frauen und Männer, um den Tag zu verbringen?
>
> Herr W.: Ja.
>
> I.: Wie viele Leute sind ungefähr hier?
>
> Herr W.: Ja, teilweise zwischen 20 bis 50 Leute sicher, je nachdem. P23 (444:471)

Für viele der jungen Erwachsenen wird der gemeinsame Treffpunkt auf der Strasse zum Kristallisationspunkt sozialen Kapitals - allerdings jederzeit gefährdet:

> Frau X.: Wie gesagt, als ich nicht gearbeitet habe, habe ich mehr Geld erhalten, dann bin ich ab und zu mal ausgegangen. Jetzt kann ich kaum mehr jemanden spontan anrufen, um etwas trinken zu gehen und so. Wenn es nicht gerade am Anfang des Monats ist, muss ich sagen, sorry, nein. Wenn du dir nicht einmal mehr das leisten kannst. Das ist schon mühsam.
>
> I.: Haben sie viele Kollegen und Kolleginnen die in einer ähnlichen Situation sind oder eher eine Ausbildung gemacht haben und dadurch mehr Geld zur Verfügung haben, anders wohnen.
>
> Frau X.: Es ist verschieden. Es gibt solche und solche. Hauptsächlich sind es mehr auf meiner Seite. Weil du lernst automatisch nur solche Leute kennen. Ich meine auch von der Schule her, ich kenne auch genügend, es ist alles normal. Es ist zum Teil schon schwierig. P24 (496:508)

Die Zentralitätsfunktion Basels wird zum Teil bewusst durch die städtische soziale Infrastruktur, aber auch zahlreiche wohlhabende Einzelpersonen, Stiftungen und Firmen ermöglicht.[150] So hat sich in Basel eine Tradition erhalten, die von allen Seiten auf eine soziale Stadtentwicklung hinwirkt. Allein in den vergangenen drei Jahren wurden beispielsweise von Seiten einer Grossbank sowie einer Stiftung jeweils eine Million Franken zur Verfügung gestellt, um innovative Projekte im sozialen Bereich aufzubauen (siehe z.B. Iselin, Stettler et al. 1999). So hat sich Basel einen weitreichenden Ruf als solidarische Stadt geschaffen. Mit der wirtschaftlichen Rezession einher geht allerdings auch ein teilweiser Abbau dieser Privilegien:

---

[150] So zählt derzeit das Stiftungsverzeichnis der Stadt Basel 118 Stiftungen, die Personen im Armutssegment unterstützen, wobei durch die Herausgeberin insgesamt über 350 Stiftungen in der Stadt und der Region angeschrieben wurden (Caritas Basel-Stadt 1998).

> Frau X.: Ich bin schon lange auch jetzt beim „Sozi" aber, eben ich, ich habe es nicht anders erlebt die ganze Zeit. Am Anfang gab es noch so Gutscheine vom „Bell" [Grossmetzgerei in Basel, Anm. M.D.], dass man Fleisch holen kann, billig oder so, oder sonst Ausweise von der „Caritas" oder so, an Weihnachten hast du einen Gutschein für einen Weihnachtsbaum erhalten oder es gab Institutionen gerade an Weihnachten, wo du hingehen konntest, und wenn du gesagt hast, dass du vom „Sozi" bist, hast du eine Tasche voll Lebensmittel, Duschsachen, alles mögliche erhalten und solche Kleinigkeiten, wo du dich darauf freuen konntest und wo du siehst, dass jemand an solche Leute denkt, das gibt es alles nicht mehr, wurde alles eingespart. P24 (639:646)

Doch trotz aller Kürzungen bleibt die Stadt Basel der zentrale Ort in der Nordwestschweiz, noch immer bieten sich innerhalb der Stadt die weitaus grösseren Möglichkeiten:

> Frau X.: Es ist überall, nicht nur in Basel wird eingeschränkt, in Baselland ist es anders, aber es ist auch nicht besser. Im Prinzip kannst du hingehen, wo du willst, es sind Kriterien, die hier wieder schwächer wären, sind dort wieder härter und umgekehrt. Es kommt im Prinzip auf das Gleiche hinaus. Ob es auf dem Land ist oder hier. Ich arbeite hier, habe meinen Kollegenkreis und alles hier und wohne schon bald zehn Jahre im gleichen Quartier. (...) Wenn ich jetzt irgendwie ein Angebot erhalten würde, zufällig oder so, klar, würde ich mir auch eher überlegen aber der ganze Ämterstress wieder mit allem.
>
> I.: Jetzt während der Ausbildung ist es sicher auch nicht gut. Aber es kann ja sein, dass sie die Stelle danach woanders hätten.
>
> Frau X.: Ja. Ich schaue jetzt zuerst, dass ich diese Lehre durchbringe und dann, ja, schaue ich weiter. P24 (692:705)

Und auch für Frau T. ist der Wegzug aus der Stadt kein Thema mehr:

> I.: Aber es kann auch nicht sein, dass ein Monat mal bei Ihnen ohne Einnahmen ist?
>
> Frau T.: Nein.
>
> I.: Ganz egal, wie schwierig die Situation in Basel ist, einen Job zu finden?
>
> Frau T.: Ja
>
> I.: ja. Und wenn Sie bis tief in die Nacht arbeiten müssen?
>
> Frau T.: Ja. Das ist eben vielleicht auch noch, wenn ich wirklich einmal auf dem Abgrund gestanden wäre, sozusagen, dass ich wirklich gesagt habe, Scheisse hey, es geht nicht mehr weiter, hätte ich vielleicht auch schon länger eine andere Einstellung. Aber da ich eigentlich genau weiss, ich kann mich immer durchboxen, es geht, es geht immer irgendwie, oder, das ist vielleicht - es ist gut, aber es ist vielleicht auch nicht unbedingt wirklich immer gut, ja vielleicht wäre es auch einmal besser anders gewesen. (...) Wenn ich mal wirklich an den Punkt gekommen bin, wo ich gesagt hätte, Scheisse. Also ich bin sicher auch schon an diesem Punkt gekommen, wo ich gedacht habe, uups, jetzt geht's dann bald nicht mehr weiter, aber es ging dann trotzdem weiter. P20 (1678:1705)

Die Konsequenz der jungen Erwachsenen besteht also weniger im Auszug aus der Stadt als vielmehr im Ablösen von der Sozialhilfe und dem Rückzug auf die Gasse. Damit ist die Sozialhilfe aktiv an der Vernichtung von sozialem Kapital beteiligt, etwa bei Frau T.:

> I.: Und abgelöst haben Sie sich dann, weil Sie Arbeit gefunden haben?
>
> Frau T.: Weil eine Änderung gekommen ist bei der Sozialhilfe. (...) Mein Fürsorger kommt eines Tages zu mir und findet, ja - es gibt da eine Änderung und zwar - man hat Grundbedarf eins, Grundbedarf zwei - ich weiss jetzt nicht, einer der beiden Grundbedarf wird gestrichen und man muss mit jemandem zusammenziehen, man erhält nur noch die Hälfte. Und auf meine Frage, ja mit wem ich denn zusammenziehen solle, hiess es, ja machen Sie einfach ein Inserat in die Zeitung, es wird sich schon jemand melden. Und darum musste ich mir einfach an Kopf länge (an den Kopf greifen) und fand, he, also sicher nicht, ich ziehe da sicher nicht mit jemand ein, den ich nicht einmal kenne, einfach zusammen. Oder, also ich habe dort so blöde Antworten bekommen, und ich habe dann eine Frist gehabt, bis dann und dann haben Sie Zeit, damit ich jemanden gefunden habe, der mit mir zusammenzieht. Und dann fand ich, nä'ä, sicher nicht. Also dann jöbble (jobbe) ich mich lieber so durch's Leben, wie dass ich jetzt noch eine Lehre oder etwas mach und da mit irgendjemandem zusammenziehen muss. Und nur noch irgendwie vierhundert, fünfhundert Stutz (Franken) ans Essen erhalte, weil ich ja grad mit jemandem zusammenziehe - und noch

irgendwie vierhundert Franken an die Wohnung. Also, das fand ich voll absurd. Ich finde es auch ziemlich eine Frechheit den Jugendlichen gegenüber, weil ich finde - durch das Ding, durch das neue Gesetz, das sie da herausgebracht haben, denk ich, hat man viele Jugendliche auch einen Weg verbaut. P20 (223-257)

Die Kosten der Unterstützung werden also letztlich nur verschoben bzw. verlagert: verlagert auf die halbstaatlichen und subventionierten sozialen Einrichtungen (Obdachlosenheime, Arbeitslosentreff, Gassenküche, Gassenarbeit) oder verschoben auf andere Träger der sozialen Sicherheit (z.B. die Invalidenversicherung, wenn die Personen durch den Rückzug auf die Gasse in Drogen- oder Alkoholabhängigkeit geraten). Diese deutlichen Leistungskürzungen erklären die Zahl der Personen, die sich von der Sozialhilfe durch Wegzug aus dem Kanton oder Nichtmehr erscheinen ablösen (mit 39,6% aller Ablösegründe der häufigste). Die jungen Erwachsenen fühlen sich regelrecht vertrieben. Doch dies betrifft nur die Verweildauer, nicht die Zuwanderung an sich. Die „Pullfaktoren" der Stadt wirken auf junge Erwachsene aus Umlandgemeinden immer wieder neu. So beschreibt Frau T. die Rekrutierung neuer Drogenkonsumentinnen und -konsumenten aus ihrer eigenen Erfahrung:

I.: Wieso sind Sie nicht nach Solothurn oder nach Zürich gezogen?

Frau T.: Also ich bin ja im Baselland aufgewachsen, bis ich vierzehn war. Das war für mich saumässig hart, dass wir dann in eine andere Gemeinde gezogen sind. Und dann habe ich angefangen - ich glaube, dort - das war auch der Grund, warum ich konnte - also, dass ich ausgeschlagen habe, weil - alle meine Kollegen waren zurückgeblieben und dort hast du deine Clique gehabt und - und ich hatte gar keine Möglichkeit mehr, ausser vielleicht einmal am Wochenende, dorthin zu gehen, weil ich hatte Schule, war fünfi, sächsi (um fünf, sechs Uhr) daheim, dann gab's z'Nacht (Abendbrot) und nach dem Nachtessen hiess es, du kannst noch eine Stunde raus. Ja in einer Stunde bin ich noch nicht einmal in meiner Geburtsgemeinde. Vielleicht bin ich in dort, aber es würde nicht mal reichen um hin und zurück zu fahren. Also - und ich denke für ein Kind in meinem Alter ist das so wichtig, halt die Clique, die man aufbaut, und Kollegen und alles. Und mich hat man einfach aus allem herausgerissen - und mit dem bin ich nicht zschlag ko (konnte ich nicht umgehen). Ich kenne bis heute noch keinen Menschen dort. Niemanden. Also ich habe mich da total abgesondert.

I.: Und die Kolleginnen und Kollegen sind auch alle weg?

Frau T.: Alle weg, ja. Ich habe mit denen - ich hatte keine Chance mehr, um mich mit ihnen zu treffen. Am Anfang schon noch irgendwie, ja zwischendurch und an den Wochenenden, aber irgendwann - es geht verloren. (...)

I.: Wie haben Sie jetzt schlussendlich die Freundschaften dann in Basel aufgebaut?

Frau T.: Das war so. Ich hatte dort einen Freund und der wohnte in Muttenz und ich ging mit dem einmal in die Grün-80 (Freizeitgelände am Stadtrand) und ich hatte dort Leute in der Grün-80 kennen gelernt. Mit fünfzehn war das. Und dann habe ich mir dort meinen Kollegenkreis, in der Grün-80, angefangen aufzubauen. Und das sind dann Leute von ein wenig überall gewesen. Von Münchenstein, von Reinach, von Basel (...) und so ist das eigentlich wieder gekommen, dass ich Freundschaften aufgebaut habe.

I.: Oft passiert's ja, das wenn man an einen so fremden Ort kommt und relativ alleine irgendwo ist, dass man dann eben auch so eher schwierige Gruppen kennenlernt.

Frau T.: Ja, das war bei mir auch so. Also ich kam da hinein in eine Partyclique, will ich mal sagen. Und dann ging das so ein halbes Jahr und irgendwann, fand ich, müsse das ganze auch ausprobieren und dies und jenes und begann Drogen zu konsumieren.

I.: Also Pillen? Oder?

Frau T.: Pillen, Speed, Amphetamine, alles. Ausser Sugar, aber sonst alles - bin ziemlich abhängig gewesen von dem Zeug - das ist sicher auch ein Grund gewesen - ich habe keine Hilfe erhalten von Zuhause. Und ich habe mir immer wieder gewünscht, ich habe mir immer gedacht, he reisst mich doch aus dem Scheiss heraus und helft mir. Aber es hat mir niemand geholfen und - also ich habe mich, ja also, es ging einfach nicht mehr. (...) Und dann bin ich ausgezogen (...) P20 (986:1063)

Damit sind die Pullfaktoren in Bezug auf die drogenabhängigen oder -konsumierenden jungen Erwachsenen deutlich. Sie haben in der Stadt Bedingungen, die ihnen ein Leben mit der Abhängigkeit möglich machen. Diese Sogwirkung wird von den umliegenden Gemeinden politisch und gemeindeplanerisch verstärkt, beispielsweise wenn ein soziales Angebot wie das Gassenzimmer zur kontrollierten Heroinabgabe des Nachbarkantons nur wenige Meter entfernt von der Stadtgrenze Basels eingerichtet wird. Natürlich ist das Argument nachvollziehbar, dass die Drogenabhängigen beider Halbkantone die drei Gassenzimmer (zwei des Kantons Basel-Stadt, eines des Kantons Basel-Landschaft) mit aufeinander abgestimmten Öffnungszeiten optimal nutzen sollen. Damit geht aber die lebensweltliche Orientierung der Konsumentinnen und Konsumenten an der Stadt und ihrer sozialen Infrastruktur einher (Karte 9).

Die Fachpersonen auf der Sozialhilfe sprechen in diesem Zusammenhang von Sozialhilfetourismus, dass also die jungen Erwachsenen mit einem touristischen Verhalten nach Basel kommen, um die Sozialhilfeleistungen quasi als Souvenir zu kassieren, bevor sie wieder weiterziehen. Aus Sicht der jungen Erwachsenen ist der Zuzug in die Stadt eine begründbare Folge ihres Versuchs, Handlungsfähigkeiten zu verbessern. Damit wird die Frage, wie die Entwicklung der Kernstädte zu A-Städten aufzuhalten ist, unsinnig. Aus handlungstheoretischer Sicht ist der Zuzug von armen Menschen in die Stadt ihre Chance auf eine Erweiterung von Optionen. Sie können nun wählen zwischen Angeboten der Obdachlosenheime, der Notschlafstellen, der Gassenverpflegung und der mobilen Jugendarbeit; sie haben die Wahl zwischen drei Drogenabgabeplätzen, mehreren Substitutionsprogrammen und zahlreichen betreuenden Fachpersonen aus Medizin, Psychologie und Sozialer Arbeit. Und sie haben die Möglichkeit, sich verschiedenen Jugendlichen in vergleichbarer Lage anzuschliessen und so das Gefühl einer gemeinsamen Jugendkultur zu leben. Mit dieser Auswahlmöglichkeit steigt ihre Lebensqualität, auch wenn sie relativ gesehen kaum Zukunftsperspektiven bietet.

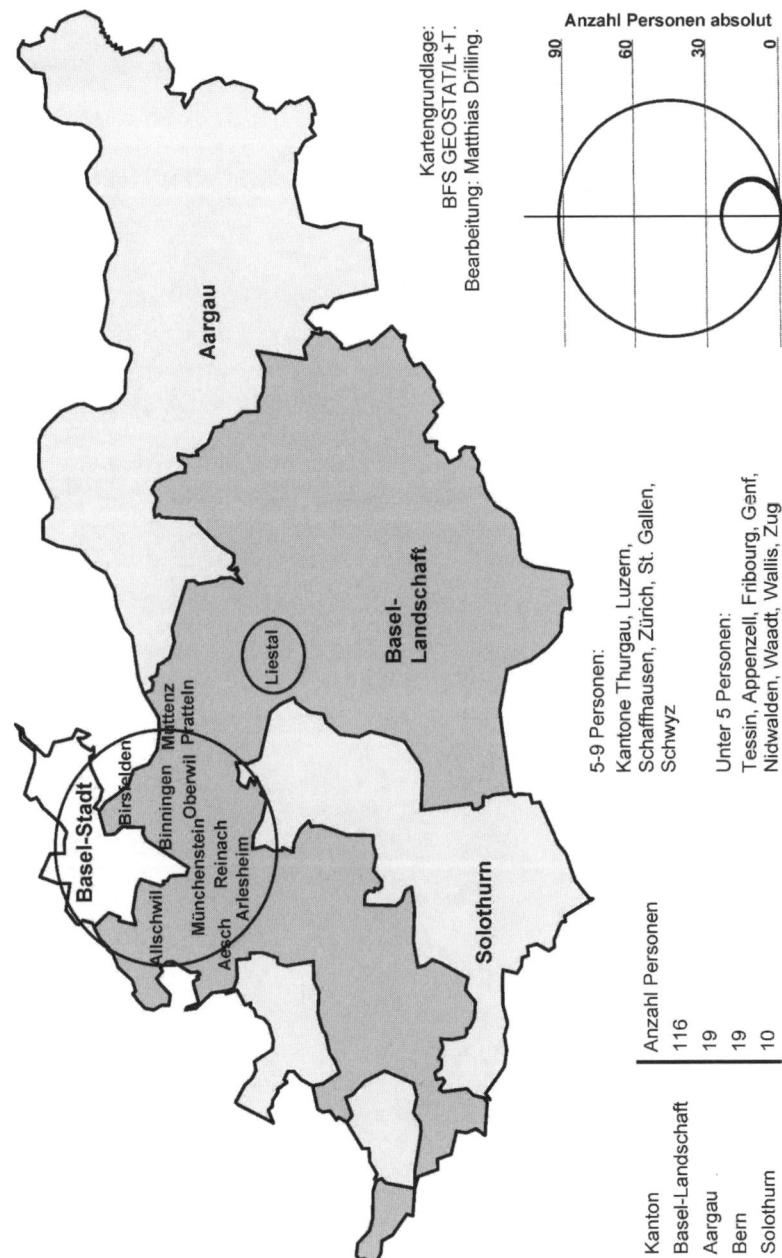

Karte 9: Die Stadt als zentraler Ort - Herkunftskantone der „autonomieorientierten zugezogenen Schweizer/innen"

5-9 Personen:
Kantone Thurgau, Luzern, Schaffhausen, Zürich, St. Gallen, Schwyz

Unter 5 Personen:
Tessin, Appenzell, Fribourg, Genf, Nidwalden, Waadt, Wallis, Zug

Kanton	Anzahl Personen
Basel-Landschaft	116
Aargau	19
Bern	19
Solothurn	10

Kartengrundlage: BFS GEOSTAT/L+T.
Bearbeitung: Matthias Drilling.

9 Fazit: „Young urban poor" - Abstiegsprozesse in den Zentren der Sozialstaaten

Die vorliegende Studie stellt eine der zentralen Herausforderungen moderner Sozialstaaten ins Forschungsinteresse, nämlich das Faktum, dass es trotz gesamtgesellschaftlichem Wohlstand, zu Prozessen von Verarmung und Ausschluss kommt. Dieser „wohlfahrtsstaatliche Widerspruch in sich" (Zapfl-Helbling 1999, 7), stellt die Integrationskraft des Sozialstaates auf den Prüfstand, da die sozialen Sicherungssysteme die notwendigen Transferleistungen nicht mehr ohne weiteres gegenfinanzieren können resp. wollen.

Mit der Begrifflichkeit „young urban poor" soll auf dreierlei aufmerksam gemacht werden: Erstens betreffen Verarmungsprozesse nicht mehr nur das Zentrum der Arbeitsgesellschaft, also die Erwerbstätigen mittleren Alters, sondern zunehmend auch jüngere Menschen. Und nicht nur einmalig oder phasenhaft, sondern weitaus dauerhafter als bisher angenommen. Mit dieser „Infantilisierung der Armut" verbunden ist ein anderes Armutsverständnis als ein ausschliesslich auf ökonomische Faktoren beschränktes. Zweitens stellt der Prozess von Verarmung und Ausschluss allen statistischen Daten nach insbesondere die Integrationsfähigkeit der Städte auf den Prüfstand. In den Zentren der Sozialstaaten entsteht eine Stadtkultur, die sich auch dadurch auszeichnet, dass z.B. Bereiche der Privatwirtschaft auf einer Verfügbarkeit von Billigst-Arbeitskräften ihre Unternehmensstrategie entwerfen, oder die jungen Erwachsenen ihre Abhängigkeit von den sozialen Sicherungssystemen derart kultivieren, dass sie kaum mehr für einen Prozess vertikaler Mobilität zu gewinnen sind. Drittens findet die soziale Polarisierung zwar vor dem Hintergrund städtischer Differenzierungsprozesse statt. Die räumliche Struktur einer Stadt ist aber nicht einfach eine „Übersetzung" der sozialen Position ihrer Einwohner/innen. Young urban poor: Es ist die Dialektik von *Konsequenzen der Individualisierung bei jungen Erwachsenen* und *der Modernisierung im städtischen Raum*, vor deren Hintergrund Bewältigungsstrategien entwickelt und dabei der Stadt-Raum konstituiert wird.

Mit dem „Capability-Ansatz" Amartya Sens wurde eine handlungstheoretische Herangehensweise gewählt, die nicht nur auf die *aktuell erreichte* („achievements"), sondern auch auf die *erreichbare* Lage („capabilities" und „functionings") einer Person abzielt.

> „Capabilities (...) are notions of freedom, in the positive sense: what real opportunities you have regarding the life you may lead." (Sen 1987c, 36)

Sen versucht mit diesem Ansatz eine handlungstheoretische Alternative zu eher statischen Armutskonzepten zu liefern. Sen wechselt die Perspektive, stellt das Individuum und seine Handlungsfähigkeit (statt seine Ausstattung mit Gütern) ins Zentrum. „Was versetzt Menschen in die Lage, ein ihren Vorstellungen entsprechendes Leben zu führen?", „Was macht möglich, dass Menschen sich für ein Leben in der Gemeinschaft entscheiden?", „Wie ist diese Handlungsfähigkeit und -freiheit zu sichern?"

Vereinfacht ausgedrückt resultiert die Handlungsfähigkeit und damit auch die gesellschaftliche Stellung eines Individuums aus den Antworten auf zwei Fragen: Erstens die Frage, über welche Fähigkeiten und Fertigkeiten der Mensch verfügt und zweitens die Frage, ob und wie der Mensch seine Fähigkeiten und Fertigkeiten (nicht seine Güter) zu tauschen in der Lage ist. Im Sinne Sens wäre das Faktum kein Einkommen zu erwirtschaften und deshalb auf Sozialhilfe angewiesen zu sein nur der aktuelle Ausdruck dessen, was eine Person in einer Gesellschaft zu einer gegebenen Zeit an einem definierten Ort erreicht hat, nicht aber das, was sie *ceteris paribus* könnte oder können dürfte.

Sen unterscheidet in „Capability" als die Fähigkeit (und die Freiheit) zu handeln und unter Alternativen wählen zu können (ganz gleich, ob diese Möglichkeiten für die Person auch in Betracht kommen), „functionings" als der reale Ausdruck dessen, was tatsächlich für diese eine Person auch möglich ist bzw. was eine Person mit ihren Fähigkeiten konkret realisieren kann (the various things a person may value doing or being) und „achievements", die messbaren Ergebnisse der Handlungen (realized or achieved functionings), also das, was eine Person erreicht hat. Arbeitslos zu sein ist demnach Ausdruck eines nicht erreichten Ziels, nicht aber das Fehlen einer individuellen Fähigkeit zu handeln.

Der Weg, sich in der Gesellschaft ohne Scham zeigen können oder am Leben in der Gemeinschaft teilnehmen zu können (wie es bereits Adam Smith ausdrückte, auf den sich Sen des Öfteren beruft) führt dabei über zwei Dimensionen: Einerseits trägt die Person selbst mit ihren Fertigkeiten und Fähigkeiten, dem, was sie gelernt hat, was sie sich angeeignet hat, was sie kann, zum Gelingen bei. Und zum anderen tragen die Bedingungen des konkreten Ortes und der aktuellen Zeit bei, z.B. durch den Aufenthaltsstatus, der nicht alle möglichen Beschäftigungen erlaubt oder das Wohnen in einer Stadt, in der das verfügbare Einkommen einer alleinerziehenden Person (aufgrund der föderalen Strukturen der Schweiz) nach Abzug aller Steuern zu den niedrigsten in der Schweiz zählt, oder das Wohnen in einem Quartier, das von Entwertungsprozessen betroffen ist und seine Bewohnerinnen und Bewohner stigmatisiert. Der „Capability-Ansatz" vereint also subjektive und objektive Bedingungen und betrachtet aus dieser Perspektive die Handlungsfähigkeit einer Person. Armut würde in diesem Verständnis aus dem Verlust der Handlungsfähigkeit resultieren („capability deprivation").

Als Tauschmedium versteht Sen die „entitlements", die Berechtigungen, Zugänge, Handlungsrechte, aber auch Chancen. „Entitlements" fungieren wie Scharniere zwischen den Vorstellungen, die eine Person über ihr Leben hat und den tatsächlichen Möglichkeiten, die ihr zur Verfügung stehen und zwischen den tatsächlichen Möglichkeiten und den messbaren und sichtbaren Ergebnissen. Nach Sen entscheidet die Ausstattung („endowment") einer Person mit „entitlements", inwieweit und auf welche Art Fähigkeiten in Güter getauscht werden können (Sen 1999b, 74). Die geographische Entwicklungsforschung weist zurecht darauf hin, dass „entitlements", aber auch „capabilities" Veränderungen unterliegen, denn sie sind „sozial konstruiert" (Watts 2002, 12), sie verändern sich, werden beeinflusst, können neu entstehen.

Weil Sen Ökonom ist, beschäftigt er sich insbesondere mit dem ökonomischen Raum, in dem ein Tausch von „entitlements" stattfindet. Mit dem Begriff „Extended entitlements" weist Sen an manchen Stellen darauf hin, dass es auch Berechtigungen, Chancen und Zugänge gibt, die aus der Verfügung über „informelle, soziale und kulturelle Fertigkeiten und Fähigkeiten" resultieren, expliziert dies aber nicht weiter. Es liegt nahe, nach einer Systematik zu suchen, die die Tauschfelder weiter strukturiert. Hier bietet sich Bourdieus Kapitaltheorie sowie die Konzepte zum Sozialkapital (Coleman, Putnam, Esser) an. Bourdieu hatte in seiner Lebensstilforschung in ökonomisches, kulturelles und soziales Kapital unterschieden und damit massgeblich zu einem erweiterten Kapitalverständnis beigetragen. Demnach positioniert sich ein Individuum in der Gesellschaft über seine Tauschaktivitäten auf verschiedenen Feldern, insbesondere dem ökonomischen, sozialen und kulturellen. Auf die Konsequenz Bourdieus, daraus Lebensstile und einen je spezifischen Habitus zu konstruieren, ist die vorliegende Arbeit nicht eingetreten. Für die vorliegende Studie gilt vielmehr folgende These: Die Kapitalausstattung (mit ökonomischem, kulturellem und sozialem Kapital in seinen verschiedenen Ausprägungen) sowie die Kapitalstruktur (also das Mengenverhältnis zwischen den einzelnen Kapitalsorten) stellt diejenige Ausgangspartition einer Person dar, die es ihr ermöglicht, unter den gegebenen Bedingungen der Zeit und des Ortes über Güter zu verfügen, für bestimmte Ansprüche berechtigt zu sein oder Zugänge zu bestimmten Leistungen zu haben.

Es werden an dieser Stelle nicht nochmals die Unterschiede aufgezählt, die zu den Typen „Pioniere der Post-Individualisierung", „anpassungsorientierte junge Erwachsene", „junge Erwachsene im Moratorium", „geduldete Ausländer/innen" oder „autonomieorientierte zugezogene Schweizer/innen" führten, sondern die Gemeinsamkeiten verdeutlicht, die berechtigen, von den jungen Erwachsenen als den *„young urban poor"* zu sprechen.

Eine grundsätzliche Übereinstimmung - darauf wurde bereits mehrfach hingewiesen - ist die Statuspassage, in der die jungen Erwachsenen beim Eintritt in die Sozialhilfe stehen. Selbst wer als Kind in die Sozialhilfe kam, verbringt in dieser institutionellen Rahmung oft einen biographischen Abschnitt, der über die Volljährigkeit hinausgeht und mindestens bis zur Berufswahl, oft sogar darüber hinaus, führt. Es ist das Durchlaufen dieser Statuspassage mit den beiden Schwellen Ausbildungseintritt und Berufseintritt, das charakteristisch für die jungen Erwachsenen in der Sozialhilfe ist. Unterschiedlich ist der Weg, den sie bis zum Sozialhilfeeintritt zurückgelegt haben. Das Erreichen der ökonomischen Unabhängigkeit, das Wachsen einer selbständigen Persönlichkeit, die emotionale Unabhängigkeit von der Herkunftsfamilie ist *die* Entwicklungsaufgabe, der die jungen Erwachsenen in der Sozialhilfe gegenüberstehen und die es zu lösen gilt - unabhängig vom Eintrittsalter, dem Geschlecht oder der Nationalität.

Bei dieser Herausforderung können die jungen Erwachsenen nur auf unzureichende Unterstützungsangebote und kaum belastbare familiäre Beziehungen zurückgreifen. In nahezu allen Interviews zeigte sich, dass das Eltern-Kind-Verhältnis starken Schwankungen und Destabilisierungen unterlag - und zwar bereits vor Eintritt in die Sozialhilfe. Ein gemeinsamer Wohnstandort bedeutet keineswegs auch eine emotionale Unterstützung durch die Eltern bzw. einen Elternteil. Dies widerspricht nicht der eingangs formulierten These, dass die „broken home"-Situation nur auf einen Teil der Schweizerinnen und Schweizer in der Sozialhilfe zutrifft, aber es zeigt sich, dass selbst in intakten Familien die Ratlosigkeit gross ist, wenn ein Kind sozialhilfeabhängig wird und es dann schnell zu krisenhaften Verläufen und emotionalen Auseinandersetzungen zwischen Eltern und ihren Kindern kommen kann. Vielfach haben sowohl die Erwachsenen als auch ihre Kinder keine anderen Formen der Stressbewältigung kennen gelernt. In Fällen, in denen es zu Kontaktabbrüchen kommt, sind es die Väter, zu denen der Kontakt abgebrochen wird, wogegen die Mütter eher vermittelnde Rollen einnehmen. Diese Asymmetrie der Eltern-Kind-Beziehung zeigt sich bei Söhnen wie Töchtern, ist also keineswegs nur charakteristisch für das Vater und Sohn-Verhältnis.

Neben der sozialen Armut (insbesondere im elterlichen Beziehungskapital) haben sich als eine weitere Gemeinsamkeit die nicht tragfähigen Berufspositionen der Eltern herauskristallisiert. Die Mehrheit der Eltern geht einer unqualifizierten Arbeit nach oder ist im Handwerk beschäftigt; selbst wenn sie Angestellte sind, muss - sofern vorhanden - der andere Elternteil ebenfalls einer Beschäftigung nachgehen. Insofern scheint zumindest ein altes Argument wiederum neu belebt werden zu können: Dass Personen, die in ökonomische Armut geraten, kaum auf Eltern zurückgreifen können, die in der Lage sind, die finanzielle Not zu überbrücken. Doch die finanzielle Lage, in der sich die Eltern der jungen Erwachsenen befinden, ist nur die eine Seite, die Berufsbildung und damit die Ausstattung mit kulturellem Kapital (Wissen, Schulbildung etc.) ist die andere Seite. Und hier zeigt sich, dass die jungen Erwachsenen oftmals ihren Eltern in Bezug auf die Schulbildung bereits voraus sind, dass sie - in anderen Worten - auch im kulturellen Bereich von den Eltern nur wenig profitieren können.

Schliesslich ist den jungen Erwachsenen ihre eigene prekäre Stellung im Arbeitsmarkt gemeinsam. Selbst diejenigen, die über eine Ausbildung verfügen, sind meist nicht in ihrem Beruf tätig, sondern arbeiten in temporären Anstellungen oder Gelegenheitsarbeiten. Sie haben nach der Ausbildung den Einstieg in den Beruf nicht gefunden oder haben nicht die Motivation aufgebracht, weiterhin im erlernten Beruf tätig zu sein.

Wenn Sen also davon ausgeht, dass die Handlungsfähigkeit einer Person von ihrer Ausstattung mit ökonomischem, sozialem und kulturellem Kapital abhängt, dann zeichnen sich die jungen Erwachsenen bei Eintritt in die Sozialhilfe durch zwei grundsätzliche Problematiken aus:

Die Ausstattung in den Kapitalien repräsentiert in zahlreichen Bereichen eine Mangel- bzw. Armutslage (z.B. fehlendes Einkommen, fehlende elterliche Unterstützung, Verschuldung) und offeriert so kaum die Wahl zwischen Entscheidungsalternativen.

Das Fehlen eines Netzwerkes, insbesondere von elterlicher Seite, führt zur Individualisierung des Entscheidungsverhaltens bei den jungen Erwachsenen und setzt damit enorme Planungs- und Steuerungsanstrengungen voraus, die die jungen Menschen kaum leisten können.

Insofern können wir bei den „young urban poor" von einer *Baseline-Verwundbarkeit* sprechen, die oftmals bis in die Kindheit zurückreicht. Der Sozialhilfeeintritt selbst ist dann zumeist an aktuelle Ereignisse gekoppelt, die in den Interviews und den Erstberatungen der jungen Erwachsenen (siehe Dossieranalysen sowie Abbildung 16ff.) genannt und vom Aufnahmebüro der Sozialhilfe als Unterstützungsgrund (siehe Abbildung 9) vermerkt werden. Abbildung 29 macht diese Prozesshaftigkeit deutlich (siehe Kästen „Baseline-Verwundbarkeit" sowie „Auslösende Ereignisse"). Arbeitslosigkeit, ungenügendes Einkommen, Kündigung, Betreibung, Schulabbruch, Lehrabbruch, Heimeintritt, Rauswurf aus dem Elternhaus, Eintritt in Pflegefamilie, Wegzug der Eltern, Trennung vom Partner, physische und psychische Gebrechen: Diese bei weitem nicht nur ökonomischen Gründe lösen den Sozialhilfebezug aus.

Diese Schwierigkeiten sind Grundprobleme, ihre Gewichtung und Ausprägung sowie der Umgang mit ihnen variiert zwischen den jungen Erwachsenen, das zeigen die Ergebnisse der Clusteranalyse sowie die Auswertung der Dossiers und Interviews. Aus der Unterschiedlichkeit resultieren die fünf dargestellten Typen. Dass die Handlungsfähigkeit der jungen Erwachsenen aus den neuen Einwanderungsländern besonders gravierenden Einschränkungen unterliegt, sei nochmals angemerkt: Bei zwei der drei Kapitalien (ökonomisches und kulturelles Kapital) zeigen sie eine so schlechte Ausstattung, dass die These gewagt wurde, sie stünden zu Beginn der Sozialhilfeunterstützung nahe einer Exklusionslage.

Junge Erwachsene sind bei Eintritt in die Sozialhilfe nach den bisherigen Ausführungen - und unter Vorbehalt aller definitorischen Unklarheiten - also immer auch von einer Armut im sozialen und/oder kulturellen Bereich betroffen (und entsprechend anspruchsvoll wird die Aufgabe der Sozialhilfe). Damit bestätigt die vorliegende Studie theoretische Konzepte, die von einem erweiterten Armutsbegriff ausgehen und einen Verursachungs- und Erklärungszusammenhang zwischen sozialem, ökonomischem und kulturellem Kapital einerseits und Mangel- und Armutslagen andererseits suchen.

Die jungen Erwachsenen versuchen, ihre Mangellagen zu bewältigen, und entwickeln bereits vor dem Eintritt in die Sozialhilfe Strategien, um ihre Handlungsfähigkeit zu erweitern. Diese Bewältigungsstrategien (vgl.Abbildung 29, „capability enlargement") wurden in den Interviews deutlich. Die Aufnahme nahezu jeder möglichen Beschäftigung, ist eine gängige Strategie, um über Geldmittel neue Berechtigungen („entitlements") zu erschliessen. Aber auch der Zuzug in die Stadt dient dazu, einen grösseren Pool von Entscheidungsalternativen aufzubauen. Schliesslich ist der Eintritt in die Sozialhilfe die zentrale und allen jungen Erwachsenen gemeinsame Bewältigungsstrategie: Von der finanziellen und beratenden Unterstützung wird insbesondere der Zugang zum geregelten Arbeitsmarkt erwartet, aber auch Zugänge zu Bildungseinrichtungen mit entsprechenden Zugängen zu Finanzierungsquellen (z.B. Stipendienamt, Stiftungen). Daneben hat sich bereits bei einer Reihe von jungen Erwachsenen als dysfunktionale Bewältigungsstrategie der Rückzug in den Drogenkonsum etabliert.

Fazit: Young urban poor - Abstiegsprozesse in den Zentren der Sozialstaaten 307

Abbildung 28: Individualisierte Aufstiege in Prozessen kollektiven Abstiegs

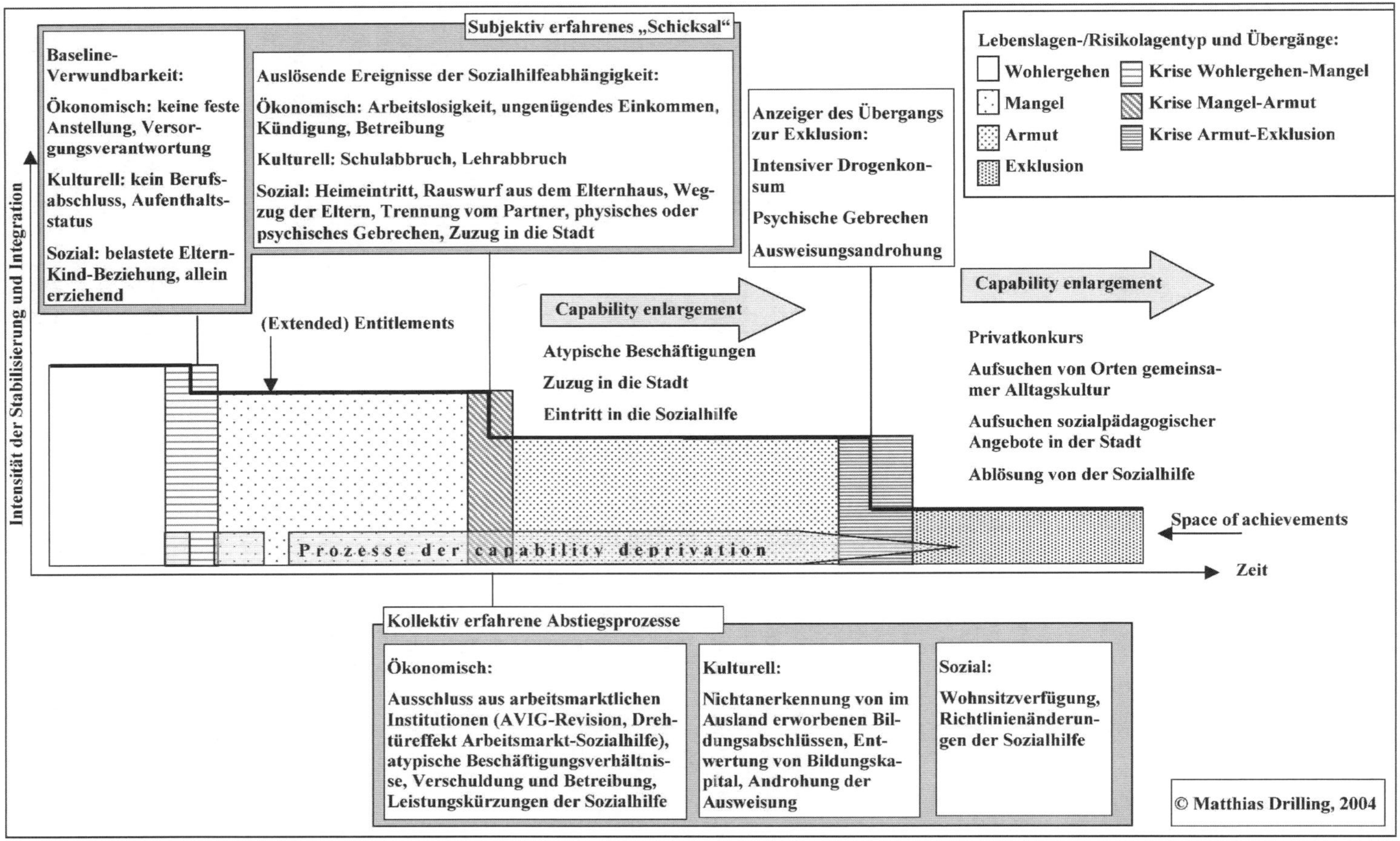

© Matthias Drilling, 2004

Die Ergebnisse der Dossieranalyse und der Interviews führen zur These, dass sich während der finanziellen und beratenden Unterstützung durch die Sozialhilfe die Handlungsfähigkeiten der jungen Erwachsenen kaum verbessern. Dieses Faktum ist nicht als ein Vorwurf an die Sozialhilfe zu verstehen, sondern verdeutlicht die schwierige Situation, in der die Fachpersonen der Sozialhilfe agieren. Sie stehen eben auch Personen gegenüber, die bisherige Planungen und Steuerungen der beruflichen und sozialen Karriere jenseits der beiden gesellschaftlich relevantesten Institutionen in dieser Phase, der Familie und der Schule, individuell realisiert haben. Es ist der konsequente Vollzug des Individualisierungsparadigmas auf den Ebenen sozialen, kulturellen und ökonomischen Handelns, der für die jungen Erwachsenen typisch ist und der in den Städten seine grösste Ausprägung findet, vielleicht überhaupt nur dort möglich ist, und es deshalb gestattet, von „young urban poor" zu sprechen.

„Institutionell gerahmte Integrationsprozesse in Mangellagen", „unsichere und diskontinuierliche Assimilationsprozesse", „psychosoziale Krisen und Chronifizierung psychischer Erkrankungen", „rechtlich legitimierte Exklusionsprozesse" sowie „Stabilisierungsprozesse oder gesundheitliche Deprivation": Die *Typologie der Verläufe* durch die Sozialhilfe zeigt, dass sich soziale Abstiegsprozesse während der Unterstützung durch die Sozialhilfe fortsetzen, zum Teil sogar verschärfen und auch neu initiiert werden. Dabei sind die „young urban poor" mit Prozessen der „capability deprivation" konfrontiert (siehe auch Abbildung 28, Kasten „Kollektiv erfahrene Abstiegsprozesse").

Ausschluss aus den arbeitsmarktlichen Institutionen: Durch die gesetzlichen Grundlagen des Arbeitslosengesetzes AVIG und ihre Revision ist es den jungen Erwachsenen kaum mehr möglich, die gesetzlich vorgeschriebene Anzahl von beitragspflichtigen Monaten zu erreichen, um zum Bezug von Arbeitslosengeldern berechtigt zu sein. Nur 61 der 1123 jungen Erwachsenen, also 5,43 % (siehe Kap. 6.3.3) können sich durch Leistungen der Arbeitslosenkasse von der Sozialhilfe lösen.

Ökonomische Prekarisierungsprozesse durch atypische Beschäftigungsverhältnisse und hohe Rotationsquote[151]: Nur 11 junge Erwachsene sind zum Zeitpunkt des Eintritts in die Sozialhilfe in einer Beschäftigung tätig, die eine Berufsausbildung verlangt. Alle anderen, sofern sie nicht in einer Ausbildung stehen, arbeiten in Hilfsarbeitsstellen, gehen einer Gelegenheitsarbeit nach oder sind nicht erwerbstätig. Diese Entwicklung hin zu einer Gelegenheitsstruktur auf dem Arbeitsmarkt, die auch dazu führt, dass die Phase der Erwerbstätigkeit selten länger andauert, kann die Sozialhilfe nur bei einem Teil der jungen Erwachsenen unterbrechen. Immerhin 309 der 1123 jungen Erwachsenen können sich zwar durch die Aufnahme einer Arbeit von der Sozialhilfe lösen, ein signifikant hoher Anteil von ihnen ist allerdings in kürzerer Zeit wieder auf Sozialhilfe angewiesen (zur Prekarität der Arbeitseinsätze nach der „erfolgreichen" Ablösung s.u.).

Verschuldungs- und Betreibungsprozesse: Die Dossieranalyse hat gezeigt, dass es bei einer grossen Zahl von jungen Erwachsenen während des Sozialhilfebezugs nicht zu einer geregelten Schuldensanierung kommt. Im Gegenteil häuften sich - quer durch alle Typen - die Zahl der Verschuldungen und aufgrund der instabilen Erwerbstätigkeiten auch die Zahl der Betreibungen.

---

[151] Rotation bezieht sich auf die berufliche Mobilität eines Erwerbstätigen. Die Rotationsquote ergibt sich aus dem Verhältnis der Zahl derjenigen Personen, die ihre Beschäftigung innerhalb eines Zeitintervalls aufgegeben haben zur Zahl der Erwerbstätigen in diesem Zeitintervall. Dabei gilt, dass die Rotationsquote umso niedriger ist, je höher das Ausbildungsniveau ist. Unqualifizierte weisen die höchste Rotationsquote auf: Im Jahre 2002 lag diese bei Personen ohne nachobligatorische Ausbildung bei 23,0%, bei Personen mit Lehrabschluss bei 15,5% und bei Personen mit höherer Ausbildung (Universität, Fachhochschule etc.) bei 13,1%. Entlassungen stellen den häufigsten Grund für die hohen Rotationsquoten (siehe ausführlicher in Bundesamt für Statistik 2003).

Entwertungsprozesse von Bildungskapital: Selbst in Fällen, in denen die jungen Erwachsenen über eine Berufsausbildung verfügen, kommt es während der Unterstützung kaum dazu, dieses Bildungskapital nutzbar zu machen. Stattdessen verdienen sich die Ausgebildeten in einer berufsfernen Tätigkeit ihr Einkommen, oftmals zudem zeitlich begrenzt. Dieses Dilemma ist ein deutliches Anzeichen dafür, dass die Handlungsfähigkeit dieser Personen - trotz bestehender Fertigkeiten und Fähigkeiten - nicht erweitert werden kann, weil die Zugänge zu entsprechenden Beschäftigungen fehlen („entitlement failure").

Ausschluss aus den Institutionen der Arbeitsmarktintegration, atypische Beschäftigungsverhältnisse, Verschuldung und Betreibung sowie die Entwertung von Bildungskapital sind Prozesse, die sich vielfach bereits vor dem Eintritt in die Sozialhilfe gezeigt haben. Hier kann die durch die Sozialhilfe koordinierte institutionelle Rahmung keine Zugänge und Berechtigungen für die jungen Erwachsenen schaffen. Hinzu treten Prozesse, die während des Sozialhilfebezugs neu entstehen. Hierzu gehören insbesondere direkte Leistungskürzungen (Sanktionen), indirekte Leistungskürzungen (Richtlinienänderungen), Wohnsitzverfügung sowie für Ausländerinnen und Ausländer die Androhung ihrer Ausweisung.

Die Analyse der Dossiers sowie die Auswertungen der Interviews haben deutlich werden lassen, dass nur eine Minderheit der jungen Erwachsenen die Sozialhilfe als die bequemere Variante zur Akquisition von Geldmitteln nutzen. Die meisten jungen Erwachsenen verfügen nicht über die Handlungsfähigkeit, zwischen Sozialhilfe oder einer anderen Unterstützung zu wählen; für sie besteht keine Substitutionsmöglichkeit, der Eintritt in die Sozialhilfe stellt ihre Bewältigungsstrategie gegenüber gravierenden Mangellagen dar. Dementsprechend schränkt es die Handlungsfähigkeit einer Person ein, wenn sie einer Leistungskürzung z.B. aufgrund mangelnder Arbeitsbemühungen und Kooperationswilligkeit unterliegt, auch wenn es in der Regel „nur" der Grundbedarf 2 (i.d.R. 100.- Franken) ist. Zudem betrifft diese Sanktion insbesondere die jungen Erwachsenen im Moratorium, die sich ja gerade durch ihren Suchprozess auch in beruflicher Hinsicht definieren.

Indirekte Kürzungen werden durch die Richtlinienänderungen (Klientengruppen A-C sowie Behandlung der jungen Erwachsenen in allen Bezugsarten als Zwei-Personen-Haushalte) vollzogen. Auch wenn dabei ein Anreizsystem eingeführt wurde, das ermöglicht, ein Drittel des verdienten Lohnes von der Berechnung der Höhe der Sozialhilfe abzuziehen, profitieren doch nur erwerbstätige junge Erwachsene von dieser Regelung. Für alle anderen bedeuten diese Änderungen effektiv eine Kürzung der Unterstützungsleistungen. Es muss aus sozialpolitischen Gründen angenommen werden, dass eine arbeits- und mittellose Person vor der Leistungskürzung mit dem Grundbedarf 1 die notwendigen Ausgaben des täglichen Lebens bestreiten konnte, aber auch keine zusätzlichen Ausgaben zu tätigen im Stande war. Das bedeutet, dass sie einen grossen Teil der Kürzungen durch Einsparungen in anderen Bereichen als den Lebenshaltungskosten kompensieren müssen. Aus den Dossieranalysen und den Interviews wird deutlich, dass die Einsparungen im *Bereich Wohnen* vorgenommen werden. Viele junge Erwachsene stehen vor der Aufgabe, sich neuen Wohnraum zu suchen, der (noch) billiger ist als der bisherige. Diese Entscheidung wird durch die Wohnungsverfügungen der Sozialhilfe forciert, denn mit der Kürzung der Unterstützungssätze für Wohnungskosten (seit 1.1.2002 statt bisher 600.- brutto nur noch 450.- SFr. brutto) wurden die jungen Erwachsenen aufgefordert, innerhalb einer Frist eine richtlinienkonforme Wohnung zu suchen. Im Grunde kann von einer *staatlichen Umsiedlungspolitik*, einer Umsiedlung in Billigstwohnungen in benachteiligten Wohnquartieren gesprochen werden. Diese These lässt sich anhand eines Vergleichs der Wohnstandorte der 108 analysierten Dossiers zu Beginn des Eintritts in die Sozialhilfe und bei Austritt resp. am Ende des Beobachtungszeitraumes (30.5.2003) erhärten (Karte 10).

310　　　　　　　　　　　Fazit: Young urban poor - Abstiegsprozesse in den Zentren der Sozialstaaten

Karte 10: Residentielle Segregationsprozesse - Wohnstandorte vor Eintritt in die Sozialhilfe und am Ende des Betrachtungszeitraums

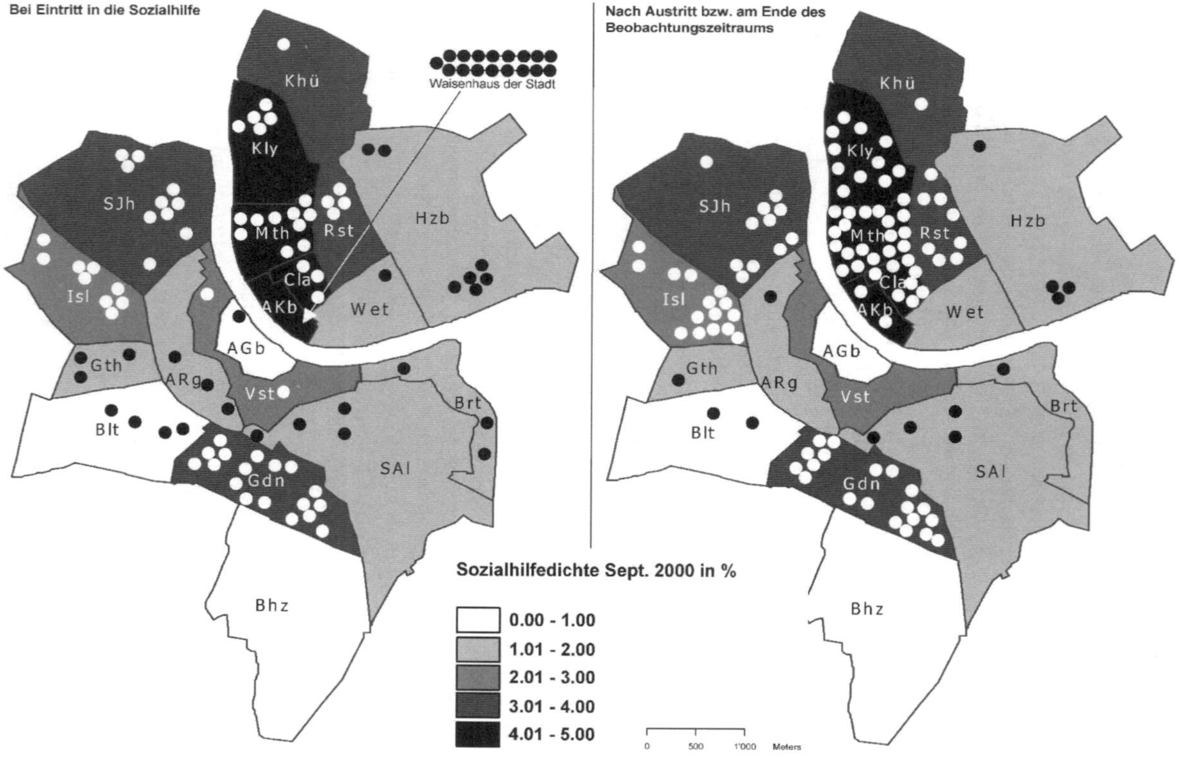

Bei Eintritt in die Sozialhilfe

Nach Austritt bzw. am Ende des Beobachtungszeitraums

Sozialhilfedichte Sept. 2000 in %

- 0.00 - 1.00
- 1.01 - 2.00
- 2.01 - 3.00
- 3.01 - 4.00
- 4.01 - 5.00

Kartengrundlage: Sozialhilfedichte in absoluten Fallzahlen auf Blockebene im September 2000.
Vermessungsamt des Kantons Basel-Stadt.
Bearbeitung: Nina Cavigelli.
Quelle: Cavigelli 2003, 65.

Datengrundlage Karte 10: Sozialhilfe der Stadt Basel, eigene Berechnungen.
Abkürzungen der Quartiernamen: siehe Karte 1.
Bearbeitung: Matthias Drilling.

Zeigte bereits die Situation beim Eintritt in die Sozialhilfe eine Konzentration der Wohnstandorte auf Wohnquartiere mit einer erhöhten Sozialhilfedichte, so lebte doch immerhin knapp ein Drittel der jungen Erwachsenen in Quartieren mit niedrigen Sozialhilfedichten (bis 2%). Nach der Richtlinienänderung hat die Konzentration auf Wohnquartiere mit hoher Sozialhilfedichte (ab 3%) und die Konzentration innerhalb der Quartiere auf einzelne Bezirke zugenommen. Generell ist es zu einer Wanderung in die Quartiere mit einer hohen Sozialhilfedichte gekommen, insbesondere auf der Kleinbasler Seite, aber auch in die Grossbasler Wohnquartiere Gundeldingen, St. Johann und Iselin. In letzterem konzentrieren sich die jungen Erwachsenen zudem auf einen Bezirk. Dagegen sind die Wohnquartiere, die bisher durch eine niedrige Dichte gekennzeichnet waren, nahezu frei von jungen Sozialhilfeabhängigen. In Fällen, in denen die jungen Erwachsenen bereits seit längerer Zeit an diesen Orten lebten, kommt diese Umsiedlungspolitik einer *sozialen Entwurzelung* und damit einer Zerstörung von sozialem Kapital (Beziehungskapital und eventuell auch Systemkapital) gleich. So wirkt die Sozialhilfe kontraproduktiv auf die Erweiterung von Handlungsspielräumen: Durch die Konzentration auf finanzielle Aspekte werden Handlungschancen und Zugänge, die durch soziales Kapital möglich werden (z.B. Nachbarschaftshilfe) verhindert. In der Konsequenz wägen die jungen Erwachsenen - sofern sie die Möglichkeiten dazu haben - ab, ob sie sich eher den veränderten Bedingungen der Sozialhilfe anpassen oder aber auf die Transfers verzichten. Damit wird für einen Teil der jungen Erwachsenen der *Austritt* aus der Sozialhilfe zu einer Strategie, Handlungsfähigkeiten zu sichern.

Welche Indikatoren weisen auf eine gravierende Mangellage hin, in der die Handlungsfähigkeit einer Person derart eingeschränkt ist, dass von einer Exklusion gesprochen werden kann? Unter Exklusion wurde in der vorliegenden Studie ein Zusammentreffen von ökonomischer, kultureller *und* sozialer Armut verstanden, die nicht plötzlich und unbegründet ist, sondern bereits Vorstufen des Mangels und der Krisen kennt. Aus den Verlaufstypen zeichnen sich zwei Prozesse ab, die im Besonderen auf Exklusionslagen hinweisen:

Erstens hat sich gezeigt, dass bei einer Zahl von jungen Erwachsenen der zunehmende Drogenkonsum als Bewältigungsstrategie auf eine Mangellage dysfunktionalen Charakter hat. Die jungen Erwachsenen sind nach einer Zeit intensiven Konsums nicht mehr bereit und auch nicht mehr in der Lage, Verantwortung zu übernehmen, sie verlieren ihre Tagesstruktur und sind auch kaum noch in den ersten Arbeitsmarkt integrierbar oder verlieren dort in Kürze ihre Beschäftigung wieder. Gleichzeitig sehen sie in einem gesteigerten Konsumverhalten den Ausweg aus diesem Dilemma. Ähnliche Prozesse des Ausschlusses aus den Teilhabe- und Mitbestimmungsmöglichkeiten der Gesellschaft (Kronauer benannte diese beiden Dimensionen als Exklusion, siehe Kap. 4.2.3) zeigen sich bei Personen, die mit Depressionen, Essstörungen oder anderen psychischen Gebrechen auf ihre Armutslage reagieren. Auch sie finden kaum mehr den Weg in eine Struktur ausserhalb der ärztlichen Begleitung oder stationären Aufsicht.

Zweitens - und das betrifft die jungen Ausländerinnen und Ausländer - wird ein Abstiegsprozess durch den Sozialhilfebezug verursacht und durch die Migrationspolitik gerechtfertigt, der ebenfalls in einer Exklusionslage münden kann, nämlich durch die Androhung der Ausweisung bei längerer Sozialhilfeabhängigkeit. Wer von Seiten des Staates, in dem er lebt, schriftlich mitgeteilt bekommt, dass er wegen einer Transferleistung nicht mehr erwünscht ist, der wird von Staats wegen ausgeschlossen - gleich, ob dieses Vorgehen gerechtfertigt ist oder nicht. Auch hier kommt es in Fällen der Ablösung aufgrund der Androhung nicht zu einer Erweiterung der Handlungsfähigkeiten, auch hier stellt die Ablösung von der Sozialhilfe die Bewältigungsstrategie dar. Die jungen Ausländerinnen und Ausländer versuchen, ihre Existenz selbständig zu sichern, weshalb die Dunkelziffer der Armut entsprechend gross sein dürfte. Dabei können sie sich nicht mehr auf formelle Strukturen des schweizerischen Sozialstaates berufen.

„In der gegenwärtigen Situation gehört es zum ‚guten' Ton, zur ‚political correctness', die Dramatik, den Skandal der Armut (...) zu beklagen", schreibt Michael Zwick im Jahre 1994 und beklagt, dass auch die sozialwissenschaftliche Forschung sich in einer „Art Tradition" verfestigt:

> „Das Wort von der Zwei-Drittel-Gesellschaft mit ihren weittragenden Implikationen ist in aller Munde. Es unterstellt, dass rund ein Drittel der Geselschaft dauerhaft arm ist und in einem Zustand lebt, der Ausgrenzung, Stigmatisierung und gesellschaftliche Marginalisierung zur Folge haben soll. Die ‚materialistisch' anmutende Gleichung, die unterstellt wird, ist denkbar einfach: Wer im materiellen Sinn als arm gilt, dem kann es auch in anderen Lebensbereichen nicht gut gehen. Geradezu klassisch mutet die weitere Unterstellung der Dauerhaftigkeit von Armutslagen an. Überspitzt formuliert: einmal arm - immer arm! Doch sind diese Unterstellungen empirisch haltbar?" (Zwick 1994a, 9)

Mit Bezug auf die Studien weiterer Vertreterinnen und Vertreter der dynamischen Armutsforschung beantwortet Zwick diese Frage am Ende des Sammelbandes eindeutig:

> „Auch die Frage im Titel dieses Sammelbandes kann, nach allen vorgelegten empirischen Befunden, von Ausnahmen abgesehen, mit ‚nein' beantwortet werden: Weder aus der Perspektive der Einkommensverteilung, noch hinsichtlich der untersuchten Sozialhilfeklientel lassen sich Anzeichen einer dauerhaften, gar ‚klassenmässigen' Verfestigung von Armutslagen erkennen." (Zwick 1994c, 181)

Die vorliegenden Ergebnisse widersprechen dieser Annahme: Es wurde festgestellt, dass die jungen Erwachsenen mit einer finanziellen Armutslage und einer sozialen und/oder kulturellen Armuts- oder Mangellage in die Sozialhilfe eintreten, die teilweise bis in die Kindheit zurückreicht. Und aus den Ablösegründen wird ersichtlich, dass ein Teil der jungen Erwachsenen sich eher unfreiwillig abmeldet, keinen ersichtlichen Grund zur Ablösung hat, sich in eine andere Institution der sozialen Sicherheit als die der Sozialhilfe ablöst, sich in finanziell kaum gesichertere Beschäftigungsverhältnisse ablöst oder gar ablöst, um gravierendere Armutslagen zu verhindern. Das heisst, dass die „Verharmlosungsannahme" der dynamischen Armutsforschung, Armut sei ein punktuelles Problem im Lebenslauf, nur dann stimmt, wenn Armut mit Sozialhilfebezug gleichgesetzt wird. Stellt Armut dagegen auf eine nur politisch definierte gravierende Einschränkung der Handlungsfähigkeit einer Person ab, so finden sich ausgehend von der vorliegenden Studie zahlreiche Argumente, eine *Verfestigung der Armut* anzunehmen. *Sozialhilfe* dagegen wird zur punktuellen Bewältigungsstrategie im Lebenslauf, die so lange in Anspruch genommen wird, wie die finanziellen und beraterischen Vorteile die Nachteile, die aus dem Bezug resultieren, überwiegen. Wann dieser Zeitpunkt eintritt, hängt von der individuellen Beurteilung und von den Alternativen ab, die eine Person zur Sozialhilfe hat. Insofern sollte von „einmal Sozialhilfe, nicht immer Sozialhilfe" (statt „einmal arm, nicht immer arm") gesprochen werden.

Natürlich sind auch positive Ablösungen nachweisbar, nicht jede Ablösung in prekäre Beschäftigungsverhältnisse ist Indikator einer dauerhaften Verschlechterung der Situation und der Verlauf in der Sozialhilfe von Personen, die am Ende des Betrachtungszeitraumes noch in Ausbildung waren oder sich über die Invalidenversicherung ablösten, wurde in der vorliegenden Untersuchung nicht weiter verfolgt. Insofern soll und kann nicht ideologisiert werden. Worauf die Ergebnisse allerdings hinweisen, ist, dass es im Zusammenhang mit jungen Erwachsenen in der Sozialhilfe zu Abstiegsprozessen kommt, die *kollektiven* Charakter haben: Sie betreffen alle jungen Erwachsenen, unabhängig von Geschlecht, Nationalität oder einer anderen Variablen. Sie werden von der Politik vorgegeben und die Sozialhilfe, aber auch die Einwohnerdienste und andere Institutionen des Sozialstaates setzen sie um. Allerdings kam es in Basel in den letzten Jahren auch dazu, dass Massnahmen wie die Ungleichbehandlung der jungen Erwachsenen von der Sozialhilfe selbst initiiert wurden und als Richtlinie (statt als Gesetzesänderung) keiner politischen Abstimmung bedurften. Die föderalen Strukturen der Schweiz übernehmen also zunehmend sozialstaatliche Funktionen und tragen mit kantonalen Vorgaben dazu bei, dass in der Schweiz „Inseln höherer

Netto-Sozialhilfeleistungen" entstehen (das ist auch eine der Schlussfolgerungen aus der Untersuchung von Wyss & Knupfer 2003). Erfolge wie eine Festanstellung oder ein Ausbildungsplatz dagegen müssen individuell erarbeitet werden. Die vorliegende Untersuchung hat gezeigt, dass die Sozialhilfe selbst kaum Verantwortung bei der Arbeitsmarktintegration übernimmt, sich auf die Sicherung des finanziellen Unterhaltes konzentriert und - quasi als Gegenleistung - von den Klientinnen und Klienten erwartet, dass sie sich den Zugang zur Erwerbstätigkeit selbst erarbeiten. Erst mit der Einführung spezieller Programme, in denen ausgewählte Bezieherinnen und Bezieher durch Coaching bei ihrer Arbeitsplatzsuche begleitet und angeleitet werden, scheint sich eine veränderte Einstellung anzudeuten. Aus dieser Diskrepanz ergibt sich die These des *individualisierten Aufstiegs in kollektiven Abstiegsprozessen*. Das heisst, die Freiheit, auf die Sen hinweist, wenn er von den Errungenschaften der Marktwirtschaften spricht (siehe Kap. 3.2), nutzen den jungen Erwachsenen nur bedingt: Natürlich gestalten sie die Regeln, unter denen sich vor allem wirtschaftliches Handeln in der Gesellschaft generell vollzieht, die individuellen Vorteile, die sich daraus ziehen lassen, wie Vertragsfreiheit und Rechtssicherheit tangieren allerdings die Handlungsspielräume der jungen Erwachsenen kaum.

Das stärkste Gegenargument zur These des kollektiven Abstiegs sind die Erfolge bei der Ablösung von der Sozialhilfe. Es sollte angenommen werden können, dass eine erfolgreiche Ablösung in den Arbeitsmarkt erfolgte (nicht z.B. in die Invalidenversicherung oder die Arbeitslosenkasse). Und es sollte davon ausgegangen werden können, dass dieser Erfolg von der Handlungsfähigkeit einer Person abhängt, d.h. dass je grösser diese ist, umso besser die Ausstattung mit ökonomischem, kulturellem und sozialem Kapital ist und umso rascher eine erfolgreiche Ablösung realisiert werden kann. Bei der Analyse der Verweildauer nach Austrittsgrund wurde festgehalten, dass sich 309 junge Erwachsene mit einer Arbeit von der Sozialhilfe ablösen konnten, davon 130 Personen binnen 12 Monaten (siehe Kap. 6.3.3). Um die Frage nochmals genauer zu beantworten, ob eine von der Sozialhilfe konstatierte „erfolgreiche" Ablösung auch aus Sicht des „Capability-Ansatzes" erfolgreich ist, wurde aus diesen 130 eine 10%-Stichprobe gezogen. Die Dossiers dieser Klientinnen und Klienten sind wegen der kurzen Verweildauer in der Sozialhilfe nur ansatzweise geführt. Tabelle 57 zeigt eine Kurzdarstellung der Fälle; interessant sind hier die genaueren Angaben, in welche Art von Arbeit sich die jungen Erwachsenen abgelöst haben.

Tabelle 57: Erfolgreiche Ablösungen: Binnen 12 Monaten in Arbeit abgelöst

Fall 109: 23 Jahre, w, Jahresaufenthaltsbewilligung, in Basel geboren, Coiffeuse, lebt bei Eintritt in die Sozialhilfe mit ihrer in Ausbildung befindlichen Schwester zusammen, verschiedene Temporäreinsätze, zuletzt im Telefonmarketing, wird nach einem Monat entlassen, kein Anspruch auf Arbeitslosentaggeld, abgelöst mit neuer Stelle im Telefonmarketing.
Fall 110: 19 Jahre, Schweizer, in Basel geboren, schliesst Lehre als Informatiker ab, wohnt bei Eintritt in die Sozialhilfe mit der Mutter zusammen in einer zu teuren Wohnung (Sozialhilfe verfügt Wohnung), abgelöst mit einer Festanstellung als Informatiker.
Fall 111: 23 Jahre, Schweizer, Elektromonteur, in Basel geboren, ist bei Eintritt in die Sozialhilfe seit einem Jahr arbeitslos, nun ausgesteuert, lebt mit seiner ebenfalls arbeitslosen Freundin zusammen, findet Temporärstelle für 7 Monate.
Fall 112: 22 Jahre, Schweizerin, Verkäuferin, aus Basel-Landschaft zugezogen, ein Kind, hat sich bei Eintritt in die Sozialhilfe gerade vom Kindsvater getrennt, lebt vom Ersparten und von der Unterstützung durch die Mutter, arbeitet vor der Schwangerschaft in einer Grossmetzgerei, will Tagesmutter werden, wird von der Sozialhilfe in eine Stelle als Lagerarbeiterin (30%) vermittelt.
Fall 113: 22 Jahre, m, Niederlassungsbewilligung, Anlehre Holzbearbeitung in einer Erziehungsanstalt, in Basel geboren, erhält Kündigung wegen Auftragslage, wartet bei Eintritt in die Sozialhilfe auf Arbeitslosentaggelder, Zwischenverdienst in Sicherheitsfirma, findet über Arbeitsamt Anstellung im Transportgewerbe.

Fortsetzung Tabelle 57:

Fall 114: 25 Jahre, m, Niederlassungsbewilligung, Automonteur, aus Basel-Landschaft zugezogen, war bei Eintritt in die Sozialhilfe zwei Jahre arbeitslos, nun ausgesteuert, wohnt bei seiner Mutter (Invalidenrentnerin mit Ergänzungsleistungen), wird wegen Schulden betrieben, findet Aushilfsstelle auf Provisionsbasis.
Fall 115: 20 Jahre, m, Niederlassungsbewilligung, keine Berufsausbildung, in Basel geboren, wird kurz vor dem Eintritt in die Sozialhilfe fristlos entlassen und wartet auf Arbeitslosentaggeld, erhält dann Sozialhilfe zusätzlich zum zu niedrigen Arbeitslosentaggeld, findet über Temporärbüro Stelle als Aushilfe bei der Post.
Fall 116: 19 Jahre, Schweizerin, keine Berufsausbildung, ist bei Eintritt in die Sozialhilfe schwanger und wurde von der Mutter aus der Wohnung geworfen, lebt bei Eintritt in die Sozialhilfe von geliehenem Geld, hat sich vom zukünftigen Kindsvater getrennt, kurz nach dem Eintritt in die Sozialhilfe treibt sie das Kind ab, erhält vom Arbeitsamt Einstelltage, tritt in Beschäftigungsprogramm ein, nebenher diverse Zwischenverdienste im Restaurant-Service, findet Einsatz als Hilfskraft an einer Tankstelle.
Fall 117: 18 Jahre, Schweizerin, keine Berufsausbildung, aus dem Ausland (Südostasien) zugezogen, lebt bei Eintritt in die Sozialhilfe vom Ehemann getrennt, ein Kind, spricht schlecht Deutsch, findet Stelle an der Kasse im Service einer Fast-Food-Kette.
Fall 118: 22 Jahre, w, Niederlassungsbewilligung, keine Berufsausbildung, ist verheiratet und bei Eintritt in die Sozialhilfe schwanger, Ehemann verdient unter Fr. 3000.- pro Monat, kann stundenweise in einer Wäscherei arbeiten, wird wegen Auftragslage entlassen, kein Anspruch auf Arbeitslosentaggeld, kann erneut für 6 Monate in der Wäscherei arbeiten.
Fall 119: 22 Jahre, Schweizer, keine Berufsausbildung, ist kurz vor Eintritt in die Sozialhilfe aus Südamerika zurückgekommen (ehem. Auslandsschweizer), spricht kaum Deutsch, verschiedene Temporäreinsätze, nun kein Anspruch mehr auf Arbeitslosentaggelder, wohnt mit Geschwistern zusammen, Wohnung wird wegen Mietausständen zwangsgeräumt, findet Stelle als Barkeeper.
Fall 120: 18 Jahre, w, Jahresaufenthaltsbewilligung, keine Berufsausbildung, wird bis zur Volljährigkeit mit der Mutter unterstützt, erhält Kündigung als Hilfskraft im Tagesheim, findet Stelle als Aushilfe in einer Bäckerei.
Fall 121: 25 Jahre, Niederlassungsbewilligung, keine Berufsausbildung, gerade aus Basel-Landschaft zugezogen, Temporäreinsatz, bei Eintritt in die Sozialhilfe kein Anspruch auf Arbeitslosentaggeld, wohnt alleine in einer zu teuren Wohnung (Sozialhilfe verfügt die Wohnung), diverse Betreibungen, wird operiert, 50% krankgeschrieben, findet Teilzeitstelle als Hilfsarbeiter.

Bei der Analyse der von der Sozialhilfe als erfolgreich abgelöst verstandenen Fälle wiederholen sich aus Sicht des „Capability-Ansatzes" bereits konstatierte Strukturen. So treten viele der jungen Erwachsenen in einer Situation in die Sozialhilfe ein, der bereits eine Verschlechterung der Handlungsmöglichkeiten vorausgegangen ist: unqualifizierte Beschäftigungsverhältnisse (auch trotz Ausbildung), Verschuldung, Rauswurf aus dem Elternhaus, Trennung vom Partner / von der Partnerin. In dieser Mischung aus ökonomischer, sozialer und kultureller Mangel- und Armutslage sind erfolgreiche Fälle durchaus vergleichbar mit den bisher beschriebenen. Zudem ist - und auch dies ist eine Spiegelung bisheriger Erkenntnisse - die Ablösung keine qualifizierende, Temporäreinsätze und Hilfsarbeit dominieren, es zeigt sich eine hohe Branchenmobilität (vom Einsatz im Tagesheim zur Verkäuferin, von der Verkäuferin in einer Grossmetzgerei zur Hilfskraft an der Tankstelle).

Das heisst, dass die Sozialhilfe zwar erfolgreiche Ablösungen konstatieren kann, dies aber aus Sicht der jungen Erwachsenen eher mit einem Eintritt in neue Prozesse der Prekarität und Unbeständigkeit verbunden ist (z.B. niedrige Arbeitseinkommen, Entwertung von Bildungskapital). Selbst ein Berufsabschluss scheint keine sichere Berufsposition nach sich zu ziehen, es handelt sich wohl eher um eine Gelegenheitsstruktur (Eintritt in irgendeine Arbeit, die sich anbietet) statt um eine Anbieterstruktur (Suche nach einer Arbeit, für die die Person ausgebildet ist oder in der sie bereits Erfahrung gesammelt hat). Ein Wiedereintritt in die Sozialhilfe oder eine andere Institution der sozialen Sicherheit (z.B. Arbeitsamt) wird damit wahrscheinlich. Handlungsfähigkeiten werden nur im finanziellen Bereich verbessert und auch nur dann, wenn der Verdienst reale Wahlmöglichkeiten zur Folge hat. Sowohl im kulturellen als auch sozialen Kapital werden sich kaum mittel- bis langfristige Prozesse des „capability enlargements" einstellen.

Die Stichprobe unterstützt demnach die These, dass die Sozialhilfe wie auch das Arbeitsamt kaum Einfluss auf eine Verbesserung der vertikalen Positionierung auf dem Arbeitsmarkt haben (haben können). Zudem bleibt sowohl der Einstieg in Beschäftigungsverhältnisse als auch der Wechsel zwischen ihnen den jungen Erwachsenen überlassen. So wird die Verantwortung für den sozialen Aufstieg aber auch für die horizontale Mobilität grundsätzlich individualisiert, d.h. den jungen Erwachsenen selbst überlassen.

Doch obwohl es zu ökonomischen Destabilisierungsprozessen durch Leistungskürzungen, sozialen Entwurzelungsprozessen durch Wohnsitzverfügungen und Richtlinienänderungen, rechtlichen Destabilisierungsprozessen durch Ausweisungsandrohungen und „erfolgreichen" Vermittlungen in unsichere Beschäftigungsverhältnisse kommt, ist die Stadt für die jungen Erwachsenen lukrativ. Es ist diese „Stadtluft"-Einstellung, die die jungen Menschen in den Zentren verharren lässt und andere in die Städte zieht, selbst wenn sie kaum Perspektiven ökonomischen Aufstiegs sehen. Dabei ist - das macht die vorliegende Untersuchung deutlich - die ökonomische Freiheit weit weniger wichtig als die soziale und kulturelle. Wer beispielsweise als Drogenkonsument in die Stadt zieht, ist motiviert, weil er dort (oftmals sogar halb legale) Bedingungen des Handels und Konsums vorfindet, wie er sie in einer kleineren Gemeinde nicht geboten bekommt. Hinzu kommt ganz generell ein Konfigurationsvorteil: Welche Normabweichung eine Person auszeichnet, ob sie auf der Gasse lebt, an psychischen Gebrechen leidet, sich als Aussteiger bezeichnet, Drogen konsumiert oder in den Tag hineinlebt - immer findet sie im städtischen Umfeld Gleichgesinnte, mit denen sie zusammentreffen, einen Teil ihres Alltags teilen kann. So konfiguriert sich ein Gruppengefühl, ein Verständnis und eine Legitimation für das eigene Tun.

Hinzu kommen verstärkende Effekte, die durch städtische Akteure insbesondere in sozialen Institutionen ausgelöst werden. Basel beispielsweise verfügt über eine grosse Zahl von Programmen, Institutionen, Netzwerken und frei getragenen Angeboten, die sich speziell an Personen richten, die keine Normalarbeitsbiographie aufweisen. Dieses dichte Versorgungsnetz wirkt immer auch als Pullfaktor für junge Menschen in ähnlichen Lebenssituationen, die von ausserhalb an diesem städtischen Versorgungsnetz partizipieren wollen und sich in der Folge in der Stadt niederlassen. Es gleicht einem irreversiblen Prozess: Weil sich in Basel in den 1980er Jahren viele Drogenprobleme konzentrierten, wurde ein Drogenstammtisch initiiert, der Vertreterinnen und Vertreter aus Politik, Wirtschaft, dem sozialen Bereich sowie Anwohnerinnen und Anwohner vereinte. Unterstützt durch die Medien wurde die Frage des Umgangs mit Drogenabhängigen in die Öffentlichkeit getragen. So wurde es möglich, eine Drogenpolitik zu formulieren, die für die Schweiz einmalig war und im benachbarten Ausland als vorbildlich gilt und unter anderem darauf aufbaut, einen kontrollierten Drogenkonsum unter sozialpädagogischer Begleitung zu ermöglichen. Konsequenterweise wurde die Drogeninsel Basel das Ziel vieler nichtbaslerischer Konsumentinnen und Konsumenten. Orte gemeinsamer Alltagskultur entstanden mit den Gassenzimmern und ihrer umgebenden Infrastruktur, die Öffnungszeiten wurden verlängert und ausgeweitet, weil sich die Zahl der Klientinnen und Klienten deutlich erhöhte. Zuletzt wurde zur Diskussion gestellt, ob in den Gassenzimmern nicht auch die Einnahme anderer Drogen ausser Heroin (z.B. Rohypnol) empfohlen werden sollte, weil vor den Gassenzimmern die jungen Menschen bereits neue Formen des Drogenkonsums, z.B. Folienrauchen praktizierten (siehe dazu Drilling 2000b).

Was für den Drogenkonsum aufgezeigt werden kann, das gilt auch für weitere Themen. Basel verfügt - wie bereits erwähnt - über mehrere Dutzend Beschäftigungs- und Integrationsprogramme. Für die jungen Erwachsenen wurden in den vergangenen Jahren spezielle Förderungsinstitutionen gegründet, die die Zusammenarbeit mit Wirtschaft, Schule und Verwaltung suchen; zahlreiche Stiftungen werben für die Integration gerade von jungen Menschen, das Basler Integrationsleitbild hebt darauf ab. Mit anderen Worten: Basel ist eben auch attraktiv für junge Menschen, denen die Eingliederung in den ersten Arbeitsmarkt nicht leicht fällt oder die keinen adäquaten Zugang finden. Diese Funktion wird immer eine Last der Kernstädte bleiben und auf die Umlandgemeinden zurückwirken. Nicht wenige junge Erwachsene aus dem Nachbarkanton Basel-Landschaft haben deshalb den Zuzug nach Basel gewählt, weil die Chancen des Einstiegs in der Stadt grösser sind, weil sie als Sozialhilfeempfängerinnen und -empfänger weniger stigmatisiert sind. Und nicht selten hat der Sozialdienst der Geburtsgemeinde auch darauf hingewiesen. Es ist nachvollziehbar, dass in einer solchen sozialpädagogischen Stadt das Angebot mit jedem neu auftauchenden Problem wachsen wird, was wiederum die Pullfaktoren verstärken wird.

Die sozialen Abstiege der jungen Erwachsenen finden also zwar vor dem Hintergrund städtischer Differenzierungsprozesse statt, die räumliche Struktur einer Stadt ist aber nicht einfach eine „Übersetzung" der sozialen Position. Vielmehr bauen die jungen Erwachsenen den Stadt-Raum in ihre Bewältigungsstrategien ein, sie konstruieren ihn. Damit plädiert die vorliegende Studie für einen handlungstheoretischen Blick auf die Stadt, ohne aber wichtige Erkenntnisse „traditioneller" Stadtforschung zu verneinen: Insbesondere die in der theoretischen Folge der Chicagoer Schule stehenden Stadtstrukturmodelle und Forschungen zur sozialräumlichen Stadtgliederung haben Differenzierungsmodelle entwickelt, die auch für Basel gelten, sowohl gentrifizierte Stadtteile als auch „aufgegebene Teile" identifizieren, und eine Korrespondenz von verkehrsbelasteten Strassenzüge, Bauten niedriger Wohnqualität und die ehemals industriell-gewerblich genutzten Wohnareale mit den Wohnstandorten der SozialhilfebezieherInnen und der AusländerInnen insbesondere aus den neueren Herkunftsländern konstatieren. In Basel - wie in anderen grösseren Städten - lässt sich eine Ausdifferenzierung der Stadtgesellschaft nachweisen, die eine Spaltung der Stadtstruktur nach ökonomischen, sozialen und kulturellen Merkmalen zur Folge hat.

Die hier relevante Stadtforschung, und das ist die Forschung zur Segregation und Stadtstruktur, zeigt allerdings nur die eine Seite städtischer Realitäten und begrenzt die Stadt auf eine territoriale Kategorie, ein räumliches Gebilde. Die andere Seite der Stadt zu betrachten, wäre, sie aus der Perspektive der Akteure zu sehen: Die Stadt als gegeben anzunehmen und auf die Stile der Lebensführung, auf die urbanen Lebensformen, auf die Handlungen und den Prozess der zur Konstitution der Stadt führt, zu fokussieren.

> „Stadt ist ein Ausdruck sozial-kultureller Grundprinzipien des Handelns. In diesem Sinne ist alles Städtische als Summe beabsichtigter und unbeabsichtigter Folgen zu begreifen, die ihrerseits zu jedem Zeitpunkt zur Bedingung und/oder Mittel des Handelns wird." (Werlen 2002, 212)

Diese handlungstheoretische Ausgangsposition meint Werlen (1999), wenn er von der „Geographie alltäglicher Regionalisierung", Hartke (1962) vom „Geographie-machen", Reutlinger (2003) von „Bewältigungskarten" oder die vorliegende Arbeit von der Bedeutung der Stadt spricht. Von den Sozialhilfe beziehenden jungen Erwachsenen in der Stadt Basel auszugehen (und nicht von der Verteilung der Sozialhilfeabhängigen jungen Erwachsenen in der Stadt Basel) bedeutet also, deren Handlungsstrategien (Bewältigungsleistung) anzuerkennen, den sozialen Raum von ihren Handlungen her zu charakterisieren. Diese Aneignungsprozesse zu berücksichtigen verlässt das oben beschriebene „Container-Modell" des Raumes, ermöglicht einen prozesshaften Raumbegriff und lässt ein Nebeneinander von verschiedenen Raumkonstitutionen zu. Diese verschiedenen Konstitutionen sind in der vorliegenden Arbeit als „bedeutungslose Stadt", „geteilte Stadt", „sozialpädagogische Stadt", „segregierte Stadt" und „Stadt als zentraler Ort" typisiert worden.

Am Ende steht die bereits verschiedentlich angedeutete Frage, ob es sich bei den „young urban poor" um eine „new urban underclass" handelt. Zwar leben nur wenige von ihnen dauerhaft von Sozialhilfe, können sich zumeist nach einer Phase der Unterstützung ablösen; die Beschäftigungs- und Lebensverhältnisse aber, in die sie sich ablösen, sind nach den Ergebnissen der vorliegenden Studie eher durch Prekarität gekennzeichnet als durch Sicherheit. Die „young urban poor" sind zu einem grossen Teil nach dem Austritt aus der Sozialhilfe in den Arbeitsmarkt auch die „*young working poor*". Statusinkonsistenzen sind allerdings nicht nur innerhalb der Erwerbsverläufe der jungen Erwachsenen selten, sondern auch innerhalb der Generationenfolge: Betrachten wir die Ressourcen der Herkunftsfamilien, dann dominieren bereits dort eine Niedriglohnproblematik und die Notwendigkeit zum Zweiteinkommen des Ehepartners (wo vorhanden).

Wir scheinen also der Herausforderung gegenüberzustehen, dass eine (für die Schweiz noch genauer zu quantifizierende) Zahl von jungen Erwachsenen als finanziell, sozial und/oder kulturell arm zu bezeichnen ist und diese Armut dauerhaft ist, allerdings nicht immer in Form von Sozialhilfebedürftigkeit ihren Ausdruck findet (z.B. weil sich Antragsberechtigte keine grösseren Vorteile durch die Unterstützung versprechen). Dies wäre aus finanzpolitischen Gründen kurzfristig erwünschbar, sozialpolitisch ist dies allerdings kontraproduktiv, weil sich dadurch soziale Ungleichheit (evtl. auch in der Generationenfolge) fundamentiert. Insbesondere scheint die gesellschafts- und wirtschaftspolitische Einstellung gegenüber dieser Entwicklung überdenkenswert. Denn die Ausweitung, Verfestigung, Ethnisierung und in soziale Bereiche diffundierende Armut (und damit der Abstiegsprozess der jungen Erwachsenen in der städtischen Sozialhilfe) findet in einem politischen Umfeld statt, dass die Ursachen für die finanziellen Krisen eher im individuellen Versagen als in den gesellschaftlichen Bedingungen sucht, dass die Verantwortung für die Veränderung eher den Einzelnen überträgt als den staatlichen Institutionen. Die modernen Gesellschaften antworten auf die Herausforderungen der Moderne eher mit Konzepten des „alten Europas", etwa der Wiederentdeckung ordoliberaler Konzeptionen wie sie Margret Thatcher, Ronald Reagan oder Helmut Kohl eröffnet haben, wie sie sich aber auch in Strategie- und Reformpapieren der Sozialdemokratie wiederfinden. Entsprechend kommt es zu einer Ausdünnung sozialstaatlicher Sicherung, einer Konzentration auf das „Wesentliche", der Diskussion, nur noch die „Grundversorgung" sicherzustellen und den zu belohnen, der sich in die „arbeitsplatzlosere" Arbeitsgesellschaft wie auch immer zu integrieren bemüht. Auch dies macht das Neue der „neuen Armut" aus: Sie zeigt sich nicht nur jenseits von Klasse und Stand, ist individualisierter, alltäglicher, geht mit kulturellen und sozialen Mangellagen einher. Sie kann und will auch nicht mehr von Seiten der Sozialstaaten bedingungslos beseitigt werden.

10   Literaturverzeichnis

Akademie für Menschenrechte, Bewegung für eine offene demokratische und solidarische Schweiz, Schweizerischer Evangelischer Kirchenbund, Schweizerischer Friedensrat & VPOD (Eds.). (1998). *Internationaler Pakt über wirtschaftliche, soziale und kulturelle Rechte (Pakt I). 1. NGO-Kommentar an die UNO*. Bern: Selbstverlag. [Online] Available: http://www.humanrights.ch/schweiz/umsetzung_uno/pdf/020612_ngo_sozialpakt.pdf.

Albrow, M. (1998). Auf Reisen jenseits der Heimat. Soziale Landschaften in einer globalen Stadt. In U. Beck (Ed.), *Kinder der Freiheit* (S. 288-314). Frankfurt a.M.: Suhrkamp.

Alisch, M. (1998). *Stadtteilmanagement. Voraussetzungen und Chancen für die soziale Stadt*. Opladen: Leske und Budrich.

Alisch, M. & Dangschat, J. S. (1996). Die Akteure der Gentrifizierung und ihre „Karrieren". In J. Friedrichs & R. Kecskes (Eds.), *Gentrification. Theorie und Forschungsergebnisse* (S. 95-129). Opladen: Leske und Budrich.

Alisch, M. & Dangschat, J. S. (1998). *Armut und soziale Integration. Strategien sozialer Stadtentwicklung und lokaler Nachhaltigkeit*. Opladen: Leske und Budrich.

Alkire, S. (2002). *Valuing Freedoms. Sen's Capability Approach and Poverty Reduction*. Oxford: University Press.

Allardt, E. (1993). Having, Loving, Being: An Alternative to the Swedish Model of Welfare Research. In M. Nussbaum & A. Sen (Eds.), *The Quality of Life* (S. 88-94). Oxford: University Press.

Amato, P. R. & Booth, A. (1997). *A generation at risk. Growing up in era of family upheaval*. Cambridge, Mass.: Harvard University Press.

Amt für Raumplanung des Kantons Zürich. (1997). Sozial-räumliche Durchmischung. *Raumbeobachtung Kanton Zürich, September 1997*(19).

Andrä, H. (2000). Begleiterscheinungen und psychosoziale Folgen von Kinderarmut: Möglichkeiten pädagogischer Intervention. In C. Butterwegge (Ed.), *Kinderarmut in Deutschland. Ursachen, Erscheinungsformen und Gegenmassnahmen* (S. 270-285). Frankfurt a.M.: Campus.

Arbeiterwohlfahrt Bundesverband (Ed.). (2000). *AWO-Sozialbericht 2000. Gute Kindheit - schlechte Kindheit. Armut und Zukunftschancen von Kindern und Jugendlichen in Deutschland*. Bonn: Selbstverlag.

Baacke, D. (1999). Kinder und Jugendliche: Zwischen Konsumwerbung und Selbstsozialisation. Zu neuen Konstellationen der Beeinflussung und Meinungsbildung. In R. Kaufmann-Hayoz & C. Künzli (Eds.), *„...man kann ja nicht einfach aussteigen." Kinder zwischen Umweltangst und Konsumlust* (S. 101-128). Zürich: vdf.

Bacher, J. (1996). *Clusteranalyse. Anwendungsorientierte Einführung*. München: Oldenbourg.

Bacher, J. (2002). *Cluster Analysis*. Nürnberg: Institut für Soziologie, Skript. [Online] Available: http://www-.soziologie.wiso.uni-erlangen.de/koeln/script/script.pdf.

Backer, E. (1995). *Computer-assisted Reasoning in Cluster Analysis*. New York: Prentice Hall.

Backhaus, K., Erichson, B., Plinke, W. & Weiber, R. (1996). *Multivariate Analysemethoden. Eine anwendungsorientierte Einführung*. Berlin: Springer.

Baethge, M. (1985). Individualisierung als Hoffnung und als Verhängnis. In R. Lindner & H. H. Wiebe (Eds.), *Verborgen im Licht. Neues zur Jugendfrage* (S. 98-124). Frankfurt a.M.: Syndikat.

BAGS Hamburg (Ed.). (1996). *Armut in Hamburg. Beiträge zur Sozialberichterstattung* (Nachdruck ed.). Hamburg: Behörde für Arbeit - Gesundheit und Soziales der Freien Hansestadt Hamburg.

BAGS Hamburg (Ed.). (1998). *Armut in Hamburg II. Beiträge zur Sozialberichterstattung* (2. Aufl. ed.). Hamburg: Behörde für Arbeit - Gesundheit und Soziales der Freien Hansestadt Hamburg.

Balestrino, A. (1996). A note on functioning-poverty in affluent societies. *Notizie die Politeia, 12*(43/44), 97-105.

Basu, K. (1987). Achievements, capabilities and the concept of well-being. *Social Choice and Welfare, 4*, 69-76.

Bauer, T. (1998). *Kinder, Zeit und Geld. Eine Studie im Auftrag des Bundesamtes für Sozialversicherung*. Bern: Bundesamt für Sozialversicherung.

Bauer, T. & Wyss, U. (1997). *Sozialhilfe zwischen Abbau und Grundrecht. Eine Analyse zu den Voraussetzungen für die materielle Durchsetzung des Grundrechts auf soziale Existenzsicherung*. Bern: Büro für arbeits- und sozialpolitische Studien BASS.

Bauer, U. (2002a). Selbst- und/oder Fremdsozialisation. Zur Theoriedebatte in der Sozialisationsforschung. *Zeitschrift für Soziologie der Erziehung und Sozialisation, 22*(2), 118-142.

Bauer, U. (2002b). Sozialisation und die Reproduktion sozialer Ungleichheit. Bourdieus politische Soziologie und die Sozialisationsforschung. In U. J. Bittlingmayer, R. Eickelpasch, J. Kastner & C. Rademacher (Eds.), *Theorie als Kampf? Zur politischen Soziologie Pierre Bourdieus* (S. 415-447). Opladen: Leske und Budrich.

Beck, U. (1983). Jenseits von Stand und Klasse? Soziale Ungleichheiten, gesellschaftliche Individualisierungsprozesse und die Entstehung neuer sozialer Formationen und Identitäten. In R. Kreckel (Ed.), *Soziale Ungleichheiten. Soziale Welt Sonderband 2* (S. 35-74). Göttingen: Otto Schwartz & Co.

Beck, U. (1986). *Risikogesellschaft. Auf dem Weg in eine andere Moderne*. Frankfurt a.M.: Suhrkamp.

Beck, U. (1998). Kinder der Freiheit: Wider das Lamento über den Werteverfall. In U. Beck (Ed.), *Kinder der Freiheit* (S. 9-33). Frankfurt a.M.: Suhrkamp.

Beck, U. & Beck-Gernsheim, E. (1994a). Individualisierung in modernen Gesellschaften. Perspektiven und Kontroversen einer subjektorientierten Soziologie. In U. Beck & E. Beck-Gernsheim (Eds.), *Riskante Freiheiten* (S. 10-39). Frankfurt a.M.: Suhrkamp.

Beck, U. & Beck-Gernsheim, E. (Eds.). (1994b). *Riskante Freiheiten*. Frankfurt a.M.: Suhrkamp.

Beck, U. & Willms, J. (2000). *Freiheit oder Kapitalismus? Ulrich Beck im Gespräch mit Johannes Willms*. Frankfurt a.M.: Suhrkamp.

Beck-Gernsheim, E. (1989). Freie Liebe, freie Scheidung. Zum Doppelgesicht von Freisetzungsprozessen. In A. Weymann (Ed.), *Handlungsspielräume. Untersuchungen zur Individualisierung und Institutionalisierung von Lebensläufen in der Moderne* (S. 105-119). Stuttgart: Ferdinand Enke.

Beck-Gernsheim, E. (1994). Auf dem Weg in die postfamiliale Familie. Von der Notgemeinschaft zur Wahlverwandschaft. In U. Beck & E. Beck-Gernsheim (Eds.), *Riskante Freiheiten* (S. 115-138). Frankfurt a.M.: Suhrkamp.

Beck-Gernsheim, E. (2001). Von der Bastelbiographie zur Bastelkultur. Über binationale Paare und Migrantenfamilien. In A. Brosziewski, T. S. Eberle & C. Maeder (Eds.), *Moderne Zeiten. Reflexionen zur Multioptionsgesellschaft* (S. 245-262). Konstanz: UVK Verlagsgesellschaft.

Bell, R. R. (1965). The Adoleszent Subculture. In H. Friedeburg (Ed.), *Jugend in der modernen Gesellschaft*. Köln: Kiepenheuer und Witsch.

Benner, J., Borbély, D., Gern, K.-J., Kamps, C., Kuhn, A., Sander, B., Scheide, J. & Strauss, H. (2002). Weltwirtschaft erholt sich. *Die Weltwirtschaft*(1), 1-30.

Berger, C., Hildenbrand, B. & Somm, I. (2002). *Die Stadt der Zukunft. Leben im prekären Wohnquartier*. Opladen: Leske und Budrich.

Berger, P. A. (1986). *Entstrukturierte Klassengesellschaft? Klassenbildung und Strukturen sozialer Ungleichheit im historischen Wandel*. Opladen: Westdeutscher Verlag.

Berger, P. A. (1996). *Individualisierung. Statusunsicherheit und Erfahrungsvielfalt*. Opladen: Westdeutscher Verlag.

Berger, P. A. & Hradil, S. (1990). Die Modernisierung sozialer Ungleichheiten - und die neuen Konturen ihrer Erforschung. In P. A. Berger & S. Hradil (Eds.), *Lebenslagen, Lebensläufe, Lebensstile. Soziale Welt Sonderband 7* (S. 3-24). Göttingen: Otto Schwartz & Co.

Berger, P. A. & Vester, M. (Eds.). (1998). *Alte Ungleichheiten - neue Spaltungen*. Opladen: Leske und Budrich.

Berlin, I. (1969). *Four Essays on Liberty*. Oxford: Clarendon Press.

Bertram, H. & Dannenbeck, C. (1990). Pluralisierung von Lebenslagen und Individualisierung von Lebensführungen. Zur Theorie und Empirie regionaler Disparitäten in der Bundesrepublik Deutschland. In P. A. Berger & S. Hradil (Eds.), *Lebenslagen, Lebensläufe, Lebensstile. Soziale Welt Sonderband 7* (S. 207-230). Göttingen: Otto Schwartz & Co.

Bertram, H. & Kreher, S. (1996). Lebensformen und Lebensläufe in diesem Jahrhundert. *Aus Politik und Zeitgeschehen, B 42*(11.10.1996), 18-30.

Birchmeier, U. (2002). Ökonomische Aspekte der atypischen Beschäftigungsformen am schweizerischen Arbeitsmarkt. *Die Volkswirtschaft, 4*, 8-13.

Blasius, J. (1993). *Gentrification und Lebensstile. Eine empirische Untersuchung*. Wiesbaden: Deutscher Universitätsverlag.

Blasius, J. & Winkler, J. (1989). Gibt es die „feinen Unterschiede". Eine empirische Überprüfung der Bourdieuschen Theorie. *Kölner Zeitschrift für Soziologie und Sozialpsychologie, 41*(1), 53-94.

Blum, E. (Ed.). (1996). *Wem gehört die Stadt? Armut und Obdachlosigkeit in den Metropolen*. Basel: Lenos.

Bluntschli, F., Höhn, R., Mönig, E., Wolfensberger, L. & Hauser, J. A. (1980). *Empirische Aspekte der Fürsorgebedürftigkeit am Beispiel des Kantons Zürich*. Bern: Haupt.

Bobek, H. (1948). Die Stellung und Bedeutung der Sozialgeographie. *Erdkunde, 2*, 118-125.

Boeke, J. H. ([1966] 1980). Dualism in Colonial Societies. In H.-D. Evers (Ed.), *Sociology of South-East Asia. Readings on Social Change and Development*. Oxford: Oxford University Press.

Bohle, H.-G. (1981). *Bewässerung und Gesellschaft im Cauvery-Delta (Südindien)*. Wiesbaden: Franz Steiner.

Bohle, H. G., Downing, T. E., Field, J. O. & Ibrahim, F. N. (Eds.). (1993). *Coping with Vulnerability and Criticality*. Saarbrücken: Breitenbach.

Bolte, K. M. & Hradil, S. (1988). *Soziale Ungleichheit in der Bundesrepublik Deutschland*. Opladen: Leske und Budrich.

Bornschier, V. (Ed.). (1991). *Das Ende der sozialen Schichtung? Zürcher Arbeiten zur gesellschaftlichen Konstruktion von sozialer Lage und Bewusstsein in der westlichen Zentrumsgesellschaft*. Zürich: Seismo.

Bornschier, V. (2001). Gesellschaftlicher Zusammenhalt und Befähigung zu Sozialkapitalbildung - Determinanten des generalisierten Vertrauens im explorativen Vergleich demokratischer Marktverfassungen. *Schweizerische Zeitschrift für Soziologie, 27*(3), 441-473.

Borst, R. & Krätke, S. (1993). Stadt der Inseln. Die sozialräumliche Ausdifferenzierung „metropolitaner" Stadtregionen. *Zeitschrift für sozialistische Politik und Wirtschaft*(72), 22-31.

Bortz, J. (1993). *Statistik für Sozialwissenschaftler*. Berlin: Springer.

Bourdieu, P. (1971). *Die Illusion der Chancengleichheit. Untersuchung zur Soziologie des Bildungswesens am Beispiel Frankreich*. Stuttgart: Ernst Klett.

Bourdieu, P. (1983). Ökonomisches Kapital, kulturelles Kapital, soziales Kapital. In R. Kreckel (Ed.), *Soziale Ungleichheiten. Soziale Welt Sonderband 2* (S. 183-198). Göttingen: Otto Schwartz & Co.

Bourdieu, P. (1987). *Die feinen Unterschiede. Kritik der gesellschaftlichen Urteilskraft*. Frankfurt a.M.: Suhrkamp.

Bourdieu, P. (1991). Physischer, sozialer und angeeigneter physischer Raum. In M. Wentz (Ed.), *Stadt-Räume* (S. 25-34). Frankfurt: Campus.

Bourdieu, P. (1993). *Soziologische Fragen*. Frankfurt a.M.: Suhrkamp.

Bourdieu, P. (1997). *Das Elend der Welt. Zeugnisse und Diagnosen alltäglichen Leidens an der Gesellschaft*. Konstanz: Universitätsverlag.

Bourdieu, P. (1998). *Praktische Vernunft. Zur Theorie des Handelns*. Frankfurt a.M.: Suhrkamp.

Bourdieu, P. (2000). *Die zwei Gesichter der Arbeit. Interdependenzen von Zeit- und Wirtschaftsstrukturen am Beispiel einer Ethnologie der algerischen Übergangsgesellschaft*. Konstanz: Universitätsverlag.

Brater, M. (1998). Schule und Ausbildung im Zeichen der Individualisierung. In U. Beck (Ed.), *Kinder der Freiheit* (S. 149-174). Frankfurt a.M.: Suhrkamp.

Braun, N., Diekmann, A., Weber, J. P. & Zahner, C. (1995). *Die Berner Drogenszene*. Bern: Haupt.

Braun, S. (2001). Putnam und Bourdieu und das soziale Kapital in Deutschland. Der rhetorische Kurswert einer sozialwissenschaftlichen Kategorie. *Leviathan, 29*(3), 337-354.

Bremer, P. & Gestring, N. (1997). Urban Underclass - neue Formen der Ausgrenzung in deutschen Städten. *Prokla - Zeitschrift für kritische Sozialwissenschaft, 27*(1), 55-76.

Brinkhoff, K.-P. (1996). Kindsein ist kein Kinderspiel. Über die veränderten Bedingungen des Aufwachsens und notwendige Perspektiverweiterung in der modernen Kindheitsforschung. In J. Mansel (Ed.), *Glückliche Kindheit - schwierige Zeit? Über die veränderten Bedingungen des Aufwachsens* (S. 25-39). Opladen: Leske und Budrich.

Bruhns, K. & Mack, W. (Eds.). (2001). *Aufwachsen und Lernen in der Sozialen Stadt. Kinder und Jugendliche in schwierigen Lebensräumen*. Opladen: Leske und Budrich.

Bude, H. (1998). Die Überflüssigen als transversale Kategorie. In P. A. Berger & M. Fester (Eds.), *Alte Ungleichheiten. Neue Spaltungen* (S. 363-382). Opladen: Leske und Budrich.

Buhmann, B. I. (1988). *Wohlstand und Armut in der Schweiz. Eine empirische Analyse für 1982*. Grüsch: Rüegger.

Buhr, P. (1995). *Dynamik von Armut. Dauer und biographische Bedeutung von Sozialhilfebezug*. Opladen: Westdeutscher Verlag.

Buhr, P. (2001). Übergangsphase oder Teufelskreis? Dauer und Folgen von Armut bei Kindern. In A. Klocke & K. Hurrelmann (Eds.), *Kinder und Jugendliche in Armut. Umfang, Auswirkungen und Konsequenzen* (S. 78-92). Wiesbaden: Westdeutscher Verlag.

Bundesamt für Gesundheit. (2003). *Stay in Touch. 3rd European Conference Youth Work, Youth Care and Drug Prevention*. Bern: Bundesamt für Gesundheit.

Bundesamt für Industrie - Gewerbe und Arbeit. (1996). *Erster Bericht der Schweiz zur Umsetzung des internationalen Paktes über wirtschaftliche, soziale und kulturelle Rechte*. Bern. [Online] Available: http://www.humanrights.ch.

Bundesamt für Industrie - Gewerbe und Arbeit. (1998). *Zweiter periodischer Bericht der Schweizer Regierung zum Pakt II an den Menschenrechtsausschuss der Vereinten Nationen*. Bern: Bundesdrucksache. [Online] Available: http://www.humanrights.ch/schweiz/umsetzung_uno/pdf/020606_ch_zivilpakt_d.pdf.

Bundesamt für Statistik. (2002). *Gesamtarbeitsvertragliche Mindestlöhne in der Schweiz zwischen 1999 und 2001. Pressemitteilung. Nr. 0350-0203-10*. Neuenburg: Bundesamt für Statistik.

Bundesamt für Statistik. (2003). Berufliche Mobilität von 1992 bis 2002. *SAKE-News*(10), 1-24.

Bundesministerium für Arbeit und Sozialordnung. (2001a). *Lebenslagen in Deutschland. Der erste Armuts- und Reichtumsbericht der Bundesregierung. Bericht*. Bonn: Bundesministerium für Arbeit und Sozialordnung.

Bundesministerium für Arbeit und Sozialordnung (Ed.). (2001b). *Lebenslagen in Deutschland. Der erste Armuts- und Reichtumsbericht der Bundesregierung. Daten und Fakten. Materialband zum ersten Armuts- und Reichtumsbericht der Bundesregierung*. Bonn: Bundesministerium für Arbeit und Sozialordnung.

Bundesministerium für Familie - Senioren - Frauen und Jugend (Ed.). (2002). *Elfter Kinder- und Jugendbericht. Bericht über die Lebenssituation von Kindern und die Leistungen der Kinderhilfen in Deutschland*. Bonn: Bundesministerium für Familie, Senioren, Frauen und Jugend.

Burian, W. (1995). Die Psychodynamik der Adoleszenz und die Suchtentwicklung. In R. Brosch & G. Juhnke (Eds.), *Jugend und Sucht* (S. 7-14). Wien: Orac.

Burkart, G. (1998). *Die Attraktoren der Armut. Eine sozialökologische Untersuchung der wohnräumlichen Verteilung von Armut in der Stadt Offenbach*. Aachen: Shaker.

Butterwegge, C. (1996). Nutzen und Nachteile der dynamischen Armutsforschung. Kritische Bemerkungen zu einer neueren Forschungsrichtung. *Zeitschrift für Sozialreform, 42*(2), 69-91.

Cairns, R. B. e. a. (Ed.). (1996). *Development Sciences*. New York: Cambridge University Press.

Caritas Basel-Stadt. (1998). *Stiftungsverzeichnis. Verzeichnis der Stiftungen und Fonds in der Region Basel*. Basel: Caritas Basel-Stadt.

Caritas Schweiz (Ed.). (1999). *Sozialalmanach 1999. Existenzsicherung in der Schweiz*. Luzern: Caritas Verlag.

Carter, I. (1996). The concept of freedom in the work of Amartya Sen: an alternative analysis consistent with freedom's independent value. *Notizie die Politeia, 12*(43/44), 7-22.

Cavigelli, N. (2003). *Sozialhilfe - Entwicklung, Ausmass, Struktur und räumliche Aspekte in Basel*. Basel: Diplomarbeit am Institut für Geographie der Universität Basel.

Chambers, R. (1988). *Rural Development? Putting the last first*. London: Longman Scientific and Technical.

Chambers, R. (1989). Editorial Introduction: Vulnerability, Coping and Policy. *Institut of Development Studies Bulletin, 20*, 1-7.

Chassé, K. A. (1991). Armutsforschung in der (alten) Bundesrepublik. Ein kritischer Literaturbericht. *Widersprüche*(41), 53-67.

Clark, B. (1973). Die „Abkühlungsfunktion" in den Institutionen höherer Bildung. In H. Steinert (Ed.), *Symbolische Interaktion. Arbeiten zu einer reflexiven Soziologie* (S. 111-125). Stuttgart: Klett.

Cohen, G. A. (1990). Equality of what? On welfare, goods and capabilities. *Recherches Economiques de Louvain, 56*, 357-382.

Coleman, J. S. (1991). *Grundlagen der Sozialtheorie. Band 1: Handlungen und Handlungssysteme*. München: Oldenbourg.

Consens. (2000). *Kennzahlenvergleich Sozialhilfe in Schweizer Städten. Berichtsjahr 1999*: Städteinitiative. [Online] Available: www.staedteinitiative.ch.

Consens. (2001). *Kennzahlenvergleich Sozialhilfe in Schweizer Städten. Berichtsjahr 2000*: Städteinitiative. [Online] Available: www.staedteinitiative.ch.

Consens. (2002). *Kennzahlenvergleich Sozialhilfe in Schweizer Städten. Berichtsjahr 2001*: Städteinitiative. [Online] Available: www.staedteinitiative.ch.

Córdova, A. (1973). *Strukturelle Heterogenität und wirtschaftliches Wachstum*. Frankfurt a.M.: Suhrkamp.

Council of Europe. (1998). *Europäische Trends im Jugendbereich 1998. Bericht der Jugendforscher. cej/ RECHERCHE (98) 2G*. o.O.: Council of Europe.

Coupland, D. (1992). *Generation X. Geschichten für eine immer schneller werdende Kultur*. Hamburg: Rowohlt.

Crocker, D. A. (1992). Functioning and capability. The foundations of Sen's and Nussbaum's development ethic. *Political Theory, 20*(4), 584-612.

Cunha, A., Leresche, J.-P. & Vez, I. (1998). *Pauvreté urbaine. Le lien et les lieux*. Lausanne: Editions Réalités sociales.

Dahrendorf, R. (1961). Über den Ursprung der Ungleichheit unter der Menschen. *Pfade aus Utopia*, 352-379.

Dahrendorf, R. (1979). *Lebenschancen. Anläufe zur sozialen und politischen Theorie*. Frankfurt a.M.

Dahrendorf, R. (1987). Soziale Klassen und Klassenkonflikt: ein erledigtes Theoriestück? In B. Giesen & H. Haferkamp (Eds.), *Soziologie der sozialen Ungleichheit* (S. 10-31). Opladen: Leske und Budrich.

Dalcher, M. & Schäuble, S. (2003). *Achtung, hier arbeitet das Klientel... Coaching bei jungen Erwachsenen in der Sozialhilfe*. Basel: Diplomarbeit an der Fachhochschule für Soziale Arbeit beider Basel.

Dangschat, J. S. (1994a). Concentration of poverty in the landscape of „Boomtown" Hamburg: the creation of a new urban underclass. *Urban Studies, 31*(7), 1133-1147.

Dangschat, J. S. (1994b). Soziale Ungleichheit und die Armut der Soziologie. *Blätter für deutsche und internationale Politik, 39*(7), 872-885.

Dangschat, J. S. (1995). „Soziale Brennpunkte" - ein ehrlicher Begriff für die bürgerliche Hilflosigkeit. *Widersprüche*(55), 33-46.

Dangschat, J. S. (1996). Du hast keine Chance, also nutze sie! Arme Kinder in benachteiligten Stadtteilen. In J. Mansel & A. Klocke (Eds.), *Die Jugend von heute. Selbstanspruch, Stigma und Wirklichkeit* (S. 152-173). Weinheim: Juventa.

Dangschat, J. S. (1997). Sag mir, wo Du wohnst und ich sag Dir, wer Du bist! Zum aktuellen Stand der deutschen Segregationsforschung. *Prokla - Zeitschrift für kritische Sozialwissenschaft, 27*(4), 619-647.

Dangschat, J. S. (1998a). Klassenstrukturen im Nach-Fordismus. In P. A. Berger & M. Vester (Eds.), *Alte Ungleichheiten. Neue Spaltungen* (S. 49-88). Opladen: Leske und Budrich.

Dangschat, J. S. (1998b). Segregation. In H. Häussermann (Ed.), *Grossstadt. Soziologische Stichworte* (S. 207-220). Opladen: Leske und Budrich.

Dangschat, J. S. (1999a). Armut durch Wohlstand. In J. S. Dangschat (Ed.), *Modernisierte Stadt - gespaltene Gesellschaft. Ursachen von Armut und sozialer Ausgrenzung* (S. 13-44). Opladen: Leske und Budrich.

Dangschat, J. S. (Ed.). (1999b). *Modernisierte Stadt - gespaltene Gesellschaft. Ursachen von Armut und sozialer Ausgrenzung*. Opladen: Leske und Budrich.

Dangschat, J. S. & Blasius, J. (Eds.). (1994). *Lebensstile in Städten. Konzepte und Methoden*. Opladen: Leske und Budrich.

Daniels, N. (1990). Equality of what: welfare, resources, or capabilities? *Philosophy and Phenomenological Research, 1, Suppl.*, 273-296.

de Haan, A. (1998). Social exclusion in policy and research: Operationalizing the concept. In J. B. Figueiredo & A. de Haan (Eds.), *Social Exclusion: An ILO perspective* (S. 11-24). Genf: ILO.

Deutsche Shell (Ed.). (1997). *Jugend '97. Zukunftsperspektiven, gesellschaftliches Engagement, politische Orientierungen*. Opladen: Leske und Budrich.

Deutsche Shell (Ed.). (2000). *Jugend 2000. Band 1*. Opladen: Leske und Budrich.

Dietz, B. (1997). *Soziologie der Armut. Eine Einführung*. Frankfurt a.M.: Campus.

Döbert, R., Habermas, J. & Nunner-Winkler, G. (Eds.). (1980). *Entwicklung des Ichs*. Königstein/Ts.: Athenäum.

Döring, D., Hanesch, W. & Huster, E.-U. (1990a). Armut als Lebenslage. Ein Konzept für Armutsberichterstattung und Armutspolitik. In D. Döring, W. Hanesch & E.-U. Huster (Eds.), *Armut im Wohlstand* (S. 7-30). Frankfurt a.M.: Suhrkamp.

Döring, D., Hanesch, W. & Huster, E.-U. (Eds.). (1990b). *Armut im Wohlstand*. Frankfurt a.M.: Suhrkamp.

Drèze, J. & Sen, A. (1989). *Hunger and Public Action*. Oxford: University Press.

Drilling, M. (1993). *Der informelle Sektor als Entwicklungspotential?* Saarbrücken: Breitenbach.

Drilling, M. (2000a). *18-25-jährige Bezügerinnen und Bezüger von Fürsorgeleistungen. Gutachten im Auftrag des Amtes für Berufsbildung und Berufsberatung des Wirtschafts- und Sozialdepartementes des Kantons Basel-Stadt.*

Drilling, M. (2000b). *Verlängerung der Öffnungszeiten der Gassenzimmer. Gutachten zu Händen des Justizdepartementes des Kantons Basel-Stadt und der Suchthilfe Basel.*

Drilling, M. (2001). *Schulsozialarbeit. Antworten auf veränderte Lebenswelten.* Bern: Haupt.

Drilling, M., Friedrich, P. & Wehrli, H. (Eds.). (2002). *Gewalt an Schulen. Prävention und Intervention.* Zürich: Verlag Pestalozzianum.

Drilling, M. & Gautschin, D. (2001). Youth cultures and adolescence: limits to autonomous socialication and demands on youth welfare. In A. Furlong & I. Giudikova (Eds.), *Transitions of youth citizenship in Europe: culture, subculture and identity* (S. 305-320). Strassbourg: Council of Europe Publishing.

Drilling, M. & Schaffner Baumann, D. (2002). Risikolagen sozialhilfebeziehender Jugendlicher und Möglichkeiten ihrer Arbeitsmarktintegration. Basel. Zwischenbericht des DoRe-Projektes 5543.1.

Drilling, M. & Stäger, C. (2000). *Schulsozialarbeit. Ein Pilotprojekt in Basel-Stadt. Evaluationsbericht.* Basel: Materialzentrale des Kantons Basel-Stadt.

Dupuis, M. & Rey, U. (2002). *Armut und Armutsgefährdung im Kanton Zürich 1991-2001*, 15. Zürich: Statistisches Amt des Kantons Zürich.

Dworkin, R. (1981). What is equality? Part 1: Equality of welfare. *Philosophy and Public Affairs, 10*(3), 185-246.

Ebers, N. (1995). *Individualisierung. Georg Simmel, Norbert Elias, Ulrich Beck.* Würzburg: Königshauser und Neumann.

Ecarius, J. (1996). *Individualisierung und soziale Reproduktion im Lebensverlauf. Konzepte der Lebenslaufforschung.* Opladen: Leske und Budrich.

Ecarius, J. (1998). Aufwachsen in Zeiten gesellschaftlicher Umstrukturierungen sozialer Räume. Ostdeutsche Bruchbiographien von Heranwachsenden im Kontext von Familie, Freizeit und sozialem Milieu. In J. Mansel & G. Neubauer (Eds.), *Armut und soziale Ungleichheit bei Kindern* (S. 67-89). Opladen: Leske und Budrich.

Eder, S. (2001). Städtische Sozialstrukturen und residentielle Segregationsmuster am Beispiel Basel-Stadt. *Geographica Helvetica, 56*(4), 234-248.

Egli, R. (2001). Obdachlosigkeit in Basel: Charakteristik der betroffenen Gruppe, Ausmass und Entwicklung, räumliche Aspekte, Trends. *Regio Basiliensis, 42*(2), 189-198.

Eichler, D. (2001). *Armut, Gerechtigkeit und soziale Grundsicherung. Einführung in eine komplexe Problematik.* Wiesbaden: Westdeutscher Verlag.

Eidgenössische Ausländerkommission. (1999). *Die Integration der Migrantinnen und Migranten in der Schweiz. Fakten, Handlungsbereiche, Postulate.* Bern: Eidgenössische Ausländerkommission. Available [Online]: http://www.eka-cfe.ch/d/Doku/die_integration_der_migrantinnen_d.pdf.

Eisenstadt, S. N. (1966). *Von Generation zu Generation. Von Altersgruppen und Sozialstruktur.* München: Juventa.

Eisner, M. (1997). *Das Ende der zivilisierten Stadt.* Frankfurt a.M.: Campus.

Eisner, M. (2000). Die Jugendgewalt steigt. In Programmleitung NFP 40. Bulletin 4 (Ed.), *Gewalttätige Jugend - ein Mythos?* (S. 37-48). Bern: Schweizerischer Nationalfonds.

Enderle, G. (1987). *Sicherung des Existenzminimums im nationalen und internationalen Kontext. Eine wirtschaftsethische Studie.* Bern: Haupt.

Engel, U. & Hurrelmann, K. (1989). *Psychosoziale Belastung im Jugendalter. Empirische Befunde zum Einfluss von Familie, Schule und Gleichaltrigengruppe.* Berlin: De Gruyther.

Erikson, E. H. (1988). *Jugend und Krise. Die Psychodynamik im sozialen Wandel.* München: dtv.

Ernst, U. (1983). *Stand und Entwicklung der personellen Einkommens- und Vermögensverteilung in der Schweiz.* Bern: Bundesamt für Konjunkturfragen.

Esser, H. (2000). *Soziologie. Spezielle Grundlagen. Band 4: Opportunitäten und Restriktionen.* Frankfurt a.M.: Campus.

Europäische Kommission. (2002). *Die soziale Lage in der Europäischen Union 2002. Kurzfassung.* Brüssel: Eurostat.

Fabian, C. & Guggenbühl, L. (2000). *Suchtprävention mit Risikogruppen. Theoretische Grundlagen, Projektbeschreibungen, Wege von der Theorie zur Praxis*. Zürich: Forschungsbericht aus dem Institut für Suchtforschung.

Farago, P. (1995). *Verhütung und Bekämpfung der Armut: Möglichkeiten und Grenzen staatlicher Massnahmen.* Bern: Bundesamt für Sozialversicherung.

Farago, P. & Füglistaler, P. (1992). *Armut verhindern: Die Züricher Armutsstudien. Ergebnisse und sozialpolitische Vorschläge.* Zürich: Fürsorgedirektion des Kantons Zürich.

Farwick, A. (1999). *Segregierte Armut in der Stadt. Das Beispiel Bielefeld. Ursachen und soziale Folgen der räumlichen Konzentration von Sozialhilfeempfängern in benachteiligten Gebieten der Stadt Bielefeld.* Bremen: Universität Bremen (KUA).

Farwick, A. (2001). *Segregierte Armut in der Stadt. Ursachen und soziale Folgen der räumlichen Konzentration von Sozialhilfeempfängern.* Opladen: Leske und Budrich.

Fend, H. (2000). *Entwicklungspsychologie des Jugendalters. Ein Lehrbuch für pädagogische und psychologische Berufe.* Opladen: Leske und Budrich.

Ferchhoff, W. (1997). Pluralisierte Lebensstile von Jugendlichen zwischen Armut und Reichtum. In E.-U. Huster (Ed.), *Reichtum in Deutschland. Die Gewinner in der sozialen Polarisierung* (S. 217-260). Frankfurt a.M.: Campus.

Figueiredo, J. B. & de Haan, A. (Eds.). (1998). *Social Exclusion: An ILO perspective.* Genf: ILO.

Fine, M. & Weis, L. (1998). *The unknown city. The lives of poor and working-class young adult.* Boston: Beacon Press.

Fluder, R., Nolde, M., Priester, T. & Wagner, A. (Eds.). (1999). *Armut verstehen - Armut bekämpfen. Armutsberichterstattung aus der Sicht der Statistik.* Neuenburg: Bundesamt für Statistik.

Fluder, R. & Salzgeber, R. (2001). Die sozialen Lasten der Zentren als Folge des wirtschaftlichen Wandels. *Schweizerische Zeitschrift für Volkswirtschaft und Statistik, 137*(3), 337-362.

Fluder, R. & Stremlow, J. (1999). *Armut und Bedürftigkeit. Herausforderungen für das kommunale Sozialwesen.* Bern.

Forster, J. & Sen, A. (1997). On Economic Inequality after a Quarter Century. In A. Sen (Ed.), *On Economic Inequality* (S. 107-219). Oxford: Clarendon.

Fragnière, J.-P., Hutmacher, A. & Pichler, M. (2001). *Recherche concernant la problématic des Jeunes Adultes en Difficulté (JAD) dans la Broye vaudiose. Rapport finale.* Lausanne: Ecole D'Etudes Sociale et Pedagogiques.

Freesemann, O. & Breithecker, R. (2003). Die Generation der HandyKids. Worauf muss sich die Jugendhilfe einrichten? *Theorie und Praxis der Sozialen Arbeit*(1), 18-22.

Freitag, M. (2000). Soziales Kapital und Arbeitslosigkeit. *Schweizerische Zeitschrift für Soziologie, 29*(3), 186-201.

Freyberg, T. v. (1996). *Der gespaltene Fortschritt. Zur städtischen Modernisierung am Beispiel Frankfurt am Main.* Frankfurt a.M.: Campus.

Friedrichs, J. (1983). *Stadtanalyse. Soziale und räumliche Organisation der Gesellschaft.* Opladen: Westdeutscher Verlag.

Friedrichs, J. (1996). Gentrification: Forschungsstand und methodologische Probleme. In J. Friedrichs & R. Kecskes (Eds.), *Gentrification. Theorie und Forschungsergebnisse* (S. 13-40). Opladen: Leske und Budrich.

Friedrichs, J. (Ed.). (1998a). *Die Individualisierungsthese.* Opladen: Leske und Budrich.

Friedrichs, J. (1998b). Die Individualisierungs-These. Eine Explikation im Rahmen der Rational-Choice-Theorie. In J. Friedrichs (Ed.), *Die Individualisierungsthese* (S. 33-47). Opladen: Leske und Budrich.

Friedrichs, J. (1998c). Gentrification. In H. Häussermann (Ed.), *Grossstadt. Soziologische Stichworte* (S. 57-66). Opladen: Leske und Budrich.

Friedrichs, J. & Blasius, J. (2000). *Leben in benachteiligten Wohngebieten.* Opladen: Leske und Budrich.

Friedrichs, J. & Kecskes, R. (Eds.). (1996). *Gentrification. Theorie und Forschungsergebnisse.* Opladen: Leske und Budrich.

Fröhlich, G. (1994). Kapital, Habitus, Feld, Symbol. Grundbegriffe der Kulturtheorie bei Pierre Bourdieu. In I. Mörth & G. Fröhlich (Eds.), *Das symbolische Kapital der Lebensstile. Zur Kultursoziologie der Moderne nach Pierre Bourdieu* (S. 31-54). Frankfurt a.M.: Campus.

Fröhlich, G. & Mörth, I. (1994). Lebensstile als symbolisches Kapital? Zum aktuellen Stellenwert kultureller Distinktionen. In I. Mörth & G. Fröhlich (Eds.), *Das symbolische Kapital der Lebensstile. Zur Kultursoziologie der Moderne nach Pierre Bourdieu* (S. 7-29). Frankfurt a.M.: Campus.

Füglistaler, P. & Hohl, M. (1992). *Armut und Einkommensschwäche im Kanton St. Gallen*. Bern: Haupt.

Furlong, A. & Guidikova, I. (Eds.). (2001). *Transitions of youth citizenship in Europe: culture, subculture and identity*. Strassburg: Council of Europe Publishing.

Furlong, A., Stalder, B. & Azzopardi, A. (2000). *Vulnerable youth: perspectives on vulnerability in education, employment and leisure in Europe. International expert report*. Strassburg: Concil of Europe Publishing [Online] Available: www.coe.int/T/E/cultural_co-operation/Youth/4._Activities/5._Research/2._Papers/Institutions_&_Organisations/Youth_Trends_2000.pdf.

Fürsorgeamt der Stadt Basel. (1987ff.). *Verwaltungsberichte 1987-1999 (diverse Bände)*. Basel: Eigenverlag.

Fürsorgeamt der Stadt Basel. (2001). *Verwaltungsbericht 2000*. Basel: Eigenverlag.

Furstenberg, F. F., Cook, T. D., Eccles, J., Elder, G. H. & Sameroff, A. (Eds.). (1999). *Managing to make it. Urban Families and Adolescent Success*. Chicago: John D. and Catherine T. MacArthur Foundation Series on Mental Health and Development.

Gabriel, O. W., Kunz, V., Rossteutscher, S. & van Deth, J. W. (2002). *Sozialkapital und Demokratie. Zivilgesellschaftliche Ressourcen im Vergleich*. Wien: WUV-Universitäts-Verlag.

Geissler, H. (1976). *Die neue Soziale Frage. Analysen und Dokumente*. Freiburg i.Br.: Herder.

Georg, W. (1998). *Soziale Lage und Lebensstil. Eine Typologie*. Opladen: Leske und Budrich.

Geulen, D. (2002). Subjekt, Sozialisation, „Selbstsozialisation". *Zeitschrift für Soziologie der Erziehung und Sozialisation, 22*(2), 186-196.

Giddens, A. (1983). Klassenspaltung, Klassenkonflikt und Bürgerechte. Gesellschaft im Europa der achtziger Jahre. In R. Kreckel (Ed.), *Soziale Ungleichheiten. Soziale Welt Sonderband 2* (S. 15-33). Göttingen: Otto Schwartz & Co.

Giddens, A. (1997). *Die Konstitution der Gesellschaft*. Frankfurt a.M.: Campus.

Giegel, H.-J. (1996). Einleitung: Wie begreifen soziologische Theorien Exklusion? In Deutsche Gesellschaft für Soziologie (Ed.), *Differenz und Integration. Die Zukunft moderner Gesellschaften* (S. 599-600). Opladen: Westdeutscher Verlag.

Glaser, B. G. & Strauss, A. L. (1998). *Grounded theory. Strategien qualitativer Forschung*. Bern: Hans Huber.

Goebel, J. & Clermont, C. (1999). *Die Tugend der Orientierungslosigkeit*. Frankfurt a.M.: Rowohlt.

Goffmann, E. (1962). On Cooling the Mark Out: Some Aspects of Adaption to Failure. In A. Rose (Ed.), *Human Behavior an Social Processes* (S. 482-505). Boston: University Press.

Gore, C. (1993). Entitlement Relations and 'Unruly' Social Practices: A Comment on the Work of Amartya Sen. *The Journal of Development Studies, 29*(3), 429-460.

Granaglia, E. (1996). Two questions to Amartya Sen. *Notizie die Politeia, 12*(43/44), 31-35.

Gross, P. (1994). *Die Multioptionsgesellschaft*. Frankfurt a.M.: Suhrkamp.

Grundmann, M. (2001). Milieuspezifische Einflüsse familialer Sozialisation auf die kognitive Entwicklung und den Bildungserfolg. In A. Klocke & K. Hurrelmann (Eds.), *Kinder und Jugendliche in Armut. Umfang, Auswirkungen und Konsequenzen* (S. 209-229). Wiesbaden: Westdeutscher Verlag.

Grundmann, M., Binder, T., Edelstein, W. & Krettenauer, T. (1998). Soziale Krisenerfahrung und die Wahrnehmung sozialer Anomie bei Ost- und Westberliner Jugendlichen: Ergebnisse einer Kohorten- und Längsschnittanalyse. *Zeitschrift für Soziologie der Erziehung und Sozialisation.*(2. Beiheft), 171-187.

Habermas, J. (1976). *Zur Rekonstruktion des historischen Materialismus*. Frankfurt a.M.: Suhrkamp.

Habermas, J. (1985). Die Krise des Wohlfahrtsstaates und die Erschöpfung utopischer Energien. In J. Habermas (Ed.), *Die neue Unübersichtlichkeit. Kleine politische Schriften V* (S. 141-166). Frankfurt a.M.: Suhrkamp.

Hagen, C. & Niemann, H. (2001). Sozialhilfe als Sequenz im Lebenslauf? Institutionelle und individuelle Bedeutung der Übergänge aus der Sozialhilfe. In R. Sackmann & M. Wingens (Eds.), *Strukturen des Lebenslaufs. Übergänge, Sequenz, Verlauf* (S. 77-103). Juventa: Weinheim.

Hainard, F., Nolde, M., Memminger, G. & Micheloni, M. (1990). *Avons-nous des pauvres? Enquête sur la précarité et la pauvreté dans le canton de Neuchâtel*. Neuenburg: Rapport du Conseil d'Etat au Grand Conseil.

Hanesch, W. (1990). Unterversorgung im Bildungssystem. Das Beispiel berufliche Bildung. In D. Döring, W. Hanesch & E.-U. Huster (Eds.), *Armut im Wohlstand* (S. 185-205). Frankfurt a.M.: Suhrkamp.

Hanesch, W., Adamy, W., Martens, R. & Rentzsch, D. (1994). *Armut in Deutschland. Der Armutsbericht des DGB und des Paritätischen Wohlfahrtsverbands*. Reinbek: Rowohlt.

Hanesch, W., Krause, P., Bäcker, G., Maschke, M. & Otto, B. (2000). *Armut und Ungleichheit in Deutschland. Der neue Armutsbericht der Hans-Böckler-Stiftung, des DGB und des Paritätischen Wohlfahrtsverbands*. Reinbeck: Rowohlt.

Hartke, W. (1962). Die Bedeutung der geographischen Wissenschaft in der Gegenwart. In Deutscher Geographentag (Ed.), *Tagungsbericht und Abhandlungen des 33. Deutschen Geographentages in Köln 1961*. Wiesbaden: Steiner.

Hartmann, H. (1992). Lebenslage Armut - ein Konzept zur Armutsbeschreibung und Armutspolitik. *Theorie und Praxis der Sozialen Arbeit*(12), 452-459.

Hartmann, P. H. (1999). *Lebensstilforschung. Darstellung, Kritik und Weiterentwicklung*. Opladen: Leske und Budrich.

Haug, S. (1997). *Soziales Kapital. Ein kritischer Überblick über den aktuellen Forschungsstand*. Mannheim: Mannheimer Zentrum für Europäische Sozialforschung. Arbeitspapier, Arbeitsbereich II/ Nr. 15 [Online] Available: http://www.mzes.uni_mannheim.de/publications/wp/wp_start.html.

Haug, W. (2002). Familie - was ist das? *Zeitschrift für Sozialhilfe*(Sondernummer Januar), 7-15.

Hauser, R. (1997). Vergleichende Analyse der Einkommensverteilung und Einkommensarmut in den alten und neuen Ländern von 1990 bis 1995. In I. Becker & R. Hauser (Eds.), *Einkommensverteilung und Armut. Deutschland auf dem Weg zur Vierfünftel-Gesellschaft?* Frankfurt: Campus.

Hauser, R. & Neumann, U. (1992). Armut in der Bundesrepublik Deutschland. Die sozialwissenschaftliche Thematisierung nach dem Zweiten Weltkrieg. In S. Leibfried & W. Voges (Eds.), *Armut im modernen Wohlfahrtsstaat. Kölner Zeitschrift für Soziologie und Sozialpsychologie. Sonderheft 32* (S. 237-271). Opladen: Westdeutscher Verlag.

Häussermann, H. (1997). Armut in den Grossstädten - eine neue städtische Unterklasse? *Leviathan, 25*(1), 12-27.

Häussermann, H. (2002a). Global, lokal, sozial. Von der Unteilbarkeit der Stadt. In U.-J. Walther (Ed.), *Soziale Stadt - Zwischenbilanz. Ein Programm auf dem Weg zur Sozialen Stadt?* (S. 71-86). Opladen: Leske und Budrich.

Häussermann, H. (2002b). Segregation und sozialräumlicher Wandel im 'Neuen Berlin'. In A. Mayr, M. Meurer & J. Vogt (Eds.), *Stadt und Region. Dynamik von Lebenswelten. Tagungsbericht und wissenschaftliche Abhandlungen des 53. Deutschen Geographentags* (S. 273-282). Leipzig: o.V.

Häussermann, H. & Siebel, W. (1987). *Neue Urbanität*. Frankfurt a.M.: Suhrkamp.

Havighurst, R. J. (1950). *Developmental tasks and education*. New York: Longmans, Green and Co.

Hefler, G., Rippl, S. & Boehnke, K. (2001). Armut als Nährboden jugendlicher Fremdenfeindlichkeit? Ein Ost-West-Vergleich. In A. Klocke & K. Hurrelmann (Eds.), *Kinder und Jugendliche in Armut. Umfang, Auswirkungen und Konsequenzen* (S. 188-208). Wiesbaden: Westdeutscher Verlag.

Heinz, W. R. (2000). Editorial: Strukturbezogene Biographie- und Lebenslaufforschung. Der Sonderforschungsbereich 186 „Statuspassagen und Risikolagen im Lebensverlauf". *Zeitschrift für Soziologie der Erziehung und Sozialisation. 3. Beiheft, Übergänge. Individualisierung, Flexibilisierung und Institutionalisierung des Lebensverlaufs*, 4-8.

Heitmeyer, W. (1987). *Rechtsextremistische Orientierungen bei Jugendlichen. Empirische Ergebnisse und Erklärungsmuster einer Untersuchung zur politischen Sozialisation*. Weinheim: Juventa.

Heitmeyer, W. (Ed.). (1997). *Was hält die Gesellschaft zusammen?* Frankfurt a.M.: Suhrkamp.

Heitmeyer, W. (1998). Versagt die „Integrationsmaschine" Stadt? Zum Problem der ethnisch-kulturellen Segregation und ihren Konfliktfolgen. In W. Heitmeyer, R. Dollase & O. Backes (Eds.), *Die Krise der Städte: Analysen zu den Folgen desintegrativer Stadtentwicklung für das ethnisch-kulturelle Zusammenleben* (S. 443-468). Frankfurt a.M.: Suhrkamp.

Heitmeyer, W., Dollase, R. & Backes, O. (Eds.). (1998). *Die Krise der Städte: Analysen zu den Folgen desintegrativer Stadtentwicklung für das ethnisch-kulturelle Zusammenleben*. Frankfurt a.M.: Suhrkamp.

Herlyn, U., Lakemann, U. & Lettko, B. (1991). *Armut und Milieu. Benachteiligte Bewohner in grossstädtischen Quartieren*. Basel: Birkhäuser.

Hines, G. (1999). Die unendliche Geschichte oder die PauperInnen der Industrialisierung werden postmodern. In J. S. Dangschat (Ed.), *Modernisierte Stadt - gespaltene Gesellschaft. Ursachen von Armut und sozialer Ausgrenzung* (S. 45-72). Opladen: Leske und Budrich.

Hitzler, R. (2001). Existenzbastler als Erfolgsmenschen. Notizen zur Ich-Jagd in der Multioptionsgesellschaft. In A. Brosziewski, T. S. Eberle & C. Maeder (Eds.), *Moderne Zeiten. Reflexionen zur Multioptionsgesellschaft* (S. 183-198). Konstanz: UVK Verlagsgesellschaft.

Hitzler, R. & Honer, A. (1994). Bastelexistenz. Über subjektive Konsequenzen der Individualisierung. In U. Beck & E. Beck-Gernsheim (Eds.), *Riskante Freiheiten* (S. 307-315). Frankfurt a.M.: Suhrkamp.

Höflich, J., R. & Gebhardt, J. (Eds.). (2003). *Vermittlungskulturen im Wandel. Brief, E-mail, SMS.* Frankfurt a.M.: Peter Lang.

Hofmann, C., Nadai, E. & Sommerfeld, P. (2001). *Verstecktes Leid unter Armut. Wie betroffene Kinder und ihre Eltern die Situation wahrnehmen und bewältigen.* Solothurn: Fachhochschule Solothurn Nordwestschweiz. Discussion Paper 2001-S01-01.

Hohm, H.-J. (2003). *Urbane soziale Brennpunkte, Exklusion und soziale Hilfe.* Opaden: Leske und Budrich.

Holz, S. & Skoluda, G. (2003). *Armut im frühen Grundschulalter. Abschlussbericht der vertiefenden Untersuchung zu Lebenssituation, Ressourcen und Bewältigungshandeln von Kindern im Auftrag der Arbeiterwohlfahrt.* Bonn: Selbstverlag. [Online] Available: http://www.awo.org/pub/soz_pol/armut/03-Pressemappe%201-2003.pdf.

Honneth, A. (2000). *Das Andere der Gerechtigkeit.* Frankfurt a.M.: Suhrkamp.

Höpflinger, F. (1997). Haushalts- und Familienstrukturen im intereuropäischen Vergleich. In S. Hradil & S. Immerfall (Eds.), *Die westeuropäischen Gesellschaften im Vergleich* (S. 97-138). Opladen: Leske und Budrich.

Höpflinger, F. & Hafner, D. (1996). *Armut und soziale Probleme im Kanton Graubünden.* Chur: Justiz-, Polizei- und Sanitätsdepartement.

Höpflinger, F. & Wyss, K. (1994). *Am Rande des Sozialstaats. Formen und Funktionen öffentlicher Sozialhilfe im Vergleich.* Bern: Haupt.

Hradil, S. (1983). Die Ungleichheit der „Sozialen Lage". In R. Kreckel (Ed.), *Soziale Ungleichheiten* (S. 101-120). Göttingen: Otto Schwartz & Co.

Hradil, S. (1987a). Die „neuen sozialen Ungleichheiten" - und wie man mit ihnen (nicht) theoretisch zurechtkommt. In B. Giesen & H. Haferkamp (Eds.), *Soziologie der sozialen Ungleichheit* (S. 115-144). Opladen: Leske und Budrich.

Hradil, S. (1987b). *Sozialstruktur in einer fortgeschrittenen Gesellschaft. Von Klassen und Schichten zu Lagen und Milieus.* Opladen: Leske und Budrich.

Hradil, S. (1989). System und Akteur. Eine empirische Kritik der soziologischen Kulturtheorie Pierre Bourdieus. In K. Eder (Ed.), *Lebensstil und kulturelle Praxis. Theoretische und empirische Beiträge zur Auseinandersetzung mit Pierre Bourdieus Klassentheorie* (S. 111-142). Frankfurt a.M.: Suhrkamp.

Hradil, S. (1996). Sozialstruktur und Kultur. Fragen und Antworten zu einem schwierigen Verhältnis. In O. G. Schwenk (Ed.), *Lebensstil zwischen Sozialstrukturanalyse und Kulturwissenschaft* (S. 13-32). Opladen: Leske und Budrich.

Hradil, S. (1999). *Soziale Ungleichheit in Deutschland.* Opladen: Leske und Budrich.

Hübinger, W. (1996). *Prekärer Wohlstand. Neue Befunde zu Armut und sozialer Ungleichheit.* Freiburg i.Br.: Lambertus.

Huinink, J. & Wagner, M. (1998). Individualisierung und die Pluralisierung von Lebensformen. In J. Friedrichs (Ed.), *Die Individualisierungsthese* (S. 85-106). Opladen: Leske und Budrich.

Hurrelmann, K. (2001). Risikoverhalten. *Zeitschrift für Soziologie der Erziehung und Sozialisation, 21*(2), 115f.

Hurrelmann, K. (2002). Selbstsozialisation oder Selbstorganisation? Ein sympathisierender, aber kritischer Kommentar. *Zeitschrift für Soziologie der Erziehung und Sozialisation, 22*(2), 155-166.

Imhof, M. (1998). *Migration und Stadtentwicklung. Aktualgeographische Untersuchungen in den Basler Quartieren Iselin und Matthäus.* Basel: Wepf.

Immerfall, S. (1999). Sozialkapital in der Bundesrepublik. Thesen zu Konzept und Grössenordnung. In E. Kistler, H.-H. Noll & E. Priller (Eds.), *Perspektiven gesellschaftlichen Zusammenhalts. Empirische Befunde, Praxiserfahrungen, Messkonzepte* (S. 121-128). Berlin: Edition Sigma.

Iselin, R., Stettler, N. & Streuli, E. (1999). *Neue Armut in Basel. Was tun? Abklärung der Höheren Fachschule für Soziale Arbeit beider Basel im Auftrag der Christoph Merian Stiftung.* Basel: unveröffentlicht.

Isler, A. (1997). Die Wahrheit der Oberfläche. Jugendkulturen und kultureller Wandel. In Stapferhaus Lenzburg (Ed.), *a walk on the wild side. Jugendszenen in der Schweiz von den 30er Jahren bis heute* (S. 8-19). Zürich: Chronos.

Jahnke, H. (1988). *Clusteranalyse als Verfahren der schliessenden Statistik.* Göttingen: Vandenhoeck und Ruprecht.

Jessor, R. (Ed.). (1998). *New perspectives on adolescent risk behavior.* Cambridge: University Press.

Joas, H. (1988). Das Risiko der Gegenwartsdiagnose. *Soziologische Revue, 11,* 1-12.

Joliat, J. P. (1991). *Pauvreté dans le Canton du Jura.* Delemont: unveröffentlicht.

Joos, M. (2001). *Die soziale Lage der Kinder. Sozialberichterstattung über die Lebensverhältnisse von Kindern in Deutschland.* Weinheim: Juventa.

Kälin, W. (2003). Grundrechte in der Einwanderungsgesellschaft: Integration zwischen Assimilation und Multikulturalismus. In H.-R. Wicker, R. Fibbi & W. Haug (Eds.), *Migration und die Schweiz. Ergebnisse des Nationalen Forschungsprogramms „Migration und interkulturelle Beziehungen"* (S. 139-160). Zürich: Seismo.

Kampschulte, A. & Strassmann, R. (1999). Restrukturierungsprozess einer Stadt-Umland-Ökonomie: Veränderung der Wirtschaftsstruktur im Agglomerationsraum Basel. *Geographica Helvetica, 54*(1), 7-17.

Kapphan, A. (2002). *Das arme Berlin. Sozialräumliche Polarisierung, Armutskonzentration und Ausgrenzung in den 1990er Jahren.* Opladen: Leske und Budrich.

Karrer, D. (2002). *Der Kampf um Integration. Zur Logik ethnischer Beziehungen in einem sozial benachteiligten Stadtteil.* Opladen: Westdeutscher Verlag.

Kassis, W. (2002). Erziehungswissenschaftliche Prädikatoren zum Thema „Gewalttätige Jungen in der Schule". Worin unterscheiden sich Täter von Nicht-Tätern? *Empirische Pädagogik, 16*(4), 453-479.

Kaufmann, H. & Pape, H. (1996). Clusteranalyse. In L. Fahrmeir, A. Hammerle & G. Tutz (Eds.), *Multivariate statistische Verfahren* (S. 437-536). Berlin: de Gruyter.

Kaufmann, L. & Rousseeuw, P. J. (1990). *Finding Groups in Data. An Introduction to Cluster Analysis.* New York: Wiley-Interscience.

Kecskes, R. (1996). Die Dynamik der Aufwertung innenstadtnaher Wohnviertel. Zur Begründung unterschiedlicher Prozessverläufe der Gentrification. In J. Friedrichs & R. Kecskes (Eds.), *Gentrification. Theorie und Forschungsergebnisse* (S. 55-94). Opladen: Leske und Budrich.

Keim, R. (1999). *Wohnungsmarkt und soziale Ungleichheit. Über die Entwicklung städtischer Polarisierungsprozesse.* Basel: Birkhäuser.

Keller, C. (1999). *Armut in der Stadt. Zur Segregation benachteiligter Gruppen in Deutschland.* Opladen: Westdeutscher Verlag.

Keupp, H., Ahbe, T., Gmür, W., Höfer, R., Mizscherlich, B., Kraus, W. & Straus, F. (2002). *Identitätskonstruktionen. Das Patchwork der Identitäten in der Spätmoderne.* Reinbeck: Rowohlt.

Kippele, F. (1998). *Was heisst Individualisierung. Die Antworten soziologischer Klassiker.* Opladen: Leske und Budrich.

Klee, A. (2001). *Der Raumbezug von Lebensstilen in der Stadt. Ein Diskurs über eine schwierige Beziehung mit empirischen Befunden aus der Stadt Nürnberg.* Passau: L.I.S.

Klemm, K. (2001). Zielgruppe der Benachteiligtenförderung: Jugend ohne Beruf. In Arbeitsstab Forum Bildung in der Geschäftsstelle der Bund-Länder-Kommission für Bildungsplanung und Forschungsförderung (Ed.), *Qualifizierte Berufsausbildung für alle! Zukunft der Berufsausbildung von benachteiligten Jugendlichen. Fachtagung des Forums Bildung am 27. und 28.September 2000 in Bonn* (S. 18-26). Köln: Forum Bildung.

Klocke, A. (1993). *Sozialer Wandel, Sozialstruktur und Lebensstile in der Bundesrepublik Deutschland.* Frankfurt a.M.: Peter Lang.

Klocke, A. (1996). Aufwachsen in Armut. Auswirkungen und Bewältigungsformen der Armut im Kindes- und Jugendalter. *Zeitschrift für Sozialisationsforschung und Erziehungssoziologie, 16*(4), 390-409.

Klocke, A. (1998). Reproduktion sozialer Ungleichheit in der Generationenabfolge. In P. Berger & M. Vester (Eds.), *Alte Ungleichheiten, neue Spaltungen* (S. 211-229). Opladen: Leske und Budrich.

Klocke, A. & Hurrelmann, K. (2001). Einleitung: Kinder und Jugendliche in Armut. In A. Klocke & K. Hurrelmann (Eds.), *Kinder und Jugendliche in Armut. Umfang, Auswirkungen und Konsequenzen.* (S. 9-26). Opladen: Westdeutscher Verlag.

Klocke, A. & Mansel, J. (1996). Psychosoziales Wohlbefinden und Gesundheit der Jugendlichen nichtdeutscher Herkunft. In J. Mansel & A. Klocke (Eds.), *Die Jugend von heute. Selbstanspruch, Stigma und Wirklichkeit* (S. 193-208). Weinheim: Juventa.

Kluge, S. (1999). *Empirisch begründete Typenbildung. Zur Konstruktion von Typen und Typologien in der qualitativen Sozialforschung*. Opladen: Leske und Budrich.

Knecht, M. (Ed.). (1999). *Die andere Seite der Stadt. Armut und Ausgrenzung in Berlin*. Köln: Böhlau Verlag.

Knöpfel, C. (2003). Existenzsicherung im Förderalismus der Schweiz - eine Zusammenfassung. *Sozial aktuell*(13), 16-21.

Koenen, E. J. (1994). Zur hermeneutischen Rekonstruktion von sozialen Distinktionen. In I. Mörth & G. Fröhlich (Eds.), *Das symbolische Kapital der Lebensstile. Zur Kultursoziologie der Moderne nach Pierre Bourdieu* (S. 93-106). Frankfurt a.M.: Campus.

Kögler, M. (2001). Die Benachteiligungsspirale für Kinder aus sozial benachteiligten Familien. Hingeh- statt Kommstruktur. *Unsere Jugend, 53*(6), 268-277.

Kohli, M. (Ed.). (1978). *Soziologie des Lebenslaufs*. Darmstadt: Luchterhand.

Krais, B. (1989). Soziales Feld, Macht und kulturelle Praxis. Die Untersuchungen Bourdieus über die verschiedenen Fraktionen der „herrschenden Klasse" in Frankreich. In K. Eder (Ed.), *Lebensstil und kulturelle Praxis. Theoretische und empirische Beiträge zur Auseinandersetzung mit Pierre Bourdieus Klassentheorie* (S. 47-70). Frankfurt a.M.: Suhrkamp.

Krätke, S. (1991). *Strukturwandel der Städte. Stadtsystem und Grundstücksmarkt in der „postfordistischen" Ära*. Frankfurt a.M.: Campus.

Krätke, S. (1999). *Stadt, Raum, Ökonomie. Einführung in aktuelle Problemfelder der Stadtökonomie und Wirtschaftsgeographie*. Basel: Birkhäuser.

Kreckel, R. (1983). Theorien sozialer Ungleichheit im Übergang. In R. Kreckel (Ed.), *Soziale Ungleichheiten. Soziale Welt Sonderband 2* (S. 3-12). Göttingen: Otto Schwartz & Co.

Kreckel, R. (1987). Über die Kritikresistenz des vertikalen Gesellschaftsmodells in der Soziologie. In B. Giesen & H. Haferkamp (Eds.), *Soziologie der sozialen Ungleichheit* (S. 93-114). Opladen: Leske und Budrich.

Kreckel, R. (1992). *Politische Soziologie der Sozialen Ungleichheit*. Frankfurt a. M.: Campus.

Kreckel, R. (1998). Klassentheorien am Ende der Klassengesellschaft. In P. A. Berger & M. Vester (Eds.), *Alte Ungleichheiten. Neue Spaltungen* (S. 31-48). Opladen: Leske und Budrich.

Krieger, I. & Schläfke, B. (1987). Bestimmung von Lebenslagen. In K. Lompe (Ed.), *Die Realität der neuen Armut. Analysen der Beziehungen zwischen Arbeitslosigkeit und Armut in einer Problemregion* (S. 97-118). Regensburg: Transfer.

Kron, T. (Ed.). (2000). *Individualisierung und soziologische Theorie*. Opladen: Leske und Budrich.

Kronauer, M. (1997). „Soziale Ausgrenzung" und „Underclass": Über neue Formen der gesellschaftlichen Spaltung. *Leviathan, 25*(1), 28-49.

Kronauer, M. (2002a). Die neue soziale Frage: Armut und Ausgrenzung in der Grossstadt heute. In U.-J. Walther (Ed.), *Soziale Stadt. Zwischenbilanz. Ein Programm auf dem Weg zur Sozialen Stadt?* (S. 45-55). Opladen: Leske und Budrich.

Kronauer, M. (2002b). *Exklusion. Die Gefährdung des Sozialen im hoch entwickelten Kapitalismus*. Frankfurt a.M.: Campus.

Krugman, P. (2001). *Synopsis: We thought that the Great Depression couldn't happen again. But could it?*: [Online] Available: http://www.pkarchive.org/economy/FearEconomy.html.

Kuhle, H. (2001). *Neue Formen sozialer Ausgrenzung. Sozioökonomischer Wandel in zwei Metropolen*. Frankfurt a.M.

Künzler, G. (2003). Arme sterben früher. In Caritas Schweiz (Ed.), *Sozialalmanach 2003. Gesundheit - eine soziale Frage* (S. 67-80). Luzern: Caritas Schweiz.

Lamprecht, M. & Stamm, H. (2000). Soziale Lagen in der Schweiz. *Schweizerische Zeitschrift für Soziologie, 26*(2), 261-295.

Landessozialamt Hamburg (Ed.). (1997). *Armut in Hamburg 2. Beiträge zur Sozialberichterstattung. Zweiter Armutsbericht für die Freie Hansestadt Hamburg*. Hamburg: Behörde für Arbeit, Gesundheit und Soziales.

Lanfranchi, A. (2002). *Schulerfolg von Migrationskindern. Die Bedeutung familienergänzender Betreuung im Vorschulalter*. Opladen: Leske und Budrich.

Lau, C. (1988). Gesellschaftliche Individualisierung und Wertwandel. In H. O. Luthe & H. Meulemann (Eds.), *Wertewandel - Fakt oder Fiktion? Bestandesaufnahmen und Diagnosen aus kultursoziologischer Sicht* (S. 214-234). Frankfurt a.M.: Campus.

Lauterbach, W. & Lange, A. (1998). Aufwachsen in materieller Armut und sorgenbelastetem Familienklima. Konsequenzen für den Schulerfolg von Kindern am Beispiel des Übergangs in die Sekundarstufe 1. In J. Mansel & G. Neugebauer (Eds.), *Armut und soziale Ungleichheit bei Kindern* (S. 106-128). Opladen: Leske und Budrich.

Lefèbvre, H. (1976). *Die Revolution der Städte.* Frankfurt a.M.: Syndikat.

Leibfried, S., Leisering, L., Buhr, P. & Ludwig, M. (1995). *Zeit der Armut. Lebensläufe im Sozialstaat.* Frankfurt a.M.: Suhrkamp.

Leisering, L. (1996). „Soziale Ausgrenzung". Zur handlungstheoretischem Fundierung eines aktuellen sozialpolitischen Diskurses. In S. Hradil (Ed.), *Differenz und Integration. Die Zukunft moderner Gesellschaften. Verhandlungen des 28. Kongresses der Deutschen Gesellschaft für Soziologie in Dresden 1996* (S. 1039-1053). Frankfurt a.M.: Campus.

Leisering, L., Müller, R. & Schumann, K. F. (Eds.). (2001). *Institutionen und Lebensläufe im Wandel. Institutionelle Regulierungen von Lebensläufen.* Weinheim: Juventa.

Leu, R. E. (1999). Konzepte der Armutsmessung. In R. Fluder, M. Nolde, T. Priester & A. Wagner (Eds.), *Armut verstehen. Armut bekämpfen. Armutsberichterstattung aus Sicht der Statistik* (S. 39-64). Neuenburg: Bundesamt für Statistik.

Leu, R. E., Buhmann, B. & Frey, R. L. (1986). Die personelle Einkommens- und Vermögensverteilung der Schweiz 1982. *Schweizerische Zeitschrift für Volkswirtschaft und Statistik, 122*(2), 111-141.

Leu, R. E., Burri, S. & Priester, T. (1997). *Lebensqualität und Armut in der Schweiz.* Bern: Haupt.

Levy, R. & Suter, C. (2002). Stratification Research in Switzerland: where are we at? *Schweizerische Zeitschrift für Soziologie, 28*(2), 181-192.

Lewis, O. (1966). The culture of poverty. *Scientific American, 215*(4), 19-25.

Ley, K. (1984). Von der Normal- zur Wahlbiographie? In M. Kohli & R. Günther (Eds.), *Biographie und soziale Wirklichkeit* (S. 239-260). Stuttgart: C. Ernst Poeschel.

Lichtenberger, E. (1998). *Stadtgeographie. Band 1.* Stuttgart: Teubner.

Limbourg, M. & Reiter, K. (2003). Denn sie wissen nicht, was sie tun ... *Unsere Jugend, 55*(1), 12-22.

Locher, A. & Knöpfel, C. (2000). *Sozialhilfe - eine konzertierte Aktion? Die institutionelle Zusammenarbeit im Spannungsfeld von Sozialbereich und Arbeitsmarkt.* Luzern: Caritas Verlag.

Lompe, K. (Ed.). (1987). *Die Realität der neuen Armut. Analysen der Beziehungen zwischen Arbeitslosigkeit und Armut in einer Problemregion.* Regensburg: Transfer.

Löw, M. (2001). *Raumsoziologie.* Frankfurt a.M.: Suhrkamp.

Ludwig, M. (1996). *Armutskarrieren. Zwischen Abstieg und Aufstieg im Sozialstaat.* Opladen: Westdeutscher Verlag.

Ludwig, M., Leisering, L. & Buhr, P. (1995). Armut verstehen. Betrachtungen vor dem Hintergrund der Bremer Langzeitstudie. *Aus Politik und Zeitgeschichte*(B 31-32), 24-34.

Ludwig-Mayerhofer, W. (1995). Familiale Vermittlung sozialer Ungleichheit. Vernachlässigte Probleme in alter und neuer Ungleichheitsforschung. In P. Berger & P. Sopp (Eds.), *Sozialstruktur und Lebenslauf* (S. 155-177). Opladen: Leske und Budrich.

Mackert, J. (2003). Ausschliessung und Usurpation: Multikulturalismus und soziale Exklusion in schliessungstheoretischer Perspektive. *Schweizerische Zeitschrift für Soziologie, 29*(1), 69-91.

Mäder, U., Biedermann, F., Fischer, B. & Schmassmann, H. (1991). *Armut im Kanton Basel-Stadt.* Basel: Birkhäuser.

Maeder, C. & Nadai, E. (2002). *Die öffentliche Sozialhilfe zwischen Armutsverwaltung und Sozialarbeit - eine soziologische Untersuchung sozialstaatlicher Intervention. Kurzfassung zuhanden des Schweizerischen Nationalfonds.* Rorschach und Olten: [Online] Available: http://www.sozialstaat.ch/global/projects/security/-maeder_c_nadai/maeder_c_nadai_short_1.pdf.

Mandel, E. (1979). *Marxistische Wirtschaftstheorie. 2 Bände.* Frankfurt a.M.: Suhrkamp.

Mansel, J. (1993). Zur Reproduktion sozialer Ungleichheit. Soziale Lage, Arbeitsbedingungen und Erziehungsverhalten der Eltern im Zusammenhang mit dem Schulerfolg des Kindes. *Zeitschrift für Sozialisationsforschung und Erziehungssoziologie, 13*(1), 36-60.

Mansel, J. (1996). Glückliche Zeit - schwierige Kindheit? In J. Mansel (Ed.), *Glückliche Kindheit - schwierige Zeit? Über die veränderten Bedingungen des Aufwachsens* (S. 7-24). Opladen: Leske und Budrich.

Mansel, J. & Palentien, C. (1998). Vererbung von Statuspositionen. Eine Legende aus vergangener Zeit. In P. A. Berger & M. Vester (Eds.), *Alte Ungleichheiten. Neue Spaltungen* (S. 231-256). Opladen: Leske und Budrich.

Marazzi, C. (1986). *La povertà in Ticino*. Bellinzona: Dipartimento delle opera sociali.

Marcuse, P. (1989). „Dual city": a muddy metaphor for a quarted city. *International journal of urban and regional research*(13), 697-708.

Marti, U. (2002). Globale Gerechtigkeit. Grenzen des liberalen Freiheitsprinzips. *Widerspruch, 22*(1), 5-16.

McKenzie, R. (1974). Konzepte der Sozialökologie. In P. Atteslander & B. Hamm (Eds.), *Materialien zur Siedlungssoziologie* (S. 101-112). Köln: Kiepenheuer und Witsch.

Menzel, U. (1992). *Das Ende der Dritten Welt und das Scheitern der grossen Theorien*. Frankfurt M.: Suhrkamp.

Merten, R. R. (2003). Risikoverhalten Jugendlicher. *Unsere Jugend*(1), 2-7.

Meusburger, P. (Ed.). (1999). *Handlungszentrierte Sozialgeographie. Benno Werlens Entwurf in kritischer Diskussion*. Stuttgart: Steiner.

Michailow, M. (1996). Individualisierung und Lebensstilbildungen. In O. G. Schwenk (Ed.), *Lebensstil zwischen Sozialstrukturanalyse und Kulturwissenschaft* (S. 71-96). Opladen: Leske und Budrich.

Mielck, A. (2001). Armut und Gesundheit bei Kindern und Jugendlichen. In A. Klocke & K. Hurrelmann (Eds.), *Kinder und Jugendliche in Armut. Umfang, Auswirkungen und Konsequenzen* (S. 230-253). Wiesbaden: Westdeutscher Verlag.

Mierendorff, J. & Olk, T. (2000). Sozialhilfe und Lebensentwurf. Deutungs- und Bewältigungsmuster von Sozialhilfeempfänger(innen) im ostdeutschen Transformationsprozess. *Zeitschrift für Soziologie der Erziehung und Sozialisation*(Beiheft 3), 262-279.

Miller, M. (1989). Systematisch verzerrte Legitimationsdiskurse. Einige kritische Überlegungen zu Bourdieus Habitustheorie. In K. Eder (Ed.), *Lebensstil und kulturelle Praxis. Theoretische und empirische Beiträge zur Auseinandersetzung mit Pierre Bourdieus Klassentheorie* (S. 191-219). Frankfurt a.M.: Suhrkamp.

Miller, P., Plant, M., Plant, M. & Duffy, J. (1999). Alcohol, Tobacco, Illicit Drugs, and Sex: An Analysis of Risky Behaviors among Young Adults. *The International Journal of the Addictions, 30*(3), 239-258.

Mingione, E. (Ed.). (1999). *Urban poverty and the underclass. A reader*. Oxford: Blackwell.

Mollenkopf, J. H. & Castells, M. (Eds.). (1992). *Dual City. Restructuring New York*. New York: Russell Sage.

Müller, H.-P. (1989). Lebensstile. Ein neues Paradigma der Differenzierungs- und Ungleichheitsforschung? *Kölner Zeitschrift für Soziologie und Sozialpsychologie, 41*, 53-71.

Müller, H.-P. (1993). *Sozialstruktur und Lebensstile. Der neuere theoretische Diskurs über soziale Ungleichheit*. Frankfurt a.M.: Suhrkamp.

Müller, J. P. (1998). Wann existiert ein demokratischer Staat? *Zeitschrift für schweizerisches Recht, 117*(2), 135-151.

Münch, R. (1998). *Globale Dynamik, lokale Lebenswelten. Der schwierige Weg in die Weltgesellschaft*. Frankfurt a.M.: Suhrkamp.

Nauck, B. (1997). Sozialberichterstattung zu den Lebensverhältnissen von Kindern. In H.-H. Noll (Ed.), *Sozialberichterstattung in Deutschland. Konzepte, Methoden und Ergebnisse für Lebensbereiche und Bevölkerungsgruppen* (S. 167-194). Weinheim: Juventa.

Neuhäuser, G. (2000). Kindliche Entwicklungsgefährdung im Kontext von Armut, sozialer Benachteiligung und familiärer Vernachlässigung. Erkenntnisse aus medizinischer Sicht, Probleme und Handlungsmöglichkeiten. In H. Weiss (Ed.), *Frühförderung mit Kindern und Familien in Armutslagen* (S. 34-49). München: Ernst Reinhardt.

Newman, K. S. (1999). *No shame in my game. The working poor in the inner city*. New York: Vintage.

Niklowitz, M. & Suter, C. (2002). Wenn viele Probleme zusammenkommen. Zusatzauswertungen zur nationalen Armutsstudie. *Infosocial*(7), 5-31.

Nohlen, D. & Nuscheler, F. (Eds.). (1993). *Handbuch der Dritten Welt. Handbuch der Dritten Welt. Band 1*. Bonn: Verlag Dietz Nachf.

Nommel, J.-U., Sandtner, M. & Waffenschmidt, C. (1998). Von der „A-Stadt" zur „A-gglomeration"? Suburbanisierungs- und Counterurbanisationsprozesse in Basel-Stadt und Basel-Landschaft. *Regio Basiliensis, 39*(2), 133-141.

Nunner-Winkler, G. (2000). Identität aus soziologischer Sicht. In W. Greve (Ed.), *Psychologie des Selbst* (S. 302-316). Weinheim: Psychologie Verlag.

Nussbaum, M. (2000). *Woman and Human Development: The Capabilities Approach.* Cambridge: University Press.

OECD. (1998). *The Battle against Exclusion. 3 Bd.* Paris: OECD Publications.

OECD. (1999). *Bekämpfung sozialer Ausgrenzung. Sozialhilfe in Kanada und der Schweiz.* Paris: OECD.

Offe, C. (1999). „Sozialkapital" Begriffliche Probleme und Wirkungsweise. In E. Kistler, H.-H. Noll & E. Priller (Eds.), *Perspektiven gesellschaftlichen Zusammenhalts. Empirische Befunde, Praxiserfahrungen, Messkonzepte* (S. 113-120). Berlin: Edition Sigma.

Opaschowski, H. W. (1999). Von der Generation X zur Generation @. Leben im Informationszeitalter. *Aus Politik und Zeitgeschichte*(41), 10-16.

Osmani, S. (1995). The Entitlement Approach to Famine: An Assesment. In K. Basu, P. Pattanaik & K. Suzumura (Eds.), *Choice, Welfare, and Development. A Festschrift in Honour of Amartya K. Sen* (S. 253-294). Oxford: Clarendon Press.

Otte, G. (1996). Lebensstile versus Klassen. Welche Sozialstrukturkonzeption kann die individuelle Parteipräferenz besser erklären? In W. Müller (Ed.), *Soziale Ungleichheit. Neue Befunde zu Strukturen, Bewusstsein und Politik* (S. 303-346). Opladen: Leske und Budrich.

Otte, G. (1998). Auf der Suche nach „neuen sozialen Formationen und Identitäten". Soziale Integration durch Klassen oder Lebensstile. In J. Friedrichs (Ed.), *Die Individualisierungsthese* (S. 181-220). Opladen: Leske und Budrich.

Page, R. (2002). *Die geteilte Stadt Zürich. Eine Analyse zu Armut und sozialer Ausgrenzung im Postfordismus.* Lizentiatsarbeit an der Universität Bern, Institut für Soziologie.

Palentien, C. & Hurrelmann, K. (2000). Die gesundheitliche Situation von Kindern und Jugendlichen. In R. Vollbrecht (Ed.), *Jugend im 20. Jahrhundert* (S. 351-363). Neuwied: Luchterhand.

Park, R. E., Burgess, E. W. & McKenzie, R. D. (1967). *The City. Suggestions for Investigation of Human Behavior in the Urban Environment.* Chicago: Chicago Press.

Parkin, F. (1983). Strategien sozialer Schliessung und Klassenbildung. In R. Kreckel (Ed.), *Soziale Ungleichheiten. Soziale Welt Sonderband 2* (S. 121-135). Göttingen: Otto Schwartz & Co.

Parsons, T. (1978). Religion in Postindustrial America. In T. Parsons (Ed.), *Action Theory and the Human Condition.* New York: Free Press.

Paugam, S. (1998). Von der Armut zur Ausgrenzung: Wie Frankreich eine neue soziale Frage lernt. In W. Voges & Y. Kazepov (Eds.), *Armut in Europa* (S. 117-136). Wiesbaden: Chmielorz.

Perruchoud-Massy, M.-F. (1991). *Die Armut im Kanton Wallis.* Sierre: Departement der Sozialdienste.

Petermann, F. (1998). Entwicklung aggressiven Verhaltens: Diagnostik und psychotherapeutische Interventionen. In H. W. Bierhoff & U. Wagner (Eds.), *Aggression und Gewalt: Phänomene, Ursachen und Interventionen* (S. 234-257). Stuttgart: Kohlhammer.

Portes, A. (1998). Social Capital. Its Origins and Applications in Modern Sociology. *Annual Reviews of Sociology, 24,* 1-24.

Putnam, R. D. (1993). *Making Democracy Work. Civic Traditions in Modern Italy.* Princeton.

Putnam, R. D. (1995). Bowling Alone: America's Declining Social Capital. *Journal of Democracy, 6*(1), 65-78 [Online] Available: http://muse.jhu.edu/demo/journal_of_democracy/v006/putnam.html.

Putnam, R. D. (2000). Niedergang des Sozialen Kapitals. Warum kleine Netzwerke wichtig sind für Staat, Wirtschaft und Gesellschaft. In W. Dettling (Ed.), *Denken, Handeln, Gestalten. Neue Perspektiven für Wirtschaft und Gesellschaft. Ein Symposium der DG Bank* (S. 77-97). Frankfurt a.M.: Edition Politeia.

Putnam, R. D. & Goss, K. A. (2001). Einleitung. In R. D. Putnam (Ed.), *Gesellschaft und Gemeinsinn. Sozialkapital im internationalen Vergleich* (S. 15-43). Gütersloh: Bertelsmann-Stiftung.

Qizilbash, M. (1996). Capabilities, well-being and human development: a survey. *The Journal of Development Studies, 33*(2), 143-162.

Qizilbash, M. (1998). The concept of well-being. *Economics and Philosophy, 14,* 51-73.

Quijano, A. (1974). Marginaler Pol der Wirtschaft und marginalisierte Arbeitskraft. In D. Senghaas (Ed.), *Peripherer Kapitalismus. Analysen über Abhängigkeit und Unterentwicklung* (S. 298-341). Frankfurt a.M.: Suhrkamp.

Raithel, J. (Ed.). (2001). *Risikoverhaltensweisen Jugendlicher. Formen, Erklärungen und Prävention*. Opladen: Leske und Budrich.

Raithel, J. (2002). Risikoverhaltensweisen im Jugendalter. Geschlechts- und risikoqualitätsspezifische Aspekte jugendlichen Risikoverhaltens. *Neue Praxis*(4), 381-390.

Raulf, B. (1998). Beschäftigt sind sie alle: Zur Situation erwerbstätiger und nichterwerbstätiger Mütter. In Marie Meierhofer-Institut für das Kind (Ed.), *Startbedingungen für Familien. Forschungs- und Erlebnisberichte zur Situation von Familien mit Kleinkindern in der Schweiz und sozialpolitische Forderungen* (S. 67-102). Zürich: Verlag Pro Juventute.

Rawls, J. (2000). *Eine Theorie der Gerechtigkeit*. Frankfurt a.M.: Suhrkamp.

Rechsteiner, R. (1998). *Sozialstaat Schweiz am Ende?* Zürich: Unionsverlag.

Regamey, C. (2001). *Papa, Maman, l'Etat et Moi. Jeune adultes, accés aux dispositifs sociaux et travail social: un état des lieux*. Lausanne: Service de Prévoyance et d'Aide sociales Canton de Vaud.

Regierungsrat des Kantons Basel-Stadt (Ed.). (1999). *Aktionsprogramm Stadtentwicklung Basel: Ergebnisse der Werkstadt Basel*. Basel: Ökomedia Verlag.

Reinders, H. (2003). *Jugendtypen. Ansätze zu einer differentiellen Theorie der Adoleszenz*. Opladen: Leske und Budrich.

Reinhardt, D. (2002). Kinder auf der Flucht und im Krieg - Anmerkungen zum Stand der Diskussion. In K. Holm & U. Schulz (Eds.), *Kindheit in Armut weltweit* (S. 279-286). Opladen: Leske und Budrich.

Reitzle, M. (2002). Ein gutes Selbstwertgefühl im Jugendalter - Garant für eine erfolgreiche Biographie? In H. Merkens & J. Zinnecker (Eds.), *Jahrbuch Jugendforschung. 2. Ausgabe* (S. 145-171). Opladen: Leske und Budrich.

Reutlinger, C. (2003). *Jugend, Stadt und Raum: sozialgeographische Grundlagen einer Sozialpädagogik des Jugendalters*. Opladen: Leske und Budrich.

Rey, U. (2001). Armut im Kanton Zürich. Eine Analyse der Schweizerischen Arbeitskräfteerhebung. *Statistische Berichte des Kantons Zürich*(49-41).

Richter, R. (1994). Stilwandel und Stilkonflikte. Zur Analyse von Lebensstilen und Mentalitäten im sozialen Raum am Beispiel kleinbürgerlicher Stilmerkmale. In I. Mörth & G. Fröhlich (Eds.), *Das symbolische Kapital der Lebensstile. Zur Kultursoziologie der Moderne nach Pierre Bourdieu* (S. 167-180). Frankfurt a.M.: Campus.

Riedmüller, B. (1994). Sozialpolitik und Armut. Ein Thema zwischen Ost und West. In U. Beck & E. Beck-Gernsheim (Eds.), *Riskante Freiheiten* (S. 74-88). Frankfurt a.M.: Suhrkamp.

Rostow, W. W. ([1956] 1971). Die Phase des Take-off. In W. Zapf (Ed.), *Theorien des sozialen Wandels* (S. 286-311). Köln: Kiepenheuer & Witsch.

Rothenbacher, F. (1989). *Soziale Ungleichheit im Modernisierungsprozess des 19. und 20. Jahrhunderts*. Frankfurt a.M.: Campus.

Röthlisberger, P. (1997). *Jugendliche - Trendsetter oder Ausgeschlossene? Ein statistisches Porträt der Jugend*. Bern: Bundesamt für Statistik. Beiträge zur Sozialberichterstattung für die Schweiz.

Sachs, L. (2002). *Angewandte Statistik. Anwendung statistischer Methoden*. Berlin: Springer.

Sack, F. (2000). Jugendgewalt - Schlüssel zur Pathologie der Gesellschaft? In Programmleitung NFP 40. Bulletin 4 (Ed.), *Gewalttätige Jugend - ein Mythos?* (S. 5-36). Bern: Schweizerischer Nationalfonds.

Sackmann, R. & Wingens, M. (Eds.). (2001). *Strukturen des Lebenslaufs. Übergang, Sequenz, Verlauf*. Weinheim: Juventa.

Salzgeber, R. & Suter, C. (1998). *Beginn und Ende des Sozialhilfebezugs. Neubezüger/innen und Sozialhilfeabgänger/innen des Fürsorgeamtes der Stadt Zürich 1993-1995*. Zürich: Sozialdepartement der Stadt Zürich.

Santos, M. (1977). Spatial Dialectics: The two Circuits of Urban Economy in Underdeveloped Countries. *Antipode*(9), 49-59.

Sassen, S. (1997). *Metropolen des Weltmarkts. Die neuen Rollen der Global Cities*. Frankfurt a.M.: Campus.

Schacht, A. (1999). Sozialräumliche Milieus der Armut. Zur Bedeutung des Wohnens in benachteiligten Wohngebieten. In J. S. Dangschat (Ed.), *Modernisierte Stadt, gespaltene Stadt. Ursachen von Armut und sozialer Ausgrenzung* (S. 289-313). Opladen: Leske und Budrich.

Schlemmer, E. (1998). Risikolagen von Familien und ihre Auswirkungen auf Schulkinder. In J. Mansel & G. Neugebauer (Eds.), *Armut und soziale Ungleichheit bei Kindern* (S. 129-146). Opladen: Leske und Budrich.

Schmid, H., Delgrande Jordan, M., Kuntsche, E. N. & Hervé, K. (2003). *Trends im Konsum psychoaktiver Substanzen von Schülerinnen und Schülern in der Schweiz. Ausgewählte Ergebnisse einer Studie, durchgeführt unter der Schirmherrschaft der Weltgesundheitsorganisation.* Lausanne: Schweizerische Fachstelle für Alkohol- und andere Drogenprobleme.

Schmid, W. (2002). Schlussfolgerungen und Positionen der SKOS zur Integration von Jugendlichen und jungen Erwachsenen. *Zeitschrift für Sozialhilfe, 99*(9), 141-148.

Schneider-Sliwa, R. (1999). Bevölkerungsstruktur und Bevölkerungsdynamik beider Basel. *Statistisches Amt des Kantons Basel-Stadt, Reihe Stadt und Region, 1.*

Schneider-Sliwa, R. (2001). Wirtschaftsstruktur und Wirtschaftsdynamik der Nordwestschweiz. *Statistisches Amt des Kantons Basel-Stadt, Reihe Stadt und Region, 2.*

Schnur, O. (2002). Wege aus der Exklusion: Sozialkapital als neue Perspektive für die Entwicklung marginalisierter Stadtquartiere. In A. Mayr, M. Meurer & J. Vogt (Eds.), *Stadt und Region. Dynamik von Lebenswelten. Tagungsbericht und wissenschaftliche Abhandlungen des 53. Deutschen Geographentags* (S. 306-320). Leipzig: o.V.

Schroer, M. (2000). Negative, positive und ambivalente Individualisierung. In T. Kron (Ed.), *Individualisierung und soziologische Theorie* (S. 13-44). Opladen: Leske und Budrich.

Schroer, M. (2001). *Das Individuum der Gesellschaft. Synchrone und diachrone Theorieperspektiven.* Frankfurt a.M.: Suhrkamp.

Schulze, G. (1990). Die Transformation sozialer Milieus in der Bundesrepublik Deutschland. In P. A. Berger & S. Hradil (Eds.), *Lebenslagen. Lebensläufe. Lebensstile* (S. 409-432). Göttingen: Otto Schwartz & Co.

Schulze, G. (1992). *Die Erlebnisgesellschaft.* Frankfurt a.M.: Campus.

Schweiz. Evangelischer Kirchenbund u.a. (Ed.). (1998). *Internationaler Pakt über wirtschaftliche, soziale und kulturelle Rechte (Pakt I). 1. NGO-Kommentar an die UNO.* Basel.

Schweizerischer Gewerkschaftsbund. (1999). *Kein Lohn unter 3000 Franken.* Bern: Dokumentation des Schweizerischen Gewerkschaftsbunds Nr. 67.

Schwengel, H. (1992). Aufrichtigkeit, Authentizität und Stil. Die Grenzen der feinen Unterschiede. In S. Hradil (Ed.), *Zwischen Bewusstsein und Sein* (S. 81-102). Opladen: Leske und Budrich.

Sen, A. (1980). *Levels of Poverty: Policy and Chance. A Background Study for World Development Report.* Washington: World Bank. Staff Working Paper No. 401.

Sen, A. (1981). *Poverty and Famines. An Essay on Entitlements and Deprivation.* Oxford: University Press.

Sen, A. (1982a). *Choice, Welfare and Measurement.* Oxford: Blackwell.

Sen, A. (1982b). Equality of what? In A. Sen (Ed.), *Choice, welfare, and measurement* (S. 353-372). Harvard: University Press.

Sen, A. (1982c). The right not to be hungry. In G. Floistad (Ed.), *Contemporary philosophy: a new survey, Vol. 2,* (S. 343-359). The Hague: Nijhoff Publ.

Sen, A. (1982d). Rights and agency. *Philosophy and Public Affairs, 11*(1), 3-39.

Sen, A. (1983a). Economics and the family. *Asian Development Review, 1*(2), 14-26.

Sen, A. (1983b). Liberty and social choice. *The Journal of Philosophy, 80*(1), 5-28.

Sen, A. (1985). Well-Being, agency and freedom. The Dewey Lectures 1984. *The Journal of Philosophy, 82*(4), 169-221.

Sen, A. (1987a). *Commodities and Capabilities.* Delhi: Oxford University India Paperbacks.

Sen, A. (1987b). Reply. In A. Sen (Ed.), *The Standard of Living* (S. 103-112). Cambridge: Cambridge University Press.

Sen, A. (1987c). The standard of Living: Lecture I and II. In A. Sen (Ed.), *The Standard of Living* (S. 1-38). Cambridge: Cambridge University Press.

Sen, A. (1991). Welfare, preference and freedom. *Journal of Econometrics, 50,* 15-29.

Sen, A. (1992a). *Inequality Reexamined.* Cambridge: Harvard University Press.

Sen, A. (1992b). Minimal liberty. *Economica, 59,* 139-159.

Sen, A. (1993a). Capability and well-being. In A. Sen (Ed.), *The Quality of Life* (S. 30-53). Oxford: University Press.

Sen, A. (1993b). Markets and freedoms: achievements and limitations of the market mechanism in promoting individual freedoms. *Oxford Economic Papers, 45*, 519-541.

Sen, A. (1993c). Money and Value. On the Ethics and Economics of Finance. *Economics and Philosophy, 9*, 203-227.

Sen, A. (1995). Demography and Wefare Economics. *Empirica, 22*(1), 1-22.

Sen, A. (1996a). Freedom, capabilities and public action: a response. *Notizie die Politeia, 12*(43/44), 107-125.

Sen, A. (1996b). Legal rights and moral rights: old questions and new problems. *Ratio Juris, 9*(2), 153-167.

Sen, A. (1997a). From income inequality to economic inequality. *Southern Economic Journal, 64*(2), 384-401.

Sen, A. (1997b). Inequality, unemployment and contemporary Europe. *International Labour Review, 136*(2), 155-172.

Sen, A. (1997c). *The Penalty of Unemployment*. Rom: Banca D'Italia. Termi di discussione.

Sen, A. (1998a). Ausgrenzung und Politische Ökonomie. In W. Voges & Y. Kazepov (Eds.), *Armut in Europa* (S. 12-24). Wiesbaden: Chielorz GmbH.

Sen, A. (1998b). Mortality as an Indicator of Economic Success and Failure. *The Economic Journal, 108*(1), 1-25.

Sen, A. (1999a). Democracy as a Universal Value. *Journal of Democracy, 10*(3), [Online] Available: http://-jhu.edu/demo/jod/10.13sen.html.

Sen, A. (1999b). *Development as Freedom*. New York: Alfred A. Knopf.

Sen, A. (1999c). Rationale Trottel: eine Kritik der behavioristischen Grundlagen der Wirtschaftstheorie. In S. Gosepath (Ed.), *Motive, Gründe, Zwecke: Theorien praktischer Rationalität* (S. 76-102). Frankfurt a.M.: Fischer.

Sen, A. (Ed.). (2000a). *Der Lebensstandard*. Hamburg: Europäische Verlagsanstalt.

Sen, A. (2000b). Kapitalismus und die Freiheit gleicher Lebenschancen. Ethik, Wirtschaft und Gesellschaft im 21. Jahrhundert. In W. Dettling (Ed.), *Denken, Handeln, Gestalten. Neue Perspektiven für Wirtschaft und Gesellschaft. Ein Symposium der DG Bank* (S. 98-118). Frankfurt a.M.: Edition Politeia.

Sen, A. (2000c). *Ökonomie für den Menschen. Wege zu Gerechtigkeit und Solidarität in der Marktwirtschaft*. München: Carl Hanser.

Sen, A. & Williams, B. (Eds.). (1982). *Ultilitarism and beyond*. Cambridge: University Press.

Senghaas, D. (Ed.). (1974). *Peripherer Kapitalismus. Anlysen über Abhängigkeit und Unterentwicklung*. Frankfurt a. M.: Suhrkamp.

Senghaas-Knobloch, E. (1979). *Reproduktion von Arbeitskraft in der Weltgesellschaft. Zur Programmatik der internationalen Arbeitsorganisation*. Frankfurt: Campus.

Sheldon, G. (1989). *Die Dynamik der Arbeitslosigkeit in der Schweiz. Schlussbericht zum Forschungsprojekt „Risiko und Dauer der Arbeitslosigkeit"*. Bern: Haupt.

Sheldon, G. (1991). *Zur Dynamik der Armut in der Schweiz. Eine Untersuchung beruhend auf der Einkommensentwicklung männlicher Erwerbspersonen*, 35. Basel: Wirtschaftswissenschaftliches Zentrum.

Sheldon, G. (1999). *Die Langzeitarbeitslosigkeit in der Schweiz. Diagnose und Therapie*. Bern: Haupt.

Siebel, W. (1997). Armut oder Ausgrenzung? Vorsichtiger Versuch einer begrifflichen Eingrenzung der sozialen Ausgrenzung. *Leviathan, 25*(1), 67-75.

Silbereisen, R. K., Vaskovics, L. A. & Zinnecker, J. (Eds.). (1997). *Jungsein in Deutschland. Jugendliche und junge Erwachsene 1991 und 1996*. Opladen: Leske und Budrich.

Silver, H. (1995). Reconceptualizing social disadvantage: Three paradigms of social exclusion. In G. Rodgers, C. Gore & J. B. Figueiredo (Eds.), *Social Exclusion: Rhetoric, Reality, Responses* (S. 57-80). Genf: ILO.

Smith, A. (1978 [1789]). *Der Wohlstand der Nationen. Eine Untersuchung seiner Natur und seiner Ursachen*. München: dtv.

Sommer, J. H., Bürgi, M., Leu, R. E., Aregger, P., Burri, S. & Priester, T. (1997). *Neue Armut im Kanton Luzern. Ergänzende Studie zur nationalen Armutsstudie des NFP 29*. Luzern: Gesundheits- und Sozialdepartement des Kantons Luzern.

Sozialamt der Stadt Basel. (2002). *Unterstützungsrichtlinien des Wirtschafts- und Sozialdepartementes des Kantons Basel-Stadt. Unterstützung von jungen Erwachsenen*: Sozialhilfe der Stadt Basel.

Sozialhilfe Stadt Basel. (2001). *Jahresbericht*. Basel: Sozialhilfe.

Sozialhilfe Stadt Basel. (2002). *Jahresbericht*. Basel: Sozialhilfe.

Spellerberg, A. (1996). *Soziale Differenzierung durch Lebensstile. Eine empirische Untersuchung zur Lebensqualität in West- und Ostdeutschland*. Berlin: Edition Sigma.

Spescha, M. (2003). Migrationsfamilien in prekären ausländerrechtlichen Verhältnissen. In Eidgenössische Koordinationskommission für Familienfragen (Ed.), *Familien und Migration. Beiträge zur Lage der Migrationsfamilien und Empfehlungen der EKFF* (S. 53-76). Bern: EKFF. [Online] Available: http://www.bsv.admin.ch/organisa/kommiss/ekff/d/familien_migration.pdf.

Spycher, S., Nadai, E. & Gerber, P. (1997). *Auswirkungen von Armut und Erwerbslosigkeit auf Familien. Ein Überblick über die Forschungslage in der Schweiz. Kurzfassung*. Bern: Eidgenössische Koordinationskommission für Familienfragen.

Sterbling, A. (1998). Zur Wirkung unsichtbarer Hebel. Überlegungen zur Rolle des „sozialen Kapitals" in fortgeschrittenen westlichen Gesellschaften. In P. A. Berger & M. Vester (Eds.), *Alte Ungleichheiten - neue Spaltungen* (S. 189-209). Opladen: Leske und Budrich.

Stichweh, R. (1996). Inklusion/Exklusion und die Theorie der Weltgesellschaft. In Deutsche Gesellschaft für Soziologie (Ed.), *Differenz und Integration. Die Zukunft moderner Gesellschaften* (S. 601-607). Opladen: Westdeutscher Verlag.

Strasser, H. (1987). Diesseits von Stand und Klasse: Prinzipien einer Theorie der sozialen Ungleichheit. In B. Giesen & H. Haferkamp (Eds.), *Soziologie der sozialen Ungleichheit* (S. 50-92). Opladen: Leske und Budrich.

Strassmann, R. (2000). Basel - eine Stadtökonomie im Prozess der Globalisierung. *Regio Basiliensis, 41*(1), 39-50.

Strassmann, R. & Standke, O. (1998). Wirtschaftswandel in der Nordwestschweiz: Dynamik und wirtschaftsgeographische Aspekte. *Regio Basiliensis, 39*(2), 123-131.

Streit, M. E. (1991). *Theorie der Wirtschaftspolitik*. Düsseldorf: Werner Verlag.

Streuli, E. & Bauer, T. (2001). Working Poor in der Schweiz. Eine Untersuchung zu Ausmass, Ursachen und Problemlage. *Infosocial*(5), 5-32.

Streuli, E. & Bauer, T. (2002). *Working Poor in der Schweiz. Konzepte, Ausmass und Problemlagen aufgrund der Daten der Schweizerischen Arbeitskräfteerhebung*. Neuchatel: Bundesamt für Statistik.

Streuli, E. & Schmassmann, H. (2002). *Einkommen und Auskommen: Armut, Verschuldung und finanzielle Schwierigkeiten. Eine Sekundäranalyse anhand der Daten des Schweizerischen Haushaltspanels SHP 1999. Schlussbericht zuhanden des Schweizerischen Nationalfonds im Schwerpunktprogramm Zukunft Schweiz*. Basel: unveröffentlicht.

Struck, O. (2001). Gatekeeping zwischen Individuum, Organisation und Institution. Zur Bedeutung und Analyse von Gatekeeping am Beispiel von Übergängen im Lebensverlauf. In L. Leisering, R. Müller & K. F. Schuhmann (Eds.), *Institutionen und Lebensläufe im Wandel. Institutionelle Regulierungen von Lebensläufen* (S. 29-54). Weinheim: Juventa.

Stucken, R. (1966). Der „circulus vitiosus" der Armut in Entwicklungsländern. In H. Besters & E. E. Boesch (Eds.), *Entwicklungspolitik. Handbuch und Lexikon* (S. 53-70). Stuttgart: Kreuz-Verlag.

Sugden, R. (1993). Welfare, resources and capabilities. A review of Inequality Reexaminded by Amartya Sen. *Journal of Economic Literature, 31*, 1947-1962.

Suter, C. (2000). Die schweizerische Gesellschaft im Umbruch: Synthese. In C. Suter (Ed.), *Sozialbericht 2000* (S. 293-310). Zürich: Seismo.

Suter, C., Budowski, M. & Meyer, P. C. (1996). Einkommensschwäche, Unterversorgung und Mangellagen bei alleinerziehenden Müttern in der Stadt Zürich. Ergebnisse einer Längsschnittstudie. *Schweizerische Zeitschrift für Soziologie, 22*(1), 27-57.

Suter, C. & Mathey, M.-C. (2002). *Wirksamkeit und Umverteilungseffekte staatlicher Sozialleistungen. Zusatzauswertungen zur nationalen Armutsstudie*. Neuenburg: Bundesamt für Statistik.

Sutter, A. (2000). Welche kulturellen Rechte für marginale Minderheiten? In C. Schweiz (Ed.), *Sozialalmanach 2000. Sozialrechte und Chancengleichheit in der Schweiz* (S. 179-192). Luzern: Caritas.

Tapscott, D. (1998). *Net Kinds. Die digitale Generation erorbert Wirtschaft und Gesellschaft*. Wiesbaden: Gabler.

Thalmann-Hereth, K. (2001). *Jugend zwischen früh und spät - die „sophisticated generation"*. Heidelberg: Asanger.

Tillmann, K.-J. (1997). *Sozialisationstheorien*. Reinbeck: Rowohlt.

Tobler, R. (2000). Die Menschenrechtspolitik in der Schweiz: Anmerkungen aus einer NGO-Sicht. In C. Schweiz (Ed.), *Sozialalmanach 2000. Sozialrechte und Chancengleichheit in der Schweiz* (S. 205-222). Luzern: Caritas.

Tonn, M. (1998). „Individualisierung" als Ursache rechtsradikaler Jugendgewalt? In J. Friedrichs (Ed.), *Die Individualisierungsthese* (S. 263-298). Opladen: Leske und Budrich.

Tschümperlin, P. (1996). Neue Ansätze der Armutsbekämpfung - Sozialhilfe als Investition. In Sozialamt der Stadt Zürich (Ed.), *Neue Armut. Strategien und Massnahmen. Tagungsbericht* (S. 21-29). Zürich: Sozialamt der Stadt Zürich.

Ulrich, W. & Binder, J. (1998). *Armut erforschen. Eine einkommens- und lebensbezogene Untersuchung im Kanton Bern*. Zürich: Seismo.

UNDP (= United Nations Development Programm). (1990). *Human Development Report*. New York: UNDP.

UNDP (= United Nations Development Programm). (2002). *Human Development Report*. New York: UNDP.

UNICEF Schweiz (Ed.). (1999). *Kinder und Jugendliche in der Schweiz: Bericht zu ihrer Situation*. Zürich: Verlag Pro Juventute.

Urban, D. (1984). *Regressionstheorie und Regressionstechnik*. Stuttgart: Teubner.

Vaskovics, L. A. (1982). Residentielle Segregation und soziale Probleme. In L. A. Vaskovics (Ed.), *Raumbezogenheit sozialer Probleme* (S. 200-227). Opladen: Westdeutscher Verlag.

Vaskovics, L. A. (2001). Familiale Entwicklungsverläufe in der „Multioptionsgesellschaft". In A. Brosziewski, T. S. Eberle & C. Maeder (Eds.), *Moderne Zeiten. Reflexionen zur Multioptionsgesellschaft* (S. 229-244). Konstanz: UVK Verlagsgesellschaft.

Vester, M., Oerten, P. v., Geiling, H., Hermann, T. & Müller, D. (1993). *Soziale Milieus im gesellschaftlichen Strukturwandel. Zwischen Integration und Ausgrenzung*. Köln: Bund Verlag.

Völker, W. (1995). Let's talk about ... what? Armut?! Sozialhilfe?! Bemerkungen zur Konjunktur der „Dynamischen Armutsforschung". *Widersprüche*(54), 61-66.

Wahler, P. & Witzel, A. (1996). Berufswahl - ein Vermittlungsprozess zwischen Biographie und Chancenstruktur. In K. Schober & M. Gaworek (Eds.), *Berufswahl: Sozialisations- und Selektionsprozesse an der ersten Schwelle* (S. 9-36). Nürnberg: Institut für Arbeitsmarkt- und Berufsforschung der Bundesanstalt für Arbeit.

Wallerstein, J. & Blakeslee, S. (1994). Scheidung. Gewinner und Verlierer. In U. Beck & E. Beck-Gernsheim (Eds.), *Riskante Freiheiten* (S. 168-190). Frankfurt a.M.: Suhrkamp.

Walper, S. (1997). Wenn Kinder arm sind - Familienarmut und ihre Betroffenen. In L. Böhnisch & K. Lenz (Eds.), *Familien: eine interdisziplinäre Einführung* (S. 265-281). Weinheim.

Walper, S. (1999). Auswirkungen von Armut auf die Entwicklung von Kindern. In A. Lepenies, G. Nunner-Winkler, G. E. Schäfer & S. Walper (Eds.), *Kindliche Entwicklungspotentiale. Normalität, Abweichung und ihre Ursachen* (S. 292-360). München: Deutsches Jugendinstitut.

Walper, S., Gerhard, A.-K., Schwarz, B. & Gödde, M. (2001). Wenn an den Kindern gespart werden muss: Einflüsse der Familienstruktur und finanzieller Knappheit auf die Befindlichkeit von Kindern und Jugendlichen. In S. Walper & R. Pekrun (Eds.), *Familie und Entwicklung. Aktuelle Perspektiven der Familienpsychologie* (S. 266-291). Göttingen: Hogrefe.

Walther, U.-J. (Ed.). (2002). *Soziale Stadt. Zwischenbilanz. Ein Programm auf dem Weg zur Sozialen Stadt?* Opladen: Leske und Budrich.

Wanner, P. & Fibbi, R. (2003). Familien und Migration, Familien in der Migration. In Eidgenössische Koordinationskommission für Familienfragen (Ed.), *Familien und Migration. Beiträge zur Lage der Migrationsfamilien und Empfehlungen der EKFF* (S. 9-52). Bern: EKFF. [Online] Available: http://www.bsv.admin.ch/organisa-kommiss/ekff/d/familien_migration.pdf.

Watts, M. J. (2002). Hour of darkness: vulnerability, security and globalization. *Geographica Helvetica, 57*(1), 5-18.

Watts, M. J. & Bohle, H. G. (1993). The space of vulnerability: the causal structure of hunger and famine. *Progress in Human Geography, 17*(1), 43-67.

Weber, B. A. (2001). Arbeitslosigkeit in der Schweiz: Was passierte in den Neunzigerjahren? *Die Volkswirtschaft*(6), 4-9.

Weber, M. (1956). *Wirtschaft und Gesellschaft. Grundriss der verstehenden Soziologie. 2 Halbbände*. Köln: Kiepenheuer und Witsch.

Wehrli-Schindler, B. (1995). *Lebenswelt Stadt. Berichte zur Lebenssituation in Schweizer Städten*. Zürich: vdf.

Weiss, H. (Ed.). (2000). *Frühförderung mit Kindern und Familien in Armutslagen*. München: Ernst Reinhardt.

Weiss, R. (2003). *Macht Migration krank? Eine transdisziplinäre Analyse der Gesundheit von Migrantinnen und Migranten*. Zürich: Seismo.

Werlen, B. (1986). Thesen zur handlungstheoretischen Neuorientierung sozialgeographischer Forschung. *Geographica Helvetica, 41*(2), 67-76.

Werlen, B. (1987). *Gesellschaft, Handlung, Raum. Grundlagen handlungstheoretischer Sozialgeographie*. Stuttgart: Steiner.

Werlen, B. (1993). Gibt es eine Geographie ohne Raum? Zum Verhältnis von traditioneller Geographie und zeitgenössischen Gesellschaften. *Erdkunde, 47*(4), 241-254.

Werlen, B. (1999). *Zur Ontologie von Gesellschaft und Raum. Sozialgeographie alltäglicher Regionalisierungen*. Stuttgart: Steiner.

Werlen, B. (2000). *Sozialgeographie*. Bern: UTB.

Werlen, B. (2002). Einleitung zur Sitzung „Urbanität und Lebensstil". In A. Mayr, M. Meurer & J. Vogt (Eds.), *Stadt und Region. Dynamik von Lebenswelten. Tagungsbericht und wissenschaftliche Abhandlungen des 53. Deutschen Geographentags* (S. 210-217). Leipzig: o.V.

Wetzstein, T. A. & Würtz, S. (2001). Gruppenzugehörigkeit und das Risikoverhalten Jugendlicher. In J. Raithel (Ed.), *Risikoverhaltensweisen Jugendlicher. Formen, Erklärungen und Prävention* (S. 349-363). Opladen: Leske und Budrich.

Wicker, H.-R., Fibbi, R. & Haug, W. (Eds.). (2003). *Migration und die Schweiz. Ergebnisse des Nationalen Forschungsprogramms „Migration und interkulturelle Beziehungen"*. Zürich: Seismo.

Wiedenbeck, M. & Züll, C. (2001). *Klassifikation mit Clusteranalyse. Grundlegende Techniken hierarchischer und K-means-Verfahren*. Mannheim: Zentrum für Umfragen, Methoden und Analysen ZUMA. [Online] Avaliable: http://www.social-science-gesis.de/Publikationen/Berichte/ZUMA_How_to/index.htm.

Wilson, W. J. (1987). *The Truly Disadvantaged. The Inner City, the Underclass, and Public Policy*. Chicago: University of Chicago Press.

Wilson, W. J. (1997). *When Work disappears. The World of the New Urban Poor*. New York: Random House.

Wimmer, A. (2003). Etablierte Ausländer und Einheimische Aussenseiter. Soziale Kategorienbildungen und Beziehungsnetzwerke in drei Immigrantenquartieren. In H.-R. Wicker, R. Fibbi & W. Haug (Eds.), *Migration und die Schweiz. Ergebnisse des Nationalen Forschungsprogramms „Migration und interkulturelle Beziehungen"* (S. 207-236). Zürich: Seismo.

Wyss, K. (1999). Sozialhilfe - eine tragende Säule der sozialen Sicherheit? Ein Überblick über die in der Schweiz ausgerichteten bedarfsabhängigen Sozialleistungen. *Infosocial*(1), 5-39.

Wyss, K. (2000). *Entwicklungstendenzen bei Integrationsmassnahmen der Sozialhilfe*. Bern: Bundesamt für Sozialversicherung.

Wyss, K. & Knupfer, C. (2003). *Existenzsicherung in der Schweiz. Schlussbericht*. Bern: Schweizerische Konferenz für Sozialhilfe.

Zapfl-Helbling, R. (1999). Armutsberichterstattung: ein Postulat der Politik. In R. Fluder, M. Nolde, T. Priester & A. Wagner (Eds.), *Armut verstehen. Armut bekämpfen. Armutsberichterstattung aus Sicht der Statistik* (S. 7-8). Neuenburg: Bundesamt für Statistik.

Zeiher, H. (1994). Kindheitsträume. Zwischen Eigenständigkeit und Abhängigkeit. In U. Beck & E. Beck-Gernsheim (Eds.), *Riskante Freiheiten* (S. 353-374). Frankfurt a.M.: Suhrkamp.

Zinnecker, J. (2000). Selbstsozialisation. Essay über ein aktuelles Konzept. *Zeitschrift für Soziologie der Erziehung und Sozialisation, 20*(3), 272-290.

Zunser, D. (2002). Sozialorientierte Stadtteilentwicklung? Strategien der Quartierentwicklung in Basel. *Regio Basiliensis, 43*(3), 179-194.

Zwick, M. M. (1994a). Einmal arm, immer arm? In M. M. Zwick (Ed.), *Einmal arm, immer arm? Neue Befunde zur Armut in Deutschland* (S. 7-20). Frankfurt a.M.: Campus.

Zwick, M. M. (Ed.). (1994b). *Einmal arm, immer arm? Neue Befunde zur Armut in Deutschland*. Frankfurt a.M.: Campus.

Zwick, M. M. (1994c). Verzeitlichte Armutslagen - Resümee und Ausblick. In M. M. Zwick (Ed.), *Einmal arm, immer arm? Neue Befunde zur Armut in Deutschland* (S. 181-190). Frankfurt a.M.: Campus.

Neu im Programm Soziologie

Thomas Kühn
Berufsbiografie und Familiengründung
Biografiegestaltung junger Erwachsener nach Abschluss der Berufsausbildung
2004. 330 S. mit 16 Abb. und 43 Tab. Br. EUR 29,90
ISBN 3-531-14157-0

Das Buch diskutiert den Start in den Beruf und die oftmals parallel ablaufende Familiengründung und zeigt die besonderen Schwierigkeiten auf.

Kurt Mühler, Karl-Dieter Opp, unter Mitarb. von Jan Skrobanek und Christian Werner
Region und Nation
Zu den Ursachen und Wirkungen regionaler und überregionaler Identifikation
2004. 288 S. Br. EUR 32,90
ISBN 3-8100-4105-X

Wie entstehen räumliche Identifikationen? Welche Auswirkungen haben sie auf andere Einstellungen und Verhalten? Das Buch bietet auf diese Fragen neue Antworten und überprüft sie mit einer eigenen empirischen Untersuchung.

Michael Schmid
Rationales Handeln und soziale Prozesse
Beiträge zur soziologischen Theoriebildung
2004. 432 S. Geb. EUR 49,90
ISBN 3-531-14081-7

Der Band dokumentiert die Reichweite der rationalistischen Handlungstheorie und deren Bedeutung für ein heuristisch fruchtbares soziologisches Erklärungsprogramm, das die überkommene Teilung in Mikro- und Makroanalyse überwindet.

Erhältlich im Buchhandel oder beim Verlag.
Änderungen vorbehalten. Stand: Juli 2004.

www.vs-verlag.de

VS VERLAG FÜR SOZIALWISSENSCHAFTEN

Abraham-Lincoln-Straße 46
65189 Wiesbaden
Tel. 0611.7878-722
Fax 0611.7878-400